CW00517073

M. Leon Feer

The Samyutta-Nikaya of the Sutta-Pitaka

Vol. II

M. Leon Feer

The Samyutta-Nikaya of the Sutta-Pitaka
Vol. II

ISBN/EAN: 9783348014649

Printed in Europe, USA, Canada, Australia, Japan

Cover: Foto ©Thomas Meinert / pixelio.de

More available books at **www.hansebooks.com**

Pali Text Society.

THE

SAṂYUTTA-NIKÂYA

OF THE

SUTTA-PIṬAKA.

PART I. SAGÂTHA-VAGGA.

EDITED BY

M. LÉON FEER,

OF THE BIBLIOTHÈQUE NATIONALE.

LONDON:
PUBLISHED FOR THE PALI TEXT SOCIETY,
BY HENRY FROWDE,
OXFORD UNIVERSITY PRESS WAREHOUSE, AMEN CORNER, E.C.

1884.

HERTFORD:
STEPHEN AUSTIN AND SONS, PRINTERS.

CONTENTS.

INTRODUCTION.

The Saṃyutta- (or Saññutta-)[1] Nikâya is the third section of the Sutta-piṭaka, forming a sequel to the Dîgha-nikâya (compilation of the long suttas), and to the Majjhima-nikâya (compilation of the middle suttas). It is the "compilation of the joined or connected suttas," because the Pâli word *Saṃyutta*, which is no other than the Sanskrit *Sam-yukta*, means "collected, united, put together," and corresponds literally to the Latin word *conjunctus*. The Saṃyutta-nikâya consists of fifty-five groups of suttas, which are precisely the Saṃyuttas.

These Saṃyuttas vary much in length, some being only of ten suttas, others being composed of several chapters (vaggos), more or less, which are sometimes very numerous. The suttas, which are the shortest division of the compilation, differ also in length, as several of them are very short, and several very much longer. But, upon the whole, there are no very long suttas in this compilation.

---

[1] The spelling *Saññutta* accords better with the pronunciation, *Saṃyutta* with the etymology of the word.

The whole of the collection, that is to say, all the fifty-five Saṃyuttas, are distributed into five great sections, which are also called vaggos, respectively styled: Sagâtha-vaggo, Nidâna°, Khandha°, Saḷâyatana°, Mahâ-vaggo. The vaggo denomination added to each of these titles is of very common and various use. It applies to sections of very differing length, to the longest and to the shortest. This is the case in our compilation, as the great divisions of the whole collection are entitled vaggo, and the divisions of the Saṃyuttas are also styled vaggo. Thus, the suttas form the (little) vaggos, these vaggos the Saṃyuttas, and the Saṃyuttas the (great) Vaggos. This variety of use is an inconvenience which, nevertheless, is not practically seriously troublesome.

Each of the five great vaggos contains from nine to thirteen, on an average eleven Saṃyuttas; their respective length somewhat differs. We can trace the following list, which gives the number of the Saṃyuttas, and that of the leaves occupied by each great vaggo, in a Burmese and a Singhalese MS.:—

Names of the Vaggos.	Number of the Saṃyuttas.	Number of the leaves in a Burmese MS.	Number of the leaves in a Singhalese MS.
I. Sagâtha	11	82	63
II. Nidâna	9	96	71
III. Khandha	13	116	79
IV. Saḷâyatana	10	132	97
V. Mahâ	12	160	103
Total	55	586	413

The reader can, from these indications, imagine the length of the whole work, and the respective extent of the different sections.

The present publication contains only the first of the five great divisions, viz. the Sagâtha; so called because all the suttas of this section have one stanza (gâthâ) at least; Sagâtha means "with gâthâs." In this section all the suttas consist of a narrative in prose, intermixed with verses. Sometimes the prose is missing, and the sutta seems to consist only of verses; but it is only by abbreviation, the same frame being used for several suttas, even for all the suttas of one chapter.

The total number of the Saṃyuttas in the Sagâtha is, as said before, eleven. Four of them form each one full chapter (vaggo); the suttas of the others are distributed in several chapters, two or three, in one case eight. These chapters consist generally of ten suttas, sometimes eleven or twelve suttas, in one case fourteen. When the exceeding suttas amount to five, these five form a new chapter—generally styled Pañcaka or Upari-pañca ("the five superadded")—which can be considered either as an independent chapter or as the sequel of the preceding. It seems fit to give here a list of the Saṃyuttas of the Sagâtha, with an indication of the number of the vaggos and of the suttas:—

I.	Devatâ-Saṃyutta	8 vaggos	81 suttas
II.	Devaputta-Saṃyutta	3 vaggos	30 ,,
III.	Kosala- ,,	3 (or 2½) vaggos	25 ,,
IV.	Mâra- ,,	3 (or 2½) ,,	25 ,,
V.	Bhikkhunî- ,,	1 ,,	10 ,,

VI. Brahma-Saṃyutta	2 (or 1½) vaggos	15 suttas
VII. Brâhmaṇa- ,,	2 ,,	22 ,,
VIII. Vaṅgîsa- ,,	1 ,,	12 ,,
IX. Vana- ,,	1 ,,	14 ,,
X. Yakkha- ,,	1 ,,	12 ,,
XI. Sakka- ,,	3 (or 2½) ,,	25 ,,
Total	28 (or 26) vaggos	271 suttas

Some of these Saṃyuttas are really a sequel or appendix to the immediately preceding one; thus, the Bhikkhunî- and Vaṅgîsa-Saṃyuttas are respectively the continuation of the Mâra- and Brâhmaṇa-Saṃyuttas.

The titles of the suttas are regularly given at the end of each chapter in the so-called Uddânas; they refer sometimes to the subject of the suttas; but most often they are only such a word of the sutta considered as significant, generally the first word of the first gâthâ. The MSS. do not always agree as to the titles; but this is not special to the Saṃyutta-nikâya, and occurs in other Pâli and Sanskrit Buddhistic compilations.

The repetitions are very numerous in our text; some suttas occur two, three, four times. If not the whole text, at least the gâthâs, or some of them, are repeated. A series of stanzas succeeding without interruption in a sutta recurs in another, divided, in the shape of a dialogue, or distributed among several interlocutors.

We do not speak of the many parallelisms with the texts of other compilations that have been already and will be further discovered.

For preparing my text, I had only in the beginning one single MS., the MS. of the Bibliothèque Nationale in Paris, in Burmese characters. I wished very much to see the well-known MS. of Copenhagen, when Mr. Fausböll, acquainted with my labour, was so good as to put at my disposal unasked for a copy of the Sagâtha which he had made for himself from the Copenhagen MS. It was a very welcome help, although in many cases the sight of the original MS. was afterwards found to be desirable. Later, in the summer of 1884, having gone to London, I was able to compare my own copy with the Singhalese MS. (Or. 2344) of the British Museum. Unfortunately time failed me for the completion of my task, of which I was not able to finish more than half. Neither was I able, when in London, to collate the Burmese MS. of the India Office Library; although this was less to be regretted, I was sorry not to be enabled to state the extent of the (probably very slight) difference which may exist between the Burmese MSS. of London and Paris.

I came back from London with a Singhalese MS. belonging to Dr. Morris, who very kindly lent to me this precious volume. It is the one Singhalese MS. of which I have been able to make continual (though late) use.

Besides all these MSS. of the *text*, I made use also of the commentary of the Saṃyutta-nikâya, entitled Sâraṭṭhappakâsinî. A Siamese MS., in Siamese-Cambodgian characters, of this work for the first part (the Sagâtha) only, exists at the Bibliothèque Nationale. As many words and passages of the text recur in the Commentary (not to speak of the help it supplies for the interpretation), this MS. was very useful in many cases.

To sum up, in all, I was able to use, more or less, five MSS., one Burmese, three Singhalese, one Siamese. I note them by the letters B. (=Burmese), S. (=Singhalese), C. (Commentary), in the following manner :—

B. is the MS. of the Bibliothèque Nationale in Paris.

S^1 is the MS. of Copenhagen.

S^2 is the MS. of the British Museum.

S^3 is the MS. of Dr. Morris.

SS. points out the accord of S^1, S^2, S^3.

C. is the MS. of the Sâratthappakâsinî.

If I had had the opportunity of using the Burmese MS. of the India Office Library, it would be B^2, the Parisian MS. being B^1.

In establishing my text, I adopted as a rule, not to insert any word the elements of which did not occur in any of my MSS.; consequently not to make any correction myself, except in one or two instances, where I give always the reading of the MSS. Although the multitude of the notes has always seemed to me troublesome, I should have liked to have given all the readings of the MSS. I acknowledge indeed that to give them all without any exception would be an abuse, as many varieties of reading are merely orthographical; the variations as to the shortness and the length of the vowels *a*, *i*, *u* are in particular infinite. A choice from among the various readings must no doubt be made, but it ought to be made as large as possible. Some people will perhaps find the number of the various readings I have inserted in the notes too large, others will find it too small. I am inclined to admit both conclusions. I have perhaps admitted several notes which I could have left out; but I fear I have omitted several which ought to have been noticed, either by carelessness, or through fear of overburdening my pages with notes.

As the B. MS. was at first my only, it remained my chief guide; but, in the choice of the readings, I made no preference, and I adopted always the reading which seemed the best wherever it might come from, in general paying regard to the consensus of the Singhalese MSS. In the abbreviations, I generally complied with the shortest system, unless clearness seemed to require the opposite. As to the titles of the suttas, I put the one given by B., adding that of SS., if they did not agree with it.

The differences between the Singhalese and Burmese MSS. cannot be dealt with thoroughly without writing a special treatise; but they cannot even here be entirely overlooked. Beyond the varieties of reading in such and such passages, there are words which are written always differently in the two groups of MSS. Thus, the word brâhmaṇa is not once written in B. with *â*, it is always with *a*. This mistake, however, I have not even mentioned in my notes. But a perhaps more astonishing blunder which I carefully noticed is to be found in SS. The word *chetvâ* 'having cut,' occurs four times in one sutta, which itself occurs four times in the Sagâtha; and it becomes the title of two of these suttas, and of one vaggo. Therefore this word occurs four times four or sixteen times and thrice more, viz.

nineteen times; and as we have three Singhalese MSS., it occurs altogether fifty-seven times in these MSS., where it is written *jhatvâ* with a surprising constancy. I have noted six other times the presence of this word; once it is yet written *jhatvâ* by the three Singhalese MSS. I do not reckon the reading *jetvâ*, which occurs thrice, because it is easy to explain it. The reading *jhatvâ* so often repeated seems to me a fact peculiarly deserving attention. This is not the proper occasion for discussing it; but it ought to be stated, and attention called to it. This case has been specially mentioned for instance as peculiarly interesting; other similar cases worthy of note could be introduced.

It is a somewhat amazing peculiarity that the uncertainty of the text is greater in the verses than in the prose. One story runs on generally with rare and slight differences in the several MSS. As soon as we come to the gâthâs, the number of the differences, and sometimes their seriousness increase. It is, however, well known that the metre is specially adapted to the preservation of texts; and it is precisely on account of this consideration that it is applied to the texts esteemed to be of most importance. But this importance itself ought to be the cause of the varieties of reading, these texts being rehearsed, discussed, commented upon more than the others, and consequently more subject to alteration.

The question of prosody I did not meddle with; in several cases it seems to be very entangled. Certainly some varieties of reading have originated from metrical difficulties. For instance, this pada which occurs in Devatâ-S. II. 10 and IV. 3 in this double form :—

pariyesamânâ nâjjhagamuṃ ||
pariyesamânâ na ca ajjhagamuṃ ||

The correct reading might be

pariyesamânâ na ajjhagamuṃ ||

But it is not to be found in any MS. I do not know whether these difficulties can be overcome without some alterations of the text not supported by the MSS. As I did not intend to make such alterations, I have only endeavoured to give the best text I could with the materials afforded by the MSS. The mere metrical question is to be treated separately.

I have distinguished the padas of the gâthâs by the two small lines (||), and the gâthâs themselves by the repetition of the same (|| ||), as in the Burmese MSS. This division is sometimes against the sense, but seldom, and the advantage of it seems to surpass the inconvenience. The same mode of division has been applied to the prose (as in the Burmese MSS.); but I have not always followed the MS., adding sometimes, or omitting, or changing the marks. As to the several numbered small paragraphs, they are not in the Burmese MS., but they generally correspond to the double mark (|| ||), and much more seldom to the divisions of the Singhalese MSS., where the system of division is well known to be thoroughly different from that of the Burmese MSS.

The gâthas of the Sagâtha are the only verses to be found in the Saṃyutta-nikâya, all the verses having been gathered together in this section, and the four others being without a verse.

The Sagâtha therefore is properly a collection of verses which are supplied with their narrative commentary. I intended at first to number all the verses of this collection. But the task seemed to be impossible, on account of the frequent repetitions; the same verses would have had several different numbers, or many verses would have been without a number. Seeing these difficulties, I thought better to give a list of the gâthâs, each of them being indicated by its first words, with references to the several suttas. This list is put at the end of the volume.

Besides this list I have drawn up two others; a list of the proper names, and a list of the titles of the suttas. These three indexes, I hope, will make easier the study of this collection of Buddhistic sentences.

I end by expressing my warmest thanks to Professor Rieu, Dr. Hoerning and their colleagues, for the readiness with which they enabled me to make use of the MS. of the British Museum, and chiefly to Professor Fausböll and Dr. Morris, to whose liberality and courteousness I am very much indebted for having had the use of a book copied by the hand of the former, and a large volume belonging to the fine collection of the latter.

My last word will be for the continual kind assistance of Mr. Rhys Davids, without which this work might not have been carried out.

L. F.

SAṂYUTTA-NIKÂYA.

DIVISION I.—SAGÂTHA.

BOOK I.—DEVATÂ-SAṂYUTTA.

Namo tassa bhagavato arahato sammâsambuddhassa ||

CHAPTER I. NAḶAVAGGA.

§ 1. *Ogham.*

Evam me sutam ekaṃ samayaṃ Bhagavâ Sâvatthiyaṃ viharati Jetavane Anâthapiṇḍikassa ârâme || ||

Atha kho aññatarâ devatâ abhikkantâya rattiyâ abhikkantavaṇṇâ kevalakappaṃ Jetavanam obhâsetvâ yena Bhagavâ ten-upasaṅkami || Upasaṅkamitvâ Bhagavantam abhivâdetvâ ekam antam aṭṭhâsi || ||

Ekam antaṃ ṭhitâ kho sâ devatâ Bhagavantam etad avoca || || Kathaṃ nu tvaṃ mârisa ogham atarî-ti || ||

Appatiṭṭhaṃ khvâhaṃ âvuso anâyûhaṃ ogham atarinti || ||

Yathâ kathaṃ pana tvaṃ mârisa appatiṭṭhaṃ anâyûhaṃ ogham atarîti || ||

Yadâ svâham âvuso santiṭṭhâmi tadâssu saṃsîdâmi || yadâ svâham âvuso âyûhâmi[1] tadâssu nibbuyhâmi[2] || Evam khvâham âvuso appatiṭṭhaṃ anâyûhaṃ ogham atarin-ti || ||

Cirassaṃ vata passâmi || brâhmanaṃ parinibbutaṃ ||
appatiṭṭhaṃ anâyûhaṃ || tiṇṇam loke visattikan-ti || ||

Idam avoca sâ devatâ || samanuñño satthâ ahosi || ||

Atha kho sâ devatâ samanuñño[3] me satthâti Bhagavantam abhivâdetvâ padakkhiṇaṃ katvâ tatth-ev-antaradhâyîti || ||

---

[1] B. Yadâham âyûhâmi. [2] B. nivuyhâmi. [3] SS. samanuññâto.

§ 2. *Nimokkho.*

Sâvatthiyaṃ || ||

Atha kho aññatarâ devatâ abhikkantâya rattiyâ abhikkantavaṇṇâ kevalakappaṃ Jetavanam obhâsetvâ yena Bhagavâ ten-upasaṅkami || upasaṅkamitvâ Bhagavantam abhivâdetvâ ekam antam aṭṭhâsi || ||

Ekam antaṃ ṭhitâ kho sâ devatâ Bhagavantam etad avoca || ||

Jânâsi no tvaṃ mârisa sattânaṃ nimokkhaṃ pamokkhaṃ vivekan-ti || ||

Jânâmi[1] khvâham[2] âvuso sattânam nimokkham pamokkhaṃ[3] vivekan-ti || ||

Yathâ katham pana tvaṃ mârisa jânâsi sattânaṃ nimokkhaṃ pamokkhaṃ vivekan-ti || ||

Nandî-bhava-parikkhayâ || saññâ-viññâṇa-saṅkhayâ ||
vedanânaṃ nirodhâ[4] upasamâ || evaṃ khvâham âvuso jânâmi ||
sattânaṃ nimokkhaṃ[5] || pamokkhaṃ vivekan-ti || ||

§ 3. *Upaneyyam.*

Evam antaṃ ṭhitâ kho sâ devatâ Bhagavato santike imaṃ gâtham abhâsi || ||

Upanîyati jîvitam appam âyu ||
jarûpanîtassa na santi tâṇâ ||
etaṃ bhayaṃ marane pekkhamâno ||
puññâni kayirâtha sukhâvahânî ti[6] || ||

Upanîyati jîvitam appam âyu ||
jarûpanîtassa na santi tâṇâ ||
etaṃ bhayaṃ maraṇe pekkhamâno ||
lokâmisaṃ pajahe santipekkho-ti || ||

---

[1] SS. Jânâma. [2] B. Kho-haṃ. [3] SS. have pâmokkham here and further on. [4] So SS. supported by C.; B. vedanânirodhâ. [5] SS. vimokkhaṃ. [6] SS. sukhavahâni here and in the next Sutta.

§ 4. *Accenti.*

Ekam antaṃ ṭhitâ kho sâ devatâ Bhagavato santike imaṃ gâtham abhâsi || ||

Accenti [1] kâlâ tarayanti rattiyo ||
vayoguṇâ anupubbaṃ jahanti ||
etaṃ bhayaṃ marane pekkhamâno ||
puññâni kayirâtha sukhâvahânîti || ||

Accenti kâlâ tarayanti rattiyo ||
vayoguṇâ anupubbaṃ jahanti ||
etaṃ bhayaṃ maraṇe pekkhamâno ||
lokâmisaṃ pajahe santipekkho-ti [2] || ||

§ 5. *Kati chinde.*

Ekam antaṃ ṭhitâ kho sâ devatâ Bhagavato santike imaṃ gâtham abhâsi [3] || ||

Kati chinde kati jahe || kati vuttari bhâvaye ||
katisaṅgâtigo bhikkhu || oghatiṇṇo-ti vuccatîti || ||
Pañca chinde pañca jahe || pañca vuttari bhâvaye ||
pañcasangâtigo[4] bhikkhu || oghatiṇṇo ti vuccatîti || ||

§ 6. *Jâgaram.*

Ekam antaṃ ṭhitâ kho sâ devatâ Bhagavato santike imaṃ gâtham abhâsi [5] || ||

Kati jâgaratam suttâ || kati suttesu jâgarâ ||
katîhi rajam âdeti || katîhi parisujjhatîti || ||
Pañca jâgaratam suttâ || pañca-suttesu jâgarâ ||
pañcahi rajam âdeti || pañcahi[6] parisujjhatî ti || ||

---

[1] SS. Accanti and so on, but at the uddâna: accenti. [2] See Devaputta-S. III. 7. [3] SS. Bhagavantam gâthâya ajjhabhâsi. [4] So B; SS. °saṅgâtiko; C. has saṅgâtîto (which it explains saṅge atîto atikkanto), but notices the reading saṅgâtiko. See Dhammapada v. 370 and p. 66 and 421-3. [5] SS. Bhagavantam gâthâya ajjhabhâsi. [6] B. seems to have katibhi . . . pañcabhi . . .

§ 7. *Appaṭividitâ.*

Ekam antaṃ ṭhitâ kho sâ devatâ Bhagavato santike imaṃ gâtham abhâsi || ||

Yesaṃ dhammâ appaṭividitâ || paravâdesu nîyare ||
suttâ te nappabujjhanti || kâlo tesaṃ pabujjhitum-ti || ||
Yesaṃ dhammâ suppaṭividitâ[1] || paravâdesu na nîyare[2] || .
te sambuddhâ sammadaññâ[3] || caranti visame saman-ti || ||

§ 8. *Susammuṭṭhâ*

Ekam antaṃ ṭhitâ kho sâ devatâ Bhagavato santike imaṃ gâtham abhâsi || ||

Yesaṃ dhammâ susammuṭṭhâ || paravâdesu nîyare ||
suttâ te nappabujjhanti || kâlo tesaṃ pabujjhitun-ti || ||
Yesaṃ dhammâ asammuṭṭhâ || paravâdesu na nîyare ||
te sambuddhâ sammadaññâ || caranti visame saman-ti[4] || ||

§ 9. *Mânakâma.*

Ekam antaṃ ṭhitâ kho sâ devatâ Bhagavato santike imaṃ gâtham abhâsi || ||

Na mânakâmassa damo idh-atthi[5] ||
na monam atthi asamâhitassa ||
eko araññe viharaṃ pamatto ||
na maccudheyassa tareyya[6] pâran-ti[7] || ||

Mânam pahâya susamâhitatto ||
sucetaso sabbadhi vippamutto[8] ||
eko araññe viharaṃ appamatto ||
sa maccudheyyassa tareyya pâran ti[9] || ||

---

[1] S.[3] °patividhitâ here and above. [2] So SS.; B. paravâdesuniyyare. [3] SS. Sambuddhâ sammadaññaya which C. seems to approve by reading sammadaññâya. [4] Same varieties of reading as above. Only S^1 reads, in the second gathâ, paravadesu nîyare without na, as B does. [5] SS. Mânikâmassa . . . idatthi. [6] S^2 and S^3 taranti. [7] S^2 pârenti; S^1 paressanti, but ssa is doubtful. [8] B. vippayutto. [9] S^1 has here pârenti. These gâthâs will be found again, iv. 8.

§ 10. *Araññe.*

Ekam antaṃ ṭhitâ kho sâ devatâ Bhagavantaṃ gâthâya ajjhabhâsi || ||

Araññe viharantânaṃ || santânaṃ brahmacârinaṃ ||
ekabhattaṃ bhuñjamânânaṃ || kena vaṇṇo pasîdatîti[1] || ||
Atîtaṃ nânusocanti || nappajappanti nâgataṃ[2] ||
paccuppannena yâpenti || tena vaṇṇo pasîdati || ||
anâgatappajappâya || atîtassânusocanâ ||
etena bâlâ sussanti || naḷo va harito luto-ti || ||

Naḷavaggo paṭhamo ||

Tatr-uddânaṃ ||

Ogham Nimokkho Upaneyyaṃ || Accenti Katichindi ca ||
Jâgaram Appaṭividitâ || Susammutthâ Mâna-kâminâ ||
Araññe dasamo vutto || vaggo tena pavuccati || ||

Chapter II. Nandana-vagga.

§ 1. *Nandana.*

Evaṃ me sutam ekaṃ samayaṃ Bhagavâ Sâvatthiyaṃ viharati Jetavane Anâthapiṇḍikassa ârâme ||

Tatra kho Bhagavâ bhikkhû âmantesi || Bhikkhavo-ti || || Bhadante[3]-ti te bhikkhû Bhagavato paccassosuṃ || ||

Bhagavâ etad avoca || ||

Bhûtapubbaṃ bhikkhave aññatarâ Tâvatiṃsa-kâyikâ devatâ Nandanavane[4] accharâsaṅghaparivutâ dibbehi pañcakâmaguṇehi samappitâ samaṅgibhûtâ paricâriyamânâ[5] tâyaṃ velâyam imaṃ gâtham abhâsi || ||

Na te sukhaṃ pajânanti || ye na passanti Nandanaṃ ||
âvâsaṃ naradevânaṃ || tidasânaṃ yasassinan-ti || ||

---

[1] B. pasîdati. [2] SS. nappajappamanâgataṃ. [3] B Bhaddante. [4] B. Nandanevane. [5] S[1-3] paricârayamânâ.

Evaṃ vutte bhikkhave aññatarâ devatâ taṃ devataṃ gâthâya paccabhâsi[1] || ||

Na tvaṃ bâle pajânâsi[2] || yathâ arahataṃ vaco ||
aniccâ sabba[3]saṅkhârâ || uppâdavayadhammino ||
uppajjitvâ nirujjhanti || tesaṃ vûpasamo sukho-ti || ||

§ 2. *Nandati.*

Ekam antaṃ ṭhitâ kho sâ devatâ Bhagavato santike imaṃ gâtham abhâsi || ||

Nandati puttehi puttimâ || gomiko[4] gohi tath-eva nandati ||
upadhîhi narassa nandanâ || na hi so nandati yo nirupadhîti || ||
Socati puttehi puttimâ || gomiko gohi tath-eva socati ||
upadhîhi narassa socanâ || na hi socati yo nirupadhîti || ||

§ 3. *Natthi puttasamam.*

Ekam antaṃ ṭhitâ kho sâ devatâ Bhagavato santike imaṃ gâtham abhâsi. || ||

Natthi puttasamaṃ pemaṃ || natthi gosamitam dhanaṃ ||
natthi suriyasamâ âbhâ || samudda[5] paramâ sarâti || ||
Natthi attasamaṃ pemaṃ || natthi dhaññasamaṃ dhanaṃ ||
natthi paññâsamâ âbhâ || vuṭṭhi ve paramâ sarâ ti || ||

§ 4. *Khattiyo.*

Khattiyo dvipadaṃ[6] seṭṭho || balivaddo[7] catuppadaṃ ||
kumârî[8] seṭṭhâ bhariyânaṃ || yo ca puttânaṃ pubbajoti || ||
Sambuddho dvipadaṃ seṭṭho || âjânîyo catuppadaṃ ||
sussûsâ seṭṭhâ bhariyânaṃ || yo ca puttânam assavo-ti || ||

---

[1] SS. ajjhabhâsi. [2] SS. vijânâsi. [3] SS. sabbe; M.P.S. VI. 16 and J.I. 393 vata. [4] B. gopiko. [5] So all the MSS. [6] SS. dipadaṃ here and further on. [7] B. balibaddho. [8] SS. komârî.

§ 5. *Sakamâno* (*or Santikâya*).

Ṭhite majjhantike kâle || sannisinnesu[1] pakkhisu ||
saṇate va[2] mahâraññaṃ[3] || taṃ bhayaṃ paṭibhâti man-
ti || ||
Ṭhite majjhaṇtike kâle || sannisinnesu[4] pakkhisu ||
saṇate va mahâraññaṃ || sâ ratî paṭibhâti man-ti[5] || ||

§ 6. *Niddâ tandi.*

Niddâ tandî vijambhikâ[6] || aratî bhattasammado ||
etena nappakâsati || ariyamaggo idha pâṇinaṅ-ti || ||
Niddaṃ tandiṃ vijambhikaṃ || aratiṃ[7] bhattasammadaṃ ||
viriyena naṃ paṇâmetvâ || ariyamaggo visujjhatîti || ||

§ 7. *Dukkaraṃ* (or *Kummo*).

Dukkaraṃ duttitikkhañca[8] || avyattena[9] ca sâmaññaṃ ||
bahû hi tattha sambâdhâ || yattha bâlo visîdatîti || ||
Kati-haṃ careyya sâmaññaṃ || cittaṃ ce na nivâreyya[10] ||
pade pade visîdeyya || saṅkappânaṃ vasânugo[11] || ||

Kummo va angâni[12] sake kapâle ||
samodahaṃ bhikkhu mano-vitakke ||
anissito aññam aheṭhayâno[13] ||
parinibbuto na upavadeyya kañcîti[14] || ||

§ 8. *Hirî.*

Hirînisedho puriso || koci lokasmiṃ vijjati ||
yo nindam appabodhati || asso bhadro kasâm ivâ ti || ||
Hirînisedhâ tanuyâ[15] || ye caranti sadâ satâ ||
antaṃ dukkhassa pappuyya[16] || caranti visame saman-ti || ||

---

[1] S² Sannisivesu; B. sannisîvesu. [2] C. palâteva here and further on. [3] SS. brahâraññaṃ here and further on. [4] S² Sannisinnîsu; B. as above. [5] These gâthâs will be found again, Vana-S. 12. [6] B. vijambhitâ; C. vijambhitâ. [7] SS. Niddâtandîvijambhikâaratiṃ. [8] B. Dutitikkhañca. [9] B. abyattena hi. [10] S¹ nivâraye. [11] B. vasânugoti. [12] B. kummovamaṅgâni. [13] B. ahedhayâno; C. ahedhamâno. [14] B. nupavadeyya kiñciti; S⁴ seems to have: naṃ (or taṃ) upavadeyya. [15] So B. and C.; SS. Hirînisedho tanayâ. [16] B. appeyya; C. paccayâ.

§ 9. *Kuṭikâ.*

Kacci te kuṭikâ natthi || kacci natthi kulâvakâ ||
kacci santânakâ natthi || kacci mutto-si bandhanâ ti[1] || ||
Taggha me kuṭikâ natthi || taggha natthi kulâvakâ ||
taggha santânakâ natthi || taggha mutto-mhi bandhanâ
ti[2] || ||
Kintâhaṃ kuṭikam brûmi || kinte brûmi kulâvakaṃ[3] ||
kinte santânakaṃ[4] brûmi || kintâhaṃ brûmi[5] bandhanan-
ti ||
Mâtaraṃ kuṭikam brûsi || bhariyaṃ brûsi kulâvakaṃ ||
putte santânake brûsi || taṇham[6] me brûsi[7] bandhanan-ti || ||
sâhu te kuṭikâ natthi || sâhu natthi kulâvakâ ||
sâhu santânakâ natthi || sâhu mutto si bandhanâ ti[8] || ||

§ 10. *Samiddhi.*[9]

1. Evaṃ me sutam ekaṃ samayaṃ Bhagavâ Râjagahe viharati Tapodârâme || ||

2. Atha kho ayasmâ Samiddhi rattiyâ paccusa-samayaṃ paccuṭṭhâya yena Tapodâ ten-upasaṅkami gattâni parisiñcituṃ || Tapode gattâni parisiñcitvâ paccuttaritvâ ekacîvaro aṭṭhâsi gattâni sukkhâpayamâno[10] ||

3. Attha kho aññatarâ devatâ abhikkantâya rattiyâ abhikkantavaṇṇâ kevalakappaṃ Tapodam obhâsetvâ yena âyasmâ Samiddhi ten-upasaṅkami || upasaṅkamitvâ vehâsaṃ ṭhitâ[11] âyasmantaṃ Samiddhiṃ gâthâya ajjhabhâsi || ||

Abhutvâ bhikkhasi bhikkhu || na hi bhutvâna bhikkhasi ||
bhutvâna bhikkhu bhikkhassu || mâ taṃ kâlo upaccâ-
gâti.[12] || ||

---

[1] SS. mutto mârabandhanâ; S[1-3] omit ti. [2] SS. mutto mârabandhanâti. [3] S[1-2] kulavakâ. [4] SS. santânake. [5] Instead of brûmi, B. has brûsi. [6] B. taṇhâ. [7] Here B has always brûmi instead of brûsi. [8] SS. have not ti. [9] Cf. Samiddhi-jâtaka, also entitled Kâla-jataka Duka-nipâta II. 7. Samiddhi will be spoken of again further on, Mâra-S. III. 2. [10] B. pubbâpayamâno. [11] B. vehasi ṭhatvâ. [12] C. upajjhagâti.

Kâlaṃ vo-haṃ na jânâmi || channo kâlo na dissati ||
tasmâ abhutvâ bhikkhâmi || mâ maṃ kâlo upaccagâti || ||

4. Atha kho sa devatâ pathaviyam patiṭṭhahitvâ âyasmantam Samiddhim etad avoca[1] || ||
Daharo tvaṃ bhikkhu pabbajito susu kâlakeso bhadrena[2] yobbanena samannâgato pathamena vayasâ anikiḷitâvî[3] kâmesu || Bhuñja bhikkhu mânusake kâme mâ sandiṭṭhikaṃ hitvâ kâlikam anudhâvî ti[4] || ||

5. Na khvâham âvuso sandiṭṭhikaṃ hitvâ kâlikam anudhâvâmi || Kâlikañca[5] khvâham âvuso hitvâ sandiṭṭhikam anudhâvâmi || Kâlikâ hi âvuso kâmâ vuttâ Bhagavatâ bahudukkhâ bahupâyasâ âdînavo ettha bhîyo || Sandiṭṭhiko ayaṃ dhammo akâliko ehipassiko opanayiko[6] paccattaṃ[7] veditabbo viññûhîti || ||

6. Kathañca bhikkhu kâlikâ[8] kâmâ vuttâ Bhagavatâ bahudukkhâ bahupâyâsâ âdînavo ettha bhîyo[9] || Kathaṃ sandiṭṭhiko ayaṃ dhammo akâliko[10] ehipassiko opanayiko paccattaṃ veditabbo viññûhîti || ||

7. Ahaṃ kho âvuso navo acirapabbajito adhunâgato || imaṃ dhammavinayaṃ na khvâham[11] sakkomi vitthârena âcikkhituṃ || Ayaṃ so Bhagavâ arahaṃ sammâsambuddho Râjagahe viharati Tapodârâme || Taṃ Bhagavantam upasaṅkamitvâ etam atthaṃ puccha[12] || Yathâ te Bhagavâ vyâkaroti tathâ naṃ dhâreyyâsîti || ||

8. Na kho bhikkhu sukaro so Bhagavâ amhehi upasaṅkamitum aññâhi mahesakkhâhi[13] devatâhi parivuto || Sa ce kho tvaṃ bhikkhu taṃ[14] Bhagavantam upasaṅkamitvâ etam atthaṃ pucceyyâsi mayam pi âgaccheyyâma dhammasavanâyâ ti || ||

9. Evam âvuso ti kho âyasmâ Samiddhi tassâ devatâya paṭisutvâ[15] yena Bhagavâ ten-upasaṅkami || Upasaṅkamitvâ Bhagavantam abhivâdetvâ ekam antaṃ nisîdi || ||

---

[1] S[1-2] patiṭṭhahitvâ âyasmâ etad avoca. [2] S[1-2] bhaddena. [3] B. anikiḷitâvi; S[2] anikîlitâvi; S[1-3] anikîḷitâvi; C. anikkiḷitâvi. [4] B. anudhâvâti. [5] SS. kâlikâhañca. [6] B. opanevyiko; C. upaneyyiko. [7] S[2] pasattaṃ. [8] S[1-2] kâlikâlikâ. [9] S[2-3] add ti. [10] S[2] akâlikâliko. [11] B. na tâham. [12] SS. puccheyyâsi. [13] This word is written twice in S[1-2]. [14] SS. omit bhikkhu taṃ. [15] SS. paṭissutvâ.

Ekam antaṃ nisinno kho âyasmâ Samiddhi Bhagavantaṃ etad avoca || ||

10. Idhâhaṃ bhante rattiyâ paccusasamayaṃ paccuṭṭhâya yena Tapodâ ten-upasaṅkamiṃ gattâni parisiñcituṃ || Tapode gattâni parisiñcitvâ paccuttaritvâ ekacîvaro aṭṭhâsiṃ gattâni sukkhâpayamâno || Atha kho bhante aññatarâ devatâ abhikkantâya rattiyâ abhikkantavaṇṇâ kevalakappaṃ Tapodaṃ obhâsetvâ yenâhaṃ ten-upasaṅkami || upasaṅkamitvâ vehâsaṃ ṭhitâ [1] imâya gâthâya ajjhabhâsi ||

Abhutvâ bhikkhasi bhikkhu || na hi bhutvâna bhikkhasi ||
bhutvâna bhikkhu bhikkhassu || mâ taṃ kâlo upaccagâ
ti || ||

11. Evaṃ vutte aham [2] bhante taṃ devataṃ gâthâya paccabhâsiṃ [3] || ||

Kâlaṃ vo-haṃ na jânâmi || channo [4] kâlo na dissati ||
tasmâ abhutvâ bhikkhâmi || mâ maṃ kâlo upaccagâ ti || ||

12. Atha kho bhante sâ devatâ pathaviyaṃ patiṭṭhahitvâ mam etad avoca || ||

Daharo tvam bhikkhu pabbajito susu [5] kâlakeso [6] bhadrena yobbanena samannâgato pathamena vayasâ anikîḷitâvî [7] kâmesu || Bhuñja bhikkhu mânusake kâme mâ sandiṭṭhikaṃ hitvâ kâlikam anudhâvî ti || ||

13. Evaṃ vutte-haṃ [8] bhante taṃ devatam etad avocaṃ ||

Na khvâhaṃ [9] âvuso sandiṭṭhikaṃ hitvâ kâlikaṃ anudhâvâmi || kâlikaṃ ca khvâhaṃ âvuso hitvâ sandiṭṭhikaṃ anudhâvâmi || Kâlikâ hi âvuso kâmâ vuttâ bahudukkhâ bahupâyâsâ âdînavo ettha bhîyo || Sandiṭṭhiko ayam dhammo akâliko ehipassiko opanayiko paccattam veditabbo viññûhîti || ||

14. Evaṃ vutte bhante sâ devatâ mam etad avoca ||

Kathaṃ ca bhikkhu kâlikâ kâmâ vuttâ Bhagavatâ bahudukkhâ bahupâyâsâ âdînavo ettha bhîyo || Kathaṃ san-

---

[1] So B.; SS. vehâsaṇṭhitâ. [2] SS. vutteham. [3] SS. ajjhabhâsiṃ. [4] S[1] chindo. [5] S[1] susû; S[2] sûsû. [6] S[2-3] kâḷakeso. [7] So S[3] only. [8] B. vuttâhaṃ. [9] S[2] nakkhvâcâhaṃ.

diṭṭhiko ayaṃ dhammo akâliko ehipassiko opanayiko paccattaṃ veditabbo viññûhîti || ||

15. Evaṃ vutte-haṃ bhante[1] taṃ devatam etad avocaṃ || || Aham kho âvuso navo acirapabbajito adhunâgato imaṃ dhammavinayaṃ na khvâham[2] sakkomi vitthârena âcikkhituṃ || ayaṃ so[3] Bhagavâ arahaṃ sammâsambuddho Râjagahe viharati Tapodârâme || taṃ Bhagavantam upasaṅkamitvâ etam atthaṃ puccha[4] || yathâ te Bhagavâ vyâkaroti tathâ naṃ dhâreyyâsîti || ||

16. Evaṃ vutte bhante sâ devatâ maṃ etad avoca || Na kho bhikkhu sukaro so Bhagavâ amhehi[5] upasaṅkamitum aññâhi mahesakkhâhi devatâhi parivuto || Sace kho tvaṃ bhikkhu taṃ[6] Bhagavantam upasaṅkamitvâ etam atthaṃ puccheyyâsi[7] mayam pi âgaccheyyâma dhammasavanâyâti || Sace bhante tassâ[8] devatâya saccaṃ vacanaṃ idheva sâ devatâ avidûre-ti || ||

17. Evaṃ vutte sâ devatâ âyasmantaṃ Samiddhim etad avoca || Puccha bhikkhu puccha bhikkhu yam[9] aham anuppattoti[10] || ||

18. Atha kho Bhagavâ taṃ[11] devataṃ gâthâya ajjhabhâsi || ||

Akkheyyasaññino sattâ || akkheyyasmiṃ patiṭṭhitâ ||
akkheyyam apariññâya || yogam âyanti maccuno || ||
akkheyyañ ca pariññâya[12] || akkhâtâraṃ[13] na maññati ||
taṃ hi tassa na hotîti || yena naṃ[14] vajjâ na tassa atthi[15] || ||

Sace vijânâsi[16] vadehi yakkhîti[17] || ||

19. Na khvâham bhante imassa Bhagavatâ sankhittena bhâsitâssa vitthârena attham âjânâmi[18] || Sâdhu me[19] bhante Bhagavâ tathâ[20] bhâsatu yathâham imassa Bhagavatâ saṅkhittena bhâsitassa vitthârena atthaṃ jâneyyan-ti[21] || ||

---

[1] As above. [2] B. na tâham as above. [3] SS. kho. [4] So B and S^3; S^1 seems to have the same reading; S^2 has pucchaṃ. [5] S^{1-2} aññehi. [6] SS. omit kho . . . taṃ; S^2 tvaṃ also. [7] S^1 puccheyyâ. [8] S^{1-3} tassa. [9] SS. ayam. [10] B. anuppatâtti; S^{1-2} anuppanno. [11] Omitted by SS. [12] S^{1-2} akkheyya ca pariññâtâya. [13] SS. add ca; C. akkhâtânaṃ. [14] S^1 taṃ; S^3 ta. [15] SS. omit na tassa atthi. [16] SS. pi jânâsi. [17] S^{1-3} yakkhâti; S^2 yakkhaṃ. [18] SS. ajânâmi. [19] Omitted by S^{1-2}. [20] Omitted by SS. [21] SS. ajâneyyanti.

20. Samo visesî athavâ nihîno[1] || yo maññati so vivadetha tena ||
tîsu vidhâsu avikampamâno || samo visesîti na[2] tassa hoti || ||

Sace vijânâsi vadehi yakkhîti[3] || ||

21. Imassa pi khvâhaṃ bhante Bhagavatâ saṅkhittena bhâsitassa na vitthârena attham âjânâmi[4] || Sâdhu me[5] bhante Bhagavâ tathâ bhâsatu yathâham imassa Bhagavatâ saṅkhittena bhâsitassa vitthârena atthaṃ jâneyyan-ti[6] || ||

22. Pahâsi saṅkhaṃ[7] na vimânam ajjhagâ[8] ||
acchecchi[9] taṇham idha nâmarûpe ||
tam chinnagandham anighaṃ nirâsam[10] ||
pariyesamânâ nâjjhâgamuṃ ||
devâ manussâ idha vâ huraṃ vâ ||
saggesu vâ sabbanivesanesu[11] || ||

Sace vijânâsi vadehi yakkhîti[12] ||

23. Imassa khvâhaṃ bhante Bhagavatâ saṅkhittena bhâsitassa evaṃ[13] vitthârena attham âjânâmi[14] ||

Pâpaṃ na kayirâ[15] vacasâ manasâ ||
kâyena vâ[16] kiñcana sabbaloke ||
kâme pahâya satimâ sampajâno ||
dukkhaṃ na sevetha anatthasaṃhitan-ti[17] || ||

Nandana-vaggo dutiyo || ||

Tatr-uddânam ||

Nandanâ Nandati c-eva || Natthiputtasamena ca ||
Khattiyo Sakamâno ca[18] || Niddâtandi ca Dukkaraṃ[19] ||
Hirî Kuṭikâ navamo || dasamo vutto Samiddhinâti || ||

---

[1] S[1] nihito; B. udâvânihinno. [2] S[2] omits na. [3] SS. yakkhaṃ. [4] SS. °bhâsitassa vitthârena attham na ajânâmi. [5] S[1-2] omit me. [6] S[1-2] ajâneyyanti; S[3] âjâneyyanti. [7] So B and C.; SS. kaṅkhaṃ alias saṅgam. [8] SS. âjâ. [9] B. and S[2] acchejji. [10] S[1-2] nisârâsaṃ. [11] SS. omit saggesu vâ; these verses will be found again further on, IV. 4. [12] SS. yakkha. [13] SS. omit evaṃ. [14] S[1] ajânâmi; S[2-3] jânâmi. [15] SS. kayirâtha. [16] SS. kâyena vâcâ. [17] S[1-3] °saññâhitanti. [18] SS[1-3] santikâye. [19] S-[3] kummo.

CHAPTER III. SATTI-VAGGO.

Sâvatthi nidânam || ||

Ekam antaṃ ṭhitâ kho sâ devatâ Bhagavato santike imaṃ gâtham abhâsi[1] || ||

§ 1. *Sattiyâ.*

Sattiyâ viya omaṭṭho || ḍayhamâne[2] va matthake ||
kâmarâgappahânâya[3] || sato bhikkhu paribbaje-ti[4] || ||
Sattiyâ viya omaṭṭho || ḍayhamâne va matthake ||
sakkâyadiṭṭhippahânâya[5] || sato bhikkhu paribbaje-ti || ||

§ 2. *Phusati.*

Nâphusantam phusati ca[6] || phusantaṃ ca tato phuse ||
tasmâ phusantam phusâti || appaduṭṭhapadosinan-ti[7] || ||
Yo appaduṭṭhassa narassa dussati ||
suddhassa posassa anaṅgaṇassa[8] ||
tam eva bâlaṃ pacceti pâpaṃ ||
sukhumo rajo paṭivâtaṃ va khitto-ti[9] || ||

§ 3. *Jaṭâ.*

Antojaṭâ bahijaṭâ || jaṭâya jaṭitâ pajâ ||
taṃ taṃ Gotama pucchâmi || ko imaṃ vijaṭaye jaṭan-ti || ||
Sîle patiṭṭhâya naro sapañño || cittaṃ paññañca bhâvayaṃ ||
âtâpî nipako bhikkhu || so imaṃ vijaṭaye jaṭan-ti || ||
yesaṃ râgo ca doso ca || avijjâ ca virâjitâ ||
khîṇasavâ arahanto || tesaṃ vijaṭitâ jaṭâ || ||
yattha nâmañca rûpañca || asesam uparujjhati ||
paṭighaṃ rûpasaññâ ca || ettha sâ chijjate[10] jaṭâti[11] || ||

---

[1] SS. ajjhabhâsi. [2] SS. ḍayhamâno here and further on. [3] SS. °pahânena. [4] SS. omit ti. [5] S² °diṭṭhimpahâṇena. These verses will be found again, Devaputta S. II. 6. [6] SS. omit ca. [7] SS. omit ti. [8] S¹ anâṅganassa. [9] This gâtha will be found again, Brâhmaṇa- S. I. 4. [10] B. etthesâ vijaṭe. [11] All these gâthâs will be found again, Brâhmaṇa-S. I. 6.

§ 4. *Mano-nivâraṇâ.*

Yato yato mano[1] nivâraye || na dukkham eti naṃ tato tato ||
sa sabbato mano nivâraye || sa sabbato dukkhâ pamuccati || ||
Na sabbato mano nivâraye || na[2] mano sayatattam[3] âgataṃ[4] ||
yato yato ca[5] pâpakam || tato tato mano nivâraye-ti || ||

§ 5. *Arahaṃ.*

Yo hoti bhikkhu arahaṃ katâvî ||
khîṇâsavo[6] antimadehadhârî ||
ahaṃ vadâmîti pi so vadeyya ||
mamaṃ vadantîti[7] pi so[8] vadeyya[9] || ||

[Yo hoti bhikkhu arahaṃ katâvî ||
khîṇâsavo antimadehadhârî ||
ahaṃ vadâmîti pi so vadeyya ||
mamaṃ vadantîti pi so vadeyya ||
loke samaññaṃ kusalo viditvâ ||
vohâramattena so vohareyyâti[10] || ||]

Yo hoti bhikkhu arahaṃ katâvî ||
khîṇâsavo antimadehadhârî ||
mânaṃ nu kho so[11] upâgamma bhikkhu ||
ahaṃ vadâmîti pi so vadeyya ||
mamaṃ vadantîti pi so vadeyyâti || ||

Pahînamânassa na santi ganthâ[12] ||
vidhûpitâ mânaganthassa[13] sabbe ||
Sa vîtivatto yamataṃ sumedho ||

---

[1] S[2] omits mano in this first gâthâ. [2] SS. omit na. [3] So B.; SS. and C. omit sa. [4] S[1-3] âgatâ. [5] SS. omit ca. [6] SS. hantima° here and further on [7] S[2] vadentî. [8] SS. yo here and above. [9] B. vadeyyâti. [10] This gâthâ (or rather stanza) is missing in B.; perhaps an interpolation in SS. [11] S[1-3] (perhaps S[2]) Mânaṃ dukho taṃ. [12] B. gandhî [13] B. and SS. °gandhassa.

aham vadâmîti pi so vadeyya ||
[mamam vadantîti pi so vadeyya][1] ||
loke samaññam kusalo viditvâ
vohâramattena so vohareyyâti || ||

§ 6. *Pajjoto.*

Kati lokasmim pajjotâ[2] || yehi loko[3] pakâsati. ||
bhavantam[4] putthum âgamma || katham jânemu tam mayan-ti || ||
Cattâro loke[5] pajjotâ || pañcam-ettha na vijjati[6] ||
divâ tapati âdicco || rattim âbhâti candimâ || ||
atha aggi divârattim || tattha tattha pabhâsati[7] ||
sambuddho tapatam settho || esâ âbhâ anuttarâ ti || ||

§ 7. *Sarâ.*

Kuto sarâ nivattanti || kattha[8] vattam na vattati[9] ||
kattha nâmañca rûpañca || asesam uparujjhatîti || ||
Yattha âpo ca pathavî || tejo vâyo na gâdhati ||
ato sarâ nivattanti || ettha vattam na vattati ||
ettha nâmañca rûpañ ca || asesam uparujjhatîti || ||

§ 8. *Mahaddhana.*

Mahaddhanâ mahâbhogâ || ratthavanto pi khattiyâ ||
aññamaññâbhigijjhanti || kâmesu analankatâ || ||
tesu ussukkajâtesu || bhavasotânusârisu ||
gedhatanham[10] pajahimsu[11] || ke lokasmim anussukkâti || ||
Hitvâ agâram pabbajitvâ || hitvâ puttam pasum piyam[12] ||
hitvâ râgañca dosañca || avijjañca virâjiya[13] ||
khînâsavâ arahanto || te[14] lokasmim anussukâ ti || ||

---

[1] This pada is omitted by SS. but added by B. [2] B. pajjoto. [3] S[1-3] loke; S[2] lokehi; SS. pabhâsati. [4] SS. Bhagavantam. [5] S[1-3] loka. [6] S[2] vijjanti. [7] B. pakâsati. [8] SS. kettha. [9] S[1-2] vaddham . . . vaddhati. [10] SS. kodha tanham. [11] B. pavâhimsu. [12] B. puttam samappiyam. [13] SS. virajjiya. [14] S[1] ke.

§ 9. *Catucakka.*

Catucakkam navadvâraṃ || puṇṇam lobhena [1] saṃyutaṃ ||
paṅkajâtaṃ mahâvîra || kathaṃ yâtrâ bhavissatîti [2] || ||
Chetvâ nandiṃ varattañca [3] || icchâlobhañca pâpakaṃ ||
samûlaṃ taṇham abbuyha || evaṃ yâtrâ bhavissatîti [4] || ||

§ 10. *Enijaṅgha.*

Enijaṅghaṃ kisaṃ vîraṃ || appâhâram alolupaṃ ||
sîhaṃ v-ekacaraṃ nâgam || kâmesu anapekkhinaṃ ||
upasaṅkamma pucchâma [5] || kathaṃ dukkhâ pamuccatîti || ||
Pañcakâmaguṇâ loke || mano chaṭṭhâ paveditâ ||
ettha chandaṃ virâjetvâ || evaṃ dukkhâ pamuccatîti || ||

Satti-vaggo tatiyo || ||

Tatr-uddânam ||

Sattiyâ Phusati c-eva || Jaṭâ Manonivâraṇâ ||
Arahantena Pajjoto || Sarâ Mahaddhanena ca ||
Catucakkena navamaṃ || Enijaṅghena te dasâti || ||

Chapter IV. Satullapakâyika-vagga.

§ 1. *Sabbhi.*

1. Evaṃ me sutam Ekaṃ samayaṃ Bhagavâ Sâvatthiyaṃ viharati Jetavane Anâthapiṇḍikassa ârâme ||

2. Atha kho sambahulâ Satullapakayikâ [6] devatâyo abhikkantâya rattiyâ abhikkantavaṇṇâ kevalakappaṃ Jetavanam obhâsetvâ || yena Bhagavâ ten-upasaṅkamiṃsu || upasaṅkamitvâ Bhagavantam abhivâdetvâ ekam antam aṭṭhaṃsu ||

---

[1] SS. puṇṇalobena. [2] S[1-3] bhavissati; S[2] bhavissanti. [3] See Dhammapadam, V. 398. [4] These gâthâs will be found again further on (Devaputta-S. III. 8). [5] SS. pucchema. [6] S[1] satûlapa°; S[2] satulapa°; S[3] satulapa° and satullapa°.

3. Ekam antaṃ ṭhitâ kho ekâ devatâ Bhagavato santike imaṃ gâtham abhâsi || ||

Sabbhir eva samâsetha || sabbhi kubbetha santhavaṃ[1] ||
sataṃ saddhammam aññâya || seyyo hoti na pâpiyo ti || ||

4. Atha kho aparâ devatâ Bhagavato santike imaṃ gâtham abhâsi. || ||

Sabbhir eva samâsetha || sabbhi kubbetha santhavaṃ ||
sataṃ saddhammam aññâya || paññâ labbhati[2] nâññato ti || ||

5. Atha kho aparâ devatâ Bhagavato santike imaṃ gâtham abhâsi ||

Sabbhir eva samâsetha || sabbhi kubbetha santhavaṃ ||
sataṃ saddhammam aññâya || soka-majjhe na socatîti || ||

6. Atha kho aparâ devatâ Bhagavato santike imaṃ gâtham abhâsi || ||

Sabbhir eva samâsetha || sabbhi kubbetha santhavaṃ ||
sataṃ saddhammam aññaya || ñâti-majjhe virocatîti ||

7. Atha kho aparâ devatâ Bhagavato santike imaṃ gâtham abhâsi || ||

Sabbhir eva samâsetha || sabbhi kubbetha santhavaṃ ||
sataṃ saddhammam aññâya || sattâ gacchantí suggatin-ti[3] || ||

8. Atha kho aparâ devatâ Bhagavato santike imaṃ gâtham abhâsi ||

Sabbhir eva samâsetha || sabbhi kubbetha santhavaṃ ||
sataṃ saddhammam aññâya || sattâ tiṭṭhanti sâtatan-ti || ||

9. Atha kho aparâ devatâ Bhagavantam etad avoca || ||
Kassa nu kho Bhagava subhâsitan-ti || ||
Sabbâsam vo subhâsitaṃ pariyâyena || api ca maṃam pi[4] suṇâtha || ||

---

[1] B. krubbetha sandhavaṃ here and further on. [2] So SS. supported by C.; B. has paññam labbhati. [3] B. sugatiṃ; they omit the ti of the end in this and all the preceding gâthâs. [4] S[1-2] mamâpi; S[3] mamapi.

Sabbhir eva samâsetha || sabbhi kubbetha santhavaṃ ||
sataṃ saddhammam aññâya[1] || sabbadukkhâ pamuccatîti[2] || ||

§ 2. *Macchari.*

1. Ekaṃ samayaṃ Bhagavâ Sâvatthiyaṃ viharati Jetavane Anâthapiṇḍikassa ârâme || ||

2. Atha kho sambahulâ Satullapakâyikâ devatâyo abhikkantâya rattiyâ abhikkantavaṇṇâ kevalakappaṃ Jetavanam obhâsetvâ yena Bhagavâ ten-upasaṅkamiṃsu || upasaṅkamitvâ Bhagavantam abhivâdetvâ ekam antam aṭṭhaṃsu. ||

3. Ekam antaṃ ṭhitâ kho ekâ devatâ Bhagavato santike imaṃ gâtham abhâsi || ||

Maccherâ ca pamâdâ ca || evaṃ dânâṃ na dîyati ||
puññam âkaṅkhamânena || deyyaṃ hoti vijânatâ ti || ||

4. Atha kho aparâ devatâ Bhagavato santike imâ gâthayo[3] abhâsi || ||

Yass-eva bhîto na dadâti maccharî ||
tad evâdâdato[4] bhayaṃ ||
jighacchâ ca pipâsâ ca || yassa bhâyati maccharî ||
tam eva bâlaṃ phusati || asmiṃ loke paramhi ca || ||
Tasmâ vineyya maccheraṃ || dajjâ dânaṃ malâbhibhû ||
puññâni paralokasmiṃ || patiṭṭhâ honti pâṇinan-ti || ||

5. Atha kho aparâ devatâ Bhagavato santike imaṃ gâtham abhâsi ||

Te matesu na mîyanti || panthânaṃ va sahâvajjaṃ[5] ||
appasmiṃ ye pavecchanti || esa dhammo sanantano || ||
appasm-eke pavecchanti || bahun-eke[6] na docchare ||
appasmâ dakkhiṇâ dinnâ || sahassena samaṃ mitâ-ti || ||

---

[1] S[3] has always °dhammaṃ ñâya; S[1] twice only. [2] All these gâthâs will be found again further on in Devaputta-S. III. 1. [3] SS. imaṃ gâtham [4] B. tad eva adadato. [5] B. (very uncertain) pathânaṃ sahavajam; SS. panthânaṃ va sabhâvajaṃ; C. addhânam va sahavajjaṃ. [6] SS. Bahunâ eke.

6. Atha kho aparâ devatâ Bhagavato santike imâ gâṭhâyo[1] abhâsi ||

Duddadaṃ dadamânânaṃ || dukkaraṃ kamma kubbataṃ ||
asanto nânukubbanti || sataṃ dhammo durannayo[2] || ||
Tasmâ satañca asatañca[3] || nânâ hoti ito gati ||
asanto nirayaṃ yanti || santo saggaparâyanâ ti[4] || ||

7. Atha kho aparâ devatâ Bhagavantam[5] etad avoca || Kassa nu kho Bhagavâ subhâsitan ti || ||

Sabbâsaṃ vo subhâsitaṃ pariyâyena || api mamam pi[6] suṇâtha || ||

Dhammañ care yo samucchakaṃ[7] care ||
dâram ca posaṃ dadam appakasmiṃ ||
sataṃ sahassânaṃ sahassayâginaṃ ||
kalam pi[8] nâgghanti tathâvidhassa te ti || ||

8. Atha kho aparâ devatâ Bhagavantaṃ gâthaya ajjhabhâsi || ||

Ken-esaṃ[9] yañño vipulo mahaggato ||
samena dinnassa na aggham eti ||
sataṃ[10] sahassânaṃ sahassayâginaṃ ||
kalam pi nâgghanti tathâvidhassa te ti || ||

9. Atha kho Bhagavâ taṃ devatam gâthâya ajjhabhâsi || ||

Dadanti eke[11] visame[12] niviṭṭhâ ||
chetvâ[13] vadhitvâ atha socayitvâ ||
sâ dakkhiṇâ assumukhâ sadaṇḍâ ||
samena dinnassa na aggham eti || ||
Evaṃ[14] sahassânaṃ sahassayâginam ||
kalam pi[15] nâgghanti tathâvidhassa te ti || ||

[1] SS. imaṃ gâthaṃ. [2] B. duranvayo. [3] B. °asataṃ. [4] SS. °parâyano-ti; ti is omitted at the end of the preceding addresses. [5] B. Bhagavato santike. [6] So B.; S[1-2] mamâpi; S[3] mamapi (as above). [7] So SS.; B. and C. samuñjakaṃ. [8] SS. omit pi. [8] B. esa yañño. [10] B. kathaṃ. [11] B. heke; S[3] ceke. [12] B. visamena. [13] C. ghatvâ; SS. jhatvâ. [14] SS. evantaṃ. [15] SS. omit pi.

§ 3. *Sâdhu.*

1. Sâvatthi ârâme || ||

2. Atha kho sambahulâ Satullapakâyikâ devatâyo abhikkantâya rattiyâ abhikkantavaṇṇâ kevalakappaṃ Jetavanam obhâsetvâ yena Bhagavâ ten-upasaṅkamiṃsu || upasaṅkamitvâ Bhagavantaṃ abhivâdetvâ ekam antam aṭṭhaṃsu || ||

3. Ekam antaṃ ṭhitâ kho ekâ devatâ Bhagavato santike imam udânam udânesi || ||

Sâdhu[1] kho mârisa dânaṃ || ||
Maccherâ ca pamâdâ ca || evaṃ dânaṃ na dîyati ||
puññam âkaṅkhamânena || deyyaṃ hoti vijânatâ ti || ||

4. Atha kho aparâ devatâ Bhagavato santike imam udânam udânesi || ||

Sâdhu kho mârisa dânaṃ || api ca appasmim pi sâdhu[2] dânaṃ ||
Appasm̥-eke pavecchanti || bahun-eke[3] na dicchare ||
appasmâ dakkhiṇâ dinnâ || sahassena samam mitâ ti[4] || ||

5. Atha kho aparâ devatâ Bhagavato santike imam udânam udanesi || ||

Sâdhu kho mârisa dânaṃ ||
Appasmim pi sâdhu dânam ||
Api ca saddhâya pi sâdhu dânam ||
Dânañca yuddhañca samânam âhu ||
Appâpi santâ bahuke jinanti ||
Appam pi ce saddahâno dadâti ||
ten-eva so hoti sukhî paratthâ ti[5] || ||

6. Atha kho aparâ devatâ Bhagavato santike imam udânam udânesi || ||

Sâdhu kho mârisa dânaṃ ||
appasmiṃ pi sâdhu dânaṃ ||

---

[1] B. Sâhu. [2] B. appakasmim pi sâhu here and further on. [3] SS. bahunâ eke. [4] SS. samappitâ; see the preceding number. [5] SS. parattha, omitting ti here and in the preceding gâthâ.

saddhâya pi sâdhu[1] dânam ||
api ca dhammaladdhassa pi sâdhu dânaṃ || ||

Yo dhammaladdhassa dadâti dânam ||
uṭṭhânaviriyâdhigatassa jantu ||
atikkamma so vetaraṇiṃ Yamassa ||
dibbâni ṭhânâni upeti macco-ti || ||

7. Atha kho aparâ devatâ Bhagavato santike imam udânam udânesi || ||

Sâdhu kho mârisa dânaṃ ||
Appasmiṃ pi sâdhu dânaṃ ||
Saddhâya pi sâdhu dânaṃ ||
Dhammaladdhassa pi sâdhu dânam ||
Api ca viceyyadânam pi sâdhu[2] || ||

Viceyyadânam sugatappasatthaṃ[3] ||
ye dakkhiṇeyyâ idha jîvaloke ||
etesu dinnâni mahapphallâni ||
bîjâni vuttâni[4] yathâ sukhette ti || ||

8. Atha kho aparâ devatâ Bhagavato santike imam udânam udânesi || ||

Sâdhu kho mârisa dânam ||
Appasmim pi sâdhu dânaṃ ||
Saddhâya pi sâdhu dânaṃ ||
Dhammaladdhassa pi sâdhu dânaṃ ||
Viceyyadânam pi sâdhu[5] ||
Api ca pâṇesu ca[6] sâdhu saṃyamo || ||

Yo pâṇabhûtesu[7] aheṭhayaṃ[8] caraṃ ||
parûpavâdâ na karoti pâpaṃ ||
bhîruṃ[9] pasaṃsanti na hi tattha sûraṃ ||
bhayâ hi santo na karonti pâpan-ti || ||

9. Atha kho aparâ devatâ Bhagavantam etad avoca || ||

---

[1] B. sâhu here and further on. [2] B. adds dânaṃ. [3] B. °ppasaṭṭham. [4] S[2] mahapphalâ bîjâ vuttâni. [5] B. adds dânaṃ. [6] Or va; B. pi. [7] B. °bhûtâni. [8] B. ahedhayaṃ. [9] S[1-3] bhîrû.

Kassâ nu kho Bhagavâ subhâsitan-ti || ||
Sabbâsaṃ vo subhâsitaṃ pariyâyena || api mamam pi[1] suṇâtha || ||

Saddhâhi[2] dânam bahudhâ[3] pasatthaṃ ||
dânâ ca[4] kho dhammapadaṃ va[5] seyyo || ||
pubbeva hi pubbatareva santo ||
nibbânam ev-ajjhagamuṃ sapaññâ[6] ti || ||

§ 4. *Na santi.*

1. Ekaṃ samayaṃ Bhagavâ Sâvatthiyaṃ viharati Jetavane Anâthapiṇḍikassa ârâme ||

2. Atha kho sambahulâ Satullapakâyikâ devatâyo abhikkantâya rattiyâ abhikkantavaṇṇâ kevalakappaṃ Jetavanam obhâsetvâ yena Bhagavâ ten-upasaṅkamiṃsu || upasaṅkamitvâ Bhagavantam abhivâdetvâ ekam antam aṭṭhaṃsu ||

3. Ekam antaṃ ṭhitâ kho ekâ devatâ Bhagavato santike imaṃ gâtham abhâsi || ||

Na santi kâmâ manujesu niccâ ||
santîdha[7] kamanîyâni yesu baddho[8] ||
yesu pamatto[9] apunâgamanaṃ ||
anâgantvâ puriso[10] maccudheyyâ ti || ||

Chandajam aghaṃ || chandajaṃ dukkhaṃ ||
chandavinayâ aghavinayo || aghavinayâ dukkhavinayo ti || ||

Na te kâmâ yâni citrâni[11] loke ||
saṅkapparâgo purisassa kâmo ||
tiṭṭhanti citrâni tath-eva loke ||
ath-ettha dhîrâ vinayanti chandam || ||

---

[1] S1-2 mamâpi; S3 mama pi. [2] So S1 and B.; S2-3 Addhâhi. [3] B. pasaṭṭhaṃ. [4] So B. and C.; SS. dânañca. [5] B. ca. [6] S2 pasaññâ; B. samaññâ. [7] SS. Santîca. [8] B. kâmesu bandho. [9] SS. yesu ca baddho supamatto. [10] So C.; SS. anâgantapuriso; B. anâgantâ°. [11] SS. °kâmânicitrâni.

Kodhaṃ jahe vippajaheyya mânaṃ ||
saṃyojanaṃ sabbam atikkameyya ||
taṃ nâmarûpasmim asajjamânaṃ ||
akiñcanaṃ nânupatatanti dukkhâ [1] || ||

Pahâsi saṅkhaṃ [2] na vimânam ajjhagâ [3] ||
acchecchi [4] taṇham idha nâmarûpe ||
taṃ [5] chinnaganthaṃ [6] anighaṃ nirâsaṃ ||
pariyesamânâ na ca ajjhagamuṃ [7] ||
devâ manussâ idha vâ huraṃ vâ ||
saggesu vâ [8] sabbanivesanesû ti [9] || ||

Taṃ ce hi nâddakkhuṃ [10] tathâ vimuttaṃ ||
    iccâyasmâ Mogharâjâ ||
deva manussâ idha vâ huraṃ vâ ||
naruttamaṃ atthacaraṃ narânaṃ ||
ye taṃ namassanti pasaṃsiyâ te ti || ||

Pasaṃsiyâ te pi bhavanti bhikkhu [11] ||
    Mogharâjâ ti Bhagavâ ||
ye taṃ namassanti tathâ vimuttam ||
aññâya dhammaṃ vicikicchaṃ pahâya ||
saṅgâtigâ [12] te pi [13] bhavanti bhikkhû ti || ||

§ 5. *Ujjhânasaññino.*

1. Ekaṃ samayaṃ Bhagavâ Sâvatthiyaṃ viharati Jetavane Anâthapiṇḍikassa ârâme ||

2. Atha kho sambahulâ Ujjhânasaññikâ devatâyo abhikkantâya rattiyâ abhikkantavaṇṇâ kevalakappaṃ Jetavanam obhâsetvâ yena Bhagavâ ten-upasaṅkamiṃsu. || Upasaṅkamitvâ vehâsam aṭṭhaṃsu ||

---

[1] This gâthâ is repeated with slight change (No. 6). See Dhammapada, V. 221. [2] SS. Sangaṃ (alias kaṅkhaṃ; see II. 10). [3] SS. na (or ta) vinâmamâgâ. [4] B. acchejji. [5] S[2]-[3] omit taṃ. [6] B. °gandhaṃ. [7] SS. nâjjhagamuṃ. (See II. 10). [8] SS. omit saggesu vâ. [9] Repetition of the last but one gâthâ of II. 10. *q v.* [10] B. tam ce nidukkhaṃ. [11] S[1] bhikkhû (?). [12] C. seems to read saṃbhâgitâ (or rather saṅkhâtigâ). [13] SS. °te hi pi.

3. Vehâsaṃ ṭhitâ kho ekâ devatâ Bhagavato santike imaṃ gâtham abhâsi || ||

Aññathâ santam attânam || aññathâ yo pavedaye[1] ||
nikacca kitavass-eva || bhuttaṃ theyyena[2] tassa taṃ || ||
yaṃ hi kayirâ taṃ hi vade || yaṃ na kayirâ na taṃ vade ||
akarontam bhâsamânânaṃ[3] || parijânanti paṇḍitâ ti || ||

Na yidam[4] bhâsitamattena || ekantasavanena vâ ||
anukkamituṃ ve[5] sakkâ || yâyaṃ paṭipadâ daḷhâ[6] ||
yâya[7] dhîrâ pamuccanti || jhâyino mârabandhanâ || ||

Na ve dhîrâ pakubbanti || viditvâ lokapariyâyaṃ ||
aññâya nibbutâ dhîrâ || tiṇṇâ loke visattikan-ti. || ||

4. Atha kho tâ devatâyo pathaviyaṃ patiṭṭhahitvâ Bhagavato pâdesu sirasâ nipatitvâ Bhagavantam etad avocuṃ || ||
Accayo[8] no bhante accagamâ || yathâ bâlâ yatha mûḷhâ yathâ akusalâ yâ mayaṃ Bhagavantaṃ asâdetabbam[9] amaññimhâ || tâsaṃ no[10] bhante Bhagavâ accayam, accayato patigaṇhatu âyatiṃ saṃvarâyâ ti || ||

5. Atha kho Bhagavâ sitaṃ pâtvâkâsi || ||

6. Atha kho tâ devatâyo bhiyyosomattâya ujjhâyantiyo vehâsam abbhuggañchuṃ[11] || ||

7. Ekâ devatâ Bhagavato santike imam gâtham avoca || ||

Accayaṃ desayantînaṃ || yo ve[12] na patigaṇhati ||
kopantaro dosagaru || sa veraṃ paṭimuccatîti || ||

Accayo ce na vijjetha[13] || no cîdhâpagatam[14] siyâ ||
verâni na[15] ca sammeyyuṃ || kenîdha[16] kusalo siyâti || ||

Kass-accayâ na vijjanti || kassa natthi apagataṃ[17] ||
ko na sammoham âpâdi || ko ca[18] dhîro sadâ sato ti || ||

---

[1] B. pavedayi. [2] S[1-2] theyya na. [3] B. abhâsamânam. [4] S[3] na idaṃ. [5] B. ye; SS. anukkamitave°. [6] SS. paṭipadaḷhâ. [7] SS. yâṿâ. [8] S[1-2] accaye. [9] SS. apasâdetabbaṃ. [10] SS. vo. [11] B. abbhuggaccha; S[3] seems to have °gañjuṃ. [12] B. ce. [13] S[2] vijjatha. [14] SS. cîdha apagatam; C. cidha apahataṃ. [15] SS. have not na. [16] SS. konîdha. [17] SS. apâhataṃ. [18] SS. ko dha.

Tathâgatassa buddhassa || sabbabhûtânukampino ||
tass[1]-accayâ na vijjanti || tassa natthi apagataṃ[2] ||
so na sammoham âpâdi || so ca[3] dhîro sadâ sato-ti || ||

Accayaṃ desayantînaṃ || yo ce na patigaṇhati ||
kopantaro dosagaru || yaṃ veraṃ[4] paṭimuccati ||
taṃ veraṃ nâbhinandâmi || paṭigaṇhâmi vo-ccayan-ti[5] || ||

§ 6. *Saddhâ.*

1. Ekaṃ samayaṃ Bhagavâ Sâvatthiyaṃ viharati Jetavane Anâthapiṇḍikassa ârâme ||

2. Atha kho sambahulâ Satullapakâyikâ devatâyo abhikkantâya rattiyâ abhikkantavaṇṇâ kevalakappaṃ Jetavanaṃ obhasetvâ yena Bhagavâ ten-upasaṅkamiṃsu || upasaṅkamitvâ Bhagavantam abhivâdetvâ ekam antam aṭṭhaṃsu ||

3. Ekam antaṃ ṭhitâ kho ekâ devatâ Bhagavato santike imaṃ gâtham abhâsi || ||

Saddhâ dutiyâ purisassa hoti ||
no ce assaddhiyam[6] avatiṭṭhati[7] ||
yaso ca kittî ca tatvassa hoti[8] ||
saggaṃ ca so gacchati sarîram pahâyâ ti || ||

Kodhaṃ jahe vippajaheyya mânaṃ ||
saṃyojanaṃ sabbam atikkameyya ||
taṃ nâmarûpasmim asajjamânaṃ ||
akiñcanaṃ nânupatanti saṅgâ ti[9] || ||

Pamâdam anuyuñjanti || bâlâ dummedhino janâ ||
appamâdaṃ ca medhâvî || dhanaṃ seṭṭham va rakkhati || ||
Mâ pamâdam[10] anuyuñjetha || mâ kâmaratisanthavaṃ[11] ||
appamatto hi jhâyanto[12] || pappoti paramaṃ sukhan-ti[13] || ||

---

[1] S^{1-3} kassa. [2] SS. apâgataṃ. [3] SS. yo dha. [4] B. sa veraṃ. [5] SS. and C. vo accayan-ti. [6] B. asaddhiyam. [7] S^{2-3} otiṭṭhanti. [8] So B. and C.; S^{1} yato sâ ca kittî ca taṃ tassa hoti; S^{2-3} vatam tassa hoti. [9] See above No. 4. [10] B. Nappamâdam. [11] B. kâmaraṃtisandhavam. [12] After °jjhâyanto, C. explains the word upanijjhâyati whose place in the text is not easy to discern. [13] S^{2} appoti.

§ 7. *Samayo.*

1. Evaṃ me sutam ekaṃ samayaṃ Bhagavâ Sakkesu vi-
harati Kapilavatthusmiṃ mahâvane mahatâ bhikkhusaṅghe-
na saddhim pañcamattehi bhikkhusatehi sabbeh-eva arahan-
tehi ǁ dasahi ca lokadhâtûhi devatâyo[1] yebhuyyena sanni-
patitâ honti Bhagavantaṃ dassanâya bhikkhusaṅghañca ǁ ǁ

2. Atha kho catunnaṃ Suddhâvâsakâyikânaṃ devatânaṃ[2]
etad ahosi ǁ Ayaṃ kho Bhagavâ Sakkesu viharati Kapila-
vatthusmiṃ mahâvane mahatâ bhikkhusaṅghena saddhiṃ
pañcamattehi bhikkhusatehi sabbeh-eva arahantehi ǁ dasahi
ca lokadhâtûhi devatâyo yebhuyyena sannipatitâ honti Bha-
gavantaṃ dassanâya bhikkusaṅghañca ǁ Yannûna mayaṃ
pi[3] yena Bhagavâ ten-upasaṅkameyyâma ǁ upasaṅkamitvâ
Bhagavato santike[4] pacceka[5]gâthaṃ bhâseyyâmâti ǁ ǁ

3. Atha kho tâ devatâyo seyyathâpi nâma balavâ puriso
sammiñjitaṃ vâ bâham pasâreyya ǁ pasâritaṃ vâ bâham
sammiñjeyya[6] ǁ evam evaṃ Suddhâvâsesu devesu antarahitâ
Bhagavato purato pâtur ahesuṃ[7] ǁ ǁ

4. Atha kho tâ devatâyo Bhagavantam abhivâdetvâ ekam
antam aṭṭhaṃsu ǁ ǁ

Ekam antaṃ ṭhitâ kho ekâ devatâ Bhagavato santike
imaṃ gâtham abhâsi ǁ ǁ

> Mahâsamayo pavanasmiṃ ǁ devakâyâ samâgatâ ǁ
> âgatamha imaṃ dhammasamayaṃ ǁ
> dakkhitâye aparâjitasaṅghan-ti ǁ ǁ

5. Atha kho aparâ devatâ Bhagavato santike imaṃ gâ-
tham abhâsi ǁ ǁ

> Tatra bhikkhavo samâdahaṃsu ǁ
> cittam attano ujukam akaṃsu ǁ
> sârathî va nettâni gahetvâ ǁ
> indriyâni rakkhanti paṇḍitâ ti. ǁ ǁ

---

[1] SS. devatâ here and further on. [2] S³ devânam. [3] SS. omit pi. [4] SS. ca
pana instead of Bhagavato santike. [5] B paccekaṃ°. [6] In this very often re-
peated and well-known passage, B. has always samañchitaṃ . . . sam-
añcheyya (which I think to be the true reading). [7] SS. ahaṃsu.

6. Atha kho aparâ devatâ Bhagavato santike imâṃ gâtham abhâsi || ||

Chetvâ[1] khilam[2] chetvâ palighaṃ ||
indakhîlam ohacca[3] -m- anejâ ||
te caranti suddhâ vimalâ ||
cakkhumatâ[4] sudantâ susunâgâ ti || ||

7. Atha kho aparâ devatâ || pa ||

Ye keci Buddhaṃ saraṇaṃ gatâse ||
na te gamissanti apâyabhûmiṃ[5] ||
pahâya mânusaṃ dehaṃ ||
devakâyaṃ paripuressantîti[6] || ||

§ 8. *Sakalikam.*

1. Evaṃ me sutam ekaṁ samayaṃ Bhagavâ Râjagahe viharati Maddakucchismiṃ migadâye || ||

2. Tena kho pana samayena Bhagavato pâdo[7] sakalikâya[8] khato hoti || Bhûsâ sudaṃ Bhagavato vedanâ[9] vattanti sarîrikâ vedanâ dukkhâ tibbâ kharâ kaṭukâ asâtâ amanâpâ || Tâ sudaṃ Bhagavâ sato sampajâno adhivâseti avihaññamâno || ||

3. Atha kho Bhagavâ catuggunam[10] saṅghâṭiṃ paññâpetvâ dakkhiṇena passena sîhaseyyam kappesi[11] pâde pâdam accâdhâya sato sampajâno || ||

4. Atha kho sattasatâ Satullapakâyikâ devatâyo abhikkantâya rattiyâ abhikkantavaṇṇâ kevalakappaṃ Maddakucchim obhâsetvâ yena Bhagavâ ten-upasaṅkamiṃsu || || upasaṅkamitvâ Bhagavantam abhivâdetvâ ekam antaṃ aṭṭhaṃsu || ||

5. Ekam antaṃ ṭhitâ kho ekâ devatâ Bhagavato santike imam udânam udânesi || ||

---

[1] S[1-3] jetvâ. [2] S[2] khîlaṃ. [3] C. and (I think) S[2]; B. ụhacca; S[1] ûhacca; S[3] ûpacca. [4] C. cakkhumattâ (perhaps for cakkhumantâ). [5] SS. apâyaṃ (without bhûmim). [6] B. °purissantîti. [7] SS. pâde. [8] So S[1] and C.; B. sakkhalikâya; S[2-3] sakalikâkhato. [9] SS. omit vedanâ, perhaps added by B. [10] B. catuguṇaṃ. [11] B. kappeti.

Nâgo vata bho samaṇo Gotamo || nâgavatâ ca samuppannâ[1] sârîrikâ vedanâ dukkhâ tibbâ kharâ kaṭukâ asâtâ amanâpâ || sato sampajâno adhivâseti avihaññamâno ti || ||

6. Atha kho aparâ devatâ Bhagavato santike imam udânam udânesi || ||

Sîho vata bho samaṇo Gotamo || sîhavatâ ca samuppannâ sârîrikâ vedanâ dukkhâ tibbâ kharâ kaṭukâ asâtâ amanâpâ || sato sampajâno adhivâseti avihaññamâno ti || ||

7. Atha kho aparâ devatâ Bhagavato santike imam udânam udânesi || ||

Âjânîyo vata bho samaṇo Gotamo || âjânîyavatâ ca samuppannâ sârîrikâ vedanâ dukkhâ tibbâ kharâ kaṭukâ asâtâ amanâpâ || sato sampajâno adhivâseti avihaññamâno ti || ||

8. Atha kho aparâ devatâ Bhagavato santike imam udânam udânesi || ||

Nisabho vata bho Samaṇo Gotamo || nisabhavatâ ca samuppannâ sârîrikâ vedanâ dukkhâ tibbâ kharâ kaṭukâ asâtâ amanâpâ || sato sampajâno adhivâseti avihaññamâno ti || ||

9. Atha kho aparâ devatâ Bhagavato santike imam udânam udânesi || ||

Dhorayho vata bho samaṇo Gotamo || dhorayhavatâ ca samuppannâ sârîrikâ vedanâ dukkhâ tibbâ kharâ kaṭukâ asâtâ amanâpâ || sato sampajâno adhivâseti avihaññamâno ti || ||

10. Atha kho aparâ devatâ Bhagavato santike imam udânam udânesi || ||

Danto vata bho samaṇo Gotamo || dantavatâ ca samuppannâ sârîrikâ vedanâ dukkhâ tibbâ kharâ kaṭukâ asâtâ amanâpâ || sato sampajâno adhivâseti avihaññamâno ti || ||

11. Atha kho aparâ devatâ Bhagavato santike imam udânam udânesi[2] || ||

Passa samâdhi-subhâvitaṃ[3] cittaṃ ca vimuttaṃ || na câbhinatam[4] na câpanatam[5] na ca sasaṅkhâraniggayha câritavatam[6] || Yo evarûpam purisanâgam purisasîhaṃ purisa-

---

[1] SS. panuppannâ here and further on. [2] SS. imam gâtham abhâsi. [3] S[2]-[3] omit samâdhi; B. subhâvito; C. samâdhiṃ . . . suvimuttiṃ. [4] SS. navâpahiṇatam; C. seems to read abhiṇatam and atiṇatam. [5] SS and C. upaṇatam. [6] B. vâri(?)vâvataṃ; C. dhâritaṃ vataṃ and further on varitvâ vattaṃ.

âjânîyaṃ purisa-nisabhaṃ purisadhorayham purisadantam atikkamitabbaṃ maññeyya kim aññatra adassanâ ti || ||

Pañcavedasataṃ[1] samaṃ || tapassîbrâhmanâcaraṃ[2] ||
cittaṃ ca nesaṃ na sammâ vimuttaṃ ||
hînattarûpâ[3] na pâraṃgamâ te ||

Taṇhâdhipannâ vata sîlabaddhâ[4] ||
lûkhaṃ tapaṃ vassasataṃ carantâ ||
Cittaṃ ca nesaṃ na sammâ vimuttaṃ ||
hînattarûpâ na pâraṃgamâ te[5] || ||

Na mânakâmassa damo idh-atthi ||
na monam atthi asamâhitassa ||
eko araññe viharaṃ pamatto ||
na maccudheyyassa tareyya pâraṃ[6] || ||

Mânam pahâya susamâhitatto ||
sucetaso sabbadhi vippamutto ||
eko araññe viharaṃ appamatto ||
sa maccudheyyassa tareyya pâran-ti || ||

§ 9. *Pajjunna-dhîtâ* (1).

1. Evaṃ me sutam ekam samayaṃ Bhagavâ Vesâliyaṃ viharati mahâvane Kûṭâgâra-sâlâyaṃ || ||

2. Atha kho Kokanadâ[7] Pajjunnassa dhîtâ abhikkantâya rattiyâ abhikkantavaṇṇâ kevalakappaṃ mahâvanam obhâsetvâ yena Bhagavâ ten-upasaṅkami || upasaṅkamitvâ Bhagavantam abhivâdetvâ ekam antam aṭṭhâsi[8] ||

3. Ekam antam ṭhitâ kho sa devatâ Kokanadâ Pajjunnassa dhîtâ Bhagavato santike imâ gâthâyo abhâsi || ||

Vesâliyam vane viharantaṃ ||
aggaṃ sattassa sambuddhaṃ ||

---

[1] B. °vedâ°. [2] S[3] caraṃti. [3] C. hinatta, and notices the reading hinattha. [4] B. sîlabandhâ. [5] SS. add ti. [6] B. °pâranti. See I. 9. [7] B. Kokanudâ. [8] This paragraph is missing in SS. They have only Atha kho Kokanadâ Pajjunnassadhîtâ Bhagavato santike imâ gâthâyo abhâsi. || ||

Kokanadâ-h-asmiṃ abhivande ||
Kokanadâ Pajjunnassa dhîtâ[1] || ||

Sutaṃ eva me pure[2] âsi dhammo ||
cakkhumatânubuddho ||
sâ-ham dâni[3] sakkhi jânâmi ||
munino desayato Sugatassa ||

Ye hi keci ariyadhammaṃ[4] ||
vigarahantâ[5] caranti dummedhâ ||
upenti Roruvaṃ ghoraṃ ||
cirarattaṃ dukkham anubhavanti || ||

Ye ca kho ariyadhamme[6] ||
khantiyâ upasamena upetâ ||
pahâya mânusaṃ dehaṃ ||
devakâyam paripuressantî ti[7] || ||

§ 10. *Pajjunna-dhîtâ* (2).

1. Evaṃ me sutam ekam samayaṃ Bhagavâ Vesâliyaṃ viharati mahâvane Kûṭâgâra-sâlâyaṃ || ||

2. Atha kho Cûḷa-Kokanadâ[8] Pajjunnassa dhîtâ abhikkantâya rattiyâ abhikkantavaṇṇâ kevalakappaṃ mahâvanam obhâsetvâ yena Bhagavâ ten-upasaṅkami || upasaṅkamitvâ Bhagavantam abhivâdetvâ ekam antam aṭṭhâsi ||

Ekam antaṃ ṭhitâ kho sâ devatâ Cûḷa-Kokanadâ Pajjunnassa dhîtâ Bhagavato santike imâ gâthâyo abhâsi || ||

Idhâgamâ[9] vijjupabhâsavaṇṇâ ||
Kokanadâ Pajjunnassa dhîtâ ||
buddhaṃ ca dhammaṃ ca namassamânâ ||
gâthâ c-imâ atthavatî abhâsi || ||

---

[1] For the first three padas, SS. have Vesâlivane viharagam (or viharaham; S[1] viharantaṃ) sâraṃ (S[1] aggasâraṃ) sambuddhaṃ Kokâhamasmiṃ (S[1] °hamismiṃ; S[2] hamisviṃ) abhivande. [2] B. omits me; S[2-3] sumavamepure°. [3] SS. sâdâni. [4] B. ye keci ariyaṃ dhammaṃ. [5] SS. viharantâ. [6] B. ariye dhamme. [7] B. °purissantîti. See above, No. 7, the two last padas. [8] SS. Culla; B. Kokanudâ. [9] SS. Idha°.

Bahunâ pi kho taṃ[1] vibhajeyyaṃ ||
pariyâyena tâdiso dhammo ||
saṅkhittam atthaṃ lapayissâmi ||
yâvatâ me manasâ pariyattaṃ || ||

Pâpaṃ na kayirâ[2] vacasâ manasâ[3] ||
kâyena vâ[4] kiñcana sabbaloke ||
kâme pahâya satimâ sampajāño ||
dukkhaṃ na sevetha anatthasaṃhitan-ti[5] || ||

Satullapakâyika-vaggo catuttho || ||

Tass-uddânam || ||

Sabbhi Maccharinâ Sâdhu || Na sant-Ujjhânasaññino ||
Saddhâ Samayo Sakalikaṃ || ubho Pajjunna-dhîtaro ti || ||

CHAPTER V. ÂDITTA-VAGGO.

Evam me sutam ekaṃ samayaṃ Bhagavâ Sâvatthiyaṃ viharati Jetavane Anâthapiṇḍikassa ârâme || ||

Atha kho aññatarâ devatâ abhikkantâya rattiyâ abhikkantavaṇṇâ kevalakappaṃ Jetavanam obhâsetvâ yena Bhagavâ ten-upasaṅkami || upasaṅkamitvâ Bhagavantam abhivâdetvâ ekam antam aṭṭhâsi ||

Ekam antam ṭhitâ kho sâ devatâ Bhagavato santike imâ gâthâyo abhâsi || ||

§ 1. *Âdittam.*

Âdittasmim agârasmiṃ || yaṃ nîharati bhâjanaṃ ||
taṃ tassa hoti atthâya || no ca yaṃ tattha ḍayhatîti[6] || ||

Evam âdîpito[7] loko || jarâya maraṇena ca ||
nîhareth-eva dânena || dinnaṃ hoti sunîhataṃ[8] || ||

---

[1] SS. naṃ. [2] S[2] kayirâtha. [3] S[1-3] omit manasâ. [4] SS. kâyena vâcâ (or vâvâ; perhaps vâ mâ) [5] Repetition of the last gâthâ of II. 10. [6] SS. ḍayhati. [7] S[3] âdipito; B. âdittako. [8] So SS.; B. sunibbhataṃ; C. °nibhattam.

dinnaṃ sukhaphalaṃ[1] hoti || nâdinnam hoti taṃ tathâ ||
corâ haranti râjâno || aggî[2] ḍayhati nassati || ||

Atha antena jahati || sarîraṃ sapariggahaṃ ||
etad aññâya medhâvi || bhuñjetha ca[3] dadetha ca ||
datvâ[4] bhutvâ ca yathânubhâvaṃ ||
anindito saggam upeti ṭhânan-ti || ||

§ 2. *Kiṃdada.*

Kiṃdado balado hoti || kiṃdado hoti vaṇṇado ||
kiṃdado sukhado hoti || kiṃdado hoti cakkhudo ||
ko[5] ca sabbadado hoti || taṃ me akkhâhi pucchito || ||

Annado balado hoti || vatthado hoti vaṇṇado ||
yânado sukhado hoti || dîpado hoti cakkhudo ||
so[6] ca sabbadado hoti || yo dadâti upassayaṃ ||
amataṃ dado ca so hoti || yo dhammam anusâsatîti || ||

§ 3. *Annam.*

Annam evâbhinandanti || ubhayo[7] devamânusâ ||
atha ko[8] nâma so yakkho || yam annaṃ nâbhinandatîti[9] || ||
Ye naṃ dadanti saddhâya || vippasannena cetasâ ||
tam eva annaṃ bhajati || asmiṃ loke paramhi ca || ||
Tasmâ vineyya maccheraṃ || dajjâ dânaṃ malâbhibhû ||
puññani paralokasmiṃ || patiṭṭhâ honti paṇinan-ti[10] || ||

§ 4. *Ekamûla.*

Ekamûlaṃ dvirâvaṭṭam[11] || timalaṃ pañcapattharaṃ ||
samuddaṃ dvâdasâvaṭṭaṃ[12] || pâtâlam atarî[13] isîti || ||

---

[1] S^3 sukhaṃ phalaṃ; B. phalaṃ sukham. [2] B. aggi. [3] bhuñjetheva. [4] B. adds ca. [5] SS. yo. [6] SS. yo. [7] B. ubhaye. [8] SS. kho. [9] S^{1-2} yam anu (aṇu?) abhinandati; S^3 yam annam abhinandati (see Devaputta-S. III. 3). [10] SS. omit ti; the first of these gâthâs will be found again in Devaputta-S III. 3.; the last has been seen already in this Saṃyutta, IV. 2. [11] S^3 dvâvaṭṭam; S^{1-2} dvâvaddhaṃ. [12] S^{1-2} samudadvâdasâvaddhaṃ; S^3 samudadvâdasâvaṭṭam. [13] S^{1-3} aratî.

§ 5. *Anomiya.*

Anomanâmaṃ nipuṇatthadassiṃ[1] ||
paññâdadaṃ kâmalaye asattaṃ ||
taṃ passatha sabbaviduṃ sumedhaṃ ||
ariye pathe kamamânaṃ mahesin-ti || ||

§ 6. *Accharâ.*

Accharâgaṇasaṅghuṭṭhaṃ || pisâcagaṇasevitaṃ ||
vanan-tam mohanaṃ nâma || kathaṃ yâtrâ bhavissatîti || ||

Ujuko nâma so maggo || abhayâ nâma sâ disâ ||
ratho akujano[2] nâma || dhammacakkehi saṃyuto[3] || ||

Hirî tassa apâlambo || saty-assa[4] parivâraṇam ||
dhammâhaṃ sârathiṃ[5] brûmi || sammâdiṭṭhipure javaṃ || ||

Yassa etâdisaṃ[6] yânaṃ || itthiyâ purisassa vâ ||
sa ve[7] etena yânena || nibbânass-eva santike-ti || ||

§ 7. *Vanaropa (or Vacanam).*

Kesaṃ divâ ca ratto ca || sadâ puññaṃ pavaḍḍhati ||
dhammaṭṭhâ sîlasampannâ || ke janâ saggagâmino ti || ||

Arâmaropâ vanaropâ || ye janâ setukârakâ ||
papañ ca udapânañ ca || ye dadanti upassayaṃ[8] ||
tesaṃ divâ ca ratto ca || sadâ puññaṃ pavaḍḍhati ||
dhammaṭṭhâ sîlasampannâ || te janâ saggagâmino-ti || ||

§ 8. *Jetavana.*

Idaṃ hitaṃ Jetavanaṃ || isisaṅghanisevitaṃ ||
âvutthaṃ[9] dhammarâjena || pîtisañjananam mama || ||

---

[1] S³ nipunattha°. [2] SS. aññûjano, altered to ajañako or ajañano (S³). [3] So B.; C. saṃyutto; SS. samyutaṃ. [4] SS. satassa. [5] SS. sârathî. [6] S²⁻³ etâdiso. [7] SS. seem to have ce. [8] C. notices the reading upâsayaṃ. [9] S¹⁻² avuttha; S³ avuttam; B. âvuṭṭham. See Devaputta-S. I. 10.

kammaṃ vijjâ ca dhammo ca || sîlaṃ jîvitam uttamaṃ ||
eteṇa maccâ sujjhanti || na gottena dhanena vâ || ||
Tasmâ hi paṇḍito poso || sampassaṃ attham attano ||
yoniso vicine dhammaṃ || evaṃ tattha visujjhati || ||
Sâriputto va paññâya || sîlena upasamena ca ||
yo pi pâragato[1] bhikkhu || etâva paramo siyâti || ||

§ 9. *Macchari.*

Ye dha[2] maccharino loke || kadariyâ paribhâsakâ ||
aññesaṃ dadamânânaṃ || antarâyakarâ narâ || ||
kiṃdiso[3] tesaṃ vipâko || samparâyo ca kiṃdiso ||
bhavantaṃ[4] puṭṭhum âgamma || kathaṃ jânemu tam
mayan ti || ||

Ye dha maccharino loke || kadariyâ paribhâsakâ ||
aññesaṃ dadamânânam || antarâyakarâ narâ || ||
nirayaṃ tiracchânayoniṃ || yamalokam uppajjare ||
sace enti manussattaṃ || dalidde jâyare kule || ||
coḷaṃ piṇḍo ratî khiḍḍâ || yattha kicchena[5] labbhati ||
parato âsiṃsare bâlâ || tam pi tesaṃ na labbhati ||
diṭṭhe dhamme sa vipâko || samparâye[6] ca duggatîti || ||

Iti h-etam vijânâma || aññaṃ pucchâma Gotama[7] ||
ye dha[8] laddhâ manussattaṃ || vadaññû vîtamaccharâ ||
buddhe pasannâ dhamme ca || saṅghe ca tibbagâravâ || ||
kiṃdiso[9] tesaṃ vipâko || samparâyo ca kiṃdiso ||
bhavantaṃ[10] puṭṭhum âgamma || kathaṃ jânemu taṃ
mayan-ti || ||

Ye dha laddhâ manussattam || vadaññû vîtamaccharâ ||
buddhe pasannâ dhamme ca || saṅghe tibbagâravâ ||
ete sagge pakâsenti[11] || yattha te upapajjare[12] || ||

---

[1] B. pâraṃ gato. [2] B. Ye ca; SS. Ye dhammaccharino. [3] SS. kîdiso. [4] SS. Bhagavantam. [5] B. yatthâkiccena. [6] S^{1-3} samparâyo. [7] SS. Gotamaṃ. [8] B. Ye ca here and further on. [9] SS. kîdiso. [10] SS. Bhagavantam. [11] B. saggâ pakâsanti. [12] B. upapajjare; SS. uppajjare here and above.

sace enti manussattaṃ || aḍḍhe ajâyare kule ||
coḷaṃ piṇḍo ratî khiḍḍâ || yatthâkicchena[1] labbhati || ||
parasambhatesu bhogesu || vasavattîva modare[2] ||
diṭṭhe dhamme sa vipâko || samparâye[3] ca suggatîti || ||

§ 10. *Ghaṭîkaro.*

Avihaṃ upapannâse || vimuttâ satta bhikkhavo ||
râgadosaparikkhîṇâ || tiṇṇâ loke visattikan-ti || ||

Ke ca te[4] atâruṃ paṅkaṃ[5] || maccudheyyaṃ suduttaraṃ ||
te[6] hitvâ mânusaṃ dehaṃ || dibbayogam[7] upaccagun-ti || ||

Upako Phalagaṇḍo ca[8] || Pukkusâti ca te tayo ||
Bhaddiyo Khaṇḍadevo ca[9] || Bâhuraggi[10] ca Piṅgiyo[11] ||
te hitvâ mânusaṃ dehaṃ || dibbayogam upaccagun-ti || ||

Kusalaṃ[12] bhâsasi[13] tesaṃ || mârapâsappahâyinaṃ ||
kassa te dhammam aññâya || acchiduṃ[14] bhavabhandhanan-ti || ||

Na aññatra Bhagavatâ || naññatra[15] tava sâsanâ ||
yassa te dhammam aññâya || acchiduṃ bhavabandhanaṃ || ||

yattha nâmañca rupañca || asesam uparujjhati ||
taṃ te dhammam idha ñâya || acchiduṃ bhavabandhanan-ti || ||
Gambhîraṃ bhâsasi[16] vâcaṃ || dubbijânam sudubbudhaṃ ||
kassa tvaṃ dhammam aññaya[17] || vâcam[18] bhâsasi îdisanti || ||

Kumbhakâro pure âsiṃ || Vehaḷiṅge[19] ghaṭîkaro ||
mâtâpettibharo âsiṃ || Kassapassa upâsako[20] ||

---

[1] S.$^{1-3}$ yattha kicchena; B. yatthâkiccena (as above). [2] S^{1} vasavattîva°; B. vasavatti pamodare. [3] C. and S$^{1-2}$ samparâyo. [4] S$^{1-3}$ Ko ca ko ca; S^{2} Ko ca ke. [5] SS. saṅgam. [6] SS. ke. [7] SS. dibbaṃ yogaṃ. [8] B. Palagaṇḍo. [9] SS. Bhaddiko Bhaddadevo ca. [10] SS. Bahudantî. [11] B. Siṅgiyo. [12] SS. kusalî. [13] SS. bhâsasi. [14] SS. acchidam here and further on; but in the Devaputta-S. acchiduṃ. [15] SS. na aññatra. [16] SS. bhâsasî. [17] S$^{1-3}$ dhammam ñâya. [18] SS. vâcâ. [19] Or Vebhalinge; B. Vekaḷinge here and further on. [20] SS$^{1-3}$ add ti.

virato methunâ dhammâ || brahmacârî nirâmiso ||
ahuvâ te sagâmeyyo || ahuvâ te pure sakhâ ||
so-ham ete pajânâmi || vimutte[1] satta bhikkhave[2] ||
râgadosaparikkhîṇe || tiṇṇe[3] loke visattikan-ti || ||

Evam etaṃ tadâ âsi || yathâ bhâsasi Bhaggava ||
kumbhakâro pure âsi || Vehaḷinge ghaṭikâro ||
mâtâpettibharo âsi || Kassapassa upâsako ||
virato methunâ dhammâ || brahmacârî nirâmiso ||
ahuvâ me sagâmeyyo || ahuvâ me pure sakhâ ti || ||
evam etaṃ purâṇânaṃ || sahâyânam ahu saṅgamo ||
ubhinnaṃ bhâvitattânaṃ || sarîrantimadhârinan-ti[4] || ||

Âditta-vaggo pañcamo || ||

Tass-uddânaṃ ||

Âdittaṃ Kiṃdadam Annaṃ ||
Ekamûla Anomiyaṃ ||
Accharâ Vanaropetaṃ[5] ||
Maccherena Ghaṭîkaro ti || ||

Chapter VI. Jarâ-vaggo.

§ 1. *Jarâ.*

Kiṃsu yâva jarâ sâdhu || kiṃsu sâdhu patiṭṭhitaṃ[6] ||
kiṃsu narânaṃ ratanaṃ || kiṃsu corehi duharan-ti || ||
Sîlaṃ yâva jarâ sâdhu || saddhâ sâdhu patiṭṭhitâ[7] ||
paññâ narânaṃ ratanaṃ || puññaṃ corehi duharan-ti || ||

§ 2. *Ajarasâ.*

Kiṃsu ajarasâ sâdhu || kiṃsu sâdhu adhiṭṭhitaṃ ||
kiṃsu narânaṃ ratanaṃ || kiṃsu corehi hâriyan-ti || ||

---

[1] S[1-3] vimuttâ; S[2] vimutto. [2] SS. bhikkhavo. [3] S[1] °khîṇo tiṇṇo. [4] All these gâthâs will be found again in Devaputta-S. III. 4. [5] S[3] khîṇâ tiṇṇâ; S[1-2] vaçanam jeto; S[3] vatamaṃ jeto. [6] B. patiṭṭhitâ. [7] SS. patiṭṭhitaṃ.

Sîlam ajarasâ sâdhu || saddhâ sâdhu adhiṭṭhitâ[1] ||
paññâ narânaṃ ratanaṃ || puññaṃ corehi hâriyan-ti || ||

§ 3. *Mittam.*

Kiṃsu pathavato[2] mittaṃ || kiṃsu mittaṃ sake ghare ||
kiṃ mittam[3] atthajâtassa || kiṃ mittam samparâyikan-
ti || ||

Sattho[4] pathavato[5] mittam || mâtâ mittaṃ sake ghare ||
sahâyo atthajâtassa || hoti mittaṃ punappunaṃ ||
sayam katâni puññâni || taṃ mittaṃ samparâyikan-ti || ||

§ 4. *Vatthu.*

Kiṃsu vatthu manussânaṃ || kiṃsu-dha paramâ sakhâ ||
kiṃsu bhûtâ upajîvanti || ye pâṇâ pathaviṃ sitâ ti[6] || ||
Puttâ vatthu[7] manussânaṃ || bhariyâ ca paramâ sakhâ ||
vuṭṭhibhûtâ[8] upajîvanti || ye pâṇâ pathaviṃ sitâ ti || ||

§ 5. *Janaṃ* (1).

Kiṃsu janeti purisaṃ || kiṃsu[9] tassa vidhâvati ||
kiṃsu saṃsâram âpâdi[10] || kiṃsu tassa mahabbhayan-ti || ||
Taṇhâ janeti purisaṃ || cittam assa vidhâvati ||
satto saṃsâram âpâdi || dukkham assa mahabbhayan-ti || ||

§ 6. *Janaṃ* (2).

Kiṃsu janeti purisaṃ || kiṃsu tassa vidhâvati ||
kiṃsu saṃsâram âpâdi || kismâ[11] na parimuccatîti || ||
Taṇhâ janeti purisaṃ || cittam assa vidhâvati ||
satto saṃsâram âpâdi || dukkhâ na parimuccatî ti || ||

---

[1] SS. adhiṭṭhitaṃ. [2] SS. pavasato. [3] SS. kiṃ nimittam. [4] S[3] satto [5] SS. pañcasato. [6] B. pathavîsitâti. [7] SS. vatthuṃ. [8] SS. vutthiṃ bhûtâ. [9] SS. omit su. [10] B. âpâdî always. [11] SS. kissâ.

§ 7. *Janaṃ* (3).

Kiṃsu janeti purisaṃ || kiṃsu tassa vidhâvati ||
kiṃsu saṃsâram âpâdi || kiṃsu tassa parâyanan-ti || ||

Taṇhâ janeti purisaṃ || cittam assa vidhâvati ||
satto saṃsâram âpâdi || kammaṃ tassa parâyanan-ti[1] || ||

§ 8. *Uppatho.*[2]

Kiṃsu uppatho akkhâti || kiṃsu rattindivakkhayo ||
kiṃ malaṃ[3] brahmacariyassa || kim sinânam anodakan-ti || ||

Râgo uppatho akkhâti[4] || vayo rattindivakkhayo ||
itthi malaṃ brahmacariyassa || etthâyaṃ sajjate[5] pajâ ||
tapo brahmacariyañca || taṃ sinânam anodakan-ti || ||

§ 9. *Dutiyo.*

Kiṃsu dutiyaṃ purisassa hoti || kiṃsu c-enaṃ pasâsati ||
kissa câbhirato[6] macco || sabbadukkhâ pamuccatîti || ||
Saddhâ dutiyâ purisassa hoti || paññâ c-enaṃ pasâsati ||
nibbânâbhirato macco || sabbadukkhâ pamuccatîti || ||

§ 10. *Kavi.*

Kiṃsu nidânaṃ gâthânaṃ[7] || kiṃsu tâsaṃ viyañjanaṃ[7] ||
kiṃsu sannissitâ gâthâ || kiṃsu gâthânam âsayo ti || ||
Chando nidânaṃ gâthânaṃ || akkharâ tâsaṃ viyañjanaṃ[8] ||
nâmasannissitâ[9] gâthâ || kavi[10] gâthânam âsayo-ti || ||

Jarâ-vaggo chaṭṭho ||

Tass-uddânam || ||

Jarâ Ajarasâ Mittaṃ || Vatthu tîṇi Janâni ca ||
Uppatho ca Dutiyo ca || Kavinâ purito vaggo ti || ||

---

[1] S[1-2] parâyaṇaṇ-ti. [2] These verses recur below I. 8. 6. [3] SS. mûlaṃ. [4] SS. akkhâto. [5] SS. sajjato. [6] SS. kissâbhirato. [7] B. kiṃsu gâthânaṃ byañjanaṃ. [8] B. akkharânaṃ viyañjanaṃ. [9] S[2] nassitti (or nassinti) ssitâ. [10] S[1-3] kavî.

Chapter VII. Addha-vaggo.

§ 1. *Nâmam.*

Kiṃsu sabbaṃ addhabhavi[1] || kismâ[2] bhîyo na vijjati ||
kissassa ekadhammassa || sabbeva vasam anvagû-ti || ||

Nâmam sabbam addhabhavi || nâmâ bhîyo na vijjati ||
nâmassa ekadhammassa || sabbeva vasam anvagû-ti || ||

§ 2. *Cittam.*

Kenassu nîyati[3] loko || kenassu parikissati[4] ||
kissassa ekadhammassa || sabbeva vasam anvagûti || ||

Cittena nîyati[5] loko || cittena parikissati ||
citassa ekadhammassa || sabbeva vasam anvagûti || ||

§ 3. *Taṇhâ.*

Kenassu nîyati loko || kenassu parikissati ||
kissassa ekadhammassa || sabbeva vasam anvagû-ti || ||

Taṇhâya nîyati loko || taṇhâya parikissati ||
taṇhâya ekadhammassa || sabbeva vasam anvagû ti || ||

§ 4. *Samyojana.*

Kiṃsu saṃyojano loko || kiṃsu tassa vicâraṇam ||
kissassa[6] vippahânena || nibbânam iti vuccatîti || ||

Nandî saṃyojano loko || vitakk-assa vicâraṇam[7] ||
taṇhâya vippahânena || nibbânam iti vuccatîti || ||

§ 5. *Bandhana.*

Kiṃsu sambandhano loko || kiṃsu tassa vicâranaṃ || ||
kissassa vippahânena || sabbaṃ chindati bandhanan-ti || ||

---

[1] SS. aṭṭha°; C. anda° and also andha°. [2] S^{1}-^{3} kissâ. [3] S^{1} nîyatîm (?); S^{2}-^{3} nîyataṃ. [4] B. parikassati always. [5] SS. nîyati here and further on. [6] B. kissassu here and further on. [7] B. (supported by C.) vicâranâ here and further on.

Nandî sambandhano loko || vitakk-assa vicâranaṃ ||
taṇhâya vippahânena || sabbaṃ chindati bandhanan-ti || ||

§ 6. *Abbhâhata.*

Kenassu-bbhâhato[1] loko || kenassu[2] parivârito ||
kena sallena otiṇṇo || kissa dhûpâyito[3] sadâ ti || ||

Maccunâbbhâhato loko || jarâya parivârito ||
taṇhâsallena otiṇṇo || icchâdhûpâyito[4] sadâ ti || ||

§ 7. *Uḍḍito.*

Kenassu uḍḍito[5] loko || kenassu parivârito ||
kenassu[6] pihito loko || kismiṃ loko patiṭṭhito ti || ||

Taṇhâya uḍḍito loko || jarâya parivârito ||
maccunâ pihito loko || dukkhe loko patiṭṭhito-ti || ||

§ 8. *Pihito.*

Kenassu pihito loko || kismiṃ loko patiṭṭhito || ||
kenassu uḍḍito[7] loko || kenassu parivârito-ti || ||

Maccunâ pihito loko || dukkhe loko patiṭṭhito ||
taṇhâya uḍḍito loko || jarâya parivârito-ti || ||

§ 9. *Icchâ.*

Kenassu bajjhati[8] loko || kissa vinayâya muccati ||
kissassu[9] vippahânena || sabbaṃ chindati bandhanan-ti || ||

Icchâya bajjhati loko || icchâvinayâya muccati ||
icchâya vippahânena || sabbaṃ chindati bandhanan-ti || ||

---

[1] SS. kenassabbhâsato. [2] SS. kenassa. [3] SS. kissâ dhûmâyito [4] SS. dhûmâyito. [5] S^1 seems to have uccito here and further on, and also $S^{2.3}$ except in one passage; C. uddito. [6] SS. kenassa. [7] S^{2-3} uḍḍito here only. [8] SS. kenassa ba (S^1 ma-) jjhati. [9] SS. kissassa.

§ 10. *Loka.*

Kismiṃ loko samuppanno || kismiṃ kubbati santhavaṃ ||
kissâ[1] loko upâdâya || kismiṃ loko vihaññatîti || ||

Chasu[2] loko samuppanno || chasu kubbati santhavaṃ ||
channam eva upâdâya || chasu loko vihaññatîti || ||

Addha-vaggo sattamo || ||

Tass-uddânam || ||

Nâmam Cittaṃ ca Taṇhâ ca ||
Saṃyojanaṃ ca Bandhanâ ||
Abbhâhat-Uḍḍito[3] Pihito ||
Icchâ Lokena te dasâ ti || ||

CHAPTER VIII. CHETVÂ-VAGGO.

Ekam antaṃ ṭhitâ kho sâ devatâ Bhagavantaṃ gâthâya ajjhabhâsi || ||

§ 1. *Chetvâ.*

Kiṃsu chetvâ[4] sukhaṃ seti || kiṃsu chetvâ na socati ||
kissassa[5] ekadhammassa || vadhaṃ rocesi Gotamâ ti || ||

Kodhaṃ chetvâ sukhaṃ seti || kodhaṃ chetvâ na socâti ||
kodhassa vîsamûlassa || madhuraggassa devate ||
vadham ariyâ pasaṃsanti || taṃ hi chetvâ na socatîti[6] || ||

§ 2. *Ratha.*

Kiṃsu rathassa paññâṇaṃ || kiṃsu paññâṇam aggino ||
kiṃsu raṭṭhassa paññâṇaṃ || kiṃsu paññâṇam itthiyâ ti || ||

---

[1] B. kismiṃ. [2] S[1-3] chassu. [3] S[2-3] (and perhaps S[1]) have uḍḍito here. [4] SS. jhatvâ here and further on; C. ghatvâ. [5] B. kissassu. [6] These gâthâs will be found again three times (Devaputta- S. I. 3; Brahmâṇa- S. I. 1; Sakka- S. III. 1.

Dhajo rathassa paññâṇam || dhûmo paññâṇam aggino ||
râjâ raṭṭhassa paññâṇam || bhattâ paññânam itthiyâti || ||

§ 3. *Vitta.*

Kiṃsûdha vittaṃ purisassa seṭṭhaṃ ||
kiṃsu suciṇṇo sukham âvahâti ||
kiṃsu have sâdutaraṃ[1] rasânaṃ ||
kathaṃ[2] jîviṃ jîvitam âhu seṭṭhan-ti || ||

Saddhîdha vittaṃ purisassa seṭṭham ||
dhammo suciṇṇo sukham âvahâti ||
saccam have sâdutaram rasânam ||
paññâjîviṃ jîvitaṃ âhu setthaṇ ti[3] || ||

§ 4. *Vuṭṭhi.*

Kiṃsu uppatataṃ seṭṭham || kiṃsu nipatataṃ varaṃ ||
kiṃsu pavajamânânaṃ || kiṃsu pavadataṃ varan-ti || ||

Bîjam[4] uppatataṃ seṭṭham || vuṭṭhi nipatatam varâ[5] ||
gâvo pavajamânânam || putto pavadataṃ varo-ti || ||

Vijjâ uppatataṃ seṭṭhâ[6] || avijjâ nipatataṃ varâ ||
saṅgho pavajamânânaṃ || buddho pavadataṃ varo-ti || ||

§ 5. *Bhîtâ.*

Kiṃsûdha bhîtâ[7] janatâ anekâ ||
maggo v-anekâyatanaṃ pavutto ||
pucchâmi taṃ Gotama bhûripañña ||
kismiṃ ṭhito paralokaṃ na bhâye ti || ||

Vâcaṃ manañca paṇidhâya sammâ ||
kâyena pâpâni akubbamâno ||
bahvannapânaṃ[8] gharam âvasanto ||

---

[1] SS. sâdhutaram. [2] B. kiṃsu. [3] These gâthâs will be found again, Yakkha-S. 12. [4] B. Vijam; S^{2}-^{3} Bîjâ. [5] S^{3} varaṃ. [6] SS. seṭṭhaṃ. [7] S^{3} gîtaṃ. [8] B. and C. bahunna°.

saddho mudû saṃvibhâgî vadaññû ||
etesu dhammesu ṭhito catusu ||
paralokaṃ na bhâye ti || ||

§ 6. *Na jîrati.*

Kiṃ [1] jîrati kiṃ na jîrati || kiṃ [1] uppatho ti vuccati ||
kiṃsu dhammânaṃ paripantho [2] || kiṃsu rattindivakkhayo [3] ||
kiṃ malaṃ brahmacariyassa || kiṃ sinânam anodakaṃ ||
kati lokasmiṃ chiddâni || yattha cittaṃ na tiṭṭhati [4] ||
bhavantaṃ [5] puṭṭhum âgamma || katham jânemu tam mayan-ti || ||

Rûpaṃ jîrati maccânam || nâmagottaṃ na jîrati ||
râgo uppatho ti vuccati || lobho dhammânaṃ paripantho [6] ||
vayo rattindivakkhayo || itthi malam brahmacariyassa ||
etthâyam sajjate [7] pajâ ||
tapo ca brahmacariyañca || tam sinânam anodakaṃ [8] || ||

Cha lokasmiṃ chiddâni [9] || yattha cittaṃ na tiṭṭhati ||
alassañca [10] pamâdoca || anuṭṭhânaṃ asaṃyamo ||
niddâ tandî ca te chidde || sabbaso taṃ vivajjaye-ti || ||

§ 7. *Issaraṃ.*

Kiṃsu issariyaṃ loke || kiṃsu bhaṇḍânam uttamaṃ ||
kiṃsu satthamalaṃ [11] loke || kiṃsu lokasmim abbudaṃ || ||
kiṃsu harantaṃ [12] vârenti || haranto [12] pana [13] ko piyo ||
kiṃsu punappanâyantaṃ || abhinandanti paṇḍitâti || ||

Vaso [14] issariyaṃ loke || itthi bhaṇḍânam [15] uttamaṃ ||
kodho satthamalam loke || corâ lokasmim abbudâ || ||
coram harantaṃ [16] vârenti || haranto [17] samaṇo piyo ||
samaṇam punappunâyantaṃ || abhinandanti paṇḍitâti || ||

---

[1] SS. kiṃsu. [2] B. paribandho. [3] B. rattidiva° here and further on. [4] S^1 cittena tiṭṭhati. [5] SS. Bhagavantaṃ. [6] B. paribandho. [7] S^{2-3} sajjato. [8] See above, VI. 8. [9] B. chinde lokasmim cha chiddâni. [10] B. âlasyañca. [11] S^3 satthâmalaṃ; B. satta°. [12] S^{2-3} harentam . . . harento. [13] B. haranto vâ pana. [14] So B. and C.; SS. vayo. [15] SS. bhaccânam here (and above, except S^2). [16] S^1 harante; S^2 harenti (or te); S^3 harente. [17] S^{2-3} harento.

§ 8. *Kâma.*

Kim atthakâmo na dade || kiṃ macco na pariccaje ||
kiṃsu mucceyya[1] kalyâṇam[2] || pâpiyaṃ[3] ca na mocayeti || ||

Attânaṃ na dade poso || attânam na pariccaje ||
vâcaṃ muñceyya kalyâṇiṃ[4] || pâpikaṃ[5] ca na mocaye ti || ||

§ 9. *Pâtheyyaṃ.*

Kiṃsu bandhati pâtheyyaṃ || kiṃsu bhogânam âsayo ||
kiṃsu naraṃ parikassati[6] || kiṃsu lokasmiṃ dujjahaṃ ||
kismiṃ baddhâ[7] puthusattâ || pâsena sakunî yathâ ti || ||

Saddhâ bandhati pâtheyyam || siri[8] bhogânam âsayo ||
icchâ naraṃ parikassati || icchâ lokasmiṃ dujjahâ ||
icchâbaddhâ[9] puthusattâ || pâsena sakuṇî yathâ ti || ||

§ 10. *Pajjoto.*

Kiṃsu lokasmiṃ pajjoto || kiṃsu lokasmiṃ jâgaro ||
kiṃsu kamme sajîvânaṃ || kim assa[10] iriyâpatho. || ||
kiṃsu alasam analasañca[11] || mâtâ puttaṃ va posati ||
kiṃsu bhûtâ upajîvanti || ye pâṇâ pathaviṃ sîtâti[12] || ||

Paññâ lokasmiṃ pajjoto || sati lokasmiṃ jâgaro ||
gâvo kamme sajîvânaṃ || sîtassa[13] iriyâpatho ||
vuṭṭhi alasam analasañca[14] || mâtâ puttaṃ va posati ||
vuṭṭhibhûtâ upajîvanti || ye pâṇâ pathaviṃ sitâ ti[15] || ||

§ 11. *Araṇâ.*

Kesu-dha araṇâ loke || kesaṃ vusitaṃ na nassati ||
ke-dha icchaṃ[16] parijânanti || kesaṃ bhojisiyaṃ sadâ || ||

---

[1] So all the MSS. [2] SS. kalyâṇi. [3] B. pâpikaṃ here and further on. [4] B. kalyâṇam. [5] SS. pâpiyaṃ. [6] SS. parikaḍḍhati; C. has parikassati, but explains parikaḍḍhati. [7] B. bandhâ. [8] B. sîri. [9] B. icchabandhâ. [10] SS. kiṃsucassa. [11] So S^{1-3}; S^2 alasaṃ nalasañca; B. âlasyânalasyamca [12] B. Pathavîsitâ. [13] B. and S^2 sitassa. [14] B. vittam âlasyânâlasyaṃ. [15] See above, above, VI. 4. [16] S^1 kedhammacchaṃ; S^2 ko°; S^3 kedhammacchâ.

kiṃsu mâtâ pitâ bhâtâ || vandanti naṃ patiṭṭhitaṃ ||
kaṃsu idha[1] jâtihînaṃ || abhivâdenti khattiyâ ti || ||

Samaṇîdha araṇâ loke || samaṇânaṃ vusitaṃ na nassati ||
samaṇâ icchaṃ[2] parijânanti || samaṇânaṃ bhojisiyaṃ sadâ || ||
Samaṇaṃ mâtâ pitâ bhâtâ || vandanti naṃ patiṭṭhitaṃ ||
samaṇîdha[3] jâtihînaṃ || abhivâdenti khattiyâ-ti || ||

Chetvâ-vaggo aṭṭhamo ||

Tass-uddânam

Chetvâ Rathaṃ ca Vittaṃ ca ||
Vuṭṭhi Bhîtâ Na-jîrati ||
Issaraṃ Kâmaṃ Pâtheyyaṃ ||
Pajjoto Araṇena câ-ti || ||

Devatâ-Samyuttaṃ samattaṃ || ||

---

[1] B. kiṃsu; S[1-2] kaṃsudha; S[3] kiṃsudha. [2] S[1-3] icchâ. [3] B. C. S[2-3] samaṇidha.

BOOK II.—DEVAPUTTA-SAṂYUTTAM.

CHAPTER I. PATHAMO-VAGGO.

§ 1. *Kassapo* (1).

1. Evam me sutam ekaṃ samayaṃ Bhagavâ Sâvatthiyaṃ viharati Jetavane Anâthapiṇḍikassa ârâme || || Atha kho Kassapo devaputto abhikkantâya rattiyâ abhikkantavaṇṇo kevalakappam Jetavanam obhâsetvâ yena Bhagavâ ten-upasaṅkami || upasaṅkamitvâ Bhagavantam abhivâdetvâ ekam antam aṭṭhâsi || Ekam antam ṭhito[1] kho Kassapo devaputto Bhagavantam etad avoca || || Bhikkhuṃ Bhagavâ pakâsesi no ca bhikkhuno anusâsan-ti[2] || ||

2. Tena hi Kassapa taññev-ettha[3] paṭibhâtûti || ||

3. Subhâsitassa sikkhetha[4] || samaṇupâsanassa ca ||
ekâsanassa ca raho || cittavûpasamassa câ ti || ||

4. Idam avoca Kassapo devaputto || samanuñño satthâ ahosi || || Atha kho Kassapo devaputto samanuñño me satthâti Bhagavantaṃ vanditvâ[5] padakkhiṇaṃ katvâ tatth-ev-antaradhâyîti || ||

§ 2. *Kassapo* (2).

1. Sâvatthiyaṃ ârâme || ||

2. Ekam antaṃ ṭhito kho Kassapo devaputto Bhagavato santike imâṃ gâtham abhâsi || ||

> Bhikkhu siyâ jhâyî[6] vimuttacitto ||
> âkaṅkhe ca[7] hadayassânuppattiṃ ||
> lokassa ñatvâ udayabbayañca[8] ||
> sucetaso asito[9] tadânisaṃso ti[10] || ||

---

[1] SS. ṭhitâ. [2] So B. and C.; S^3 anusâsaninti; S^{1-2} anusâsininti. [3] SS. seem to have naññe°. [4] S^3 bhikkhetha. [5] SS. abhivâdetvâ. [6] S^{1-3} jhâyi (S^2 omits yi). [7] B. ce; omitted by S^3. [8] SS. udayavyayañca. [9] B. and C. anissito. [10] This verse will be found again, Devaputta-S. II. 3.

§ 3. *Mâgho.*

1. Sâvatthiyam ârâme || ||

2. Atha kho Mâgho devaputto abhikkantâya rattiyâ abhikkantavaṇṇâ kevalakappaṃ Jetavanaṃ obhâsetvâ yena Bhagavâ ten-upasaṅkami || upasaṅkamitvâ Bhagavantaṃ abhivâdetvâ ekam antam aṭṭhâsi || Ekam antaṃ ṭhito kho[1] Mâgho devaputto Bhagavantaṃ gâthâya ajjhabhâsi || ||

3. Kiṃsu chetvâ[2] sukhaṃ seti || kiṃsu chetvâ[2] na socati ||
kissassa ekadhammassa || vadhaṃ rocesi Gotamâti || ||

4. Kodhaṃ chetvâ sukhaṃ seti || kodhaṃ chetvâ na socati ||
kodhassa visamûlassa || madhuraggassa Vatrabhû ||
vadham ariyâ pasaṃsanti || taṃ hi chetvâ na socatîti[3] || ||

§ 4. *Mâgadho.*

1. Ekam antaṃ ṭhito kho Mâgadho[4] devaputto Bhagavantaṃ gâthâya ajjhabhâsi || ||
Kati lokasmiṃ pajjotâ || yehi loko pakâsati ||
bhavantaṃ[5] puṭṭhum âgamma || kathaṃ janemu taṃ mayan-ti || ||

2. Cattâro loke pajjotâ[6] || pañcam-ettha na vajjati ||
divâ tapati âdicco || rattim âbhâti candimâ ||
atha aggi divârattiṃ || tattha tattha pakâsati ||
sambuddho tapataṃ seṭṭho || esâ âbha anuttarâ ti[7] || ||

§ 5. *Dâmali.*

1. Sâvatthiyam ârâme || ||

2. Atha kho Dâmali[8] devaputto abhikkantâya rattiyâ abhikkantavaṇṇo kevalakappaṃ Jetavanaṃ obhâsetvâ yena Bhagavâ ten-upasaṅkami || upasaṅkamitvâ Bhagavantaṃ abhivâdetvâ ekam antam aṭṭhâsi || || Ekam antaṃ ṭhito kho Dâmali devaputto Bhagavato santike imaṃ gâtham abhâsi || ||

3. Karaṇîyam ettha[9] brâhmaṇena || padhânam akilâsunâ ||
kâmânaṃ vippahânena || na tenâsiṃsate bhavan-ti || ||

4. Natthi kiccaṃ brâhmaṇassa[10] || Dâmalîti[11] Bhagavâ ||
katakicco hi[12] brâhmaṇo || || Yâva na gâdham labhati ||

---

[1] S[1] ṭhitâ°; S[3] ṭhitâ kho sâ M°. [2] SS. jhatvâ always as above and further on. [3] See above, Devatâ-S. VIII. 1. [4] SS. Mâgho. [5] SS. bhagavantaṃ. [6] S[1-3] (perhaps SS.) lokapajjotâ. [7] See above, Devatâ-S. III. 6. [8] SS. Dâmalo. [9] SS. etaṃ. [10] S[1-2] Brâhmaṇa natthi kiccassa (S[3] kissa). [11] B. adds ca. [12] B. ti.

nadîsu[1] âyûhati sabbagattehi jantu ||
gâdhaṃ ca laddhâna thale ṭhito so ||
nâyûhati pâragato hi so-ti[2] || ||
es-upamâ[3] Dâmali brâhmaṇassa ||
khîṇasâvassa nipakassa jhâyino ||
pappuyya jâti-maraṇassa antaṃ ||
nâyûhati pâragato hi so-ti[4] || ||

§ 6. *Kâmado.*

1. Ekam antaṃ ṭhito kho Kâmado devaputto Bhagavantam etad avoca || ||

2. Dukkaram Bhagavâ sudukkaraṃ Bhagavâti || ||
Dukkaram vâ pi karonti || (Kâmadâ ti Bhagavâ) || sekha-sîlasamâhitâ ṭhitattâ ||
anagâriyupetassa || tuṭṭhi hoti sukhâvahâ ti || ||

3. Dullabhâ Bhagavâ yadidaṃ tuṭṭhî ti || ||
Dullabhaṃ vâ pi labhanti || (Kâmadâti Bhagavâ) cittavûpasame ratâ ||
yesaṃ divâ ca ratto ca[5] || bhâvanâya rato mano-ti || ||

4. Dussamâdahaṃ Bhagavâ yad idaṃ cittan-ti || ||
Dussamâdahaṃ vâpi samâdahanti || (Kâmadâti Bhagavâ) || indriyûpasame ratâ ||
te chetvâ maccuno jâlaṃ || ariyâ gacchanti Kâmadâti || ||

5. Duggamo Bhagavâ visamo maggo ti || ||
Duggame visame vâ pi || ariyâ gacchanti Kâmada[6] ||
anariyâ visame magge || papatanti avaṃsirâ ||
ariyânaṃ samo maggo || ariyâ hi visame samâ ti || ||

§ 7. *Pañcâlacaṇḍo.*

1. Ekam antaṃ ṭhito kho Pañcâlacaṇḍo devaputto Bhagavato santike imaṃ gâtham abhâsi || ||
Sambâdhe vata okâsaṃ || avindi bhûrimedhaso ||
yo jhânam abuddhi buddho[7] || patilînanisabho munîti || ||

2. Sambâdhe vâpi vindanti[8] || (Pañcâlacaṇḍâti Bhagavâ) ||
dhammaṃ[9] nibbânapattiyâ ||
ye satiṃ paccalatthaṃsu[10] || sammâ[11] te susamâhitâ ti || ||

---

[1] SS. nadesu. [2] S[1] bhihoti; S[2-3] bhâragato hi sûpamâ. [3] SS. sûpamâ. [4] SS. hi hohîti. [5] S[1] divâcaraṃto ca; S[3] (and perhaps [2]) divâcaranto ca. [6] All the MSS. kâmadâ. [7] S[1] yo jhânaṃ buddhâbuddho; S[3] yojhânam abuddhâbuddho; S[2] yo jhânam buddho buddho (perhaps as S[1]). [8] B. sambâdhe pi ca tiṭṭhanti. [9] B. dhammâ°. [10] B. paccaladdhaṃsu. [11] S[2-3] sammate°.

§ 8. *Tâyano.*

1. Atha kho Tâyano[1] devaputto purâṇatitthakaro abhikkantâya rattiyâ abhikkantavaṇṇo kevalakappaṃ Jetavanam obhâsetvâ yena Bhagavâ ten-upasaṅkami || upasaṅkamitvâ Bhagavantam abhivâdetvâ ekam-antam aṭṭhâsi || Ekaṁ antaṃ ṭhito kho Tâyano devaputto Bhagavato santike imâ gâthâyo abhâsi || ||

2. Chinda sotaṃ parakkamma || kâme panuda brâhmaṇa ||
nappahâya muni[2] kâme || n-ekattam[3] upapajjatîti || ||
Kayirañ ce kayirath'-enaṃ[4] || daḷham enaṃ parakkame ||
sithilo[5] hi paribbâjo || bhiyyo âkirate rajaṃ || ||
Akatam dukkataṃ seyyo || pacchâ tapati dukkataṃ ||
kataṃ ca sukataṃ[6] seyyo || yaṃ katvâ nânutappati || ||
Kuso yathâ duggahîto || hattham evânukantati ||
sâmaññaṃ dupparâmaṭṭham[7] || nirayâyûpakaḍḍhati[8] || ||
Yaṃ kiñci sithilaṃ[9] kammaṃ || saṅkiliṭṭham ca yaṃ vataṃ ||
saṅkassaraṃ brahmacariyaṃ || na taṃ hoti mahapphalan-ti[10] || ||

3. Idam avoca Tâyano devaputto || idaṃ vatvâ Bhagavantam abhivâdetvâ padakkhiṇaṃ katvâ tatth-ev-antaradhâyîti || ||

4. Atha kho Bhagavâ tassâ rattiyâ accayena bhikkhû âmantesi || ||

5. Imaṃ bhikkhavo rattiṃ Tâyano nâma devaputto purâṇatitthakaro abhikkantâya rattiyâ abhikkantavaṇṇo[11] kevalakappaṃ Jetavanam obhâsetvâ yenâhaṃ ten-upasaṅkami || upasaṅkamitvâ mam abhivâdetvâ ekam antam aṭṭhâsi || Ekam antaṃ ṭhito kho Tâyano devaputto mama santike imâ gâthâyo abhâsi || ||

6. Chinda sotam parakkamma || kâme panuda brâhmaṇa ||
nappahâya muni kâme || n-ekattam upapajjati ||
Kayirañce kayirath-enaṃ || daḷham enaṃ parakkame ||

---

[1] S$^{1-2}$ Atha kho yâtâyano. [2] SS. munî. [3] SS. ekattam (or ekantaṃ). [4] B. kayirâce kariyâthenaṃ here and further on. [5] S$^{1-2}$ saṭhilo; S^3 saṭṭhilo. [6] B. dukkaṭam . . . tappati . . . sukaṭaṁ. [7] S$^{1-2}$ dupparâmaddhaṃ. [8] SS. nirayâya upa°. [9] SS. saṭhilaṃ. [10] All these verses save the first are the same as 311-314 of the Dhammapada; but the order is not the same. [11] SS. °vaṇṇâ.

sithilo hi paribbâjo || bhiyyo âkirate rajaṃ ||
Akataṃ dukkataṃ seyyo || pacchâ tapati dukkataṃ ||
kataṃ ca sukataṃ seyyo || yaṃ katvâ nânutappati ||
Kuso yathâ duggahîto || hattham evânukantati ||
sâmaññaṃ dupparâpaṭṭham || nirayâyûpakaḍḍhati ||
Yaṃ kiñci sithilaṃ kammaṃ ||
saṅkiliṭṭhaṃ ca yaṃ vataṃ ||
saṅkassaraṃ brahmacariyaṃ ||
na taṃ hoti mahapphalan-ti[1] || ||

7. Idam avoca bhikkhave Tâyano devaputto || idaṃ vatvâ maṃ abhivâdetvâ padakkhiṇaṃ katvâ tatth-ev-antaradhâyi || Uggaṇhâtha bhikkhave Tâyanagâthâ || pariyâpuṇâtha bhikkhave Tâyanagâthâ || atthasaṃhitâ bhikkhave Tâyanagâthâ âdibrahmacariyikâti || ||

§ 9. *Candima.*

1. Sâvatthiyaṃ viharati || ||

Tena kho pana samayena Candimâ devaputto Râhunâ asurindena gahito hoti || Atha kho Candimâ devaputto Bhagavantam anussaramâno tâyaṃ velâyam imaṃ gâtham abhâsi || ||

2. Namo te buddha vîr-atthu || vippamutto si sabbadhi ||
sambâdhapaṭippanno-smi || tassa me saraṇaṃ bhavâti || ||

3. Atha kho Bhagavâ Candimaṃ devaputtam ârabbha Râhum asurindaṃ gâthâya ajjhabhâsi ||

Tathâgatam arahantaṃ || Candimâ saranaṃ gato ||
Râhu candaṃ pamuñcassu || buddhâ lokânukampakâti || ||

4. Atha kho Râhu asurindo Candimaṃ devaputtaṃ muñcitvâ taramâṇarûpo yena Vepacitti asurindo ten-upasaṅkami || upasaṅkamitvâ saṃviggo lomahaṭṭhajâto ekam antam aṭṭhâsi || Ekam antaṃ ṭhitaṃ kho Râhum asurindaṃ Vepacitti asurindo gâthâya ajjhabhâsi ||

5. Kinnu santaramâno va || Râhu candaṃ pamuñcasi ||
saṃviggarûpo âgamma || kinnu bhîto va tiṭṭhasîti || ||

6. Sattadhâ me phale muddhâ || jîvanto na sukhaṃ labhe ||
buddhagâthâbhihîto-mhi[2] || no ce muñceyya Candimanti[3] || ||

[1] Same remarks as above for the whole. [2] SS. °gâthâbhigîto°. [3] Already published (from the Paritta) with the differing gâtha of the next sutta (*Journal Asiatique*, Oct.-Déc. 1871, p. 226-7).

§ 10. *Suriyo.*

1. Tena kho pana samayena Suriyo devaputto Râhunâ asurindena gahito hoti || Atha kho Suriyo devaputto Bhagavantam anussaramâno tâyaṃ velâyaṃ imaṃ gâtham abhâsi || ||

2. Namo te buddha vîra-tthu || vippamutto si sabbadhi ||
sambâdhapaṭippanno-smi || tassa me saraṇaṃ bhavâti || ||

3. Atha kho Bhagavâ Suriyaṃ devaputtaṃ ârabbha Râhum asurindaṃ gâthâya[1] ajjhabhâsi || ||

Tathâgatam arahantam || suriyo saraṇaṃ gato ||
Râhu pamuñca suriyaṃ || buddhâ lokânukampakâ ti || ||
Yo andhakâre tamasi pabhaṃkaro[2] || verocano maṇḍalî uggatejo ||
mâ Râhu gilî caraṃ antalikkhe || pajaṃ mama[3] Râhu pamuñca suriyan-ti || ||

4. Atha kho Râhu asurindo Suriyaṃ devaputtaṃ muñcitvâ taramânarûpo yena Vepacitti asurindo ten-upasaṅkami || upasaṅkamitvâ saṃviggo lomahaṭṭhajâto ekam antam aṭṭhâsi || Ekam antaṃ ṭhitaṃ kho Râhuṃ asurindaṃ Vepacitti asurindo gâthâya ajjhabhâsi || ||

5. Kinnu santaramâno va || Râhu suriyam pamuñcasi ||
saṃviggarûpo âgamma || kinnu bhîto tiṭṭhasîti || ||

6. Sattadhâ me phale muddhâ || jîvanto na sukhaṃ labhe ||
buddhagâthâbhihito-mhi[4] || no ce muñceyya suriyan-ti || ||

Pathamo vaggo ||

Tass-uddânaṃ ||

Dve Kassapâ ca Mâgho ca || Mâgadho Dâmali[5] Kâmado ||
Pañcâlacaṇḍo ca Tâyano || Candima-Suriyena te dasâti || ||

CHAPTER II.—ANÂTHAPIṆḌIKA-VAGGO DUTIYO.

§ 1. *Candimaso.*

Sâvatthiyam ârâme || ||

1. Atha kho Candimaso[6] devaputto abhikkantâya rattiyâ abhikkantavaṇṇo kevalakappaṃ Jetavanam obhâsetvâ yena

[1] S² gâthâbiya. [2] SS. tamasî; B. pabhâkaro. [3] B. mamaṃ. [4] S³ gâthâbhigîto; S¹ °bhihîno. [5] SS. Dâmalo. [6] So all the MSS.; but, in the uddâna, Candimâso.

Bhagavâ ten-upasaṅkami ‖ upasaṅkamitvâ Bhagavantam abhivâdetvâ ekam antam aṭṭhâsi ‖ ‖ Ekam antaṃ ṭhito kho Candimaso devaputto Bhagavato santike imaṃ gâtham abhâsi ‖ ‖

2. Te hi sotthiṃ gamissanti ‖ kacche vâmakase[1] magâ ‖
jhânâni upasampajja ‖ ekodinipakâ satâ ti ‖ ‖
Te hi pâram gamissanti ‖ chetvâ jâlaṃ va[2] ambujo ‖
jhânâni upasampajja ‖ appamattâ raṇaṃ jahâ ti ‖ ‖

§ 2. *Veṇḍu.*

1. Ekam antaṃ ṭhito kho Veṇḍu[3] devaputto Bhagavato santike imaṃ gâtham abhâsi ‖ ‖

2. Sukhitâ va[4] te manujâ ‖ Sugataṃ payirûpâsiya ‖
yuñja[5] Gotamasâsane ‖ appamattânusikkhare-ti ‖ ‖
Ye me pavutte satthipade[6] ‖ (Veṇḍûti Bhagavâ) anusikkhanti jhâyino ‖
kâle te appamajjantâ ‖ na maccuvasaṅgâ[7] siyun-ti ‖ ‖

§ 3. *Dîghalaṭṭhi.*

1. Evaṃ me sutam ekaṃ samayaṃ Bhagavâ Râjagahe viharati Veḷuvane Kalandakanivâpe ‖

2. Atha kho Dîghalaṭṭhi devaputto abhikkantâya rattiyâ abhikkantavaṇṇo[8] kevalakappaṃ Veḷuvanam obhâsetvâ yena Bhagavâ ten-upasaṅkami ‖ upasaṅkamitvâ Bhagavantam abhivâdetvâ ekam antam aṭṭhâsi ‖ Ekam antaṃ ṭhito kho Dîghalaṭṭhi devaputto Bhagavato santike imaṃ gâtham abhâsi[9] ‖ ‖

3. Bhikkhu siyâ jhâyî vimuttacitto[10] ‖
âkaṅkhe ca[11] hadayassânupattiṃ ‖
lokassa ñatvâ udayabbayaṃ ca ‖
sucetaso asito tadânisaṃso-ti[12] ‖ ‖

§ 4. *Nandano.*

1. Ekam antaṃ ṭhito kho Nandano devaputto Bhagavantaṃ gâthâya ajjhabhâsi ‖ ‖

Pucchâmi taṃ Gotama bhûripaññaṃ[13] ‖
anâvaṭaṃ[14] Bhagavato ñâṇadassanaṃ ‖

---

[1] SS. kacche va amakase°. [2] SS. jâlañca. [3] S²-³ Veṇṇu; S¹ Vennu; C. Veṇḍo. [4] SS. vata. [5] SS. yajja. [6] B. siṭṭhipade. [7] S³ maccuvasagâ; S¹-² muccavasagâ. [8] SS. °vaṇṇâ. [9] SS. Bhagavantaṃ gâthâya ajjhabhâsi. [10] SS. vippamuttacitto. [11] B. ce; SS. have not ca nor ce. [12] See above I. 2; same varieties of reading beyond those here noticed. [13] B. bhûripañña. [14] C. anâvaṭṭaṃ.

Kathaṃ vidhaṃ sîlavantaṃ vadanti ||
kathaṃ vidhaṃ paññâvantam vadanti ||
kathaṃ vidhaṃ dukkham aticca iriyati[1] ||
kathaṃ vidhaṃ devatâ pûjayantîti[2] || ||

2. Yo sîlavâ paññavâ bhâvitatto ||
samâhito jhânarato satimâ[3] ||
sabb-assa sokâ vigatâ pahînâ[4] ||
khîṇâsavo antimadehadhârî[5] || ||
Tathâvidhaṃ sîlavantam vadanti ||
tathâvidhaṃ paññâvantaṃ vadanti ||
tathâvidho dukkhaṃ aticca iriyati ||
tathâvidhaṃ devatâ pûjayantîti || ||

§ 5. *Candana.*

1. Ekam antaṃ ṭhito kho Candano devaputto Bhagavantaṃ gâthâya ajjhabhâsi || ||

Kathaṃ su tarati[6] oghaṃ || rattindivam atandito ||
appatiṭṭhe anâlambe || ko gambhîre na sîdatîti || ||

2. Sabbadâ sîlasampañño || paññavâ susamâhito ||
âraddhaviriyo pahitatto || oghaṃ tarati duttaraṃ ||
virato kâmasaññaya || rûpasaññojanâtigo ||
nandîbhavaparikkhîṇo[7] || so gambhîre[8] na sîdatîti || ||

§ 6. *Sudatto.*

1. Ekam antaṃ ṭhito kho[9] Sudatto devaputto Bhagavato santike imaṃ gâtham abhâsi || ||

Sattiyâ viya omaṭṭho || ḍayhamâno[10] va matthake ||
kâmarâgappahânâya || sato bhikkhu paribbaje-ti || ||

2. Sattiyâ viya omaṭṭho || ḍayhamâno va matthake ||
sakkâya diṭṭhippahânâya || sato bhikkhu paribbaje-ti[11] || ||

§ 7. *Subrahmâ.*

1. Ekam antaṃ ṭhito kho Subrahmâ devaputto Bhagavantam gâthâya ajjhabhâsi || ||

Niccam utrastam idaṃ cittaṃ || niccam ubbiggam idaṃ mano ||

---

[1] S³ irîyati. [2] S²-³ pûjayanti. [3] SS. jhânapatî satîmâ. [4] B. pahinnâ. [5] SS. hantima°. [6] S¹ ko sûdha tarati; S²-³ kosûdhatari. [7] So SS. and C.; B. nandîrâga. [8] C. adds mahoghe. [9] SS. add vâ. [10] B. ḍayhamâne here and further on. [11] See above, Devatâ-S. III. 1.

anuppannesu kiccesu || atho uppattitesu ca ||
sace atthi anutrastaṃ || taṃ me akkhâhi pucchito-ti || ||

2. Na aññatra bojjhaṅgatapasâ || na aññatra indriyasaṃvarâ ||
na aññatra[1] sabbanissaggâ[2] || sotthiṃ passâmi pâṇinan-
ti || ||

3. Tatth-ev-antaradhâyîti[3] || ||

§ 8. *Kakudho.*

1. Evaṃ me sutam ekam samayaṃ Bhagavâ Sâkete viharati Añjanavane Migadâye || || Atha kho Kakudho[4] devaputto abhikkantâya rattiyâ abhikkantavaṇṇo kevalakappaṃ Añjanavanam obhâsetvâ yena Bhagavâ ten-upasaṅkami upasaṅkamitvâ Bhagavantam abhivâdetvâ ekam antam aṭṭhâsi || ||

2. Ekam antaṃ ṭhito kho Kakudho devaputto Bhagavantam etad avoca || || Nandasi samanâ ti || ||

Kiṃ laddhâ âvuso-ti || ||

Tena hi samaṇa socasî ti || ||

Kiṃ jîyittha âvusoti || ||

Tena hi samaṇa n-eva nandasi na ca[5] socasîti || ||

Evam âvuso ti || ||

3. Kacci tvam anigho bhikkhu || atho nandî na vijjati ||
kacci tam ekam âsînaṃ || aratî nâbhikîratîti || ||

4. Anigho ve ahaṃ yakkha || atho nandî na vijjati ||
atho mam ekam âsînaṃ || aratî nâbhikîratîti || ||

5. Kathaṃ tvam anigho bhikkhu || kathaṃ nandî na vijjati ||
kathaṃ tam[6] ekaṃ âsînaṃ || aratî nâbhikîratîti || ||

6. Aghajâtassa[7] ve nandî || nandîjâtassa[8] ve aghaṃ ||
anandî anigho bhikkhu || evaṃ jânâhi âvuso-ti || ||

7. Cirassaṃ vata passâmi || brâhmaṇaṃ parinibbutaṃ ||
anandim anighaṃ bhikkhuṃ || tiṇṇaṃ loke visattikan-
ti[9] || ||

§ 9. *Uttaro.*

1. Râjagaha nidânam[10] || ||

Ekam antaṃ ṭhito kho Uttaro devaputto Bhagavato santike imaṃ gâtham abhâsi || ||

---

[1] B. nâññatrabojjhâtapasâ || nâññatrindriyasâmvarâ || nâññatra°. [2] SS. °nissaṅgâ. [3] SS. omit these words. [4] C. kukkuṭo. [5] S^{1-3} neva; S^{2} nova. [6] SS. tvaṃ. [7] SS. aghâjâtassa. [8] SS. nahijâtassa; C. reads nandijâtassa and explains jâtagaṇhassa. [9] Cf. with the last verse of Devatâ-S. I. 1. [10] Missing in SS.

2. Upanîyati jîvitam appam âyu ||
jarûpanîtassa na santi tâṇâ ||
etaṃ bhayaṃ maraṇe pekkhamâno ||
puññâni kayirâtha sukhâvahânîti || ||

3. Upanîyati jîvitam appam âyu ||
jarûpanîtassa na santi tâṇâ ||
etaṃ bhayaṃ maraṇe pekkhamâno ||
lokâmisaṃ pajahe santipekkho ti[1] || ||

§ 10. *Anâthapiṇḍiko.*

1. Ekam antaṃ ṭhito kho Anâthapiṇḍiko devaputto Bhagavato santike imâ gâthâyo abhâsi || ||

Idaṃ hitaṃ Jetavanaṃ || isisaṅghanisevitaṃ ||
âvutthaṃ[2] dhammarâjena || pîtisaṃjananaṃ mama || ||
Kammaṃ vijjâ ca dhammo ca || sîlam jîvitam uttamaṃ ||
etena maccâ sujjhanti || na gottena dhanena vâ || ||
Tasmâ hi paṇḍito poso || sampassaṃ attham[3] attano ||
yoniso vicine dhammaṃ || evaṃ tattha visujjhati || ||
Sâriputto va paññâya || sîlen-upasamena[4] ca ||
yo pi pârañgato bhikkhu || etâva paramo siyâ ti[5] || ||

2. Idam avoca Anâthapiṇḍiko devaputto || idaṃ vatvâ Bhagavantam abhivâdetvâ padakkhiṇaṃ katvâ tatth-eva antaradhâyi || ||

3. Atha kho Bhagavâ tassâ rattiyâ accayena bhikkhû âmantesi || ||

4. Imam[6] bhikkhave rattiṃ aññataro devaputto abhikkantâya rattiyâ abhikkantavaṇṇo kevalakappaṃ Jetavanam obhâsetvâ yenâham ten-upasaṅkami || upasaṅkamitvâ maṃ abhivâdetvâ ekam antam aṭṭhâsi || Ekam antaṃ ṭhito kho bhikkhave[7] so devaputto mama santike imâ gâthâyo abhâsi || ||

5. Idaṃ hitaṃ Jetavanaṃ || isisaṅghanisevitaṃ ||
âvutthaṃ[8] dhammarâjena || pîtisaṃjananaṃ mama || ||
kammaṃ vajjâ ca dhammo ca || sîlaṃ jîvitam uttamaṃ ||
etena maccâ sujjhanti || na gottena dhanena vâ || ||
Tasmâ hi paṇḍito poso || sampassam attham[9] attano ||

[1] See Devatâ-S. I. 3. [2] S³ avutthaṃ; S² avuttaṃ; B. âvuṭṭhaṃ. [3] S¹⁻³ attam. [4] SS. silena upasamena. [5] See above Devatâ-S. V. 8. [6] S¹⁻³ idaṃ. [7] SS. omit bhikkhave. [8] B. âvuṭṭhaṃ; S²⁻³ avuttha-ṃ. [9] S¹⁻³ (perhaps SS.) attam.

yoniso vicine dhammaṃ || evaṃ tattha visujjhati || ||
Sâriputto va paññâya || sîlen-upasamena[1] ca ||
yo pi pâraṅgato bhikkhu etâva paramo[2] siyâ ti || ||

6. Idam avoca bhikkhave so devaputto || idam vatvâ maṃ abhivâdetvâ padakkhiṇaṃ katvâ tatth-ev-antaradhâyîti || ||

7. Evaṃ vutte âyasmâ Ânando Bhagavantam etad avoca || || So hi nûna bhante Anâthapiṇḍiko devaputto bhavissati || Anâthapiṇḍiko gahapati âyasmante Sâriputte abhippasanno ahosîti || ||

8. Sâdhu sâdhu Ânanda || yâvatakaṃ kho Ânanda takkâya pattabbaṃ anuppattaṃ[3] tayâ || Anâthapiṇḍiko hi so Ânanda devaputto ti || ||

Anâthapiṇḍika-vaggo dutiyo || ||

Tass-uddânaṃ || ||

Candimâso ca Veṇḍu[4] ca || Dîghalaṭṭhi ca Nandano ||
Candano ca Sudatto ca || Subrahmâ || Kakudhena ca ||
Uttaro[5] navamo vutto || dasamo Anâthapiṇḍiko ti || ||

CHAPTER III.—NÂNÂTITTHIYA-VAGGO TATIYO.

§ 1. *Sivo.*

1. Evaṃ me sutaṃ ekam samayaṃ Bhagavâ Sâvatthiyaṃ viharati Jetavane Anâthapiṇḍikassa ârâme || || Atha kho Sivo devaputto abhikkantâya rattiyâ abhikkantavaṇṇo kevalakappaṃ Jetavanam obhâsetvâ yena Bhagavâ ten-upasaṅkami || upasaṅkamitvâ Bhagavantam abhivâdetvâ ekam antam aṭṭhâsi || || Ekam antaṃ ṭhito kho Sivo devaputto Bhagavato santike imâ gâthâyo abhâsi || ||

2. Sabbhir eva samâsetha || sabbhi kubbetha[6] santhavaṃ ||
satam saddhammam aññâya || seyyo hoti na pâpiyo || ||
Sabbhir eva samâsetha || sabbhi kubbetha santhavaṃ ||
sataṃ saddhammam aññâya || paññâ labbhati[7] nâññato[8] ||
Sabbhir eva samâsetha || sabbhi kubbetha santhavaṃ ||
sataṃ saddhammam aññâya || soka-majjhe na socati || ||
Sabbhir eva samâsetha || sabbhi kubbetha santhavaṃ ||

---

[1] SS. sîlena upasamena. [2] S[1] here and above has paramâ. [3] B. pattibbaṃ anupattabbaṃ. [4] SS. Veṇṇu. [5] SS. kakudhena cattâro. [6] B. krubbetha sandhavaṃ always. [7] B. paññam labhati. [8] SS. anaññato.

satam saddhammam aññâya || ñâti-majjhe virocati || ||
Sabbhir eva samâsetha || sabbhi kubbetha santhavam ||
satam saddhammam aññâya || sattâ gacchanti suggatim[1] || ||
Sabbhir eva samâsetha || sabbhi kubbetha santhavam ||
satam saddhammam aññâya || sattâ titthanti sâtatan-ti || ||

3. Atha kha Bhagavâ Sivam devaputtam gâthâya paccâbhâsi || ||

Sabbhir eva samâsetha || sabbhi kubbetha santhavam ||
satam saddhammam aññâya || sabbadukkhâ pamuccatîti[2] || ||

§ 2. *Khemo.*

Ekam antam thito kho Khemo devaputto Bhagavato santike imâ gâthâyo abhâsi || ||

Caranti bâlâ dummedhâ || amitten-eva attanâ ||
karontâ[3] pâpakam kammam || yam hoti katukapphalam || ||
na tam kammam katam sâdhu || yam katvâ anutappati ||
yassa assumukho rodam || vipâkam patisevati || ||
tam ca kammam katam sâdhu || yam katvâ nânutappati ||
yassa patîto[4] sumano || vipâkam patisevati || ||
Patikacceva[5] tam kayirâ || yam jaññâ hitam attano ||
na sâkatikam cintâya || mantâdhîro parakkame[6] || ||
yathâ sâkatiko pantham || samam hitvâ mahâpatham ||
visamam maggam âruyha || akkhacchinno vajhâyati[7] || ||
evam dhammâ apakkamma || adhammam anuvattiya ||
mando[8] maccumukham patto || akkhachinno va jhâyatîti || ||

§ 3. *Serî.*

1. Ekam antam thito kho Serî[9] devaputto Bhagavantam gâthâya ajjhabhâsi || ||

Annam evâbhinandanti || ubhayo devamânusâ ||
atha ko nâma so yakkho || yam annam nâbhinandatîti[10] || ||
Ye nam dadanti saddhâya || vippasannena cetasâ ||
tam eva annam bhajati || asmim loke paramhi ca || ||
Tasmâ vineyya maccheram || dajjâ dânam malâbhibhû ||
puññâni paralokasmim || patitthâ honti pâninan-ti[11] || ||

---

[1] B. sugatim. [2] See above, Devatâ-S. IV. 1. [3] B. karonto. [4] B. patito. [5] SS. patigacceva (S[1] patigamceva). [6] SS. parakkamo. [7] C. vajjhâyati. [8] SS. mâno, whence the reading anuvattiyamâno. [9] B. S[3] Seri. [10] SS. atha kho nâma so yakkho yam annam abhinandati. [11] See above, Devatâ-S. V. 3.

2. Acchariyaṃ bhante abbhutaṃ yâva subhâsitaṃ idam[1] bhante Bhagavatâ || ||

Ye naṃ dadanti saddhâya || vippasamena cetasâ ||
tam eva annaṃ bhajati || asmiṃ loke paramhi ca ||
Tasmâ vineyya maccheraṃ || dajjâ dânaṃ malâbhibhû ||
puññâni paralokasmiṃ || patiṭṭhâ honti pâṇinan-ti || ||

3. Bhûtapubbâhaṃ bhante Serî[2] nâma râjâ ahosiṃ dâyako dânapatî dânassa vaṇṇavâdî[3] || tassa mayhaṃ bhante catusu dvâresu dânaṃ dîyittha samaṇa-brahmaṇa-kapaṇi-ddhika[4]-vanibbaka[5]-yâcakânaṃ || ||

4. Atha kho maṃ bhante itthâgâraṃ[6] upasaṅkamitvâ etad avoca[7] || || Devassa kho[8] dânaṃ dîyati amhâkaṃ dânaṃ na dîyati || Sâdhu mayaṃ pi devaṃ nissâya dânâni dadeyyâma puññâni kareyyâmâ ti || ||

5. Tassa mayhaṃ bhante etad ahosi || ahaṃ kho smi[9] dâyako dânapati dânassa vaṇṇavâdî || dânaṃ dassâmâ ti vadantânaṃ[10] kin-ti vadeyyan-ti || || So khvâhaṃ bhante pathamaṃ dvâraṃ[11] itthâgârassa adâsiṃ || tattha itthâgârassa dânaṃ dîyittha mama dânam patikkami || ||

6. Atha kho maṃ bhante khattiyâ anuyuttâ[12] upasaṅkamitvâ mam etad avocuṃ || Devassa kho dânaṃ dîyati itthâgârassa dânaṃ dîyati amhâkaṃ dânaṃ no dîyati || Sâdhu mayam pi devaṃ nissâya dânâni dadeyyâma puññâni kareyyâmâti || ||

Tassa mayham bhante etad ahosi || aham kho smi[13] dâyako dânapati dânassa vaṇṇavâdî || dânam dassâmâti vadantânam[14] kinti vadeyyan-ti || || So kvâhaṃ bhante dutiyaṃ dvâraṃ[15] khattiyânam anuyuttânaṃ[16] adâsiṃ || tattha khattiyânam anuyuttânaṃ dânaṁ dîyittha mama dânaṃ paṭikkami || ||

7. Atha kho maṃ bhante balakâyo upasaṅkamitvâ etad avoca || Devassa kho dânaṃ dîyati itthâgârassa dânam dîyati khattiyânam anuyuttânam dânaṃ dîyati amhâkaṃ dânaṃ na dîyati || Sâdhu mayam pi devaṃ nissâya dânâni dadeyyâma puññâni kareyyâmâti || ||

[1] B. cîdam. [2] B. Siri. [3] S[1] vaṇṇâvâdî; S[2] vaṇṇavâdi; S[3] vannaṃ vâdî. [4] B. kapaṇaddhika°. [5] C. SS. vaṇibbaka°. [6] B. itthâgarâ. [7] B. avocuṃ. [8] SS. devasseva. [9] SS. mhi. [10] B. vadante always. [11] SS. pathamadvâraṃ. [12] B. anuyantâ. [13] SS. mhi. [14] SS. have here vadante as B. [15] S[1-3] vâraṃ. [16] B. anuyantânaṃ here and further on.

Tassa mayham bhante etad ahosi || ahaṃ kho smi dâyako dânapati dânassa vaṇṇavâdî || dânam dassâmâti vadantânaṃ kin-ti vadeyyan-ti || || So khvâhaṃ bhante tatiyaṃ dvâraṃ[1] balakâyassa adasiṃ || tattha balakâyassa dânam dîyittha mama dânaṃ paṭikkami || ||

8. Atha kho maṃ bhante brâhmaṇagahapatikâ upasaṅkaṃitvâ etad avocuṃ || Devassa kho dânaṃ dîyati itthâgârassa dânaṃ dîyati khattiyânaṃ anuyuttânam dânaṃ dîyati balakâyassa dânaṃ dîyati || amhâkaṃ dânaṃ na dîyati || Sâdhu mayam pi devaṃ nissâya dânaṃ dadeyyâma puññâni kareyyâmâti || ||

Tassa mayhaṃ bhante etad ahosi || ahaṃ kho smi[2] dâyako dânapati dânassa vaṇṇavâdî || dânaṃ dassâmâti vadantânam[3] kin-ti vadeyyan-ti || || So khvâham bhante catutthaṃ dvâram brâhmanagahapatikânam adâsiṃ || tattha brâhmanagahapatikânam dânaṃ dîyittha mama dânaṃ paṭikkami || ||

9. Atha kho mam bhante purisâ upasaṅkamitvâ etad avocuṃ || Na kho dâni devassa[4] koci dânaṃ dîyatîti || ||

Evaṃ vutto-haṃ[5] bhante te purise etad avocaṃ || || Tena hi bhaṇe yo bâhiresu janapadesu âyo[6] sañjâyati || tato upaḍḍham antepuraṃ pavesetha upaḍḍhaṃ tatth-eva dânaṃ detha samaṇa-brâhmana-kapaṇi-ddhika-vanibbaka-yâcakânan-ti[7] || ||

10. So khvâhaṃ bhante evaṃ dîgharattaṃ katânaṃ puññânaṃ evaṃ dîgharattaṃ katânaṃ kusalânaṃ[8] pariyantaṃ nâdhigacchâmi || ettakaṃ puññan-ti ettako puññavipâko[9] ti vâ ettakaṃ sagge ṭhâtabban-ti vâ ti || ||

11. Acchariyaṃ bhante abbhutaṃ bhante yâva subhâsitam idaṃ[10] Bhagavatâ || ||

Ye naṃ dadanti saddhâya || vippasannena cetasâ ||
tam eva annaṃ bhajati || asmi loke paramhi ca ||
Tasmâ vineyya maccheraṃ || dajjâ dânaṃ malâbhibhû ||
puññâni paralokasmiṃ || patiṭṭhâ honti pâṇinan-ti[11] || ||

---

[1] SS. tatiyavâraṃ. [2] B. khvâsmi. [3] SS. have here vadante as B. [4] SS. add kho. [5] B. vuttâhaṃ. [6] S[1]-[3] ayo. [7] See above, 6, 7. [8] B. adds kammânaṃ. [9] SS. ettako vipâko. [10] B. cidaṃ bhante. [11] See above, No. 3 and Devatâ-S. V. 3.

§ 4. *Ghaṭîkaro.*

1. Ekam antaṃ ṭhito kho Ghaṭîkâro devaputto Bhagavato santike imaṃ gâtham abhâsi || ||

Avihaṃ upapannâse vimuttâ satta bhikkhavo ||
râga-dosa-parikkhîṇâ || tiṇṇâ loke visattikan-ti || ||

2. Ke ca te atarum paṅkaṃ || maccudheyyaṃ suduttaraṃ ||
ke hitvâ mânusaṃ dehaṃ || dibbayogam upaccaguṇti || ||

3. Upako Phalagaṇḍo ca || Pukkusâti ca te tayo ||
Bhaddiyo Khaṇḍadevo ca || Bâhuraggi ca Piṅgiyo ||
te hitvâ mânusaṃ dehaṃ || dibbayogam upaccagun-ti[2] || ||

4. Kusalaṃ bhâsasi tesaṃ || mârapâsappahâyinaṃ ||
kassa te dhammam aññâya || acchiduṃ bhava-bandhanan-ti || ||

5. Na aññatra bhagavatâ || nâññatra tava sâsanâ ||
yassa te dhammam aññâya acchiduṃ bhavabhandanaṃ || ||
yattha nâmaṃ ca rûpaṃ ca || asesam uparujjhati ||
taṃ te dhammam idha ñâya || acchiduṃ bhavabandhanan-ti || ||

6. Gambhîraṃ bhâsasi vacaṃ || dubbijânaṃ sudubbuddhaṃ ||
kassa tvaṃ dhammam aññâya || vâcaṃ bhâsasi îdisan[1]-ti || ||

7. Kumbhakâro pure âsiṃ || Vehaḷiṅge ghaṭîkaro ||
mâtâ-petti-bharo âsiṃ || Kassapassa upâsako || ||
virato methunâ dhammâ || brahmacârî nirâmiso ||
Ahuvâ te sagâmeyyo || ahuvâ te pure sakhâ ||
so-ham ete pajânâmi || vimutte satta bhikkhavo ||
râgadosaparikkhîṇe || tiṇṇe loke visattikan-ti || ||

8. Evam etaṃ tadâ âsi || yathâ bhâsasi Bhaggavâ ||
kumbhakâro pure âsi || Vehaḷiṅge ghaṭikâro ||
mâtâpetti-bharo âsi || Kassapassa upâsako || ||
virato methunâ dhammâ || brahmacârî nirâmiso ||
ahuvâ me sagâmeyyo || ahuvâ me pure sakhâti || ||

9. Evam evaṃ[3] purâṇânaṃ || sahâyânaṃ ahu saṅgamo ||
ubhinnaṃ bhâvitattânaṃ || sarîrantimadhârinan-ti[4] || ||

---

[1] B. edisaṃ. [2] See Therî-gâthâ, p. 205. [3] B. etaṃ. [4] See above text and notes, Devatâ-S. V. 10.

§ 5. *Jantu.*

1. Evaṃ me sutam ekaṃ samayaṃ sambahulâ bhikkhû Kosalesu viharanti Himavanta-passe araññakuṭikâyaṃ[1] uddhatâ unnaḷâ[2] capalâ mukharâ vikiṇṇavâcâ muṭṭhassatino asampajânâ asamâhitâ vibbhattacittâ pâkatindriyâ[3] || ||

2. Atha kho Jantu devaputto tadahuposathe pannarase yena te bhikkhû ten-upasaṅkami || upasaṅkamitvâ te bhikkhû gâthâhi ajjhabhâsi || ||

Sukhajîvino pure âsuṃ || bhikkhû Gotama-sâvakâ ||
anicchâ piṇḍam esanâ || anicchâ sayanâsanaṃ ||
loke aniccataṃ ñatvâ || dukkhass-antam akaṃsu te || ||
Dupposaṃ katvâ attânaṃ || gâme gâmaṇikâ viya ||
bhutvâ bhutvâ nipajjanti || parâgâresu mucchitâ ||
sanghassa añjaliṃ katvâ || idh-ekacce vandâm-aham || ||
Apaviddhâ[4] anâthâ te || yathâ petâ tath-eva te[5] ||
ye kho pamattâ viharanti || te me sandhâya bhâsitaṃ ||
ye appamattâ viharanti || namo tesaṃ karom-ahan-ti || ||

§ 6. *Rohito.*

1. Sâvatthiyaṃ viharati || ||

2. Ekam antaṃ ṭhito kho Rohitasso devaputto Bhagavantam etad avoca || ||

Yattha nu kho bhante na jâyati na jîyati na mîyati na cavati na uppajjati[6] || sakkâ nu kho so bhante gamanena lokassa anto[7] ñâtuṃ vâ daṭṭhuṃ vâ papuṇituṃ vâ ti || ||

3. Yattha kho âvuso na jâyati na jîyati na mîyati na cavati na uppajjati || nâhaṃ taṃ gamanena lokassa antaṃ ñateyyaṃ daṭṭheyyaṃ[8] patteyyan-ti vadâmîti || ||

4. Acchariyaṃ bhante abbhutaṃ bhante yâva subhâsitaṃ idam[9] bhante Bhagavatâ || yattha kho âvuso na jâyati na jîyati na mîyati na cavati na uppajjati || nâhaṃ taṃ gamanena lokassa antaṃ nâteyyaṃ daṭṭheyyaṃ patteyyan-ti vadâmîti || ||

5. Bhûtapubbâhaṃ bhante Rohitasso nâma isi ahosiṃ || Bhoja-putto iddhimâ vehâsaṅgamo[10] || tassa mayhaṃ bhante

---

[1] SS. kuṭiyaṃ. [2] S[3] unnalâ. [3] This list recurs in Pug. III. 12. [4] B. apaviṭṭhâ. [5] SS. tathevaoa. [6] B. upapajjati here and further on. [7] B. antaṃ. [8] B. diṭṭheyyaṃ. [9] B. subhâsitaṃ cidaṃ here and further on. [10] S[2] vebhâ°.

evarûpo javo ahosi || seyyathâpi nâma daḷhadhammo dhanuggaho sikkhito katahattho katayoggo[1] katupâsano lahukena asanena appakasiren-eva tiriyaṃ tâlacchâyaṃ atipâteyya || ||

6. Tassa mayhaṃ bhante evarûpo padavîtihâro ahosi || seyyathâpi puratthimasamuddâ pacchimo samuddo || tassa mayhaṃ bhante evarupaṃ icchâgataṃ uppajji || ahaṃ gamanena lokassa antaṃ pâpuṇissâmîti || ||

7. So khvâhaṃ[2] bhante evarûpena javena samannâgato evarûpena ca[3] padavîtihârena aññatr-eva[4] asita-pita-khâyita-sâyitâ aññatra uccârapassâva-kammâ aññatra niddâ-kilamatha-paṭivinodanâ vassasatâyuko vassasatajîvî[5] vassasataṃ gantvâ appatvâ ca lokassa antam[6] antarâ va[7] kâlaṅkato || ||

8. Acchariyaṃ bhante abbhutaṃ bhante yâva subhâsitam idaṃ bhante Bhagavatâ || yattha kho âvuso na jâyati na jîyati na mîyati na cavati na uppajjati nâhaṃ tam gamanena lokassa antaṃ ñâteyyaṃ daṭṭheyyaṃ patteyyan-ti vadâmîti[8] ||

9. Na kho[9] panâham âvuso appatvâ lokassa antaṃ dukkhassa antakiriyaṃ vadâmi[10] || api khvâham[11] âvuso imasmiññeva vyâmamatte kaḷevare[12] saññimhi[13] samanake lokaṃ ca paññâpemi lokasamudayaṃ ca lokanirodhaṃ ca lokanirodhagâminiṃ ca paṭipadan-ti || ||

10. Gamanena na pattabbo || lokass-anto kudâcanaṃ ||
na ca appatvâ lokantam || dukkhâ atthi pamocanaṃ ||
Tasmâ bhave lokavidû sumedho ||
lokantagû vusitabrahmacariyo ||
lokassa antaṃ samitâviñatvâ ||
nâsiṃsati lokam imaṃ parañ câ ti || ||

§ 7. *Nando.*

1. Ekam antaṃ ṭhito kho Nando devaputto Bhagavato santike imaṃ gâtham abhâsi || ||

Accenti kâlâ tarayanti rattiyo ||
vayoguṇâ anupubbaṃ jahanti ||

---

[1] B. omits katayoggo. [2] S[1] kho ham. [3] B. omits ca. [4] S[1] aññato ca. [5] B. vassasataṃ jîvi. [6] All this passage from papuṇissâmi to lokassa antam is missing in S[3]. Almost the same part from antam papuṇissâmi to appatvâ ca (or va) lokassa is superadded in S[1]. [7] SS. omit va. [8] After this word, SS. repeat afresh yattha kho avuso najâyati° °patteyyanti vadâmi. [9] SS. ca. [10] SS. dukkhassantakiriyaṃ vadâmîti. [11] SS. câham. [12] S[1-2] kaḷebare; S[3] kalebare. [13] B. sasaññimhi.

etaṃ bhayaṃ maraṇe pekkhamâno
puññâni kayirâtha sukhâvahânîti || ||
2. Accenti kâlâ tarayanti rattiyo ||
vayoguṇâ anupubbam jahanti ||.
etaṃ bhayaṃ maraṇe pekkhamâno ||
lokâmisaṃ pajahe santipekkho-ti [1] || ||

§ 8. *Nandivisâlo.*

1. Ekam antaṃ ṭhito kho Nandivisâlo devaputto [2] Bhagavantaṃ gâthâya ajjhabhâsi || ||

Catucakkaṃ navadvâraṃ || puṇṇam lobhena saṃyutaṃ ||
paṅkajâtaṃ mahâvîra || kathaṃ yâtrâ bhavissatîti [3] || ||
2. Chetvâ nandiṃ varattañ ca || icchâlobhañ ca pâpakaṃ ||
samûlaṃ taṇham [4] abbuyha || evaṃ yâtrâ bhavissatîti [5] || ||

§ 9. *Susimo.*

1. Sâvatthi nidânaṃ || ||

2. Atha kho âyasmâ Ânando yena Bhagavâ tenupasaṅkami || upasaṅkamitvâ Bhagavantam abhivâdetvâ ekam antaṃ nisîdi || Ekam antaṃ nisinnaṃ kho âyasmantam Anandaṃ Bhagavâ etad avoca || || Tuyham pi no Ânanda Sâriputto ruccatîti || ||

3. Kassa hi nâma bhante abâlassa aduṭṭhassa amûḷhassa avippallatthacitassa âyasmâ Sâriputto na rucceyya || Paṇḍito bhante âyasmâ Sâriputto [6] || mahâpañño bhante âyasmâ Sâriputto || puthupañño bhante âyasmâ Sâriputto || hâsapañño [7] bhante âyasmâ Sâriputto || javanapañño bhante âyasmâ Sâriputto || tikkhapañño bhante âyasmâ Sâriputto || nibbedhikapañño bhante âyasmâ Sâriputto || appiccho bhante âyasmâ Sariputto || santuṭṭho bhante âyasmâ Sâriputto || pavivitto bhante âyasmâ Sâriputto || asaṃsaṭṭho bhante âyasmâ Sâriputto || âraddhaviriyo bhante âyasmâ Sâriputto || vattâ bhante âyasmâ Sâriputto || vacanakkhamo bhante âyasmâ Sâriputto || codako bhante âyasmâ Sâriputto || pâpagarahî bhante âyasmâ Sâriputto || kassa hi nâma bhante abâlassa aduṭṭhassa amûḷhassa avippallatthacittassa âyasmâ Sâriputto na rucceyyâti || ||

---

[1] See above, Devatâ-S. I. 4. [2] S[3] Nandîvisâlo. [3] SS. bhavissati. [4] S[3] samûlataṇhaṃ. [5] See above, Devatâ-S. III. 9. [6] SS. add here: appiccho bhante âyasmâ Sâriputto, which will be found further on. [7] SS. hâsupañño (or bhâsu˘), here and further on.

Evam etam Ânanda || evam etam Ânanda || kassa hi nâma Ânanda[1] abâlassa aduṭṭhassa amûḷhassa avippallatthacitassa Sâriputto na rucceyya || Paṇḍito Ânando Sâriputto || mahâpañño Ânanda Sâriputto || puthupañño Ânanda Sâriputto || hâsapañño Ânanda Sâriputto || javanapañño Ânanda Sâriputto || tikkhapañño Ânanda Sâriputto || nibbedhikapañño Ânanda Sâriputto || appiccho Ânanda Sâriputto || santuṭṭho Ânanda Sâriputto || pavivitto Ânanda Sâriputto || asaṃsattho Ânanda Sâriputto || vattâ Ânanda Sâriputto || vacanakkhamo Ânanda Sâriputto || codako Ânando Sâriputto || pâpagarahî Ânanda Sâriputto || kassa hi nâmo Ânanda abâlassa aduṭṭhassa amûḷhassa avippallatthacittassa Sâriputto na rucceyyâ ti || ||

5. Atha kho Susimo[2] devaputto âyasmato Sâriputtassa vaṇṇe bhaññamâne mahatiyâ devaputta-parisâya parivuto yena Bhagavâ ten-upasaṅkami || upasaṅkamitvâ Bhagavantam abhivâdetvâ ekam antam aṭṭhâsi || ||

6. Ekam antaṃ ṭhito kho Susimo devaputto Bhagavantam etad avoca || ||

Evam etaṃ Bhagavâ evam etaṃ Sugata || kassa hi nâma bhante abâlassa aduṭṭhassa amûḷhassa avippallatthacittassa âyasmâ Sâriputto na rucceyya || Paṇḍito bhante ca âyasmâ Sâriputto || pe[3] || pâpagarahî bhante âyasmâ Sâriputto || kassa hi nâma bhante abâlassa aduṭṭhassa amûḷhassa avippallatthacittassa âyasmâ Sâriputto na rucceyya || Ahaṁ pi[4] hi bhante yaññad[5] eva devaputtaparisam upasaṅkamiṃ etad eva bahulaṃ saddaṃ suṇâmi || Paṇḍito âyasmâ Sâriputto || pe || pâpagarahî âyasmâ Sâriputto ti || kassa hi nâma abâlassa aduṭṭhassa amûḷhassa avippallatthacittassa âyasmâ Sâriputto na rucceyyâ ti || ||

7. Atha kho Susimassa devaputtassa devaputta-parisâ âyasmato Sâriputtassa vaṇṇe bhaññamâne attamanâ pamuditâ pîtisomanassajâtâ uccâvacâ[6] vaṇṇanibhâ upadaṃseti ||

8. Seyyathâpi nâma maṇiveḷuriyo subho jâtimâ aṭṭhaṃso suparikammakato paṇḍukambale nikkhitto bhâsate ca tapate ca virocati ca || evam evaṃ Susimassa devaputtassa devaputta-

---

[1] S[1-3] omit kassa hi nâma Ânanda. [2] SS. Susîmo here and further on. [3] This and the following abridgments are in SS only. In B. the text runs on all aloug. [4] B. ahambi. [5] S[3] yaññâ; S[2] yaṃṇad; B. yadeva (by correction). [6] S[3] uccâvaca°.

parisâ âyasmato Sâriputtassa vaṇṇe bhaññamâne attamanâ pamoditâ pîtisomanassajâtâ uccâvacâ vaṇṇanibhâ upadaṃseti ||

9. Seyyathâpi nâma nekkhaṃ[1] jambonadaṃ dakkhakammâraputtena sukusalasampahaṭṭhaṃ[2] paṇḍukambale nikkhittaṃ bhâsate ca tapate ca virocati ca || evam evaṃ Susimassa devaputtassa devaputtaparisâ || pe || upadaṃseti ||

10. Seyyathâpi nâma[3] rattiyâ paccûsamayaṃ osadhitârakâ bhâsate ca tapate ca virocati ca || evam evaṃ Susimassa devaputtassa devaputta-parisâ âyasmato Sâriputtassa vaṇṇe bhaññamâne attamanâ pamuditâ pîtisomanassajâtâ uccâvacâ vaṇṇanibhâ upadaṃseti ||

11. Seyyathâpi nâma saradasamaye viddhe vigatavalâhake deve âdicco nabham abbhussukkamâno[4] sabbam âkâsagataṃ tamaṃ[5] abhivihacca[6] bhâsate ca tapate ca virocati ca || evam evaṃ Susimassa devaputtassa devaputta-parisâ âyasmato Sâriputtassa vaṇṇe bhaññamâne attamanâ pamuditâ pîtisomanassajâtâ uccâvacâ vaṇṇanibhâ upadaṃseti || ||

12. Atha kho Susimo devaputto âyasmantam Sâriputtam ârabbha Bhagavato santike imaṃ gâtham abhâsi || ||

Paṇḍito ti samaññâto || Sâriputto akodhano ||
appiccho sorato danto || satthuvaṇṇâbhato[7] isîti || ||

13. Atha kho Bhagavâ âyasmantaṃ Sâriputtaṃ ârabbha Susimaṃ devaputtaṃ gâthâya paccabhâsi || ||

Paṇḍito ti samaññâto || Sâriputto akodhano ||
appiccho sorato danto || kâlaṃ kaṅkhati bhatiko[8] sudanto ti || ||

§ 10. *Nânâtitthiyâ.*

1. Evam me sutaṃ ekaṃ samayaṃ Bhagavâ Râjagahe viharati Veḷuvane Kalandakanivâpe ||

2. Atha kho sambahulâ nânâ-titthiya-sâvakâ devaputtâ Asamo ca Sahalî ca Niṃko ca Âkoṭako ca Veṭambarî ca[9] Mâṇava-gâmiyo ca abhikkantâya rattiyâ abhikkantavaṇṇâ

---

[1] So SS. and C.; B. nikkham. [2] S[3] dakkhaṃ°; S[2] °puttena kusala°; B. °kammâraputtaukkâmukhasukusala°; C. kammâraputtaṃ ukkâmukhesukusalaṃ sampahaṭṭhaṃ. [3] SS. omit nâma; B. adds saradasamaye viddhe vigâtavalâhake deve, of the next paragraph. [4] B. abbhussakkamâno. [5] S. tamagatam. [6] S[1-2] abhavihacca; B. abhivihañña. [7] SS. °vaṇṇabhato. [8] C. has bhattiko; SS. bhâvito. [9] B. °sahali° niko° vegabbhari here and further on.

kevalakappaṃ Veḷuvanam obhâsetvâ yena Bhagavâ ten-upasaṃkamiṃsu || upasaṅkamitvâ Bhagavantam abhivâdetvâ ekam antam aṭṭhaṃsu || ||

3. Ekam antaṃ ṭhito kho Asamo devaputto Pûraṇaṃ[1] Kassapam ârabbha Bhagavato santike imaṃ gâtham abhâsi || ||

Idha chinditamârite || hatajânisu Kassapo ||
pâpaṃ na pan-upassati[2] || puññaṃ vâ pana attano ||
sa ce[3] vissâsam âcikkhi || satthâ arahati mânanan ti[4] || ||

4. Atha kho Sahalî devaputto Makkhali-Gosâlam[5] ârabbha Bhagavato santike imaṃ gâtham abhâsi || ||

Tapo-jigucchâya[6] susaṃvutatto ||
vâcaṃ pahâya kalahaṃ janena ||
samo savajjâ[7] virato saccavâdi ||
na hi nûna tâdisaṃ karoti[8] pâpan-ti || ||

5. Atha kho Niṃko devaputto Nigaṇṭhaṃ Nâṭaputtaṃ ârabbha Bhagavato santike imaṃ gâtham abhâsi || ||

Jegucchi[9] nipako bhikkhu || câtuyâma-susaṃvuto ||
diṭṭhaṃ sutañca âccikkhaṃ[10] || na hi nûna[11] kibbisî siyâ
ti || ||

6. Atha kho Âkoṭako devaputto nânâtitthiye ârabbha Bhagavato santike imaṃ gâtham abhâsi || ||

Pakudhako Kâtiyâno Nigaṇṭho[12] ||
ye ca pime[13] Makkhali Pûraṇâse ||
gaṇassa satthâro[14] sâmaññapattâ[15] ||
na hi nûna te[16] sappurisehi dûre-ti || ||

7. Atha kho Veṭambarî devaputto Âkoṭakaṃ devaputtaṃ gâthâya paccabhâsi[17] || ||

Sagâravenâpi[18] chavo[19] sigâlo[20] ||
na kutthako[21] sîhasamo kadâci ||
naggo musâvâdi gaṇassa satthâ ||
saṅkassarâcâro[22] na sataṃ[23] sarikkho ti || ||

---

[1] B. Puraṇaṃ. [2] S^{1} pâpaṃ na sa panupassati; B. na pâpaṃ samanupassati. [3] B. va ve. [4] SS. arajâti mâninti. [5] B. Makkhaliṃ°. [6] S^{1-2} tapoci (S^{3} di) gucchâya. [7] B. pavajjâ. [8] SS. nahanûnatâdîpakaroti. [9] S^{3} jegucchî. [10] SS. âcikkha. [11] SS. nahanûna°. [12] SS. Nigaṇḍho. [13] B. ye câ°. [14] SS. satthâte; S^{3} has Purâṇassatthâte°. [15] SS. samañña°. [16] SS^{1-3} nahanûnate; S^{1} nahunate. [17] SS. ajjhabhâsi. [18] So SS.; B. sîhâcaritena; C. saharacittena. [19] SS. javo. [20] B. C. siṅgâlo. [21] B. kotthako; C. kuṭṭhako. [22] C. vâcaro (?). [23] So B. and C.; SS. na taṃ.

8. Atha kho Mâro pâpimâ Veṭambariṃ devaputtam anvâvisitvâ Bhagavato santike imaṃ gâtham abhâsi || ||

Tapojigucchâya âyuttâ [1] || pâlayaṃ pavivekiyaṃ [2] ||
rûpe [3] ca ye niviṭṭhâse || devalokâbhinandino ||
te ve sammânusâsanti || paralokâya mâtiyâ ti [4] || ||

9. Atha kho Bhagavâ Mâro ayaṃ pâpimâ iti viditvâ Mâraṃ pâpimantaṃ gâthâya paccabhâsi || ||

Ye keci rûpâ idha vâ huraṃ vâ
ye antalikkhasmi [5] pabhâsavaṇṇâ ||
sabbe vat' ete Namucippasatthâ [6] ||
âmisaṃ va macchânaṃ vadhâya khittâ ti || ||

10. Atha kho Mâṇava-gâmiyo devaputto Bhagavantam ârabbha Bhagavato santike imâ gâthâyo abhâsi || ||

Vipulo râjagahîyânaṃ [7] || giri seṭṭho pavuccati ||
Seto himavatam seṭṭho || âdicco aghagâminaṃ ||
samuddo udadhînam [8] seṭṭho || nakkhattânam va candimâ ||
sadevakassa lokassa || buddho aggo pavuccatîti || ||

Nânâtitthiya-vaggo tatiyo || ||

Tass-uddânam || ||

Sivo Khemo [9] ca Serî ca || Ghaṭi Jantu ca Rohito ||
Nando Nandivisâlo ca || Susimo Nânâtitthiye ca te dasâ ti || ||

Devaputta-saṃyuttaṃ niṭṭhitaṃ || ||

---

[1] SS. ayutta (S^2 anutta) pâlayaṃ. [2] SS. pavivekayaṃ. [3] $SS^{2.3}$ rûpo. [4] SS. samma°; SS. paralokayâni mâtiyâti. [5] B. ye vanta°. [6] B. pasaṭṭhâ. [7] B. rajagahiyânaṃ; S^1 râjagahîyyânaṃ. [8] B. samuddodhadinaṃ (comp. Mahâvagga of the Vinaya VI. 35. 8). [9] S^1 khelî; S^3 khemî; S^2 kholi.

BOOK III.—KOSALA-SAṂYUTTAM.

Chapter I. Paṭhamo-vaggo.

§ 1. *Daharo.*

1. Evaṃ me sutaṃ ekam samayaṃ Bhagavâ Sâvatthiyaṃ viharati Jetavane Anâthapiṇḍikassa ârâme || ||

2. Atha kho râjâ Pasenadi[1]-kosalo yena Bhagavâ tenupasaṅkami || upasaṅkamitvâ Bhagavatâ saddhiṃ sammodi || sammodanîyaṃ kathaṃ sârânîyaṃ vîtisâretvâ ekam antaṃ nisîdi ||

3. Ekam antaṃ nisinno kho râjâ Pasenadi-kosalo Bhagavantam etad avoca || || Bhavam[2] pi no Gotamo anuttaraṃ sammâsambodhim abhisambuddho-ti patijânâtîti[3] || ||

4. Yaṃ hi taṃ mahârâja sammâvadamâno vadeyya anuttaraṃ sammâsambodhim abhisambuddho ti maman-taṃ[4] sammâvadamâno vadeyya || ahaṃ hi mahârâja[5] anuttaraṃ sammâsambodhim abhisambuddho ti || ||

5. Ye pi te bho Gotama samaṇa-brâhmaṇâ saṅghino gaṇino gaṇâcariyâ ñâtâ yasassino titthakarâ sâdhu sammatâ bahujanassa || seyyathîdaṃ Puraṇo[6]-Kassapo Makkhali-Gosâlo Nigaṇṭho Nâṭaputto[7] Sañjayo-belaṭṭhaputto[8] Kakudho[9] Kaccâyano Ajito-kesakambalo[10] || te pi mayâ anuttaraṃ sammâsambodhim abhisambuddho ti paṭijânâthâti[11] puṭṭhâ samânâ anuttaraṃ sammâsambodhiṃ abisambuddho ti na paṭijânanti[12] || kim pana bhavaṃ Gotamo daharo c-eva jâtiyâ navo ca pabbajâyâti || ||

---

[1] B. Passenadî always. [2] S^{2} Bhagavam°. [3] S^{3} has not patijânâtîti; S^{2} also, but the place of the word is empty. [4] S^{1} mamaṃ taṃ; S^{2} mantaṃ. [5] S^{1-2} mahârâjâ. [6] The words Seyyathidam purâṇo are omitted by S^{2-3}; but in S^{2} the place is white, empty. [7] SS. nâthaputto. [8] S^{1-3} belaṭṭhi°. [9] B. Pakuddho. [10] SS. -kambalî (S^{2} li). [11] SS. omit paṭijânâthâti. [12] S^{1-3} anuttaraṃ sammâsambuddho ti paṭijânanti; S^{2} anuttaraṃ sammâsambo ti patijânanti.

6. Cattâro kho me[1] mahârâja daharâ ti na uññâtabbâ daharâti na paribhotabbâ || katame cattâro || || Khattiyo kho mahârâja daharo ti na uññâtabbo daharo ti na paribhotabbo || || Urago kho mahârâja daharo ti na uññâtabbo daharo ti na paribhotabbho || || Aggi kho mahârâja daharo ti na uññâtabbo daharo ti na paribhotabbo || || Bhikkhu kho mahârâja daharo ti na uññâtabbo daharo ti na paribhotabbo || ||
Ime kho mahârâja cattâro daharâ ti na uññâtabbâ daharâ ti na paribhotabbâ ti || ||

7. Idam avoca Bhagavâ || idaṃ vatvâna Sugato athâparam[2] etad avoca satthâ || ||

8. Khattiyaṃ jâtisampannaṃ || abhijâtaṃ yasassinaṃ ||
daharoti nâvajâneyya || na naṃ paribhave naro ||
ṭhânaṃ hi so manussindo rajjaṃ laddhâna khattiyo ||
so kuddho râjadaṇḍena || tasmiṃ pakkamate bhusaṃ ||
tasmâ taṃ parivajjeyya || rakkhaṃ jîvitam attano || ||

9. Gâme vâ yadi vâraññe || yattha passe bhujaṅgamaṃ ||
daharo ti nâvajaneyya || na naṃ paribhave naro ||
uccâvacehi vaṇṇehi || urago carati tejasi[3] ||
so âsajja ḍaṃse[4] bâlaṃ || naraṃ nâriṃ ca[5] ekadâ ||
tasmâ taṃ parivajjeyya || rakkhaṃ jîvitam attano || ||

10. Pahûtabhakkhaṃ[6] jâlinaṃ[7] || pâvakaṃ[8] kaṇhavattaniṃ ||
daharo ti nâvajaneyya || na naṃ paribhave naro ||
laddhâ hi so upâdânaṃ || mahâ hutvâna pâvako ||
so âsajja ḍahe[9] bâlaṃ || naraṃ nâriṃ ca[10] ekadâ ||
tasmâ tam parivajjeyya || rakkhaṃ jîvitam attano || ||

11. Vanaṃ yad aggi[11] ḍahati[12] || pâvako kaṇhavattanî ||
jâyanti tattha pârohâ[13] || ahorattânam accaye || ||

12. Yañ ca kho sîlasampanno || bhikkhu ḍahati tejasâ ||
na tassa puttâ pasavo || dâyâdâ vindare[14] dhanaṃ || ||
anapaccâ adâyâdâ || tâlavatthu[15] bhavanti te || ||

---

[1] B. omits me. [2] B. sugatâ || atha paraṃ. [3] S^{1-2} tejasî; S^3 tejasâ. [4] S^1 ḍaṃso; S^{1-3} ḍayho. [5] SS. naranârîca. [6] B. bahutaṃ; C. bahûta°. For pahûta, which occurs often, B. has always bahuta. [7] SS. jalinam. [8] C. reads pâcakaṃ, but notices pâvakaṃ as another reading. [9] SS. ḍaso. [10] S^{2-3} naranârica; S^1 naranarîca. [11] B. vanam yaggi°. [12] S^{1-3} ḍayhati. The Jâtaka of the Catukka-nipâta, V. 5 begins vanaṃ yadâggi ḍahati, which seems to be the true reading. [13] SS. pârogâ. [14] SS. vindate. [15] SS. tâlâ (and perhaps nâlâ S^{2-3}) vatthu.

13. Tasmâ hi paṇḍito poso || sampassaṃ attham attano ||
bhujaṅgamaṃ pâvakañca || khattiyaṃ ca yasassinaṃ ||
bhikkhuṃ ca sîlasampannaṃ || sammad-eva samâcare ti || ||

14. Evaṃ vutte râjâ Pasenadi-kosalo Bhagavantam etad avoca || || Abhikkantaṃ bhante abhikkantaṃ bhante || seyyathâpi bhante nikkujjitaṃ vâ ukkujjeyya paṭicchannaṃ vâ vivareyya mûḷhassa vâ maggam âcikkheyya andhakâre vâ telapajjotaṃ dhâreyya cakkhumanto rûpâni dakkhinti[1] || evam evaṃ Bhagavatâ anekapariyâyena dhammo pakâsito || || Esâhaṃ bhante Bhagavantaṃ saraṇaṃ gacchâmi dhammaṃ ca bhikkhusaṅghaṃ ca || upâsakaṃ maṃ bhante[2] Bhagavâ dhâretu ajjatagge pâṇupetaṃ[3] saraṇaṃ gatan-ti || ||

§ 2. *Puriso.*

1. Sâvatthiyaṃ ârâme[4] || ||

2. Atha kho râjâ Pasenadi-kosalo yena Bhagavâ tenupasaṅkami || upasaṅkamitvâ Bhagavantam abhivâdetvâ ekam antaṃ nisîdi ||

3. Ekam antaṃ nisinno kho râjâ Pasenadi-kosalo Bhagavantam etad avoca || || Kati nu kho bhante purisassa dhammâ ajjhattam uppajjamânâ uppajjanti ahitâya dukkhâya aphâsuvihârâyâti || ||

4. Tayo kho mahârâja purisassa dhammâ ajjhattaṃ uppajjamânâ uppajjanti ahitâya dukkhâya aphâsuvihârâya || || Katame tayo || Lobho kho mahârâja purisassa dhammo ajjhattaṃ uppajjamâno uppajjati ahitâya dukkhâya aphâsuvihârâya || || Doso kho mahârâja purisassa dhammo ajjhattaṃ uppajjamâno uppajjati ahitâya dukkhâya aphâsuvihârâya || || Moho kho mahârâja purisassa dhammo ajjhattam uppajjamâno uppajjati ahitâya dukkhâya aphâsuvihârâya || || Ime kho mahârâja tayo purisassa dhammâ ajjhattam uppajjamânâ uppajjanti ahitâya dukkhâya aphâsuvihârâyâ ti || ||

5. Lobho doso ca moho ca || purisaṃ pâpacetasaṃ ||
himsanti attasambhûtâ || tacasâraṃ va samphalan-ti[5] || ||

---

[1] SS. dakkhintîti; B. dakkhanti. [2] SS. omit bhante. [3] S[3] pânupetaṃ. [4] SS. evam me sutam. [5] S[1-2] tañcasâram°; S[3] omits va; C. tecasâraṃ va saphalan-ti. All this sutta, prose and verse, will be found again, III. 3.

§ 3. *Râjâ.*

1. Sâvatthiyaṃ || ||

2. Ekam antaṃ nisinno kho râjâ Pasenadi-kosalo Bhagavantam etad avoca || || Atthi nu[1] kho bhante jâtassa aññatra jarâmaraṇâ ti || ||

3. Natthi kho mahârâja aññatra jarâmaraṇâ || ||

4. Ye pi te mahârâja khattiya-mahâsalâ aḍḍhâ[2] mahaddhanâ mahâbhogâ pahûta-jâtarûparajatâ pahûta-vittûpakaraṇâ[3] pahûta-dhanadhaññâ || tesam pi jâtânaṃ natthi aññatra jarâmaraṇâ || ||

5. Ye pi te mahârâja brâhmaṇa-mahâsâlâ gahapati-mahâsâlâ aḍḍhâ mahaddhanâ mahâbhogâ pahûta-jâtarûparajatâ pahûta-vittûpakaraṇâ pahûta-dhanadhaññâ || tesam pi jâtânaṃ natthi aññatra jarâmaraṇâ ||

6. Ye pi[4] te mahârâja bhikkhû arahanto khîṇâsavâ vusitavanto[5] kata-karaṇîyâ ohitabhârâ anuppattasadatthâ parikkhîna-bhava-saṃyojanâ sammadaññâ vimuttâ || tesaṃ pâyaṃ kâyo bhedana-dhammo nikkhepana-dhammo ti[6] || ||

7. Jîranti ve râjarathâ sucittâ ||
atho sarîram pi jaram upeti ||
satañ ca dhammo na jaram upeti ||
santo have sabbhi pavedayantîti[7] || ||

§ 4. *Piya.*

1. Sâvatthiyaṃ || ||

2. Ekam antaṃ nisinno kho râjâ Pasenadi-kosalo Bhagavantam etad avoca || ||

Idha[8] mayham bhante rahogatassa paṭisallînassa evaṃ cetaso parivitakko udapâdi || kesaṃ nu kho piyo attâ kesaṃ appiyo attâ ti || || Tassa mayhaṃ bhante etad ahosi || ||

3. Ye kho keci kâyena duccaritaṃ caranti || vâcâya duccaritam caranti || manasâ duccaritaṃ caranti || tesam appiyo attâ || kiñcâpi te evaṃ vadeyyuṃ || piyo no attâ ti || atha kho tesam appiyo attâ || || Taṃ kissa hetu || yaṃ hi appiyo

---

[1] SS. omit nu. [2] B. atthâ. [3] C. has pahutta cittupakaraṇâ; S[1] has cittu instead of vittu in the next paragraph. [4] SS. hi. [5] S[1-2] vusitamanto. [6] B. nikkhepadhammo; C. nikkhepanasabhâvo. [7] See Dhammapada, V. 151. [8] SS. omit idha.

appiyassa kareyya taṃ te attanâ va[1] attano karonti || tasmâ tesam appiyo attâ || ||

4. Ye ca kho keci kâyena sucaritaṃ karonti || vâcâya sucaritaṃ caranti || manasâ sucaritaṃ caranti || tesaṃ piyo attâ || kiñcâpi te evaṃ vadeyyuṃ || appiyo no attâti || atha kho tesam piyo attâ || Taṃ kissa hetu || yaṃ hi piyo piyassa kareyya taṃ te[2] attanâ va[3] attano[4] karonti || tasmâ tesaṃ piyo attâti || ||

5. Evam etam mahârâja evam etaṃ mahârâja || Ye hi keci mahârâja kâyena duccaritaṃ caranti || pe || tasmâ tesaṃ appiyo attâ ti || || Ye ca kho keci mahârâja kâyena sucaritaṃ caranti || pe || tasmâ tesaṃ piyo attâ ti[5] || ||

6. Attânañ ce piyaṃ jaññâ || na nam pâpena saṃyuje ||
na hi taṃ sulabhaṃ hoti || sukhaṃ dukkatakârinâ[6] || ||
Antakenâdhipannassa || jahato[7] mânusaṃ bhavaṃ ||
kiṃ hi[8] tassa sakaṃ hoti || kiñca âdâya gacchati || ||
kiñc-assa anugaṃ hoti || châyâ va anapâyinî || ||
Ubho[9] puññañca pâpañca || yaṃ macco kurute idha ||
taṃ hi tassa[10] sakaṃ hoti || tañca âdâya gacchati ||
taṃ c-assa anugaṃ hoti || châyâ va[11] anapâyinî[12] ||
Tasmâ kareyya kalyâṇaṃ || nicayaṃ samparâyikaṃ ||
puññâni paralokasmiṃ || patiṭṭhâ honti pâṇinan-ti[13] || ||

§ 5. *Attânarakkhita.*

1. Ekam antaṃ nisinno kho râjâ Pasenadi-kosalo Bhagavantam etad avoca || ||

2. Idaṃ mayhaṃ bhante rahogatassa patisallînassa evaṃ cetaso parivitakko udapâdi || || Kesaṃ nu kho rakkhito attâ kesam arakkhito attâ ti || || Tassa mayham bhante etad ahosi || ||

3. Ye kho[14] keci kâyena duccaritaṃ caranti vâcâya duccaritaṃ caranti manasâ duccaritaṃ caranti tesam arakkhito[15] attâ || kiñcâpi te hatthi-kâyo va rakkheyya || assa-kâyo vâ rakkheyya || ratha-kâyo vâ rakkheyya || patti-

---

[1] S¹-² ca. [2] SS. omit te. [3] S¹-² ca. [4] SS. attânaṃ. [5] The abridgments are in SS. only. [6] B. dukkaṭa°. [7] SS. jahate. [8] SS. kiñca. [9] S²-³ omit ubho, the place remaining empty in S². [10] S¹-² tassaṃ. [11] S ¹-² have châyâya. [12] B. anupâyinî here and above. [13] This and the preceding gâthâ but the two first padas will be found again further on, II. 10 and III. 2. [14] B. 'ko ; S³ hi. [15] SS. add hoti.

kâyo vâ rakkheyya || atha kho tesam arakkhito attâ || || Tam kissa hetu || Bâhira h-esâ rakkhâ n-esâ rakkhâ ajjhattikâ || tasmâ tesam arakkhito attâ[1] || ||

4. Ye ca kho keci kâyena sucaritam caranti vâcâya sucaritaṃ caranti manasâ sucaritaṃ caranti tesaṃ rakkhito attâ || kiñcâpi te n-eva hatthikâyo rakkheyya || na assa-kâyo rakkheyya || na ratha-kâyo rakkheyya na patti-kâyo rakkheyya || atha kho tesaṃ rakkhito attâ || || Taṃ kissa hetu || ajjhattikâ h-esâ rakkhâ n-esâ rakkhâ bâhirâ || tasmâ tesaṃ rakkhito attâ ti || ||

5. Evam etam mahârâja evam etaṃ mahârâja || || Ye hi keci mahârâja kâyena duccaritaṃ caranti || pe || tesaṃ rakkhito attâ || || Tam kissa hetu || bâhirâ h-esâ[2] mahârâja rakkhâ n-esa rakkhâ ajjhattikâ || tasmâ tesam arakkhito attâ || || Ye ca kho[3] keci mahârâja kâyena sucaritaṃ caranti vâcâya sucaritaṃ caranti manasâ sucaritaṃ caranti tesaṃ rakkhito attâ || kiñcâpi te n-eva hatthi-kâyo rakkheyya na assa-kâyo rakkheyya na ratha-kâyo rakkheyya na patti-kâyo rakkheyya || atha kho rakkhito attâ || || Taṃ kissa hetu || ajjhattikâ h-esâ mahârâja rakkhâ n-esâ rakkhâ[4] bâhirâ || tasmâ tesaṃ rakkhito attâ ti || ||

6. Kâyena samvaro sâdhu || sâdhu vâcâya samvaro ||
manasâ samvaro sâdhu || sâdhu sabbattha-samvaro ||
sabbattha-samvuto lajjî || rakkhito ti pavuccatîti[5] || ||

§ 6. *Appakâ.*

1. Sâvatthiyaṃ || ||

2. Ekaṃ antaṃ nisinno kho râjâ Pasenadi-kosalo Bhagavantam etad avoca || || Idha mayham bhante rahogatassa patisallînassa evaṃ cetaso paravitakko udapâdi || || Appakâ te sattâ lokasmiṃ ye uḷâre uḷâre[6] bhoge labhitvâ na c-eva[7] majjanti na ca pamajjanti na ca kâmesu gedham âpajjanti na ca sattesu vippaṭipajjanti || || Atha kho eteva[8] bahutarâ sattâ lokasmiṃ ye uḷare bhoge labhitvâ majjanti c-eva pa-

[1] S[1-2] attâti. [2] SS. omit h- here and further on. [3] B. ye hi. [4] SS. na instead of nesâ rakkhâ. [5] Cf. with Dhammapada, V. 361. The last pada only differs. [6] So B. and C.; SS. have not the repetition of uḷâre here and further on. [7] S[3] na instead of naceva. [8] SS. te.

majjanti ca kâmesu ca gedham âpajjanti sattesu ca vippaṭipajjantîti || ||

3. Evam etaṃ mahârâja evam etaṃ mahârâja[1] || || Appakâ te mahârâja sattâ lokasmiṃ ye uḷâre uḷâre bhoge labhitvâ na ceva majjanti na ca pamajjanti na ca kâmesu gedhaṃ âpajjanti na ca sattesu vippaṭipajjanti || || Atha kho ete va bahutarâ sattâ lokasmiṃ ye uḷâre uḷâre bhoge labhitvâ majjanti c-eva pamajjanti ca kâmesu ca gedham âpajjanti sattesu ca[2] vippaṭipajjantîti || ||

4. Sârattâ kâma-bhogesu || giddhâ kâmesu mucchitâ ||
atisâraṃ na bujjhanti[3] || migâ[4] kûṭam va oḍḍitaṃ[5] ||
pacchâsaṃ kaṭukaṃ hoti || vipâko hi-ssa pâpako-ti || ||

§ 7. *Atthakaraṇa.*[6]

1. Ekam antaṃ nisinno kho râjâ Pasenadi-kosalo Bhagavantam etad avoca || ||

2. Idhâhaṃ bhante atthakaraṇe[7] nisinno passâmi khattiyamahâsâle pi brâhmaṇamahâsâle pi gahapatimahâsâle pi aḍḍhe mahaddhane mahâbhoge pahûta-jâtarûparajate pahûta-vittûpakaraṇe pahûta-dhanadhaññe kâmahetu kâmanidânam kâmâdhikaraṇaṃ sampajâna-musâ bhâsante || || Tassa mayhaṃ bhante etad ahosi || Alaṃ dâni me atthakaraṇena || bhadramukho[8] dâni atthakaraṇena paññâyissatîti || ||

3. Ye pi te mahârâja[9] khattiya-mahâsâlâ brâhmaṇa-mahâsâlâ gahapati-mahâsâlâ aḍḍhâ mahaddhanâ mahâbhogâ pahûta-jâtarûpa-rajatâ pahûta-vittûpakaraṇâ pahûta-dhanadhaññâ kâmahetu kâmanidânaṃ kâmâdhikaraṇaṃ sampajâna-musâ bhâsanti || tesaṃ taṃ bhavissati dîgharattam ahitâya dukkhâyâ ti || ||

4. Sârattâ kâmabhogesu || giddhâ kâmesu mucchitâ ||
atisâraṃ na bujjhanti || macchâ khippaṃ va oḍḍitaṃ ||
pacchâsam kaṭukaṃ hoti || vipâko hi-ssa pâpako
ti[10] || ||

---

[1] The repetition is not in S³ (perhaps in SS.). [2] SS. omit ca. [3] C. ajjanti. [4] SS. magâ. [5] So S³; S² oḍḍhitam; B. oṭṭitam; S¹ doubtful. [6] B. Aṭṭakâraka. [7] So SS. and C.; B. aṭṭakaraṇe. [8] So B. and C.; S¹ bhadrathamukho; S¹ bhadâtha°. [9] B. Evam etaṃ mahârâja evam etaṃ mahârâja ye pi te mahârâja°. [10] Cf. the gâthâ of the preceding Sutta.

§ 8. *Mallikâ.*

1. Sâvatthi || ||

2. Tena kho pana samayena râjâ Pasenadi-kosalo Mallikâya deviyâ saddhiṃ uparipasâdavaragato hoti || ||

3. Atha kho râjâ Pasenadi-kosalo Mallikaṃ devim avoca || || Atthi nu kho te Mallike koc-añño attanâ piyataro-ti || ||

4. Natthi kho me mahârâja koc-añño[1] attanâ piyataro[2] || tuyhaṃ pana mahârâja atth-añño koci attanâ piyataro-ti || ||

5. Mayhaṃ pi kho Mallike natth-añño koci attanâ piyataro-ti || ||

6. Atha kho râjâ Pasenadi-kosalo pâsâdâ orohitvâ[3] yena Bhagavâ ten-upasaṅkami || upasaṅkamitvâ Bhagavantam abhivâdetvâ ekam antaṃ nisîdi || || Ekam antaṃ nisinno kho râjâ Pasenadi-kosalo Bhagavantam etad avoca || ||.

7. Idhâhaṃ bhante Mallikâya deviyâ saddhiṃ uparipâsâdavaragato Mallikaṃ deviṃ etad avocaṃ || Atthi nu kho te[4] Mallike koc-añño attanâ piyataro ti || || Evaṃ vutte bhante Mallikâ devî mam etad avoca || || N-atthi kho me mahârâja koci añño attanâ piyataro ti || tuyham pana mahârâja atth-añño koci attanâ piyataro-ti || || Evaṃ vuttâhaṃ bhante Mallikaṃ devim etad avocaṃ || Mayham pi kho Mallike n-atth-añño koci attanâ piyataro-ti || ||

8. Atha kho Bhagavâ etam attham viditvâ tâyaṃ velâyam imam gâthaṁ abhâsi || ||

> Sabbâ disânuparigamma[5] cetasâ ||
> n-ev-ajjhagâ piyataram attanâ kvaci ||
> evam piyo puthu attâ paresaṃ ||
> tasmâ na hiṃse param attakâmo ti || ||

§ 9. *Yañña.*

1. Sâvatthi || ||

2. Tena kho pana samayena rañño Pasenadi[6]-kosalassa mahâ-yañño paccupaṭṭhito hoti || pañca ca usabha[7]-satâni pañca ca vacchatara-satâni pañca ca vacchatarî-satâni pañca

---

[1] S¹-² kociñño ; S³ koci añño. [2] S³ and B. add ti. [3] SS. otaritvâ. [4] SS. omit te. [5] SS. disâ anupari°. [6] B. Pasenadissa. [7] S. vusabha, further on usabha.

ca aja-satâni pañca ca urabbha-satâni[1] thûṇûpanitâni[2] honti yaññatthâya ||

3. Ye pi-ssa te honti dâsâ ti vâ[3] pessâ[4] ti vâ kammakarâ ti vâ te pi daṇḍa-tajjitâ bhaya-tajjitâ assumukhâ rudamânâ parikammâni karonti[5] || ||

4. Atha kho sambahulâ bhikkhû pubbaṇha-samayaṃ nivâsetvâ pattacîvaram âdâya Sâvatthiṃ piṇḍâya pâvisiṃsu[6] || Sâvatthiyaṃ piṇḍâya caritvâ paccabhattaṃ piṇḍapâta-paṭikkantâ yena Bhagavâ ten-upasaṅkamiṃsu || Upasaṅkamitvâ Bhagavantam abhivâdetvâ ekam antaṃ nisîdiṃsu || Ekam antaṃ nisinnâ kho te bhikkhû Bhagavantam etad avocuṃ || ||

5. Idha bhante rañño Pasenadi-kosalassa mahâ-yañño paccupaṭṭhito hoti[7] || Pañca ca usabha-satâni pañca ca vacchatara-satâni pañca vacchatarî-satâni pañca ca urabbha-satâni thûṇûpanitâni honti yaññatthâya || || Ye pi-ssa te honti dâsâ ti vâ pessâ ti vâ kammakarâ ti vâ te pi daṇḍa-tajjitâ bhaya-tajjitâ assumukhâ rudamânâ[8] parikammâni karontîti || ||

6. Atha kho Bhagavâ etam atthaṃ viditvâ tâyaṃ velâyam imâ gâthayo abhâsi || ||

Assamedhaṃ[9] purisamedhaṃ || sammâpâsaṃ vâjapeyyaṃ[10] ||
niraggaḷaṃ mahârambhâ[11] || na te honti mahapphalâ || ||
ajeḷakâ gâvo ca || vividhâ yattha haññare ||
na tam sammaggatâ yaññaṃ || upayanti mahesino || ||
Ye ca yaññâ nirârambhâ || yajanti anukûlaṃ sadâ ||
ajeḷakâ ca gâvo ca || vividhâ n-ettha haññare || ||
etaṃ sammaggatâ yaññaṃ || upayanti mahesino ||
etaṃ yajetha medhâvî || eso yañño mahapphalo || ||
etaṃ hi yajamânassa || seyyo hoti na pâpiyo ||
yañño ca vipulo hoti || pasîdanti ca devatâ ti || ||

§ 10. *Bandhana.*

1. Tena kho pana samayena raññâ Pasenadinâ kosalena[12] mahâjanakâyo bandhâpito hoti || appekacce rajjûhi appekacce andûhi[13] appekacce saṅkhalikâhi || ||

---

[1] S¹-³ usabha; S¹ ubha, further on usabha. [2] B. thunu°; C. thunû°. [3] B. adds dâsîtivâ here and further on. [4] B. pesâ. [5] § 3 = Puggala IV. 24. 3. [6] SS. pavisiṃsu. [7] SS. omit hoti. [8] B. rodamânâ. [9] B. and C. sassamedham. [10] B. vâcâpeyyam; C. râjapeyyaṃ. [11] SS. add mahâyaññâ. [12] S¹ Pasenadi kosalena. [13] S¹ annûhi; B. addûhi.

2. Atha kho sambahulâ bhikkhû pubbaṇha-samayaṃ nivâsetvâ pattacîvaram âdâya Sâvatthiṃ piṇḍâya pâvisiṃsu[1] || Sâvatthiyaṃ piṇḍâya caritvâ pacchâbhattaṃ piṇḍapâta-paṭikkantâ yena Bhagavâ ten-upsaṅkamiṃsu || Upasaṅkamitvâ Bhagavantam abhivâdetvâ ekam antam nisîdiṃsu || ||

3. Ekam antaṃ nisinnâ kho te bhikkhû Bhagavantam etad avocuṃ || || Idha bhante raññâ Pasenadinâ[2] kosaḷena mahâjanakâyo bandhâpito || appekacce rajjûhi appekacce andûhi appekacce saṅkhalikâhî ti || ||

Atha kho Bhagavâ etam atthaṃ viditvâ tâyaṃ velâyam imâ gâthâyo abhâsi || ||

Na taṃ daḷhaṃ bandhanam âhu dhîrâ ||
yad âyasam dârujaṃ pabbajañ ca || ||
sârattarattâ maṇikuṇḍalesu ||
puttesu dâresu ca yâ apekkhâ ||
etam daḷham bandhanam âhu dhîrâ ||
obârinaṃ sithilaṃ duppamuñcaṃ ||
etam pi chetvâna paribbajanti ||
anapekkhino kâmasukham pahâyâti[4] || ||

Pathamo vaggo || ||

Tass-uddânaṃ || ||

Daharo Puriso Râjâ || Piya Attâna[3]-rakkhito ||
Appakâ Atthakaraṇa[5] || Mallikâ Yañña Bandhanan-ti || ||

Chapter II. Dutiyo-vaggo.

§ 1. *Jaṭilo.*

1. Ekaṃ samayaṃ Bhagavâ Sâvatthiyaṃ viharati Pubbârâme Migâramâtu-pâsâde || ||

2. Tena kho pana samayena Bhagavâ sâyaṇhasamayaṃ paṭisallânâ vuṭṭhito bahidvâra-koṭṭhake nisinno hoti || ||

Atha kho râjâ Pasenadi-kosalo yena Bhagavâ ten-upasaṅkami || upasaṅkamitvâ Bhagavantam abhivâdetvâ ekam antaṃ nisîdi || ||

---

[1] S³ (and also S²) omit Sâvatthim° pâvisiṃsu. [2] So all the MSS. [3] SS. attena. [4] See Dhammapada, verse 346. [5] B. attakârakâ.

3. Tena kho pana samayena satta ca[1] jaṭilâ satta ca nigaṇṭhâ satta ca acelâ satta ca ekasâṭakâ satta ca paribbâjakâ paruḷha-kaccha-nakha-lomâ khârividham[2] âdâya Bhagavato avidûre atikkamanti || ||

4. Atha kho râjâ Pasenadi-kosalo uṭṭhâyâsanâ ekaṃsam uttarâsaṅgam karitvâ dakkhiṇa-jânu-maṇḍalaṃ pathaviyaṃ nihantvâ || yena te satta ca jaṭilâ satta ca nigaṇṭhâ satta ca acelâ satta ca ekasâṭakâ satta ca paribbâjakâ ten-añjaliṃ paṇâmetvâ tikkhattuṃ nâmaṃ sâvesi || || Râjâhaṃ bhante Pasenadi-kosalo râjâham bhante Pasenadi-kosalo ti || ||

5. Atha kho râjâ Pasenadi-kosalo || acirapakkantesu tesu[3] sattasu ca jaṭilesu sattasu ca nigaṇṭhesu sattasu ca acelesu[4] sattasu ca ekasâṭakesu sattasu ca paribbâjakesu || yena Bhagavâ ten-upasaṅkami || upasaṅkamitvâ Bhagavantam abhivâdetvâ ekam antam nisîdi || ||

6. Ekam antam nisinno kho râjâ Pasenadi-kosalo Bhagavantam etad avoca || || Ye te[5] bhante loke arahanto vâ arahatta-maggaṃ vâ samâpannâ ete tesam aññatarâ ti || ||

7. Dujjânaṃ kho etam mahârâja tayâ gihinâ kâma-bhoginâ putta-sambâdha-samayaṃ[6] ajjhâvasantena kâsika-candanaṃ paccanubhontena mâlâ-gandha-vilepanam dhârayantena jâtarûparajataṃ sâdiyantena ime vâ arahanto ime vâ arahanta-maggaṃ samâpannâ ti ||

8. Samvâsena kho mahârâja sîlaṃ veditabbaṃ || taṃ ca kho dîghena addhunâ[7] na itaram[8] || manasi-karotâ no amanasi karotâ[9] || paññâvatâ no duppaññena ||

9. Samvohârena kho mahârâja soceyyaṃ veditabbam || taṃ ca kho dîghena addhunâ na itaraṃ || manasi-karotâ no amanasikarotâ || paññavatâ no duppaññena ||

10. Âpadâsu kho mahârâja thâmo veditabbo || so ca kho dîghena addhunâ na itaram || manasikarotâ na amanasikarotâ || paññavatâ no duppaññena ||

---

[1] Here S^2 and further on SS. omit ca. [2] B. dârividham; C. khârivividham; SS. vividham (omitting dâ-ri or khâ-ri). [3] S^{2-3} omit tesu; SS. omit ca. [4] S^3 acelakesu. [5] SS. yenate. [6] S^{1-2} sutta°; S^3 sambodha (?)°; SS. sayanaṃ. [7] C. addhana. [8] B. has always ittaram; SS. oftentimes; C. has also ittaram. [9] B. amanasikârâ always.

11. Sâkacchâya kho[1] mahârâja paññâ veditabbâ || sâ ca kho dîghena addhunâ na itaraṃ || manasi-karotâ no amanasi-karotâ || paññavatâ no dupaññenâ ti || ||

12. Acchariyam bhante abbhutam bhante yâva subhâsitam idaṃ[2] bhante Bhagavatâ || || Dujjânaṃ kho etaṃ mahârâja tayâ gihinâ kâmabhoginâ || pe || paññâvatâ no duppaññenâ ti || ||

13. Ete bhante mama purisâ carâ[3] ocarakâ[4] janapadam ocaritâ[5] âgacchanti || tehi pathamam ociṇṇam[6] ahaṃ pacchâ osâpayissami[7] ||

14. Idâni te bhante taṃ rajojallaṃ pavâhetvâ sunhâtâ suvilittâ kappitakesamassu odâtavatthâ[8] pañcahi kâmaguṇehi samappitâ samaṅgibhûtâ paricârayissantîti || ||

15. Atha kho Bhagavâ etam atthaṃ viditvâ tâyaṃ velâyaṃ imâ gathâyo abhâsi || ||

Na vaṇṇarûpena naro sujâno ||
na vissase[9] ittara-dassaṇena ||
susaññatânaṃ[10] hi viyañjanena ||
asaññatâ lokam imaṃ caranti ||
Patirûpako mattikakuṇḍalo[11] va ||
lohaḍḍhamâso[12] va suvaṇṇachanno ||
caranti eke[13] parivârachannâ ||
anto-asuddhâ bahi-sobhamânâ ti[14] || ||

§ 2. *Pañca-râjâno.*

1. Sâvatthiyaṃ viharati || ||

2. Tena kho pana samayena pañcannaṃ râjûnaṃ Pasenadi-pamukhânaṃ pañcahi kâma-guṇehi samappitânaṃ samaṅgi-bhûtânaṃ paricârayamânânaṃ ayam antarâ kathâ udapâdi || || Kin-nu kho kâmânam aggan-ti || ||

3. Tatr-ekacce evam âhaṃsu || rûpâ kâmânam aggan-ti || || Ekacce evam ahaṃsu || saddâ kâmânam aggan-ti || || Ekacce evam evam âhaṃsu || gandhâ kâmânam aggan-ti || || Ekacce evam âhaṃsu || rasâ kâmânam aggan-ti || || Ekacce evam

---

[1] S$^{1-2}$ sakacchâ kho°. [2] So S^{1}; S$^{2-3}$ omit the word; B. cîdam. [3] SS. corâ. [4] So B. and C.; S$^{1-3}$ okacarâ; S^{2} okâcarâ. [5] SS. otaritvâ. [6] SS. otîṇṇam. [7] S$^{1-2}$ oyâyissâmi; S^{3} obhâyissâmi. [8] SS. odâtavatthavasanâ. [9] S$^{1-2}$ vissahe. [10] S$^{1-2}$ susaññâtânaṃ. [11] SS. °mattikâ°. [12] SS. lohaddha°. [13] B. loke. [14] SS. sobhamâneti.

âhaṃsu || phoṭṭhabbâ kâmânam aggan-ti || || Yato kho te râjâno[1] nâsakkhiṃsu aññaṃ aññaṃ saññâpetuṃ[2] || ||

4. Atha kho[3] râjâ Pasenadi-kosalo te râjâno etad avoca || || Âyâma marisâ || yena Bhagavâ ten-upasaṅkamissâma || upasaṅkamitvâ Bhagavantam etam atthaṃ paṭipucchissâma[4] || Yathâ no Bhagavâ byâkarissati tathâ naṃ.dhâreyyâmâ ti[5] || ||

5. Evam marisâ ti kho te râjâno rañño Pasenadi-kosalassa paccassosuṃ || ||

6. Atha kho te pañca râjâno Pasenadi-pamukhâ yena Bhagavâ ten-upasaṅkamiṃsu || upasaṅkamitvâ Bhagavantam abhivâdetvâ ekam antaṃ nisîdiṃsu || ||

7. Ekam antaṃ nisinno kho râjâ Passenadi-kosalo Bhagavantam etad avoca || || Idha bhante amhâkaṃ pañcannam râjûnaṃ pañcahi kâmaguṇehi samappitânaṃ samaṅgibhûtânaṃ paricârayamânaṃ ayam antarâ kathâ udapâdi || || Kinnu kho kâmânam aggan-ti || || Ekacce evam âhaṃsu || rupâ kâmânam aggan-ti || || Ekacce evam ahaṃsu || rûpâ kâmânam aggan-ti || ||· Ekacce evam ahaṃsu || saddâ kâmânam aggan-ti || || Ekacce evam âhaṃsu gandhâ kâmânam aggan-ti || || Ekacce evam âhaṃsu || rasâ kâmânam aggan-ti || || Ekacce evam âhaṃsu || poṭṭhabbâ kâmânam aggan-ti || || Kin-nu kho bhante kâmânam aggan-ti || ||

8. Manâpa-pariyantam[6] khvâhaṃ mahârâja pañcasu[7] kâmaguṇesu aggan-ti vadâmi || Te ca[8] mahârâja rûpâ ekaccassa[9] manâpâ honti te ca[10] rûpâ ekaccassa amanâpâ honti || Yehi ca yo[11] rûpehi attamano hoti paripuṇṇa-saṅkappo so tehi rûpehi aññaṃ rûpam uttaritaraṃ[12] vâ paṇîtataraṃ vâ na pattheti || te tassa rûpâ paramâ honti || te tassa rûpâ anuttarâ honti || ||

9. Te ca mahârâja saddâ || pe || Te[13] ca mahârâja gandhâ || Te ca mahârâja rasâ || Te ca mahârâja poṭṭhabbâ ekaccassa manâpâ honti[14] || Te ca poṭṭhabbâ ekaccassa amanâpâ honti ||

---

[1] S^{1-3} mahârâjâno. [2] S^2 ñâpetuṃ. [3] S^{1-3} omit kho. [4] S^3 aroceyyâmâ ti; S^1 Bhagavantaṃ paṭipucchâma; S^2 omits the whole from Bhaga . . . to . . . ma, the interval remaining empty, white. [5] B. dhâressâmâti. [6] SS. manappariyantiṃ (S^3 omitting ṃ). [7] S^{1-3} omit su. [8] SS. tañce°. [9] SS. ekassa. [10] SS. va. [11] SS. so. [12] S. uttarîtaram; S^2 uttataram (?). [13] This abridgment is in SS. only. [14] This phrase is taken up from B. In SS. the full text begins again with the next phrase only.

Yehi ca yo poṭṭhabbehi attamano hoti paripuṇṇa-saṅkappo || so tehi poṭṭhabbehi aññaṃ poṭṭhabbam uttaritaraṃ vâ panîtataram vâ na pattheti || te tassa poṭṭhabbâ paramâ honti || te tassa poṭṭhabbâ anuttarâ hontîti || ||

10. Tena kho pana samayena Candanaṅgaliko[1] upâsako tassam parisâyaṃ nisinno hoti || Atha kho Candanaṅgaliko upâsako uṭṭhâyâsanâ ekaṃsam uttarâsaṅgaṃ karitvâ yena Bhagavâ ten-añjalim paṇâmetvâ Bhagavantam etad avoca || || Paṭibhâti mam Bhagavâ patibhâti maṃ Sugatâti || ||

11. Paṭibhâtu taṃ Candanaṅgalikâti[2] Bhagavâ avoca || ||

12. Atha kho Candanaṅgaliko upâsako Bhagavato sammukhâ tad-anurûpâyâ gâthâya abhitthavi[3] || ||

Padumaṃ yathâ kokanadaṃ[4] sugandhaṃ ||
pâto siyâ phullam avîtagandhaṃ ||
aṅgîrasam passa virocamânaṃ ||
tapantam âdiccam iv-antalikkhe-ti[5] || ||

13. Atha kho te pañcarâjâno Candanaṅgalikam upâsakam pañcahi saṅgehi acchâdesuṃ || ||

14. Atha kho Candanaṅgaliko upâsako tehi pañcahi uttarâsaṅgehi Bhagavantam acchâdesîti || ||

§ 3. *Doṇapâka.*

1. Sâvatthiyaṃ viharati || || Tena kho pana samayena râjâ Pasenadi-kosalo doṇapâkaṃ sudaṃ[6] bhuñjati || ||

2. Atha kho râjâ Pasenadi-kosalo bhuttâvî mahassâsî yena Bhagavâ ten-upasaṅkami || upasaṅkamitvâ Bhagavantam abhivâdetvâ ekam antaṃ nisîdi || ||

3. Atha kho Bhagavâ taṃ râjânaṃ Pasenadi-kosalaṃ bhuttâviṃ mahassâsiṃ viditvâ tâyaṃ velâyam imaṃ gâtham abhâsi ||

Manujassa sadâ satîmato ||
mattam jânato laddha-bhojane[7] ||
tanu tassa[8] bhavanti vedanâ ||
saṇikaṃ jîrati âyu pâlayan-ti[9] || ||

---

[1] S[1]-[3] Candanaṅkaliko; S[2] Candanaṅkalîko; C. Candanaṅgaliyo. [2] S[2] Candanâṅkaliyâti. [3] B. abhitthati. [4] B. kokanudaṃ. [5] Quoted J. 1. 116. [6] C. doṇapâkasudaṃ (which it resolves into doṇapakaṃ sudaṃ); B. doṇapâkakuram. [7] B. °bhojanaṃ. [8] B. tanukassa. All the MSS. have tanu. [9] See Fausböll's Dhammapadam, p. 356.

4. Tena kho pana samayena Sudassano mânavo rañño Passenadi-kosalassa piṭṭhito ṭhito hoti || ||

5. Atha kho râjâ Pasenadi-kosalo Sudassanaṃ mâṇavaṃ âmantesi || || Ehi tvam tâta Sudassana Bhagavato santike imaṃ gâtham pariyâpuṇitvâ mama bhattâbhihâre[1] bhâsa || ahaṃ ca te devasikaṃ kahâpaṇasataṃ kahâpaṇasatam[2] niccabhikkhaṃ pavaṭṭayissâmîti || ||

6. Evam devâti[3] kho Sudassano mâṇavo Pasenadi-kosalassa paṭisuṇitvâ[4] Bhagavato santike imaṃ gâtham pariyâpuṇitvâ rañño Pasenadi-kosalassa bhattâbhihâre sudaṃ bhâsati || ||

Manujassa[5] sadâ satîmato ||
mattaṃ jânato laddhabhojane[6] ||
tanu tassa bhavanti vedanâ ||
saṇikam jîrati âyu pâlayan-ti || ||

7. Atha kho râjâ Pasenadi-kosalo anupubbena nâḷikodanaparamatâya saṇṭhâsi || ||

8. Atha kho râjâ Pasenadi-kosalo aparena samayena sallikhita-gatto[7] pâṇinâ gattâni anumajjanto tâyaṃ velâyaṃ imaṃ udânam udânesi || ||

Ubhayena vata maṃ so Bhagavâ atthena anukampi ||
diṭṭhadhammikena c-eva samparâyikena câ ti[8] || ||

§§ 4, 5. *Saṅgâme dve vuttâni.*

Sâvatthiyaṃ viharati.

4.

1. Atha kho râjâ mâgadho Ajâtasattu[9] vedehiputto caturaṅginiṃ senaṃ sannayhitvâ[10] râjânam Pasenadi-kosalam abbhuyyâsi yena Kâsî ||

2. Assosi kho râjâ Pasenadi-kosalo || râjâ kira mâgadho Ajâtasattu vedehi-putto caturaṅginiṃ senam sannayhitvâ[11] mamaṃ abbhuyyâto yena Kâsîti || ||

3. Atha kho râjâ Pasenadi-kosalo caturaṅginiṃ senaṃ sannayhitvâ râjânam mâgadham Ajâtasattuṃ vedehi-puttam paccuyyâsi yena Kâsî || ||

---

[1] B. repeats bhattâbhihâre; S[1-2] mama bhihâre; S[3] mama bhihâro. [2] S[1-3] do not repeat kahâpaṇasataṃ. [3] SS. paramam hoti. [4] SS. paṭissutvâ. [5] SS. maṇujassa. [6] B. satimato (here and above) . . . bhojanam. [7] B. su-sallikhita°. [8] S[2] samparayike câ ti; S[1] samparayikenâcâti. For the whole cf. Dhammapada, p. 355-7 (v. 204). [9] B. Ajâtasatthu, always. [10] S[1] sannayahitvâ; S[2] sanyahitvâ. [11] S[1-2] sannayahitvâ.

4. Atha kho râjâ ca mâgadho Ajâtasattu vedehi-putto râjâ ca Pasenadi-kosalo saṅgâmesuṃ || || Tena kho pana saṅgâme râjâ mâgadho Ajâtasattu vedehi-putto râjânam Passenadi-kosalam parâjesi || parâjito ca râjâ Pasenadi kosalo sakam eva râjadhânim[1] Sâvatthim[2] pâyâsi[3] || ||

5. Atha kho sambahulâ bhikkhû pubbaṇha-samayaṃ nivâsetvâ patta-cîvaram âdâya Sâvatthim piṇḍâya pâvisiṃsu[4] || Sâvatthiyam piṇḍâya caritvâ[5] pacchâbhattam piṇḍapâta-paṭikkantâ yena Bhagavâ ten-upasaṅkamiṃsu || Upasaṅkamitvâ Bhagavantam abhivâdetvâ ekam antam nisîdiṃsu || ekam antaṃ nisinnâ kho te bhikkhû Bhagavantam etad avocuṃ || ||

6. Idha bhante râjâ mâgadho Ajâtasattu vedehî-putto caturâṅginiṃ senaṃ sannayhitvâ[6] râjânaṃ Passenadi-kosalam abbhuyyâsi yena Kâsî || || Assosi kho bhante râjâ Passenadi-kosalo || râjâ *kira* mâgadho Ajâtasattu vedehi-putto caturaṅginiṃ senaṃ sannayhitvâ mamaṃ abbhuyyâto yena Kâsîti || || Atha kho bhante râjâ Pasenadi-kosalo caturaṅginiṃ senaṃ sannayhitvâ râjânam Mâgadham Ajâtasattum vedehi-puttam paccuyyâsî yena Kâsî || || Attha kho bhante râjâ ca mâgadho Ajâtasattu vedehi-putto râjâ ca Pasenadi-kosalo saṅgâmesuṃ || || Tasmiṃ kho pana[7] saṅgâme râjâ mâgadho Ajâtasattu vedehi-putto râjânam Pasenadi-kosalam parâjesi || parâjito ca bhante râjâ Pasenadi-kosalo sakam evâ râjadhânim[8] Sâvatthim paccuyyâsîti || ||

7. Râjâ[9] bhikkhave mâgadho Ajâtasattu vedehi-putto pâpa-mitto pâpasahâyo pâpa-sampavaṅko || râjâ ca[10] bhikkhave Pasenadi-kosalo kalyâṇa-mitto kalyâṇa-sahâyo kalâyṇa-sampavaṅko || ajjatañ ca[11] bhikkhave râjâ Pasenadi-kosalo imaṃ rattiṃ dukkhaṃ sessati[12] parâjito ti || ||

Jayaṃ veram pasavati || dukkaṃ seti parâjito ||
upasanto sukham seti || hitvâ jayam parâjayan-ti[13] || ||

5.

8. Atha kho râjâ mâgadho Ajâtasattu vedehi-putto catu-

---

[1] B. saṅgâmâ râjaṭhâniṃ. [2] S[1] adds yaṃ. [3] B. paccuyyâsi. [4] S[2]-[3] pavisiṃsu; B. cariṃsu. [5] SS. pavisitvâ. [6] S[2] sannayahitvâ. [7] B. adds bhante. [8] B. saṅgâma râjaṭhânim as above. [9] S[3] adds hi. [10] B. adds kho. [11] B. ajjeva. [12] B. seti. [13] See Dhammapadam, v. 201; and the commentary, p. 353.

raṅginiṃ senaṃ sannayhitvâ[1] râjânam Pasenadi-kosalam abbhuyyâsi yena Kâsî || ||

9. Assosi kho râjâ Passenadi-kosalo || râjâ kira mâgadho Ajâtasattu vedehi-putto caturaṅginiṃ senaṃ sannayhitvâ[2] mamaṃ abbhuyâto yena Kâsî ti || ||

10. Atha kho râjâ Pasenadi-kosalo caturaṅginiṃ senaṃ sannayhitvâ râjânam mâgadham Ajâtasattum vedehi-puttam paccuyyâti yena Kâsî ||

11. Atha kho râjâ ca mâgadho Ajâtasattu vedehi-putto râjâ ca Pasenadi-kosalo saṅgâmesuṃ || || Tasmiṃ kho pana saṅgâme râjâ Pasenadi-kosalo râjânaṃ mâgadham Ajâtasattum vedehi-puttam parâjesi jîvagâhaṃ ca nam aggahesi[3] || ||

12. Atha kho[4] rañño Pasenadi-kosalassa etad ahosi || || Kiñcâpi kho myâyam[5] râjâ mâgadho Ajâtasattu vedehi-putto adubbhantassa[6] dubbhati || atha ca pana me bhâgineyyo hoti || yaṃ nûnâham rañño mâgadhassa Ajâtasattusso[7] vedehi-puttassa sabbaṃ hatthi-kâyam pariyâdiyitvâ sabbam assa-kâyam pariyâdiyitvâ sabbaṃ ratha-kâyam pariyâdiyitvâ sabbam patti-kâyam pariyâdiyitvâ jîvantam eva nam ossajjeyyan-ti || ||

13. Atha kho râjâ Pasenadi-kosalo rañño mâgadhassa Ajâtasattuno vedehi-puttassa sabbam hatthi-kâyam pariyâdiyitvâ || pe || jîvantam eva nam ossajji[8] || ||

14. Atha kho sambahulâ bhikkhû pubbaṇhasamayaṃ nivâsetvâ pattacîvaram âdâya Sâvatthim piṇḍâya pâvisiṃsu[9] || Sâvatthiyam piṇḍâya caritvâ[10] pacchâbhattam piṇḍapâta-paṭikkantâ yena Bhagavâ ten-upasaṅkamiṃsu || Upasaṅkamitvâ Bhagavantam abhivâdetvâ ekam antam nisîdiṃsu || Ekam antam nisinnâ kho te bhikkhû Bhagavantam etad avocuṃ || ||

---

[1] S^{2} sannayahitvâ. [2] S^{1} sannayihitvâ ; S^{2} sannayahitvâ here and in the next paragraph. [3] S^{1} aggahehi. [4] SS. omit Atha kho. [5] S^{3} mayaṃ. [6] S^{2} dubbhantassa ; S^{3} abbhantassa. [7] SS. Ajâtasattussa. [8] So B. and S^{3} (except the abridgment which is in S^{3} only) ; but S^{1-2} intermingle this and the preceding paragraph, suppressing the last word of the first and retaining only the last of the second. S^{2} has: jîvantam eva nam ossajji (or ossaji) ; S^{1} jîvantam eva naṃ mevanaṃ ossaji (from the first jîvantaṃ) ; S^{3} has ossajeyyan-ti . . . ossaji as B. [9] S^{1-3} pavisiṃsu. [10] S^{1-3} pavisitvâ.

15. Idha bhante râjâ mâgadho Ajâtasattu vedehi-putto caturaṅginiṃ senaṃ sannayhitvâ râjânam Pasenadi-kosalam abbhuyyâsi yena Kâsî || Assosi kho bhante râjâ Pasenadi-kosalo || râjâ kira mâgadho Âjatasattu vedehi-putto caturaṅginiṃ senaṃ sannayhitvâ mamaṃ abbhuyâto yena Kâsî ti || || Atha kho bhante râjâ Pasenadi-kosalo caturaṅginiṃ senaṃ sannayhitvâ râjânam mâgadham Ajâtasattum vedehi-puttam paccuyyâsi [1] || || Atha kho bhante râjâ ca mâgadho Ajâtasattu vedehi-putto râjâ ca Pasenadi-kosalo saṅgâmesuṃ || || Tasmiṃ kho pana [2] saṅgâme râjâ Pasenadi-kosalo râjânam mâgadham Ajâtasattum vedehi-puttam parâjesi jîvagâhañ ca nam aggahesi [3] || || Atha kho bhante rañño Pasenadi-kosalassa etad ahosi || Kiñcâpi kho myâyam râjâ mâgadho Ajâtasattu vedehi-putto adubbhantassa [4] dubbhati || atha ca pana me bhâgineyyo hoti || yaṃ nûnâham rañño mâgadhassa Ajâtasattuno vedehi-puttassa sabbaṃ hatthi-kâyam paridâyitvâ || sabbam assa-kâyam || sabbaṃ ratha-kâyam || sabbam patti-kâyam paridâyitvâ jîvantam eva nam ossajjeyyan-ti [5] || || Atha kho bhante râjâ Pasenadi-kosalo rañño mâgadhassa Ajâtasattuno vedehi-puttassa sabbaṃ hatthi-kâyam pariyâdiyitvâ sabbam assa-kâyam pariyâdiyitvâ sabbaṃ ratha-kâyam pariyâdiyitvâ sabbam patti-kâyam pariyâdiyitvâ jîvantam eva nam [6] ossajjîti [7] || ||

16. Atha kho Bhagavâ etam atthaṃ viditvâ tâyaṃ velayam imâ gâthâyo abhâsi || ||

Vilumpateva puriso || yâvassa upakappati ||
yadâ c-aññe [8] vilumpanti || so vilutto vilumpati ||
ṭhânaṃhi maññati [9] bâlo || yâva pâpaṃ na paccati ||
yadâ ca paccati pâpam [10] || atha bâlo dukkham nigacchati || ||
hantâ labhati [11] hantâram || jetâram labhati [12] jayaṃ ||
akkosako ca akkosaṃ || rosetârañ ca rosako [13] ||
atha kamma-vivaṭṭena || so vilutto vilumpatîti || ||

---

[1] B. adds yena kâsî. [2] B. adds bhante. [3] S^1 aggahehi as above. [4] SS. adubbhassa. [5] S^3 ossajeyyan. [6] B. omits nam. [7] S^{1-3} (perhaps^2) ossajîti. [8] S^3 yadâcaṃñâ° ; S^2 yadâcakkhoññâ vilumpanti. [9] S^{1-3} maññatî ; S^2 maññatîti. [10] See Dhammapada, v. 69. [11] SS. labhati hantâ. [12] SS. labhate. [13] S^3 rosato paṭirosako ; S^{1-2} rosato pacarosako.

§ 6. *Dhitâ.*

1. Sâvatthi nidânaṃ || ||

2. Atha kho râjâ Pasenadi-kosalo yena Bhagavâ ten-upasaṅkami || Upasaṅkamitvâ Bhagavantam abhivâdetvâ ekam antaṃ nisîdi || ||

3. Atha kho aññataro puriso yena râjâ Pasenâdi-kosalo ten-upasaṅkami || Upasaṅkamitvâ rañño Pasenadi-kosalassa upakaṇṇake ârocesi || Mallikâ deva[1] devî dhîtaraṃ vijâtâ ti || ||

4. Evam vutte râjâ Pasenadi-kosalo anattamano ahosi || ||

5. Atha kho Bhagavâ râjânam Pasenadi-kosalam anattamanataṃ[2] viditvâ tâyam velâyam imâ gâthâyo abhâsi || ||

Itthîpi hi ekaccî[3] yâ || seyyo[4] posâ[5] janâdhipa ||
medhâvinî sîlavatî || sassu-devâ patibbatâ || ||
tassâ yo jâyati poso || sûro hoti disampati ||
tâdiso subhariyâ[6] putto || rajjam pi anusâsatî ti[7] || ||

§ 7. *Appamâda* (1).

1. Sâvatthiyaṃ || ||

2. Ekam antam nisîdi || || Ekam antam nisinno kho râjâ Pasenadi-kosalo Bhagavantam etad avoca || || Atthi nu kho bhante eko dhammo yo ubho atthe samadhiggayha[8] tiṭṭhati diṭṭhadhammikaṃ c-eva atthaṃ samparâyikaṃ câ ti || ||

3. Atthi kho mahârâja eko dhammo yo ubho samadhiggayha tiṭṭhati diṭṭhadhammikaṃ c-eva atthaṃ samparâyikaṃ câ ti || ||

4. Katamo pana bhante eko dhammo yo ubho atthe samadhiggayha tiṭṭhati diṭṭhadhammikaṃ c-eva atthaṃ samparâyikaṃ câ ti || ||

5. Appamâdo kho mahârâja eko dhammo ubho atthe samadhigghayha tiṭṭhati diṭṭhadhammikaṃ c-eva atthaṃ samparâyikaṃ câ ti[9] || || Seyyathâpi mahârâja yâni kânici jaṅgamânam[10] pâṇâuam padajatâni sabbâni tâni hatthipade samodhânaṃ gacchanti || hatthipadaṃ tesam aggam akkhâyati yad idam mahantena[11] || evam eva kho mahârâja eko dhammo

---

[1] SS. omit deva. [2] So B; S¹-²; S³ anattañcanaṃ. [3] All the MSS. ekacci. [4] C. seyyâ. [5] C. seems to read posâ; B., SS. posa. [6] S² B. tadisâ; SS. subhagiyâ. [7] B. anussâsatîti. [8] B samadhigayha; C. samatigeyha. [9] S¹ adds âyum ârogyaṃ vaṇṇaṃ [10] B. jaṅgalânam. [11] B. mahantaṭṭhena.

ubho atthe samadhiggayha tiṭṭhati diṭṭhadhammikaṃ c-eva atthaṃ samparâyikam câ ti || ||

6. Âyum ârogiyaṃ[1] vaṇṇaṃ || saggam uccâkulînataṃ[2] ||
ratiyo patthayantena[3] || uḷârâ aparâparâ || ||
appamâdam pasaṃsanti || puññakriyâsu paṇḍitâ ||
appamatto ubho atthe || adhigaṇhâti paṇḍito ||
diṭṭhe dhamme ca yo attho || yo c-attho samparâyiko || ||
atthâbhisamayâ dhîro || paṇḍito-ti pavuccatîti[4] || ||

§ 8. *Appamâda* (2).

1. Sâvatthiyaṃ viharati || ||

2. Ekam antam nisîdi || Ekam antaṃ nisinno kho râjâ Pasenadi-kosalo Bhagavantam etad avoca || ||

Idha mayham bhante rahogatassa paṭisallînassa evam cetaso parivitakko udapâdi || Svâkhyâto[5] Bhagavatâ dhammo || so ca kho kalyâṇa-mittassa kalyâṇa-sahâyassa kalyâṇa-sampavaṅkassa || no pâpa-mittassa no papa-sahâyassa no pâpa-sampavaṅkassâ ti[6] || ||

3. Evam etam mahârâja evam etam mahârâja || svâkhyâto mahârâja mayâ dhammo || so ca kho kalyâṇa-mittassa kalyâṇa-sahâyassa kalyâṇa-sampavaṅkassa || no pâpa-mittassa no pâpa-sahâyassa no pâpa-sampavaṅkassâ ti || ||

4. Ekam idâhaṃ[7] mahârâja samayam Sakkesu[8] viharâmi Sakyânaṃ[9] nigame[10] || ||

5. Atho kho mahârâja Ânando bhikkhu yenâhaṃ tenupasaṅkami || upasaṅkamitvâ maṃ abhivâdetvâ ekam antaṃ nisîdi || Ekam antam nisinno kho mahârâja Ânando bhikkhu mam etad avoca || || Upaḍḍham idam bhante brahmacariyassa yad idaṃ kalyâṇa-mittatâ kalyâṇa-sahâyatâ kalyâṇa-sampavaṅkatâ ti || ||

6. Evam vuttâham mahârâja[11] Ânandam bhikkhum etad avocam[12] || Mâ h-evam Ânanda mâ h-evam Ânanda || sakalam eva h-idam Ânanda[13] brahmacariyaṃ yad idaṃ kalyâṇa-

---

[1] SS. âroggiyaṃ. [2] S^1 ubba (ucca ?) kuli°; B. uccâkuli°. [3] So B. and C.; SS. patthayânena; SS. °kiriyâsu. [4] Already published (*Journal Assiatique*, Janvier, 1873, p. 59-60). [5] SS. svâkkhâto here and further on. [6] B. sampavaṅkassa. [7] So all the MSS. [8] S^1 adds nâgarakaṇṇâ; S^{2-3} nâgarakaṃ. [9] S^2 omits sakyânaṃ. [10] B. nigâmo; S^1 nigamo; S^3 gâme; S^3 game. The true reading of the whole is sakkaraṃ nâma sakyânaṃ nigame. [11] S^3 etaṃ mahaṃ (with erasure); S^2 ‸ Eva . . . râja, the interval being left empty. [12] S^3 avocuṃ. [13] SS. omit Ânanda.

mittatâ kalyâṇa-sahâyatâ kalyâṇa-sampavaṅkatâ ‖ kalyaṇa-mittassa etam[1] Ânanda bhikkhuno pâṭikaṅkhaṃ kalyâṇa-mittassa kalyâṇa-sahâyassa kalyâṇa-sampavaṅkassa ariyam aṭṭhaṅgikam maggaṃ bhâvessati ariyam atthaṅgikam maggam bahulî-karissati[2] ‖

7. Kathañ ca Ânanda bhikkhu kalyâṇa-mitto kalyâṇa-sahâyo kalyâṇa-sampavaṅko ariyam aṭṭhaṅgikaṃ maggaṃ bahulî-karoti ‖ ‖

8. Idha Ânanda bhikkhu sammâ-diṭṭhim bhâveti viveka-nissitaṃ virâga-nissitam nirodha-nissitaṃ vossaggapari-ṇamiṃ ‖ sammâ-saṅkappam bhâveti sammâvâcam bhâveti ‖ sammâ-kammantam bhâveti ‖ sammâ-âjîvam bhâveti sammâ-vâyâmaṃ sammâ-satim bhâveti ‖ sammâ-samâdhiṃ bhâveti viveka-nissitaṃ virâga-nissitaṃ nirodha-nissitaṃ vossagga-pariṇamiṃ ‖ ‖ Evaṃ kho Ânanda bhikkhu kalyâṇa-mitto kalyâṇa-sahâyo kalyâṇa-sampavaṅko ariyam atthaṅgikam maggam bhâveti ariyam atthaṅgikam maggam bahulî karoti ‖

9. Tad aminâ p-etam Ânanda pariyâyena veditabbam ‖ yathâ sakalam ev-idam brahmacariyaṃ yad-idam kâlyâṇa-mittatâ kalyâṇa-sahâyatâ kalyâna-sampavaṅkatâ ti ‖ ‖

10. Mamaṃ hi[3] Ânanda kalyâṇa-mittam âgamma jâti-dhammâ sattâ jâtiyâ parimuccanti ‖ jarâdhammâ sattâ jarâya parimuccanti ‖ vyâdhidhammâ sattâ vyâdhiyâ[4] parimuccanti ‖ maraṇa-dhammâ sattâ maraṇena parimuccanti ‖ soka-pari-deva-dukkha-domanass-upâyâsa-dhammâ sattâ soka-parideva-dukkha-domanass-upâyâsehi parimuccanti[5] ‖ Iminâ kho etam[6] Ânanda pariyâyena veditabbaṃ ‖ yathâ sakalam ev-idaṃ brahmacariyaṃ yad idaṃ kalyâṇa-mittatâ kalyâṇa-sahâyatâ kalyaṇa-sampavaṅkatâti[7] ‖ ‖

11. Tasmât iha te mahârâja evaṃ sikkhitabbaṃ ‖ kalyâṇa-mitto bhavissâmi kalyâṇa-sahâyo kalyâṇa-sampavaṅko ti[8] ‖ evaṃ hi te mahârâja sikkhitabbaṃ ‖ ‖ Kalyâṇa-mittassa te mahârâja kalyâṇa-sahâyassa kalyâṇa-sampavaṅkassa ayam

---

[1] SS. °idaṃ. [2] SS °karissatîti. [3] SS. omit hi. [4] B. vyâdhito. [5] SS. parimuccantîti. [6] SS evaṃ. [7] This intercalated sutta is the second of the first vaggo of the Magga-Saṃyutta (the first of the fifth and last section of this Nikâya,—the Mahâvaggo); it is entitled Upaḍḍha. Already published (*Journal Asiatique*, Janvier, 1873, p. 55, 6). [8] All this phrase is omitted by S[3].

eko dhammo upanissâya vihâtabbo appamâdo kusalesu dhammesu || ||

12. Appamattassa te mahârâja viharato appamâdam upanissâya itthâgârassa evam bhavissati || || Râjâ kho appamatto viharati appamâdam upanissâya || handa mayam pi appamattâ viharâma appamâdam upanissayâ ti || ||

13. Appamattassa te mahârâja viharato appamâdam upanissâya khattiyânam pi anuyuttânaṃ[1] evam bhavissati || || Râjâ kho appamatto viharati appamâdam upanissâya || || Handa mayam pi appamattâ viharâma appamâdam upanissâyâ ti || ||

14. Appamattassa te mahârâja viharato appamâdam upanissâya negamajânapadassa[2] pi evam bhavissati || || Râjâ kho appamatto viharati appamâdam upanissâya || handa mayam pi appamattâ viharâma appamâdam upanissâyâ ti || ||

15. Appamattassa te mahârâja viharato appamâdam upanissâya attâ pi gutto rakkhito bhavissati || itthâgâram pi guttaṃ rakkhitam bhavissati || kosakoṭṭhâgâram pi[3] guttaṃ rakkhitam bhavissatîti || ||

16. Bhoge patthayamânena || uḷâre aparâpare ||
appamâdam pasaṃsanti || puñña-kriyâsu[4] paṇḍitâ ||
appamatto ubho atthe || adhigaṇhâti paṇḍito ||
diṭṭhe dhamme ca yo attho || yo c-attho samparâyiko ||
atthâbhisamayâdhîro || paṇḍito ti pavuccatîti[5] || ||

§ 9. *Aputtaka* (1°).

1. Sâvatthi nidânaṃ || ||

2. Atha kho râjâ Pasenadi-kosalo divâdivassa yena Bhagavâ ten-upasaṅkami || upasaṅkamitvâ Bhagavantam abhivâdetvâ ekam antaṃ nisîdi || || Ekam antaṃ nisinnaṃ kho râjânam Pasenadi-kosalam Bhagavâ etad avoca || || Handa kuto nu tvam mahârâja âgacchasi divâdivassâ ti || ||

3. Idha bhante Sâvatthiyam seṭṭhi gahapati kâlakato[6] || tam aham aputtakam sâpateyyam râjantepuram atiharitvâ âgacchâmi || asîti[7] bhante satasahassâni hiraññass-eva || ko

---

[1] B. anuyantânam (Cf. Devaputta-S. III. 3. 5) omitted by S². [2] B. nigamajanapadassa. [3] S²-³ omit kosa. [4] SS. kiriyâsu. [5] Already published (*Journal Asiatique*, Janv. 1874, p. 80-1). [6] B. kâlaṃkato here and further on. [7] B. adds ca.

pana vâdo rûpiyassa || || Tassa kho pana bhante seṭṭhissa gahapatissa evarûpo bhattabhogo ahosi || kaṇâjakam[1] bhuñjati bilaṅgadutiyaṃ || || Evarûpo vatthabhogo ahosi || sâṇaṃ dhâreti tipakkhavasaṇaṃ[2] || || Evarûpo yânabhogo ahosi || jajjararathakena yâti paṇṇacchattakena dhârîyamânenâ ti || ||

4. Evam etaṃ mahârâja evam etam mahârâja || asappuriso kho mahârâja uḷâre bhoge labhitvâ n-ev-attânam[3] sukheti pîneti || na mâtapitaro sukheti pîneti || na puttadâram sukheti pîneti || na dâsa-kammakaraporise sukheti pîneti || na mittâmacce sukheti pîneti[4] || na samaṇa-brâhmaṇesu[5] uddhaggikaṃ[6] dakkhiṇaṃ patiṭṭhâpeti sovaggikaṃ sukhavipâkaṃ saggasaṃvattanikaṃ || || Tassa te bhoge evaṃ sammâ aparibhuñjamâne râjâno vâ haranti || corâ vâ haranti || aggi vâ ḍahati[7] || udakam vâ vahati || appiyâ vâ dâyadâ[8] haranti || || Evaṃ sante[9] mahârâja bhogâ sammâ aparibhuñjamânâ parikkhayaṃ gacchanti no paribhogaṃ ||

5. Seyyathâpi mahârâja amanussaṭṭhâne pokkharanî acchodakâ[10] sîtodakâ[11] sâtodakâ[12] setakâ[13] supatitthâ[14] ramaṇîyâ || taṃ jano[15] n-eva hareyya na piveyya na nahâyeyya na yathâ paccayaṃ vâ kareyya || evaṃ hi tam mahârâja udakaṃ sammâ aparibhuñjiyamânam parikkhayam gaccheyya no paribhogaṃ || || Evam eva[16] kho mahârâjâ asappuriso uḷâre bhoge labhitvâ n-ev-attânaṃ sukheti pîneti[17] || pe || Evam sante bhogâ sammâ aparibhuñjamânâ parikkhayaṃ gacchanti no paribhogaṃ || ||

6. Sappuriso ca kho mahârâja uḷâre bhoge labhitvâ attânam sukheti pîneti mâtâpitaro sukheti pîneti puttadâraṃ sukheti pîneti dâsa-kammakara-porise sukheti pîneti mittâmacce sukheti pîneti samaṇesu brâhmaṇesu uddhaggikam dakkhiṇaṃ patiṭṭhâpeti sovaggikaṃ sukhavipâkaṃ saggasaṃvattanikaṃ || tassa te bhoge evaṃ sammâparibhuñjamâne n-eva râjâno

---

[1] S^2 ka (or ta ?) ṇâkajakam; C. kâṇâjakam; B. kaṇâekam. [2] SS. dhâretîtipakkha°. [3] S^3 neva attânam; S^2 nevaputtânam. [4] So S^2; S^3 pîṇeti (twice) pîneti (thrice); B. piṇeti; S^1 pîneti (once) jîṇeti (four times). [5] B. samaṇesu brâhmaṇesu. [6] SS. uddhaggiyaṃ. [7] S^3 dayhati. [8] SS. add vâ. [9] B. sate. [10] SS. acchodikâ. [11] S^{2-3} sitodikâ; S^1 sitotâdikâ. [12] S^1 sâtodikâ; omitted by S^{2-3}; explained by C. [13] B. setokâ. [14] S^3 âpatiṭṭhâ; S^1 â° corrected in su°. [15] S^{1-2} râjâno; S^3 mahâjano. [16] S^{1-2} evam evaṃ. [17] B. piṇeti; S^3 pîṇeti (here), pîneti (four times); S^1 jîṇeti always.

haranti na corâ haranti na aggi ḍahati na udakam vahati na appiyâ pi dâyâdâ haranti || || Evam sante mahârâja bhogâ sammâ paribhuñjamânâ paribhogaṃ gacchanti no parikkhayaṃ || ||

7. Seyyathâpi mahârâja gâmassa vâ nigamassa vâ avidûre pokkharaṇî acchodakâ sîtodakâ sâtodakâ[1] setakâ supatitthâ ramaṇîyâ || taṃ ca[2] jano hareyya pi piveyya pi nahâyeyya pi yathâpaccayam pi kâreyya || evaṃ hi taṃ mahârâja udakam sammâparibhuñjamañam[3] paribhogaṃ gaccheyya no parikkhayaṃ[4] || || Evam eva kho mahârâja sappuriso uḷâre bhoge labhitvâ attânaṃ sukheti || pe || Evaṃ sante bhogâ sammâ paribhuñjamânâ paribhogaṃ gacchanti no parikkhayan-ti || ||

8. Amanussaṭṭhâne udakaṃ vasitaṃ ||
tad apeyyamânam parisosam eti ||
evaṃ dhanaṃ kâ-puriso labhitvâ ||
n-ev-attanâ bhuñjati[5] no dadâti || ||
dhîro ca viññû[6] adhigamma bhoge ||
so bhuñjati[7] kiccakaro ca hoti ||
so nâtî-saṅghaṃ nisabho bharitvâ[4] ||
anindito saggam upeti ṭhânan-ti ||

§ 10. *Aputtaka* (2°).

1. Atha kho râjâ Pasenadi-kosalo divâdivassa yena Bhagavâ ten-upasaṅkami || upasaṅkamitvâ Bhagavantam abhivâdetvâ ekam antaṃ nisîdi || || Ekam antaṃ nisinnaṃ kho râjânaṃ Pasenadi-kosalam Bhagavâ etad avoca || handa kuto nu tvaṃ mahârâja âgacchasi divâḍivassâ ti || ||

2. Idha bhante Sâvatthiyaṃ seṭṭhi-gahapati kâlakato || tam aham aputtakaṃ sâpateyyaṃ râjantepuram atiharitvâ âgacchâmi || sataṃ bhante satasahassâni[8] hiraññassa || ko pana vâdo rûpiyassa || || Tassa kho pana bhante seṭṭhissa gahapatissa evarûpo bhattabhogo ahosi kaṇâjakaṃ bhuñjati bilaṅgadutiyaṃ || || Evarûpo vatthabhogo ahosi || sâṇaṃ dhâreti[9] ti-

---

[1] SS. acchodikâ sîtodikâ sâtodikâ; B. °setodâkâ. [2] SS. omits ca. [3] B. bhuñjiyamânam. [4] SS. gaccheyyamâno parisosam. [5] SS. paribhuñjati. [6] S[1] viññu [6] S[1-2] bhuñjatî. [7] So S[3] only; S[1-2] have haritvâ; S[2] has nisabo (for nisabho); B. °saṅghe na (or ni?) sabhâ caritvâ. [8] SS. °sahassânaṃ. [9] SS. dharetî.

pakkhavasanam || Evarûpo yâna-bhogo ahosi || jajjararathakena yâti paṇṇachattakena dhâriyamânenâ ti || ||

3. Evam etaṃ mahârâja evam etam mahârâja || bhûtapubbaṃ so mahârâja seṭṭhi gahapati Tagarasikkhiṃ[1] nâma paccekabuddhaṃ[2] piṇḍapâtena paṭipâdesi detha samaṇassa piṇḍan-ti vatvâ uṭṭhâyâsanâ pakkâmi datvâ ca pana pacchâ vippaṭisârî ahosi || varaṃ etaṃ piṇḍapâtaṃ dâsâ vâ kammakarâ vâ bhuñjeyyun-ti[3] || bhâtu ca pana ekaputtaṃ[4] sâpateyyassa kâraṇâ jîvitâ voropesi || ||

4. Yaṃ kho so mahârâja seṭṭhi-gahapati Tagarasikhim[5] paccekabuddham piṇḍapâtena paṭipâdesi || tassa kammassa vipâkena[6] sattakhattum sugatiṃ saggaṃ lokam uppajji[7] || tass-eva kammassa vipâkâvasesena imissâ yeva Sâvatthiyâ sattakkhattuṃ seṭṭhittam[8] kâresi || ||

5. Yaṃ kho so mahârâja seṭṭhi gahapati datvâ pacchâ vippaṭisârî ahosi || varam etaṃ piṇḍapâtaṃ dâsâ vâ kammakarâ vâ bhuñjeyyun-ti[9] || tassa kammassa vipâkena nâssuḷârâya bhatta-bhogâya cittaṃ namati || nâssuḷârâya vatthabhogâya cittaṃ namati || nâssuḷârâya yâna-bhogâya cittaṃ namati || nâss-uḷârâṇam pañcannaṃ kâma-gunânaṃ bhogâya cittaṃ namati ||

6. Yaṃ kho so mahârâja seṭṭhi gahapati bhâtuca[10] pana ekaputtakaṃ[11] sâpateyyassa kâraṇâ jîvitâ voropesi || tassa kammassa vipâkena bahûni vassâni bahûni vassa-satâni[12] bahûni vassa-sahassâni bahûni vassa-sata-sahassâni niraye paccittha || tass-eva kammassa vipâkâvasesena idam[13] sattamam aputtakaṃ sâpateyyaṃ râja[14]-kosam paveseti[15] || tassa kho pana[16] mahârâja seṭṭhissa gahapatissa[17] purâṇaṃ ca puññaṃ parikkhîṇaṃ navañ ca puññaṃ anupacitaṃ || || Ajja pana mahârâja seṭṭhi gahapati Mahâroruva-niraye paccatîti || ||

7. Evam bhante seṭṭhi gahapati Mahâroruvaṃ nirayam uppanno[18] ti || ||

---

[1] B. Taggara°; S^{1} Nagara°; S^{2} Gara°. [2] B. paccekasambuddham here and further on. [3] S^{1-2} bhuñjeyyanti. [4] S^{1-2} bhâtucca; S^{3} ekaputtakam; B. ekamputtakam. [5] SS. Tagarasikhiṃ (S^{1} Nagara°); B. Taggarasikhiṃ (as above) [6] S^{2-3} kammavipâkena. [7] B. upapajji. [8] S^{2-3} seṭṭhattam; B. seṭṭhaggam. [9] S^{1} bhuñjeyyanti. [10] SS. bhâtucca. [11] B. ekam°. [12] SS. omit vassasatâni. [13] SS. idhâ. [14] S^{1} râjâ. [15] B. pavesanti; S^{2} pasevaseti. [16] B. omits pana. [17] S^{1-3} omit seṭṭhissa ga°. [18] B. upapanno.

8. Evam mahârâja seṭṭhi gahapati Mahâroruve niraye[1] uppanno ti || ||

9. Dhaññaṃ dhanaṃ rajataṃ jâtarûpaṃ ||
pariggahaṃ vâ pi[2] yad atthi kiñci ||
dâsâ kammakarâ pessâ[3] ye c-assa[4] anujîvino ||
sabbaṃ nâdâya gantabbaṃ || sabbaṃ nikkhippa[5]-gâminaṃ || ||

10. Yañ ca karoti kâyena || vâcâya uda cetasâ ||
taṃ hi tassa sakaṃ hoti || tañca âdâya gacchati ||
tañc-assa anugaṃ hoti || châyâvâ anapâyinî[6] || ||

11. Tasmâ kareyya kalyâṇam || nicayaṃ samparâyikaṃ ||
puññâni paralokasmiṃ || patiṭṭhâ honti pâṇinan-ti[7] || ||

Dutiyo vaggo ||

Tass-uddânaṃ || ||

Jâṭilâ[8] Pañcarâjâno || Doṇapâkakurena ca[9] ||
Saṅgâmena[10] dve vuttâni || Dhitarâ dve Appamadena ca ||
Aputtakena dve vuttâ || vaggo tena vuccatîti || ||

CHAPTER III. TATIYO-VAGGA.

§ 1. *Puggala.*[11]

1. Sâvatthi || ||

2. Atha kho râjâ Pasenadi-kosalo yena Bhagavâ ten-upasaṅkami || upasaṅkamitvâ Bhagavantam abhivâdetvâ ekam antaṃ nisîdi || || Ekam antam nisinnaṃ kho râjânam Pasenadi-kosalam Bhagavâ etad avoca || || Cattâro me mahârâja puggalâ santo samvijjamânâ lokasmiṃ || ||

3. Katame cattâro || || Tamo tama-parâyano || tamo joti-parâyano || Joti tama-parâyano || Joti joti-parâyano || ||

4. Kathañca mahârâjâ puggalo tamo tama-parâyano hoti || || Idha mahârâja ekacco puggalo nîce kule paccâjâto hoti caṇḍâla-kule vâ vena-kule vâ nesâda-kule vâ rathakâra-kule vâ pukkusa-kule vâ dalidde[12] app-anna-pâna-bhojane kasira

[1] S[3] °roruvaniraye; B. roruvaṃnirayaṃ upapannoti. [2] B. pî; S[1-3] câpi. [3] B. pesâ. [4] SS. ye vassa. [5] B. nikkhîpa; C. nikkhepa. [6] B. anupâyinî. [7] See above, I. 4. [8] S[2] Jaṭilo; S[1] -lâ. [9] SS. doṇa. [10] SS. Saṅgâme. [11] Most of this chapter recurs in the Puggala, IV. 19. [12] SS. daḷidde.

vuttike || yattha kasirena ghâsacchâdo labbhati || || so ca hoti dubbaṇṇo duddasiko okoṭimako bahvâbâdho || kâṇo vâ hoti kuṇî vâ khañjo vâ pakkhahato vâ || na lâbhî annassa pânassa vatthassa yânassa mâlâgandhavilepanassa seyyâvasathapadîpeyyassa || || So kâyena duccaritaṃ carati || vâcâya duccaritaṃ carati || manasâ duccaritaṃ carati || || so kâyena duccaritam caritâ vâcâya duccaritam caritvâ manasâ duccaritaṃ caritvâ kâyassa bhedâ param maraṇâ apâyaṃ duggatiṃ vinipâtaṃ uppajjati[1] || || Seyyathâpi mahârâja puriso andhakârâ vâ andhakâraṃ gaccheya || tamâ vâ tamaṃ gaccheyya || lohita-malâ vâ lohita-malaṃ vâ gaccheyya || tathûpamâhaṃ mahârâja imaṃ puggalaṃ vadâmi || || Evam mahârâja puggalo tamo tama-parâyano hoti || ||

5. Kathañ ca mahârâja puggalo tamo joti-parâyano hoti || || Idha mahârâja ekacco puggalo nîce kule paccâjâto hoti caṇḍâla-kule va vena-kule vâ nesâda-kule vâ rathakâra-kule vâ pukkusa-kule vâ dalidde app-anna-pâna-bhojane kasira-vuttike || yattha kasirena ghâsacchâdo[2] labbhati || || so ca hoti dubbaṇṇo duddasiko okoṭimako bahvâbâdho || kâṇo va kuṇî vâ khañjo vâ pakkhahato vâ || na lâbhî annassa pânassa vatthassa yânassa mâlâ-gandha-vilepanassa seyyâvasathapadîpeyyassa || || So kâyena sucaritaṃ carati vâcâya sucaritaṃ carati manasâ sucaritaṃ carati || so kâyena sucaritaṃ caritvâ vâcâya sucaritaṃ caritvâ manasâ sucaritaṃ caritvâ kâyassa bhedâ param maraṇâ sugatiṃ saggaṃ lokam uppajjati || || Seyyathâpi mahârâja puriso pathaviyâ vâ pallaṅkam âroheyya || pallaṅkâ vâ[3] assapiṭṭhim âroheyya || assa-piṭṭhiyâ vâ hatthikkhandham âroheyya hatthikkhandhâ vâ[4] pâsâdam âroheyya || tathûpamâhaṃ mahârâja imam puggalaṃ vadâmi || || Evaṃ kho mahârâja puggalo tamo joti-parâyano hoti || ||

6. Kathañ ca mahârâja puggalo joti tama-parâyano hoti || || Idha mahârâja ekacco puggalo ucce kule paccâjâto hoti || khattiya-mahâsâla-kule vâ brâhmana-mahâsâla-kule vâ gahapati-mahâsâla-kule vâ aḍḍhe mahaddhane mahâbhoge pa-

[1] B. upapajjati always. [2] S¹⁻² °ghâsacchâdano. [3] S¹⁻² pallaṅkaṃ vâ. [4] S² hatthikkhandhaṃ vâ.

hûta-jâtarûpa-rajate pahûta-vittûpakaraṇe[1] pahûta-dhana-dhaññe || So ca hoti abhirûpo dassanîyo pâsâdiko paramâya vaṇṇa-pokkharatâya samannâgato || lâbhî annassa pânassa vatthassa yânassa mâlâ-gandha-vilepanassa seyyâvasatha-padîpeyyassa || || So kâyena duccaritaṃ carati || vâcâya duccaritaṃ carati. vâcâya duccaritaṃ carati manasâ duccaritaṃ carati || so kâyena duccaritaṃ caritvâ vâcâya duccaritam caritvâ manasâ duccaritaṃ caritvâ kâyassa bhedâ param maranâ apâyaṃ duggatim vinipâtaṃ nirayam uppajjati || Seyyathâpi mahârâja puriso pâsâdâ vâ hatthikkandham oroheyya || hatthikkhandhâ vâ assa-piṭṭhim oroheyya || assa-piṭṭhiyâ vâ[2] pallaṅkam oroheyya pallaṅkâ vâ pathaviṃ[3] oroheyya pathaviyâ vâ andhakaraṃ oroheyya[4] || tathûpamâhaṃ mahârâja imam puggalaṃ vadâmi || || Evam kho mahârâja puggalo joti tama-parâyano hoti || ||

7. Kathañ ca mahârâja puggalo joti joti-parâyano hoti || || Idha mahârâja ekacco puggalo ucce kule paccâjâto hoti || khattiya-mahâsâla-kule vâ brâhmaṇa-mahâsâla-kule vâ gahapati-mahâsâla kule vâ aḍḍhe mahaddhane mahâbhoge pahûta-jâtarûpa-rajate pahûta-vittû-pakaraṇe pahûta-dhana-dhaññe || so ca hoti abhirûpo dassanîyo pâsâdiko paramâya vaṇṇa-pokkharatâya samannâgato || labhî annassa pânassa vatthassa yânassa mâlâ-gandha-vilepanassa seyyâvasatha-padîpeyyassa || || So kâyena sucaritaṃ carati vâcâya sucaritaṃ carati manasâ sucaritaṃ carati || so kâyena sucaritaṃ caritvâ vâcâya sucaritaṃ caritvâ manasâ sucaritaṃ caritvâ kâyassa bhedâ param maraṇâ sugatiṃ saggam lokam uppajjati || Seyyathâpi mahârâja puriso pallaṅkâ vâ[5] pallaṅkaṃ saṅkameyya || assappiṭṭhiyâ va assa-piṭṭhiṃ saṅkameyya || hatthikkhandhâ vâ[6] hatthikkhandhaṃ saṅkameyya || pâsâdâ va pâsâdam saṅkameyya || tathûpamâham mahârâja imam puggalaṃ vadâmi || || Evaṃ kho mahârâja puggalo joti joti-parâyano hoti || ||

---

[1] B. °vatthupakaraṇe here and further on. [2] SS. omit vâ. [3] SS. pathaviyaṃ. [4] B. paviseyya. [5] S[1-2] pallaṅkaṃ vâ. [6] S[1-2] hatthikkhandhaṃ vâ.

8. Ime kho mahârâja puggalâ santo saṃvijjamânâ lokasmiṃ || ||

9. Daliddo puriso râja || assaddho hoti maccharî ||
kadariyo pâpa-saṅkappo || micchâ-diṭṭhi anâdaro || ||
samaṇe brâhmaṇe vâpi || aññe vâ pi vanibbake[1] ||
akkosati[2] paribhâsati || natthiko hoti rosako || ||
dadamânam nivâreti || yâcamânânaṃ[3] bhojanaṃ ||
tâdiso puriso râja || mîyamâno janâdhipa ||
upeti nirayaṃ ghoraṃ || tamo-tama-parâyano || ||

10. Daliddo puriso râja || saddho hoti amacchari ||
dadâti seṭṭha-saṅkappo || avyagga-manaso naro || ||
samaṇe brâhmaṇe vâ pi || aññe vâ pi vanibbake ||
uṭṭhâya abhivâdeti || samacariyâya sikkhati ||
dadamânaṃ na vâreti[4] || yâcamânânaṃ bhojanam[5] ||
tâdiso puriso râja || mîyamâno janâdhipa ||
upeti tidivaṃ ṭhânaṃ || tamo-joti-parâyano || ||

11. Aḍḍho ve[6] puriso râja || assaddho hoti maccharî ||
kadariyo pâpa-saṅkappo || micchâ-diṭṭhi anâdaro || ||
samaṇe brâhmaṇe vâ pi || aññe vâ pi vanibbake ||
akkosati paribhâsati || natthiko hoti rosako ||
dadamânaṃ nivâreti || yâcamânânaṃ bhojanaṃ ||
tâdiso puriso râja || mîyamâno jarâdhipa ||
upeti nirayaṃ ghoraṃ || joti-tama-parâyano || ||

12. Aḍḍho ve puriso[7] râja || saddho hoti amaccharî ||
dadâti seṭṭha-saṅkappo || abyaggamanaso naro
samaṇe brâhmaṇe vâ pi || aññevâpi vanibbake ||
uṭṭhâya abhivâdeti || samacariyâya sikkhati || ||
dadamânam na vâreti[8] || yâcamânânam bhojanam[9] ||
tâdiso puriso râja || mîyamâno janâdhipa ||
upeti tidivaṃ ṭhânaṃ || joti-joti-parâyano-ti || ||

§ 2. *Ayyakâ.*

1. Sâvatthi nidânaṃ || ||

2. Ekam antaṃ nisinnaṃ kho râjânaṃ Pâsenadi-kosalaṃ

---

[1] SS. vaṇibbake always. [2] S^2 aññesati; S^{1-3} also, but with erasement of ñño, and interlinear adjunction of kho. [3] S^{1-3} yâcamânâna bho° always; S^2 three times. [4] SS. dadamânam nivâreti (S^3 adds na under the line before nivâreti). [5] S^2 yâcamânâ bho°. [6] SS. omit ve here and further on. [7] SS. omit ve, add mahâ. [8] Same remarks as above. [9] B. yâcamânâna bho°.

Bhagavâ etad avoca || || Handa kuto nu tvaṃ mahârâja âgacchasi divâdivassâti || ||

3. Ayyakâ[1] me bhante kâlakatâ[2] jiṇṇâ vuḍḍhâ[3] mahallikâ addhagatâ vayo anuppattâ vîsa-vassa-satikâ jâtiyâ[4] || ||

4. Ayyakâ kho pana me bhante piyâ ahosi[5] manâpâ || || Hatthi-ratanena ce pâham[6] bhante labheyyam mâ me ayyakâ kâlam akâsîti || hatthiratanam pâham dadeyyam mâ me ayyakâ kâlam akâsîti || || Assa-ratanena ce pâham bhante labheyyam mâ me ayyakâ kâlam akâsîti || assa-ratanam pâham dadeyyam mâ me ayyakâ kâlam akâsîti || || Gâma-varena ce pâham bhante labheyyam mâ me ayyakâ kâlam akâsîti || gâma-varam pâhaṃ dadeyyam mâ me ayyakâ kâlam akâsîti || || Janapadena ce pâham bhante labheyyam mâ me ayyakâ kâlam akâsîti || janapadam pâhaṃ dadeyyam mâ me ayyakâ kâlam akâsîti || ||

5. Sabbe sattâ mahârâja maraṇa-dhammâ maraṇa-pariyosânâ maraṇam anatîtâ ti || ||

6. Acchariyam bhante abbhutam bhante || yâva subhâsitam idam[7] bhante *Bhagavatâ* || sabbe sattâ *maraṇa*-dhammâ maraṇa-pariyosânâ maraṇam anatîtâ ti || ||

7. Evam etam mahârâja evam etam mahârâja sabbe sattâ maraṇa-dhammâ maraṇa-pariyosânâ maraṇam anatîtâ ti || || Seyyathâpi mahârâja yâni kânici kumbhakâraka-bhâjanâni âmakâni c-eva pakkâni ca || sabbâni tâni bhedana-dhammâni bhedana-pariyosânâni bhedanam anatîtâni || evam eva kho mahârâja sabbe sattâ maraṇa-dhammâ maraṇa-pariyosânâ maraṇam anatîtâ ti || ||

8. Sabbe sattâ marissanti || maraṇantaṃ hi jîvitam ||
yathâ kammaṃ gamissanti || puñña-pâpa-phalûpagâ[8] || ||
nirayam pâpa-kammantâ || puñña-kammâ ca[9] suggatiṃ[10] || ||

Tasmâ kareyya kalyâṇam || nicayam samparâyikaṃ ||
puññâni paralokasmiṃ || patiṭṭhâ honti pâṇinan-ti[11] || ||

---

[1] B. ayyikâ always. [2] B. kâlaṃ katâ [3] SS. vuddhâ. [4] SS. vîsaṃ vassa°. [5] B. hoti. [6] SS. paham always. [7] cidam. [8] SS. phalûpagaṃ. [9] S[2] kammânâ (ntâ ?). [10] B. S[2] sugatiṃ. [11] See above, II. 10.

§ 3. *Loko.*

1. Sâvatthiyaṃ || ||

2. Ekam antaṃ nisinno kho râjâ Pasenadi-kosalo Bhagavantam etad avoca || Kati nu kho bhante lokassa dhammâ uppajjamânâ uppajjanti ahitâya dukkhâya aphâsu-vihârâyâti || ||

3. Tayo kho mahârâja lokassa dhammâ uppajjamânâ uppajjanti ahitâya dukkhâya aphâsu-vihârâya || ||

4. Katame tayo || || Lobho kho mahârâja lokassa dhammo uppajjamâno uppajjati ahitâya dukkhâya aphâsu-vihârâya || || Doso kho mahârâja lokassa dhammo uppajjamâno uppajjati ahitâya dukkhâya aphâsu-vihârâya || || Moho kho mahârâja lokassa dhammo uppajjamâno uppajjati ahitâya dukkhâya aphâsu-vihârâya || ||

5. Ime kho mahârâja tayo lokassa dhammâ uppajjamânâ uppajjanti ahitâya dukkhâya aphâsu-vihârâyâ ti || ||

6. Lobho doso ca moho ca || purisam pâpa-cetasaṃ ||
 hiṃsanti attasambhûtâ || tacasâram[1] va samphalan-ti[2] || ||

§ 4. *Issattam.*

1. Sâvatthiyaṃ || ||

2. Ekam antaṃ nisinno kho râjâ Pasenadi-kosalo Bhagavantam etad avoca || || Kattha nu[3] kho bhante dânaṃ dâtabban-ti || ||

3. Yattha kho mahârâja cittam pasîdatî ti || ||

4. Kattha pana bhante dinnam mahapphalan-ti || ||

5. Aññaṃ kho etaṃ mahârâja kattha dânaṃ dâtabbaṃ || aññam pan-etaṃ kattha dinnam mahapphalan-ti || || Sîlavato kho mahârâja dinnam mahapphalaṃ no tathâ dussîle || || Tena hi[4] mahârâja taññ-ev-ettha paripucchissâmi[5] || yathâ te khameyya tathâ naṃ vyâkareyyâsi ||

6. Taṃ kim maññasi mahârâja || || Idha tyassa yuddham paccupaṭṭhitam saṅgâmo samupabbuḷho[6] || || Atha âgaccheyya khattiya-kumâro asikkhito akata-hattho akata-yoggo akat-

---

[1] S^{1-2} tañcasârava°. [2] Textual repetition of I. 2, the title only being changed.
[3] S^{1-3} kathannu; S^{2} kathânnu. [4] S^{1-2} teneva. [5] SS. paripucchâmi. [6] B. samuppabyûḷho always.

upâsano bhîrû [1] chambhî utrâsî palâyî [2] || bhareyyâsi taṃ purisaṃ attho ca [3] te tâdisena purisena || ||

7. Nâham bhante bhareyyaṃ taṃ purisaṃ na ca [4] me attho [5] tâdisena purisenâ ti || ||

8. Atha âgaccheyya brâhmaṇa-kumâro asikkhito || Atha âgaccheyya vessakumâro || Atha âgaccheyya sudda-kumaro asikkhito || la || na ca me attho tâdisena purisenâ ti [6] ||

9. Taṃ kim maññasi mahârâja || || Idha tyassa yuddhaṃ paccupaṭṭhitam sangâmo samupabbûḷho || || Atha âgaccheyya khattiya-kumâro sikkhito [7] kata-hattho kata-yoggo kat-upâsano abhîrû [8] acchambhî [9] anutrâsî apalâyî [10] bhareyyâsi taṃ purisaṃ attho ca te tâdisena purisenâ ti || ||

10. Bhareyyâham bhante tam purisam attho ca me tâdisena purisenâ ti || ||

11. Atha [11] âgaccheyya brâhmaṇa-kumâro || Atha âgaccheyya vessa-kumâro || Atha âgaccheyya sudda-kumâro sikkhito kata-hattho kata-yoggo kat-upâsano abhîrû acchambhî anutrâsî apalâyî [12] || bhareyyâsi taṃ purisam attho ca te tâdisena purisenâ ti || ||

12. Bhareyyâhaṃ bhante tam purisam attho ca me tâdisena purisenâ ti || ||

13. Evam eva kho mahârâja yasmâ kasmâ ce [13] pi kulâ [14] agarismâ anagâriyam pabbajito hoti || so ca hoti pañcanga-vippahîno pañcanga-samannâgato || tasmiṃ dinnam mahapphalaṃ [15] || ||

14. Katamâni pañca angâni [16] pahînâni [17] honti || Kâmacchando pahîno hoti || Vyâpâdo pahîno hoti || Thînamiddham pahînaṃ hoti || Uddhacca-kukkuccaṃ pahînaṃ hoti || Vicikicchâ pahînâ hoti || Imâni pañcangâni pahînâni honti || ||

15. Katamehi pañca angehi [18] samannâgato hoti || asekkhena sîlakkhandhena samannâgato hoti || asekkhena samâdhikkhandhena samannâgato hoti || asekkhena paññakkhandhena

---

1 B. bhirû°; SS bhîrûcchambhi. 2 S^{1-3} palâyi. 3 S^{1-2} atth eva; S^{3} attho va 4 B. va. 5 SS. attho va me. 6 All this paragraph is omitted by S^{2-3}, added between the lines by S^{1}, with some slight differences in the abridgment. 7 B. susikkhito. 8 B. S^{2-3} abhirû. 9 B. achambhî. 10 B. apalâyasî. 11 SS. add kho. 12 S^{3} apalâyi here and above; B. anapalâyî. 13 S^{1-2} omit kasmâ; B. tasmâ; S^{2} has yasmâñce. 14 S^{1} kusalâ. 15 B. adds hoti. 16 B. pañcangâni. 17 S^{1-3} vippahînâni. 18 B. pañcahangehi here and further on.

samannâgato hoti || asekkhena vimuttikkhandhena samannâgato hoti || asekkhena vimuttiññâna-dassana-kkhandhena samannâgato hoti || || Imehi pañca aṅgehi samannâgato hoti || ||

16. Iti pañcaṅga-vippahîne pañcaṅga-samannâgate dinnam mahapphalan-ti || ||

17. Idam avoca Bhagavâ || la || satthâ[1] || ||

Issattam[2] balaviriyañca || yasmiṃ vijjetha mâṇave[3] ||
taṃ yuddhattho bhare râjâ[4] || nâsûraṃ[5] jâti-paccayâ || ||
tatheva khanti-soracca-dhammâ[6] yasmiṃ patiṭṭhitâ ||
tam ariyavuttiṃ[7] medhâvî[8] || hîna-jaccam pi pûjaye || ||
kâraye assame ramme || vâsayettha bahussute ||
papañcavivane kayirâ || dugge saṅkamanâni ca || ||
Annaṃ pânam khâdaniyaṃ || vattha-senâsanâni ca ||
dadeyya uju-bhûtesu || vippasannena cetasâ || ||
yathâ hi megho thanayaṃ || vijjumâlî satakkatu[9] ||
thalaṃ ninnañca pureti || abhivassaṃ vasundharaṃ || ||
tath-eva saddho sutavâ || abhisaṅkhacca[10] bhojanaṃ ||
vanibbake tappayati || anna-pânena paṇḍito ||
âmodamâno[11] pakireti || detha dethâ ti bhâsati || ||
taṃ hi-ssa gajjitaṃ hoti || devasseva pavassato ||
sâ puññadhârâ vipulâ || dâtâram abhivassatîti || ||

§ 5. *Pabbatûpamaṃ.*

1. Sâvatthi nidânam || ||

2. Ekam antaṃ nisinnaṃ kho râjânam Pasenadi-kosalam Bhagavâ etad avoca || || Handa kuto tvam mahârâja âgacchasi || ||

3. Yâni tâni bhante raññam[12] khattiyânam muddhâvasittânam issariyamada-mattânaṃ kâma-gedha-pariyuṭṭhitânaṃ janapadatthâvariyappattânam mahantaṃ pathavîmaṇḍalam abhivijiya ajjhâvasantânaṃ râja-karaṇîyâṇi bhavanti[13] || tesvâham etarahi ussukkam âpanno-ti || ||

4. Taṃ kim maññasi mahârâja || || Idha te puriso

---

[1] This phrase is omitted by SS. [2] S¹-³ issatthaṃ. [3] S³ mânave. [4] B. bhareyyâtha. [5] S²-³ sûram. [6] B. °soraccaṃ || dhammâ. [7] B. omits tam; S¹ nam. [8] SS. medhâviṃ. [9] So S³ only; B. and S¹-² satakkaku; C. satakkuku (explaining satasikharo). [10] SS. abhisankhaṭa. [11] C. anumodamâno. [12] S² rañño corrected to raññam in S³, perhaps also in S¹. [13] SS. santi.

âgaccheyya puratthimâya disâya saddhâyiko paccayiko ‖ so tam upasaṅkamitvâ evam vadeyya ‖ yagghe mahârâja jâneyyâsi[1] ‖ aham âgacchâmi puratthimâya disâya ‖ tatth-addasaṃ mahantam pabbataṃ abbhasamam sabbe pâṇe nipphoṭento[2] âgacchati ‖ yaṃ te mahârâja karaṇîyaṃ taṃ karohîti ‖ ‖

5. Atha dutiyo puriso âgaccheyya pacchimâya disâya ‖ la[3] ‖ Atha tatiyo puriso âgaccheyya uttarâya disâya ‖ Atha catuttho puriso âgaccheyya dakkhiṇâya disâya saddhâyiko paccayiko ‖ so tam upasaṅkamitvâ evaṃ vadeyya ‖ yagghe mahârâja jâneyyâsi aham âgacchâmi dakkhiṇâya disâya ‖ tattha addasam mahantam pabbatam abbhasamam sabbe pâṇe nipphoṭento âgacchati ‖ yaṃ te maharâja karaṇîyam taṃ karohîti ‖ ‖ Evarûpe te maharâja mahati[4] mahabbhaye samuppanne dârune manussakkhaye[5] dullabhe manussatte kim assa karaṇîyan-ti ‖ ‖

6. Evarûpe bhante mahati mahabbhaye samuppanne dâruṇe manussakkhaye dullabhe manussatte kim assa karanîyam aññatra dhammacariyâya samacariyâya kusalakiriyâya[6] puññakiriyâyâ ti[7] ‖ ‖

7. Ârocemi kho te mahârâja paṭivedemi kho[8] te mahârâja ‖ adhivattati kho tam mahârâja jarâmaraṇaṃ ‖ adhivattamâne ca te mahârâja jarâmaraṇe kim assa karaṇîyan-ti ‖ ‖

8. Adhivattamâne ca me bhante jarâmaraṇe kim assa karaṇîyam aññatra dhammacariyâya samacariyâya kusalakiriyâya puññakiriyâya[9] ‖ ‖

9. Yâni pi tâni bhante raññam khattiyânaṃ muddhâvasittânam issariyamada-mattânaṃ kâma-gedha-pariyuṭṭhitânaṃ janapada thâvariyappattânam mahantam pathavi-maṇḍalam abhivijiya ajjhâvasantânam hatthi-yuddhâni bhavanti ‖ tesam pi bhante hatthi-yuddhânam natthi gati natthi visayo adhivattamâne jarâmaraṇe ‖ ‖

10. Yâni pi tâni bhante raññaṃ khattiyânam muddhâvasittânam ‖ pe ‖ ajjhâvasantânam assa-yuddhâni bhavanti ‖ ratha-yuddhâni bhavanti ‖ patti-yuddhâni bhavanti ‖ tesam

---

[1] SS. jâneyya always. [2] B. nipphothento always. [3] SS. pe. [4] SS. mahatî. [5] B. manussakâye. [6] B. kusalacariyâya always. [7] Before each of these words, B. repeats aññatra. [8] SS. omit kho. [9] Same remarks as above.

pi bhante patti-yuddhânam natthi gati[1] natthi visayo adhivattamâne jarâmaraṇe || ||

11. Santi kho pana bhante imasmiṃ râjakule mantino mahâmattâ || ye pahonti[2] âgate paccatthike mantehi bhedayituṃ[3] || tesam pi bhante manta-yuddhânam natthi gati[4] natthi visayo adhivattamâne jarâmaraṇe || ||

12. Saṃvijjati kho pana[5] bhante imasmiṃ râjakule pahutaṃ[6] suvaṇṇam bhûmigatañ c-eva vehâsaṭṭhañca yena mayam pahoma âgate paccatthike dhanena upalâpetuṃ || tesam pi bhante dhana-yuddhânam natthi gati natthi visayo adhivattamâne jarâmaraṇe || ||

13. Adhivattamâne ca me bhante jarâmaraṇe kim assa karaṇîyam aññatra dhammacariyâya samacariyâya kusalakiriyâya puññakiriyâyâ ti || ||

14. Evam etam mahârâja evam etam mahârâja adhivattamâne ca te[7] jarâmaraṇe kim assa karaṇîyam aññatra dhammacariyâya samacariyâya kusalakiriyâya puññakiriyâyâti || ||

15. Idam avoca Bhagavâ || la || satthâ || ||

Yathâ pi selâ vipulâ || nabham âhacca pabbatâ ||
samantânupariyeyyuṃ[8] || nipphoṭento catuddisâ ||
evam jarâ ca maccu ca[9] || adhivattanti[10] pâṇino[11] || ||
Khattiye brâhmaṇe vesse || sudde caṇḍâla-pukkuse ||
na kiñci parivajjeti || sabbam evâbhimaddati || ||
na tattha hatthînam[12] bhûmi || na rathânam na pattiyâ ||
na câpi manta-yuddhena || sakkâ jetuṃ dhanena vâ || ||
Tasmâ hi paṇḍito poso || sampassaṃ attham attano ||
buddhe dhamme ca saṅghe ca || dhîro saddhaṃ nivesaye || ||
Yo dhammacârî kâyena || vâcâya uda cetasâ ||
idh-eva nam pasaṃsanti || pacca sagge pamodatîti[13] || ||

Kosala-saṃyuttaṃ samattaṃ || ||

Tass-uddânaṃ || ||

Puggalo Ayyakâ[14] Loko || Issattam Pabbatopamaṃ ||
desitam buddhaseṭṭhena || imaṃ Kosalam pañcakaṃ || ||

---

[1] S[2-3] omit natthigati. [2] B. yesaṃ honti. [3] S[1-3] add here tesam pi bhedayitum. [4] SS. omit natthi gati here and further on. [5] SS. omit pana. [6] B. bahutaṃ. [7] B. omits ca te. [8] S[1-3] samantâ anupariyeyyuṃ. [9] S[3] maraṇañ ca. [10] S[2] has only evam—ttanti pâṇino, the place of the omitted words remaining empty. [11] B. pâṇine. [12] S[2] hatthîna. [13] SS. sagge ca modatîti. [14] B. Ayyikâ.

BOOK IV.—MÂRA-SAṂYUTTAṂ.

Chapter I. Pathamo-vagga.

§ 1. *Tapo kammañ ca.*

1. Evam me sutam ekaṃ samayaṃ Bhagavâ Uruvelâyaṃ viharati najjâ Nerañjarâya tîre Ajapâla-nigrodha-mûle[1] pathamâbhisambuddho ||

2. Atha kho Bhagavato rahogatassa paṭisallînassa evam cetaso parivitakko udapâdi || || Mutto vatamhi tâya dukkara-kârikâya || sâdhu mutto vatamhi tâya anattha-saṃhitâya dukkara-kârikâya || sâdhu ṭhito sato[2] bodhiṃ[3] samajjhagan-ti[4] ||

3. Atha kho Mâro pâpimâ Bhagavato cetasâ ceto-parivitakkam aññâya yena Bhagavâ ten-upasaṅkami || upasaṅkamitvâ Bhagavantaṃ gâthâya ajjabhâsi || ||

Tapo-kammâ apakkamma || yena sujjhanti mânavâ ||
asuddho maññati suddho || suddhimaggam[5] aparaddho ti || ||

4. Atha kho Bhagavâ Mâro ayam pâpimâ iti viditvâ Mâram pâpimantam gâthâhi paccabhâsi[6] || ||

Anattha-sañhitaṃ ñatvâ || yaṃ kiñci aparaṃ[7] tapaṃ ||
sabbânatthâvahaṃ[8] hoti || piyârittam[9] va dhammaniṃ[10] || ||
sîlaṃ samâdhi-paññañca || maggam bodhâya bhâvayaṃ ||
patto-smi paramaṃ suddhiṃ || nihato tvaṃ asi antakâti || ||

5. Atha kho Mâro pâpimâ jânâti maṃ Bhagavâ jânâti maṃ Sugato ti dukkhî dummano tatth-ev-antaradhâyîti[11] || ||

§ 2. *Nâgo.*

1. Evam me sutam ekaṃ samayam Bhagavâ Uruvelâyam viharati najjâ Nerañjarâya tîre Ajapâla-nigrodhe pathamâ-

---

[1] B. Ajapâla-nigrodhe. [2] B. sâdhu vatamhi. [3] S²-³ bodhi. [4] B. samajjhagunti. [5] B. suddham || suddhimaggâ. [6] S¹-² paccajjhabhâsi. [7] So B. and C.; SS. amaraṃ. [8] S¹-³ sabbaṃnatthâ˘. [9] B. phiyârittam; C. thiyârittam. [10] So C.; SS. vammani (or °ti); C. dhammani. [11] B. antaram adhâyîti.

bhisambuddho || || Tena kho pana samayena Bhagavâ ratt-andhakâra-timisâyam[1] ajjhokâse[2] nisinno hoti || devo ca ekaṃ ekam phusâyati[3] || ||

2. Atha kho Mâro pâpimâ Bhagavato bhayaṃ chambhitattaṃ lomahaṃsam uppâdetu-kâmo mahantaṃ hatthirâja-vaṇṇam abhinimminitvâ yena Bhagavâ ten-upasaṅkami || ||

3. Seyyaṭhâpi nâma mahâ ariṭṭhako[4] maṇi evam assa sîsaṃ hoti || seyyathâpi nâma suddhaṃ rûpiyam evam assa dantâ honti || seyyathâpi nâma mahatî naṅgalasîsâ[5] evam assa soṇḍo hoti || ||

4. Atha kho Bhagavâ Mâro ayam pâpimâ iti viditvâ Mâram pâpimantam gâthâya ajjhabhâsi || ||

Saṃsâraṃ dîgham addhânam || vaṇṇaṃ katvâ subhâsubham ||
alan-te tena pâpima || nihato tvam asi antakâ ti || ||

5. Atha kho Mâro pâpimâ jânâti maṃ Bhagavâ jânâti maṃ Sugato ti dukkhî dummano tatth-ev-antaradhâyîti[6] || ||

§ 3. *Subham.*

1. Uruvelâyaṃ viharati[7] || ||

2. Tena kho pana samayena Bhagavâ ratt-andhakâra-timisâyaṃ ajjhokâse nisinno hoti devo ca ekam ekaṃ phusâyati || ||

3. Atha kho Mâro pâpimâ Bhagavato bhayaṃ chambhitattaṃ loma-haṃsam uppâdetu-kâmo yena Bhagavâ ten-upasaṅkami ||

4. Upasaṅkamitvâ Bhagavato avidûre uccâvacâ vaṇṇanibhâ upadaṃseti subhâ c-eva asubhâ ca || ||

5. Atha kho Bhagavâ Mâro ayam pâpimâ iti viditvâ Mâraṃ pâpimantam gâthâhi ajjhabhâsi || ||

Saṃsâram dîgham addhânaṃ || vaṇṇaṃ katvâ subhâsubhaṃ ||
alan-te tena pâpima || nihato tvam asi antaka || ||
Ye ca kâyena vâcâya || manasâ ca[8] susaṃvutâ ||
na te Mâra vasânugâ || na te Mârassa paccagû ti[9] || ||

6. Atha kho Mâro || la || tatth-ev-antaradhâyîti || ||

---

[1] B. and C. °timisâya. [2] So SS. and C.; B. abbhokâse always. [3] S^{1-2} phusâyâti. [4] SS. mahâriṭṭhako. [5] S^{1-3} naṅgalîsâ; S^2 naṅgâlîsâ. [6] This paragraph is omitted by SS. in this and all the following Suttas but the last. [7] So SS.; B. gives the full text. [8] SS. manasâya. [9] S^2 pañcaccagûti; B. baddhabhûti; C. paṭṭhagûti.

§ 4. *Pâsa* (1).

1. Evam me sutam ekaṃ samayaṃ Bhagavâ Bârâṇasiyaṃ viharati Isipatane migadâye || || Tatra kho Bhagavâ bhikkhû âmantesi || || Bhikkhavo-ti || || Bhadante ti te bhikkhû Bhagavato paccassosuṃ || ||

2. Bhagavâ etad avoca || || Mayhaṃ kho bhikkhave yoniso manasikârâ yoniso sammappadhânâ [1] anuttarâ vimutti anuppattâ anuttarâ vimutti [2] sacchikatâ || Tumhe pi bhikkhave yoniso manasikârâ yoniso sammappadhânâ anuttaraṃ vimuttim anupâpuṇâtha [3] anuttaraṃ vimuttiṃ sacchikarothâ ti || ||

3. Atha kho Mâro pâpimâ yena Bhagavâ ten-upasaṅkami || upasaṅkamitvâ Bhagavantaṃ gâthâya ajjhabhâsi || ||

Baddho [4]-si mâra-pâsena || ye dibbâ ye ca mânusâ ||
mâra-bandhana-baddhosi || na me samaṇa mokkhasîti || ||

4. Mutto-ham [5] mâra-pâsena || ye dibbâ ye ca mânusâ ||
mârabandhana-mutto mhi || nihato tvam asi antakâti || ||

5. Atha kho Mâro pâpimâ || la || tatth-ev-antaradhâyîti || || [6]

§ 5. *Pâsa* (5).

1. Ekaṃ samayaṃ Bhagavâ Bârâṇasiyaṃ viharati Isipatane migadâye || Tatra kho Bhagavâ bhikkhû amantesi || || Bhikkhavo ti || || Bhadante [7] ti te bhikkhû Bhagavato paccassosuṃ || ||

2.[8] Bhagavâ etad avoca || || Mutto-ham [9] bhikkhave sabbapâsehi ye dibbâ ye ca mânusâ || Tumhe pi bhikkhave muttâ sabbapâsehi ye dibbâ ye ca mânusâ [10] caratha bhikkhave cârikaṃ bahujana-hitâya bahujana-sukhâya lokânukampakâya atthâya hitâya sukhâya devamanussânaṃ || || Mâ ekena dve agamettha [11] || desetha bhikkhave dhammam âdikalyâṇam majjhe kalyâṇaṃ pariyosâṇa-kalyâṇam || sâttham savyanjanaṃ kevala-paripuṇṇaṃ parisuddhaṃ brahmacariyaṃ pakâsetha || || Santi sattâ apparajakkha-jâtikâ || assavanatâ [12]

---

[1] B. samappadhânâ. [2] SS. omit anu° vi°. [3] B. pâpunâtha. [4] B. bandho si always. [5] B. and S^2 muttâhaṃ. [6] § 3 = Mahâvagga I. 11. 2. [7] B. Bhaddante. [8] §§ 2, 3, 4 = Mahâvagga I. 11. [9] B. S^{2-3} Muttâhaṃ. [10] Here S^2 intercalates: [mârabandhana mutta] ettha, and S^1 [mâra bandhanamuttomhi ti hato tvaṃ] ettha. [11] B. agamattha (Vinaya, agamittha). [12] So B. and C.; SS. assavantâ; Childers: assavanato (word parihâyati).

dhammassa parihâyanti || bhavissanti dhammassa aññâtâro || || Aham pi bhikkhave yena Uruvelâ Senânigamo[1] ten-upasaṅkamissâmi dhamma-desanâyâ ti || ||

3. Atha kho Mâro pâpimâ yena Bhagavâ ten-upasaṅkami || upasaṅkamitvâ Bhagavantaṃ gâthâya ajjhabhâsi || ||

Baddho-si sabba-pâsehi || ye dibbâ ye ca mânusâ ||
mahâ-bandhana[2]-baddho si || na me samaṇa mokkhasîti || ||

4. Mutto-haṃ[3] sabbapâsehi || ye dibbâ ye ca mânusâ ||
mahâ-bandhana-mutto mhi || nihato tvam asi antakâ ti[4] || ||

§ 6. *Sappo.*

1. Evam me sutam ekaṃ samayaṃ Bhagavâ Râjagahe viharati Veḷuvane kalandaka-nivâpe || ||

2. Tena kho pana samayena Bhagavâ rattandhakâra-timisâyam ajjhokâse nisinno hoti devo ca ekam ekam phusâyati || ||

3. Atha kho Mâro pâpimâ Bhagavato bhayaṃ chambhitattaṃ loma-haṃsam uppâdetu-kâmo mahantaṃ sappa-râjavaṇṇam abhinimminitvâ yena Bhagavâ ten-upasaṅkami || ||

4. Seyyathâpi nâma mahatî eka-rukkhikâ nâvâ evam assa kâyo hoti || || Seyyathâpi nâma soṇḍikâ kilañjâ[5] evam assa phaṇo hoti || Seyyathâpi nâma kosâlikâ[6] kaṃsapâtî[7] evam assa akkhîni bhavanti || Seyyathâpi nâma deve gaḷagaḷâyante[8] vijjullatâ[9] niccharanti evam assa mukhato jihvâ niccharati || Seyyathâpi nâma kammâra-gaggariyâ dhamamânâya saddo hoti evam assa assâsa-passâsânaṃ[10] saddo hoti || ||

5. Atha kho Bhagavâ Mâro ayam pâpimâ iti viditvâ Mâram pâpimantam gâthâhi ajjhabhâsi || ||

Yo suñña-gehâni[11] sevati ||
seyyo so[12] muni atta-saññato ||
vossajja careyya tattha so ||
paṭirûpaṃ hi tathâvidhassa taṃ || ||
Carakâ bahu[13]-bheravâ bahû ||
atho ḍaṃsâ[14] siriṃsapâ[15] bahû ||

---

[1] B. Sena. In the Vinaya: yena Uruvelâ yena senâ° (Comp. Rh. D. and O's note, "Vinaya Texts," I. 113). [2] S^{2} mârabandhana°. [3] B. muttâhaṃ. [4] All this text is to be found in the Mahâvaggo of the Vinaya at the end of the Mârakathâ (11th Chapter). [5] B. C. kilañjam; $S^{1\text{-}2}$ kilañja; S^{3} kilajâ. [6] B. kosalakâ; C. kosala°. [7] B. S^{2} °pâti. [8] S^{2} gaḷagaḷânte. [9] B. vijjulatâ; S^{2} vijjulla. [10] S^{1} °passâsânaṃ; $S^{1\text{-}3}$ °passâsaṃna; S^{2} °passasampâbahulo macaji (or pi) na tattha na°. [11] B. °gahâni. [12] B. S^{1} seyyâso. [13] S^{1} bahû. [14] SS. daṃsa. [15] B. sarisapâ.

lomam pi na tattha iñjaye ||
suññâgâra-gato mahâ muni || ||
Nabhaṃ phaleyya pathaviṃ caleyya[1] ||
sabbe pi[2] pâṇâ uda santaseyyuṃ ||
sallam pi ce[3] urasi pakampayeyyuṃ[4] ||
upadhîsu[5] tânaṃ[6] na karonti buddhâ ti || ||

6. Atha kho Mâro pâpimâ jânâti maṃ Bhagavâ jânâti maṃ Sugato ti tatth-ev-antaradhâyîti || ||

§ 7. *Suppati.*

1. Ekaṃ samayam Bhagavâ Râjagahe viharati Veḷuvane kalandaka-nivâpe || ||

2. Atha kho Bhagavâ bahud eva rattiṃ ajjhokâse caṅkamitvâ rattiyâ paccusa-samayam pâde[7] pakkhâletvâ vihâram pavisitvâ[8] dakkhiṇena passena sîha-seyyaṃ kappesi pâde pâdam accâdhâya sato sampajâno uṭṭhâna-saññaṃ manasi karitvâ || ||

3. Atha kho Mâro pâpimâ yena Bhagavâ ten-upasaṅkami || upasaṅkamitvâ Bhagavantaṃ gâthâya ajjhabhâsi || ||

Kiṃ soppasi kiṃ nu suppasi[9] ||
kim idaṃ soppasi[10] dubbhayo[11] viya ||
suññam agâran-ti[12] soppasi ||
kim idaṃ soppasi sûriy-uggate[13] ti || ||

4. Yassa jâlinî visattikâ ||
taṇhâ n-atthi kuhiñci netave ||
sabbûpadhînaṃ parikkhayâ budho[14] ||
soppati kin-tav-ettha Mârâ ti || ||

§ 8. *Nandanam.*

1. Evam me sutam ekaṃ samayaṃ Bhagavâ Savâtthiyaṃ viharati Jetavane Anâthapiṇḍikassa ârâme || ||

2. Atha kho Mâro papimâ yena Bhagavâ ten-upasaṅkami || upasaṅkamitvâ Bhagavato santike imam gâtham abhâsi || ||

Nandati puttehi puttimâ ||
gomiko gohi[15] tath-eva nandati ||

---

[1] S²-³ jaleyya. [2] S. sabbeva. [3] S²-³ omit ce; C. ve. [4] So SS.; B. kappareyya; C. urasikampasseyyuṃ. [5] S¹ udadhîsu; S² udaṃdîsu. [6] S³ tâṇaṃ. [7] S²-³ omit pâde. [8] B. pavîsitvâ. [9] B. soppasi. [10] B. suppatam (=soppanam?). [11] SS. dubbhato. [12] SS. suññâgaranti. [13] SS. sûriye-ug°. [14] SS. buddho. [15] B. Gomâ gobhi here and further on.

upadhîhi narassa nandaṇo ||
na hi so nandati yo nirupadhîti || ||
3. Socati puttehi puttimâ ||
gomiko gohi tath-eva socati ||
upadhîhi narassa socanâ ||
na hi so socati nirupadhîti [1] || ||

4. Atha kho Mâro pâpimâ jânâti maṃ Bhagavâ jânâti maṃ Sugato ti tatth-ev-antaradhayatîti || ||

§ 9. *Âyu* (1).

1. Evam me sutaṃ ekaṃ samayam Bhagavâ Râjagahe viharati Veḷuvane kalandaka-nivâpe ||

2. Tatra Bhagavâ bhikkhû âmantesi || || Bhikkhavo ti || || Bhadante ti te bhikkhû Bhagavato paccassosuṃ || ||

3. Bhagavâ etad avoca || || Appam idam bhikkhave manussânam âyu || gamanîyo samparâyo || kattabbaṃ kusalaṃ caritabbaṃ brahmacariyaṃ || natthi jâtassa amaraṇaṃ || yo bhikkhave ciraṃ jîvati so vassasatam appam vâ bhîyo ti || ||

4. Atha kho Mâro pâpimâ yena Bhagavâ ten-upsaṅkami || upasaṅkamitvâ Bhagavantaṃ gâthâya ajjhabhâsi || ||

Dîgham âyu manussânaṃ || na naṃ hîḷe [2] suporiso ||
careyya khîramatto va || natthi maccussa âgamo-ti || ||
5. Appam âyu manussânaṃ || hîḷeyya [3] naṃ suporiso ||
careyyâdittasîso [4] va || natthi maccussa nâgamo ti || ||
6. Atha kho Mâro pâpimâ || la || tatth-ev-antaradhâyîti || ||

§ 10. *Âyu* (2).

1. Râjagahe || ||

Tatra kho Bhagavâ etad avoca || appam idaṃ bhikkhave manussânam âyu || gamanîyo samparâyo || || kattabbaṃ kusalaṃ caritabbaṃ brahmacariyaṃ || natthi jâtassa amaraṇam || yo bhikkhave ciraṃ jîvati so vassasatam appaṃ vâ bhîyo ti || ||

2. Atha kho Mâro pâpimâ yena Bhagavâ ten-upasaṅkami || upasaṅkamitvâ Bhagavantaṃ gâthâya ajjhabhâsi || ||

---

[1] These gâthâs are the repetition of Devatâ-S. II. 1. § 4. is in B. only. [2] B. C. hile. [3] B. hileyya; SS. hileyyâ. [4] B careyya; S[3] °siso; S[1] °âdikâtasiso.

Nâccayanti ahorattâ || jîvitaṃ n-uparujjhati[1] ||
âyu[2] anupariyâti[3] maccânaṃ || nemi va ratha-kubbaran-ti ||

3. Accayanti ahorattâ || jîvitam uparujjhati ||
âyu khîyati maccânam || kunnadînam va odakan-ti || ||

4. Atha kho Mâro pâpimâ jânâti maṃ Bhagavâ jânâti maṃ Sugato ti dukkhî dummano tath-ev-antaradhâyî ti || ||

Pathamo vaggo ||

Tass-uddânam || ||

Tapo-kammañ ca Nâgo ca || Subhaṃ Pâsena te duve ||
Sappo Suppati Nandanaṃ || Âyunâ apare duve-ti || ||

CHAPTER II. DUTIYO-VAGGO.

§ 1. *Pâsâno.*

1. Ekaṃ samayam Bhagavâ Râjagahe viharati Gijjhakûṭapabbate || ||

2. Tena kho pana samayena Bhagavâ rattandhakâratimisâyam ajjhokâse nisinno hoti devo ca ekam ekam phusâyati || ||

3. Atha kho Mâro pâpimâ Bhagavato bhayaṃ chambhitattaṃ lomahaṃsam uppâdetu-kâmo yena Bhagavâ tenupasaṅkami || Upasaṅkamitvâ Bhagavato avidûre mahante mahante[4] pâsâṇe padâlesi[5] || ||

4. Atha kho Bhagavâ Mâro ayam pâpimâ iti viditvâ Mâram pâpimantaṃ gâthâya ajjhabhâsi || ||

Sa ce pi[6] kevalaṃ sabbam || Gijjhakûṭam calessasi[7] ||
n-eva sammâvimuttânaṃ || buddhânam atthi iñjitan-ti[8] || ||

5. Atha kho Mâro pâpimâ jânâti maṃ Bhagavâ jâuâti maṃ Sugato ti dukkhî dummano tatth-ev-antaradhâyîti || ||

§ 2. *Sîho.*

1. Ekaṃ samayam Bhagavâ Sâvatthiyaṃ viharati Jetavane Anâthapiṇḍikassa ârâme || Tena kho pana samayena Bhagavâ mahatiyâ parisâya parivuto dhammaṃ deseti || ||

---

[1] S^{1-3} noparujjhati. [2] C. S^{3} âyum; S^{1-2} âyuñ ca. [3] So C.; B. anupuriyati; S^{1} anupariyeti; S^{2-3} pariyeti. [4] B. does not repeat mahante. [5] S^{1-2} pavaḍḍesi (or pavaddhesi); S^{3} pavaṭṭesi; C. pataḷesi. [6] SS. sacemaṃ. [7] B. caleyyasi. [8] B. iñjanan-ti.

2. Atha kho Mârassa pâpimato etad ahosi || || Ayaṃ kho samaṇo Gotaṃo mahatiyâ parisayâ parivuto dhammaṃ deseti || Yaṃ nûnâhaṃ yena samaṇo Gotamo ten-upasaṅkameyyaṃ vicakkhukammâyâ ti || ||

3. Atha kho Mâro pâpimâ yena Bhagavâ ten-upasaṅkami || upasaṅkamitvâ Bhagavantam gâthâya ajjhabhâsi || ||

Kiṃ nu sîho va nadasi || parisâyam [1] visârado ||
paṭimallo [2] hi te atthi || vijitâvî nu maññasîti || ||

4. Nandanti ve mahâvîrâ || parisâsu visâradâ ||
Tathâgatâ balappattâ || tiṇṇâ loke visattikan-ti || ||

5. Atha kho Mâro pâpimâ || jânâti mam Bhagavâ jânâti maṃ Sugato ti || dukkhî dummano tath-ev-antaradhâyîti || ||

§ 3. *Sakalikaṃ.*

1. Evaṃ me sutam ekaṃ samayaṃ Bhagavâ Râjagahe viharati Maddakucchimhi [3] migadâye || ||

2. Tena kho pana [4] samayena Bhagavato pâdo sakalikâya khato [5] hoti || bhusâ sudam Bhagavato vedanâ vattanti sârîrikâ dukkhâ tibbâ kharâ kaṭukâ asâtâ amanâpâ || tâsudam Bhagavâ sato sampajâno adhivâseti avihaññamâno [6] || ||

3. Atha kho Mâro pâpimâ yena Bhagavâ ten-upasaṅkami || upasaṅkamitvâ Bhagavantam gâthâya ajjhabhâsi || ||

Mandiyâ nu [7] sesi udâhu kâveyya-matto ||
atthâ nu [8] te sampacurâ na santi ||
eko vivitte sayanâsanamhi [9] ||
niddâmukho [10] kim idaṃ soppasevâ ti || ||

4. Na mandiyâ sayâmi nâpi kâveyya-matto ||
atthaṃ sameccâham apetasoko ||
eko vivitte [11] sayanâsanamhi ||
sayâm-ahaṃ sabbabhûtânukampî || ||
Yesaṃ [12] pi sallam urasi paviṭṭhaṃ ||
muhuṃ muhuṃ hadayaṃ vedhamânaṃ [13] ||
te câpi [14] soppaṃ labhare sasallâ ||

---

[1] S² parisâyaṃ [2] B. patimallo. [3] SS. °kucchismiṃ. [4] B omits kho pana. [5] B. sakkhalikâya hato. [6] See Devatâ-S. IV. 4. [7] SS. kho. [8] S¹ atthanaṃ; S² atthâna; S³ atthânaṃ; but ṃ seems to be erased. [9] S¹ eko ca vivitto°; S³ eko va seti (two erased letters) nâsanamhi; S² eko ma (or va) . . . sanamhi (with an empty space as usual). [10] SS. niddâsikho. [11] SS. vivitto. [12] S¹·³ sesam. [13] B. hadaya°; SS. °secamânaṃ. [14] SS. te pidha (S¹ pî°).

kasmâ [1] ahaṃ na supe [2] vîtasallo || ||
Jaggaṃ na saṅke [3] na pi bhemi [4] sottuṃ ||
rattindivâ nânutapanti [5] mâmaṃ ||
hâniṃ na passâmi kuhiñci loke ||
tasmâ supe sabbabhûtânukampîti || ||

5. Atha kho Mâro pâpimâ || jânâti mam Bhagavâ jânâti maṃ Sugato ti || dukkhî dummano tatth-ev-antaradhâyîti || ||

§ 4. *Patirûpam.*

1. Ekaṃ samayaṃ Bhagavâ Kosalesu viharati Ekasâlâyaṃ [6] brâhmaṇagâme || || Tena kho pana samayena Bhagavâ mahatiyâ gihiparisâya [7] parivuto dhammaṃ deseti [8] || ||

2. Atha kho Mârassa pâpimato etad ahosi || || Ayaṃ kho samaṇo Gotamo mahatiyâ gihiparisâya parivuto dhammaṃ deseti || Yam nûnâhaṃ yena samaṇo Gotamo ten-upasaṅkameyyaṃ vicakkhukammâyâ ti || ||

3. Atha kho Mâro pâpimâ yena Bhagavâ ten-upasaṅkami || upasaṅkamitvâ Bhagavantaṃ gâthâya ajjhabhâsi || ||

N-etaṃ tava patirûpam || yad aññam anusâsasi [9] ||
anurodha-virodhesu || mâ sajjittho [10] tad âcaran-ti || ||

4. Hitânukampî sambuddho || yad aññam anusâsati ||
anurodha-virodhehi || vippamutto Tathâgato ti || ||

5. Atha kho Mâro pâpimâ || pe || tatth-ev-antaradhâyîti || ||

§ 5. *Mânasaṃ.*

1. Evam me sutam ekaṃ samayam Bhagavâ viharati Jetavane Anâthapiṇḍikassa ârâme || ||

2. Atha kho Mâro pâpimâ yena Bhagavâ ten-upasaṅkami || upasaṅkamitvâ Bhagavantaṃ gâthâya ajjhabhâsi || ||

Antalikkhacaro pâso [11] || yo-yam [12] carati mânaso [13] ||
tena taṃ bâdhayissâmi || na me samaṇa mokkhasîti || ||

3. Rûpâ saddâ rasâ gandhâ [14] || poṭṭhabbâ ca manoramâ ||
ettha me vigato chando || nihato tvam asi antakâ ti || ||

4. Atha kho Mâro pâpimâ || pe || tatth-ev-antaradhâyîti || ||

---

[1] B. tasmâ. [2] S^3 sûpe; B. suse. [3] C. saṅkemi (=saṅkâmi). [4] SS. vihemi; C. reads bhemi (=bhâyâmi). [5] So B. and C.; SS. nânupatanti. [6] SS. sâlâyam (without eka). [7] B. gîhi° here and further on. [8] B. desesi. [9] B. S^3 anusâsati. [10] C. sajjittha. [11] S^1 poso. [12] B. yvâyaṃ. [13] SS, mânuso. [14] B. gandhâ rasâ.

§ 6. *Pattaṃ*

1. Sâvatthiyaṃ viharati || || Tena kho pana samayena Bhagavâ pañcannam upâdânakkhandhânam upâdâya bhikkhû[1] dhammiyâ kathâya sandasseti samâdapeti samuttejeti sampahaṃseti || te ca bhikkhû aṭṭhi-katvâ[2] manasi katvâ sabba-cetaso[3] samannâharitvâ ohitasotâ dhammaṃ suṇanti || ||

2. Atha kho Mârassa pâpimato etad ahosi || || Ayaṃ kho samaṇo Gotamo pañcannam upâdânakkhandhânam upâdâya bhikkhû dhammiyâ kathâya sandasseti samâdapeti samuttejeti sampahaṃseti || te ca bhikkhû aṭṭhi-katvâ manasi katvâ sabba-cetaso samannâharitvâ ohita-sotâ dhammaṃ suṇanti || Yaṃ nunâhaṃ yena samaṇo Gotamo ten-upasaṅkameyyaṃ vicakkhukammâyâ ti || ||

3. Tena kho pana samayena sambahulâ pattâ ajjhokâse nikkhittâ honti || ||

4. Atha kho Mâro pâpimâ balivaddavaṇṇaṃ[4] abhinimminitvâ yena te pattâ ten-upasaṅkami || ||

5. Atha kho aññataro bhikkhu[5] aññataram bhikkhum etad avoca || || Bhikkhu bhikkhu[6] eso[7] balivaddo patte bhindeyyâti || ||

6. Evaṃ vutte Bhagavâ tam bhikkhum etad avoca || Na so bhikkhu balivaddo || Mâro eso pâpimâ tumhâkaṃ vicakkhukammâyâgato[8] ti || ||

7. Atha kho Bhagavâ Mâro ayam pâpimâ iti viditvâ Mâram pâpimantam gâthâya ajjhabhâsi || ||

Rûpaṃ vedayitaṃ[9] saññaṃ || viññâṇaṃ yañca saṅkhataṃ ||
n-eso ham asmi n-etam me || evaṃ tattha virajjati || ||
evam virattaṃ khemattaṃ || sabbasaṃyojanâtigaṃ ||
anvesaṃ sabbaṭṭhânesu || Mâra-senâ pi nâjjhagâ ti[10] || ||

8. Pa || tatth-ev-antaradhâyîti[11] || ||

§ 7. *Âyatana.*

1. Ekam samayam Bhagavâ Vesâliyaṃ viharati Mahâvane kûṭâgâra-sâlâyaṃ || ||

---

[1] B. bhikkhûnaṃ. [2] B. aṭṭhim° always. [3] B. sabbaṃ cetasâ always. [4] B. balibaddha° here and further on. [5] S¹-² omit aññataro bhikkhu. [6] S¹-² omit bhikkhu bhikkhu. [7] SS. esa. [8] °kammâya âgato. [9] S¹ vedayatîtaṃ; S²-³ vedayatitaṃ (with erasure of da in S², of taṃ in S³). [10] B. nâjjhâgâti. [11] pa° . . . °ti is in B. only.

2. Tena kho pana samayena Bhagavâ channam phassâyatanânaṃ[1] upâdâya bhikkhû[2] dhammiyâ kathâya sandasseti samâdapeti[3] samuttejeti[4] sampahaṃseti[5] || te ca bhikkhû aṭṭhi-katvâ[6] manasi katvâ sabba-cetaso[6] samannâharitvâ ohitasotâ dhammaṃ suṇanti || ||

3. Atha kho Mârassa pâpimato etad ahosi || || Ayaṃ kho samaṇo Gotamo channam phassâyatanânam upâdâya bhikkhû dhammiyâ kathâya sandasseti samâdapeti samuttejeti sampahaṃseti || Te ca bhikkhû aṭṭhikatvâ manasi katvâ sabbacetaso sammannâharitvâ ohitasotâ dhammam suṇanti || Yaṃ nûnâhaṃ yena samaṇo Gotamo ten-upasaṅkameyyaṃ vicakkhukammâyâti || ||

4. Atha kho Mâro pâpimâ yena Bhagavâ ten-upasaṅkami || upasaṅkamitvâ Bhagavato avidûre mahantam bhaya-bheravasaddam akâsi || api-sudam[7] pathavî maññe udrîyati[8] || ||

5. Atha kho aññataro bhikkhu aññataram bhikkhum etad avoca || || Bhikkhu bhikkhu[9] esâ pathavî maññe udrîyatî ti[10] || ||

6. Evaṃ vutte Bhagavâ tam bhikkhum etad avoca || || N-esâ bhikkhu pathavî udrîyati[11] || Mâro eso pâpimâ tumhâkaṃ vicakkhukammâya âgato ti || ||

7. Atha kho Bhagavâ Mâro ayam pâpimâ iti viditvâ Mâram pâpimantaṃ gâthâya ajjhabhâsi || ||

Rûpâ saddâ rasâ gandhâ || phassâ dhammâ ca kevalâ ||
etam lokâmisaṃ ghoraṃ || ettha loko dhimucchito[12] || ||
etañ ca samatikkamma || sato buddhassa sâvako ||
mâradheyyam atikkamma || âdicco va[13] virocatîti || ||

8. Atha kho Mâro pâpimâ || pa || tatth-ev-antaradhâyî ti || ||

§ 8. *Piṇḍaṃ.*

1. Ekaṃ samayam Bhagavâ Magadhesu viharati Pañcasâlâyam brâhmaṇagâme || ||

---

[1] S[2] passâya°. [2] B. bhikkhûnaṃ here and further on. [3] SS. °dassesi °dapesi. [4] S[3] °tejesi. [5] In S[3] °haṃsesi has been corrected into °haṃseti. [6] See the preceding sutta. [7] SS. apissutaṃ. [8] B. undrîyati always; SS. and C. udriyatîti. [9] S[3] does not repeat bhikkhu. [10] SS. udrîya°. [11] SS. udrîyatîti. [12] SS. lokâdhimucchito; C. loko vimucchito. [13] B. omits va.

2. Tena kho pana samayena Pañcasâlâyaṃ brahmaṇagâme kumârakânaṃ[1] pâhunakâni[2] bhavanti || ||

3. Atha kho Bhagavâ pubbaṇhasamayaṃ nivâsetvâ patta-cîvaraṃ âdâya Pañcasâlam[3] brâhmaṇa-gâmaṃ piṇḍâya pâvisi[4] || ||

4. Tena kho pana samayena Pañcasâleyyakâ brâhmana-gahapatikâ Mârena pâpimatâ anvâviṭṭhâ[5] bhavanti || || Mâ[6] samaṇo Gotamo piṇḍam alatthâ[7] ti || ||

5. Atha kho Bhagavâ yathâ dhotena pattena Pañcasâlaṃ[8] brâhmaṇagâmam piṇḍâya pâvisi || tathâ dhotena pattena paṭikkami || ||

6. Atha kho Mâro pâpimâ yena Bhagavâ ten-upasaṅkami || upasaṅkamitvâ Bhagavantam etad avoca || || Api[9] samaṇa piṇḍam alatthâ ti || ||

7. Tathâ nu tvaṃ pâpima[10] akâsi yathâhaṃ piṇḍaṃ na[11] labheyyan-ti ||

8. Tena hi bhante Bhagavâ dutiyam pi Pañcasâlaṃ brâhmaṇagâmam pavisatu[12] || tathâhaṃ karissâmi yathâ Bhagavâ piṇḍam lacchatî ti[13] || ||

Apuññam pasavi[14] Mâro || âsajjanaṃ[15] Tathâgatam ||
kiṃ nu maññasi pâpima || na me pâpaṃ vipaccati[16] || ||
susukham vata jîvâma || yesaṃ no[17] n-atthi kiñcanaṃ ||
pîtibhakkhâ bhavissâma || devâ Âbhassarâ[18] yathâ ti[19] || ||

9. Atha kho Mâro pâpimâ || pe || tatth-ev-antaradhâyîti || ||

§ 9. *Kassakam.*

1. Sâvatthi nidânam || || Tena kho pana samayena Bhagavâ bhikkhû[20] nibbâna-paṭisamyuttâya dhammiyâ kathâya sandasseti samâdapeti samuttejeti sampahaṃseti || || Te ca bhikkhu aṭṭhi-katvâ manasi katvâ sabbacetaso[21] samannâharitvâ ohitasotâ dhammaṃ suṇanti || ||

---

[1] B. kumârikânam. [2] So B. and C.; SS. pâhunakânaṃ. [3] S[1-3] °sâlâyam. [4] B. pâvisi here and further on. [5] C. anvaviddhâ. [6] SS. omit mâ. [7] So C.; SS. âlatthâ; B. alatta (â being erased). [8] SS. °sâla°. [9] B. adds te. [10] S[1-2] Tathâ no tuvam pâpimaṃ; S[3] Tathâ no tvaṃ pâpima. [11] SS. omit na. [12] B. pavîsatu; S[1-2] pavisitu. [13] S[1-2] lacchâsîti. [14] SS. pasavî. [15] S[2] âsajjana°; S[1] asajjana. [16] SS. na me te pâpaṃ vipaccatîti. [17] SS. yesanno; B. yesaṃnno. [18] In S[3] the place of °devâ âbhas° is empty. [19] This second gâthâ is the 200th of the Dhammapada; for the whole text, see same book, p. 352-3. [20] B. bhikkhû-nam. [21] See the preceding suttas.

2. Atha kho Mârassa pâpimato etad ahosi || Ayaṃ kho samaṇo Gotamo bhikkhû nibbâna-paṭisaṃyuttâya dhammiyâ kathâya || pa || Yaṃ nûnâhaṃ yena samaṇo Gotamo ten-upasaṅkameyyam vicakkhukammâyâ ti || ||

3. Atha kho Mâro pâpimâ kassaka-vaṇṇam abhinimminitvâ mahantam naṅgalaṃ khandhe karitvâ dîgham[1] pâcanayaṭṭhiṃ[2] gahetvâ haṭa-haṭa-keso sâṇasâṭî-nivattho[3] kaddama-makkhitehi pâdehi yena Bhagavâ ten-upasaṅkami || upasaṅkamitvâ Bhagavantam etad avoca || ||

4. Api samaṇa balivadde[4] addasâ ti || ||

5. Kim pana pâpima te balivaddehî ti || ||

6. Mam-eva samaṇa[5] cakkhu mama rupâ mama cakkhu-samphassa[6]-viññânâyatanam || kuhim me samaṇa[7] gantvâ mokkhâsi || ||

Mam-eva samaṇa saddâ sotam mama saddâ || pa ||

Mam-eva samaṇa ghânaṃ mama gandhâ || ||

Mam-eva samaṇa jihvâ mama rasâ || ||

Mam-eva samaṇa kâyo mama potthabo || ||

Mam-eva samaṇa mano mama dhammâ mama mano-samphassa[8]-viññâṇâyatanaṃ || kuhim me[9] samaṇa gantvâ mokkhasî ti || ||

7. Tav-eva[10] pâpima cakkhu[11] tava rûpâ tava cakkhu-samphassa[12]-viññâṇâyatanaṃ || yattha ca[13] kho pâpima natthi cakkhu natthi rûpâ natthi cakkhu sampassa-viññâṇâyatanaṃ agati tava tattha pâpima || ||

8. Tav-eva[14] pâpima sotaṃ tava saddâ tava sota-samphassa[15]-viññâṇâyatanaṃ || yattha ca kho pâpima natthi sotaṃ natthi saddâ natthi sota-samphassa-viññâṇâyatanam agati tava tattha pâpima || ||

9. Tav-eva[16] pâpima ghâṇam tava gandhâ tava ghâṇa sampassa-viññâṇâyatanaṃ || yattha[17] ca kho pâpima natthi ghâṇam natthi gandhâ natthi ghâṇa-samphassa-viññâṇâyâtanam agati tava tattha pâpima || ||

---

[1] B. S[3] dîgha. [2] SS. °laṭṭhiṃ. [3] SS. saṇa°; B. °sâṭi. [4] B. balibaddhe. [5] SS. saraṇaṃ. [6] SS. °samphassaṃ. [7] SS. saraṇaṃ. [8] SS. samphassâ°. [9] SS. omit me. [10] S[3] tam eva. [11] SS. cakkhuṃ. [12] S[2-3] °samphassâ°; B. °samphassa. [13] B. omits ca; in S[3] it seems to be erased. [14] SS. Tañceva [15] S[2] samphassâ°. [16] S[2] tava va (or ca ?). [17] S[3] attha.

10. Tav-eva pâpima jihvâ tava rasâ tava jihvâ-samphassa-viññâṇâyatanaṃ || pa || Tav-eva [1] pâpima kâyo tava phoṭṭhabbâ tava kâya-samphassa-viññâṇâyatanaṃ || pa ||

11. Tav-eva pâpima mano tava dhammâ tava manosamphassa-viññâṇâyatanaṃ || yattha ca kho pâpima natthi mano natthi dhammâ natthi mano-samphassa-viññâṇâyâtanaṃ agati tava tattha papimâ ti || ||

12. Yaṃ vadanti mama yidan-ti || ye vadanti maman-ti ca ||
ettha ce te[2] mano atthi || na me samaṇa mokkhasîti || ||

13. Yaṃ vadanti na tam mayhaṃ || ye vadanti na te ahaṃ ||
evam pâpima jânâhi || na me maggam pi dakkhasîti [3] || ||

14. Atha kho Mâro pâpimâ || pa || vantaradhâyîti || ||

§ 10. *Rajjaṃ*

1. Ekaṃ samayaṃ Bhagavâ Kosalesu viharati Himavantapadese [4] arañña-kuṭikâyaṃ || ||

2. Atha kho Bhagavato rahogatassa paṭisallînassa evaṃ cetaso parivitakko udapâdi || || sakkâ nu kho rajjaṃ kâretuṃ ahanaṃ aghâtayaṃ ajinaṃ ajâpayaṃ [5] asocaṃ [6] asocayaṃ [7] dhammenâ ti || ||

3. Atha kho Mâro pâpimâ [8] Bhagavato cetasâ ceto-parivitakkam aññâya yena Bhagavâ ten-upasaṅkami || upasaṅkamitvâ Bhagavantam etad avoca || || Kâretu bhante Bhagavâ rajjaṃ kâretu Sugato rajjaṃ ahanaṃ aghâtayaṃ ajinaṃ ajâpayaṃ [9] asocaṃ asocâpayaṃ [10] dhammenâ ti || ||

4. Kiṃ pana [11] tvaṃ pâpima passasi yam [12] maṃ tvam evaṃ vadesi || || kâretu bhante Bhagavâ rajjaṃ kâretu Sugato rajjaṃ || pe || dhammenâ ti || ||

5. Bhagavatâ [13] kho bhante cattâro iddhipâdâ bhâvitâ bahulîkatâ yânikatâ vatthukatâ anuṭṭhitâ paricitâ susamâraddhâ || âkaṅkhamâno ca pana [14] bhante Bhagavâ Himavantam pabbatarâjaṃ suvaṇṇaṃ tveva [15] adhimucceyya || suvaṇṇañca pabbatassâti [16] || ||

---

[1] S^{1-2} tath eva. [2] So B. and C.; SS. ceto. [3] These gâthâs will be found again, III. 4. [4] SS. passe. [5] S^2 ajâyayaṃ. [6] S^{1-2} asocayaṃ. [7] S^1; asocâpayaṃ; S^2 asocâmayaṃ. [8] S^{1-2} pâpimâ mâro. [9] S^{1-2} ajâmayaṃ. [10] S^{1-2} asocâmayaṃ. [11] B. adds me. [12] SS. kiṃ. [13] SS. Bhagavato. [14] B. omits pana. [15] SS. teva. [16] B. panassâti; SS. suvaṇṇapabbatassâti.

6. Pabbatassa suvaṇṇassa || jâtarûpassa kevalo ||
dvittâ va[1] nâlam ekassa || iti vidvâ[2] samañcare[3] || ||
yo dukkham addakkhi yato nidânaṃ ||
kâmesu so jantu kathaṃ nameyya ||
upadhiṃ viditvâ saṅgo[4] ti loke ||
tass-eva jantu vinayâya sikkhe ti[5] || ||

7. Atha kho Mâro pâpimâ jânâti maṃ Bhagavâ jânâti maṃ Sugato ti dukkhî dummano tatth-ev-antaradhâyîti || ||

Dutiyo vaggo || ||

Tass-uddânam || ||

Pâsâno Sîho Sakalikam || Patirûpañ ca Mânasaṃ ||
Pattaṃ Âyâtanaṃ Piṇḍaṃ || Kassakaṃ Rajjena te dasâ ti || ||

CHAPTER III. TATIYO-VAGGO (UPARI-PAÑCA).

§ 1. *Sambahulâ.*

1. Evam me sutam ekaṃ samayaṃ Bhagavâ Sakkesu viharati Silâvatiyaṃ || ||

2. Tena kho pana samayena sambahulâ bhikkhû Bhagavato avidûre appamattâ âtâpino pahitattâ viharanti || ||

3. Atha kho Mâro pâpimâ brâhmaṇa-vaṇṇaṃ abhinimminitvâ mahantena jaṭaṇḍuvena ajinakkhipa-nivattho jiṇṇo gopânasivaṅko ghurughuru-passâsî udumbara-daṇḍaṃ gahetvâ yena te bhikkhû ten-upâsaṅkami || || Upasaṅkamitvâ te bhikkhû etad avoca || || Daharâ bhavanto pabbajitâ susû kâlakesâ bhadrena yobbanena samannâgatâ pathamena vayasâ anikîḷitâvino kâmesu || || bhuñjantu bhonto mânusake kâme || mâ sandiṭṭhikaṃ hitvâ kâlikam anudhâvitthâ ti || ||

4. Na kho mayaṃ brâhmaṇa sandiṭṭhikam hitvâ kâlikam anudhâvâma || kâlikañ ca kho mayaṃ brâhmaṇa hitvâ sandiṭṭhikam anudhâvâma || || Kâlikâ hi brâhmaṇa vuttâ Bhagavatâ bahudukkhâ bahupâyâsâ âdînavo ettha bhîyo || sandiṭṭhiko ayaṃ dhammo akâliko ehipassiko opanayiko paccattaṃ veditabbo viññûhî ti[6] || ||

---

[1] So C. and B.; SS. vittavi. [2] B. vijjâ; S[3] viditvâ, corrected into vidvâ. [3] S[3] samâcare. [4] S[1-3] samvego. [5] This last gâthâ will be found again in the next sutta. [6] See above, Devatâ-S. II. 10.

5. Evaṃ vutte Mâro pâpimâ sîsam okampetvâ jihvaṃ nillâḷetvâ[1] tivisâkhaṃ nalâṭena nalâṭikaṃ vuṭṭhâpetvâ daṇḍam olubbha pakkâmi || ||

6. Atha kho te bhikkhû yena Bhagavâ ten-upasaṅkamiṃsu || upasaṅkamitvâ Bhagavantam abhivâdetvâ ekam antam nisîdiṃsu || || Ekam antam nisinnâ kho te bhikkhû Bhagavantam etad avocuṃ || ||

7. Idha mayaṃ bhante Bhagavato avidûre appamattâ âtâpino pahitattâ viharâma || Atha kho bhante aññataro brâhmaṇo mahantena jaṭaṇḍuvena ajinakkhipa-nivattho jiṇṇo gopânasivaṅko ghuru-ghuru-passâsî udumbaradaṇḍaṃ gahetvâ yena amhe ten-upasaṅkami || Upasaṅkamitvâ amhe etad avoca || || Daharâ bhavanto pabbajitâ susû kâlakesâ bhadrena yobbanena samannâgatâ paṭhamena vayasâ anikîḷitâvino kâmesu || || Bhuñjantu bhonto mânusake kâme || mâ sandiṭṭhikaṃ hitvâ kâlikam anudhâvitthâ ti || ||

8. Evaṃ vutte mayaṃ bhante taṃ brâhmaṇam etad avocumha || || Na kho mayaṃ brâhmaṇa sandiṭṭhikaṃ hitvâ kâlikam anudhâvâma || kâlikaṃ ca kho mayaṃ brâhmaṇa hitvâ sandiṭṭhikam anudhâvâma || kâlikâ hi brâhmaṇa kâmâ vuttâ Bhagavatâ bahudukkhâ bahupâyâsâ âdînavo ettha bhîyo || sandiṭṭhiko ayaṃ dhammo akâliko ehipassiko opanayiko paccattam veditabbo viññûhî ti ||

9. Evaṃ vutte bhante so brâhmaṇo sîsam okampetvâ jihvaṃ nillâḷetvâ[2] tivisâkhaṃ nalâṭena nalâṭikaṃ vuṭṭhâpetvâ daṇḍam olubbha pakkanto ti || ||

10. N-eso bhikkhave brâhmaṇo Mâro eso pâpimâ tumhâkaṃ vicakkhukammâya âgato ti || ||

11. Atha kho Bhagavâ etam atthaṃ viditvâ tâyaṃ velâyam imaṃ gâtham abhâsi || ||

Yo dukkham adakkhi yato nidânaṃ ||
kâmesu so jantu kathaṃ nameyya ||
upadhiṃ viditvâ saṅgo ti loke ||
tass-eva jantu vinayâya sikkhe-ti[3] || ||

---

[1] S[2] B. nillâletvâ; C. nilâḷetvâ. [2] S[2] B. nillâletvâ. [3] See the end of the preceding chapter.

§ 2. *Samiddhi.*

1. Ekaṃ samayam Bhagavâ Sakkesu viharati Silâvatiyaṃ || ||

2. Tena kho pana samayena âyasmâ Samiddhi[1] Bhagavato avidûre appamatto âtâpî pahitatto viharati || ||

3. Atha kho âyasmato Samiddhissa rahogatassa paṭisallînassa evaṃ cetaso parivitakko udapâdi || || Lâbhâ vata me suladdhaṃ[2] vata me yassa me satthâ arahaṃ sammâsambuddho || || Lâbhâ vata me suladdhaṃ vata me yo-haṃ evaṃ svâkkhâte dhammavinaye pabbajito || || Lâbhâ vata me suladdhaṃ vata me yassa me sabrahmacâriyo sîlavanto kalyâṇa-dhammo ti || ||

4. Atha kho Mâro pâpimâ âyasmato Samiddhissa cetaso cetoparivitakkam aññâya || yenâyasmâ Samiddhi ten-upasaṅkami || upasaṅkamitvâ âyasmato Samiddhissa avidûre mahantaṃ bhayabheravaṃ saddam akâsi || Apissudaṃ pathavî maññe[3] udrîyatîti || ||

5. Atha kho âyasmâ Samiddhi yena Bhagavâ ten-upasaṅkami || upasaṅkamitvâ Bhagavantam abhivâdetvâ ekam antaṃ nisîdi || ekam antaṃ nisinno kho âyasmâ Samiddhi Bhagavantam etad avoca || ||

6. Idhâhaṃ bhante Bhagavato avidûre appamatto âtâpî pahitatto viharâmi || tassa mayham bhante rahogatassa paṭisallînassa evaṃ cetaso parivitakko udapâdi || || Lâbhâ vata me suladdhaṃ vata me yassa me satthâ arahaṃ sammâsambuddho || || Lâbhâ vata me suladdhaṃ vata me yo-haṃ evaṃ svâkkhâte dhammavinaye pabbajito || || Lâbhâ vata me suladdhaṃ vata me yassa me sabrahmacâriyo sîlavanto kalyâṇadhammo ti[4] || || Tassa mayhaṃ bhante avidûre mahâ bhayabheravasaddo ahosi || apissudaṃ pathavî maññe udrîyatîti || ||

7. N-esâ Samiddhi pathavî udrîyati || Mâro eso pâpimâ tuyhaṃ vicakkhukammâya âgato || gaccha tvaṃ Samiddhi tatth-eva appamatto âtâpî pahitatto viharâhîti || ||

8. Evaṃ bhante ti kho âyasmâ Samiddhi Bhagavato paṭi-

---

[1] See Devatâ-S. II. 10. [2] SS. suladdhañca. [3] SS. add va. [4] B. °dhammâti.

suṇitvâ[1] uṭṭhâyâsanâ Bhagavantam abhivâdetvâ padakkhiṇaṃ katvâ pakkâmi || ||

9. Dutiyam pi kho âyasmâ Samiddhi tatth-eva appamatto âtâpî pahitatto vihâsi || || Dutiyam pi kho âyasmato Samiddhissa rahogatassa paṭisallînassa evaṃ cetaso parivitakko udapâdi || Lâbhâ vata me suladdhaṃ vata me yassa me satthâ arahaṃ sammâsambuddho || pe || kalyânadhammo ti || || Dutiyam pi kho Mâro pâpimâ âyasmato Samiddhissa cetasâ ceto parivitakkam aññaya || pa || Apissudam pathavî maññe udrîyatîti || ||

10. Atha kho âyasmâ Samiddhi || Mâro ayam pâpimâ iti viditvâ[2] Mâraṃ pâpimantaṃ gâthâya ajjhabhâsi || ||

Saddhâyâhaṃ pabbajito || agârasmâ anagâriyaṃ ||
satipaññâ ca me buddhâ || cittañ ca susamâhitaṃ ||
kâmaṃ karassu rûpâni || n-eva mam vyâdhayissasîti[3] || ||

11. Atha kho Mâro pâpimâ jânâti maṃ Samiddhi bhikkhûti dukkhî dummano tatth-ev-antaradhâyîti || ||

§ 3. *Godhika.*[4]

1. Evaṃ me sutam ekaṃ samayaṃ Bhagavâ Râjagahe viharati Veḷuvane kalandakanivâpe || ||

2. Tena kho pana samayena âyasmâ Godhiko Isigili-passe viharati Kâḷasilâyaṃ || ||

3. Atha kho âyasmâ Godhiko appamatto âtâpî pahitatto viharanto[5] sâmâdhikam ceto-vimuttiṃ[6] phusi || || Atha kho âyasmâ Godhiko tamhâ sâmâdhikâya ceto-vimuttiyâ parihâyi || ||

4. Dutiyaṃ pi kho ayasmâ Godhiko appamatto âtâpî pahitatto viharanto sâmâdhikam ceto-vimuttiṃ phusi || || Dutiyam pi kho âyasmâ tamhâ sâmâdhikâya ceto-vimuttiyâ parihâyi || ||

5. Tatiyaṃ pi kho âyasmâ Godhiko appamatto || pe || parihâyi || ||

6. Catutthaṃ pi kho âyasmâ Godhiko appamatto || pe || parihâyi || ||

---

[1] SS. paṭissutvâ. [2] B. omits the words Mâro . . . viditvâ. [3] So B. and C.; SS. vyâdhayissatîti (B. and C. have byâdha°); see Thera-gâthâ, 46. [4] This episode recurs in the Dhp. Com. 254-6. [5] S^{2}-^{3} omit viharanto. [6] S^{2} cetasovi° here and further on.

7. Pañcamaṃ pi kho âyasmâ Godhiko || pe || parihâyi.

8. Chaṭṭhaṃ pi kho âyasmâ Godhiko appamatto âtâpî pahitatto viharanto sâmâdhikaṃ ceto-vimuttiṃ phusi || || [Chaṭṭhaṃ pi kho âyasmâ Godhiko tamhâ samâdhikâya ceto vimuttiya parihâyi || ||

9. Sattamaṃ pi kho âyasmâ Godhiko appamatto âtâpî pahitatto viharanto sâmâdhikaṃ ceto-vimuttiṃ phusi[1] || ||]

10. Atha kho âyasmato Godhikassa etad ahosi || || Yâva chaṭṭhaṃ khvâham sâmâdhikâya ceto-vimuttiyâ parihîno || yaṃ nûnâhaṃ sattham âhareyyan-ti || ||

11. Atha kho Mâro pâpimâ âyasmato Godhikassa cetasâ cetoparivitakkam aññâya yena Bhagavâ ten-upasaṅkami || upasaṅkamitvâ Bhagavantaṃ gâthâya ajjhabhâsi || ||

Mahâvîra mahâpañña || iddhiyâ yasasâ jalaṃ ||
sabbe verabhayâtîta || pâde vandâmi cakkhuma || ||
sâvako te mahâvîra || maraṇaṃ maraṇâbhibhû ||
âkaṅkhati[2] cetayati || taṃ nisedha jutindhara || ||
kathaṃ hi Bhagavâ tuyhaṃ || sâvako sâsane rato ||
appattamânaso[3] sekho || kâlaṃ kayirâ jane sutâ ti[4] || ||

12. Tena kho pana samayena âyasmatâ Godhikena sattham âharitaṃ hoti || ||

13. Atha kho Bhagavâ Mâro pâpimâ iti viditvâ Mâram pâpimantaṃ gâthâya ajjhabhâsi || ||

Evaṃ hi dhîrâ kubbanti || nâvakaṅkhanti jîvitaṃ ||
samûlaṃ taṇham abbuyha || Godhiko parinibbuto ti || ||

14. Atha kho Bhagavâ bhikkhû âmantesi || Âyâma bhikkhave yena Isigili-passaṃ Kâḷasilâ ten-upasaṅkamissâma yattha Godhikena kulaputtena sattham âharitan-ti ||

15. Evaṃ bhante ti kho te bhikkhû Bhagavato paccassosuṃ || ||

16. Atha kho Bhagavâ sambahulehi bhikkhûhi saddhiṃ yena Isigili-passaṃ Kâḷasilâ ten-upasaṅkami || || Addasâ kho Bhagavâ âyasmantam Godikaṃ dûrato va mañcake vivattakkhandhaṃ semânam[5] || ||

---

[1] All the text from Chaṭṭhaṃ pi kho° to °phusi is in B. only. [2] SS. âkaṅkhayati. [3] B. apattamanaso; S[1] appamattamânaso; S[3] appamattamanaso. [4] Fausböll *l.c.* janesabhâ. [5] So SS.; C. seyyamânaṃ; B. soppamânaṃ.

17. Tena kho pana samayena dhumâyitattam timirayitattaṃ[1] gacchat-eva purimaṃ disaṃ || gacchati pacchimaṃ disaṃ || gacchati uttaraṃ disaṃ || gacchati dakkhiṇaṃ disaṃ || gacchati uddhaṃ gacchati adho gacchati anudisaṃ || ||

18. Atha kho Bhagavâ bhikkhû âmantesi || || Passatha no tumhe bhikkhave etaṃ dhumâyitattam timirâyitattaṃ || gacchat-eva purimaṃ dîsaṃ || gacchati pacchimaṃ || uttaraṃ || dakkhiṇaṃ || uddhaṃ || adho || gacchati anudisan-ti || ||

Evam bhante || ||

19. Eso kho[2] bhikkhave Mâro pâpimâ Godhikassa kulaputtassa viññâṇaṃ samanvesati[3] || kattha Godhikassa kulaputtassa viññâṇaṃ patiṭṭhitan-ti || appatiṭṭhitena ca[4] bhikkhave viññânena Godhiko kulaputto parinibbuto ti || ||

20. Atha kho Mâro pâpimâ beluva[5]-paṇḍuvîṇam âdâya yena Bhagavâ ten-upasaṅkami || upasaṅkamitvâ gâthâya ajjhabhâsi || ||

uddham adho ca tiriyaṃ || disâ-anudisâsvaham[6] ||
anvesaṃ nâdhigacchâmi || Godhiko so kuhiṃ gato ti || ||

21. So[7] dhîro dhitisampanno[8] || jhâyî jhânarato sadâ ||
ahorattam anuyuñjaṃ || jîvitam anikâmayaṃ ||
jetvâna maccuno senaṃ || anâgantvâ punabbhavaṃ ||
samûlaṃ taṇham[9] abbuyha || Godhiko parinibbuto ti ||

22. Tassa sokaparetassa || vîṇâkacchâ abhassatha[10] || ||
tato so dummano yakkho || tath-ev-antaradhayathâti || ||

§ 4. *Sattavassâni.*

1. Evam me sutam ekaṃ samayam Bhagavâ Uruvelâyaṃ viharati najjâ Nerañjarâya tîre Ajapâla-nigrodhe || ||

2. Tena kho pana samayena Mâro pâpimâ sattavassâni Bhagavantam anubaddho[11] hoti otârâpekkho[12] otâram alabhamâno || ||

3. Atha kho Mâro pâpimâ yena Bhagavâ ten-upasaṅkami || upasaṅkamitvâ Bhagavantaṃ gâthâya ajjhabâsi || ||

---

[1] S^{2}-^{3} omit timirâyitattaṃ here and further on. [2] S^{1}-^{3} omit kho; S^{2} hi. [3] So B.; C. samanessati; S^{3} sammannesati; S^{1}-^{2} sammantesati. [4] SS omit ca. [5] C. veluva°. [6] SS. anudisâsu hi. [7] B. yo. [8] SS. nidhisampanno. [9] S^{1}-^{3} samûlataṇhaṃ; S^{2} samûlataṇhâ. [10] Fausböll *l.c.* abhissatha. [11] B. anubandho. [12] B. °pekho.

Sokâvatiṇṇo [1] nu [2] vanasmiṃ jhâyasi ||
vittaṃ nu jiṇṇo [3] uda patthayâno [4] ||
âguṃ nu gâmasmiṃ akâsi kiñci ||
kasmâ janena na karosi sakkhiṃ ||
sakkhî na sampajjati kenaci te ti [5] || ||

4. Sokassa mûlaṃ palikhâya sabbaṃ ||
anâgujhâyâmi asocamâno ||
chetvâna [6] sabbaṃ bhavalobhajappaṃ ||
anâsavo jhâyâmi pamattabandhu || ||

5. Yaṃ vadanti mama yidan-ti || ye vadanti maman-ti ca ||
ettha ce te [7] mano atthi || na me samaṇa mokkhasîti || ||

6. Yaṃ vadanti na taṃ mayhaṃ || ye vadanti na te ahaṃ ||
evaṃ pâpima jânâhi || na me maggaṃ pi dakkhasîti [8] || ||

7. Sa ce maggam anubuddhaṃ || khemam amatagâminaṃ [9] ||
pehi [10] gaccha tvam [11] ev-eko || kim aññam anusâsasîti || ||

8. Amaccudheyyam pucchanti || ye janâ pâragâmino ||
tesâhaṃ puṭṭho akkhâmi || yaṃ sabbantaṃ [12] nirupadhin-
ti [13] || ||

9. Seyyathâpi bhante gâmassa vâ nigamassa vâ avidûre pokkharaṇî || tatr-assa kakkaṭako || Atha kho bhante sambahulâ kumârakâ vâ kumârikâyo vâ tamhâ gâmâ va nigamâ vâ nikkhamitvâ yena sâ pokkaraṇî ten-upasaṅkameyyuṃ || upasaṅkamitvâ tam kakkaṭakaṃ udakâ uddharitvâ thale patiṭṭhâpeyyuṃ || yaṃ yad eva hi so bhante kakkaṭako aḷam [14] abhininnâmeyya taṃ tad eva te kumârakâ vâ kumârikâyo vâ kaṭṭhena vâ kaṭhalâya vâ saṃchindeyyuṃ sambhañjeyyuṃ sampalibbhañjeyyuṃ [15] || Evaṃ hi so bhante kakkaṭako sabbehi aḷehi saṃchinnehi sambhaggehi sampalibhaggehi [16] abhabbo tam pokkharaṇim puna otarituṃ || || Seyyathâpi pubbe evam eva kho bhante yâni sukâyikâni [17] visevitâni vipphanditâni [18] kânici kânici sabbâni Bhagavatâ saṃchinnâni sambha-

---

[1] S^{2-3} sokânutiṇṇo; S^{1} sokâvanutiṇṇo. [2] S^{1-3} va. [3] C. vittam jino; SS. cittânujîno. [4] SS. appatthayâno, omitting uda. [5] SS. kenacitte (S^{1} tena°). This gâtha will be found again in the next sutta. [6] SS. hitvâna. [7] SS. ceto. [8] B. dakkhasi. See above, II. 9. [9] SS. °gâminiṃ. [10] C. apehi. [11] S^{1-3} tam; S^{2} tim. [12] S^{2} sabbanta; B. tacchaṃ taṃ. [13] SS. nirupadhîti. [14] B. âḷam, âḷehi. [15] S^{2} samphali° here and further on. [16] S^{2} sampali abhabhaggehi. [17] B. and C. visu (C. sû) kâyitâni. [18] S^{1-2} vippanditâni; C. nipphaṇḍitâni.

ggâni sampalibhaggâni abhabbo c-idânâham[1] bhante puna Bhagavantam upasaṅkamitum yad idam otârâpekkhoti[2] || ||

10. Atha kho Mâro pâpimâ Bhagavato santike imâ nibbejaniyâ gâthâyo[3] abhâsi || ||

Medavaṇṇañca pâsânaṃ || vâyaso[4] anupariyagâ ||
apetthamudu[5] vindema || api assâdanâ siyâ ||
aladdhâ tattha assâdaṃ || vâyas-etto apakkame || ||
kâko va selam âsajja || nibbijjâpema Gotamâ ti || ||

11. Atha kho Mâro pâpimâ Bhagavato santike imâ nibbejaniyâ gâthâyo abhâsitvâ[6] tamhâ ṭhânâ apakkamma Bhagavato avidûre pathaviyaṃ pallaṅkena nisîdi tuṇhî-bhûto maṅku-bhûto pattakkhandho[7] adhomukho pajjhâyanto appaṭibhâno kaṭṭhena bhûmiṃ[8] vilikhanto || ||

5. *Dhîtaro.*

1. Atha kho Taṇhâ ca Arati[9] ca Ragâ ca mâra-dhitaro yena Mâro pâpimâ ten-upasaṅkamiṃsu || Upasaṅkamitvâ Mâraṃ pâpimantaṃ gâthâya ajjhabhâsiṃsu[10] || ||

Kenâsi dummano tâta || purisaṃ kaṃ nu socasi ||
mayaṃ taṃ râgapâsena || araññam iva kuñjaraṃ || ||
bandhitvâ ânayissâma || vasago te bhavissatîti || ||

2. Arahaṃ sugato loke || na râgena suvânayo[11] ||
mâradheyyam atikkanto || tasmâ socâm-ahaṃ bhusanti || ||

3. Atha kho Taṇhâ ca Arati ca Ragâ ca mâra-dhîtaro yena Bhagavâ ten-upasaṅkamiṃsu || upasaṅkamitvâ Bhagavantam etad avocuṃ || || Pâde te[12] samaṇa paricâremâ ti || || Atha kho Bhagavâ na manasâkâsi yathâ taṃ anuttare upadhi-saṅkhaye vimutto ||

4. Atha kho Taṇhâ ca Arati ca Ragâ ca mâra-dhîtaro ekam antam apakkamma evaṃ[13] samañcintesuṃ || || Uccâvacâ kho purisânam adhippâyâ || yaṃ nûna mayam ekasatam ekasataṃ[14] kumârivaṇṇasatam abhinimmineyyâmâ ti || ||

---

[1] S^1 vadânâhaṃ; S^2 vadânabhaṃ. [2] S^{2-3} °pekhoti; S^1 pokhoti. [3] SS. gâthâ. [4] B. Medavaṇṇaṃ pâsânaṃ vâ || yaso°. [5] S^3 °anupariyogâpetthamudu; B. °muduṃ; C. assâdo siyâ. [6] SS. gâthâ bhâsitvâ; C. abhâsitvâ; but notices the reading bhâsitvâ, to which it says abhâsitvâ is equivalent. [7] S^3 pakatta°. [8] S^{2-3} omit bhûmiṃ; S^1 adds bhumiyam between the lines. [9] SS. aratî. [10] S^{2-3} ajjhabhâsi. [11] See J. 1. 80. [12] B. vo always. [13] SS. omit evaṃ. [14] S^{2-3} do not repeat ekasataṃ.

5. Atha kho Taṇhâ ca Arati ca Ragâ ca mâra-dhîtaro ekasatam ekasataṃ kumârivaṇṇasatam abhinimminitvâ yena Bhagavâ ten-upasaṅkamiṃsu || upasaṅkamitvâ Bhagavantam etad avocuṃ || || Pâde te samana paricâremâ ti || ||

Taṃ pi Bhagavâ na manasâkâsi yathâ tam anuttare upadhisaṅkhaye vimutto || ||

6. Atha kho Taṇhâ ca Arati ca Ragâ ca mâra-dhîtaro ekam antam apakkamma evaṃ samacintesuṃ || Uccâvacâ kho purisânam adhippâyâ || yaṃ nûna mayam ekasatam ekasatam avijâtavaṇṇasatam abhinimmineyyâmâ ti || ||

7. Atha kho Taṇhâ ca Arati ca Ragâ ca mâra-dhîtaro ekasatam ekasatam avijâtavaṇṇasatam abhinimminitvâ yena Bhagavâ ten-upasaṅkamiṃsu || upasaṅkamitvâ Bhagavantam etad avocuṃ || Pâde te samaṇa paricaremâ ti || ||

Taṃ pi Bhagavâ na manasâkâsi yathâ tam anuttare upadhisaṅkhaye vimutto || ||

8. Atha kho Taṇhâ ca || pa || sakiṃ vijâtavaṇṇasataṃ abhinimminitvâ yena Bhagavâ || pa || yathâ tam anuttare upadhisaṅkhaye vimutto || ||

9. Atha kho Taṇhâ ca || pa || duvijâtavaṇṇasatam abhinimminitvâ yena Bhagavâ || pa || yathâ tam anuttare upadhisaṅkhaye vimutto || ||

10. Atha kho Taṇhâ ca || pa || majjhimitthivaṇṇasatam abhinimmineyyâmâ ti || || Atha kho Tanhâ ca || pa || majjhimitthivaṇṇasatam abhinimminitvâ || pa || anuttare upadhisaṅkhaye vimutto || ||

11. Atha kho Taṇhâ ca || pa || mahitthivaṇṇasatam abhinimmineyyâmâ ti || || Atha kho Taṇhâ ca || pa || mahitthivaṇṇasatam abhinimminitvâ yena Bhagavâ || la || anuttare upadhisaṅkhaye vimutto || ||

12. Atha kho Taṇhâ ca Arati ca Ragâ ca Mâra-dhîtaro ekam antam apakkamma etad avocuṃ || || Saccaṃ kira no pitâ avoca || ||

Arahaṃ sugato loke || na râgena suvânayo ||
mâradheyyam atikkanto || tasmâ socâm-ahaṃ bhusan-ti || ||

13. Yaṃ hi mayaṃ samaṇaṃ vâ brâhmaṇaṃ vâ avîtarâgam iminâ upakkamena upakkameyyâma hadayaṃ vâssa phaleyya || uṇhaṃ lohitaṃ vâ mukhato uggaccheyya ||

ummâdam va pâpuṇeyya cittavikkhepaṃ vâ || seyyathâ vâ pana naḷo harito luto ussussati visussati milâyati || evam eva ussusseyya visusseyya milâyeyyâ ti || ||

14. Atha kho Taṇhâ ca Arati ca Ragâ ca mâradhîtaro yena Bhagavâ ten-upasaṅkamiṃsu || upasaṅkamitvâ ekam antam aṭṭhaṃsu ||

15. Ekam antam ṭhitâ kho Taṇhâ mâradhîtâ Bhagavantaṃ gâthâya ajjhabhâsi || ||

Sokâvatiṇṇo nu vanasmiṃ jhâyasi ||
cittaṃ nu [1] jiṇṇo [2] uda patthayâno ||
âguṃ nu gâmasmim akâsi kiñci ||
kasmâ janena na [3] karosi sakkhiṃ ||
sakkhî na sampajjati kenaci te ti [4] || ||

16. Atthassa pattiṃ hadayassa santiṃ ||
jetvâna senaṃ piyasâtarûpaṃ ||
ekâhaṃ [5] jhâyaṃ sukham anubodhaṃ [6] ||
tasmâ janena na karomi sakkhiṃ ||
sakkhî na sampajjati kenaci me ti || ||

17. Atha kho Arati [7] mâra-dhîtâ Bhagavantaṃ gâthâya ajjhabhâsi ||

Kathaṃ vihârî-bahulo dha [8] bhikkhu ||
pañcoghatiṇṇo atarîdha [9] chaṭṭhaṃ ||
kathaṃ jhâyaṃ [10] bahulaṃ kâma-saññâ [11] ||
paribâhirâ honti aladdhâyo [12] tan-ti || ||

18. Passaddhakâyo suvimuttacitto ||
asaṅkhârâno [13] satimâ anoko ||
aññâya dhammaṃ avitakkajhâyî ||
na kuppati na sarati ve [14] na thino || ||
Evaṃ vihârî-bahulo dha [15] bhikkhu ||
pañcoghatiṇṇo atarîdha [16] chaṭṭhaṃ ||
evaṃ jhâyaṃ bahulaṃ kâmasaññâ ||
paribâhirâ honti aladdhâyo tan-ti || ||

---

[1] So all the MSS. (see above, 4). [2] SS. jîno. [3] B. and S^{1-2} omit na here and further on. [4] See the preceding number. [5] So SS.; B. C. ekohaṃ. [6] S^{2} sukhânubodhaṃ; C. °anubodhayaṃ. [7] B. adds ca. [8] B. ca. [9] S^{3} atarîdha; S^{1-2} ataratîdha. [10] S^{1} jhâyî; S^{2-3} jhâyiṃ. [11] S^{1-2} °yaññâ. [12] S^{1-3} aladdhayo. [13] B. asaṅkharâno. [14] B. omits ve. [15] B. ca. [16] B. atariṃ ca; S^{2} atharatidha; S^{1} ataritîdha.

19. Atha kho Ragâ ca mâra-dhîtâ Bhagavato santike imaṃ santi gâtham abhâsi || ||

Acchejja taṇhaṃ gaṇa-saṅgha-vârî ||
addhâ carissanti [1] bahû ca sattâ [2] ||
bahuṃ vatâyam janatam anoko [3] ||
acchijja [4] nessati maccurâjassa pâran-ti || ||

20. Nayanti ve mahâvîrâ || saddhammena Tathâgatâ ||
dhammena nîyamânânaṃ [5] || kâ usûyâ [6] vijânatan-ti || ||

21. Atha kho Taṇhâ ca Arati ca Ragâ ca mâra-dhîtaro yena Mâro pâpimâ ten-upasaṅkamiṃsu || ||

22. Addasâ kho Mâro pâpimâ Taṇhaṃ ca Aratiṃ ca Ragañ ca mâra-dhîtaro dûrato va âgacchantiyo || || disvâna gâthâhi ajjhabhâsi || ||

Bâlâ kumudanâḷehi || pabbatam abhimatthatha ||
giriṃ nakhena khaṇatha || ayo-dantehi khâdatha || ||
selaṃ va siras-ûhacca || pâtâle gâdham [7] esatha ||
khâṇuṃ [8] va urasâsajja || nibbijjâpetha Gotamâ ti [9] || ||

23. Daddallamânâ [10] âgañchuṃ || Taṇhâ [11] Arati Ragâ ca [12] ||
tâ tattha panudî satthâ || tulam bhaṭṭhaṃ [13] vâ Mâruto [14] ti || ||

Tatiyo [15] vaggo [16] || ||

Tass-uddânam [17] || ||

Sambahulâ Samiddhi ca || Godhikaṃ Sattavassâni ||
Dhîtaraṃ desitam buddha-saṭṭhena imaṃ Mârapañcakan-ti

Mâra-saṃyuttaṃ samattaṃ || ||

---

[1] SS. tarissanti. [2] SS. saddhâ. [3] B. aneko. [4] C. accheja. [5] S[1] niyya; S[2] nîyya°; B. C. nayya°; S[1] nîyyamânam. [6] B. ussuyâ. [7] SS. gâtham. [8] S[1] khâṇaṃ. [9] SS. Gotamanti. [10] So SS.; B. daddaḷhamânâ; C. daddalhamânâ. [11] SS. Taṇhâ ca. [12] SS. omit ca. [13] S[1] tûlabhaṭṭham; S[2-3] tulahaṭṭham. [14] SS. mârûto; B. mâluto. [15] B. catuttho. [16] SS. uparipañca instead of tatiyo (or catuttho) vaggo. [17] B. Tatruddânaṃ bhavati.

BOOK V.—BHIKKHUNÎ-SAṂYUTTAṂ ‖ ‖

§ 1. *Âḷavikâ.*

1. Evam me sutam ekaṃ samayam Bhagavâ Sâvatthiyaṃ viharati Jetavane Anâthapiṇḍikassa ârâme ‖ ‖

2. Atha kho Âḷavikâ bhikkhunî pubbaṇha-samayaṃ nivâsetvâ pattacîvaram âdâya Sâvatthiṃ piṇḍâya pâvisi ‖ Sâvatthiyaṃ piṇḍâya caritvâ pacchâbhattaṃ piṇḍapâtapaṭikkantâ yena andhavanaṃ ten-upasaṅkami vivekatthikinî ‖ ‖

3. Atha kho Mâro pâpimâ Âḷavikâya bhikkhuniyâ bhayaṃ chambhitattam lomahaṃsam uppâdetu-kâmo vivekamhâ câvetu-kâmo yena Âḷavikâ bhikkhunî ten-upasaṅkami ‖ upasaṅkamitvâ Âḷavikam bhikkhuṇim gâthâya ajjhabhâsi ‖ ‖

Natthi nissaraṇaṃ loke ‖ kiṃ vivekena kâhasi ‖
bhuñjassu kâmaratiyo ‖ mâhu [1] pacchânutâpinîti ‖ ‖

4. Atha kho Âḷavikâyâ bhikkhuniyâ etad ahosi ‖ ‖ Ko nu khvâyam manusso vâ amanusso vâ gâthaṃ bhâsatîti [2] ‖ ‖

5. Atha kho Âḷavikâya bhikkhuniyâ etad ahosi ‖ ‖ Mâro kho ayaṃ pâpimâ mama bhayaṃ chambhitattaṃ lomahaṃsaṃ uppâdetukâmo vivekamhâ câvetu-kâmo gâthaṃ bhâsatîti ‖ ‖

6. Atha kho Âḷavikâ bhikkhunî Mâro ayaṃ pâpimâ iti viditvâ Mâraṃ pâpimantaṃ gâthâya paccabhâsi ‖ ‖

Atthi nissaraṇam loke ‖ paññâya me suphussitaṃ [3] ‖
pamattabandhu pâpima ‖ na tvaṃ jânâsi taṃ padaṃ ‖
sattisûlûpamâ kâmâ ‖ khandhâsam [4] adhikuṭṭanâ ‖
yaṃ tvaṃ kâmaratiṃ brûsi ‖ arati mayhaṃ sâ ahû ti ‖ ‖

---

[1] So B. only; SS. bahu. See Therî-gâthâ, 57. [2] S[1-2] abhâsatîti; S[2] abhâsitîti. [3] SS. suphassitaṃ. [4] At Therî-gâthâ 58, 142 khandhânaṃ.

7. Atha kho Mâro pâpimâ jânâti maṃ Âḷavikâ bhikkhunî ti dukkhî dummano tatth-ev-antaradhâyîti || ||

§ 2. *Somâ.*

1. Sâvatthi nidânam || || Atha kho Somâ bhikkhunî pubbaṇhasamayaṃ nivâsetvâ patta-cîvaram âdâya Sâvatthim piṇḍaya pâvisi || ||

2. Sâvatthiyaṃ piṇḍâya caritvâ pacchâbhattaṃ piṇḍapâtapaṭikkantâ yena andhavanaṃ ten-upasaṅkami divâviharâya || andhavanaṃ ajjhogahetvâ aññatarasmiṃ rukkhamûle divâvihâratthâya nisîdi || ||

3. Atha kho Mâro pâpimâ Somâya bhikkhuniyâ bhayaṃ chambhitattaṃ lomahaṃsaṃ uppâdetukâmo samâdhimhâ câvetu-kâmo yena Somâ bhikkhunî ten-upasaṅkami || || Upasaṅkamitvâ Somam bhikkhuniṃ gâthâya ajjhabhâsi || ||

Yan-tam isîhi pattabbam || ṭhânam durabhisambhavaṃ[1] ||
na taṃ dvaṅgulapaññâya || sakkâ[2] pappotum itthiyâ ti || ||

4. Atha kho Somâya bhikkhuniyâ etad ahosi || || Ko nu khvâyam manusso vâ amanusso vâ gâthaṃ bhâsatîti || ||

5. Atha kho Somâya bhikkhuniyâ etad ahosi || || Mâro kho ayaṃ pâpimâ mama bhayaṃ chambhitatthaṃ lomahaṃsam uppâdetu-kâmo samâdimhâ câvetu-kâmo gâthaṃ bhâsatîti || ||

6. Atha kho Somâ bhikkhunî Mâro ayaṃ pâpimâ iti viditvâ Mâraṃ pâpimantaṃ gâthâhi ajjhabhâsi || ||

Itthibhâvo kiṃ kayirâ || cittamhi susamâhite ||
ñâṇamhi vuttamânamhi || sammâdhammaṃ vipassato[3] || ||
yassa nûna siyâ evaṃ || itthâhaṃ puriso ti vâ ||
kiñci vâ pana asmîti[4] || tam Mâro vattum arahatîti || ||

7. Atha kho Mâro pâpimâ jânâti maṃ Somâ bhikkhunîti dukkhî dummano tatth-ev-antaradhâyîti[5] || ||

§ 3. *Gotamî.*

1. Sâvatthi nidânam || ||

Atha kho Kisâ-Gotamî bhikkhunî pubbaṇhasamayaṃ nivâsetvâ pattacîvaram âdâya Sâvatthim piṇḍâya pâvisi || ||

2. Sâvatthiyaṃ piṇḍâya caritvâ pacchâbhattaṃ piṇḍapâta-

---

[1] C. durati°. [2] See Therî-gâthâ, 60. [3] See Therî-gâthâ, 61. [4] So C.; SS. asminti; B. aññasmiṃ. [5] SS. suppress the last paragraph in all the suttas but the last, or give only the first words Atha kho Mâro pâpimâ°.

paṭikkantâ yena andhavanaṃ ten-upasaṅkami[1] divâvihârâya || andhavanaṃ ajjhogahetvâ aññatarasmiṃ rukkhamûle divâvihâraṃ nisîdi || ||

3. Atha kho Mâro pâpimâ Kisâ-Gotamiyâ bhikkhuniyâ bhayaṃ chambhitattaṃ lomahaṃsaṃ uppâdetu-kâmo samâdimhâ câvetu-kâmo yena Kisâ-Gotamî bhikkhunî ten-upasaṅkami || || Upasaṅkamitvâ Kisâ-Gotamî bhikkhuniṃ gâthâya ajjhabhâsi || ||

Kiṃ nu tvaṃ hataputtâ va || ekamâsi rudammukhî ||
vanam ajjhogatâ ekâ || purisaṃ nu gavesasî ti || ||

4. Atha kho Kîsâ-Gotamiyâ bhikkhuniyâ etad ahosi || || Ko nu khvâyaṃ[2] manusso vâ amanusso vâ gâthaṃ abhâsîti[3] || ||

5. Atha kho Kisâ-Gotamiyâ bhikkhuniyâ etad ahosi || || Mâro kho ayaṃ pâpimâ mama bhayaṃ chambhitattam lomahaṃsam uppâdetu-kâmo samâdhimhâ câvetu-kâmo gâthaṃ bhâsatîti[4] || ||

6. Atha kho Kisâ-Gotamî bhikkhunî Mâro kho ayam pâpimâ iti viditvâ Mâram pâpimantam gâthâhi paccâbhâsi || ||

Accantaṃ[5] hataputtâmhi[6] || purisâ etad antikâ[7] ||
na socâmi na rodâmi || na taṃ bhâyâmi âvuso || ||
sabbattha vihatâ[8] nandi || tamokkhandho[9] padâlito ||
jetvâna maccuno[10] senaṃ || viharâmi anâsavâ ti || ||

7. Atha kho Mâro pâpimâ || jânâti maṃ Kisâ-Gotamî bhikkhunîti dukkhî dummano tatth-ev-antaradhâyîti || ||

§ 4. *Vijayâ.*

1. Sâvatthi nidânaṃ || || Atha kho Vijayâ bhikkhunî pubbaṇhasamayaṃ nivâsetvâ || pa || aññatarasmiṃ rukkhamûle divâvihâraṃ nisîdi || ||

2. Atha kho Mâro pâpimâ Vijayâya bhikkhuniyâ bhayaṃ || pa || samâdhimhâ câvetu-kâmo yena Vijayâ bhikkhunî ten-upasaṅkami || upasaṅkamitvâ Vijayaṃ bhikkhuniṃ gâthâya ajjhabhâsi || ||

---

[1] SS. add upasaṅkamitvâ. [2] B. and S[3] kvâhaṃ; S[1] câyaṃ; S[2] khvâvâyaṃ (or khvâcâyaṃ). [3] B. bhâsatîti here and further on. [4] S[2]-[3] gâthâbhâsasîti (in S[3] corrected from gâthâya abhâsasîti) [5] SS. accanta. [6] S[3] gata°; SS. C. puttamhi. [7] SS. antiyâ. [8] SS. vihitâ. [9] B. C. tamokhandho. [10] See Mâra-S. III. 3; SS. have bhetvâ (here jetvâ) namucino.

Daharâ tvaṃ rûpavatî || ahañca daharo susu ||
pañcaṅgikena turiyena || eh-ayye bhiramâmase ti[1] || ||

3. Atha kho Vijayâya bhikkhuniyâ etad ahosi || || Ko nu kho ayaṃ[2] manusso vâ amanusso vâ gâthaṃ bhâsatîti || ||

4. Atha kho Vijayâya bhikkhuniyâ etad ahosi || || Mâro ayaṃ papimâ || pa || gâthaṃ bhâsatîti || ||

5. Atha kho Vijayâ bhikkhunî || Mâro ayam pâpimâ || iti viditvâ Mâraṃ pâpimantaṃ gathâhi paccabhâsi[3] || ||

Rûpâ saddâ rasâ gandhâ || poṭṭhabbâ ca manorâmâ ||
niyyâtayâmi tumheva || Mâra na hi tena atthikâ || ||
iminâ pûtikâyena || bhindanena[4] pabhaṅgunâ ||
aṭṭiyâmi[5] harâyâmi || kâmataṇhâsamûhatâ[6] || ||
Ye ca rûpûpagâ sattâ || ye ca ârûppaṭṭhâyino[7] ||
yâ ca santâ samâpatti || sabbattha vihato tamo ti || ||

6. Atha kho Mâro pâpimâ || jânâti maṃ Vijayâ bhikkhunîti || dukkhî dummano tatth-ev-antaradhâyîti || ||

§ 5. *Uppalavaṇṇâ.*

1. Sâvatthi nidânaṃ || || Atha kho Uppalavaṇṇâ[8] bhikkhunî pubbaṇha-samayaṃ nivâsetvâ || pa || aññatarasmiṃ supupphita-sâlarukkha-mûle aṭṭhâsi || ||

2. Atha kho Mâro pâpimâ Uppalavaṇṇâya bhikkhuniyâ bhayaṃ chambhitattaṃ lomahaṃsaṃ uppâdetu-kâmo samâdhimhâ câvetu-kâmo yena Uppalavaṇṇâ bhikkhunî tenupasaṅkami || ||

3 Upasaṅkamitvâ Uppalavaṇṇam bhikkhuniṃ gâthâya ajjhabhâsi || ||

Supupphitaggam upagamma bhikkhuni ||
ekâ tuvaṃ tiṭṭhasi sâlamûle ||
na c-atthi te dutiyâ vaṇṇadhâtu ||
idhâgatâ tâdisikâ bhaveyyuṃ[9] ||
bâle na tvaṃ bhâyasi dhuttakânan-ti || ||

4. Atha kho Uppalavaṇṇâya bhikkhuniyâ etad ahosi || ||

---

[1] SS. ehi ayye ramâmase. See Therî-gâthâ, 139. [2] SS. yaṃ. [3] SS. ajjhabhâsi. [4] So B. and C.; SS. bhindarena. [5] C. aṭṭayâmi. [6] See Therî-gâthâ, 140. [7] B. ye ca arûpagâmino (see further on, No. 6). [8] B. Upalavaṇṇâ always. [9] S[3] gaveyyuṃ. This word is omitted by S[2]; all the pada by B., and in Therî-gâthâ, 230.

Ko nu khvâyam manusso vâ amanusso vâ gâtham bhâsasîti[1] || ||

5. Atha kho Uppalavaṇṇâya bhikkhuniyâ etad ahosi || || Mâro ayam pâpimâ mama bhayaṃ || pa || gâthaṃ bhâsatîti || ||

6. Atha kho Uppalavaṇṇâ bhikkhunî || Mâro ayaṃ pâpimâ iti viditvâ Mâram pâpimantaṃ gâthâhi paccabhâsi || ||

Sataṃ sahassâni pi dhuttakânaṃ ||
idhâgatâ tâdisikâ bhaveyyuṃ ||
lomaṃ na iñjâmi[2] na santasâmi ||
na Mâra[3] bhâyâmi tam[4] ekikâ pi || ||
Esâ antaradhâyâmi || kucchiṃ vâ pavisâmi te ||
pakhumantarikâyaṃ[5] pi || tiṭṭhantiṃ[6] maṃ na dakkhasi ||
cittasmiṃ vasîbhûtamhi || iddhipâdâ subhâvitâ ||
sabbabandhanamuttâmhi || na taṃ bhâyâmi âvuso ti[7] || ||

7. Atha kho Mâro pâpimâ || jânâti mam Uppalavaṇṇâ bhikkhunîti dukkhî dummano tatth-ev-antaradhâyîti || ||

§ 6. *Câlâ.*

1. Sâvatthi nidânaṃ || ||

Atha kho Câlâ bhikkhunî pubbaṇhasamayaṃ nivâsetvâ || pa || aññatarasmiṃ rukkhamûle divâvihâraṃ nisîdi || ||

2. Atha kho Mâro pâpimâ yena Câlâ bhikkhunî tenupasaṅkami || upasaṅkamitvâ Câlaṃ bhikkhunim etad avoca || || Kiṃ nu tvaṃ bhikkhuni na rocesîti[8] || ||

Jâtiṃ[9] khvâhaṃ âvuso na rocemi || ||
Kiṃ nu tvaṃ[10] jâtiṃ na rocesi || ||
Jâto kâmâni bhuñjati || ||
Ko nu tam[11] idam âdapayi[12] || || Jâtim mâ rocesi[13] bhikkhunîti || ||

3. Jâtassa maraṇaṃ hoti || jâto dukkhâni passati[14] ||
bandhaṃ[15] vadhaṃ pariklesaṃ || tasmâ jâtim na rocaye || ||
Buddho dhammam adesesi || jâtiyâ samatikkamaṃ ||
sabbadukkhappahânâya || so maṃ sacce nivesayi[16] || ||

---

[1] B. bhâsatîti here and further on. [2] SS. icchâmi. [3] Mâra na. [4] S1-2 na; S3 has neither na nor taṃ. [5] C. °antariyâtiṃ. [6] B. °ntam; SS. °nti. [7] See Therî-gâthâ, 230–233. [8] SS. rocasîti. [9] SS. jâti. [10] SS. omit tvaṃ. [11] SS. tvam. [12] B. âdiyi. [13] SS. roca. [14] B. phussati. [15] S1-2 khandhaṃ. [16] SS. nivedayi. See Therî-gâthâ, 191-2.

Ye ca rûpupagâ sattâ || ye ca ârûppaṭṭhâyino[1] ||
nirodham appajanantâ || âgantâro punabbhavan-ti || ||

4. Atha kho Mâro pâpimâ || jânâti maṃ Câlâ bhikkhunîti dukkhî dummano tatth-ev-antaradhâyîti || ||

§ 7. *Upacâlâ.*

1. Sâvatthiyaṃ || ||

2. Atha kho Upacâlâ bhikkhunî pubbaṇhasamayaṃ nivâsetvâ || la || aññatarasmiṃ rukkhamûle divâvihâraṃ nisîdi || pa || Upacâlam bhikkhunim etad avoca || || Kattha nu tvaṃ bhikkhuni uppajjitu-kâmâ ti || ||

3. Na khvâham âvuso katthaci uppajjitu-kâmâ ti || ||

4. Tâvatiṃsâ ca Yâmâ ca || Tusitâ câpi devatâ ||
Nimmânaratino devâ || ye devâ Vasavattino || ||
tattha cittaṃ paṇidhehi || ratiṃ paccanubhossasîti[2] || ||

5. Tâvatiṃsâ ca Yâmâca || Tusitâ câpi devatâ ||
Nimmânaratino devâ || ye devâ Vasavattino || ||
kâmabandhanabaddhâ te || enti Mâra-vasaṃ puna || ||
Sabbo âdipito loko || sabbo loko padhûpito ||
sabbo pajjalito loko || sabbo loko pakampito || ||
akampitam acalitaṃ || aputthujjanasevitaṃ ||
agati yattha Mârassa || tattha me nirato mano ti[3] || ||

6. Atha kho Mâro pâpimâ || ||

§ 8. *Sîsupacâlâ.*

1. Sâvatthiyaṃ || || Atha kho Sîsupacâlâ[4] bhikkhunî pubbaṇhasamayaṃ nivâsetvâ || pa || aññatarasmiṃ rukkhumûle divâvihâraṃ nisîdi || ||

2. Atha kho Mâro pâpimâ yena Sîsupacâlâ bhikkhunî tenupasaṅkami || upasaṅkamitvâ Sîsupacâlam bhikkhunim etad avoca || || Kassa nu tvaṃ bhikkhuni pâsaṇḍaṃ[5] rocesîti || ||

3. Na khvâham âvuso kassaci pâsaṇḍaṃ[5] rocemî ti || ||

4. Kiṃ nu uddissa muṇḍâsi || samaṇî viya dissasi ||
na ca[6] rocesi pâsaṇḍaṃ || kim-iva carasi momuhâ ti || ||

5. Ito bahiddhâ pâsaṇḍâ || diṭṭhîsu[7] pasîdanti[8] ye[9] ||
na tesaṃ dhammam rocemi || na te dhammassa kovidâ[10] || ||

---

[1] B. arûpaṭṭhâyino. See above, No. 4. [2] S^{1-2} ratipacca°; in S^2 pa is erased. [3] See Therî-gâthâ, 197-8 and 200-201. [4] SS. Sisappacâlâ always. [5] S^2 pâsaccaṃ. [6] B. sacena; SS. na. [7] S^3 diṭṭhisu. [8] C. saṃsidanti. [9] SS. te. [10] See Therî-gâthâ, 183-4.

Atthi sakya-kule jâto || buddho appaṭipuggalo ||
sabbâbhibhû mâranudo || sabbattham aparâjito ||
sabbatthamutto asito [1] || sabbam passati cakkhumâ || ||
sabbakammakkhayaṃ patto || vimutto upadhisaṅkhaye ||
so mayhaṃ Bhagavâ satthâ || tassa rocemi sâsanan-ti || ||

6. Atha kho Mâro pâpimâ || pe ||

§ 9. *Selâ.*

1. Sâvatthiyaṃ || || Atha kho Selâ bhikkhunî pubbaṇhasamayaṃ nivâsetvâ || pa || aññatarasmiṃ rukkkamûle divâvihâraṃ nisîdi ||

2. Atha kho Mâro pâpimâ Selâya bhikkhuniyâ bhayaṃ || pa || Selaṃ bhikkhuniṃ gâthâya ajjhabhâsi || ||

Ken-idaṃ pakataṃ bimbaṃ || kvan-nu [2] bimbassa kârako ||
kvaṃ ca bimbaṃ samuppannaṃ || kvan-nu bimbaṃ nirujjhatî ti || ||

3. Atha kho Selâya bhikkhuniyâ etad ahosi || || Ko nu khvâyam manusso vâ amanusso vâ gâthaṃ bhâsatî ti || ||

4. Atha kho Selâya bhikkhuniyâ etad ahosi || || Mâro kho ayam pâpimâ mama bhayaṃ chambhitattaṃ lomahaṃsam uppâdetukâmo samâdhimhâ cavetu-kâmo gâthaṃ bhâsatî ti || ||

5. Atha kho Selâ bhikkhunî Mâro ayaṃ pâpimâ iti viditvâ Mâraṃ pâpimantaṃ gâthâhi paccabhâsi [3] || ||

Nayidam attakataṃ bimbaṃ || na yidaṃ parakatam aghaṃ ||
hetuṃ paṭicca sambhûtaṃ || hetubhaṅgâ nirujjhati || ||
Yathâ aññataraṃ bîjaṃ || khette vuttaṃ virûhati ||
pathavîrasañ câgamma [4] || sinehañ ca tad ubhayaṃ ||
evam khandhâ ca dhâtuyo || cha ca âyatanâ ime [5] ||
hetuṃ paṭicca sambhûtâ || hetubhaṅgâ nirujjhare ti [6] || ||

6. Atha kho Mâro pâpimâ jânâti maṃ Selâ bhikkhunî ti dukkhî dummano tatth-ev-antaradhâyîti || ||

§ 10. *Vajirâ.*

1. Sâvatthiyaṃ || || Atha kha Vajirâ bhikkhunî pubbaṇhasamayam nivâsetvâ pattacîvaram âdâya Sâvatthiṃ piṇḍâya pâvisi || || Sâvatthiyaṃ piṇḍâya caritvâ pacchâbhattaṃ

---

[1] C. anissito. [2] B. Kvaci here and further on. [3] S[3] ajjhabhâsi. [4] SS. °rasañca âgamma. [5] SS. châyatanâ ime pana. [6] SS. nirujjhanti.

piṇḍapâta-paṭikkantâ yena andhavanaṃ ten - upasaṅkami divâvihârâya || andhavanam ajjhogahetvâ aññatarasmiṃ rukkhamûle divâvihâraṃ nisîdi || ||

2. Atha kho Mâro pâpimâ Vajirâya bhikkhuniyâ bhayaṃ chambhitatthaṃ lomahaṃsam uppâdetu-kâmo samâdhimhâ câvetu-kâmo yena Vajirâ bhikkhunî ten-upasaṅkami || || Upasaṅkamitvâ Vajiram bhikkhuniṃ gâthâya ajjhabhâsi || ||

3. Kenâyaṃ pakato satto || kuvam [1] sattassa kârako ||
kuvaṃ satto samuppanno || kuvaṃ satto nirujjhatî ti || ||

4. Atho kho Vajirâya bhikkuniyâ etad ahosi || || Ko nu khvâyaṃ manusso vâ amanusso vâ gâthaṃ bhâsatî ti ||

5. Atha kho Vajirâya bhikkhuniyâ etad ahosi || || Mâro kho ayam pâpimâ mama bhayaṃ chambhitattaṃ lomahaṃsam uppâdetu-kâmo samâdimhâ câvetu-kâmo gâthaṃ bhâsatî ti || ||

6. Atha kho Vajirâ bhikkhunî || Mâro ayam pâpimâ iti || viditvâ Mâraṃ pâpimantaṃ gâthâya paccabhâsi [2] || ||

Kinnu satto ti [3] paccesi || mâradiṭṭhigataṃ nu te [4] || ||
suddhasaṅkhârapuñjo yaṃ || nayidha sattûpalabbhati || ||
yathâ hi aṅgasambhârâ || hoti saddo ratho iti || ||
evaṃ khandhesu santesu || hoti satto ti sammuti || ||
dukkham eva hi sambhoti || dukkhaṃ tiṭṭhati veti ca ||
nâññatra dukkhâ sambhoti || nâññaṃ dukkhâ nirujjhatî
ti || ||

7. Atha kho Mâro pâpimâ || jânâti maṃ Vajirâ bhikkhunî ti || dukkhî dummano tatth-ev-antaradhâyîti || ||

Bhikkhunî-saṃyuttaṃ samattaṃ || ||

Tass-uddânaṃ || ||

Âḷavikâ [5] ca Somâ ca || Gotamî Vijayâ saha [6] ||
Uppalavaṇṇâ ca Câlâ [7] || Upacâlâ Sîsupacâlâ [8] ||
Selâ [9] Vajirâya te dasâ ti || ||

---

[1] SS. kvaṃ always. [2] S^{1-2} ajjhabhâsi. [3] SS. sattosi. [4] S^{1-2} seem to have hatannute. [5] SS. âḷaviyâ. [6] B. sâmâ (perhaps sâha). [7] SS. Câlâyâ sattamaṃ. [8] B. Sîsûpacâlâ; SS. Sîsappa°. [9] S^{3} Sesâ; omitted by S^{1}.

BOOK VI.—BRAHMA-SAṂYUTTAM.

CHAPTER I. PAṬHAMO-VAGGO.

§ 1. *Âyâcanam.*

1. Evaṃ me sutam ekaṃ samayam Bhagavâ Uruvelâyaṃ viharati najjâ Nerañjarâya tîre Ajapâla-nigrodha-mûle[1] paṭhamâbhisambuddho || ||

2. Atha kho Bhagavato rahogatassa patisallînassa evaṃ cetaso parivitakko udapâdi || ||

3. Adhigato kho myâyaṃ dhammo gambhîro duddaso duranubodho santo paṇîto atakkâvacaro nipuṇo paṇḍitavedanîyo || || Âlayarâmâ kho panâyaṃ pajâ âlayaratâ âlayasamuditâ || âlayarâmâya kho pana pajâya âlayaratâya âlayasamuditâya duddasaṃ[2] idaṃ ṭhânam || yad idam idappaccayatâ paṭiccasamuppâdo || || Idam pi[3] kho[4] ṭhânaṃ duddasaṃ || yad idaṃ sabbasaṅkârasamatho sabbupadhipaṭinissaggo taṇhakkhayo virâgo nirodho nibbânaṃ[5] || || Ahañceva kho pana dhammaṃ deseyyaṃ || pare ca me na âjâneyyuṃ[6] || so mamassa kilamatho || sâ mamassa vihesâ ti || ||

4. Apissudaṃ[7] Bhagavantam imâ[8] acchariyâ[9] gâthâyo paṭibhaṃsu pubbe assutapubbâ || ||

Kicchena me adhigataṃ || halandâni pakâsituṃ ||
râgadosaparetehi || nâyaṃ dhammo susambuddho || ||
paṭisotagâmiṃ nipuṇaṃ || gambhîram duddasam aṇuṃ ||
râgarattâ na dakkhinti[10] || tamokkhandhena âvutâ ti[11] || ||

---

[1] B. ajapâlanigrodhe. [2] B. sududdasam. [3] SS. hi. [4] S^2 omits kho. [5] SS. nibbânanti. [6] SS. ajâneyyuṃ. [7] S^2 and C. apissu; B. apisu. [8] S^3 imâya; S^1 imâ imâ. [9] So S^{1-2}; B. anacchariyâ; C. anacchiriyâ (explaining anu acchariyâ). [10] B. dakkhanti always. [11] S^2 âvatâ°; S^3 âvaṭâ°; C. âvuttâ°; S^1 °kkhandho na âvarâ ti.

5. Iti[1] Bhagavato paṭisañcikkhato appossukkatâya cittaṃ namati no dhammadesanâya || ||

6. Atha kho Brahmuno sahampatissa Bhagavato cetasâ ceto parivitakkam aññâya etad ahosi || || Nassati vata bho loko vinassati vata bho loko || yatra hi nâma Tathâgatassa arahato sammâsambuddhassa appossukkatâya cittaṃ namati no dhamma-desanâyâ ti || ||

7. Atha kho Brahmâ sahampati seyyathâpi nâma balavâ puriso sammiñjitaṃ vâ bâhaṃ pasâreyya pasâritaṃ vâ bâhaṃ sammiñjeyya || evam evaṃ brahmaloke antarahito Bhagavato purato pâtur ahosi || ||

8. Atha kho Brahmâ sahampati ekaṃsaṃ uttarâsaṅgaṃ karitvâ dakkhiṇa-jânu-maṇḍalaṃ pathaviyaṃ nihantvâ yena Bhagavâ ten-añjaliṃ paṇâmetvâ Bhagavantam etad avoca || ||

Desetu bhante[2] Bhagavâ dhammaṃ desetu Sugato dhammaṃ || Santi[3] sattâ apparajakkhajâtikâ[4] assavanatâ[5] dhammassa parihâyanti[6] bhavissanti dhammassa aññâtâro ti || ||

9. Idam avoca Brahmâ sahampati || idaṃ vatvâ athâparam etad avoca || ||

Pâtur ahosi Magadhesu pubbe ||
dhammo asuddho samalehi cintito ||
avâpur-etaṃ[7] amatassa dvâraṃ ||
suṇantu dhammaṃ vimalenânubuddhaṃ || ||
Sele yathâ pabbata-muddhani ṭhito ||
yathâ pi passe janataṃ[8] samantato ||
tathûpamaṃ dhammamayaṃ sumedha— ||
pâsâdam âruyha samantacakkhu ||
sokâvatiṇṇaṃ janatam[9] apetasoko
avekkhassu jâtijarâbhibhûtan-ti || ||
[Uṭṭhehi vîra vijitasaṅgâma ||
satthavâha anaṇa vicara loke ||
Desetu Bhagavâ dhammam || aññâtâro bhavissantî ti[10] || ||]

---

[1] B. adds ha. [2] B. omits bhante. [3] B. adds dha. [4] S³ °rajakkhi°. [5] SS. assavantâ (see above, Mâra-S. I. 5). [6] S² pahâyanti. [7] B. C. apâpure°. [8] S¹⁻² jantum; S³ jantam corrected into janataṃ. [9] S¹ jataṃ; S² taṃ. [10] This gâthâ is to be found in B. only.

10. Atha kho Bhagavâ Brahmuno ca ajjhesanaṃ viditvâ sattesu ca kâruññataṃ paṭicca buddhacakkhunâ lokaṃ volokesi || ||

11. Addasâ kho Bhagavâ buddhacakkhunâ lokaṃ volokento satte apparajakkhe mahârajakkhe tikkhindriye mudindriye[1] svâkâre dvâkâre suviññâpaye duviññâpaye[2] appekacce para-loka-vajja-bhaya-dassâvino viharante || ||

12. Seyyathâpi nâma uppaliniyaṃ vâ paduminiyaṃ vâ puṇḍarîkiniyaṃ vâ appekaccâni uppalâni vâ padumâni vâ puṇḍarîkâni vâ udake jatâni udake samvaddhâni[3] udakânuggatâni anto-nimuggaposîni[4] || appekaccâni uppalâni vâ padumâni vâ puṇḍarikâni vâ udake jâtâni udake samvaddhâni samodakam ṭhitâni || appekaccâni uppalâni vâ padumâni vâ puṇḍarîkâni vâ udake jâtâni udake samvaddhâni udakâ[5] accuggamma tiṭṭhanti[6] anupalittâni udakena || Evam eva Bhagavâ buddhacakkhunâ lokaṃ volokento addasa satte apparajakkhe mahârajakkhe tikkhindriye mudindriye svâkâre dvâkâre suviññâpaye duviññâpaye appekacce paralokavajjabhayadassâvino viharante || ||

13. Disvâna Brahmânam sahampatiṃ gâthâya paccabhâsi || ||

> Apârutâ tesam amatassa dvârâ[7] ||
> ye sotavanto pamuccantu saddhaṃ ||
> vihiṃsasaññî[8] paguṇam na bhâsiṃ[9] ||
> dhammaṃ paṇitam manujesu Brahme ti || ||

14. Atha kho[10] Brahmâ sahampati || katâvakâso kho mhi Bhagavato dhammadesanâyâ ti || Bhagavantam abhivâdetvâ padakkhiṇaṃ katvâ tatth-ev-antaradhâyî ti[11] || ||

§ 2. *Gâravo.*

1. Evaṃ me sutam ekaṃ samayaṃ Bhagavâ Uruvelâyaṃ viharati najjâ Nerañjarâya tîre Ajapâla-nigrodhe pathamâbhisambuddho || ||

---

[1] S1-2 mutindriye. [2] B. omits dvâkâre duviññâpaye here and further on. [3] S3 samvaṭṭâni here and further on. [4] So C.; S2 °posinî; S1 °lepâsinî; B. °âpesini. [5] SS. udakaṃ°. [6] B. ṭhitâni. [7] SS. add Brahmâ. [8] S1-2 vihiññâsaññî. [9] B. C. nabhâsi. [10] S2-3 omit kho. [11] The same text is to be found in the Mahâvaggo of the Vinaya at the beginning where it is entitled: Brahmâyâcana-gâthâ.

2. Atha kho Bhagavato rahogatassa paṭisallînassa evaṃ cetaso parivitakko udapâdi || || Dukkhaṃ kho agâravo viharati appatisso || kannu[1] khvâham samaṇaṃ vâ brâhmaṇaṃ vâ sakkatvâ garukatvâ[2] upanissâya vihareyyan-ti || ||

3. Atha kho Bhagavato etad ahosi || || Aparipuṇṇassa kho sîlakkhandhassa paripûriyâ aññaṃ samaṇaṃ vâ brâhmaṇaṃ vâ sakkatvâ garukatvâ upanissâya vihareyyaṃ || na kho panâham passami sadevake loke samârake sabrahmake sassamaṇa-brâhmaṇiyâ pajâya sadevamanussâya attanâ sîlasampannataraṃ aññaṃ samaṇaṃ vâ brâhmaṇaṃ vâ yam ahaṃ sakkatvâ garukatvâ upanissâya vihâreyyaṃ ||

4. Aparipuṇṇassa kho[3] samâdhikkhandhassa pâripuriyâ aññaṃ samaṇaṃ vâ brâhmaṇaṃ vâ sakkatvâ gurukatvâ upanissâya vihareyyaṃ° || ||

5. Aparipuṇṇassa kho paññakkhandhassa pâripûriyâ° || ||

6. Aparipuṇṇassa kho vimuttikkhandhassa pâripuriyâ || pe ||

7. Aparipuṇṇassa kho vimuttiññâṇa-dassanakkhandhassa pâripûriyâ aññaṃ samaṇaṃ vâ brâhmaṇaṃ vâ sakkatvâ garukatvâ upanissâya vihareyyaṃ || na kho panâhaṃ passâmi sadevake loke samârake sabrahmake sassamaṇabrâhmaṇiyâ pajâya sadevamanussâya attanâ vimuttiññâṇa-dassanasampannataram aññaṃ samaṇaṃ vâ brahmaṇaṃ vâ yam ahaṃ sakkatvâ garukatvâ upanissâya vihareyyaṃ || ||

8. Yaṃ nûnâhaṃ yvâyaṃ[4] dhammo mayâ abhisambuddho tam eva dhammaṃ sakkatvâ garukatvâ upanissâya vihareyyan-ti || ||

9. Atha kho Brahmâ sahampati Bhagavato cetasâ cetoparivitakkam aññâya seyyathâpi nâma balavâ puriso sammiñjitaṃ vâ bâhaṃ pasâreyya pasâritaṃ vâ bâhaṃ sammiñjeyya || evam evam Brahmaloke antarahito Bhagavato purato pâtur ahosi || ||

10. Atha kho Brahmâ sahampati ekaṃsam uttarâsaṅgam karitvâ yena Bhagavâ ten-añjaliṃ paṇâmetvâ Bhagavantam etad avoca || ||

---

[1] B. kathaṃ nu. [2] B. garuṃ° always. [3] SS. omit kho. [4] SS. svâyaṃ.

11. Evam etaṃ Bhagavâ evam etaṃ Sugata || ye pi te bhante ahesuṃ atîtam addhânaṃ arahanto sammâsambuddhâ || te pi bhagavanto dhammaññeva sakkatvâ garukatvâ upanissâya vihariṃsu || || Ye pi te bhante bhavissanti anâgatam addhânam arahanto sammâsambuddhâ || te pi bhagavanto dhamaññeva sakkatvâ garukatvâ upanissâya viharissanti || || Bhagavâ pi bhante etarahi[1] arahaṃ sammâsambuddho dhammaññeva sakkatvâ garukatvâ upanissâya viharatû ti || ||

12. Idam avoca Brahmâ sahampati || idam vatvâna athâparam etad avoca || ||

Ye ca atîtâ[2] sambuddhâ || ye ca buddhâ anâgatâ ||
yo c-etarahi[3] sambuddho || bahunnaṃ sokanâsano || ||
sabbe saddhammagaruno || vihariṃsu[4] viharanti ca ||
atho[5] pi viharissanti || esâ buddhânaṃ[6] dhammatâ || ||
tasmâ hi atthakâmena || mahattam abhikaṅkhatâ ||
saddhammo garukâtabbo || saraṃ buddhânasâsananti || ||

§ 3. *Brahmadevo.*

1. Evaṃ me sutam ekaṃ samayaṃ Bhagavâ Sâvatthiyaṃ viharati Jetavane Anâthapiṇḍikassa ârâme ||

2. Tena kho pana samayena aññatarissâ brâhmaṇiyâ Brahmadevo nâma putto Bhagavato santike agârasmâ[7] anagâriyaṃ pabbajito hoti || ||

3. Atha kho âyasmâ Brahmadevo eko vûpakaṭṭho appamatto âtâpî pahitatto viharanto na cirasseva yassatthâya kulaputtâ[8] sammad-eva agârasmâ anagâriyaṃ pabbajanti || tadanuttaram brahmacariya-pariyosânaṃ diṭṭheva dhamme sayam abhiññâ sacchikatvâ upasampajja vihâsi || || Khîṇâ jâti vûsitaṃ brahmacariyaṃ kataṃ karaṇîyaṃ nâparam itthattâyâ ti abbhaññâsi || || Aññataro ca panâyasmâ Brahmadevo arahatam ahosi[9] || ||

4. Atha kho âyasmâ Brahmadevo pubbaṇhasamayaṃ nivâsetvâ pattacîvaram âdâya Sâvatthiyaṃ piṇḍâya pâvisi || Sâvatthiyaṃ sapadânam piṇḍâya caramâno yena saka-mâtunivesanaṃ ten-upasaṅkami || ||

---

[1] S[2] etthaki. [2] S[2-3] ye cabbhatîtâ; S[1] ye cabahatîtâ. [3] S[1-2] yo (S[2] yc) carecarahi. [4] B. vihaṃsu. [5] B. athâ. [6] SS. buddhâna°. [7] SS. agârasmâ. [8] S[3] kulaputto. [9] SS. ahosîti.

5. Tena kho pana samayena âyasmato Brahmadevassa mâtâ brâhmaṇî Brahmuno âhutiṃ niccaṃ paggaṇhâti ||

6. Atha kho Brahmuno sahampatissa etad ahosi || || Ayaṃ kho âyasmato Brahmadevassa mâtâ brâhmaṇî Brahmuno âhutiṃ niccaṃ paggaṇhâti || yaṃ nûnâhaṃ tam[1] upasaṅkamitvâ saṃvejeyyan-ti || ||

7. Atha kho Brahmâ sahampati seyyathâpi nâma balavâ puriso sammiñjitaṃ vâ bâhaṃ pasâreyya || pasâritaṃ vâ bâhaṃ sammiñjeyya || evam evaṃ Brahmaloke antarahito âyasmato Brahmadevassa mâtu-nivesane pâtur ahosi || ||

8. Atha kho Brahmâ sahampati vehâsaṃ ṭhito âyasmato Brahmadevassa mâtaraṃ brâhmaṇiṃ gâthâhi ajjhabhâsi || ||

Dûre ito brâhmaṇi brahmaloko[2] ||
yassâhutiṃ paggaṇhâsi niccaṃ ||
n-etâdiso[3] brâhmaṇi brahmabhakkho ||
kiṃ jappasi brahmapatham ajânantî[4] || ||
Eso hi te brâhmaṇi brahmadevo ||
ṇirupadhiko atidevapatto[5] ||
akiñcano bhikkhu anaññaposiyo[6] ||
te so[7] piṇḍâya gharaṃ paviṭṭho || ||
Âhuneyyo[8] vedagû bhâvitatto ||
narânaṃ devânaṃ ca dakkhiṇeyyo ||
bâhitvâ[9] pâpâni anupalitto[10] ||
ghâsesanaṃ iriyati sîtibhûto || ||
Na tassa pacchâ na purattham atthi ||
santo vidhûmo anigho nirâso[11] ||
nikkhittadaṇḍo tasathâvaresu ||
so tyâhutiṃ[12] bhuñjatu aggapiṇḍaṃ || ||
Visenibhûto upasantacitto ||
nâgo va danto carati anejo[13] ||
bhikkhu susîlo suvimuttacitto ||
so tyâhutiṃ bhuñjatu aggapiṇḍaṃ || ||
Tasmiṃ pasannâ avikampanâ ||

---

1 S^{2-3} omit taṃ; S^{1} yannûnâhaṃ. 2 S^{1-2} °loke. 3 S^{1-2} paggaṇhâtisiniccannodiso (S^{1} niccantâdiso). 4 B. kî°; S^{2} (perhaps S^{3}) jappasî; S^{3} B. ajânanti. 5 S^{2} nirupadhi: S^{1-3} nirupadhiṃ; S^{1-3} atidevo ca patto; C. attidevaputto. 6 C. °posî yo; S^{2} posiṃ. 7 S^{2-3} to se. 8 S^{3} C. âhuṇeyyo. 9 SS. bâhetvâ. 10 S^{2} anûpalitto; S^{1} anûlitto. 11 S^{1-2} nivâso. 12 S^{1} sotâhutiṃ, further on sottâ°. 13 S^{1-2} anojo; C. anejjo.

patiṭṭhapehi dakkhiṇaṃ dakkhiṇeyye[1] ||
karohi puññaṃ sukham âyatikaṃ || ||
disvâ muniṃ brahmaṇi oghatiṇṇan-ti[2] || ||

9. Tasmiṃ pasannâ avikampamânâ ||
patiṭṭhapesi dakkhiṇaṃ dakkhiṇeyye ||
akâsi[3] puññaṃ sukham âyatikaṃ ||
disvâ munim[4] brâhmaṇî[5] oghatiṇṇan-ti || ||

§ 4. *Bako brahmâ.*

1. Evam me sutam ekaṃ samayaṃ Bhagavâ Sâvatthiyaṃ viharati Jetavane Anâthapiṇḍikassa ârâme || ||

2. Tena kho pana samayena Bakassa brahmuno[6] evarûpaṃ pâpakaṃ diṭṭhigataṃ uppannaṃ hoti || || Idaṃ niccaṃ idaṃ dhuvaṃ || idaṃ sassataṃ idaṃ kevalaṃ idam acavanadhammaṃ || idaṃ hi na jâyati na jîyati na mîyati na cavati na uppajjati[7] || ito ca[8] pan-aññam uttariṃ nissaraṇaṃ[9] natthîti || ||

3. Atha kho Bhagavâ Bakassa brahmuno cetasâ cetoparivitakkam aññâya seyyathâpi nâma balavâ puriso sammiñjitaṃ vâ bâhaṃ pasâreyya pasâritaṃ vâ bâhaṃ sammiñjeyya || evam eva Jetavane antarahito tasmiṃ brahmaloke pâtur ahosi || ||

4. Addasâ kho Bako brahmâ Bhagavantam dûrato va âgacchantaṃ || disvâna Bhagavantam etad avoca || ||

Ehi kho mârisa svâgataṃ te mârisa[10] cirassaṃ kho mârisa imaṃ pariyâyam akâsi yad idaṃ idhâgamanâya || || Idaṃ hi mârisa niccam idaṃ dhuvam idaṃ sassatam idaṃ kevalam idam acavanadhammaṃ || idaṃ hi na jâyati na jîyati na mîyati na cavati na uppajjati || ito ca pan-aññaṃ uttariṃ nissaraṇaṃ natthî ti || ||

5. Evaṃ vutte Bhagavâ Bakam brahmânam idam[11] avoca || ||

Avijjâgato vata bho Bako brahmâ avijjâgato vata bho Bako brahmâ || || Yatra hi nâma aniccam yeva samânaṃ niccan-ti vakkhati || adhuvaṃ yeva samânaṃ dhuvan-ti vakkhati || Asassataṃ yeva[12] samânaṃ sassatan-ti vakkhati ||

---

[1] S³ dakkhiṇeyyaṃ. [2] SS. omit ti. [3] B. karoti. [4] SS. munî. [5] S¹-³ brâhmaṇi; B. brahmaṇaṃ. [6] S³ brahmuṇo always. [7] B. upapajjati always. [8] SS. omit ca. [9] B uttari always; S¹-² nissaraṇiṃ always. [10] S¹ kho instead of te; S²-³ omit svâgataṃ te mârisa. [11] B. etad. [12] SS. aniccaññeva° addhuvaññeva° asassataññeva°, further on °dhammaññeva.

akevalaṃ yeva samânaṃ kevalan-ti vakkha-ti || cavana-dhammaṃ yeva samânaṃ acavana-dhamman-ti vakkhati || || Yattha ca pana jayati ca jîyati ca mîyati ca cavati ca uppajjati ca taṃ ca tathâ [1] vakkhati idaṃ hi na jâyati na jîyati na mîyati na cavati na uppajjati santañ ca pan-aññam uttariṃ nissaraṇaṃ n-atth-aññaṃ uttariṃ nissaraṇan-ti vakkhatî ti || ||

6. Dvâsattati Gotama puññakammâ ||
vasavattino jâtijaram [2] atîtâ ||
ayam antimâ vedagû brahmuppatti ||
asmâbhi jappanti [3] janâ anekâ ti || ||

7. Appaṃ hi etaṃ na hi dîgham âyu [4] ||
yaṃ tvaṃ Baka maññasi dîgham âyu ||
sataṃ sahassânam nirabbudânaṃ ||
âyu [5] pajânâmi tavâham [6] brahme ti || ||

8. Anantadassî Bhagavâham asmi ||
jâtijaraṃ sokam upâtivatto ||
kiṃ me purâṇaṃ vata sîlavattaṃ [7] ||
âcikkham etaṃ yam ahaṃ vijaññâ [8] || ||

9. Yaṃ tvam apâyesi bahû manusse ||
pipâsite ghammani samparete [9] ||
tan-te purâṇaṃ vata sîlavattaṃ ||
suttappabuddho va [10] anussarâmi || ||

Yam eṇikulasmiṃ [11] janaṃ gahîtaṃ ||
amocayî gayhakaṃ niyyamânaṃ ||
tan-te purâṇaṃ vata sîlavattaṃ ||
suttappabuddho va anussarâmi || ||

Gaṅgâya sotasmiṃ gahîta-nâvaṃ ||
luddena nâgena [12] manussakamyâ [13] ||
pamocayitthâ [14] balasâ [15] pasayha ||
tan-te purâṇaṃ vata sîlavattaṃ ||
suttappabuddho va anussarâmi || ||

---

[1] SS. taṃ ca vata (S[1] omits ca). [2] B. jâtiṃ°. [3] C. tasmâ°. [4] S[2]-[3] âyuṃ here and further on. [5] B. and C. âyuṃ. [6] SS. tvâhaṃ. [7] C. sîlavatam ; S[1] sîla-vantaṃ (?) always. [8] B. vijaññaṃ. [9] S[1] adds na. [10] B. inserts m here and further on. [11] S[2] eṇî°; S[3] vaṇi°. [12] S[1]-[3] C. luddhena; S[2] ludovânnâgena. [13] C. manussakappâ. [14] So B.; S[1]-[2] amocayittha; S[3] amocayi tvaṃ. [15] S[3] balâsâ ; B. balavâ.

Kappo ca te baddhacaro ahosiṃ[1] ||
sambuddhivantaṃ[2] va ti nam amaññiṃ[3] ||
tan-te purâṇaṃ vata sîlavattaṃ ||
suttappabuddho va anussarâmi || ||
10. Addhâ pajânâsi mam-etam âyuṃ ||
aññam[4] pi jânâsi tathâ[5] hi buddho ||
tathâ hi tyâyam[6] jalitânubhâvo ||
obhâsayaṃ tiṭṭhati brahmalokan-ti[6] || ||

§ 5. *Aparâ diṭṭhi.*

1. Sâvatthi nidânaṃ || ||

2. Tena kho pana samayena aññatarassa brahmuno eva-rûpaṃ pâpakaṃ diṭṭhigatam uppannaṃ hoti || || Natthi so samaṇo vâ brâhmaṇo vâ yo idha âgaccheyyâ ti || ||

3. Atha kho Bhagavâ tassa brahmuno cetasâ ceto-parivitakkam aññâya seyyathâpi nâma balavâ puriso || pe || tasmiṃ brahmaloke pâtur ahosi || ||

4. Atha kho Bhagavâ tassa brahmuno upari vehâsaṃ pallaṅkena nisîdi tejodhâtuṃ samâpajjitvâ || ||

5. Atha kho âyasmato Mahâ-Moggallânassa etad ahosi || || Kahaṃ nu kho Bhagavâ etarahi viharatî ti || ||

6. Addasâ kho Mahâ-Moggallâno Bhagavantam dibbena cakkhunâ visuddhena atikkantamânusakena tassa brahmuno upari vehâsaṃ pallaṅkena nisinnam tejodhâtuṃ samâpannaṃ || disvâna seyyathâpi nâma balavâ puriso sammiñjitaṃ vâ bâham pasâreyya pasâritaṃ vâ bâham sammiñjeyya evam evaṃ Jetavane antarahito tasmim brahmaloke pâtur ahosi || ||

7. Atha kho âyasmâ Mahâ-Moggallâno puratthimaṃ disaṃ nissâya[8] tassa brahmuṇo upari vehâsam pallaṅkena nisîdi tejodhâtuṃ samâpajjitvâ nîcataram[9] Bhagavato || ||

8. Atha kho âyasmato Mahâ-Kassapassa etad ahosi || || Kahaṃ nu kho Bhagavâ etarahi viharatîti || || Addasâ kho ayasmâ Mahâ-Kassapo Bhagavantam dibbena cakkhunâ || pa || Disvâna seyyathâpi nâma balavâ puriso || pa || evam evaṃ

---

[1] C. paṭṭhacaro; B. ahosi. [2] S¹-³ °vattaṃ. [3] B. amañña; C. maññaṃ. [4] B. C. aññe. [5] S¹-² jânâsitthâ. [6] B. tâyaṃ. [7] The MS. of the British Museum (S²) could not be used further on; henceforth the notation S² will not be met with, nor SS. except in a few instances. [8] S¹-² upanissâya. [9] S¹-² nîcatarakaṃ always.

Jetavane antarahito tasmiṃ brahmaloke pâtur ahosi || Atha kho âyasmâ Mahâ-Kassapo dakkhiṇaṃ disaṃ nissâya tassa brahmuno upari vehâsaṃ pallaṅkena nisîdi tejodhâtuṃ samâpajjitvâ nîcataraṃ Bhagavato || ||

9. Atha kho Mahâ-Kappinassa etad ahosi || Kahaṃ nu kho Bhagavâ etarahi viharatî ti || ||

10. Addasâ kho âyasmâ Mahâ-Kappino Bhagavantaṃ dibbena cakkhunâ || pa || tejodhâtuṃ samâpannaṃ || || Disvâna seyyathâpi nâma balavâ puriso || pa || evam evaṃ Jetavane antarahito tasmiṃ brahmaloke pâtur ahosi || || Atha kho âyasmâ Mahâ-Kappino pacchimam disam nissâya tassa brahmuno upari vehâsaṃ pallaṅkena nisîdi tejodhâtum samâpajjitvâ nîcataraṃ Bhagavato || ||

11. Atha kho âyasmato Anuruddhassa etad ahosi || || Kahaṃ nu kho Bhagavâ etarahi viharatî ti || || Addasâ kho âyasmâ Anuruddho || pa || tejodhâtuṃ samâpannaṃ || Disvâna seyyathâpi nâma balavâ puriso || pa || tasmiṃ brahmaloke pâtur ahosi || || Atha kho âyasmâ Anuruddho uttaraṃ disaṃ nissâya tassa brahmuno upari vehâsaṃ pallaṅkena nisîdi tejodhâtuṃ samâpajjitvâ nîcataraṃ Bhagavato || ||

12. Atha kho âyasmâ Mahâ-Moggalâno tam brahmânam gâthâya ajjhabhâsi || ||

Ajjâpi te âvuso sâ diṭṭhi || yâ te diṭṭhi pure ahu ||
passasi vîtivattantam || brahmaloke pabhassaran-ti || ||

13. Na me mârisa sâ diṭṭhi || yâ me diṭṭhi pure ahu ||
passâmi vîtivattantam || brahmaloke pabhassaraṃ ||
svâhaṃ[1] ajja kathaṃ vajjaṃ || ahaṃ nicco mhi sassato ti || ||

14. Atha kho Bhagavâ tam brahmânaṃ samvejetvâ seyyathâpi nâma balavâ puriso sammiñjitaṃ vâ bâhaṃ pasâreyya || pasâritaṃ vâ bâhaṃ sammiñjeyya || evam evaṃ tasmiṃ brahmaloke antarahito Jetavane pâtur ahosi || ||

15. Atha kho so brahmâ aññataraṃ brahmapârisajjam âmantesi || || Ehi tvaṃ mârisa yenâyasmâ Mahâ-Moggallâno ten-upasaṅkama || upasaṅkamitvâ âyasmantaṃ Mahâ-Moggallânam evaṃ vadehi || || Atthi nu kho mârisa Moggalâna aññe pi tassa Bhagavato sâvakâ evam mahiddhikâ

[1] S[1-2] sohaṃ.

evam mahânubhâvâ seyyathâpi bhavaṃ Moggallâno Kassapo Kappino Anuruddho ti || ||

16. Evam mârisâ ti kho so brahmapârisajjo tassa brahmuno paṭissutvâ[1] yenâyasmâ Mahâ-Moggallâno ten-upasâṅkami || ||

17. Upasaṅkamitvâ Mahâ-Moggallânam etad avoca || || Atthi nu kho mârisa Moggalâna aññe pi tassa Bhagavato sâvakâ evam-mahiddhikâ evam mahânubhâvâ seyyathâpi bhavam Moggallâno Kassapo Kappino Anuruddho ti || ||

18. Atha kho âyasmâ Mahâ-Moggallâno taṃ brahmapârisajjaṃ gâthâya ajjhabhâsi || ||

Tevijjâ iddhippattâ ca || ceto-pariyâya-kovidâ ||
khîṇâsavâ arahanto || bahû buddhassa sâvakâ ti || ||

19. Atha kho brahmapârisajjo âyasmato Mahâ-Moggallânassa bhâsitam abhininditvâ anumoditvâ yena so Mahâ-Brahmâ ten-upasaṅkami || Upasaṅkamitvâ tam brahmânam etad avoca|| || Âyasmâ mârisa Mahâ-Moggallâno evam âha|| ||

Tevijjâ iddhippattâ ca || ceto-pariyâya-kovidâ ||
khîṇâsavâ arahanto || bahû buddhassa sâvakâ ti || ||

20. Idam avoca so brahmapârisajjo || attamano ca so brahmâ tassa brahmapârisâjjassa bhâsitam abhinandî ti || ||

§ 6. *Paṃâdam.*

1. Sâvatthi nidânaṃ || ||

2. Tena kho pana samayena Bhagavâ divâvihâragato hoti paṭisallîno || ||

3. Atha kho Subrahmâ ca paccekabrahmâ Suddhavâso ca paccekabrahmâ yena Bhagavâ ten-upasaṇkamiṃsu || || Upasaṅkamitvâ pacceka[2]-dvârabâham upanissâya[3] aṭṭhaṃsu || ||

4. Atha kho Subrahmâ paccekabrahmâ Suddhavâsaṃ paccekabrahmânam etad avoca || || Akâlo kho tâva mârisa Bhagavantam payirûpâsituṃ || divâvihâragato Bhagavâ paṭisallîno ca asuko ca[4] brahmaloko iddho c-eva phito ca || brahmâ ca tatra pamâda-vihâraṃ viharati || || Âyâma mârisa yena so brahmaloko ten-upasaṅkamissâma || upasaṅkamitvâ tam brahmânaṃ saṃvejeyyâmâ ti[5] || ||

---

[1] B. paṭissuṇitvâ. [2] S$^{1-3}$ paccekaṃ. [3] S$^{1-3}$ upanissâya. [4] S$^{1-3}$ asuka, omitting ca before and after. [5] S$^{1-3}$ °jessâmâ°.

5. Evam mârisâ ti kho Suddhavâso paccekabrahmâ Subrahmuno paccekabrahmuno paccassosi || ||

6. Atha kho Subrahmâ ca paccekabrahmâ Suddhavâso ca paccekabrahmâ seyyathâpi nâma balavâ puriso || pa || evam evam Bhagavato purato antarahitâ tasmiṃ loke pâtur ahesuṃ[1] || ||

7. Addasâ kho so brahmâ te brahmâno dûrato va âgacchante || || Disvâna te brahmâno[2] etad avoca || || Handa kuto nu tumhe mârisâ âgacchathâ ti || ||

8. Atha kho mayaṃ[3] mârisa âgacchâma tassa Bhagavato arahato sammâsambuddhassa santikâ[4] || gaccheyyâsi[5] pana tvaṃ mârisa tassa Bhagavato upaṭṭhânam arahato sammâsambuddhassâ ti || ||

9. Evam vutto[6] kho so brahmâ taṃ vacanaṃ anadhivâsento sahassakkhattuṃ attânam abhinimminitvâ Subrahmânam paccekabrahmânam etad avoca || || Passasi me no[7] tvam mârisa evarûpam iddhânubhâvan-ti || ||

10. Passâmi no[8] tyâham mârisa evarûpam iddhânubhâvan-ti ||

11. So khvâham mârisa evam mahiddhiko evam mahânubhâvo kassa aññassa samaṇassa vâ brâhmaṇassa vâ upaṭṭhânaṃ gamissâmîti || ||

12. Atha kho Subrahmâ paccekabrahmâ dvisahassakkhattum attânam abhinimminitvâ taṃ brahmânam etad avoca || || Passasi me no tvam mârisa evarûpam iddhânubhâvan-ti || ||

13. Passâmi kho tyâham mârisa evarûpam iddhânubhâvanti || ||

14. Tayâ ca kho mârisa mayâ ca sveva Bhagavâ mahiddhikataro c-eva mahânubhâvataro ca || gaccheyyâsi tvam mârisa tassa Bhagavato upaṭṭhânam arahato sammâsambuddhassâ ti || ||

15. Atha kho so brahmâ Subrahmânam paccekabrahmânaṃ gâthâya ajjhabhâsi || ||

---

[1] S[1-3] ahaṃsu. [2] S[1-3] brahmuno. [3] S[3] ato. [4] S[1-3] Bhagavato santikâ arahato°. [5] B gacchasi. [6] S[1-3] vutte. [7] S[1-3] omit no. [8] S[1-3] kho instead of no.

Tayo ca supaṇṇâ caturo ca haṃsâ ||
vyagghînisâ pañcasatâ ca jhâyino ||
tayidaṃ vimânaṃ jalate va brahme ||
obhâsayaṃ uttarassaṃ disâyan-ti || ||

16. Kiñcâpi te taṃ jalate vimânaṃ ||
obhâsayaṃ uttarassaṃ disâyaṃ ||
rûpe raṇaṃ disvâ sadâ pavedhitaṃ ||
tasmâ na rûpe ramati sumedho ti || ||

17. Atha kho Subrahmâ ca paccekabrahmâ Suddhavâso ca paccekabrahmâ taṃ brahmânaṃ saṃvejetvâ tatth-ev-antaradhâyiṃsu || ||

18 Agamâsi ca kho so brahmâ aparena samayena Bhagavato upaṭṭhânam arahato sammâsambuddhassâ ti || ||

§ 7. *Kokâlika* (or *Kokâliya*).

1. Sâvatthi || ||

2. Tena kho pana samayena Bhagavâ divâvihâragato hoti paṭisallîno || ||

3. Atha kho Subrahmâ ca paccekabrahmâ Suddhâvâso ca paccekabrahmâ yena Bhagavâ ten-upasaṅkamiṃsu || upasaṅkamitvâ paccekadvârabâhaṃ nissâya aṭṭhaṃsu || ||

4. Atha kho Subrahmâ paccekabrahmâ Kokâlikaṃ bhikkhum ârabbha Bhagavato santike imaṃ gâtham abhâsi || ||

Appameyyam paminanto || ko dha vidvâ vikappaye[1] || ||
appameyyam pamâyinaṃ[2] || nivutam[3] maññe puthujjananti || ||

§ 8. *Tissako.*

1. Sâvatthi || ||

2. Tena kho pana samayena Bhagavâ divâvihâragato hoti paṭisallîno || ||

3. Atha kho Subrahmâ ca paccekabrahmâ Suddhavâso ca paccekabrahmâ yena Bhagavâ ten-upasaṅkamiṃsu || upasaṅkamitvâ paccekadvârabâhaṃ nissâya aṭṭhamsu || ||

4. Atha kho Suddhâvâso paccekabrahmâ katamodaka-Tissakaṃ[4] bhikkhum ârabbha Bhagavato santike imaṃ gâtham abhâsi || ||

---

[1] S¹-³ vikampaye always. [2] S¹-³ pamâyînaṃ; B. pamâyitam (always). [3] B. nivuttantam always; C. nidhu (*or* cu) tantam. [4] S¹-³ °moraka°.

Appameyyam paminanto || ko dha vidvâ vikappaye'||
appameyyaṃ pamâyinam || nivutam maññe akissavan-ti[1] ||

§ 9. *Tudu brahmâ.*

1. Sâvatthi || ||

2. Tena kho pana samayena Kokâliko[2] bhikkhu âbâdhiko hoti dukkhito bâḷhagilâno || ||

3. Atha kho Tudu[3] paccekabrahmâ abhikkantâya rattiyâ abhikkantavaṇṇo kevalakappam Jetavanam obhâsetvâ yena Kokâliko bhikkhu ten-upasaṅkami ||

4. Upasaṅkamitvâ vehâsaṃ ṭhito Kokâlikaṃ bhikkhum etad avoca || || Pasâdehi Kokâlika Sâriputta-Moggallânesu cittaṃ || pesalâ Sâriputta-Moggallânâ ti || ||

5. Ko si tvam âvuso ti || ||

6. Ahaṃ Tudu paccekabrahmâ ti || ||

7. Nanu tvam âvuso Bhagavatâ anâgâmî byâkato || atha[4] kiñcarahi idhâgato || passa yâvañca te idam aparaddhan-ti || ||

Purisassa hi jâtassa || kuṭhârî[5] jâyate mukhe ||
yâya chindati attânaṃ || bâlo dubbhâsitaṃ bhaṇaṃ || ||
Yo nindiyaṃ pasaṃsati ||
tam vâ nindati yo pasaṃsiyo ||
vicinâti mukhena so kaliṃ ||
kalinâ tena sukhaṃ na vindati || ||
Appamattako[6] ayam kali ||
yo akkhesu dhanaparâjayo ||
sabbassâpi[7] sahâpi[8] attanâ ||
ayam eva mahantataro[9] kali ||
yo Sugatesu manaṃ padosaye || ||
Sataṃ sahassânaṃ nirabbudânam ||
chattiṃsati pañca abbudâni ||
yam ariyagarahî[10] nirayam upeti ||
vâcaṃ mânañca paṇidhâya pâpakan-ti || ||[11]

§ 10. *Kokâliko* (2).

1. Sâvatthi || ||

2. Atha kho Kokâliko bhikkhu yena Bhagavâ ten-

---

[1] S1-3 nivutaṃ tamaṃ aki°. [2] S3 Kokâliyo always; S1 further on. [3] B. turu always. [4] S1 attha. [5] B. C. kudhârî. [6] S1-3 appamattô. [7] C. sabbasâpi. [8] S1-3 sabhâ°. [9] S1 mahattaro; C. mahantaro. [10] B. °garahaṃ. [11] All these gâthas recur in the next sutta, which = Sutta-nipâta III. 10.

upasaṅkami || upasaṅkamitvâ Bhagavantam abhivâdetvâ ekam antaṃ nisîdi ||

3. Ekam antaṃ nisinno kho Kokâliko[1] Bhagavantam etad avoca || || Pâpicchâ bhante Sâriputta-Moggallânâ pâpikânam icchânaṃ vasaṃ gatâ ti || ||

4. Evaṃ vutte Bhagavâ Kokâlikaṃ bhikkhum etad avoca || || Mâ h-evam Kokâlika avaca mâ h-evaṃ Kokâlika avaca[2] || pasâdehi Kokâlika Sâriputta-Moggallânesu cittam || pesalâ Sâriputta-Moggallânâ ti ||

5. Dutiyam pi kho Kokâliko[3] bhikkhu Bhagavantam etad avoca || || Kiñcâpi me bhante Bhagavâ saddhâyiko paccayiko || atha kho pâpicchâ va Sâriputta-Moggallânâ pâpikânam icchânaṃ vasaṃ gatâ ti || ||

6. Dutiyam pi kho Bhagavâ Kokalikam bhikkhum etad avoca || || Mâ hevam Kokâlika avaca mâ hevaṃ Kokâlika avaca || pasâdehi Kokâlika Sâriputta-Moggallânesu cittaṃ || pesalâ Sâriputta-Moggallânâ ti || ||

7. Tatiyam pi kho Kokâliko bhikkhu Bhagavantam etad avoca || la || icchânaṃ vasaṃ gato ti || ||

8. Tatiyam pi kho Bhagavâ Kokâlikaṃ bhikkhum etad avoca || pa || pesalâ Sâriputta-Moggallanâ ti[4] || ||

9. Atha kho Kokâliko bhikkhu uṭṭhâyâsanâ Bhagavantam abhivâdetvâ padakkhiṇaṃ katvâ pakkâmi || ||

10. Acirapakkantassa ca Kokâlikassa bhikkhuno sâsapamattîhi piḷakâhi sabbo kâyo puṭo'ahosi || ||

Sâsapamattiyo hutvâ muggamattiyo ahesuṃ || muggamattiyo hutvâ kaḷâyamattiyo ahesuṃ || kaḷâyamattiyo hutvâ kolaṭṭhimattiyo ahesuṃ || kolaṭṭhimattiyo hutvâ kolamattiyo ahesuṃ || kolamattiyo hutvâ âmalakamattiyo ahesuṃ || âmalakamattiyo hutvâ beluvasalâṭukamattiyo ahesuṃ || beluvasalâṭukamattiyo hutvâ billamattiyo ahesuṃ || billamattiyo hutvâ pabhijjiṃsu pubbañca lohitañca paggghariṃsu || ||

11. Atha kho Kokâliko bhikkhu ten-eva âbâdhena kâlam

---

[1] S[1-3] Kokâliyo always. [2] S[1-3] omit avaca. [3] S[1-3] Kokaliko also here only.
[4] These abridgments are those of B.; those of S[1-3] are little different.

akâsi || kâlaṅkato[1] ca Kokâliko bhikkhu Paduma-nirayam[2] uppajji Sâriputta-Moggallânesu cittam âghâtetvâ || ||

12. Atha kho Brahmâ sahampati abhikkantâya rattiyâ abhikkantavaṇṇo kevalakappam Jetavanam obhâsetvâ yena Bhagavâ ten-upasaṅkami || upasaṅkamitvâ Bhagavantam abhivâdetvâ ekam antam aṭṭhâsi || ||

13. Ekaṃ antaṃ ṭhito kho Brahmâ sahampati Bhagavantam etad avoca || || Kokâliko bhante bhikkhu kâlamakâsi[3] || kâlaṅkato ca bhante Kokâliko bhikkhu Padumanirayaṃ uppanno Sâriputta-Moggallânesu cittam âghâtetvâ ti || ||

14. Idam avoca Brahmâ sahampati || idam vatvâ Bhagavantam abhivâdetvâ padakkhiṇaṃ katvâ tatth-ev-antaradhâyîti || ||

15. Atha kho Bhagavâ tassâ rattiyâ accayena bhikkhû amantesi || ||

Imam bhikkhave rattiṃ Brahmâ sahampati abhikkantâya rattiyâ abhikkantavaṇṇo kevalakappaṃ Jetavanam obhâsetvâ yenâhaṃ ten-upasaṅkami || upasaṅkamitvâ maṃ abhivâdetvâ ekam antam aṭṭhâsi || || Ekam antaṃ ṭhito kho bhikkhave Brahmâ sahampati mam etad avoca || || Kokâliko bhante bhikkhu kâlâmakâsi || kâlaṅkato ca bhante Kokâliko bhikkhu Padumam nirayam uppanno Sâriputta-Moggallânesu cittam âghâtetvâ ti || || Idam avoca bhikkhave Brahmâ sahampati || idaṃ vatvâ mam abhivâdetvâ padakkhiṇaṃ katvâ tatth-ev-antaradhâyî ti || ||

16. Evaṃ vutte aññataro bhikkhu Bhagavantam etad avoca || || Kîvadîghaṃ nu kho bhante[4] Paduma-niraye âyuppamânan-ti || ||

17. Dîgham kho[5] bhikkhu paduma-niraye âyuppamâṇaṃ || na[6] sukaraṃ saṅkhâtum ettakâni vassâni iti vâ ettakâni vassasatâni iti vâ ettakâni vassasahassâni itivâ ettakâni vassasatasahassâni iti vâ ti || ||

18. Sakkâ pana bhante upamâ[7] kâtun-ti || ||

---

[1] S[1-3] kâlakato. [2] B. padumaṃ°. [3] B. kâlaṃ kato here and further on. [4] B. omits bhante. [5] S[1-3] omit kho. [6] S[1] and B. taṃ na. [7] B. upamaṃ.

19. Sakkâ bhikkhû ti Bhagavâ avoca || ||

Seyyathâpi bhikkhu vîsatikhâriko kosalako tilavâho || tato puriso vassasatassa vassasahassa[1] accayena ekam ekaṃ tilam uddhareyya || khippataraṃ kho so bhikkhu vîsatikhâriko kosalako tilavâho iminâ upakkamena parikkhayaṃ pariyâdânam[2] gaccheyya || na tveva eko Abbudo nirayo || seyyathâpi bhikkhu vîsati abbudâ nirayâ[3] evam eko[4] Nirabbudanirayo || seyyathâpi bhikkhu vîsati nirabbudâ nirayâ evam eko Ababo nirayo || seyyathâpi bhikkhu vîsati ababâ nirayâ evam eko Aṭaṭo nirayo || seyyathâpi bhikkhu vîsati aṭaṭâ nirayâ evam eko Ahaho nirayo || seyyathâpi bhikkhu vîsati ahahâ nirayâ evam eko Kumudo nirayo || seyyathâpi bhikkhu vîsati kumudâ nirayâ evam eko Sogandhiko nirayo || seyyathâpi bhikkhu vîsati sogandhikâ nirayâ evam eko Uppalanirayo[5] || seyyathâpi bhikkhu vîsati uppalakâ nirayâ evam eko Puṇḍarîko nirayo || || Seyyathâpi bhikkhu vîsati puṇḍarîkâ nirayâ evam eko Padumo nirayo || || Padumake pana bhikkhu niraye[6] Kokâliko bhikkhu uppanno Sâriputta-Moggalânesu cittam âghâtetvâ ti || ||

20. Idaṃ avoca Bhagavâ || idam vatvâna Sugato athâparam etad avoca satthâ || ||

Purisassa hi jâtassa || kuṭhârî jayate[7] mukhe ||
yâya chindati attânaṃ || bâlo dubbhâsitaṃ bhaṇam || ||
yo nindiyaṃ pasaṃsati || taṃ vâ nindati yo pasaṃsiyo ||
vicinâti mukhena so kaliṃ || kalinâ tena sukhaṃ na vindati || ||

Appamattako ayam kali ||
yo akkhesu dhanaparâjayo ||
sabbassâpi sahâpi[8] attanâ ||
ayam eva mahantataro kali ||
yo Sugatesu manaṃ padosaye || ||
Sataṃ sahassânam nirabbudânaṃ ||
chattiṃsati pañca ca[9] abbudâni ||

---

[1] B. °satassa. [2] S. pariyosânaṃ. [3] B. abbudo nirayo, and so always -o nirayo. [4] S[1-3] evam evam (or eva) kho (S[1] twice; S[3] always). [5] S[1] uppalako nirayo. [6] S[1-3] padumaṃ kho pana° nirayaṃ. [7] S[1-3] jâyatî. [8] B. saṃhâpi. [9] B. S[1-3] va.

yam ariyagarahî nirayam upeti ||
vâcaṃ manañca paṇidhâya pâpakan-ti [1] || ||

Pathamo vaggo || ||

Tass-uddânam || ||

Âyâcanaṃ Gâravo Brahmadevo Bako ca brahmâ ||
Aparâ ca diṭṭhi Pamâdaṃ Kokaliya Tissako ||
Tudu ca [2] brahmâ aparo ca Kokâliko ti || ||

Chapter II. Dutiyo-vaggo (or Pañcaka).

§ 1. *Sanaṃkumâro.*

1. Evaṃ me sutam ekaṃ samayam Bhagavâ Râjagahe viharati Sappinî [3]-tîre || ||

2. Atha kho brahmâ Sanaṃkumâro abhikkantâya rattiyâ abhikkantavaṇṇo kevalakappaṃ Sappinî-tîram obhâsetvâ yena Bhagavâ ten-upasaṅkami || upasaṅkamitvâ Bhagavantam abhivâdetvâ ekam antam aṭṭhâsi ||

3. Ekam antaṃ ṭhito kho brahmâ Sanaṃkumâro Bhagavato santike imaṃ gâtham abhâsi || ||

Khattiyo seṭṭho jane tasmiṃ || ye gottapaṭisârino ||
vijjâcaraṇasampanno || so seṭṭho devamânuse ti || ||

4. Idam avoca brahmâ Sanaṃkumâro || samanuñño satthâ ahosi || ||

5. Atha kho brahmâ Sanaṃkumâro samanuñño me [4] satthâ ti Bhagavantam abhivâdetvâ padakkhiṇaṃ katvâ tatth-ev-antaradhâyîti || ||

§ 2. *Devadatta.*

1. Ekaṃ samayaṃ Bhagavâ Râjagahe viharati Gijjhakûṭe pabbate acirapakkante Devadatte || ||

2. Atha kho Brahmâ sahampati abhikkantâya rattiyâ abhikkantavaṇṇo kevalakappaṃ Gijjhakûṭam pabbatam obhâsetvâ yena Bhagavâ ten-upasaṅkami || upasaṅkamitvâ Bhagavantam abhivâdetvâ ekam antam aṭṭhâsi || ||

---

[1] See the preceding sutta. Same varieties of reading besides those here noticed.
[2] B. Turu ca; S[1] Tuducca; S[3] Kuducca. [3] So S[1]; B. Sabbini; C. Sappini; S[3] Sappînî. [4] S[1]-[3] omit me.

3 Ekam antaṃ ṭhito kho Brahmâ sahampati Devadattam ârabbha Bhagavato santike imaṃ gâtham abhâsi || ||

Phalaṃ ve kadaliṃ hanti || phalam veḷu[1] phalaṃ nalaṃ || ||
sakkâro kâpurisam hanti || gabbho assatarim[2] yathâ ti || ||

§ 3. *Andhakavinda.*

1. Ekaṃ samayaṃ Bhagavâ Magadhesu viharati Andhakavinde || ||

2. Tena kho pana samayena Bhagavâ rattandhakâratimisâyam ajjhokâse nisinno hoti devo ca ekam ekaṃ phusâyati || ||

3. Atha kho Brahmâ sahampati abhikkantâya rattiyâ abhikkantavaṇṇo kevalakappaṃ Andhakavindam obhâsetvâ yena Bhagavâ ten-upasaṅkamî || upasaṅkamitvâ Bhagavantam abhivâdetvâ ekam antam aṭṭhâsi || ||

4. Ekam antaṃ ṭhito kho Brahmâ sahampati Bhagavato santike imâ gâthayo abhâsi || ||

Sevetha pantâni senâsanâni[3] ||
careyya saṃyojanavippamokkhâ ||
sa ce[4] ratiṃ nâdhigacchaye tattha ||
saṅghe vase rakkhitatto satimâ || ||
Kulâ kulaṃ piṇḍikâya caranto ||
indriyagutto nipako satimâ ||
sevetha pantâni senâsanâni ||
bhayâ pamutto abhaye vimutto || ||
Yattha bheravâ siriṃsapâ ||
vijju sañcarati thaneti[5] devo ||
andhakâra-timisâya rattiyâ ||
nisîdi tattha bhikkhu vigatalomahaṃso || ||
Idaṃ hi jâtu me diṭṭham || na yidam iti hîtihaṃ[6] ||
ekasmiṃ brahmacariyasmiṃ || sahassam maccuhâyinam[7] || ||
Bhîyo pañcasatâ sekhâ || dasâ ca dasadhâ sataṃ[8] || ||
sabbe sotasamâpannâ || atiracchânagâmino ||
Athâyam itarâ pajâ || puññabhâgâ ti me mano ||
saṅkhâtuṃ no pi sakkomi[9] || musâvâdassa ottappeti[10] || ||

---

[1] S^1 veḷum; S^3 velû. [2] B. S^1 assatarî. [3] B. sayanâsanâni here and further on. [4] S^1 yo ve; S^3 so ve. [5] B. thanayati. [6] B. vátihaṃ. [7] S^{1-3} °bhâsinaṃ. [8] B. °dasa. [9] B. nâpi°; S^{1-3} no visakkemi (S^3 -âmi). [10] B. musâvâdâya; B. otappeti; S^{1-3} ottapeti.

§ 4. *Aruṇavatî.*

1. Evaṃ me sutam ekaṃ samayaṃ Bhagavâ Sâvatthiyaṃ viharati || la ||

2. Tatra kho Bhagavâ bhikkhû âmantesi || || Bhikkhavo ti || ||

3. Bhadante ti te bhikkhû Bhagavato paccassosuṃ || ||

4. Bhagavâ etad avoca ||

5. Bhûtapubbam bhikkhave râjâ ahosi Aruṇavâ nâma || Rañño kho pana bhikkhave Aruṇavato Aruṇavatî nâma râjadhânî ahosi || Aruṇavatiyaṃ kho pana bhikkhave râjadhâniyam[1] Sikhî bhagavâ arahaṃ sammâsambuddho upanissâya vihâsi || ||

6. Sikkhissa kho pana bhikkhave Bhagavato arahato sammâsambuddhassa Abhibhû-Sambhavaṃ nâma sâvakayugam ahosi aggaṃ bhaddayugaṃ || ||

7. Atha kho bhikkhave Sikhî bhagavâ arahaṃ sammâsambuddho Abhibhuṃ bhikkhuṃ âmantesi || || Âyâma brâhmaṇa || yena aññataro brahmaloko ten-upasaṅkamissâma yâva[2] bhattassa kâlo bhavissatî ti || ||

8. Evam bhante ti kho bhikkhave Abhibhû bhikkhu Sikhissa bhagavato arahato sammâsambuddhassa paccassosi || ||

9. Atha kho bhikkave Sikhî bhagavâ arahaṃ sammâsambuddho Abhibhû ca bhikkhu seyyathâpi nâma balavâ puriso sammiñjitaṃ va bâhaṃ pasâreyya pasâritaṃ vâ bâhaṃ sammiñjeyya || evam eva Aruṇavatiyâ râjadhaniyâ antarahitâ tasmiṃ brahmaloke pâtur ahesuṃ[3] || ||

10. Atha kho bhikkhave Sikhî bhagavâ arahaṃ sammâsambuddho Abhibhum bhikkhum âmantesi || || Paṭibhâtu brâhmaṇa taṃ brahmuno ca. brahmaparisâya[4] ca brahmapârisajjânaṃ ca dhammikathâ ti || ||

11. Evaṃ bhante ti kho bhikkhave Abhibhû bhikkhu Sikhissa bhagavato arahato sammâsambuddhassa patissutvâ brahmânañca brahmaparisañca brahmapârisajje ca dhammiyâ kathâya sandassesi samâdapesi samuttejesi sampahaṃsesi || ||

12. Tatra sudaṃ bhikkhave brahmâ ca brahmaparisâ ca

---

[1] B. râjaṭṭhâniyaṃ; S[1-3] râjadhâniṃ. [2] S[1-3] tâva. [3] S[1-3] ahaṃsu. [4] S[1-3] °parisâyâ.

brahmapârisajjâ ca ujjhâyanti khîyanti vipâcenti || || Acchariyaṃ vata bho abbhutaṃ vata bho kathaṃ hi nâma satthari sammukhîbhûte sâvako dhammaṃ desessatî ti || ||

13. Atha kho bhikkhave Sikhî bhagavâ arahaṃ sammâsambuddho Abhibhuṃ bhikkhum âmantesi || || Ujjhâyanti kho te brâhmaṇa brahmâ ca brahmaparisâ ca brahmapârisajjâ ca || || Acchariyaṃ vata bho abbhutam vata bho kathaṃ hi nâma satthari sammukhîbhûte sâvako dhammam desessatî ti || || Tena hi tvaṃ brâhmaṇa bhiyyosomattâya brahmânañ ca brahmaparisañ ca brahmapârisajje ca saṃvejehî ti || ||

14. Evaṃ bhante ti kho bhikkhave Abhibhû bhikkhu Sikhissa bhagavato arahato sammâsambuddhasa paṭissutvâ dissamânena pi kâyena dhammaṃ desesi || adissamânena pi kâyena dhammaṃ desesi || dissamânena heṭṭhimena upaḍḍhakâyena adissamânena uparimena upaḍḍhakâyena dhammaṃ desesi || dissamânena pi uparimena [1] upaḍḍhakâyena adissamânena [2] heṭṭhimena upaḍḍhakâyena dhammaṃ desesi || ||

15. Tatra sudaṃ bhikkhave brahmâ ca brahmaparisâ ca brahmapârisajjâ ca acchariyabbhutacittajâtâ ahesuṃ || || Acchariyaṃ vata bho abbhutaṃ vata bho samaṇassa mahiddhi katâ mahânubhâvatâ ti || ||

16. Atha kho Abhibhû bhikkhu Sikhiṃ bhagavantam arahantam sammâsambuddham etad avoca || || Abhijânâmi khvâhaṃ bhante bhikkhusaṅghassa majjhe evarûpaṃ vâcaṃ bhâsitâ pahomi khvâham âvuso brahmaloke ṭhito sahassîlokadhâtuṃ sarena viññâpetun-ti || ||

17. Etassa brâhmaṇa kâlo etassa brâhmaṇa kâlo yaṃ tvaṃ brâhmaṇa brahmaloke ṭhito sahassîlokadhâtuṃ sarena viññâpeyyâsî ti || ||

18. Evam bhante ti kho bhikkhave Abhibhû bhikkhu Sikhissa bhagavato arahato sammâsambuddhassa paṭissutvâ brahmaloke ṭhito imâ gâthâyo abhâsi || ||

Ârabbhatha nikkhamatha || yuñjatha buddhasâsane ||
dhunâtha maccuno senaṃ || naḷâgâraṃ va kuñjaro || ||

---

[1] S[1-3] purimena. [2] S[1-3] add pi.

yo imasmim dhammavinaye || appamatto vihassati[1] ||
pahâya jâtisaṃsâraṃ || dukkhassantaṃ karissatî ti || ||

19. Atha kho bhikkhave Sikhî ca bhagavâ arahaṃ sammâsambuddho Abhibhû ca bhikkhu brahmânañ ca brahmaparisañ ca brahmapârisajje ca saṃvejetvâ || seyyathâpi nâma || pa || tasmim brahmaloke antarahitâ Aruṇavatiyâ[2] pâtur ahesuṃ || ||

20. Atha kho bhikkhave Sikhî bhagavâ arahaṃ sammâsambuddho bhikkhû âmantesi || || Assuttha no tumhe bhikkhave Abhibhussa bhikkhuno brahmaloke ṭhitassa gâthâyo bhâsamânassâ ti || ||

21. Assumha kho[3] mayaṃ bhante Abhibhussa bhikkhuno brahmaloke ṭhitassa gâthâyo bhâsamânassâ ti || ||

22. Yathâ kathaṃ pana tumhe bhikkhave assuttha Abhibhussa bhikkhuno brahmaloke ṭhitassa gâthâyo bhâsamânassâ ti || ||

23. [Evaṃ kho mayam bhante assumha Abhibhussa bhikkhuno brahmaloke ṭhitassa gâthâyo bhâsamânassa[4] || ||]

Ârabbhatha nikkhamatha || yuñjatha buddhasâsane ||
dhunâtha maccuno senaṃ || naḷâgâraṃ va kuñjaro || ||
yo imasmiṃ dhammavinaye || appamatto vihassati ||
pahâya jâtisaṃsaraṃ || dukkhassantam karissatîti || ||

24. Evam eva kho mayaṃ bhante assumha Abhibhussa bhikkhuno brahmaloke ṭhitassa gâthâyo bhâsamanassâ ti || ||

25. Sâdhu sâdhu bhikkhave || sâdhu kho tumhe bhikkhave assuttha Abhibhussa bhikkhuno brahmaloke ṭhitassa gâthâyo bhâsamânassâ ti || ||

26. Idam avoca Bhagavâ || attamanâ te bhikkhû Bhagavato bhâsitam abhinandun-ti || ||

§ 5. *Parinibbâna.*

1. Ekaṃ samayaṃ Bhagavâ Kusinârâyaṃ viharati Upavattane Mallânaṃ sâlavane antarena yamakasâlânaṃ parinibbânasamaye || ||

2.[5] Atha kho Bhagavâ bhikkhû âmantesi || || Handa dâni

---

[1] S¹-³ vihessati here and further on. [2] B. adds râjaṭṭhâniyâ. [3] S¹-³ no. [4] This paragraph is missing in S¹-³. [5] §§ 2-7 = M.P.S. VI. 10-18.

bhikkhave âmantayâmi vo appamâdena sampâdetha vayadhammâ sankhârâ ti || ayam Tathâgatassa pacchimâ vâcâ || ||

3. Atha kho Bhagavâ pathamaṃ jhânaṃ samâpajji || || Pathamajhânâ vuṭṭhahitvâ dutiyaṃ jhânaṃ samâpajji || || Dutiyajhânâ vuṭṭhahitvâ tatiyaṃ jhânaṃ samâpajji || || Tatiyajhânâ vuṭṭhahitvâ catutthaṃ jhânaṃ samâpajji || Catutthajhânâ vuṭṭhahitvâ âkâsânañcâyatanaṃ samâpajji || || Âkâsânañcâyatanâ vuṭṭhahitvâ viññâṇañcâyatanaṃ samâpajji || || Viññâṇañcâyatanâ vuṭṭhahitvâ âkiñcaññâyatanaṃ samâpajji || || Âkiñcaññâyatanâ vuṭṭhahitvâ nevasaññânâsaññâyatanaṃ samâpajji || ||

4. Nevasaññânâsaññâyatanâ vuṭṭhahitvâ âkiñcaññâyatanaṃ samâpajji || Âkiñcaññâyatanâ vuṭṭhahitvâ viññâṇañcâyatanaṃ samâpajji || || Viññâṇañcâyatanâ vuṭṭhahitvâ âkâsânañcâyatanaṃ samâpajji || || Âkâsânañcâyatanâ vuṭṭhahitvâ catutthaṃ jhânaṃ samâpajji || || Catutthajhânâ vuṭṭhahitvâ tatiyaṃ jhânaṃ samâpajji || || Tatiyajhânâ vuṭṭhahitvâ dutiyaṃ jhânaṃ samâpajji || || Dutiyajhânâ vuṭṭhahitvâ pathamaṃ jhanaṃ samâpajji || ||

Pathamajhânâ vuṭṭhahitvâ dutiyaṃ jhânaṃ samâpajji || || Dutiyajhânâ vuṭṭhahitvâ tatiyaṃ jhânaṃ samâpajji || || Tatiyajhânâ vuṭṭhahitvâ catutthaṃ jhânaṃ samâpajji || || Catutthajhânâ vuṭṭhahitvâ samanantarâ Bhagavâ parinibbâyi || ||

5. Parinibbute Bhagavati saha parinibbânâ Brahmâ sahampati imaṃ gâtham abhâsi || ||

Sabbeva nikkhipissanti || bhûtâ loke samussayaṃ ||
yathâ etâdiso satthâ || loke[1] appaṭipuggalo ||
Tathâgato balappatto || sambuddho parinibbuto *ti* || ||

6. Parinibbute Bhagavati saha parinibbânâ Sakko devânam indo imaṃ gâtham abhâsi || ||

Aniccâ vata saṅkhârâ || uppadavayadhammino ||
uppajjitvâ nirujjhanti || tesaṃ vûpasamo sukho ti || ||

7. Parinibbute Bhagavati saha parinibbânâ âyasmâ Ânando imaṃ gâtham abhâsi || ||

Tadâsi yam bhiṃsanakaṃ || tadâsi lomahaṃsanaṃ ||
sabbâkâravarûpete || sambuddhe parinibbute ti || ||

---

[1] B. inserts m.

Parinibbute Bhagavati saha parinibbânâ âyasmâ Anuruddho imâ gâthâyo abhâsi || ||

Nâhu assâsapassâso ṭhita-cittassa[1] tâdino ||
anejo santim ârabbha || cakkhumâ parinibbuto || ||
asallînena cittena || vedanam ajjhavâsayi ||
pajjotass-eva nibbânaṃ || vimokkho cetaso ahû ti [2] || ||

Brahma-saṃyuttaṃ || ||

Pañcakaṃ || ||

Tass-uddânaṃ || ||

Brahmâ-Sanaṃ Devadatto Andhakavindo Aruṇavatî
Parinibbânena ca desitam idaṃ Brahma-pañcakaṃ[3] || ||

---

[1] S[1-3] passâsâ°; S[3] °ṭhitaṃ°. [2] S[1-3] vimokho âhu cetaso ti. [3] So S[1-3]; in B. the end is thus:

Brahmâ-saṃyuttaṃ || ||
Tatr-uddânam bhavati || ||
Brahmâyâcanaṃ Agâravañca || Brahmadevo Bako ca brahmâ ||
Aññataro ca brahmâ Kokaliyañca || Tissakañ ceva Turu ca ||
Brahmâ Kokaliya-bhikkhu || Sanaṃkumârena Devadattaṃ ||
Andhakavindam Aruṇavatî Parinibbânena pannarasâ ti || ||

BOOK VII.—BRÂHMAṆA-SAṂYUTTAṂ.

Chapter I. Arahanta-vaggo paṭhamo.

§ 1. *Dhanañjanî.*

1. Evam me sutam ekam samayaṃ Bhagavâ Râjagahe viharati Veḷuvane kalandaka-nivâpe || ||

2. Tena kho pana samayena aññatarassa bhâradvâjagottabrâhmâṇassa[1] Dhanañjânî[2] nâma brâhmaṇî abhippasannâ hoti buddhe ca dhamme ca sanghe ca || ||

3. Atha kho[3] Dhanañjânî brâhmaṇî bhâradvâjagottassa brâhmaṇassa bhattam upasaṃharantî[4] upakkamitvâ[5] tikkhattum udânam udânesi || || Namo tassa Bhagavato arahato sammâsambuddhassa || pe || ||

4. Evaṃ vutte bharadvâjagotto brâhmaṇo Dhanañjânim etad avoca || || Evam eva panâyam vasalî yasmiṃ vâ tasmiṃ vâ tassa muṇḍakassa samaṇassa vaṇṇaṃ bhâsati || idâni tyâhaṃ[6] vasali tassa satthunovâdam âropessâmî-ti || ||

5. Na khvâhan-tam brâhmaṇa passâmi sadevake loke samârake sabrahmake sassamaṇabrâhmaṇiyâ pajâya sedevakamanussâya yo tassa Bhagavatovâdam âropeyya arahato sammâsambuddhassa || api ca tvaṃ brâhmaṇa gaccha || gantvâ vijânissasî ti[7] || ||

6. Atha kho bhâradvâjagotto brâhmaṇo kupito anattamano yena Bhagavâ ten-upasaṅkami || upasaṅkamitvâ Bhagavatâ saddhiṃ sammodi || sammodanîyaṃ kathaṃ sârâṇîyaṃ vîtisâretvâ ekam antaṃ nisîdi || ||

---

[1] S^{1-3} °gotassa. [2] So S^1; B. dhanañjanî; S^3 dhânañjâni. [3] S^{1-3} omit atha kho. [4] S^{1-3} upaharantî. [5] B. upakkhalitvâ. [6] S^{1-3} idânissaham. [7] So B. (correction of vijânissatîti); S^{1-3} pivedissatîti.

7. Ekam antaṃ nisinno kho bhâradvâjagotto brâhmaṇo Bhagavantaṃ gâthaya ajjhabhâsi || ||

Kiṃsu chetvâ [1] sukhaṃ seti || kiṃsu chetvâ ṇa socati || ||
kissassa [2] ekadhammassa || vadhaṃ rocesi [3] Gotamâ ti [4] ||

8. Kodhaṃ chetvâ sukhaṃ seti || kodhaṃ chetvâ na socati || ||
kodhassa visamûlassa || madhuraggassa brâhmaṇa ||
vadham ariyâ pasaṃsanti || taṃ hi chetvâ na socatîti [5] || ||

9. Evaṃ vutte bhâradvâjagotto brâhmaṇo Bhagavantam etad avoca || || Abhikkhantam bho Gotama abhikkantam bho Gotama || || Seyyathâpi bho Gotama nikkujjitaṃ vâ ukkujjeyya || paṭicchannaṃ vâ vivareyya || mûḷhassa vâ maggam âcikkheyya || andhakâre vâ telapajjotam dhâreyya cakkhumanto rûpâni dakkhinti || evam evaṃ bhotâ Gotamena anekapariyâyena dhammo pakâsito || || Esâhaṃ bhagavantaṃ Gotamaṃ saraṇaṃ gacchâmi || dhammañca bhikkhusaṅghañca || || Labheyyâham bhoto Gotamassa santike pabbajjaṃ labheyyaṃ upasampadan-ti || ||

10. Alattha kho bhâradvâjagotto brâhmaṇo Bhagavato santike pabbajjam alattha upasampadaṃ [6] || ||

11. Acirûpasampanno kho [7] panâyasmâ bhâradvâjo eko vûpakaṭṭho appamatto âtâpî pahitatto viharanto na cirass-eva yassatthâya kulaputtâ sammad eva agârasmâ anagâriyaṃ pabbajanti || tad anuttaraṃ brahmacariya-pariyosânam diṭṭheva dhamme sayaṃ abhiññâ sacchikatvâ upasampajja vihâsi || khîṇâ jâti vusitaṃ brahmacariyaṃ kataṃ karaṇîyam nâparam itthattâyâ ti abbhaññâsi || ||

12. Aññataro ca Bhâradvâjo arahatam ahosîti || ||

§ 2. *Akkosa.*

1. Ekam samayaṃ Bhagavâ Râjagahe viharati Veḷuvane kalandaka-nivâpe || ||

2. Assosi kho akkosaka-bhâradvâjo brâhmaṇo Bhâradvâjagotto kira brâhmaṇo Samaṇassa Gotamassa santike agârasmâ anagâriyaṃ pabbajito ti || ||

3. Kupito anattamano yena Bhagavâ ten-upasaṅkami ||

---

[1] SS. jhatvâ always. [2] B. kissassu. [3] SS. rocehi. [4] B. Gotamo ti; S[1] Gotamâhi; S[2] °mâhîti; S[3] mâtîhi. [5] These gâthas, already met with in Devatâ-S. VIII. 1 and Devaputta-S. I. 3, will be found again once more in Sakka-S. III. 1. [6] S[1-3] add ti alattha upasampadâ. [7] S[1-3] ca.

upasaṅkamitvâ Bhagavantam asabbhâhi pharusâhi vâcâhi akkosati paribhâsati || ||

4. Evaṃ vutte Bhagavâ akkosaka-bhâradvâjaṃ brâhmaṇam etad avoca || || Taṃ kiṃ maññasi brâhmaṇa || api nu kho te âgacchanti mittâmaccâ ñâtisâ lohitâ atithiyo ti || ||

5. Appekadâ me bho Gotama âgacchanti mittâmaccâ ñâtisâ lohitâ atithiyo ti || ||

6. Taṃ kiṃ maññasi brâhmaṇa || api nu tesam anuppadesi khâdanîyaṃ bhojanîyam sâyanîyan-ti [1] || ||

7. Appekadâ nesâhaṃ bho Gotama anuppademi khâdanîyaṃ bhojanîyaṃ sâyanîyan-ti || ||

8. Sace kho pana te brâhmaṇa na patigaṇhanti kassa taṃ hoti || ||

9. Sace te [2] bho Gotama na patigaṇhanti amhâkam eva taṃ hotî ti || ||

10. Evam eva kho [3] brâhmaṇa yaṃ tvaṃ amhe anakkosante akkosasi || arosante rosesi [4] || abhaṇḍante bhaṇḍasi || taṃ te mayaṃ na paṭigaṇhâma [tav-ev-etaṃ brâhmana hoti] [5] tav-ev-etam brâhmaṇa hotî ti || || Yo kho brâhmaṇa akkosantaṃ paccakkosati || rosentaṃ paṭiroseti || bhaṇḍantaṃ paṭibhaṇḍati || ayam vuccati brâhmaṇa sambhuñjati vîtiharati || te mayam tayâ neva sambhuñjâma || na vîtiharâma || tav-ev-etam brâhmaṇa hoti tav-ev-etam brâhmaṇa hotî ti || ||

11. Bhavantaṃ kho Gotamaṃ sarâjikâ parisâ evaṃ jânâti || Arahaṃ samaṇo Gotamo ti || || Atha ca pana bhavaṃ Gotamo kujjhatî ti || ||

12. Akkodhassa kuto kodho || dantassa samajîvino ||
sammadaññâvimuttassa || upasantassa tâdino || ||
tasseva tena pâpiyo || yo kuddhaṃ paṭikujjhati ||
kuddham appaṭikujjhanto || saṅgâmaṃ jeti dujjayaṃ || ||
ubhinnam atthaṃ carati || attano ca parassa ca ||
paraṃ saṅkupitaṃ ñatvâ || yo sato upasammati || ||
ubhinnaṃ tikicchantâṇam [6] || attano ca parassa ca ||
janâ maññanti bâlo ti || ye dhammassa akovidâ ti [7] || ||

---

[1] B. khâdanîyaṃ vâ bho° vâ sâ° vâ ti. [2] S¹-² me. [3] B. evamevaṃ. [4] B. rosasi and further on °rosati. [5] In B. only. [6] So B.; C. notices the readings tikicchantânam and tikicchatam; S¹-³ tikicchantaṃ. [7] These gâthâs are repeated in the next sutta.

13. Evaṃ vutte akkosaka-bhâradvâjo brâhmaṇo Bhagavantam etad avoca || || Abhikkantaṁ bho Gotama || pe || Esâham bhavantaṃ Gotamaṃ saraṇam gacchâmi dhammañca bhikkhusaṅghañca || || Labheyyâham bhoto Gotamassa santike pabbajjaṃ labheyyam upasampadan-ti || ||

14. Alattha kho akkosaka-bhâradvâjo brâhmaṇo Bhagavato santike pabbajjaṃ alattha upasampadaṃ ||

15. Acirûpasampanno kho panâyasmâ akkosaka-bhâradvâjo eko vûpakaṭṭho appamatto âtâpî pahitatto viharanto na cirasseva yassatthâya kulaputtâ sammad eva agârasmâ anagâriyaṃ pabbajanti || tad anuttaram brahmacariyapariyosânaṃ diṭṭhevadhamme sayam abhiññâ sacchikatvâ upasampajja vihâsi || khînâ jâti vusitaṃ brahmacariyaṃ kataṃ karanîyaṃ nâparaṃ itthattâyâ ti abbhaññâsi [1] || ||

16. Aññataro ca panâyasmâ Bhâradvâjo arahatam ahosî ti || ||

§ 3. *Asurinda.*

1. Ekaṃ samayaṃ Bhagavâ Râjagahe viharati Veḷuvane kalandaka-nivâpe || ||

2. Assosi kho asurindaka-bhâradvâjo brâhmaṇo || || Bhâradvâjagotto brâhmaṇo kira samaṇassa Gotamassa santike agârasmâ anagâriyam pabbajito ti || ||

3. Kupito anattamano yena Bhagavâ ten-upasaṅkami || upasaṅkamitvâ Bhagavantam asabbhâhi pharusâhi vâcâhi akkosati paribhâsati || ||

4. Evaṃ vutte Bhagavâ tuṇhî ahosi || ||

5. Atha kho asurindaka-bhâradvâjo brâhmaṇo Bhagavantam etad avoca || || Jito si samaṇa || jito si samaṇâ ti || ||

6. Jayaṃ ve maññati bâlo || vâcâya pharusaṃ bhaṇaṃ ||
jayañc-ev-assa taṃ hoti || yâ titikkhâ vijânato || ||
tass-eva tena pâpiyo || yo kuddhaṃ paṭikujjhati ||
kuddham appaṭikujjhanto || saṅgâmaṃ jeti dujjayaṃ ||
ubhinnam atthaṃ carati || attano ca parassa ca ||
paraṃ saṅkupitaṃ ñatvâ || yo sato upasammati || ||
ubhinnam tikicchantânaṃ || attano ca parassa ca ||
janâ maññanti bâlo ti || ye dhammassa akovidâ ti [2] || ||

---

[1] All this passage from Evâhaṃ° is suppressed in S¹-³ by abbreviation. [2] See the preceding sutta.

7. Evaṃ vutte asurindaka-bhâradvâjo brâhmaṇo Bhagavantam etad avoca || || Abhikkantaṃ bho Gotama abhikkantaṃ bho Gotama || pa || abbhaññâsi || ||

8. Aññataro ca panâyasmâ bhâradvâjo arahataṃ ahosî ti || ||

§ 4. *Bilaṅgika.*

1. Ekaṃ samayaṃ Bhagavâ Râjagahe viharati Veḷuvane kalandaka-nivâpe || ||

2. Assosi kho bilangika-bhâradvâjo[1] brâhmaṇo || Bhâradvâjagotto kira brâhmaṇo samaṇassa Gotamassa santike agârasmâ anagâriyaṃ pabbajito ti || ||

3. Kupito anattamano yena Bhagavâ ten-upasaṅkami || upasaṅkamitvâ tuṇhîbhûto ekam antaṃ aṭṭhâsi || ||

4. Atha kho Bhagavâ bilaṅgikassa[2] bhâradvâjassa brâhmaṇassa cetasâ cetoparivitakkam aññâya bilaṅgikaṃ[3] bhâradvâja-brâhmaṇaṃ gâthâya ajjhabhâsi || ||

Yo appaduṭṭhassa narassa dussati ||
suddhassa posassa anaṅgaṇassa ||
tam eva bâlam pacceti pâpaṃ ||
sukhumo rajo paṭivâtaṃ va khitto ti[3] || ||

5. Evaṃ vutte bilaṅgika-bhâradvâjo brâhmaṇo Bhagavantam etad avoca || || Abhikkantam bho Gotama abhikkantaṃ bho Gotama || pa || Esâhaṃ bhavantaṃ Gotamaṃ saraṇaṃ gacchâmi dhammañca bhikkhusaṅghañca || Labheyyâham bhoto Gotamassa santike pabbajjaṃ || pa || tad anuttaram brahmacariyapariyosânaṃ diṭṭheva dhamme sayam abhiññâ sacchikatvâ upasampajja viharati || || Khîṇâ jâti vusitaṃ brahmacariyaṃ kataṃ karaṇîyaṃ nâparaṃ itthattâyâ ti abbhaññâsi || ||

6. Aññataro ca panâyasmâ bhâradvâjo arahataṃ ahosîti || ||

§ 5. *Ahiṃsaka.*

1. Sâvatthi nidânaṃ || ||

2. Atha kho ahiṃsaka-bhâradvâjo brâhmaṇo yena Bhagavâ ten-upasaṅkami || upasaṅkamitvâ Bhagavatâ saddhiṃ sammodi || sammodanîyaṃ kathaṃ sârâṇîyaṃ vîtisâretvâ ekam antaṃ nisîdi || ||

---

[1] C. vilaṅgika°; S[1-3] bilaṅgaka°. [2] S[1-3] bilaṅgaka°. [3] Repetition of Devatâ-S. III. 2.

3. Ekam antaṃ nisinno kho ahiṃsaka-bhâradvâjo brâhmaṇo Bhagavantam etad avoca || || Ahiṃsakâhaṃ bho Gotama ahiṃsakâham bho Gotamâ ti || ||

4. Yathâ nâmaṃ tathâ c-assa || siyâ kho tvaṃ ahiṃsako ||
yo ca kâyena vâcâya || manasâ ca na hiṃsati ||
sa ce ahiṃsako hoti || yo paraṃ na vihiṃsatîti || ||

5. Evam vutte ahiṃsaka-bhâradvâjo brâhmaṇo Bhagavantam etad avoca || || Abhikkantaṃ bho Gotama abhikkantam bho Gotama || pa || abbhaññâsi || ||

6. Aññataro ca panâyasmâ bhâradvâjo arahatam ahosîti || ||

§ 6. *Jaṭâ.*

1. Sâvatthi nidânaṃ || ||

2. Atha kho jaṭâ-bhâradvâjo brâhmaṇo yena Bhagavâ ten-upasaṅkami || upasaṅkamitvâ Bhagavatâ saddhiṃ sammodi || sammodanîyaṃ kathaṃ sârâṇîyaṃ vîtisâretvâ ekam antaṃ nisîdi || ||

3. Ekam antaṃ nisinno jaṭâ-bhâradvâjo brâhmaṇo Bhagavantaṃ gâthâya ajjhabhâsi || ||

Antojaṭâ bahijaṭâ || jaṭâya jaṭitâ pajâ ||
taṃ taṃ Gotama pucchâmi || ko imaṃ vijaṭaye jaṭan-ti || ||

4. Sîle patiṭṭhâya naro sapañño || cittaṃ paññañca bhâvayaṃ ||
âtâpî nipako bhikkhu || so imam vijaṭaye jaṭaṃ || ||
Yesaṃ râgo ca doso ca || avijjâ ca virâjitâ ||
khîṇâsavâ arahanto || tesaṃ vijaṭitâ jaṭâ || ||
Yattha nâmañca rûpañca || asesam uparujjhati ||
paṭighaṃ rûpasaññâ ca[1] || ettha sâ chijjate jaṭâ ti[2] || ||

5. Evaṃ vutte jaṭâ-bhâradvâjo brâhmaṇo Bhagavantam etad avoca || || Abhikkantaṃ bho Gotama || pa ||

6. Aññataro ca panâyasmâ bhâradvâjo arahataṃ ahosîti || ||

§ 7. *Suddhika.*

1. Sâvatthi Jetavane || ||

2. Atha kho suddhika-bhâradvâjo brâhmaṇo yena Bhagavâ ten-upasaṅkami || upasaṅkamitvâ Bhagavatâ saddhiṃ sammodi || sammodanîyaṃ kathaṃ sârâṇîyam vîtisâretvâ ekam antaṃ nisîdi ||

---

[1] SS. °saññañca. [2] B. etthesâ chindate°. These gathâs are the same as those of Devatâ-S. III. 3.

3. Ekam antaṃ nisinno kho suddhika-bhâradvâjo brâhmaṇo Bhagavato santike imaṃ gâtham ajjhabhâsi || ||

Na brâhmaṇo sujjhati koci loke ||
sîlavâ pi tapo karaṃ ||
vijjâcaraṇasampanno so sujjhati ||
na aññâ itarâ pajâ ti || ||

4. Bahum pi palapaṃ jappaṃ || na jaccâ hoti [1] brâhmaṇo ||
anto kasambhu [2]-saṃkiliṭṭho || kuhanam [3] upanissito [4] || ||
Khattiyo brâhmaṇo vesso || suddo caṇḍâlapukkuso ||
âraddhaviriyo pahitatto || niccaṃ daḷhaparakkamo ||
pappoti paramaṃ suddhiṃ || evam jânâhi brâhmaṇâ ti || ||

5. Evam vutte suddhika-bhâradvâjo brâhmaṇo Bhagavantam etad avoca || || Abhikkantam bho Gotama abhikkantam bho Gotama || pa ||

6. Aññataro ca panâyasmâ bhâradvâjo arahatam ahosîti || ||

§ 8. *Aggika.*

1. Ekaṃ samayaṃ Bhagavâ Râjagahe viharati Veḷuvane kalandaka-nivâpe || ||

2. Tena kho pana samayena aggika-bhâradvâjassa brâhmaṇassa sappinâ pâyâso sannihito [5] hoti || || aggiṃ juhissâmi aggihuttaṃ paricarissâmîti || ||

3. Atha kho Bhagavâ pubbaṇhasamayaṃ nivâsetvâ pattacîvaram âdâya Râjagahaṃ piṇḍâya pâvisi || Râjagahe sapadânaṃ piṇḍâya caramâno yena aggika-bhâradvâjassa brâhmaṇassa nivesanaṃ ten-upasaṅkami || upasaṅkamitvâ ekam antam aṭṭhâsi || ||

4. Addasâ kho aggika-bhâradvâjo brâhmaṇo Bhagavantaṃ piṇḍâya carantaṃ || disvâna Bhagavantaṃ gâthâya ajjhabhâsi || ||

Tîhi vijjâhi sampanno || jâtimâ sutavâ bahu ||
vijjâcaraṇasampanno || so-maṃ bhuñjeyya pâyâsan-ti [6] || ||

5. Bahum pi palapaṃ jappaṃ || na jaccâ [7] hoti brâhmaṇo ||
anto kasambusamkiliṭṭho [8] || kuhanâ parivârito || ||

---

[1] B. najacco. [2] So S^1 and C.; B. puti; S^3 sa (or si) kambu. [3] B. kuhanâ. [4] S^{1-3} add ti. This gâthâ will be found again in the next sutta. [5] S^3 santito; S^1 sâttito. [6] S^{1-3} so imaṃ° pâyasânti here and further on. [7] B. jacco as above. [8] S^{1-3} as above (preceding sutta); B. °kasapamusaṃkliṭṭho.

pubbenivâsaṃ yo vedi || saggâpâyañ ca passati ||
atho[1] jâtikkhayaṃ patto || abhiññâvosito muni[2] || ||
etâhi tîhi vijjâhi || tevijjo hoti brâhmaṇo ||
vijjâcaraṇasampamo || so mam bhuñjeyya pâyâsan-ti || ||

6. Bhuñjatu bhavaṃ bho[3] Gotamo brâhmaṇo bhavan-ti || ||

7. Gâthâbhigîtaṃ me abhojanîyaṃ[4] ||
sampassatam brâhmaṇa n-esa dhammo ||
gâthâbhigîtaṃ panudanti buddhâ ||
dhamme sati brâhmaṇa vuttir esâ || ||
Aññena ca[5] kevalinam mahesiṃ ||
khîṇâsavaṃ kukkuccavûpasantaṃ[6] ||
annena pânena upaṭṭhahassu ||
khettaṃ hi taṃ[7] puññapekkhassa hotî ti[8] || ||

8. Evam vutte aggika-bhâradvâjo brâhmaṇo Bhagavantam etad avoca || || Abhikkantam bho Gotama || pa ||

9. Aññataro ca panâyasmâ bhâradvâjo arahatam ahosîti || ||

§ 9. *Sundarika.*

1. Ekaṃ samayaṃ Bhagavâ Kosalesu viharati Sundarikâya nadiyâ tîre || ||

2. Tena kho pana samayena sundarika-bhâradvâjo brâhmaṇo Sundarikâya nadiyâ tîre aggiṃ juhati aggihuttaṃ paricarati || ||

3. Atha kho sundarika-bhâradvâjo brâhmaṇo aggiṃ juhitvâ aggihuttaṃ paricaritvâ uṭṭhâyâsanâ samantâ catuddisâ anuvilokesi || || Ko nu kho imaṃ havyasesam bhuñjeyyâsîti[9] || ||

4. Addasâ kho sundarika-bhâradvâjo brâhmaṇo Bhagavantam aññatarasmiṃ rukkhamûle sîsam[10] pârutaṃ[11] nisinnaṃ || disvâna vâmena hatthena havyasesaṃ gahetvâ dakkhiṇahatthena kamaṇḍaluṃ gahetvâ[12] yena Bhagavâ ten-upasaṅkami || ||

5. Atha kho Bhagavâ sundarika-bhâradvâjassa brâhmaṇassa padasaddena sîsaṃ vivari ||

6. Atha kho sundarika-bhâradvâjo brâhmaṇo || muṇḍo[13]

---

[1] S[1] atha. [2] S[1-3] °vositavo°. This gâthâ will be found again in II. 3. [3] B. omits bho. [4] B. abhojaneyyaṃ here and further on. [5] S[1-3] ca here and further on. [6] S[1-3] kukkuca° here and further on. [7] S[1-3] hetaṃ. [8] These gâthâs will be found again in the next sutta. [9] B. bhuñjeyyâti. [10] B. C. sasîsaṃ. [11] S[1-3] pârûpitaṃ. [12] S[1-3] gahetvâna. [13] S[1-3] muṇḍako.

ayaṃ bhavaṃ muṇḍako ayam bhavan-ti || tato ca puna nivattitu-kâmo ahosi || ||

7. Atha kho sundarika-bhâradvâjassa brâhmanassa etad ahosi || || Muṇḍâ pi hi [1] idh-ekacce brâhmanâ bhavanti || yaṃ nunâhaṃ upasaṅkamitvâ jâtim puccheyyan-ti || ||

8. Atha kho sundarika-bhâradvâjo brâhmaṇo yena Bhagavâ ten-upasaṅkami || upasaṅkamitvâ Bhagavantam etad avoca || || Kim jacco bhavan-ti || ||

9. Mâ jâtim puccha caranañca puccha ||
kaṭṭhâ have jâyati jâtavedo ||
nîcâkulîno pi muni dhitimâ ||
âjânîyo hoti hirînisedho || ||
saccena danto damasâ upeto ||
vedantagû vûsita-brahmacariyo ||
yaññupanîto [2] tam upavhayetha [3] ||
kâlena so juhati [4] dakkhiṇeyyo ti [5] || ||

10. Addhâ suyiṭṭhaṃ suhutaṃ [6] mama yidaṃ ||
yaṃ tâdisaṃ vedagum addasâmi [7] ||
tumhâdisânaṃ hi adassanena ||
añño jano bhuñjati havyasesan-ti || ||
Bhuñjatu bhavaṃ Gotamo brâhmaṇo bhavan-ti || ||

11. Gâthâbhigîtaṃ me abhojaniyaṃ ||
sampassataṃ brâhmana n-esa dhammo ||
gâthâbhigîtaṃ [8] panudanti buddhâ ||
dhamme sati brâhmana vuttir esâ || ||
Aññena ce kevalinaṃ mahesiṃ ||
khîṇâsavaṃ kukkuccavûpasantaṃ ||
annena pânena upaṭṭhahassu ||
khettaṃ hi taṃ [9] puññapekkhassa hotî ti [10] || ||

12. Atha kassa câhaṃ bho Gotama imaṃ havyasesaṃ dammî ti || ||

13. Na khvâhaṃ brâhmaṇa passâmi sadevake loke samârake sabrahmake sassamaṇa-brâhmaṇiyâ pajâya sadevamanussâya yass-eso [11] havyaseso bhutto sammâpariṇâmaṃ

---

[1] S[1-3] add ca. [2] B. yañño°. [3] S[1] upavuhayetha. [4] S[1-3] duhati. [5] B. dakkhineyyeti. [6] S[1-3] ahutaṃ. [7] B. addasâma. [8] S[1-3] vâcâbhigitaṃ. [9] S[1-3] tena (or te taṃ) hite. [10] For these two gâthâs (text and notes) see the preceding sutta. [11] B. yena.

gaccheyya || aññatra brâhmaṇa Tathâgatassa vâ Tathâgatasâvakassa vâ || tena hi tvaṃ brâhmaṇa taṃ havyasesam appaharite vâ chaṭṭehi appâṇake vâ udake opilâpehî ti || ||

14. Atha kho sundarika-bhâradvâjo brâhmaṇo taṃ havyasesaṃ appâṇake udake opilâpesi || ||

15. Atha kho so havyaseso udake pakkhitto ciccitâyati ciṭiciṭâyati sandhûpâyati sampadhûpâyati || || Seyyathâpi nâma phâlo divasasantatto udake pakkhitto ciccitâyati ciṭiciṭâyati sandhûpâyati sampadhûpâyati || evam eva so havyaseso udake pakkhitto ciccitâyati ciṭiciṭâyati sandhûpâyati sampadhûpâyati ||

16. Atha kho sundarika-bharadvâjo brâhmaṇo saṃviggo lomahaṭṭhajâto yena Bhagavâ ten-upasaṅkami || upasaṅkamitvâ ekam antam aṭṭhâsi || ||

17. Ekam antaṃ ṭhitaṃ kho sundarika-bhâradvâjam brâhmaṇaṃ Bhagavâ gâthâya ajjhabhâsi || ||

Mâ [1] brâhmaṇa dâru samâdahâno ||
suddhim [2] amaññi bahiddhâ hi etaṃ ||
na hi tena suddhiṃ kusalâ vadanti ||
yo bâhirena parisuddhim [3] icche || ||
Hitvâ ahaṃ brâhmaṇa dârudâhaṃ ||
ajjhattam eva jalayâmi [4] jotiṃ ||
niccagginî niccasamâhitatto [5] ||
arahaṃ [6] ahaṃ brahmacariyaṃ carâmi || ||
Mâno hi te brâhmaṇa [7] khâribhâro ||
kodho dhûmo bhasmani mosavajjaṃ [8] ||
jihvâ sujâ hadayam jotiṭṭhânaṃ ||
attâ sudanto purisassa joti || ||
Dhammo rahado brâhmaṇa sîlatittho ||
anâvilo sabbhi sataṃ pasattho [9] ||
yattha [10] have vedaguno [11] sinâtâ [12] ||
anallînagattâ [13] va taranti pâraṃ [14] || ||
Saccaṃ dhammo saṃyamo brahmacariyaṃ ||
majjhesitâ brâhmaṇa brahmapatti ||

---

[1] S¹-³ add vâ. [2] S¹-³ suddham. [3] S³ bâlavena°; B. suddhim. [4] B. ajjhattamevujjalayâmi. [5] S¹-³ niccaggi niccamasâhitatto. [6] B. omits arahaṃ. [7] S¹-³ hito (S¹ °te) brâhmanâ. [8] C. °nimmo°. [9] B. pasaṭṭho. [10] S¹-³ yatthâ. [11] B. vedagûno; SS. havedaguno. [12] So S³; B. sinhatâ; S¹-² sinânanda (S² daṃ) tâ. [13] SS. anallagattâ. [14] This gâthâ will be found again in II. 11.

satujjubhûtesu namo karohi ||
tam ahaṃ naraṃ dhammasârî ti[1] brûmî ti || ||

18. Evaṃ vutte sundarika-bhâradvâjo brâhmaṇo Bhagavantam etad avoca || || Abhikkantam bho Gotama abhikkantam bho Gotama || pa ||

19. Aññataro ca panâyasmâ bhâradvâjo arahataṃ ahosî ti || ||

§ 10. *Bahudhîti.*

1. Ekam samayaṃ Bhagavâ Kosalesu viharati aññatarasmiṃ vanasaṇḍe ||

2. Tena kho pana samayena aññatarassa bharadvâjagottassa brâhmaṇassa catuddasa balivaddâ naṭṭhâ honti || ||

3. Atha kho bhâradvâja-gotto brâhmaṇo te balivadde gavesanto yena so pana vanasaṇḍo ten-upasaṅkami || upasaṅkamitvâ addasâ Bhagavantaṃ tasmiṃ vanasaṇḍe nisinnaṃ pallaṅkam âbhujitvâ ujuṃ kâyam paṇidhâya parimukhaṃ satim upaṭṭhapetvâ || ||

4. Disvâna yena Bhagavâ ten-upasaṅkami || upasaṅkamitvâ Bhagavato santike imâ gâthayo abhâsi || ||

Na hi[2] nûn-imassa samaṇassa || balivaddâ catuddasa ||
ajjasaṭṭhiṃ na dissanti || tenâyaṃ samaṇo sukhî || ||
na hi nûn-imassa samaṇassa || tilâ khettasmiṃ pâpikâ[3] ||
ekapaṇṇâ dvipannâ[4] ca || tenâyam samaṇo sukhî || ||
na hi nûn-imassa samaṇassa || tuccha-koṭṭhasmiṃ musikâ ||
ussoḷhikâya naccanti || tenâyaṃ samaṇo sukhî || ||
na hi nûn-imassa samaṇassa || santhâro[5] sattamâsiko ||
uppâṭakehi[6] saṃchanno || tenâyaṃ samaṇo sukhî || ||
na hi nûn-imassa samaṇassa || vidhavâ sattadhîtaro ||
ekaputtâ dviputtâ ca[7] || tenâyaṃ samaṇo sukhî || ||
na hi nûn-imassa samaṇassa || piṅgalâ tilakâ hatâ ||
sottam pâdena bodheti || tenâyaṃ samaṇo sukhî || ||
na hi nûn-imassa samaṇassa || paccûsamhi iṇâyikâ ||
detha dethâ ti codenti || tenâyaṃ samaṇo sukhî ti || ||

5. Na hi mayham brâhmaṇa || balivaddâ catuddasa ||
ajjasaṭṭhiṃ na dissanti || tenâhaṃ brâhmaṇa sukhî || ||

---

[1] SS. sâtî. [2] S1-3 ha always. [3] B. pâpakâ. [4] B. dupaṇṇâ. [5] All the MSS. sandharo; but further on S1-3 santhâro. [6] C. uppâdakehi. [7] B. duputtâ; S1 viputtâ; S3 ekaputtavi (or ci) puttâca.

na hi mayham brâhmaṇa || tilâ khettasmiṃ pâpikâ ||
ekapaṇṇâ dvipaṇṇâ ca || teṇâhaṃ brâhmaṇa sukhî || ||
na hi mayham brâhmaṇa || tuccha-koṭṭhasmiṃ musikâ ||
ussoḷhikâya naccanti || tenâhaṃ brâhmaṇa sukhî || ||
na hi mayhaṃ brâhmaṇa || santhâro[1] sattamâsiko ||
uppâṭakehi saṃchanno || tenâham brâhmaṇa sukhî || ||
na hi mayham brâhmaṇa || vidhavâ sattadhîtaro ||
ekaputtâ dviputtâ ca || tenâhaṃ brâhmaṇa sukhî || ||
na hi mayhaṃ brâhmaṇa || piṅgalâ tilakâ hatâ ||
sottam pâdena bodheti || tenâhaṃ brâhmaṇa sukhî || ||
na hi mayhaṃ brâhmaṇa || paccûsamhi iṇâyikâ ||
detha dethâti codenti || tenâhaṃ brâhmaṇa sukhî ti || ||

6. Evam vutte bhâradvâjagotto brâhmaṇo Bhagavantam etad avoca || || Abhikkantam bho Gotama abhikkantam bho Gotama || seyyathâpi bho Gotama nikujjitam va ukkujjeyya paṭicchannaṃ vâ vivareyya || mûḷhassa vâ maggam âcikkheyya || andhakâre telapajjotaṃ dhâreyya cakkhumanto rupâni dakkhinti || evam evam bhotâ[2] Gotamena anekapariyâyena dhammo pakâsito || esâhaṃ Bhagavantam saraṇaṃ gacchâmi dhammañca bhikkhusaṅghañca || Labheyyâhaṃ bhoto[3] Gotamassa santike pabbajjaṃ labheyyam upasampadan-ti || ||

7. Alattha kho bhâradvâjagotto brâhmaṇo Bhagavato santike pabbajjam alattha upasampadaṃ || ||

8. Acirûpasampanno panâyasmâ bharadvâjo eko vûpakaṭṭho appamatto âtâpî pahitatto viharanto na cirass-eva yassatthâya kulaputtâ sammadeva agârasmâ anagâriyaṃ pabbajanti || tad anuttaraṃ brahmacariyapariyosânaṃ diṭṭheva dhamme sayam abhiññâ sacchikatvâ upasampajja vihâsi || khînâ jâti vusitaṃ brahmacariyaṃ kataṃ karaṇîyaṃ nâparam itthattâyâ ti abbhaññâsi || ||

9. Aññataro ca panâyasmâ bhâradvâjo arahatam ahosîti || ||

Arahanta-vaggo paṭhamo || ||

Tass-uddânaṃ || ||

Dhanañjânî ca Akkosaṃ || Asurinda[4] Bilaṅgikaṃ ||
Ahiṃsakaṃ Jaṭâ c-eva || Suddhikaṃ c-eva Aggikâ ||
Sundarikaṃ Bahudhîti || yena ca te dasâ ti || ||

[1] S³ santhâro; B. sandharo. [2] S¹-³ bho. [3] S¹-³ bho. [4] S¹-³ asundarikaṃ.

Chapter II. Upâsaka-vaggo.

§ 1. *Kasi*.[1]

1. Evam me sutam ekaṃ samayaṃ Bhagavâ Magadhesu viharati Dakkhiṇâgirismiṃ Ekanâlâyam brâhmaṇa-gâme || ||

2. Tena kho pana samayena kasi-bhâradvâjassa[2] brâhmaṇassa pañcamattâni naṅgalasatâni payuttâni honti vappakâle || ||

3. Atha kho Bhagavâ pubbaṇhasamayaṃ nivâsetvâ pattacîvaram âdâya yena kasi-bhâradvâjassa brâhmaṇassa kammanto ten-upasaṅkami || ||

4. Tena kho pana samayena kasi-bhâradvâjassa brâhmaṇassa parivesanâ vattati || ||

5. Atha kho Bhagavâ yena parivesanâ ten-upasaṅkami || upasaṅkamitvâ ekam antam aṭṭhâsi || ||

6. Addasâ kho kasi-bharadvâjo brâhmaṇo Bhagavantam piṇḍâya ṭhitaṃ || disvâna Bhagavantam etad avoca || || Ahaṃ kho samaṇa kasâmi ca vapâmi[3] ca || kasitvâ ca vapitvâ ca bhuñjâmi || || Tvam pi samaṇa kasassu ca vapassu ca || kasitvâ ca vapitvâ ca bhuñjassûti || ||

7. Aham pi kho brâhmaṇa kasâmi ca vapâmi ca || kasitvâ ca vapitvâ ca bhuñjâmîti || ||

8. Na kho mayam passâma bhoto[4] Gotamassa yugaṃ vâ vâ naṅgalaṃ vâ phâlaṃ vâ pâcanam vâ balivadde vâ || atha ca pana bhavaṃ Gotamo evam âha || || Aham pi kho brâhmaṇa kasâmi ca vapâmi ca || kasitvâ ca vapitvâ ca bhuñjâmîti || ||

9. Atha kho kasi-bhâradvâjo brâhmaṇo Bhagavantam gâthâya ajjhabhâsi || ||

Kassako paṭijânâsi || na ca passâmi te kasiṃ ||
kassako[5] pucchito brûhi || kathaṃ jânemu taṃ kasin-ti || ||

10. Saddhâ bîjaṃ tapo vuṭṭhi || paññâ me yuganaṅgalaṃ ||
hirî isâ mano yottaṃ || sati me phâla-pâcanaṃ || ||
kâyagutto vacîgutto || âhâre udare yato ||
saccaṃ karomi niddânaṃ || soraccam me pamocanaṃ || ||

---

[1] This sutta recurs in the Sutta-Nipâta I. 4. [2] S[3] kasî° always. [3] B. vapp° always. [4] S[1-3] bho. [5] S[1] kasine; S[3] kasane.

viriyam me dhuradhorayhaṃ || yogakkhemâdhivâhanaṃ ||
gacchati anivattantaṃ || yattha gantvâ na socati || ||
Evam esâ kasî kaṭṭhâ || sâ hoti amatapphalâ ||
etaṃ kasiṃ kasitvâna || sabbadukkhâ pamuccatî ti || ||

11. Bhuñjatu bhavaṃ Gotamo kassako bhavaṃ Gotamo[1] || yaṃ hi Gotamo amatapphalam pi kasiṃ kasatî ti || ||

12. Gâthâbhigîtam me abhojanîyaṃ ||
sampassataṃ brâhmaṇa n-esa dhammo ||
gâthâbhigîtaṃ panudanti buddhâ ||
dhamme sati brâhmaṇa vuttir esâ || ||
aññena ce kevalinaṃ mahesiṃ ||
khîṇâsavaṃ kukkuccavûpasantaṃ ||
annena pânena upaṭṭhahassu ||
khettañhi taṃ puññapekkhassa hotî ti[2] ||

[3] Evaṃ vutte kasi-bhâradvâjo brâhmaṇo Bhagavantam etad avoca || || Abhikkantam bho Gotama abhikkantaṃ bho Gotama || seyyathâpi bho Gotama nikkujjitaṃ vâ ukkujjeyya paṭicchannaṃ vâ vivareyya mûḷhassa vâ maggaṃ âcikkheyya andhakâre vâ telapajjotaṃ dhâreyya cakkhumanto rûpâni dakkhinti || evam evam bho Gotamena anekapariyâyena dhammo pakâsito || esâhaṃ bhagavantaṃ Gotamaṃ saraṇaṃ gacchâmi dhammañca bhikkhusaṅghañca || upâsakaṃ maṃ bhavaṃ Gotamo dharetu ajjatagge pâṇupetaṃ saraṇaṃ gatan-ti || ||

§ 2. *Udayo.*

1. Sâvatthi nidânam || ||

2. Atha kho Bhagavâ pubbaṇhasamayaṃ nivâsetvâ pattacîvaram âdâya yena Udayassa brâhmanassa nivesanaṃ ten-upasaṅkami || ||

3. Atha kho Udayo brâhmaṇo Bhagavato pattam odanena pûresi || ||

4. Dutiyam pi kho Bhagavâ pubbaṇhasamayaṃ nivâsetvâ pattacîvaram âdâya yena Udayassa brâhmaṇassa nivesanaṃ ten-upasaṅkami || pa ||

5. Tatiyam pi kho Udayo brâhmaṇo Bhagavato pattam

[1] B. has not Gotamo. [2] See above I. 8, 9. [3] Here the Sutta Nipâta inserts another episode.

odanena pûretvâ Bhagavantam etad avoca || || Pakaṭṭhako[1] yaṃ samaṇo Gotamo punappunam âgacchatî ti || ||

Punappunam ceva vapanti bîjaṃ ||
punappunaṃ vassati[2] devarâjâ ||
punappunam khettam kasanti kassakâ[3] ||
punappunam aññam[4] upeti raṭṭhaṃ || ||
Punappunaṃ yâcakâ yâcayanti[5] ||
punappunam dânapatî dadanti ||
punappunam dânapatî daditvâ ||
punappunam saggam upeti ṭhânaṃ || ||
Punappunaṃ khîranikâ duhanti ||
punappunaṃ vaccho upeti[6] mâtaraṃ ||
punappunaṃ kilamati phandati ca ||
punappunaṃ gabbham upeti mando || ||
Punappunaṃ jâyati miyyati ca ||
punappunaṃ sîvathikaṃ haranti ||
maggañca laddhâ apunabbhavâya ||
na[7] punappunam jâyati bhûripañño ti || ||

7. Evam vutte Udayo brâhmaṇo Bhagavantam etad avoca|| || Abhikkantam bho Gotama || pa || Upâsakam maṃ bhavaṃ Gotamo dhâretu ajjatagge pâṇupetaṃ saraṇaṃ gatan-ti || ||

§ 3. *Devahito.*

1. Sâvatthi nidânaṃ || ||

2. Tena kho pana samayena Bhagavâ vâtehi âbâdhiko hoti || âyasmâ ca Upavâno[8] Bhagavato upaṭṭhâko hoti || ||

3. Atha kho Bhagavâ âyasmantam Upavânam âmantesi || || Iṅgha me tvaṃ Upavâna uṇhodakaṃ jânâhîti || ||

4. Evam bhante ti kho âyasmâ Upavâno Bhagavato paṭissutvâ nivâsetvâ pattacîvaram âdâya yena Devahitassa brâhmaṇassa nivesanaṃ ten-upasaṅkami || upasaṅkamitvâ tuṇhîbhûto[9] ekam antam aṭṭhâsi || ||

5. Addasâ kho Devahito brâhmaṇo âyasmantam Upavânam tuṇîbhûtam[9] ekam antam ṭhitaṃ || disvâna âyasmantam Upavânaṃ gâthâya ajjhabhâsi || ||

---

[1] S^{1-3} pagaṇḍako. [2] S^{1-3} vassanti. [3] S^{1-3} kassako. [4] B. maññam; S^{1-3} yaññaṃ. [5] S^{1-3} yâcanakâ caranti. [6] S^{1-3} vacchâ upenti. [7] B. S^3 omit na. [8] S^{1-3} Upavâṇ-o always. [9] S^{1-3} omit tuṇhîbhûto (-taṃ).

Tuṇhîbhûto bhavaṃ tiṭṭhaṃ ‖ muṇḍo saṅghâṭipâruto ‖
kiṃ patthayâno kim esaṃ ‖ kiṃ nu yâcitum âgato ti ‖ ‖

6. Arahaṃ Sugato loke ‖ vâtehâbadhiko muni ‖
sace uṇhodakam atthi ‖ munino dehi brâhmaṇa ‖
pûjito pûjaneyyânaṃ ‖ sakkareyyânam sakkato ‖
apacito apaceyyânaṃ[1] ‖ tassa icchâmi hâtave[2] ti ‖ ‖

7. Atha kho Devahito brâhmaṇo uṇhodakassa kâjam[3] purisena gâhâpetvâ phâṇitassa ca puṭam âyasmato Upavânassa pâdâsi ‖ ‖

8. Atha kho âyasmâ Upavâno yena Bhagavâ ten-upasaṅkami ‖ upasaṅkamitvâ Bhagavantam uṇhodakena nahâpetvâ uṇhodakena phâṇitam âloḷetvâ Bhagavato pâdâsi ‖ ‖

9. Atha kho Bhagavato so âbâdho paṭippassambhi ‖ ‖

10. Atha kho Devahito brâhmaṇo yena Bhagavâ ten-upasaṅkami ‖ upasaṅkamitvâ Bhagavatâ saddhim sammodi ‖ sammodanîyaṃ kathaṃ sâraṇîyaṃ vitisâretvâ ekam antaṃ nisîdi ‖ ‖

11. Ekam antaṃ nisinno kho Devahito brâhmaṇo Bhagavantaṃ gâthâya ajjhabhâsi ‖ ‖

Kattha dajjâ deyyadhammam ‖ kattha dinnaṃ mahapphalaṃ ‖
kathaṃ hi yajamânassa ‖ katham ijjhati[4] dakkhiṇâ ti ‖ ‖

12. Pubbe nivâsam yo vedi[5] ‖ saggâpâyañca passati ‖
atho jâtikkhayaṃ patto ‖ abhiññâvosito muni[6] ‖ ‖
ettha[7] dajjâ deyyadhammam ‖ ettha dinnam mahapphalaṃ ‖
evaṃ hi yajamânassa ‖ evam ijjhati dakkhiṇâ ti ‖ ‖

13. Evaṃ vutte Devahito brâhmaṇo Bhagavantam etad avoca ‖ ‖ Abhikkantam bho Gotama ‖ pa ‖ upâsakaṃ maṃ bhavaṃ Gotamo dhâretu ajjatagge pâṇupetaṃ saraṇaṃ gatan-ti ‖ ‖

§ 4. *Mahâsâla* (or *Sûkhapâpuraṇa*).

1. Sâvatthi nidânaṃ ‖ ‖

2. Atha kho aññataro brâhmaṇa-mahâsâlo lûkho lûkhapâ-

---

[1] S[3] °pujaniyyânaṃ°; S[1-3] sakkateyyânaṃ; B. paceyyânaṃ. [2] S[1-3] bhâtave. [3] S[1-3] kâcaṃ. [4] S[1-3] ijjhanti here and further on. [5] So B. S[1-3]; C. vede, but notices the reading vedi. [6] S[1] abhiñña°; S[1-3] °vositavo°. See I. 8. [7] B. tattha.

purāṇo yena Bhagavâ ten-upasaṅkami || upasaṅkamitvâ Bhagavatâ saddhiṃ sammodi || sammodanîyaṃ kathaṃ sârâṇîyam vîtisâretvâ ekam antam nisîdi ||

3. Ekam antaṃ nisinnaṃ kho taṃ brâhmaṇa-mahâsâlaṃ Bhagavâ etad avocâ || || Kinnu tvaṃ brâhmaṇa lûkho lûkhapâpuraṇo ti || ||

4. Idha me bho Gotama cattaro puttâ || te maṃ dârehi sampuccha gharâ nikkhamentîti[1] || ||

5. Tena hi tvaṃ brâhmaṇa imâ gâthâyo pariyâpuṇitvâ sabhâyaṃ mahâjanakâye sannipatite puttesu ca sannisinnesu bhâsassu || ||

Yehi jâtehi nandissaṃ || yesañ ca bhavam icchisaṃ[2] ||
te maṃ dârehi sampuccha || sâ va vârenti sûkaraṃ || ||
Asantâ kira maṃ jammâ || tâta tâtâ ti bhâsare ||
rakkhasâ puttarûpena || te jahanti vayogataṃ || ||
Asso va jiṇṇo nibbhogo || khâdanâ apanîyati ||
bâlakânam pitâ thero || parâgâresu bhikkhati || ||
Daṇḍo va kira me seyyo || yañ ce puttâ anassavâ ||
caṇḍam pi gonam vâreti || atho caṇḍam pi kukkuraṃ || ||
andhakâre pure hoti || gambhîre gâdham edhati ||
daṇḍassa ânubhâvena || khalitvâ patitiṭṭhatîti || ||

6. Atha kho so brâhmaṇa-mahâsâlo Bhagavato santike imâ gâthâyo pariyâpuṇitvâ sabhâyaṃ mahâjanakâye sannipatite puttesu ca sannisinnesu abhâsi || ||

Yehi jâtehi nandissam || yesañ ca bhavam icchisaṃ ||
te maṃ dârehi sampuccha || sâ va vârenti sûkaram || ||
Asantâ kira maṃ jammâ || tâta tâtâ ti bhâsare ||
rakkhasâ puttarûpena || te jahanti vayogataṃ || ||
Asso va jiṇṇo nibbhogo || khâdanâ apanîyati ||
bâlakânam pitâ thero || parâgâresu bhikkhati || ||
Daṇḍo va kira me seyyo || yañ ce puttâ anassavâ ||
caṇḍam pi goṇaṃ vâreti || atho caṇḍam pi kukkuraṃ || ||
andhakâre pure hoti || gambhîre gâdham edhati ||
daṇḍassa ânubhâvena || khalitvâ patitiṭṭhatî ti || ||

---

[1] S^{1} C. nikkamantîti; S^{3} nikkhantîti. [2] S^{1-3} icchasaṃ. [3] S^{1-3}sampucchâ°; S^{1-3} C. vâdenti.

7. Atha kho naṃ brâhmana-mahâsâlaṃ puttâ gharaṃ netvâ nahâpetvâ paccekaṃ dussayugena acchâdesuṃ || ||

8. Atha kho so brâhmaṇa-mahâsâlo ekaṃ dussayugam âdâya yena Bhagavâ ten-upasaṅkami || upasaṅkamitvâ Bhagavatâ saddhiṃ sammodi || sammodanîyaṃ kathaṃ sârâṇîyaṃ vîtisâretvâ ekam antaṃ nisîdi || ||

9. Ekam antaṃ nisinno kho brâhmaṇa-mahâsâlo Bhagavantam etad avoca || || Mayam bho Gotama brâhmaṇâ nâma âcariyassa âcariyadhanam pariyesâma || patigganhatu me bhavaṃ Gotamo âcariyadhanan-ti || ||

10 Paṭiggahesi[1] Bhagavâ anukampam upâdâya || ||

11. Atha kho so brâhmaṇa-mahâsâlo Bhagavantam etad avoca || || Abhikkantam bho Gotama || pa || upâsakaṃ maṃ bhavaṃ Gotamo dhâretu ajjatagge pâṇupetaṃ saraṇaṃ gatan-ti || ||

§ 5. *Mânatthaddo.*

1. Sâvatthi nidânaṃ || ||

2. Tena kho pana samayena Mânatthaddho[2] nâma brâhmaṇo Sâvatthiyaṃ pativasati || so n-eva mâtaram abhivâdeti || na pitaram abhivâdeti || na âcariyam abhivâdeti || na jeṭṭhabhâtaram abhivâdeti || ||

3. Tena kho pana samayena Bhagavâ mahatiyâ parisâya parivuto dhammaṃ desesi[3] || ||

4. Atha kho Mânatthaddhassa brâhmanassa etad ahosi || || Ayaṃ kho samaṇo Gotamo mahatiyâ parisâya parivuto dhammaṃ deseti || yaṃ nûnâham yena samaṇo Gotamo tenupasaṅkameyyaṃ || sace maṃ samaṇo Gotamo âlapissati aham pi tam âlapissâmi || no ce maṃ samaṇo Gotamo âlapissati aham pi taṃ nâlapissâmî ti || ||

5. Atha kho Mânatthaddho brâhmaṇo yena Bhagavâ tenupasaṅkami || upasaṅkamitvâ tuṇhîbhûto ekam antam aṭṭhâsi || ||

6. Atha kho Bhagavâ taṃ nâlapi || ||

7. Atha kho Mânatthaddho brâhmaṇo || nâyaṃ samaṇo Gotamo kiñci jânâtî ti || tato[4] puna-nivattitu-kâmo ahosi || ||

---

[1] S¹-³ patiganhâsi. [2] B. Mânathaddho always. [3] S¹ deseti. [4] B. adds va.

8. Atha kho Bhagavâ Mânatthaddhassa brâhmaṇassa cetasâ ceto-parivitakkam aññâya Mânatthaddhaṃ brâhmaṇaṃ gâthâya ajjhabhâsi || ||

Na mânaṃ brâhmaṇa[1] sâdhu || atthi kassîdha brâhmaṇa ||
yena atthena âgacchi[2] || tam evam anubrûhaye ti[3] || ||

9. Atha kho Mânatthaddho brâhmaṇo || cittam me samaṇo Gotamo jânâtî ti || tatth-eva Bhagavato pâdesu[4] sirasâ nipatitvâ Bhagavato pâdâni mukhena ca paricumbati pâṇîhi ca parisambâhati nâmañ ca sâveti Mânatthaddhâham bho Gotama Mânatthaddhâham bho Gotamâ ti || ||

10. Atha kho sâ parisâ abbhutacittajâtâ[5] ahosi || || Acchariyaṃ vata bho abbhutam vata bho || ayaṃ hi Mânatthaddho brâhmaṇo n-eva mâtaram abhivâdeti || na pitaram abhivâdeti || na âcariyam abhivâdeti || na jeṭṭhabhâtaram abhivâdeti || atha ca pana samaṇe Gotame evarûpaṃ paramaṃ nipaccâkâraṃ[6] karotî ti || ||

11. Atha kho Bhagavâ Mânatthaddhaṃ brâhmaṇaṃ etad avoca || || Alaṃ brâhmana uṭṭhehi sake âsane nisîda yato te mayi cittam pasannan-ti || ||

12. Atha kho Mânatthaddho brâhmaṇo sake âsane nisîditvâ Bhagavantaṃ gâthâya ajjhabhâsi || ||

Kesu na mânaṃ[7] kayirâtha[8] || kesu assa[9] sagâravo ||
kyassa[10] apacitâ[11] assu || kyâssu sâdhu supûjitâ ti[12] || ||

13. Mâtari pitari vâpi || atho jeṭṭhamhi bhâtari ||
âcariye catutthamhi || tesu na mânaṃ kayirâtha || ||
tesu assa sagâravo || tyassa apacitâ assu ||
tyassu sâdhu supûjitâ[13] || ||
arahante sîtibhûte || katakicce anâsave ||
nihacca mânam atthaddho || te namassa[14] anuttare ti || ||

14. Evaṃ vutte Mânatthadddo brâhmaṇo Bhagavantam etad avoca || || Abhikkantaṃ bho Gotama abhikkantam bho Gotama || pa || upâsakaṃ mam bhavaṃ Gotamo dhâretu ajjatagge pâṇupetaṃ saraṇaṃ gatan-ti || ||

---

[1] S^{1-3} brûhanâ. [2] S^{1-3} âgañchi. [3] S^{1-3} anubrûhasîti. [4] S^{1-3} pâde. [5] So C. only; B. and S^{3} vitta°; S^{1} is doubtful. [6] B. S^{1} nippacca°. [7] S^{1-3} mânam na here and further on. [8] B. kayirâ. [9] S^{1-3} kesvassa. [10] S^{1-3} kvâssa. [11] S^{1} apacitaṃ; C. apacitiṃ. [12] S^{1-3} kesvassu sâdhu supûjitâti, and further on tesvassu°. [13] One pada ought to have been omitted in all the MSS. [14] B. namasse.

§ 6. *Paccanîka.*

1. Sâvatthi nidânaṃ || ||

2. Tena kho pana samayena Paccanîkasâto[1] nâma brâhmaṇo Sâvatthiyaṃ pativasati || ||

3. Atha kho Paccanîkasâtassa brâhmaṇassa etad ahosi || || Yaṃ nûnâhaṃ yena samaṇo Gotamo ten-upasaṅkameyyaṃ || yaṃ yad eva samaṇo Gotamo bhâsissati || taṃ tad ev-assâhaṃ[2] paccanîkassan-ti[3] || ||

4. Tena kho pana samayena Bhagavâ ajjhokâse caṅkamati || ||

5. Atha kho Paccanîkasâto brâhmaṇo yena Bhagavâ ten-upasaṅkami || upasaṅkamitvâ Bhagavantam caṅkamantam anucaṅkamamâno Bhagavantam etad avoca || || Bhaṇa samaṇa dhamman-ti || ||

6. Na Paccanîkasâtena || suvijânaṃ subhâsitaṃ ||
upakkiliṭṭhacittena || sârabbhabahulena ca[4] || ||
Yo ca vineyya sârabbhaṃ || appasâdañ ca cetaso ||
âghâtaṃ paṭinissajja || sa ve jaññâ subhâsitan-ti || ||

7. Evaṃ vutte Paccanîkasâto brâhmaṇo Bhagavantam etad avoca || || Abhikkantam bho Gotama || pa || Upâsakam mam bhavaṃ Gotamo dhâretu ajjatagge pâṇupetaṃ saraṇaṃ gatan-ti || ||

§ 7. *Navakammika.*

1. Ekaṃ samayaṃ Bhagavâ Kosalesu viharati aññatarasmiṃ vanasaṇḍe || ||

2. Tena kho pana samayena navakammika-bhâradvâjo brâhmaṇo tasmiṃ vanasaṇḍe kammantaṃ kârâpeti || ||

3. Addasâ kho navakammika-bhâradvâjo brâhmaṇo Bhagavantam aññatarasmiṃ sâla-rukkhamûle nisinnaṃ pallaṅkam âbhujitvâ ujuṃ kâyaṃ paṇidhâya parimukhaṃ satim upaṭṭhapetvâ || ||

4. Disvân-assa etad ahosi || || Ahaṃ kho imasmiṃ vanasaṇḍe kammantaṃ kârâpento ramâmi || ayaṃ samaṇo Gotamo kiṃ kârâpento ramatî ti || ||

5. Atha kho navakammika-bhâradvâjo brâhmaṇo yena

---

[1] B. paccanika° always. [2] S[1-3] evasâsahaṃ (S[3] °bhaṃ). [3] B. paccanikasâtanti. [4] C. sârambha.

Bhagavâ ten-upasaṅkami || upasaṅkamitvâ Bhagavantaṃ gâthâya ajjhabhâsi || ||

Ke nu kammantâ kayiranti[1] || bhikkhu sâlavane tava ||
yad ekako araññasmiṃ || ratiṃ vindati Gotamo[2] ti || ||

6. Na me vanasmiṃ karaṇîyam atthi ||
ucchinnamûlaṃ[3] me vanaṃ visukaṃ[4] ||
so-haṃ[5] vane nibbanatho visallo ||
eko rame aratiṃ vippahâyâ ti || ||

7. Evaṃ vutte navakammika-bhâradvâjo brâhmaṇo Bhagavantam etad avoca || || Abhikkantam bho Gotama || abhikkantaṃ bho Gotama || pa || upâsakaṃ maṃ bhavaṃ Gotamo dhâretu ajjatagge pâṇupetaṃ saraṇaṃ gatan-ti || ||

§ 8. *Kaṭṭhahâra.*

1. Ekam samayaṃ Bhagavâ Kosalesu viharati aññatarasmiṃ vanasaṇḍe || ||

2. Tena kho pana samayena aññatarasmim bhâradvâjagottassa brâhmaṇassa sambahulâ antevasikâ kaṭṭhahârakâ mâṇavakâ yena vaṇasaṇḍo ten-upasaṅkamiṃsu || ||

3. Upasaṅkamitvâ addasaṃsu Bhagavantaṃ tasmiṃ vanasaṇḍe nisinnaṃ pallaṅkam âbhujitvâ ujuṃ kâyaṃ paṇidhâya parimukhaṃ satim upaṭṭhapetvâ || || Disvâna yena bhâradvâjagotto brâhmaṇo ten-upasaṅkamiṃsu || ||

4. Upasaṅkamitvâ bhâradvâjagottam brâhmaṇam etad avocuṃ || || Yagghe bhavaṃ jâneyya asukasmiṃ[6] vanasaṇḍe samaṇo nisinno pallaṅkam âbhujitvâ ujuṃ kâyaṃ paṇidhâya parimukhaṃ satim upaṭṭhapetvâ || ||

5. Atha kho bhâradvâjagotto brâhmaṇo tehi mâṇavakehi saddhiṃ yena so vanasaṇḍo ten-upasaṅkami || addasâ[7] kho Bhagavantaṃ tasmiṃ vanasaṇḍe nisinnaṃ pallaṅkam âbhujitvâ ujuṃ kâyaṃ paṇidhâya parimukhaṃ satim upaṭṭhapetvâ || disvâna yena Bhagavâ ten-upasaṅkami || upasaṅkamitvâ Bhagavantaṃ gâthâya ajjhabhâsi || ||

Gambhîrarûpe[8] bahubherave vane ||
suññam araññaṃ vijanaṃ vigâhiya[9] ||

---

[1] S¹-³ kammantatâ (S¹ kammantakâtâ) kayira. [2] S¹-³ vindasi Gotamâti. [3] S¹-³ ubhinna°. [4] S¹-³ visukkhaṃ. [5] B. svâhaṃ ; S¹ yohaṃ. [6] S¹-³ amuka°. [7] S¹-² addasa. [8] C. gambhirasabhâve. [9] S¹-³ vigâhiyaṃ.

aniñjamânena ṭhitena vaggunâ ||
sucârurupaṃ[1] vata bhikkhu jhâyasi || ||
Na yattha gîtaṃ na pi yattha[2] vâditaṃ ||
eko araññe[3] vanavasito[4] muni ||
accherarûpaṃ paṭibhâti maṃ idaṃ ||
yad ekako pîtimano vane vase || ||
Maññe-haṃ[5] lokâdhipati-sahavyataṃ ||
âkaṅkhamâno tidivaṃ anuttaraṃ ||
kasmâ[6] bhavaṃ vijanaṃ araññam assito ||
tapo idha kubbasi brahmapattiyâ ti[7] || ||

6. Yâ kâci kaṅkhâ abhinandanâ vâ ||
anekadhâtûsu puthû sadâ sitâ ||
aññâṇamûlappabhavâ pajappitâ ||
sabbâ mayâ vyantikatâ samûlikâ || ||
so ham akaṅkho apiho[8] anupayo[9] ||
sabbesu dhammesu visuddhadassano ||
pappuyya sambodhim anuttaraṃ sivaṃ ||
jhâyâm-ahaṃ brâhmaṇa[10] raho visârado ti ||

7. Evaṃ vutte bhâradvâjagotto brâhmano Bhagavantam etad avoca || || Abhikkantam bho Gotama abhikkantam bho Gotama || pa || ajjatagge pâṇupetaṃ saraṇaṃ gatan-ti || ||

§ 9. *Mâtuposako.*

1. Sâvatthi nidânaṃ || ||

2. Atha kho mâtuposako brâhmaṇo yena Bhagavâ ten-upasaṅkami || upasaṅkamitvâ Bhagavatâ saddhiṃ sammodanîyaṃ kathaṃ sârâṇîyaṃ vitisâretvâ ekam antaṃ nisîdi || ||

3. Ekam antaṃ nisinno kho mâtuposako brâhmaṇo Bhagavantam etad avoca || || Ahaṃ hi bho Gotama dhammena bhikkham pariyesâmi || dhammena bhikkhaṃ pariyesitvâ mâtâpitaro posemi || kaccâhaṃ[11] bho Gotama evaṃkârî kiccakârî homîti || ||

4. Taggha tvaṃ brâhmaṇa evaṃkârî kiccakârî hosi || yo kho brâhmaṇa dhammena bhikkhaṃ pariyesati || dhammena

---

[1] S^{3} °rûpo; B. sundararûpaṃ. [2] $S^{1\ 3}$ ettha° ettha°. [3] B. arañña°. [4] So C.; B. vanam avassito (given by C. as explanation); S. $^{1-3}$ vanam assito. [5] B. maññâmahaṃ. [6] S^{1-3} tasmâ. [7] S^{1} brahmûppattiyâ ti. [8] B. asito. [9] So C.; B. anuppayo; S^{1-3} anûpayo. [10] B. brahe. [11] S^{1-3} kiccâhaṃ.

bhikkhaṃ pariyesitvâ mâtâpitaro poseti || bahu so[1] puññam pasavatî ti || ||

Yo mâtaraṃ pitaraṃ vâ || macco dhammena poseti ||
tâya naṃ paricariyâya || mâtâpitûsu paṇḍitâ ||
idh-eva naṃ pasaṃsanti || pecca sagge pamodatî ti[2] || ||

5. Evaṃ vutte mâtuposako brâhmaṇo Bhagavantam etad avoca || || Abhikkantaṃ bho Gotama abhikkantaṃ bho Gotama || pa || upâsakaṃ maṃ bhavaṃ Gotamo dhâretu ajjatagge pâṇupetaṃ saraṇaṃ gatan-ti || ||

§ 10. *Bhikkhako.*

1. Sâvatthi nidânaṃ || ||

2. Atha kho bhikkhako brâhmaṇo Bhagavâ ten-upasaṅkami || upasaṅkamitvâ Bhagavatâ saddhiṃ sammodi sammodanîyaṃ kathaṃ sârâṇîyaṃ vîtisâretvâ ekam antaṃ nisîdi || ||

3. Ekam antaṃ nisinno kho bhikkhako brâhmaṇo Bhagavantam etad avoca || || Aham pi bho Gotama bhikkhako bhavam pi bhikkhako || idha no kiṃ nânâkaraṇan-ti || ||

4. Na tena bhikkhako[3] hoti || yâvatâ bhikkhavo[4] pare ||
visaṃ[5] dhammam samâdâya || bhikkhu hoti na tâvatâ || ||
Yo dha[6] puññân ca pâpañ ca || bâhitvâ brahmacariyaṃ[7] ||
saṅkhâya loke carati || sa ve[8] bhikkhûti vuccatî ti || ||

5. Evaṃ vutte bhikkhako brâhmaṇo Bhagavantam etad avoca || Abhikkantam bho Gotama abhikkantam bho Gotama || pa || upâsakaṃ maṃ bhavaṃ Gotamo dhâretu ajjatagge pâṇupetaṃ saraṇaṃ gatan-ti || ||

§ 11. *Sangârava.*

1. Sâvatthi nidânaṃ || ||

2. Tena kho pana samayena Saṅgâravo nâma brâhmaṇo Sâvatthiyaṃ paṭivasati udaka-suddhiko udakena suddhim pacceti || sâyapâtam udakorohaṇânuyogam anuyutto viharati[9] || ||

3. Atha kho âyasmâ Ânando pubbaṇhasamayaṃ nivâsetvâ pattacîvaram âdâya Sâvatthim piṇḍâya pâvisi || Sâvatthiyaṃ piṇḍâya caritvâ pacchâbhattam piṇḍapâtapaṭikkanto yena Bhagavâ ten-upasaṅkami || upasaṅkamitvâ Bhagavantam abhivâdetvâ ekam antaṃ nisîdi || ||

---

1 B. bahuṃso. 2 S^{1-3} ca modatîti. 3 S^{1-3} bhikkhu. 4 S^{1-3} bhikkhate.
5 S^{1-3} vissaṃ. 6 B. ca. 7 S^{3} bhâhetvâ; C. vâhetvâ; S^{1-3} brahmacariyavâ.
8 B. and C. sa ce. 9 See Puggala, IV. 24. 1.

4. Ekam antaṃ nisinno kho âyasmâ Ânando Bhagavantam etad avoca || || Idha bhante Saṅgâravo nâma brâhmaṇo Sâvatthiyaṃ paṭivasati udaka-suddhiko udakena suddhiṃ pacceti || sâyapâtaṃ udakorohaṇânuyogam anuyutto viharati || sâdhu bhante Bhagavâ yena Saṅgâravassa brâhmaṇassa nivesanaṃ ten-upasaṅkamatu anukampam upâdâyâ ti || ||

5. Adhivâsesi Bhagavâ tuṇhîbhâvena || ||

6. Atha kho Bhagavâ pubbaṇha-samayaṃ nivâsetvâ patta-cîvaram âdâya yena Saṅgâravassa brâhmaṇassa nivesanaṃ ten-upasaṅkami || upasaṅkamitvâ paññatte âsane nisîdi || ||

7. Atha kho Saṅgâravo brâhmaṇo yena Bhagavâ ten-upasaṅkami || upasaṅkamitvâ Bhagavatâ saddhiṃ sammodi || sammodanîyaṃ kathaṃ vîtisâretvâ ekam antaṃ nisîdi || ||

8. Ekam antaṃ nisinnaṃ kho Saṅgâravaṃ brâhmaṇam Bhagavâ etad avoca || || Saccaṃ kira tvaṃ brâhmaṇa udaka-suddhiko udakena suddhiṃ paccesi || sâyapâtam udakorohaṇânuyogam anuyutto viharasî ti || ||

9. Evam bho Gotama[1] || ||

10. Kam[2] pana tvam brâhmaṇa atthavasaṃ sampassamâno udakasuddhiko udakasuddhim paccesi || sâyapâtam udakorohaṇânuyogam anuyutto viharasî ti || ||

11. Idha me bho Gotama ahaṃ yaṃ divâ pâpakammaṃ kataṃ hoti[3] taṃ sâyam nahânena pavâhemi || yaṃ rattiṃ pâpakammam kataṃ hoti taṃ pâtaṃ nahânena pavâhemi || Imaṃ[4] khvâhaṃ bho Gotama atthavasaṃ sampassamâno udakasuddhiko udakena suddhiṃ paccemi || sâyapâtam udakorohaṇânuyogam anuyutto viharâmî ti || ||

12. Dhammo rahado brâhmaṇa sîlatittho ||
anâvilo sabbhi sataṃ pasattho ||
yattha have vedaguno sinâtâ ||
anallagattâ va taranti pâran-ti[5] || ||

13. Evaṃ vutte Saṅgâravo brâhmaṇo Bhagavantam etad avoca || || Abhikkantaṃ bho Gotama || pa || upâsakaṃ maṃ bhavaṃ Gotamo dhâretu ajjatagge pâṇupetam saraṇam gatan-ti || ||

---

[1] S¹-³ °viharatîti evaṃ bhoti. [2] S¹-³ kim. [3] S¹-³ hessati. [4] S¹-³ add ca.
[5] See above I. 9, text and notes.

§ 12. *Khomadussa.*

1. Evam me sutam ekam samayaṃ Bhagavâ Sakkesu viharati Khomadussaṃ nâma[1] Sakyânaṃ nigame[2] || ||

2. Atha kho Bhagavâ pubbaṇhasamayaṃ nivâsetvâ patta-cîvaram âdâya Khomadussam nigamam[3] piṇḍâya pâvisi || ||

3. Tena kho pana samayena Khomadussakâ brâhmaṇa-gahapatikâ sabhâyaṃ sannipatitâ honti kenacid eva karaṇî-yena || devo ca ekam ekaṃ phusâyati || ||

4. Atha kho Bhagavâ yena sâ sabhâ ten-upasaṅkami || ||

5. Addasaṃsu[4] Khomadussakâ[5] brâhmana-gahapatikâ Bhagavantam dûrato va âgacchantam || ||

6. Disvâ etad avocuṃ || || Ke ca muṇḍakâ samaṇakâ ke ca sabhâdhammaṃ jânissantî ti || ||

7. Atha kho Bhagavâ Khomadussake[6] brâhmaṇa-gaha-patike gâthâya ajjhabhâsi || ||

N-esâ sabhâ yattha na santi santo ||
santo na te ye na vadanti dhammaṃ ||
râgañ ca dosañ ca pahâya mohaṃ ||
dhammaṃ vadantâ va bhavanti santo ti || ||

8. Evaṃ vutte Khomadussakâ[7] brahmaṇa-gahapatikâ Bhagavantam etad avocuṃ || || Abhikkantaṃ bho Gotama abhikkantam bho Gotama || seyyathâpi bho Gotama nikujji-taṃ vâ ukujjeyya paṭicchannaṃ vâ vivareyya mûḷhassa vâ maggam âcikkheyya andhakâre vâ telapajjotaṃ dhâreyya cakkhumanto rûpâni dakkhinti || evam eva bhotâ Gotamena anekapariyâyena dhammo pakâsito || || Ete mayam Bhaga-vantaṃ Gotamaṃ saraṇaṃ gacchâma dhammañ ca bhikkhu-saṅghañ ca || upâsake no bhavaṃ Gotamo dhâretu ajjatagge pâṇupete saraṇaṃ gate ti || ||

Upâsaka-vaggo dutiyo || ||

Tass-uddânam || ||

Kasi Udayo Devahito || aññatara-Mahâsâlaṃ[8] ||
Mânatthaddhaṃ Paccanîkaṃ || Navakammi Kaṭṭhahâraṃ ||
Mâtuposakaṃ Bhikkhako || Saṅgâravo Khomadussena dvâdasâti || ||

Brâhmaṇa-saṃyuttaṃ samattaṃ || ||

---

[1] S[1] Khomadussadannâma; S[3] °dussantânâma. [2] S[3] nigamo. [3] S[1-3] °dussa-dam piṇḍaya (omitting nigamam). [4] S[1-3] addasâsuṃ. [5] S[1-3] °dussadakâ (in S[3] da being superadded). [6] S[1] dussadake. [7] S[1-3] dussadaka°. [8] S[1-3] Lûkhapâpureṇa.

BOOK VIII.—VAṄGÎSA-THERA-SAMYUTTAṂ.[1]

§ 1. *Nikkhantaṃ.*

1. Evam me sutam ekaṃ samayam âyasmâ Vaṅgîso Âḷaviyaṃ viharati Aggâḷave[2] cetiye âyasmatâ Nigrodha-Kappena upajjhâyena saddhiṃ || ||

2. Tena kho pana samayena âyasmâ Vaṅgîso[3] navako hoti acirapabbajito ohiyyako vihârapâlo || ||

3. Atha kho sambahulâ itthiyo samalaṅkaritvâ yenârâmo[4] ten-upasaṅkamiṃsu vihârapekkhikâyo[5] || ||

4. Atha kho âyasmato Vaṅgîsassa tâ itthiyo disvâ anabhirati upajji || râgo cittam anuddhaṃsesi || ||

5. Atha kho âyasmato Vaṅgîsassa etad ahosi || || Alâbhâ vata me na vata me lâbhâ || dulladdhaṃ vata me na vata me suladdhaṃ || yassa me anabhirati uppannâ râgo cittam anuddhaṃseti || taṃ kut-ettha labbhâ yam me paro anabhiratiṃ vinodetvâ abhiratiṃ uppâdeyya[6] || yaṃ nûnâham attanâ va attano anabhiratiṃ vinodetvâ abhiratim uppâdeyyan-ti || ||

6. Atha kho âyasmâ Vaṅgîso attanâ va attano anabhiratiṃ vinodetvâ abhiratim uppâdetvâ tâyaṃ velâyam imâ gâthâyo abhâsi || ||

[7] Nikkhantam vata maṃ santaṃ || agârasmânagâriyaṃ ||
vitakkâ upadhâvanti || pagabbhâ kaṇhato ime || ||
uggaputtâ mahissâsâ || sikkhitâ daḷhadhammino ||
samantâ parikireyyuṃ || sahassam[8] apalâyinaṃ || ||
sace pi ettato bhîyo || âgamissanti itthiyo ||
n-eva maṃ vyâdhayissanti || dhamme s-amhi[9] patiṭṭhito[10] || ||

---

[1] The verses in this Saṃyutta are all found in the Mahâ-nipâta of the Thera-gâthâ. [2] B. aggâḷavake. [3] B. vaṅgiso always. [4] B. yena aggaḷâvako ârâmo. [5] B. °pekkhakâyo. [6] S[1-3] °pare° °uppâdeyyuṃ. [7] = Thera-g. 1209-1213. [8] S[1-3] saṅgassaṃ. [9] S[1] seems to have sabbhi. [10] B. and C. patiṭṭhitaṃ.

sakkhî hi me sutam etaṃ [1] || buddassâdiccabandhuno ||
nibbânagamanaṃ maggaṃ || tattha me nirato mano || ||
Evañ ce maṃ viharantaṃ || pâpima upagacchasi [2] ||
tathâ maccu karissâmi || na me maggam pi dakkhasî ti || ||

§ 2. *Arati.*

1. Ekaṃ samayaṃ || la ||

2. Âyasmâ Vaṅgîso Âḷaviyaṃ viharati Aggâḷave cetiye âyasmatâ Nigrodha-Kappena upajjhâyena saddhiṃ || ||

3. Tena kho pana samayena âyasmâ Nigrodha-Kappo pacchâbhattam piṇḍapâtapaṭikkanto vihâram pavisati sâyaṃ vâ nikkhamati aparajju vâ kâle || ||

4. Tena kho pana samayena âyasmato Vaṅgîsassa anabhirati uppannâ hoti râgo cittam anuddhaṃseti || ||

5. Atha kho Vaṅgîsassa etad ahosi || || Alâbhâ vata me na vata me lâbhâ || dulladdhaṃ vata me na vata me suladdhaṃ || yassa me anabhirati uppannâ râgo cittam anuddhaṃseti || || Taṃ kut-ettha labbhâ yaṃ me paro anabhiratiṃ vinodetvâ abhiratiṃ uppâdeyyan-ti || yaṃ nûnâham attanâ va attano anabhiratiṃ vinodetvâ abhiratim uppâdeyyan-ti || ||

6. Atha kho âyasmâ Vangîso attanâ va attano anabhiratiṃ vinodetvâ abhiratim uppâdetvâ tâyam velâyam imâ gâthâyo abhâsi || ||

Aratiñ ca ratiñ ca pahâya ||
sabbaso gehasitañ ca vitakkaṃ [3] ||
vanathaṃ na [4] kareyya kuhiñci ||
nibbanatho anato [5] sa hi bhikkhu || ||
Yam idha puthaviñca vehâsaṃ [6] ||
rûpagatañca jagatogadhaṃ ||
kiñci parijîyati sabbam aniccaṃ [7] ||
evaṃ samecca caranti mutattâ [8] || ||
upadhîsu janâ gadhitâ [9] ||
diṭṭhasute paṭighe ca mute ca [10] ||
ettha vinodîya [11] chandam anejo [12] ||
yo tattha [13] na limpati tam munim âhu || ||

---

[1] B. evam. [2] S^{1-3} pâpimâ upagañchisi. [3] S^3 vitakkâ. [4] S^{1-3} omit na. [5] B. arato. [6] S^{1-3} puthavî ca ; S^3 vehâsa. [7] S^{1-3} anicca. [8] So B. and C.; S^{1-3} muttatâ. [9] S^{1-3} gamitâ. [10] S^{1-3} omit ca. [11] B. vinodaya. [12] S^{1-3} cha (S^3 ja) nâmane (S^1 no) jo. [13] B. ettha.

Atha saṭṭhitasitâ vitakkâ[1] ||
puthujanatâya adhammâ niviṭṭhâ ||
na ca vaggagat-assa kuhiñci ||
no pana duṭṭhullabhâṇî sa bhikkhu || ||
dabbo[2] cirarattasamâhito ||
akuhako nipako apihâlu ||
santapadam[3] ajjhagamâ muni paṭicca ||
parinibbuto kaṅkhati kâlan-ti[4] || ||

§ 3. *Pesalâ-atimaññanâ.*

1. Ekaṃ samayam âyasmâ Vaṅgîso Âḷaviyaṃ viharati Aggâḷave cetiye âyasmatâ Nigrodha-Kappena upajjhâyena saddhiṃ || ||

2. Tena kho pana samayena âyasmâ Vaṅgîso attano paṭibhânena aññe pesale bhikkhû atimaññati || ||

3. Atha kho âyasmato Vaṅgîsassa etad ahosi || || Alâbhâ vata me || na vata me lâbhâ || dulladdhaṃ vata me || na vata me suladdhaṃ || yvâhaṃ attano paṭibhânena aññe pesale bhikkhû atimaññâmî ti || ||

4. Atha kho âyasmâ Vaṅgîso attanâ va attano vippaṭisâram uppâdetvâ tâyaṃ velâyam imâ gâthâyo abhâsi || ||

Mânaṃ pajahassu Gotama ||
mânapathañ ca[5] jahassu ||
asesaṃ[6] mânapathasmiṃ samucchito[7] ||
vippaṭisârahuvâ[8] cirarattaṃ || ||
Makkhena makkhitâ pajâ ||
mânagatâ nirayam papatanti[9] ||
socanti janâ cirarattaṃ ||
mânagatâ nirayam upapannâ || ||
Na hi socati bhikkhu kadâci ||
maggajino sammâpaṭipanno || ||
kittiñ ca sukhañ c'anubhoti ||
dhammarato[10] ti tam âhu tathattam[11] || ||

---

[1] B. and C. saṭṭhisitâ°; S^1 saṭṭhisatâtasitâ; C. °savitakkâ; S^1 °parivitakkâ.
[2] S^{1-3} daṇḍo. [2] B. santaṃ padam. [4] Thera-g. 1214-1218. [5] S^{1-3} mânûpathava (or ca). [6] S^{1-3} add mâ. [7] S^{1-3} pamu (S^3 mi)cchito. [8] C. vippaṭisârî âhuvâ.
[9] B. mânahatâ° (here and further on) °patanti. [10] S^{1-3} °daso. [11] B. vitatakkam.

Tasmâ akhilo dha padhânavâ[1] ||
nîvaraṇâni pahâya visuddho ||
mânañ ca pahâya asesaṃ ||
vijjâyantakaro samitâvî ti[2] || ||

§ 4. *Ânanda.*

1. Ekaṃ samayam âyasmâ Ânando Sâvatthiyaṃ viharati Jetavane Anâthapiṇḍikassa ârâme || ||

2. Atha kho âyasmâ Ânando pubbaṇha-samayaṃ nivâsetvâ pattacîvaram âdâya Sâvatthiṃ piṇḍâya pâvisi âyasmatâ Vaṅgîsena pacchâsamaṇena || ||

3. Tena kho pana samayena âyasmato Vaṅgîsassa anabhirati uppannâ hoti || râgo cittam anuddhaṃseti || ||

4. Atha kho âyasmâ Vaṅgîso âyasmantam Ânandam gâthâya ajjhabhâsi || ||

Kâmarâgena ḍayhâmi || cittam me pariḍayhati ||
sâdhu nibbâpanaṃ[3] brûhi || anukampâya Gotamâ ti || ||

5. Saññâya vipariyesâ || cittan-te pariḍayhati ||
nimittam parivajjehi || subhaṃ râgûpasaṃhitaṃ ||
Saṅkhâre parato passa || dukkhato mâ ca attato ||
nibbâpehi mahârâgaṃ || mâ ḍayhittho punappunaṃ || ||
asubhâya cittaṃ bhâvehi || ekaggaṃ susamâhitaṃ ||
sati kâyagatâ ty-atthu[4] || nibbidâ-bahulo bhava || ||
animittaṃ ca bhâvehi || mânânusayam ujjaha ||
tato mânâbhisamayâ || upasanto carissasî ti[5] || ||

§ 5. *Subhâsitâ.*

1. Sâvatthiyaṃ Jetavane || ||

2. Tatra kho Bhagavâ bhikkhû âmantesi || || Bhikkhavo ti ||

3. Bhadante ti te bhikkhû Bhagavato paccassosuṃ || ||

4. Bhagavâ etad avoca || ||

Catûhi bhikkhave aṅgehi samannâgatâ vâcâ subhâsitâ hoti na dubbhâsitâ || anavajjâ ca ananuvajjâ ca viññûnaṃ || katamehi catuhi ||

5. Idha bhikkhave bhikkhu subhâsitaṃ yeva bhâsati no dubbhâsitam || dhammaṃ yeva bhâsati no adhammaṃ ||

---

[1] S¹⁻³ ya padhânaṃ vâ. [2] S¹ smitâvî ti S³ smitâdvîti; Thera-gâthâ 1219–1222. [3] S¹⁻³ nibbâpana. [4] S¹ °gattâtthu; S³ °gantyatthu. [5] Thera-g. 1223–1226.

piyaṃ yeva bhâsati no appiyam || saccaṃ yeva bhâsati no alikaṃ || Imehi kho bhikkhave catûhi aṅgehi samannâgatâ vâcâ subhâsitâ hoti no dubbhâsitâ anavajjâ ca ananuvajjâ ca viññûnan-ti || ||

6. Idam avoca Bhagavâ || idam vatvâna Sugato athâparam etad avoca satthâ || ||

Subhâsitam uttamam âhu santo ||
dhammaṃ bhaṇe nâdhammam taṃ dutiyaṃ ||
piyaṃ bhaṇe nâppiyam taṃ tatiyaṃ ||
saccaṃ bhaṇe nâlikam tam catutthan-ti || ||

7. Atha kho âyasmâ Vaṅgîso uṭṭhâyâsanâ ekaṃsam uttarâsaṅgaṃ karitvâ yena Bhagavâ ten-añjaliṃ paṇâmetvâ Bhagavantam etad avoca || || Paṭibhâti maṃ Bhagavâ paṭibhâti maṃ Sugatâ ti || ||

8. Paṭibhâtu taṃ Vaṅgîsâ ti Bhagavâ avoca || ||

9. Atha kho âyasmâ Vaṅgîso Bhagavantam sammukhâ sarûpâhi [1] gâthâhi abhitthavi || ||

Tam eva vâcam bhâseyya || yây-attânaṃ na tâpaye ||
pare ca na vihiṃseyya || sâ ve vâcâ subhâsitâ || ||
piyavâcam va [2] bhâseyya || yâ vâcâ paṭinanditâ ||
yaṃ anâdâya pâpâni || paresaṃ bhâsate piyaṃ || ||
saccaṃ ve [3] amatâ vâcâ || esa dhammo sanantano ||
sacce [4] atthe ca dhamme ca || âhu santo patiṭṭhitâ || ||
yam buddho [5] bhâsate vâcaṃ || khemaṃ nibbânapattiyâ ||
dukkhassantakiriyâya || sâ ve vâcânam uttamâ ti [6] || ||

§ 6. *Sâriputta.*

1. Ekaṃ samayam âyasmâ Sâriputto Sâvatthiyaṃ viharati Jetavane Anâthapiṇḍikassa ârâme || ||

2. Tena kho pana samayena âyasmâ Sâriputto bhikkhû dhammiyâ kathâya sandasseti samâdapeti samuttejeti sampahaṃseti || poriyâ [7] vâcâya vissaṭṭhâya anelagaḷâya atthassa viññâpaniyâ || te ca bhikkhû aṭṭhi-katvâ manasi katvâ sabbacetaso [8] samannâharitvâ ohitasotâ dhammaṃ suṇanti || ||

3. Atha kho âyasmato Vaṅgîsassa etad ahosi || || Ayam

---

[1] B. sârûpâhi here and further on. [2] S¹-³ °vâcam eva. [3] S¹-³ te. [4] S¹-³ sabbe. [5] S¹-³ sambuddho. [6] Thera-g. 1227-1230. [7] S¹-³ poriyâya, and further on S¹ only. [8] See p. 112, notes 1. 2.

âyasmâ Sâriputto bhikkhû dhammiyâ kathâya sandasseti samâdapeti samuttejeti sampahaṃseti || poriyâ vâcâya visaṭṭhâya anelagaḷâya atthassa viññâpaniyâ || te ca bhikkhû aṭṭhikatvâ manasi katvâ sabba-cetaso samannâharitvâ ohitasotâ dhammaṃ suṇanti || || Yaṃ nûnâham âyasmantaṃ Sâriputtaṃ sammukhâ sarûpâhi gâthâhi abhitthaveyyan-ti || ||

4. Atha kho âyasmâ Vangîso uṭṭhayâsanâ ekaṃsam uttarâsaṅgaṃ karitvâ yenâyasmâ Sâriputto tenâñjalim panâmetvâ âyasmantaṃ Sâriputtam etad avoca || || Paṭibhâti mam âvuso Sâriputta paṭibhâti ṁam âvuso Sâriputtâ ti || ||

5. Paṭibhâtu tam âvuso Vangîsâ ti || ||

6. Atha kho âyasmâ Vangîso âyasmantaṃ Sâriputtaṃ sammukhâ sarûpâhi gâthâhi abhitthavi || ||

Gambhîra-pañño medhâvî || maggâmaggassa kovido || ||
Sâriputto mahâpañño || dhammaṃ deseti bhikkhunaṃ || ||
sankhittena pi deseti || vitthârena pi bhâsati ||
sâlikây-iva [1] nigghoso || paṭibhânam udîrayi || ||
tassa tam desayantassa || suṇanti madhuraṃ giraṃ ||
sarena rajanîyena || savanîyena vaggunâ ||
udaggacittâ muditâ || sotam odhenti bhikkhavo ti [2] || ||

§ 7. *Pavâraṇâ.*

1. Ekaṃ samayaṃ Bhagavâ Sâvatthiyaṃ viharati Pubbârâme Migara-mâtu-pâsâde mahatâ bhikkhu-sanghena saddhiṃ pañcamattehi bhikkhusatehi sabbeh-eva arahantehi || ||

2. Tena kho pana samayena Bhagavâ tad-ahuposathe pannarase pavâraṇâya bhikkhusaṅghaparivuto ajjhokâse nisinno hoti || ||

3. Atha kho Bhagavâ tunhîbhûtaṃ bhikkhusaṅgham anuviloketvâ bhikkhû âmantesi || ||

4. Handa dâni bhikkhave pavârayâmi vo [3] na [4] ca me kiñci garahatha kâyikaṃ vâ [5] vâcasikaṃ vâ || ||

5. Evaṃ [6] vutte âyasmâ Sâriputto uṭṭhâyâsanâ ekaṃsam uttarâsaṅgam karitvâ yena Bhagavâ ten-añjaliṃ paṇâmetvâ Bhagavantam etad avoca || || Na kho mayaṃ bhante Bhagavato kiñci garahâma kâyikaṃ vâ vâcasikaṃ vâ || Bhagavâ

---

[1] S¹-³ sâlikâya ca. [2] Thera-g. 1231-1233. [3] B. pavâressâmi, omitting vo. [4] C. adds vâ. [5] S¹-³ omit vâ here and further on. [6] S¹-³ ti instead of evaṃ.

hi bhante anuppannassa maggassa uppâdetâ asañjâtassa maggassa sañjanetâ anakkhâtassa maggassa akkhâtâ maggaññû maggavidû maggakovido maggânugâ ca bhante etarahi sâvakâ viharanti pacchâ samannâgatâ || ahaṃ ca kho bhante Bhagavantaṃ pavâremi || na ca me Bhagavâ kiñci garahati kâyikaṃ vâ vâcasikaṃ vâ ti || ||

6. Na khvâhaṃ te Sâriputta kiñci garahâmi kâyikaṃ vâ vâcasikaṃ vâ || Paṇḍito tvam Sâriputta mahâpañño tvaṃ Sâriputta puthupañño tvam Sâriputta hâsapañño [1] tvaṃ Sâriputta javanapañño tvaṃ Sâriputta tikkhapañño tvaṃ Sâriputta nibbedhikapañño tvaṃ Sâriputta || seyyathâpi Sâriputta rañño cakkavattissa jeṭṭhaputto pitarâ pavattitaṃ cakkaṃ sammadeva anupavatteti || evam eva kho tvaṃ Sâriputta mayâ anuttaraṃ dhammacakkaṃ pavattitaṃ sammadeva anupavattesî ti || ||

7. No ce kira me bhante Bhagavâ kiñci garahati kâyikaṃ vâ vâcasikaṃ vâ || imesam pana bhante Bhagavâ pañcannaṃ bhikkhusatânaṃ na kiñci garahati kâyikaṃ vâ vâcasikaṃ vâ ti || ||

8. Imesam pi khvâhaṃ Sâriputta pañcannaṃ bhikkhusatânaṃ na kiñci garahâmi kâyikaṃ vâ vâcasikaṃ vâ || imeṣam pi Sâriputta pañcannaṃ bhikkhusatânaṃ saṭṭhi bhikkhû tevijjâ saṭṭhi bhikkhû chaḷabhiññâ saṭṭhi bhikkhû ubhato bhâgavimuttâ atha itare paññâvimuttâ ti || ||

9. Atha kho âyasmâ Vaṅgîso uṭṭhâyasanâ ekaṃsam uttarâsaṅgaṃ karitvâ yena Bhagavâ ten-añjaliṃ paṇâmetvâ Bhagavantam etad avoca || ||

10. Paṭibhâti maṃ Bhagavâ paṭibhâti maṃ Sugatâ ti || ||

11. Patibhâtu taṃ Vangîsâ ti Bhagavâ avoca || ||

12. Atha kho âyasmâ Vangîso Bhagavantaṃ sammukhâ sarûpâhi gâthâhi abhitthavi || ||

Ajja pannarase [2] visuddhiyâ ||
bhikkhu-pañcasatâ samâgatâ ||
saṃyojanabandhanacchidâ ||
anîghâ khîna-punabbhavâ isî || ||

---

[1] S[1-3] hâsu°. [2] S[3] pannaraso.

Cakkavatti yathâ râjâ || amacca-parivârito ||
samantâ anupariyeti || sâgarantaṃ mahiṃ imaṃ || ||
evam vijitasaṅgâmaṃ || satthavâham anuttaraṃ ||
sâvakâ payirûpâsanti || tevijjâ maccuhâyino || ||
sabbe Bhagavato puttâ || palâp-ettha[1] na vijjati ||
taṇhâsallassa hantâraṃ || vande âdiccabandhunan-ti[2] || ||

§ 8. *Parosahassaṃ.*

1. Ekaṃ samayaṃ Bhagavâ Sâvatthiyaṃ viharati Jetavane Anâthapiṇḍikassa ârâme mahatâ bhikkhusaṅghena saddhiṃ aḍḍhatelasehi bhikkhusatehi || ||

2. Tena kho pana samayena Bhagavâ bhikkhû nibbâna-paṭisaṃyuttâya dhammiyâ kathâya sandasseti samâdapeti samuttejeti sampahaṃseti || te ca bhikkhû aṭṭhi-katvâ manasi katvâ sabba-cetaso samannâharitvâ ohitasotâ dhammam suṇanti || ||

3. Atha kho âyasmato Vaṅgîsassa etad ahosi || || Ayaṃ kho Bhagavâ bhikkhû nibbâna-paṭisaṃyuttâya dhammiyâ kathâya sandasseti samâdapeti samuttejeti sampahaṃseti || te ca bhikkhû aṭṭhi-katvâ manasi katvâ sabba-cetaso samannâharitvâ ohitasotâ dhammaṃ suṇanti || || Yaṃ nûnâhaṃ Bhagavantam sammukhâ sarûpâhi gâthâhi abhitthaveyyan-ti || |

4. Atha kho âyasmâ Vaṅgîso uṭṭhâyâsanâ ekaṃsam uttarâsaṅgaṃ karitvâ yena Bhagavâ ten-añjaliṃ paṇâmetvâ Bhagavantam etad avoca || || Paṭibhâti maṃ Bhagavâ paṭibhâti mam Sugatâ ti || ||

5. Paṭibhâtu taṃ Vaṅgîsâ ti Bhagavâ avoca || ||

6. Atha kho âyasmâ Vaṅgîso Bhagavantaṃ sammukhâ sarûpâhi gâthâhi abhitthavi || ||

Parosahassaṃ bhikkhûnaṃ || Sugataṃ payirûpâsati ||
desentaṃ virajaṃ dhammaṃ || nibbânam akutobhayaṃ || ||
suṇanti dhammaṃ vimalaṃ || sammâsambuddha-desitaṃ ||
sobhati vata sambuddho || bhikkhusaṅgha-purakkhato || ||
Nâganâmo si Bhagavâ || isînam isisattamo ||
mahâmegho va hutvâna || sâvake[3] abhivassati || ||

---

[1] B. palâsettha. [2] Thera-g. 1234-1237. [3] S[1] sâvako.

Divâvihârâ nikkhamma || satthudassanakamyatâ[1] ||
sâvako te mahâvîra || pâde vandati Vaṅgîso-ti[2] || ||

7. Kinnu te Vaṅgîsa imâ gâthâyo pubbe parivitakkitâ udâhu ṭhânaso va taṃ[3] paṭibhantî ti || ||

8. Na kho me bhante imâ gâthâyo pubbe parivitakkitâ atha kho ṭhânaso va maṃ[4] paṭibhantî ti || ||

9. Tena hi taṃ Vangîsa bhiyyosomattâya pubbe aparivitakkitâ gâthâyo patibhantû ti || ||

10. Evam bhante ti kho âyasmâ Vaṅgîso Bhagavato paṭissutvâ bhiyyosomattâya Bhagavantam pubbe aparivitakkitâhi gâthâhi abhitthavi || ||

Ummaggapatham[5] Mârassa abhibhuyya ||
carasi pabhijja khilâni ||
tam passatha bandhapamuñcakaraṃ ||
asitaṃ bhâgaso pavibhajjaṃ || ||
Oghassa hi[6] nittharaṇatthaṃ ||
anekavihitaṃ maggam akkhâsi ||
tasmiṃ te[7] amate akkhâte ||
dhammaddasâ ṭhitâ asaṃhîrâ || ||
Pajjotakaro ativijjha ||
sabbaṭṭhitînam atikkamam addasa[8] ||
ñatvâ ca sacchikatvâ ca ||
aggaṃ so desayi dasaṭṭhânaṃ[9] || ||
Evaṃ sudesite[10] dhamme ||
ko pamâdo vijânataṃ dhammaṃ ||
tasmâ hi tassa Bhagavato sâsane ||
appamatto sadâ namassam anusikkhe ti[11] || ||

§ 9. *Koṇḍañño.*

1. Ekaṃ samayaṃ Bhagavâ Râjagahe viharati Veḷuvane kalaṇḍakanivâpe || ||

2. Atha kho âyasmâ Aññâsi[12]-Koṇḍañño sucirasseva yena Bhagavâ ten-upasaṅkami|| upasaṅkamitvâ Bhagavato pâdesu[13] sirasâ nipatitvâ Bhagavato pâdâni mukhena ca paricumbati

---

[1] So B. S^1; S^3 °kâmatâ. [2] Thera-g. 1238-1241. [3] S^3 omits va. [4] S^3 omits va maṃ. [5] S^1 ummaṅga°; S^{1-3} and C. °sataṃ. [6] B. omits hi. [7] B. ce. [8] S^{1-3} atikkammaddâ. [9] B. dasaddhânaṃ. [10] S^{1-3} sute desite. [11] Thera-g. 1242-1245. [12] S^1 and C. aññâ; S^3 añño (always). [13] S^{1-3} pâde always.

pâṇîhi ca parisambâhati || nâmañ ca sâveti Koṇḍañño-haṃ Bhagavâ Koṇḍañño-ham Sugatâ ti || ||

3. Atha kho âyasmato Vaṅgîsassa etad ahosi || || Ayaṃ kho âyasmâ Aññâsi-Koṇḍañño sucirasseva yena Bhagavâ ten-upasaṅkami || upasaṅkamitvâ Bhagavato pâdesu sirasâ nipatitvâ Bhagavato pâdâni mukhena ca paricumbati pâṇîhi ca parisambâhati || nâmañ ca sâveti Koṇḍañño haṃ Bhagavâ Koṇḍañño haṃ Sugatâ ti || || Yaṃ nûnâham âyasmantam Aññâsi-Kondaññaṃ Bhagavato sammukhâ sarûpâhi gâthâhi abhitthaveyyan-ti || ||

4. Atha kho âyasmâ Vaṅgîso uṭṭhâyâsanâ ekaṃsam uttarâsaṅgaṃ karitvâ yena Bhagavâ ten-añjalim paṇâmetvâ Bhagavantam etad avoca || || Paṭibhâti maṃ Bhagavâ paṭibhâti maṃ Sugatâ ti || ||

5. Paṭibhâtu taṃ Vaṅgîsâ ti Bhagavâ avoca || ||

6. Atha kho âyasmâ Vaṅgîso âyasmantam Aññâsi-Koṇḍaññaṃ Bhagavato sammukhâ sarûpâhi gâthâhi abhitthavi || ||

Buddhânubuddho so[1] thero || Koṇḍañño tibbanikkamo ||
lâbhî sukkhavihârânaṃ || vivekânam abhiṇhaso || ||
yaṃ sâvakena pattabbam || satthusâsana-kârinâ ||
sabb-assa tam anuppattaṃ || appamattassa sikkhato[2] || ||
mahânubhâvo tevijjo || cetopariyâya-kovido ||
Koṇḍañño buddha-sâvako[3] || pâde vandati satthuno-ti[4] || ||

§ 10. *Moggalâna.*

1. Ekaṃ samayaṃ Bhagavâ Râjagahe viharati Isigili-passe Kâḷasilâyaṃ mahatâ bhikkhusaṅghena saddhim pañcamattehi bhikkhusatehi sabbeh-eva arahantehi || tesaṃ sudam âyasmâ Mahâ-Moggallâno cetasâ cittaṃ samannesati vippamuttaṃ nirupadhiṃ || ||

2. Atha kho âyasmato Vaṅgîsassa etad ahosi || || Ayaṃ kho Bhagavâ Râjagahe viharati Isigili-passe Kâḷasilâyaṃ mahatâ bhikkhu-saṅghena saddhiṃ pañcamattehi bhikkhusatehi sabbeh-eva arahantehi || tesaṃ sudaṃ âyasmâ Mahâ-Moggallâno cetasâ cittaṃ samannesati vippamuttaṃ nirupadhiṃ || || Yaṃ nûnâham âyasmantam Mahâ-Moggallânaṃ Bhagavato sammukhâ sarûpâhi gâthâhi abhitthaveyyan-ti || ||

---

[1] S^{1-3} omit so. [2] S^{1-3} sikkhito. [3] S^{1-3} °dâyâdo. [4] Thera-g. 1246-1248.

3. Atha kho âyasmâ Vaṅgîso uṭṭhâyâsanâ ekaṃsam uttarâsaṅgaṃ karitvâ yena Bhagavâ ten-añjaliṃ paṇâmetva Bhagavantam etad avoca || || Paṭibhâti maṃ Bhagavâ paṭibhati maṃ Sugatâ ti || ||

4. Paṭibhâtu taṃ Vaṅgîsâ ti Bhagavâ avoca || ||

5. Atha kho âyasmâ Vaṅgîso âyasmantam Mahâ-Moggallânam Bhagavato sammukhâ sarûpâhi gâthâhi abhitthavi || ||

Nagassa passe âsînaṃ || muniṃ dukkhassa pâraguṃ ||
sâvakâ payirûpâsanti [1] || tevijjâ maccuhâyino [2] || ||
te cetasâ anupariyeti [3] || Moggalâno mahiddhiko ||
cittan-nesaṃ samannesaṃ || vippamuttam nirupadhiṃ || ||
evaṃ sabbaṅgasampannaṃ || muniṃ dukkhassa pâraguṃ ||
anekâkârasampannaṃ || payirûpâsanti Gotaman-ti [4] || ||

§ 11. *Gaggarâ.*

1. Ekaṃ samayaṃ Bhagavâ Campâyaṃ viharati Gaggarâya pokkharaṇiyâ tîre mahatâ bhikkhu-sanghena saddhiṃ pañcamattehi bhikkhu-satehi sattahi ca [5] upâsaka-satehi sattahi ca upâsika-satehi [6] anekehi ca devatâ-sahassehi || tyâssudaṃ Bhagavâ atirocati [7] vaṇṇena c-eva yasasâ ca || ||

2. Atha kho âyasmato Vaṅgîsassa etad ahosi || || Ayaṃ kho Bhagavâ Campâyaṃ viharati Gaggarâya pokkharaṇiyâ tîre mahatâ bhikkhu-sanghena saddhiṃ pañcamattehi bhikkhusatehi sattahi ca upâsakasatehi sattahi ca upâsikasattehi anekehi ca devatâ-sahassehi || tyâssudaṃ Bhagavâ atirocati vaṇṇena c-eva yasasâ ca || || Yaṃ nûnâhaṃ Bhagavantaṃ sammukkâ sarûpâya gâthâya abhitthaveyyanti || ||

3. Atha kho âyasmâ Vaṅgiso uṭṭhâyâsanâ ekaṃsam uttarâsaṅgaṃ karitvâ yena Bhagavâ ten-añjalim paṇâmetvâ Bhagavantam etad avoca || || Paṭibhâti maṃ Bhagavâ paṭibhâti maṃ Sugatâ ti || ||

4. Paṭibhâtu taṃ Vaṅgisâ ti Bhagavâ avoca || ||

5. Atha kho âyasmâ Vaṅgiso Bhagavato sammukhâ sarûpâya gâthâya abhitthavi || ||

---

[1] S[1] nâgassa° °payirûpanti. [2] S[1] °bhâyino; S[3] °haṃsino. [3] S[3] omits te; S[1] °pariyenti; S[3] °pariyesanti. [4] Thera-g. 1249-1251. [5] S[1-3] omit ca. [6] S[1-3] omit sattahi ca upâsikasatehi here and further on. [7] B. ativirocati.

Cando yathâ vigatavalâhake nabhe ||
virocati vîtamalo[1] va bhâṇumâ ||
evam pi Aṅgîrasa tvaṃ mahâmuni ||
atirocasi yasasâ sabbalokan-ti[2] || ||

§ 12. *Vaṅgîsa.*

1. Ekaṃ samayam Bhagavâ[3] Sâvatthiyaṃ viharati Jetavane Anâthapiṇḍikassa ârâme || ||

2. Tena kho pana samayena âyasmâ Vaṅgîso acira[4]-arahattappatto hutvâ[5] vimutti-sukha[6]-patisamvedî tâyaṃ velâyaṃ imâ gâthâyo abhâsi || ||

Kâveyyamattâ vicarimha pubbe || gâmâgamam purâpuraṃ || ||
ath-addasâma sambuddhaṃ || saddhâ no udapajjatha || ||
So me dhammam adesesi || khandhe âyatânâni || dhâtuyo ca ||
tassâhaṃ dhammaṃ sutvâna || pabbajiṃ anagâriyaṃ || ||
Bahunnam vata atthâya || bodhim ajjhagamâ muni ||
bhikkhûnaṃ bhikkhunînañ ca || ye niyâmagataddasâ[7] || ||
Svâgataṃ vata me asi || mama buddhassa santike ||
tisso vijjâ anuppattâ || kataṃ buddhassa sâsanan-ti || ||
Pubbe-nivâsaṃ jânâmi || dibbacakkhuṃ visodhitaṃ ||
tevijjo iddhippattomhi || cetopariyâya-kovido ti || ||

Vaṅgîsa-thera-saṃyuttaṃ || ||

Tass-uddânaṃ || ||

Nikkhantam Arati c-eva || Pesalâ-atimaññanâ ||
Ânandena Subhâsitâ || Sâriputta Pavâraṇâ ||
Parosahassaṃ Kondañño ||
Moggalânena Gaggarâ || Vaṅgîsena dvâdasâti || ||

---

[1] S¹-³ vigatamalo. [2] Thera-g. 1252. [3] B. âyasmâ Vaṅgiso. [4] B. aciram. [5] S¹-³ arahattam patto hoti. [6] S¹ vimutta°; B. °sukhaṃ. [7] S¹-³ °hata°. [8] Comp. Thera-g. 1253-1262.

BOOK IX.—VANA-SAṂYUTTAṂ.

§ 1. *Viveka.*

1. Evam me sutam ekaṃ samayam aññataro bhikkhu Kosalesu viharati aññatarasmiṃ vanasaṇḍe || ||

2. Tena kho pana samayena so bhikkhu divâvihâragato pâpake akusale vitakke vitakketi gehanissite || ||

3. Atha kho yâ tasmiṃ vanasaṇḍe adhivatthâ devatâ tassa bhikkhuno anukampikâ atthakâmâ taṃ bhikkhuṃ saṃvejetukâmâ yena so bhikkhu ten-upasaṅkami || ||

4. Upasaṅkamitvâ taṃ bhikkhuṃ gâthâhi ajjhabhâsi || ||

Vivekakâmo si vanaṃ paviṭṭho ||
atha te mano niccharati bahiddhâ ||
jano janasmiṃ[1] vinayassu chandaṃ ||
tato sukhî hohisi vîtarâgo || ||
Aratim pajahâsi so[2] sato ||
bhavâsi sataṃ taṃ sârayâmase[3] ||
pâtâlarajo hi duruttamo[4] ||
mâ tam kâmarajo avâhari[5] || ||
Sakuṇo yathâ paṃsukuṇḍito[6] ||
vidhûnaṃ pâtayati sitaṃ rajaṃ ||
evam bhikkhu padhânavâ satimâ ||
vidhûnaṃ pâtayati[7] sitam rajan-ti || ||

5. Atha kho so bhikkhu tâya devatâya saṃvejito saṃvegam âpâdî ti || ||

§ 2. *Upaṭṭhâna.*

1. Ekaṃ samayam aññataro bhikkhu Kosalesu viharati aññatarasmiṃ vanasaṇḍe || ||

---

[1] S[1-3] vanasmiṃ. [2] S[1-3] omit so. [3] So B. and C.; S[1-3] bhavâsi bhavataṃ sataṃ taṃ (S[3] omits taṃ) sâra (S[1] râ) mayâmase. [4] B. dukkaro. [5] S[1-3] avaṃ hari. [6] S[1-3] sakuṇî°; B. °kuntito; S[1-3] °kuṇḍitâ; C. kuṇṭhito. [7] S[1-3] sâṭayati.

2. Tena kho pana samayena so bhikkhu divâvihâragato supati || ||

3. Atha kho yâ tasmiṃ vanasaṇḍe adhivatthâ devatâ tassa bhikkhuno anukampikâ atthakâmâ taṃ bhikkhuṃ saṃvejetukâmâ yena so bhikkhu ten-upasaṅkami || ||

4. Upasaṅkamitvâ taṃ bhikkhuṃ gâthâhi ajjhabhâsi || ||

Uṭṭhehi bhikkhu kiṃ sesi || ko attho supitena te ||
âturassa hi kâ[1] niddâ || sallaviddhassa ruppato[2] ||
yâya saddhâya[3] pabbajito || agârasmânagâriyaṃ ||
tam eva saddhaṃ brûhehi[4] || mâ niddâya vasaṃ gamîti || ||

5. Aniccâ addhuvâ kâmâ || yesu mando samucchito[5] ||
bandhesu[6] muttam asitaṃ || kasmâ pabbajitaṃ tape || ||
chandarâgassa vinayâ || avijjâsamatikkamâ ||
taṃ ñâṇam pariyodâtaṃ[7] || kasmâ pabbajitaṃ tape || ||
bhetvâ avijjaṃ vijjâya || âsavânaṃ parikkhayâ ||
asokam anupâyâsaṃ || kasmâ pabbajitaṃ tape || ||
âraddhaviriyam pahitattaṃ || niccaṃ daḷhaparakkamaṃ ||
nibbânaṃ abhikaṅkhantaṃ || kasmâ[8] pabbajitaṃ tapeti || ||

§ 3. *Kassapagotta* (or *Cheta*).

1. Ekaṃ samayam âyasmâ Kassapagotto Kosalesu viharati aññatarasmiṃ vanasaṇḍe || ||

2. Tena kho pana samayena âyasmâ Kassapagotto divâvihâragato aññataraṃ chetam[9] ovadati || ||

3. Atha kho yâ tasmiṃ vanasaṇḍe adhivatthâ devatâ âyasmato Kassapagottassa anukampikâ atthakâmâ âyasmantaṃ Kassapagottaṃ samvejetukâmâ yenâyasmâ Kassapagotto ten-upasaṅkami || ||

4. Upasaṅkamitvâ âyasmantaṃ Kassapagottaṃ gâthâhi ajjhabhâsi || ||

Giriduggacaraṃ chetaṃ || appapaññam acetasaṃ ||
akâle ovadaṃ bhikkhu || mando va paṭibhâti maṃ || ||
suṇoti[10] na vijânâti || âloketi na passati ||
dhammasmiṃ bhaññamânasmiṃ || atthaṃ bâlo na bujjhati || ||

---

[1] S^1 hite; S^3 kâsi. [2] S^{1-2} ruppatâ. [3] S^{1-3} saddhâ. [4] S^{1-3} brûhesi. [5] B. adhuvâ; S^{1-3} °pamucchito. [6] S^{1-3} baddhesu. [7] So S^1 and C.; S^3 °dânaṃ; B. paramodânam. [8] S^{1-2} abhikkantam tasmâ°. [9] S^{1-3} cetam. [10] B. suṇâti.

sa ce pi dasa pajjote[1] || dhârayissasi Kassapa ||
n-eva dakkhiti rûpâni[2] || cakkhu hi-ssa na vijjatî ti || ||

5. Atha kho âyasmâ Kassapagotto tâya devatâya saṃvejito saṃvegam âpâdîti || ||

§ 4. *Sambahulâ* (or *Cârika*).

1. Ekaṃ samayaṃ sambahulâ bhikkhû Kosalesu viharanti aññatarasmiṃ vanasaṇḍe || ||

2. Atha kho te bhikkhû vassaṃ vutthâ temâsaccayena cârikaṃ pakkamiṃsu || ||

3. Atha kho yâ tasmiṃ vanasaṇḍe adhivatthâ devatâ te bhikkhû apassantî paridevamânâ tâyaṃ velâyaṃ imaṃ gâtham abhâsi || ||

Arati viya me-jja[3] khâyati ||
bahuke disvâna vivitte[4] âsane ||
te cittakathâ bahussutâ ||
ko-me Gotama-savakâ gatâ ti || ||

4. Evaṃ vutte aññatarâ devatâ taṃ devataṃ gâthâya ajjhabhâsi || ||

Magadhaṃ gatâ Kosalaṃ gatâ ||
ekacciyâ pana Vajja-bhûmiyâ[5] ||
magâ viya asaṅgacârino[6] ||
aniketâ viharanti bhikkhavo ti || ||

§ 5. *Ânando.*

1. Ekaṃ samayam âyasmâ Ânando Kosalesu viharati aññatarasmiṃ vanasaṇḍe || ||

2. Tena kho pana samayena âyasmâ Ânando ativelaṃ gihisaññattibahulo viharati || ||

3. Atha kho yâ tasmiṃ vanasaṇḍe adhivatthâ devatâ âyasmato Ânandassa anukampikâ atthakâmâ âyasmantam Ânandam saṃvejetukâmâ yenâyasmâ Anando ten-upasaṅkami || upasaṅkamitvâ âyasmantam Ânandaṃ gâthâya ajjhabhâsi || ||

Rukkhamûlagahanaṃ[7] pasakkiya ||
nibbânaṃ[8] hadayasmiṃ opiya ||

---

[1] S¹-³ pajjoto. [2] B. dakkhati°; S³ dakkhijaccandho. [3] S¹-³ majjaṃ. [4] S³ vicitte. [5] B. vajji°; S¹-³ bhûmiyaṃ gatâ. [6] C. makaṭâ viya°; S¹-³ maṅgakâviyasaṅgacârino. [7] B. gahaṇaṃ; S¹-³ gahana. [8] S¹-³ nibbâna°.

jhâya[1] Gotama mâ ca[2] pamâdo ||
kiṃ te biḷibiḷikâ[3] karissatî ti || ||

4. Atha kho âyasmâ Ânando tâya devatâya saṃvejito saṃvegam âpâdî ti || ||

§ 6. *Anuruddho.*

1. Ekaṃ samayam âyasmâ Anuruddho Kosalesu viharati aññatarasmiṃ vanasaṇḍe || ||

2. Atha kho aññatarâ Tâvatiṃsa-kâyikâ devatâ Jâlinî nâma âyasmato Anuruddhassa purâṇa-dutiyikâ yenâyasmâ Anuruddho ten-upasaṅkami || ||

3. Upasaṅkamitvâ âyasmantam Anuruddhaṃ gâthâya ajjhabhâsi || ||

Tattha cittam paṇidhehi || yattha te vusitaṃ pure ||
Tâvatiṃsesu devesu || sabbakâmasamiddhisu ||
purakkhato parivuto || devakaññâhi sobhasi || ||

4. Duggatâ devakaññâyo || sakkâyasmiṃ patiṭṭhitâ ||
te câpi[4] duggatâ sattâ[5] || devakaññâbhipattikâ[6] || ||

5. Na te sukham pajânanti || ye na passanti Nandanaṃ ||
âvâsaṃ naradevânaṃ || tidasânam yasassinan-ti || ||

6. Na tvam bâle vijânâsi || yathâ arahataṃ vaco ||
aniccâ sabbe[7] saṅkhârâ || uppadavayadhammino ||
uppajjitvâ nirujjhanti || tesaṃ vûpasamo sukho[8] || ||
natthidâni punâvâso || devakâyasmiṃ Jâlinî ||
vikkhîṇo[9] jâtisaṃsâro || natthi dâni punabbhavo ti || ||

§ 7. *Nâgadatta.*

1. Ekaṃ samayaṃ âyasmâ Nâgadatto[10] Kosalesu viharati aññatarasmiṃ vanasaṇḍe || ||

2. Tena kho pana samayena âyasmâ Nâgadatto atikâlena gâmaṃ pavisati atidivâ paṭikkamati || ||

3. Atha kho yâ tasmiṃ vanasaṇḍe adhivatthâ devatâ âyasmato Nâgadattassa anukampikâ atthakâmâ âyasmantaṃ Nâgadattaṃ saṃvejetu-kâmâ yenâyasmâ Nâgadatto ten-upasaṅkami || ||

---

[1] S¹-³ °jjhâya; B. jhâyî. [2] B. omits ca. [3] S³ biḷikâ; C. piḷipiḷikâ. Comp. Thera-g. 119. [4] S¹-³ vâpi°. [5] B. pattâ. [6] B. kaññâhi; S¹-³ sattikâ. [7] S¹-³ sabba°. [8] For this and the preceding gâtha see Devatâ-S. II. 1. [9] S¹-³ vikkhiṇâ. [10] S¹-³ seems to have Nâgadanto.

4. Upasaṅkamitvâ âyasmantaṃ Nâgadattaṃ gâthâhi ajjhabhâsi || ||

Kâle pavissa [1] Nâgadatta
divâ ca âgantvâ ativela- ||
cârî [2] saṃsaṭṭho gahaṭṭhehi ||
samânasukhadukkho || ||
bhâyâmi Nâgadattaṃ suppagabbhaṃ ||
kulesu vinibandhaṃ ||
mâ heva maccuraññо balavato ||
antakassa vasam eyyâ ti [3] || ||

5. Atha kho âyasmâ Nâgadatto tâya devatâya saṃvejito saṃvegam âpâdî ti || ||

§ 8. *Kulagharaṇî* (or *Ogâlho*).

1. Ekaṃ samayam aññataro bhikkhu Kosalesu viharati aññatarasmiṃ vanasaṇḍe || ||

2. Tena kho pana samayena so bhikkhu aññatarasmiṃ kule ativelam ajjhogâḷhappatto viharati || ||

3. Atha kho tasmiṃ vanasaṇḍe adhivatthâ devatâ tassa bhikkhuno anukampikâ atthakâmâ tam bhikkhuṃ saṃvejetu-kâmâ yâ tasmiṃ kule kulagharaṇî tassâ vaṇṇam abhinimminitvâ yena so bhikkhu ten-upasaṅkami || ||

4. Upasaṅkamitvâ taṃ bhikkhuṃ gâthâya ajjhabhâsi || ||
Nadîtîresu saṇṭhâne [4] sabhâsu rathiyâsu ca ||
janâ saṅgamma mantenti || mañ ca tañ ca kim [5] antaranti || ||

5. Bahû hi saddâ paccûhâ || khamitabbâ tapassinâ ||
na tena maṅkuhotabbo [6] || na hi tena kilissati || ||
yo ca [7] saddaparittâsî || vane vâtamigo yathâ ||
lahucitto ti tam âhu || nâssa sampajjate vatan-ti || ||

§ 9. *Vajjiputto* (or *Vesâlî*).

1. Ekaṃ samayam aññataro Vajjiputtako [8] bhikkhu Vesaliyaṃ viharati aññatarasmiṃ vanasaṇḍe || ||

2. Tena kho pana samayena Vesâliyaṃ sabbaratti-câro [9] hoti || ||

---

[1] B. pavîsasi. [2] S[1] ativelaṃ; B. câri. [3] B. vasaṃmesîti. [4] S -[3] santhâne (or satthâne). [5] S[1-3] nir°. [6] B. °tabbaṃ. [7] S[1-3] yâva. [8] B. vajjî°. [9] S[1-3] Vesaliyâ°; B° rattiṃ; S[1] rattî°, *alias* °vâro.

3. Atha kho so bhikkhu Vesâliyaṃ[1] turiya-tâḷita-vâdita-nighosa-saddaṃ sutvâ paridevamâno tâyaṃ velâyaṃ imaṃ gâtham abhâsi || ||

Ekakâ mayam araññe viharâma ||
apaviddhaṃ va vanasmiṃ[2] dârukaṃ ||
etadisikâya rattiyâ[3] ||
ko sunâma amhehi pâpiyo ti || ||

4. Atha kho yâ tasmiṃ vanasaṇḍe adhivatthâ devatâ tassa bhikkhuno anukampikâ atthakâmâ taṃ bhikkhuṃ saṃvejetu-kâmâ yena so bhikkhu ten-upasaṅkami || ||

5. Upasaṅkamitvâ tam bhikkhuṃ gâthâya ajjhabhâsi || ||

Ekako[4] tvaṃ araññe viharasi ||
apaviddhaṃ va vanasmiṃ[2] dârukaṃ ||
tassa te bahukâ pihayanti ||
nerayikâ viya saggagaminan-ti[5] || ||

6. Atha kho so bhikkhu tâya devatâya saṃvejito samvegam apâdîti || ||

§ 10. *Sajjhâya* (or *Dhamma*).

1. Ekaṃ samayaṃ aññataro bhikkhu Kosalesu viharati aññatarasmiṃ vanasaṇḍe || ||

2. Tena kho pana samayena so[6] bhikkhu yaṃ sudaṃ pubbe ativelaṃ sajjhâya bahulo viharati || so aparena samayena appossukko tuṇhîbhûto saṅkasâyati || ||

3. Atha kho yâ tasmiṃ vanasaṇḍe adhivatthâ devatâ tassa bhikkhuno dhammam asuṇantî yena so bhikkhu ten-upasaṅ-kami || ||

4. Upasaṅkamitvâ taṃ bhikkhuṃ gâthâya ajjhabhâsi || ||

Kasmâ tuvaṃ dhammapadâni bhikkhu ||
nâdhîyasi bhikkhûhi saṃvasanto ||
sutvâna dhammaṃ labhati-ppasâdaṃ ||
diṭṭheva dhamme labhati-ppasaṃsan-ti || ||

5. Ahu pure dhammapadesu chando ||
yâva virâgena[7] samâgamimha[8] ||

---

[1] B[3] Vesaliyâ. [2] B; C. apaviṭṭhaṃ; B. pavana°. [3] In S[3] the first t of rattiyâ is erased. [4] B. eko va. [5] Cf. Fausböll's Dhammapada, p. 391-2. [6] S[1]-[3] ceso (or veso). [7] B. adds na. [8] S[1]-[3] °gamamhi; next pada °gamimhi.

yato virâgena samâgamimha ||
yaṃ kiñci diṭṭhaṃ[1] va sutaṃ va mutaṃ[2] ||
aññâya nikkhepanam âhu santo ti || ||

§ 11. *Ayoniso* (or *Vitakkita*).

1. Ekaṃ samayam aññataro bhikkhu Kosalesu viharati aññatarasmiṃ vanasaṇḍe || ||

2. Tena kho pana samayena so bhikkhu divâvihâragato pâpake akusale vitakke vitakketi || seyyathidaṃ kâma-vitakkaṃ vyâpâda-vitakkaṃ vihiṃsa-vitakkaṃ || ||

3. Atha kho yâ tasmiṃ vanasaṇḍe adhivatthâ devatâ tassa bhikkhuno anukampikâ atthakâmâ tam bhikkhuṃ saṃveje-tukâmâ yena so bhikkku ten-upasaṅkami || ||

4. Upasaṅkamitvâ tam bhikkhuṃ gâthâhi ajjhabhâsi || ||
Ayoniso manasikârâ || bho vitakkehi majjasi[3] ||
ayoniṃ paṭinissajja || yoniso anuvicintaya[4] || ||
Satthâraṃ dhammam ârabbha || saṅgham sîlânivattano ||
adhigacchasi pâmojjaṃ || pîtisukham asaṃsayaṃ ||
tato pâmojjabahulo || dukkhass-antaṃ karissasîti || ||

5. Atha kho so bhikkhu tâya devatâya saṃvejito saṃvegam âpâdîti || ||

§ 12. *Majjhantiko* (or *Saṇika*).

1. Ekaṃ samayam aññataro bhikkhu Kosalesu viharati aññatarasmiṃ vanasaṇḍe || ||

2. Atha kho yâ tasmiṃ vanasaṇḍe adhivatthâ devatâ yena so bhikkhu ten-upasaṅkami || ||

3. Upasaṅkamitvâ tassa bhikkhuno santike imaṃ gâtham abhâsi || ||
Ṭhite majjhantike kâle || sannisinnesu[5] pakkhisu ||
saṇateva mahâraññaṃ[6] || taṃ bhayaṃ paṭibhâti maṃ || ||

4. Ṭhite majjhantike kâle || sannisinnesu pakkhisu ||
saṇateva mahâraññaṃ || sâ rati patibhâti man-ti[7] || ||

§ 13. *Pâkatindriya* (or *Sambahulâ bhikkhû*).

1. Ekaṃ samayaṃ sambahulâ bhikkhû Kosalesu viharanti aññatarasmiṃ vanasaṇḍe uddhatâ uṇṇaḷâ capalâ mukharâ

---

[1] S[1-3] yiṭṭhaṃ. [2] S[3] mutañca; S[1] kemutañca. [3] S[1-3] so vi°; B. °khajjasi. [4] B. anucintaya. [5] B. sannisîvesu. [6] B. brahâraññaṃ. [7] Repetition of Devatâ-S. II. 5, where the title Sakamâno (given by B.) is to be read Saṇamâno.

vikiṇṇavâcâ muṭṭhassatino asampajânâ asamâhitâ vibbhantacittâ pâkatindriyâ || ||

2. Atha kho yâ tasmiṃ vanasaṇḍe adhivatthâ devatâ tesam bhikkhûnaṃ anukampikâ atthakâmâ te bhikkhû saṃvejetukâmâ yena te bhikkhû ten-upasaṅkami || ||

3. Upasaṅkamitvâ te bhikkhû gâthâhi ajjhabhâsi || ||

Sukhajîvino pure âsuṃ || bhikkhû Gotama-sâvakâ ||
anicchâ piṇḍam esanâ || anicchâ sayanâsanaṃ ||
loke aniccataṃ ñatvâ || dukkhass-antam akaṃsu te || ||
dupposaṃ katvâ attânam || gâme gâmaṇikâ viya ||
bhutvâ bhutvâ nipajjanti || parâgâresu mucchitâ ||
saṅghassa añjaliṃ katvâ || idh-ekacce vadâm[1]-ahaṃ || ||
appaviddhâ[2] anâthâ te || yathâ petâ tath-eva te ||
ye kho pamattâ viharanti || te me sandhâya bhâsitaṃ ||
ye appamattâ viharanti || namo tesaṃ karom-ahanti[3] || ||

4. Atha kho te bhikkhû tâya devatâya saṃvejitâ saṃvegam âpâdun-ti[4] || ||

§ 14. *Paduma-puppha* (or *Puṇḍarîka*).

1. Ekaṃ samayam aññataro bhikkhu Kosalesu viharati aññatarasmiṃ vanasaṇḍe || ||

2. Tena kho pana samayena so bhikkhu pacchâbhattaṃ piṇḍapâtapatikkanto pokkharaṇim ogahetvâ padumam upasiṅghati ||

3. Atha kho yâ tasmiṃ vanasaṇḍe adhivatthâ devatâ tassa bhikkhuno anukampikâ atthakâmâ taṃ bhikkhuṃ saṃvejetukâmâ yena so bhikkhu ten-upasaṅkami || ||

4. Upasaṅkamitvâ taṃ bhikkhuṃ gâthâya ajjhabhâsi || ||

Yam etaṃ vârijaṃ pupphaṃ || adinnam upasiṅghasi ||
ekaṅgam etaṃ theyyânaṃ || gandhattheno si mârisâ ti || ||

5. Na harâmi na bhañjâmi || ârâ siṅghâmi vârijaṃ ||
atha kena nu vaṇṇena || gandhattheno ti vuccati || ||
yvâyaṃ bhisâni khaṇati || puṇḍarîkâni bhuñjati ||
evam âkiṇṇakammanto[5] || kasmâ eso[6] na vuccati || ||

---

[1] B. vandâm°. [2] B. appaviṭṭhâ. [3] Repetition of Devaputta-S. III. 5. [4] S³ âpâdiṃsuti; S¹ âpâdîti. [5] S¹⁻³ akhîṇa; C. notices this reading, writing âkhiṇa. [6] B. sote.

6. âkiṇṇaluddo puriso || dhâti celaṃ[1] va makkhito ||
tasmiṃ me vacanaṃ natthi || tañ cârahâmi vattave[2] || ||
anaṅgaṇassa posassa || niccaṃ sucigavesino ||
vâḷaggamattaṃ pâpassa || abbhâmattaṃ vâ khâyati || ||
7. addhâ maṃ yakkha jânâsi || atho mam[3] anukampasi ||
puna pi yakkha vajjesi[4] || yadâ passasi edisaṃ || ||
8. neva taṃ upâjîvâmi[5] || na pi te katakammase[6] ||
tvam eva bhikkhu jâneyya || yena gaccheyya suggatin ti || ||
9. Atha kho so bhikkhu tâya devatâya saṃvejito saṃvegam âpâdîti || ||

Vana-saṃyuttaṃ samattaṃ || ||

Tass-uddânaṃ || ||

Viveka Uppaṭṭhânañ ca || Kassapagottena ca ||
Sambahulâ Anando || Anuruddho Nâgadattañ ca ||
Kulagharanî Vajjîputto || Vesalî Sajjhâyena ca ||
Ayoniso Majjhantikâlamhi ca || Pâkatindriya-paduma-
pupphena cuddasa bhaveti[7] || ||

---

[1] S^{1-3} velaṃ. [2] S^{1-3} tañca arahâmi°; S^{3} °vattameva. [3] B. me. [4] B. vajjâsi; C. jânâsi (?) [5] B. °jîvâma. [6] S^{1-3} bhatakambhase.

[7] In S^{1-3} Vivekakâmañca Vuṭṭhânam Ce (or je) taputtena Cârikam Ânando Anuruddho ca Nâgadattena sattamaṃ Ogâḷho Vajjiputto ca Dhammañceva Vitakkitam Saṇikâya Sambahulâ-bhikkhû Pundarikena cuddasîti.

BOOK X.—YAKKHA-SAṂYUTTAṂ.

§ 1. *Indako.*

1. Ekaṃ samayaṃ Bhagavâ Râjagahe viharati Indakûṭe pabbate Indakassa yakkhassa bhavane || ||

2. Atha kho Indako yakkho yena Bhagavâ ten-upasaṅkami || upasaṅkamitvâ Bhagavantaṃ gâthâya ajjhabhâsi || ||

Rûpaṃ na jîvan-ti vadanti buddhâ ||
kathaṃ nvayaṃ vindat-imaṃ sarîraṃ ||
kut-assa aṭṭhîyakapiṇḍam eti ||
kathaṃ nvayaṃ sajjati gabbharasmin-ti || ||

3. Pathamaṃ kalalaṃ hoti || kalalâ hoti abbudaṃ ||
abbudâ jâyate pesî || pesî nibbattati ghano ||
ghanâ pasâkhâ jâyanti || kesâ lomâ nakhâni ca [1] || ||
yañ c-assa bhuñjati mâta || annam pânañ ca bhojanaṃ ||
tena so tattha yâpeti || mâtukucchigato naro ti || ||

§ 2. *Sakka.*

1. Ekaṃ samayaṃ Bhagavâ Râjagahe viharati Gijjhakûṭe pabbate ||

2. Atha kho Sakka-nâmako yakkho yena Bhagavâ ten-upasaṅkami || upasaṅkamitvâ Bhagavantaṃ gâthâya ajjhabhâsi || ||

Sabbaganthapahînassa [2] || vippamuttassa te sato ||
samaṇassa na taṃ sâdhu || yad aññam anusâsatî ti [3] || ||

3. Yena kenaci vaṇṇena || saṃvâso Sakka jâyati ||
na tam arahati sappañño || manasâ anukampituṃ || ||
manasâ ce pasannena || yad aññam anusâsati ||
na tena hoti saṃyutto || sânukampâ [4] anuddayâ ti || ||

---

[1] B. nakhâpi ca. [2] S[1-3] °gandha°. [3] B. anusâsasîti. [4] B. yânukampâ.

§ 3. *Sucilomo.*

1. Ekaṃ samayaṃ Bhagavâ Gayâyaṃ viharati Ṭaṅkitamañce Suciloma-yakkhassa bhavane || ||

2. Tena kho pana samayena Kharo ca yakkho Sucilomo ca yakkho Bhagavato avidûre atikkamanti || ||

3. Atha kho Kharo yakkho Sucilomaṃ yakkham etad avoca || || Eso samaṇo ti || ||

4. N-eso samaṇo samaṇako eso || yâva jânâmi yadi vâ so samaṇo yadi vâ pana so samaṇako ti || ||

5. Atha kho Sucilomo yakkho yena Bhagavâ ten-upasaṅkami || upasaṅkamitvâ Bhagavato kâyam upanâmesi[1] || ||

6. Atha kho Bhagavâ kâyam apanâmesi[1] ||

7. Atha kho Sucilomo yakkho Bhagavantam etad avoca || || Bhâyasi maṃ samaṇâ ti || ||

8. Na khvâhaṃ taṃ[2] âvuso bhâyâmi || api ca te samphasso pâpako ti || ||

9. Pañhaṃ taṃ[2] samaṇa pucchissâmi || sace me na vyâkarissasi || cittaṃ vâ te khipissâmi hadayaṃ vâ te phâlessâmi || pâdesu vâ gahetvâ pâragaṅgâya[3] khipissâmî ti || ||

10. Na khvâhaṃ taṃ âvuso passâmi sadevake loke samârake sabrahmâke sassamaṇa-brâhmaṇiyâ pajâya sa devamanussâya yo me cittaṃ va khipeyya hadayaṃ vâ phâleyya || pâdesu vâ gahetvâ pâragaṅgâya khipeyya || api ca tvam âvuso puccha yad âkaṅkhasî ti || ||

11. Râgo ca doso ca kuto nidânâ ||
arati rati lomahaṃso kutojâ ||
kuto samuṭṭhâya manovitakkâ ||
kumârakâ dhaṅkam iv-ossajantî ti || ||

12. Râgo ca doso ca ito nidânâ ||
arati rati lomahaṃso itojâ ||
ito samuṭṭhâya manovitakkâ ||
kumârakâ dhaṅkam iv-ossajanti || ||
Snehajâ attasambhûtâ || nigrodhasseva khandhajâ ||
puthû visattâ kâmesu || mâluvâ va vitatâ vane || ||

---

[1] B. °nâmeti. [2] S[1-3] omit taṃ. [3] B. pâraṃ°.

Ye naṃ pajânanti yato nidânaṃ[1] ||
te naṃ vinodenti suṇohi yakkha ||
te duttaram ogham imaṃ taranti ||
atiṇṇapubbaṃ apunabbhavâyâ ti || ||

§ 4. *Maṇibhaddo.*

1. Ekaṃ samayam Bhagavâ Magadhesu viharati Maṇimâlake[2] cetiye Maṇibhaddassa yakkhassa bhavane || ||

2. Atha kho Maṇibhaddo yakkho yena Bhagavâ ten-upasaṅkami || upasaṅkamitvâ Bhagavato santike imaṃ gâtham abhâsi || ||

[Satimato sadâ bhaddaṃ || satimâ sukham edhati ||
satimato su ve seyyo || verâ ca parimuccatî ti[3] || ||]

3. Satimato[4] sadâ bhaddaṃ || satimâ sukham edhati ||
satimato su ve[5] seyyo || verâ na parimuccati[6] || ||
yassa sabbam ahorattam[7] || ahiṃsâya rato mano ||
mettaṃ so sabbabhûtesu || veraṃ tassa na kenacî ti || ||

§ 5. *Sânu.*

1. Ekaṃ samayam Bhagavâ Sâvatthiyam viharati Jetavane Anâthapiṇḍikassa ârâme || ||

2. Tena kho pana samayena aññatarissâ upâsikâya Sânu nâma putto yakkhena gahito hoti || ||

3. Atha kho sâ upasikâ paridevamânâ tâyaṃ velâyam imâ gâthâyo abhâsi || ||

[Sâ hûti[8] me arahataṃ || iti me arahataṃ sutaṃ ||
sâ dâni ajja passâmi || yakkhâ kîḷanti Sânunâ ti[9] || ||]
Câtuddasiṃ pañcaddasiṃ || yâva[10] pakkhassa aṭṭhamî ||
pâṭihâriyapakkhañca || aṭṭhaṅga-susamâhitaṃ[11] || ||
uposatham upavasanti[12] || iti[13] me arahataṃ sutaṃ ||
sâ dâni ajja passâmi || yakkhâ kîḷanti Sânunâ ti || ||
Câtuddasim pañcaddasiṃ || yâva pakkhassa aṭṭhamî ||
pâtihâriyapakkhañca || aṭṭhaṅga-susamâhitaṃ || ||

---

[1] S1-3 nidânâ. [2] S1-3 maṇimâla° (or câla). [3] This gâthâ is in B. only. [4] S1-3 sati° always. [5] S1-3 save°. [6] B. adds ca; S1-3 °muccatîti. [7] S1-3 °ratiṃ. [8] MS. hutî. [9] In B. only. [10] B. catuddasiṃ° °yâca here and further on. [11] B. aṭṭhaṅgaṃ susamâgataṃ. [12] Here S1-3 intercalate brahmacariyaṃ caranti ye na tehi yakkhâ kîḷanti—which will occur further on. [13] B. iti here and above.

uposatham upavasanti || brahmacariyaṃ caranti ye[1] ||
na tehi yakkhâ kîḷanti || iti me[2] arahataṃ sutaṃ || ||
Sâṇuṃ pabuddhaṃ[3] vajjâsi || yakkhânaṃ vacanam idam ||
mâ kâsi pâpakam kammam || âviṃ vâ yadivâ raho || ||
saceva[4] pâpakaṃ kammaṃ || karissasi karosi vâ ||
na te dukkhâ pamuty-atthi || uppaccâpi[5] palâyato ti || ||
4. Mataṃ va[6] amma rodanti || yo[6] vâ jîvaṃ na dissati ||
jîvantam amma passantî || kasmâ mam amma rodasîti || ||
5. Matam va puttam[7] rodanti || yo vâ jîvam na dissati ||
yo ca kâmeva[8] jitvâna || punar âgacchate idha ||
taṃ vâpi putta rodanti || puna jîvaṃ mato[9] hi so || ||
kukkuḷâ ubbhato tâta || kukkuḷam patitum icchasi || ||
narakâ ubbhato tâta || narakam patitum icchasi ||
abhidhâvatha[10] bhaddan-te || kassa ujjhâpayâmase ||
âdittâ nibhataṃ[11] bhaṇḍaṃ || puna ḍayhitum icchasîti[12] || ||

§ 6. *Piyaṅkara.*

1. Ekaṃ samayaṃ âyasmâ Anuruddho Sâvatthiyaṃ viharati Jetavane Anâthapiṇḍikassa ârâme ||

2. Tena kho pana samayena âyasmâ Anuruddho rattiyâ paccûsasamayaṃ paccuṭṭhâya dhammapadâni bhâsati || ||

3. Atha kho Piyaṅkara-mâtâ[13] yakkhinî puttakam evaṃ tosesi || ||

Mâ saddaṃ karî Piyaṅkara ||
bhikkhu dhammapadâni bhâsati ||
api ca[14] dhammapadaṃ vijânîya ||
paṭipajjema hitâya no siyâ || ||
pâṇesu ca saṃyamâmase ||
sampajânamusâ na bhaṇâmase[15] ||
sikkhema susîlyam attano ||
api muccema[16] pisâca-yoniyâ ti || ||

§ 7. *Punabbasu.*

1. Ekaṃ samayaṃ Bhagavâ Sâvatthiyaṃ viharati Jetavane Anâthapiṇḍikassa ârâme || ||

---

[1] S^3 ca instead of ye. [2] B. sâhu vo. [3] B. sânupavuddhaṃ. [4] S^{1-3} omit va. [5] S^{1-3} °ti; B. upeccâpi. [6] B. vâ; S^{1-3} ye. [7] B. putta. [8] B. and S^1 (perhaps S^3) ca; C. pa° (?). [9] S^{1-3} jîvamano. [10] So B. and C.; S^{1-3} abhiyâvata. [11] S^3 nihataṃ. [12] Cf. Dhammapada, p. 402-6. [13] B. piyaṅgara° always. [14] S^{1-3} omit ca. [15] S^{1-3} bhaṇemase. [16] S^{1-3} muñcema.

2. Tena kho pana samayena Bhagavâ bhikkhû nibbânapaṭisaṃyuttâya dhammiyâ kathâya sandasseti samâdapeti samuttejeti sampahaṃseti || te ca bhikkhû aṭṭhi-katvâ manasi katvâ sabbaṃ cetasâ samannâharitvâ ohitasotâ dhammaṃ suṇanti || ||

3. Atha kho Punabbasu-mâtâ yakkhinî puttake[1] evam toseti || ||

Tuṇhî Uttarike hohi || tuṇhi hohi Punabbasu ||
yâvâhaṃ buddhaseṭṭhassa || dhammaṃ sossâmi satthuno || ||
nibbânaṃ Bhagavâ âhu || sabbaganthappamocanaṃ[2] ||
ativelâ ca me hoti || asmiṃ dhamme piyâyanâ || ||
Piyo loke sako putto || piyo loke sako pati ||
tato piyatarâ mayhaṃ || assa dhammassa magganâ || ||
na hi putto pati vâ pi || piyo dukkhâ pamocaye ||
yathâ saddhammasavanaṃ || dukkhâ moceti pâṇinaṃ || ||
Loke dukkhapare tasmiṃ || jarâmaraṇasaṃyutte ||
jarâmaraṇamokkhâya || yaṃ dhammam abhisambuddhaṃ[3] ||
taṃ dhammaṃ sotum icchâmi || tuṇhî hohi Punabbasû ti || ||

4. Amma[4] na vyâharissâmi || tuṇhîbhûtâyam Uttarâ ||
dhammam eva nisâmehi || saddhamasavanaṃ sukhaṃ ||
saddhammassa anaññâya || amma dukkhaṃ carâmase || ||
Esa devamânussânaṃ || sammûḷhânam pabhaṅkaro ||
buddho antimasarîro || dhammaṃ deseti[5] cakkhumâ || ||

5. Sâdhu kho paṇḍito nâma || putto jâto ure seyyo[6] ||
putto me buddhaseṭṭhassa || dhammaṃ suddham[7] piyâyati || ||
Punabbasu sukhî hohi || ajjâhamhi samuggatâ ||
diṭṭhâni ariyasaccâni || Uttarâ pi suṇatu me ti || ||

§ 8. *Sudatto.*[8]

1. Ekaṃ samayaṃ Bhagavâ Râjagahe viharati Sîtavane || ||

2. Tena kho pana samayena Anâthapiṇḍiko gahapati Râjagaham anuppatto hoti kenacid eva karaṇîyena || ||

3. Assosi kho Anâthapiṇḍiko gahapati buddho kiro loke uppanno ti || tâvad eva pana Bhagavantam dassanâya upasaṅkamitu-kâmo ahosi[9] ||

---

[1] S1-3 puttakaṃ. [2] S1-3 °gandha°; C. gaṇṭha. [3] B. °budhaṃ. [4] B. ammâ always. [5] S1-3 desesi. [6] S1 putte jâta°; S1-3 uresayo. [7] B. buddham; S1-3 dhammasuddhaṃ. [8] This episode is found also in Cullavagga, VI. 4. 1–4. [9] B. hoti.

4. Ath-assa Anâthapiṇḍikassa gahapatissa etad ahosi || || Akâlo kho ajja Bhagavantaṃ dassanâya upasaṅkamituṃ || svedânâhaṃ[1] kâlena Bhagavantaṃ dassanâya upasaṅkamissâmîti buddhagatâya[2] satiyâ nipajji || rattiyâ sudaṃ tikkhattuṃ vuṭṭhâsi pabhâtan-ti maññamâno || ||

5. Atha kho Anâthapiṇḍiko gahapati yena Sîvathika[3]-dvâraṃ ten-upasaṅkami || amanussâ dvâraṃ vivariṃsu || ||

6. Atha kho Anâthapiṇḍikassa gahapatissa nagarambâ nikkhamantassa âloko antaradhâyi andhakâro pâtur ahosi || bhayaṃ chambhitattaṃ lomahaṃso udapâdi || tato ca puna nivattitu-kâmo ahosi || ||

7. Atha kho Sîvako[4] yakkho antarahito saddam anussâvesi[5] || ||

Sataṃ hatthî satam assâ || satam assasarî[6] rathâ ||
sataṃ kaññâ-sahassâni || âmuttamaṇikuṇḍalâ ||
ekassa padavîtihârassa || kalam nâgghanti solasiṃ || ||
Abhikkama gahapati || abhikkama gahapati ||
abhikkamanan-te seyyo || na paṭikkamanan-ti[7] || ||

8. Atha kho Anâthapiṇḍikassa gahapatissa andhakâro antaradhâyi âloko pâtur ahosi || Yam ahosi bhayaṃ chambhitattam lomahaṃso so paṭipassambhi || ||

9. Dutiyam pi kho || pe[8] ||

10. Tatiyam pi Anâthapiṇḍikassa âloko antaradhâyi andhakâre pâtur ahosi || bhayaṃ chambhitattam lomahaṃso udapâdi || tato ca puna nivattitukâmo ahosi || || Tatiyam pi kho Sîvako yakkho antarahito saddam anussâvesi || ||

Satam hatthî satam assâ || satam assasarî rathâ ||
sataṃ kaññâsahassâni || âmuttamaṇikuṇḍalâ ||
ekassa padavîtihârassa || kalaṃ nâgghanti soḷasiṃ || ||
Abhikkama gahapati || abhikkama gahapati ||
abhikkamanan-te seyyo || no patikkamanan-ti[9] || ||

11. Atha kho Anâthapiṇḍikassa gahapatissa andhakâro

---

[1] S$^{1-3}$ sodânâhaṃ. [2] B. gamissâmîti °gakâya; S^{1} °gâthâya; S^{3} °gâkâya. [3] S$^{1-3}$ sîtavana. [4] B. Sivako always. [5] B. anusâvesi; S^{1} anusâseṃsi. [6] B. assatarî. [7] S$^{1-3}$ paṭikkantan-ti as in Cullavagga, VI. 4. 3. [8] The abridgment is in S$^{1-3}$ only; B. has the full text. [9] Same remarks as above.

antaradhâyi âloko pâtur ahosi || yaṃ ahosi bhayaṃ chambhitattaṃ lomahaṃso so paṭippassambhi || ||

12. Atha kho Anâthapiṇḍiko gahapati yena Sîtavanaṃ [yena Bhagavâ][1] ten-upasankami || ||

13. Tena kho pana samayena Bhagavâ rattiyâ paccûsasamayaṃ paccuṭṭhâya ajjhokâse caṅkamati || ||

14. Addasâ kho Bhagavâ Anâthapiṇḍikaṃ gahapatiṃ dûrato va âgacchantaṃ || disvâna caṅkamâ orohitvâ paññatte âsane nisidi || nisajja kho Bhagavâ Anâthapiṇḍikam gahapatim etad avoca || || Ehi Sudattâ ti || ||

15. Atha kho Anâthapiṇḍiko gahapati nâmena maṃ Bhagavâ âlapatîti tatth-eva Bhagavato pâdesu sirasâ nipatitvâ gahapatim etad avoca || || Kacci bhante Bhagavâ sukham asayitthâ ti[2] || ||

Sabbadâ ve sukhaṃ seti || brâhmaṇo parinibbuto ||
yo na limpati kâmesu || sîtibhûto nirupadhi || ||
sabbâ âsattiyo chetvâ || vineyya[3] hadaye daraṃ ||
upasanto sukhaṃ seti || santim pappuyya cetasâ ti[4] || ||

§ 9. *Sukkâ* (1).

1. Ekaṃ samayaṃ Bhagavâ Râjagahe viharati Veḷuvane kalandaka-nivâpe || ||

2. Tena kho pana samayena Sukkâ bhikkhunî mahatiyâ parisâya parivutâ dhammam deseti || ||

3. Atha kho Sukkâya bhikkhuniyâ abhippasanno yakkho Râjagahe rathikâya rathikam[5] siṅghâṭakena siṅghâṭakam upasaṅkamitvâ tâyaṃ velâyam imâ gâthâyo abhâsi || ||

Kim me katâ[6] Râjagahe manussâ ||
madhupîtâ va acchare ye[7] ||
Sukkam na payirûpâsanti || desentim[8] amataṃ padaṃ || ||
tañca pana[9] appaṭivânîyaṃ || asecanakam ovajaṃ[10] ||
pivanti maññe sappaññâ || valâhakam iva panthagûti[11] || ||

§ 10. *Sukkâ* (2).

1. Ekam samayaṃ Bhagavâ Râjagahe viharati Veḷuvane kalandakanivâpe ||

---

[1] In B. only. [2] B. vasittâti. [3] S1-3 veneyya. [4] Cullavagga, VI. 4. 4. [5] S1-3 rathiyâyarathiyaṃ (S3 °ratiyaṃ). [6] S1 omits me; C. kattâ. [7] B. madhuṃpitâ vasentiye. [8] B. desantiṃ; S1 desintiṃ. [9] B. omits pana. [10] S1-3 asevane (S1 na) kâmovajaṃ. [11] S1-3 ivaddhagûti.

2. Tena kho pana samayena aññataro upâsako Sukkâya bhikkhuniyâ bhojanam adâsi || ||

3. Atha kho Sukkâya bhikkhuniyâ abhippasanno yakkho Râjagahe rathikâya rathikaṃ[1] siṅghâṭakena siṅghâṭakaṃ upasaṅkamitvâ tâyaṃ velâyam imaṃ gâtham abhâsi || ||

Puññaṃ vata pasavi[2] bahuṃ ||
sapañño vatâyam upâsako ||
yo Sukkâya adâsi bhojanaṃ ||
sabbaganthehi[3] vippamuttiyâ ti[4] || ||

§ 11. *Cîrâ* (or *Vîrâ*).

1. Evam me sutam ekaṃ samayam Bhagavâ Râjagahe viharati Veḷuvane kalandaka-nivâpe || ||

2. Tena kho pana samayena aññataro upâsako Cîrâya[5] bhikkhuniyâ cîvaram adâsi || ||

3. Atha kho Cîrâya bhikkhuniyâ abhippasanno yakkho Râjagahe rathikâya rathikaṃ[6] siṅghâṭakena siṅghâṭakaṃ upasaṅkamitvâ tayam velâyam imaṃ gâtham abhâsi || ||

Puññam vata pasavi[7] bahuṃ ||
sapañño vatâyam upâsako ||
yo Cîrâya adâsi cîvaraṃ ||
sabbayogehi[8] vippamuttiyâ ti || ||

§ 12. *Âḷavam.*

1. Evam me sutam ekaṃ samayam Bhagavâ Âḷaviyam viharati Âḷavakassa yakkhassa bhavane || ||

2. Atha kho Âḷavako yakkho Bhagavantam etad avoca || || Nikkhama samaṇâ ti || ||

Sâdhâvuso ti Bhagavâ nikkhami || ||

Pavisa samaṇâ ti ||

Sâdhâvuso ti Bhagavâ pâvisi || ||

3. Dutiyam pi kho Âḷavako yakkho Bhagavantam etad avoca || || Nikkhama samaṇâ ti || || Sâdhâvusoti Bhagavâ nikkhami || || Pavisa samaṇâ ti || || Sâdhâvuso ti Bhagavâ pâvisi || ||

---

[1] S¹-³ rathiyâya (S³ rathiyâ) rathiyam. [2] S¹ pasavî; B. passavî. [3] S¹-³ gandhehi. [4] S¹-³ vippamuttâyâti here and further on. [5] S¹ vîrâya; S³ vîtarâgâya always. [6] S¹-³ rathiyâya rathiyaṃ. [7] S¹-³ pasavî; B. as above. [8] S¹-³ sabbasogehi (S³ geha).

4. Tatiyam pi kho Âḷavako yakkho Bhagavantam etad avoca || || Nikkhama samaṇâ ti || || Sâdhâvuso ti Bhagavâ nikkhami || || Pavisa samaṇâti || || Sâdhâvuso ti Bhagavâ pâvisi || ||

5. Catuttham pi kho Âḷavako yakkho Bhagavantam etad avoca || || Nikkhama samaṇâ ti || ||

6. Na kho panâham âvuso nikkhamissâmi || yan-te karaṇîyaṃ taṃ karohîti || ||

7. Pañhaṃ taṃ samaṇa pucchissâmi || sace me na karissasi cittam vâ te khipissâmi hadayaṃ vâ te phâlessâmi pâdesu vâ gahetvâ pâragaṅgâya[1] khipissâmîti || ||

8. Na khvâhan-tam âvuso passâmi sadevake loke samârake sabrahmake sassamaṇa-brâhmaṇiyâ pajâya sadevamanussâya yo me cittam vâ khipeyya hadayaṃ vâ phâleyya pâdesu vâ gahetvâ pâragaṅgâya khippeya || api ca tvam âvuso puccha yad âkaṅkhasîti || ||

9. Kiṃsûdha vittam purisassa seṭṭhaṃ ||
kiṃsu suciṇṇam sukham âvahâti ||
kiṃsu have sâdutaraṃ[2] rasânam ||
kathaṃ jîviṃ jîvitam âhu seṭṭhan-ti || ||

10. Saddhidha vittam purisassa seṭṭhaṃ ||
dhammo suciṇṇo sukham âvahâti ||
saccam have sâdutaraṃ rasânaṃ ||
paññâjîviṃ jîvitam âhu seṭṭhanti || ||

11. Kathaṃ su tarati oghaṃ || kathaṃ su tarati aṇṇavaṃ ||
kathaṃ su dukkham acceti || kathaṃ su parisujjhatî ti || ||

12. Saddhâya tarati oghaṃ || appamâdena aṇṇavaṃ ||
viriyena dukkham acceti || paññâya parisujjhati || ||

13. Kathaṃ su labhate paññaṃ || kathaṃ su vindate dhanaṃ || ||
kathaṃ su kittim pappoti || katham mittâni ganthati ||
asmâ lokâ paraṃ lokaṃ || katham pecca na socatîti || ||

14. Saddahâno arahataṃ || dhammaṃ nibbânapattiyâ ||
sussûsâ[3] labhate paññaṃ || appamatto vicakkhaṇo || ||
Paṭirûpakârî dhuravâ || uṭṭhâtâ vindate dhanaṃ ||

---

[1] B. pâraṃ° here and further on. [2] S[1-3] sâdhu° here and further on. [3] B. sussusaṃ.

saccena kittim pappoti || dadaṃ mittâni ganthati || ||
asmâ lokâ paraṃ lokaṃ || evam pecca na socati [1] || ||
Yass-ete caturo dhammâ || saddhassa gharam esino ||
saccam damo [2] dhiti câgo || sa ve pecca na socati ||
asmâ lokâ paraṃ lokaṃ || evam pecca na socati [3] || ||
Ingha aññe pi pucchassa || puthu-samaṇa-brâhmaṇe ||
yadi [4] saccâ damâ [5] câgâ || khantyâ bhiyyo dha [6] vijjatîti || ||
15. Kathaṃ nu dâni puccheyyaṃ || puthu-samaṇa-brâhmaṇe ||
yo haṃ [7] ajja pajânâmi || yo attho [8] samparâyiko || ||
atthâya vata me buddho || vâsâyâḷavim âgato [9] ||
yo [10] ham ajja pajânâmi || yattha dinnam mahapphalaṃ || ||
so ahaṃ vicarissâmi || gâmâ gâmaṃ purâ puraṃ ||
namassamâno sambuddham || dhammassa ca sudhammatan-ti [11] || ||

Indaka-vaggo [12] || ||

Tass-uddânaṃ || ||

Indako Sakka [13]-Lomo ca [14] || Maṇibhaddo [15] ca Sânu ca ||
Piyankara [16]-Punabbasu || Sudatto ca dve Sukkâ Cîrâ Alavan-ti [17] || ||

Yakkha-saṃyuttam samattaṃ || ||

---

[1] These last two padas are in B. only. [2] All the MSS. dhammo. [3] These two padas are in S^{1}-^{3} only. Their place has been interchanged in the Burmese and Singhalese MSS. [4] S^{1}-^{3} iti. [5] B. dhammâ. [6] S^{1} eva; S^{3} na. [7] S^{3} soham; B. svâham. [8] S^{1}-^{3} cattho. [9] S^{1}-^{3} âgamâ. [10] S^{1}-^{3} so. [11] The first two gâthâs are the repetition of Devatâ-S. VIII. 3. [12] In B. only; S^{1}-^{3} put here the final mention. [13] B. yakkha. [14] S^{1}-^{3} suci. [15] S^{1}-^{3} bhaddo. [16] B. piyaṅgara. [17] S^{1}-^{3} Âḷavakena dvâdasâti.

BOOK XI.—SAKKA-SAṂYUTTAṂ.

Chapter I. Paṭhamo-vaggo.

§ 1. *Suvîra.*

1. Evam me sutam ekaṃ samayaṃ Bhagavâ Sâvatthiyaṃ viharati Jetavane Anâthapiṇḍikassa ârâme || ||

2. Tatra kho Bhagavâ bhikkhû amantesi || || Bhikkhavo ti || ||

Bhadante[1] ti te bhikkhû Bhagavato paccassosuṃ || ||

3. Bhagavâ etad avoca || ||

4. Bhûtapubbam bhikkhave asurâ[2] deve abhiyaṃsu[3] || atha kho bhikkhave Sakko devânam indo Suvîraṃ[4] devaputtam âmantesi || || Ete[5] tâta Suvîra asurâ deve abhiyanti || gaccha tâta Suvîra asure paccuyyâhîti[6] || || Evam bhaddanta[7] vâ ti kho bhikkhave Suvîro devaputto Sakkassa devânam indassa paṭissutvâ pamâdam âpâdesi[8] || ||

5. Dutiyam pi kho bhikkhave Sakko devânam indo Suvîraṃ devaputtam âmantesi || Ete tâta Suvîra asurâ deve abhiyanti || gaccha tâta Suvîra asure paccuyyâhîti || || Evam bhadanta vâ ti kho bhikkhave Suvîro devaputto Sakkassa devânam indassa paṭissutvâ pamâdam âpâdesi || ||

6. Tatiyam pi kho bhikkhave Sakko devânam indo Suvîraṃ devaputtam âmantesi || || Ete tâta Suvîra asurâ deve abhiyanti || gaccha tâta Suvîra asure paccuyyâhîti || || Evam bhaddanta vâ ti kho bhikkhave Suvîro devaputto Sakkassa devânam indassa paṭissutvâ pamâdam âpâdesi || ||

---

[1] B. bhaddante. [2] B. asûrâ always. [3] So B. C.; S1-3 abhijiyiṃsu always. [4] B. suviraṃ always. [5] S1-3 etha always. [6] S3 paccuyyâsîti (twice). [7] S3 bhaddanta always. [8] So B. and C.; S1-3 âharesi always.

7. Atha kho bhikkhave Sakko devânam indo Suvîraṃ devaputtaṃ gâthâya ajjhabhâsi || ||

Anuṭṭhahaṃ avâyamaṃ[1] || sukhaṃ yatrâdhigacchati ||
Suvîra tattha gacchâhi || mañca tattheva pâpayâ ti || ||

8. Alasassa[2] anuṭṭhâtâ || na ca kiccâni kâraye ||
sabbakâmasamiddhassa || taṃ me Sakka varaṃ disan-ti[3] || ||

9. Yatthâlaso anuṭṭhâṭâ || accantaṃ sukham edhati[4] ||
Suvîra tattha gacchâhi || mañca tatth-eva pâpayâ ti || ||

10. Akammanâ[5] devaseṭṭha || Sakka vindemu yaṃ sukhaṃ ||
asokam anupâyâsaṃ || tam me Sakka varaṃ disan-ti ||

11. Sa ce atthi akammena[6] || koci kvaci na jîyati[7] ||
nibbânassa hi so maggo || Suvîra tattha gacchâhi ||
mañca tatth-eva pâpayâ ti[8] || ||

12. So hi nâma bhikkhave Sakko devânam indo sakam[9] puññaphalam upajîvamâno devânaṃ Tâvatiṃsânam issariyâdhipaccam rajjaṃ karonto uṭṭhâna-viriyassa vaṇṇavâdî bhavissati || idha kho taṃ bhikkhave sobhetha yaṃ tumhe evaṃ svâkhyâte[10] dhammavinaye pabbajitâ samânâ uṭṭhaheyyâtha ghaṭeyyâtha vâ yameyyâtha appattassa pattiyâ anadhigatassa adhigamâya asacchikatassa sacchikariyâyâ ti[11] || ||

§ 2. *Susîma.*

1. Sâvatthiyam viharati Jetavane || ||

2. Tatra kho Bhagavâ bhikkhû âmantesi || || Bhikkhavo ti || ||

Bhadante ti te bhikkhû Bhagavato paccassosuṃ || ||

3. Bhagavâ etad avoca || ||

4. Bhûtapubbaṃ bhikkhave asurâ deve abhiyaṃsu || atha kho bhikkhave Sakko devânam indo Susîmaṃ[12] devaputtaṃ âmantesi || ete tâta Susîma asurâ deve abhiyanti || gaccha tâta Susîma asure paccuyyâhîti || || Evam bhadanta[13] vâ ti kho bhikkhave Susîmo devaputto Sakassa devânam indassa paṭissutvâ pamâdam âpâdesi[14] || ||

---

[1] B. avâyâmaṃ always; C. also. [2] B. alasvassa; C. alasvâyam (=alaso ayam). [3] S[1-3] disâti. [4] S[1-3] yattha alaso °accanta°. [5] S[1-3] akammunâ. [6] S[1-3] akârâna here only. [7] B. jîvati. [8] These gâthâs will be found again in the next sutta. [9] S[1-3] saka°. [10] S[1-3] svâkkhâte always. [11] S[1-3] add — pe — here and further on. [12] B. susimaṃ always. [13] B. bhadante. [14] Same remarks as in No. 1.

5. Dutiyam pi kho bhikkhave Sakko devânam indo Susîmam devaputtam âmantesi || pa || dutiyam pi pamâdam âpâdesi || ||

6. Tatiyam pi kho bhikkhave Sakko devânam indo Susîmam devaputtam âmantesi || pa || tatiyam pi pamâdam âpâdesi[1] || ||

7. Atha kho bhikkhave Sakko devânam indo Susîmaṃ devaputtaṃ gâthâya ajjhabhâsi || ||

Anuṭṭhahaṃ avâyamaṃ || sukhaṃ yatrâdhigacchati || ||
Susîma tattha gacchâhi || mañ ca tatth-eva pâpayâ ti || ||

8. Alasassa anuṭṭhâtâ || na ca kiccâni kâraye ||[2]
sabbakâmasamiddhassa || tam me Sakka varam disan-ti || ||

9. Yatthâlaso anuṭṭhâtâ || accantaṃ sukham edhati ||
Susîma tattha gacchâhi || mañca tatth-eva pâpayâ ti || ||

10. Akammanâ devaseṭṭha[3] || Sakka vindemu yaṃ sukhaṃ ||
asokam anupâyâsaṃ || tam me Sakka varaṃ disan-ti || ||

11. Sa ce atthi akammena || koci kvaci na jîyati ||
nibbânassa hi so maggo || Susîma tattha gacchâhi ||
mañca tatth-eva pâpayâ ti[4] || ||

12. So hi nâma bhikkhave Sakko devânam indo sakam puññaphalaṃ upajîvamâno devânaṃ Tâvatiṃsânam issariyâdhipaccaṃ rajjam karonto uṭṭhânaviriyassa vaṇṇavâdî bhavissati || idha kho taṃ bhikkhave sobhetha yaṃ tumhe evaṃ svâkhyâte dhammavinaye pabbajitâ samânâ uṭṭhaheyyâtha ghaṭeyyâtha vâyameyyâtha appattassa pattiyâ anadhigatassa adhigamâya asacchikatassa sacchikiriyâyâ ti || ||

§ 3. *Dhajaggam.*

1. Sâvatthiyaṃ viharati Jetavane Anâthapiṇḍikassa ârâme || ||

2. Tatra kho Bhagavâ bhikkhû âmantesi || || Bhikkhavo ti || ||

Bhadante ti te bhikkhû Bhagavato paccassosuṃ || ||

3. Bhagavâ etad avoca || ||

4. Bhûtapubbam bhikkhave devâsurasaṅgâmo samupabbûḷho[5] ahosi || ||

5. Atha kho bhikkhave Sakko devânam indo deve Tâvatiṃse âmantesi || || Sa ce mârisâ devânam saṅgâmagatânam

---

[1] The abridgments are in B. only. [2] S[1-3] alasvassa. [3] S[3] °seṭṭhaṃ. [4] Same varieties of reading as in the preceding number besides those noticed here. [5] B. samuppabyûḷho always.

uppajjeyya bhayaṃ vâ chambhitattaṃ vâ lomahaṃso vâ mam-eva tasmiṃ samaye dhajaggam ullokeyyâtha || mamaṃhi vo dhajaggaṃ ullokayataṃ yam bhavissati bhayaṃ vâ chambhitatthaṃ vâ lomahaṃso vâ so pahîyissati || ||

6. No ce me dhajaggam ullokeyyâtha atha Pajâpatissa devarâjassa dhajaggam ullokeyyâtha || Pajâpatissa hi vo devarâjassa dhajaggam ullokayataṃ yam bhavissati .bhayaṃ vâ chambhitattam vâ lomahaṃso vâ so pahîyissati || ||

7. No ce Pajâpatissa devarâjassa dhajaggam ullokeyyâtha atha Varuṇassa devarâjassa dhajaggam ullokeyyâtha || Varuṇassa hi vo devarâjassa dhajaggam ullokayataṃ yaṃ bhavissati bhayaṃ vâ chambhitattaṃ vâ lomahaṃso vâ so pahîyissati || ||

8. No ce Varuṇassa devarâjassa dhajaggam ullokeyyâtha atha Îsânassa devarâjassa dhajaggam ullokeyyâtha || Îsânassa hi vo devarâjassa dhajaggaṃ ullokayataṃ yam bhavissati bhayaṃ vâ chambhitattam vâ lomahaṃso vâ so pahîyissati || ||

9. Taṃ kho pana bhikkhave Sakkassa vâ devânam indassa dhajaggam ullokayatam || Pajâpatissa vâ devarâjassa dhajaggam ullokayataṃ || Varuṇassa vâ devarâjassa dhajaggam ullokayataṃ || Îsânassa vâ devarâjassa dhajaggam ullokayatam || yaṃ bhavissati bhayaṃ vâ chambhitattaṃ vâ lomahaṃso vâ so pahîyethâ pi no pi[1] pahîyetha || ||

10. Tam kissa hetu || || Sakko hi bhikkhave devânam indo avîtarâgo avîtadoso avîtamoho bhîru chambhî utrâsî palâyîti || ||

11. Ahaṃ ca kho bhikkhave evaṃ vadâmi || sa ce tumhâkam bhikkhave araññagatânam vâ rukkhamûlagatânaṃ vâ suññâgâragatânam vâ uppajjeyya bhayaṃ vâ chambhitattaṃ vâ lomahaṃso vâ mam eva tasmiṃ samaye anussareyyâtha || || Iti pi so Bhagavâ arahaṃ sammâsambuddho vijjâcaraṇasampanno sugato lokavidû anuttaro purisadammasârathi satthâ devamanussânam buddho bhagavâ ti || ||

12. Mamaṃ hi vo bhikkhave anussarataṃ yaṃ bhavissati bhayam vâ chambhitattaṃ vâ lomahaṃso vâ so pahîyissati || ||

---

[1] S³ B. omit pi.

13. No ce mam anussareyyâtha atha dhammam anussareyyâtha || Svâkhyâto Bhagavatâ dhammo sandiṭṭhiko akâliko ehipassiko opanayiko paccattaṃ veditabbo viññûhîti || ||

14. Dhammaṃ hi vo bhikkhave anussarataṃ yam bhavissati bhayaṃ vâ chambhitattaṃ vâ lomahaṃso vâ so pahîyissati || ||

15. No ce dhammam anussareyyâtha atha saṅgham anussareyyâtha || || Supaṭipanno Bhagavato sâvaka-saṅgho || ujupaṭipanno Bhagavato sâvaka-saṅgho || ñâyapaṭipanno Bhagavato sâvaka-saṅgho || sâmîcipaṭipanno[1] Bhagavato sâvakasaṅgho yad idam cattâri purisayugâni aṭṭha purisa-puggalâ esa Bhagavato sâvakasaṅgho âhuneyyo pâhuneyyo dakkhiṇeyyo añjalikaraṇîyo anuttaram puññakkhettam lokassâ ti || ||

16. Saṅghaṃ hi vo bhikkhave anussarataṃ yam bhavissati bhayaṃ vâ chambhitattaṃ vâ lomahaṃso vâ so pahîyissati || ||

17. Taṃ kissa hetu || || Tathâgato hi bhikkhave arahaṃ sammâsambuddho vîtarâgo vîtadoso vîtamoho abhîru acchambhî anutrâsî apalâyî ti || ||

18. Idam avoca Bhagavâ || idaṃ vatvâna Sugato athâparam etad avoca satthâ || ||

Arañño rukkhamûle vâ || suññâgare vâ[2] bhikkhavo ||
anussaretha[3] sambuddhaṃ || bhayaṃ tumhâkaṃ[4] no siyâ || ||
No ce buddhaṃ sareyyâtha || lokajeṭṭham narâsabhaṃ ||
atha dhammaṃ sareyyâtha || niyyânikaṃ sudesitaṃ || ||
No ce dhammaṃ sareyyâtha || niyyânikaṃ sudesitaṃ ||
atha saṅghaṃ sareyyâtha || puññakkhettam[5] anuttaraṃ || ||
Evam buddham sarantânaṃ || dhammaṃ saṅghañ ca bhikkhavo ||
bhayaṃ vâ chambhitattaṃ vâ || lomahaṃso na hessatî ti[6] || ||

§ 4. *Vepacitti* (or *Khanti*).

1. Sâvatthiyaṃ Jetavane || pa ||
2. Bhagavâ etad avoca || ||

---

[1] B. °ppaṭipanno always. [2] S¹-³ va. [3] B. anussareyyâtha. [4] S¹-³ tumhâka. [5] B. puññakhettam here and above. [6] B. omits ti.

3. Bhûtapubbaṃ bhikkhave devâsurasaṅgâmo samupabbûḷho ahosi ||

4. Atha kho bhikkhave Vepacitti asurindo asure âmantesi || || Sace mârisâ devânam asurasaṅgâme samupabbûḷhe asurâ jineyyuṃ devâ parâjeyyuṃ || yena naṃ[1] Sakkam devânam indaṃ kaṇṭhe[2] pañcamehi bandhanehi bandhitvâ mama santike âneyyâtha asurapuran-ti || ||

5. Sakko pi kho bhikkhave devânam indo deve Tâvatiṃse âmantesi || || Sace mârisâ devânam asurasaṅgâme samupabbûḷhe devâ jineyyuṃ asurâ parâjeyyuṃ || yena naṃ Vepacittim[3] asurindaṃ kaṇṭhe pañcamehi bandhanehi bandhitvâ mama santike âneyyâtha Sudhammam[4] sabhan-ti || ||

6. Tasmiṃ kho pana bhikkhave saṅgâme devâ jiniṃsu asurâ parâjiṃsu || ||

7. Atha kho bhikkhave devâ Tavatiṃsâ Vepacittim asurindam kaṇṭhe pañcamehi bandhanehi bandhitvâ Sakassa devânam indassa santike ânesum Sudhammaṃ sabhaṃ || ||

8. Tatra sudaṃ bhikkhave Vepacitti asurindo kaṇṭhe pancamehi bandhanehi baddho Sakkam devânam indaṃ Sudhammam sabbam pavisantañ ca nikkhamantañ ca asabbhâhi pharusâhi vâcâhi akkosati paribhâsati || ||

9. Atha kho bhikkhave Mâtali-saṅgâhako Sakkaṃ devânam indam gâthâya ajjhabhâsi || ||

Bhayâ nu mathavâ Sakka[5] || dubbalyâ no[6] titikkhasi[7] ||
suṇanto pharusam vâcaṃ || sammukhâ Vepacittino ti || ||

10. Nâham bhayâ na dubbalyâ || khamâmi[8] Vepacittino ||
kathaṃ hi mâdiso viññû || bâlena paṭisaṃyuje-ti || ||

11. Bhiyyo bâlâ pakujjheyyuṃ[9] || no c-assa paṭisedhako ||
tasmâ bhusena daṇḍena || dhîro bâlaṃ nisedhaye-ti || ||

12. Etad eva ahaṃ maññe || bâlassa paṭisedhanaṃ ||
paraṃ saṅkupitam ñatvâ || yo sato upasammatîti[10] || ||

13. Etad eva titikkhâya || vajjam passâmi Vâsava ||
yadâ naṃ maññati bâlo || bhayâ myâyam titikkhati ||
ajjhârûhati[11] dummedho || go va bhiyyo palâyinan-ti || ||

---

[1] S1-3 omit naṃ. [2] S1-3 kaṇṭha always. [3] S3 omits naṃ; SS. Vepacitti°. [4] B. sudhamma° always. [5] B. mâghavâ sakkaṃ; S1-3 dubbalyâne. [6] C. dubbisena. [7] S1-3 titikkhati. [8] S1 khamâpi. [9] S1-3 bâlo; B. pabhijjeyyuṃ. [10] B. upasammati. [11] S1 ajjho°.

14. Kâmam maññatu vâ mâ vâ || bhayâ myâyaṃ titikkhati ||
sadatthaparamâ atthâ[1] || khantyâ bhiyyo na vijjati || ||
yo have balavâ santo || dubbalassa titikkhati ||
tam âhu paramaṃ khantiṃ || niccam khamati dubbalo || ||
Abalan-tam[2] balam âhu || yassa bâlabalam balaṃ || ||
balassa dhammaguttassa || paṭivattâ na vijjati || ||
Tass-eva tena pâpiyo || yo kuddhaṃ paṭikujjhati ||
kuddham apaṭikujjhanto || saṅgâmam[3] jeti dujjayaṃ || ||
ubhinnam atthaṃ carati || attano ca parassa ca ||
paraṃ saṅkupitaṃ ñatvâ || yo sato upasammati || ||
ubhinnam tikicchantaṃ taṃ[4] || attano ca parassa ca ||
janâ maññanti bâlo ti || || ye dhammassa akovidâ ti[5] || ||

15. So hi nâma bhikkhave Sakko devânam indo sakaṃ puññaphalam upajîvamâno devânaṃ Tâvatiṃsânaṃ issariyâdhipaccaṃ rajjaṃ karonto[6] khantisoraccassa vaṇṇavâdî bhavissati || ||

16. Idha kho taṃ bhikkhave sobhetha yaṃ tumhe evaṃ svâkhyâte dhammavinaye pabbajitâ samânâ khamâ ca[7] bhaveyyâtha soratâ câ ti[8] || ||

§ 5. *Subhâsitam-jayaṃ.*

1. Sâvatthi nidânaṃ || ||

2. Bhûtapubbam bhikkhave devâsurasaṅgâmo samupabbûḷho ahosi || ||

3. Atha kho bhikkhave Vepacitti asurindo Sakkaṃ devânam indam etad avoca || || Hotu devânam inda subhâsitena jayo ti || ||

Hotu Vepacitti subhâsitena jayo ti || ||

4. Atha kho bhikkhave devâ ca asurâ ca pârisajje ṭhapesuṃ || ime no subhâsitaṃ dubbhâsitam âjânissantî *ti* || ||

5. Atha kho bhikkhave Vepacitti asurindo Sakkaṃ devânam indam etad avoca || || Bhaṇa devânam inda gâthan-ti || ||

6. Evaṃ vutte bhikkhave Sakko devânam indo Vepacittim asurindam etad avoca || || Tumhe khv-attha[9] Vepacitti pubbadevâ || bhaṇa Vepacitti gâthan-ti || ||

---

[1] S[1-3] atthaṃ. [2] S[1] abalaṃ na taṃ. [3] S[1] saṅgâme. [4] So S[1]; S[3] omits taṃ; B. tikicchantânaṃ. [5] All these gâthâs will be found again in the next sutta. [6] S[1-3] karento. [7] S[1] khamatha; S[3] khamathâ. [8] S[1-3] sorathâcâti || pe || the last three gâthâs of this sutta have been met with in Brâhmaṇa-S. II. 2, 3. [9] B. kvettha.

7. Evaṃ vutte bhikkhave Vepacitti asurindo imaṃ gâtham abhâsi || ||

Bhiyyo bâlâ[1] pakujjheyyuṃ || no c-assa paṭisedhako ||
tasmâ bhusena daṇḍena || dhîro bâlam nisedhaye-ti || ||

8. Bhâsitâya kho pana bhikkhave Vepacittinâ asurindena gâthâya asurâ anumodiṃsu || devâ tuṇhî ahesuṃ || ||

9. Atha kho bhikkhave Vepacitti asurindo Sakkaṃ devânam indam etad avoca || || Bhaṇa devânam inda gâthan-ti || ||

10. Evam vutte bhikkhave Sakko devânam indo imaṃ gâtham abhâsi || ||

Etad eva ahaṃ maññe || bâlassa paṭisedhanaṃ ||
paraṃ saṅkupitaṃ ñatvâ || yo sato upasammatî ti || ||

11. Bhâsitâya kho pana bhikkhave Sakkena devânam indena gâthâya devâ anumodiṃsu || asurâ tuṇhî ahesuṃ || ||

12. Atha kho bhikkhave Sakko devânam indo Vepacittim asurindam etad avoca || || Bhaṇa Vepacitti gâthan-ti || ||

Etad eva titikkhâya || vajjaṃ passâmi Vâsava ||
yadâ naṃ[2] maññati bâlo || bhayâ myâyaṃ titikkhati ||
ajjhârûhati[3] dummedho || go va bhiyyo palâyinan-ti || ||

13. Bhâsitâya kho pana bhikkhave Vepacittinâ asurindena gâthâya asurâ anumodiṃsu || devâ tuṇhî ahesuṃ || ||

14. Atha kho bhikkhave Vepacitti asurindo Sakkaṃ devânam indam etad avoca || || Bhaṇa devânam inda gâthan-ti || ||

15. Evaṃ vutte bhikkhave Sakko devânam indo imâ gâthâyo abhâsi || ||

Kâmaṃ maññatu vâ mâ vâ || bhayâ myâyam titikkhati ||
sadatthaparamâ[4] atthâ[5] || khantyâ bhiyyo na vijjati || ||
yo have balavâ santo || dubbalassa titikkhati ||
tam âhu paramaṃ khantiṃ || niccaṃ khamati dubbalo ||
Abalan-tam balaṃ âhu || yassa bâlabalaṃ balaṃ ||
balassa dhammaguttassa || paṭivattâ na vijjati || ||
Tass-eva tena pâpiyo || yo kuddhaṃ paṭikujjhati ||
kuddham appaṭikujjhanto || saṅgâmaṃ[6] jeti dujjayaṃ || ||
ubhinnam atthaṃ carati || attano ca parassa ca ||
paraṃ saṅkupitaṃ ñatvâ || yo sato upasammati || ||

---

[1] S1-3 bâlo. [2] S1-3 yam. [3] S1-3 ajjho. [4] S1 °paramaṃ. [5] S1-3 atthaṃ. [6] S1 sangâme.

ubhinnam tikicchantaṃ taṃ[1] || attano ca parassa ca ||
janâ maññanti bâlo ti || ye[2] dhammassa akovidâ ti[3] || ||

16. Bhâsitâsu kho pana bhikkhave Sakkena devânam indena gâthâsu devâ anumodiṃsu || asurâ tuṇhî ahesuṃ || ||

17. Atha kho bhikkhave devânañ ca asurânañ ca parisajjâ etad avocuṃ || ||

18. Bhâsitâ kho Vepacittinâ asurindena gâthayo || tâ ca kho sadaṇḍâvacarâ satthâvacarâ iti bhaṇḍanam[4] iti viggaho iti kalaho ti || ||

19. Bhâsitâ kho Sakkena devânam indena gâthâyo || tâ ca kho adaṇḍâvacarâ asatthâvacarâ iti abhaṇḍanam[4] iti aviggaho iti akalaho || Sakkassa devânam indassa subhâsitena jayo ti || ||

20. Iti kho[5] bhikkhave Sakkassa devânam indassa subhâsitena jayo ahosi || ||

§ 6. *Kulâvaka.*

1. Sâvatthi nidânaṃ || ||

2. Bhûtapubbam bhikkhave devâsurasaṅgâmo samupabbûḷho ahosi || ||

3. Tasmiṃ kho pana bhikkhave saṅgâme asurâ jiniṃsu || devâ parâjiṃsu[6] || ||

4. Parâjitâ kho[7] bhikkhave devâ apâyaṃsveva[8] uttarena[9] mukhâ abhiyaṃsveva ne[10] asurâ || ||

5. Atha kho bhikkhave Sakko devânam indo Mâtalisaṅgâhakaṃ gâthâya ajjhabhâsi || ||

Kulâvakâ Mâtali simbalismiṃ ||
îsâmukhena parivajjayassu ||
kâmaṃ cajâma asuresu pâṇaṃ ||
mâ yime dijâ vikulâvakâ[11] ahesun-ti || ||

6. Evam bhadanta[12] vâ ti kho bhikkhave Mâtali saṅgâhako Sakkassa devânam indassa paṭissutvâ sahassayuttam âjaññaratham paccudâvattesi || ||

7. Atha kho bhikkhave asurânam etad ahosi || || Paccudâvatto kho dâni Sakkassa devânam indassa sahassayutto

---

[1] S³ omits taṃ; B. tikicchantânam. [2] S¹ yo. [3] For the gâthâs see the preceding sutta. [4] S³ omits bhaṇḍanam and abhaṇḍanam. [5] S¹³ omits kho. [6] S¹-³ °parâjinimsu. [7] S¹·³ ca. [8] S¹ apâyaṃsve; S³ apâyaṃseva; B. abhiyaṃsveva. [9] S³ repeats uttarena. [10] S¹-³ abhisevava; omitting ne. [11] B. vikulâvâ, and so also at Jâtaka I. 203. Comp. Dhp. p. 194. [12] S¹ bhaddanta.

âjaññaratho dutiyam pi kho devâ asurehi saṅgâmessantî ti || bhîtâ asurapuram eva [1] pâvisiṃsu [2] || ||

8. Iti kho bhikkhave Sakkassa devânam indassa dhammeneva jayo [3] ahosî ti || ||

§ 7. *Na dubbhiyaṃ.*

1. Sâvatthi || ||

2. Bhûtapubbam bhikkhave Sakkassa devânam indassa rahogatassa paṭisallînassa evaṃ cetaso parivitakko udapâdi || || Yo pi me assa [4] paccatthiko tassa pâham [5] na dubbheyyan-ti || ||

3. Atha kho bhikkhave Vepacitti asurindo Sakkassa devânam indassa cetasâ ceto parivitakkam aññâya yena Sakko devânam indo ten-upasaṅkami || ||

4. Addasâ kho bhikkhave Sakko devânam indo Vepacittim asurindaṃ dûrato va âgacchantaṃ || disvâna Vepacittim asurindam etad avoca || || Tiṭṭha Vepacitti gahito sî ti || ||

5. Yad eva te mârisa pubbe cittaṃ || tad eva tvam mâ pahâsî ti [6] ||

6. Sapassu ca me Vepacitti adubbhâyâ ti [7] || ||

7. Yam musâbhaṇato pâpam || yam pâpam ariyûpavâdino ||
mittadduno ca yam pâpaṃ || yam pâpam akataññuno ||
tam eva pâpam phusati [8] || yo te dubbhe Sujampatî
ti || ||

§ 8. *Virocana-asurindo* (or *Attho*).

1. Sâvatthi nidânam || ||

2. Tena kho pana samayena Bhagavâ divâ vihâragato hoti paṭisallîno || ||

3. Atha kho Sakko devânam indo Verocano ca asurindo yena Bhagavâ ten-upasaṅkamiṃsu || upasaṅkamitvâ paccekadvârabâham nissâya aṭṭhaṃsu || ||

4. Atha kho Verocano asurindo Bhagavato santike imaṃ gâtham abhâsi || ||

Vâyameth-eva puriso || yâva atthassa nippadâ ||
nippannasobhaṇo [9] attho [10] || Verocanavaco idan-ti || ||

---

[1] B. yeva. [2] S[1-3] pavisiṃsu. [3] B. dhammajayo. [4] B. assasu. [5] S[1-3] pahaṃ. [6] B. pajahâsîti. [7] S[1-3] adûbhâyâ ti; B. adrubbhâyâ ti. [8] B. phusatu. [9] S[1-3] sobhino always. [10] S[1] atthâ.

5. Vâyameth-eva puriso || yâva atthassa nippadâ ||
nippannasobhaṇo attho || khantyâ bhiyyo na vijjatî ti || ||
6. Sabbe sattâ atthajâtâ || tattha tattha yathârahaṃ ||
saṃyogaparamâ tveva || sambhogâ [1] sabbapâṇinaṃ ||
nippannasobhino atthâ [2] || Verocanavaco idan-ti || ||
7. Sabbe sattâ atthajâtâ || tattha tattha yathârahaṃ ||
saṃyogaparamâ tveva || sambhogâ sabbapâṇinaṃ ||
nippannasobhino atthâ || khantyâ bhiyyo na vijjatî ti || ||

§ 9. *Isayo araññakâ* (or *Gandha*).

1. Sâvatthi || ||

2. Bhûtapubbam bhikkhave sambahulâ isayo sîlavanto kalyâṇadhammâ araññâyatane paṇṇakuṭîsu sammanti [3] || ||

3. Atha kho bhikkhave Sakko ca devânam indo Vepacitti ca asurindo yena te isayo sîlavanto kalyâṇadhammâ tenupasaṅkamiṃsu || ||

4. Atha kho bhikkhave Vepacitti asurindo aṭaliyo [4] upâhanâ [5] ârohitvâ khaggam olaggetvâ [6] chattena dhâriyamânena aggadvârena [7] assamam pavisitvâ te isayo sîlavante kalyâṇadhamme apavyâmato [8] karitvâ atikkami || ||

5. Atha kho bhikkhave Sakko devânam indo aṭaliyo upâhanâ orohitvâ khaggam aññesaṃ datvâ chattam apânametvâ dvâreneva [9] assamam pavisitvâ te isayo sîlavante kalyâṇadhamme anuvâtaṃ [10] pañjaliko namassamâno aṭṭhâsi || ||

6. Atha kho bhikkhave te isayo sîlavanto kalyâṇadhammâ Sakkam devânam indaṃ gâthâya ajjhabhâsiṃsu || ||

Gandho isînaṃ ciradikkhitânaṃ [11] ||
kâyâ cuto gacchati mâlutena ||
ito paṭikkamma Sahassanetta [12] ||
gandho isînam asuci devarâjâ ti || ||

7. Gandho isînaṃ ciradikkhitânaṃ ||
kâyâ cuto gacchatu [13] mâlutena ||
sucitrapuppham va [14] sirasmiṃ mâlam ||

---

[1] S^{1-3} samyogâ. [2] So S^1 supported by C.; B. sobhaṇo attho here and further on; S^3 attho always. [3] B. C. samanti always. [4] B. âṭaliyo, further on âṭaliko. [5] S^3 upâhanâyo. [6] So C.; B. olaggitvâ; S^{1-3} olohitvâ. [7] S^{1-3} andhavanadvârena. [8] B. abyâmato. [9] S^3 dvârena. [10] S^{1-3} anuvâte. [11] C. S^3 °dakkhitânam here and further on. [12] S^{1-3} parakkamma °netto. [13] S^{1-3} gacchati. [14] S^3 omits va; S^1 puts it after sirasmiṃ.

gandham etam paṭikaṅkhâma bhante ||
na hettha devâ patikkûlasaññino ti || ||

§ 10. *Isayo samuddakâ* (or *Sambara*).

1. Sâvatthi || ||

2. Bhûtapubbam bhikkhave sambahulâ isayo sîlavanto kalyâṇadhammâ samuddatîre paṇṇakuṭîsu sammanti || ||

3. Tena kho pana samayena bhikkhave devâsurasaṅgâmo samupabbûḷho ahosi || ||

4. Atho kho bhikkhave tesam isînaṃ sîlavantânaṃ kalyâṇadhammânam etad ahosi || || Dhammikâ devâ adhammikâ asurâ || siyâ pi naṃ[1] asurato bhayaṃ || yaṃ nûna mayaṃ Sambaram asurindam upasaṅkamitvâ abhayadakkhiṇaṃ yâceyyâmâ ti[2] || ||

5. Atha kho bhikkhave te isayo sîlavanto kalyâṇadhammâ seyyathâpi nâma balavâ puriso sammiñjitam vâ bâham pasâreyya pasâritaṃ vâ bâhaṃ sammiñjeyya || evam eva samuddatîre paṇṇakuṭîsu antarahitâ Sambarassa[3] asurindassa pamukhe[4] pâtur ahesuṃ || ||

6. Atha kho bhikkhave te isayo sîlavanto kalyâṇadhammâ Sambaram asurindaṃ gâthâya ajjhabhâsiṃsu || ||

7. Isayo Sambaram pattâ || yâcanti abhayadakkhiṇaṃ ||
kâmaṃ karohi te dâtuṃ || bhayassa abhayassa vâ ti || ||

8. Isînam abhayaṃ natthi || duṭṭhânaṃ[5] sakkasevinaṃ ||
abhayaṃ yâcamânânaṃ || bhayam eva dadâmi vo ti ||

9. Abhayaṃ yâcamânânaṃ || bhayam eva dadâsi no ||
patigaṇhâma te etaṃ || akkhayaṃ hoti te bhayaṃ || ||
Yâdisaṃ vappate bîjaṃ || tâdisaṃ harate phalaṃ ||
kalyâṇakârî kalyâṇaṃ || pâpakârî ca pâpakaṃ ||
pavuttaṃ vappate[6] bîjaṃ || phalaṃ paccanubhossasî ti || ||

10. Atha kho bhikkhave te[7] isayo sîlavanto kalyâṇadhammâ Sambaram asurindam abhisapetvâ seyyathâpi nâma balavâ puriso sammiñjitam vâ bâham pasâreyya pasâritaṃ vâ bahaṃ sammiñjeyya || evam eva[8] Sambarassa asurindassa pamukhe antarahitâ samuddatîre paṇṇakuṭîsu pâtur ahesuṃ[9] || ||

---

[1] B. no. [2] S[1] yâceyyâti. [3] S[3] Sambarissa, further on Sambariṃ. [4] B. sammukho, further on sammukhe. [5] B. ruddhânaṃ. [6] S[1-3] tâtate (S[1] -ne ?) above vapate. [7] S[1-3] omit te. [8] S[3] evaṃ. [9] S[1-3] ahaṃsu.

11. Atha kho bhikkhave Sambaro asurindo tehi isîhi sîlavantehi kalyâṇadhammehi abhisapito [1] rattiyâ sudaṃ tikkhatum ubbijjî ti [2] || ||

Paṭhamo vaggo || ||

Tass-uddânaṃ || ||

Suvîraṃ Susimaṃ ç-eva || Dhajaggaṃ Vepacittino [3] ||
Subhâsitaṃ-jayaṃ c-eva || Kulâvakaṃ Na-dubbhiyaṃ [4] ||
Virocana-asurindo [5] || Isayo araññakaṃ [6] c-eva || ||
Isayo ca samuddakâ ti [7] || ||

CHAPTER II. DUTIYO-VAGGO.

§ 1. *Devâ* or *Vatapada* (1).

1. Sâvatthi || ||

2. Sakkassa bhikkhave devânam indassa pubbe manussabhûtassa satta vatapadâni samattâni samâdinnâni ahesuṃ || yesaṃ samâdinnattâ Sakko sakkattam ajjhagâ || ||

3. Katamâni satta vatapadâni || ||

4. Yâva jîvaṃ mâtapettibharo assaṃ || Yâva jîvaṃ kule jeṭṭhâpacâyî assaṃ || || Yâva jîvaṃ saṇhavâco assaṃ || || Yâvajîvaṃ apisuṇavâco [8] assaṃ || || Yâvajîvaṃ vigatamalamaccherena cetasâ agâraṃ ajjhâvaseyyaṃ muttacâgo payatapâṇî vossaggarato yâcayogo dânasaṃvibhâgarato || || Yâva jîvaṃ saccavâdo assaṃ || || Yâvajîvam akodhano assaṃ || sace pi me kodho uppajjeyya khippam eva naṃ paṭivineyyanti || ||

5. Sakkassa bhikkhave devânam indassa pubbe manussabhûtassa imâni satta vatapadâni samattâni samâdinnâni ahesuṃ || yesam samâdinnattâ Sakko sakkattam ajjhagâ ti || ||

6. Mâtâpettibharaṃ jantuṃ || kule jeṭṭhâpacâyinaṃ ||
saṇhaṃ sakhilasambhâsam || pesuṇeyya-pahâyinaṃ || ||
maccheravinaye yuttaṃ || saccaṃ kodhâbhibhuṃ naraṃ ||
taṃ ve devâ Tâvatiṃsâ || âhu sappuriso itî ti [9] || ||

---

[1] S¹-³ abhisatto. [2] S¹-³ ubbîhi. [3] S¹-³ khanti. [4] S¹-³ addabhataṃ. [5] S¹-³ attho. [6] S¹-³ gandhena. [7] S¹-³ sambaran ti. [8] S¹-³ apesuṇo. [9] These gathâs are not in S³, they recur in the two next padas, also at Jâtaka I. 202.

§ 2. *Devâ* (2).

1. Sâvatthi Jetavane || ||

2. Tatra kho Bhagavâ bhikkhû etad avoca || ||

3. Sakko bhikkhave devânam indo pubbe manussabhûto samâno Magho nâma mâṇavo[1] ahosi || tasmâ Maghavâ[2] ti vuccati || ||

4. Sakko bhikkhave devânam indo pubbe manussabhûto samâno pure pure dânam adâsi || tasmâ Purindado ti vuccati || ||

5. Sakko bhikkhave devânam indo pubbe manussabhûto samâno sakkaccam dânam adâsi || tasmâ Sakko ti vuccati || ||

6. Sakko bhikkhave devânam indo pubbe manussabhûto samâno âvasatham adâsi || tasmâ Vâsavo ti vuccati || ||

7. Sakko bhikkhave devânam indo sahassam pi atthânam muhuttena cinteti || tasmâ Sahassakkho ti vuccati || ||

8. Sakkassa bhikkhave devânam indassa Sujâ[3] nâma asurakaññâ pajâpatî ahosi[4] || tasmâ Sujampatîti vuccati || ||

9. Sakko bhikkhave devânam indo devânam Tâvatiṃsânam issariyâdhipaccaṃ rajjaṃ kâresi || tasmâ devânam indo ti vuccati || ||

10. Sakkassa bhikkhave devânam indassa pubbe manussabhûtassa satta vatapadâni samattâni samâdinnâni ahesuṃ || yesaṃ samâdinnattâ Sakko sakkattam ajjhagâ || ||

11. Katamâni satta vatapadâni || ||

Yâvajîvaṃ mâtâpettibharo assaṃ || || Yâvajîvaṃ kule jeṭṭhâpacâyî assaṃ || || Yâvajîvaṃ saṇhavâco assaṃ || || Yâvajîvaṃ apisuṇavâco[5] assaṃ || || Yâvajîvaṃ vigatamalamaccherena cetasâ agâram ajjhâvaseyyam muttacâgo payatapâṇî vossaggarato yâcayogo dânasaṃvibhâgarato || || Yâvajîvaṃ saccavâco assaṃ || || Yâvajîvam akodhano assaṃ || sa ce pi me kodho uppajjeyya khippam eva naṃ paṭivineyyan-ti || ||

12. Sakkassa bhikkhave devânam indassa pubbe manussabhûtassa imâni satta vatapadâni samattâni samâdinnâni ahesuṃ || yesaṃ samâdinnattâ Sakko sakkattam ajjhagâ ti || ||

---

[1] S[1] mâṇavako. [2] B. Mâgho°—Mâghavâ always; comp. Jâtaka I. 199. [3] B. sûjâ; S[1-3] sujâtâ. [4] S[1-3] omit ahosi. [5] S[1-3] apisuṇo.

Mâtâpettibharaṃ jantuṃ || kulejeṭṭhâpacâyinaṃ ||
saṇhaṃ sakhilasambhâsaṃ || pesuṇeyyapahâyinaṃ || ||
maccheravinaye yuttaṃ || saccaṃ kodhâbhibhuṃ naraṃ ||
taṃ ve devâ Tâvatiṃsâ || âhu sappuriso itî ti || ||

§ 3. *Devâ* (3).

1. Evam me sutaṃ || ||

2. Ekaṃ samayaṃ Bhagavâ Vesaliyaṃ viharati Mahâvane kuṭâgâra-sâlâyaṃ || ||

3. Atha kho Mahâli licchavi[1] yena Bhagavâ ten-upasaṅkami || upasaṅkamitvâ Bhagavantam abhivâdetvâ ekam antam nisîdi || ||

4. Ekam antaṃ nisinno kho Mahâli licchavi Bhagavantam etad avoca || || Diṭṭho no bhante Bhagavatâ Sakko devânam indo ti || ||

5. Diṭṭho kho me Mahâli Sakko devânam indo ti || ||

6. So hi nûna[2] bhante sakkapaṭirûpako bhavissati || duddaso hi[3] bhante Sakko devânam indo ti || ||

7. Sakkañcâham Mahâli jânâmi[4] sakkakaraṇe ca dhamme yesaṃ dhammânaṃ samâdinnattâ Sakko sakkattam ajjhagâ tañ ca pajânâmi || ||

8. Sakko Mahâli devânam indo pubbe manussabhûto samâno Magho nâma mâṇavako[5] ahosi || tasmâ Maghavâ ti vuccati || ||

9. Sakko Mahâli devânam indo pubbe manussabhûto samâno pure pure[6] dânaṃ adâsi || tasmâ Purindado ti vuccati || ||

10. Sakko Mahâli devânam indo pubbe manussabhûto samâno sakkaccaṃ dânam adâsi || tasmâ Sakko ti vuccati || ||

11. Sakko Mahâli devânam indo pubbe manussabhûto samâno âvasatham adâsi || tasmâ Vâsavo ti vuccati || ||

12. Sakko Mahâli devânam indo sahassam pi atthânam muhuttena cinteti[7] || tasmâ Sahassakkho ti vuccati || ||

13. Sakkassa Mahâli devânam indassa Sujâ[8] nâma asurakaññâ pajâpatî || tasmâ Sujampatîti vuccati || ||

14. Sakko Mahâli devânam indo devânam Tâvatiṃsânam

---

[1] B. licchavî always. [2] S¹-³ add so. [3] S¹-³ kho. [4] B. Sakkattaṃ khvâham mahâli pajânâmi (comp. Tevijja Sutta, I. 43). [5] B. mâṇavo. [6] B. does not repeat pure. [7] B. vicinteti. [8] B. sûjâ; S¹-³ Sujatâ (correction of Sujâ in S³).

issariyâdhipaccam rajjaṃ kâresi || tasmâ devânam indo vuccati || ||

15. Sakkassa Mahâli devânam indassa pubbe manussabhûtassa satta vatapadâni samattâni samâdinnâni ahesuṃ || yesaṃ samâdinnattâ Sakko sakkattam ajjhagâ || ||

16. Katamâni satta vatapadâni || ||

17. Yâva jîvaṃ mâtapettibharo assaṃ || || Yâva jîvaṃ kulejeṭṭhâpacâyî assaṃ || || Yâva jîvaṃ saṇhavâco assaṃ || || Yâvajîvaṃ apisuṇo assaṃ || || Yâva jîvaṃ vigatamalamaccheréṇa cetasâ agâram ajjhâvaseyyam muttacâgo payatapâṇî vossaggarato yâcayogo dânasaṃvibhâgarato || || Yâvajîvam saccavâco assaṃ || || Yâvajîvaṃ akodhano assaṃ || sa ce pi me kodho uppajjeyya khippam eva nam paṭivineyyan-ti || ||

18. Sakkassa Mahâli devânam indassa pubbe manussabhûtassa imâni satta vatapadâni samattâni samâdinnâni ahesuṃ || yesaṃ samâdinnattâ[1] Sakko sakkattam ajjhagâ ti || ||

Mâtâpettibharaṃ jantuṃ || kulejeṭṭhâpacâyinaṃ ||
saṇhaṃ sakhilasambhâsaṃ || pesuṇeyyappahâyinam || ||
maccheravinaye yuttaṃ || saccaṃ kodhâbhibhuṃ naraṃ ||
tam ve devâ Tâvatiṃsâ || âhu sappuriso itî ti || ||

§ 4. *Daliddo.*

1. Ekaṃ samayaṃ Bhagavâ Râjagahe viharati Veḷuvane kalandakanivâpe || ||

2. Tatra kho Bhagavâ bhikkhû âmantesi || || Bhikkhavo ti || ||

3. Bhadante[2] ti te bhikkhû Bhagavato paccassosuṃ || ||

4. Bhagavâ etad avoca || ||

5. Bhûtapubbam bhikkhave aññataro puriso imasmiṃ yeva Râjagahe manussadaliddo ahosi manussakapaṇo manussavarâko ||

6. So Tathâgata-ppavedita-dhammavinaye saddhaṃ samâdiyi sîlaṃ samâdiyi sutaṃ samâdiyi câgaṃ samâdiyi paññaṃ samâdiyi[3] || ||

7. So Tathâgata-ppavedita-dhamma-vinaye saddhaṃ samâdiyitvâ sîlaṃ samâdiyitvâ sutaṃ samâdiyitvâ câgaṃ samâdiyitvâ paññaṃ samâdiyitvâ kâyassa bhedâ param maraṇâ

---

[1] S[1-3] have °dinna° nearly always. [2] B. bhante. [3] S[3] °diyî always.

sugatiṃ saggaṃ lokam uppajji devânaṃ Tâvatiṃsânaṃ sahavyataṃ || so aññe deva atirocati vaṇṇena c-eva yasasâ ca || ||

8. Tatra[1] sudam bhikkhave devâ Tâvatiṃsâ ujjhâyanti khîyanti vipâcenti || || Acchariyaṃ vata bho abbhutam vata bho ayaṃ hi devaputto pubbe manussabhûto samâno manussadaliddo ahosi manussakapaṇo manussavarâko || so kâyassa bhedâ param maraṇâ sugatiṃ saggaṃ lokam uppanno devânam Tâvatiṃsânaṃ sahavyataṃ || so aññe deve atirocati vaṇṇena c-eva yasasâ câ ti || ||

9. Atha kho bhikkhave Sakko devânam indo deve Tâvatiṃse âmantesi || || Mâ kho tumhe mârisâ etassa devaputtassa ujjhâyittha || eso kho mârisâ devaputto pubbe manussabhûto samâno Tathâgata-ppavedita-dhammavinaye saddhaṃ samâdiyi sîlam samâdiyi sutaṃ samâdiyi câgaṃ samâdiyi paññaṃ samâdîyi || || So Tathâgata-ppavedite dhammavinaye saddhaṃ samâdiyitvâ sîlaṃ samâdiyitvâ sutaṃ samâdiyitvâ câgaṃ samâdiyitvâ paññaṃ samâdiyitvâ kâyassa bhedâ param maraṇâ sugatim saggaṃ lokam uppanno devânam Tâvatiṃsânaṃ sahavyataṃ || so aññe deve atirocati vaṇṇena c-eva yasasâ câ ti || ||

10. Atha kho bhikkhave Sakko devânam indo deve Tâvatiṃse anunayamâno tâyaṃ velâyam imâ gâthâyo abhâsi || ||

Yassa saddhâ Tathâgate || acalâ suppatiṭṭhitâ ||
sîlaṃ ca yassa kalyâṇaṃ || ariyakan-taṃ pasaṃsitaṃ || ||
saṅghe pasâdo yass-atthi || ujubhûtaṃ ca dassanaṃ ||
adaliddo ti tam âhu || amoghaṃ tassa jîvitaṃ || ||
Tasmâ saddhaṃ ca sîlaṃ ca || pasâdaṃ dhammadassanaṃ ||
anuyuñjetha medhâvî || saraṃ buddhânasâsanan-ti[2] || ||

§ 5. *Râmaṇeyyakaṃ.*

1. Sâvatthiyaṃ Jetavane || ||

2. Atha kho Sakko devânam indo yena Bhagavâ tenupasaṅkami || upasaṅkamitvâ Bhagavantam abhivâdetvâ ekam antam aṭṭhâsi || ||

3. Ekam antaṃ ṭhito kho Sakko devânam indo Bhagavantam etad avoca || || Kiṃ nu kho bhante bhûmirâmaṇeyyakan-ti || ||

---

[1] S[3] taṃ. [2] S[1] buddhânaṃ.

Ârâmacetyâ vanacetyâ || pokkharaññâ [1] sunimmitâ ||
manussarâmaṇeyyassa || kalaṃ nâgghanti soḷasiṃ || ||
gâme vâ yadivâraññe || ninne vâ yadivâ thale ||
yattha arahanto viharanti || tam bhûmirâmaṇeyyakan-ti [2] || ||

§ 6. *Yajamânam.*

1. Ekaṃ samayam Bhagavâ Râjagahe viharati Gijjhakûṭe pabbate || ||

2. Atha kho Sakko devânam indo yena Bhagavâ ten-upasaṅkami || upasaṅkamitvâ Bhagavantam abhivâdetvâ ekam antam aṭṭhâsi || ||

3. Ekam antaṃ ṭhito kho Sakko devânam indo Bhagavantaṃ gâthâya ajjhabhâsi || ||

Yajamânânaṃ manussânam ||
puññapekhânapâṇinaṃ ||
karotam opadhikaṃ puññaṃ ||
kattha dinnam mahapphalan-ti || ||

4. Cattâro ca [3] paṭipannâ || cattâro ca phale ṭhitâ ||
esa saṅgho ujubhûto || paññâsîlasamâhito || ||
yajamânânam manussânam ||
puññapekhânapâṇinam ||
karotam opadhikaṃ puññaṃ ||
saṅghe dinnaṃ mahapphalan-ti|| ||

§ 7. *Vandanâ.*

1. Sâvatthiyaṃ Jetavane || ||

2. Tena kho pana samayena Bhagavâ divâvihâragato hoti paṭisallîno || ||

3. Atha kho Sakko ca devânam indo Brahmâ ca sahampati yena Bhagavâ ten-upasaṅkamiṃsu || upasaṅkamitvâ paccekadvârabâhaṃ [4] nissâya aṭṭhaṃsu || ||

4. Atha kho Sakko devânam indo Bhagavato santike imaṃ gâtham abhâsi || ||

Uṭṭhâhi [5] vîra vijitasaṅgâma ||
pannabhâra anaṇa [6] vicara loke ||
cittaṃ ca te suvimuttaṃ ||
cando yathâ pannarasâya rattin-ti || ||

---

[1] B. S[3] pokkharañño. [2] Last verse re urs in Dhp. 98. [3] S[1-3] magga° instead of ca. [4] S[1-3] paccekaṃ. [5] B. uṭṭhehi always. [6] S[1-3] aṇṇa always.

5. Na kho devânam inda Tathâgatâ evaṃ vanditabbâ || evañ ca kho devânam inda Tathagatâ vanditabbâ || ||
Uṭṭhâhi vîra vijitasaṅgâma || satthavâha anaṇa vicara loke ||
desetu Bhagavâ dhammam aññâtâro bhavissantî ti[1] || ||

§ 8. *Sakka-namassana* (1).

1. Sâvatthi Jetavane || ||

2. Tatra kho || pe || etad avoca || ||

3. Bhûtapubbam bhikkhave Sakko devânam indo Mâtali-saṅgâhakam âmantesi || || Yojehi samma Mâtali sahassa-yuttam âjaññaratham || uyyânabhûmiṃ gacchâma subhûmiṃ dassanâyâ ti || ||

4. Evam bhadanta[2] vâ ti kho bhikkhave Mâtali-saṅgâhako Sakkassa devânam indassa paṭissutvâ sahassayuttam âjañña-rathaṃ yojetvâ Sakkassa devânam indassa paṭivedesi[3] || || Yutto kho te mârisa sahassayutto âjaññaratho yassa dâni kâlam maññasî ti || ||

5. Atha kho bhikkhave Sakko devânam indo Vejayanta-pâsâdâ orohanto pañjaliko[4] sudaṃ puthuddisâ namassati || ||

6. Atha kho bhikkhave Mâtali-saṅgâhako Sakkam devâ-nam indaṃ gâthâyo ajjhabhâsi || ||

7. Tam namassanti tevijjâ || sabbe bhummâ ca khattiyâ ||
cattâro ca Mahârâjâ || Tidasâ ca yasassino ||
atha ko nâma so yakkho || yam tvaṃ[5] Sakka namassasîti || ||

8. Maṃ namassanti tevijjâ || sabbe bhummâ ca khattiyâ ||
cattâro ca Mahârâjâ || Tidasâ ca yasassino || ||
ahaṃ ca sîlasampanne || cirarattasamâhite ||
sammâ pabbajite vande brahmacariyaparâyane[6] || ||
ye gahaṭṭhâ puññakarâ || sîlavanto upâsakâ ||
dhammena dâraṃ posenti || te namassâmi Mâtalîti || ||

9. Seṭṭhâ hi kira lokasmiṃ || ye tvaṃ Sakka namassasi ||
aham pi te namassâmi || ye namassasi Vâsava || ||

10. Idaṃ vatvâna Maghavâ || devarâjâ Sujampati ||
puthuddisâ namassitvâ || pamukho ratham âruhîti || ||

---

[1] See Brahmâ-S. I. 1, and Mahâvagga, I. 5. 7. [2] S[3] bhaddanta. [3] S[1] paṭi-vedayi; S[3] °vedeyi. [4] B. pañjaliṃ katvâ always. [5] S[1-3] tam. [6] S[1] °sampanno °samadhîto °parâyano.

§ 9. *Sakka-namassana* (2).

1. Sâvatthiyaṃ Jetavane || ||

2. Bhûtapubbam bhikkhave Sakko devânam indo Mâtali-saṅgâhakam âmantesi || || Yojehi samma Mâtali sahassa-yuttam âjaññarathaṃ || uyyânabhûmiṃ gacchâma subhûmiṃ dassanâyâ ti || ||

3. Evam bhadanta vâ ti kho bhikkhave Mâtali-saṅgâhako Sakkassa devânam indassa paṭissutvâ sahassayuttaṃ âjañña-rathaṃ yojetvâ Sakkassa devânam indassa paṭivedesi || || Yutto kho te mârisa sahassayutto âjaññaratho yassa dâni kâlam maññasî ti || ||

4. Atha kho bhikkhave Sakko devânam indo Vejayanta-pâsâdâ orohanto pañjaliko sudam Bhagavantaṃ namassati || ||

5. Atha kho bhikkhave Mâtali-saṅgâhako Sakkaṃ devânam indaṃ gâthâya ajjhabhâsi || ||

6. Yaṃ hi devâ manussâ ca || taṃ namassanti Vâsava ||
atha ko[1] nâma so yakkho || yaṃ tvaṃ Sakka namassa-sî ti || ||

7. So idha sammâsambuddho || asmiṃ loke sadevake ||
anomanâmaṃ satthâraṃ || taṃ namassâmi Mâtali || ||
yesam râgo ca doso ca || avijjâ ca virâjitâ ||
khîṇâsavâ arahanto || te namassâmi Mâtali || ||
ye râgadosavinayâ || avijjâsamatikkamâ ||
sekhâ apacayârâmâ[2] || appamattânusikkhare[3] ||
te namassâmi Mâtalîti[4] || ||

8. Seṭṭhâ hi kira lokasmiṃ || ye tvaṃ Sakka namassasi ||
aham pi te namassâmi || ye namassasi Vâsava || ||

9. Idaṃ vatvâna Maghavâ || devarâjâ Sujampati ||
Bhagavantaṃ namassitvâ || pamukho ratham âruhî ti || ||

§ 10. *Sakka-namassana* (3).

1. Sâvatthiyaṃ Jetavane || ||

2. Tatra kho || la || davoca || ||

3. Bhûtapubbaṃ bhikkhave Sakko devânam indo Mâtali-saṅgâhakam âmantesi || || Yojehi samma Mâtali sahassa-yuttam âjaññarathaṃ || uyyânabhûmim gacchâma subhûmiṃ dassanâyâ ti || ||

---

[1] S[1-3] so. [2] S[3] °arantâ. [3] S[3] omits appamattâ. [4] B. omits ti.

4. Evaṃ bhadanta[1] vâ ti kho bhikkhave Mâtali-saṅgâhako Sakkassa devânam indassa paṭissutvâ sahassayuttam ajaññarathaṃ yojetvâ Sakkassa devânam indassa paṭivedesi || || Yutto kho te mârisa sahassayutto âjaññaratho yassa dâni kâlam maññasîti || ||

5. Atha kho bhikkhave Sakko devânam indo Vejayanta-pâsâdâ orohanto pañjaliko sudam bhikkhu-saṅghaṃ namassati || ||

6. Atha kho bhikkhave Mâtali-saṅgâhako Sakkaṃ devânam indaṃ gâthâya ajjhabhâsi || ||

7. Taṃ hi[2] ete namasseyyuṃ || pûtidehasayâ narâ ||
nimuggâ kuṇapesvete[3] || khuppipâsâ samappitâ || ||
Kiṃ nu tesam pihayasi || anâgârâna[4] Vasava ||
âcâram isînaṃ brûhi || taṃ suṇoma vaco tavâ ti[5] || ||

8. Etaṃ tesaṃ[6] pihayâmi || anâgârâna Mâtali ||
yamhâ gâmâ pakkamanti || anapekhâ vajanti te ||
na tesaṃ koṭṭhe openti || na kumbhâ na kaḷopiyaṃ[7] ||
paraniṭṭhitam esânâ || tena yâpenti subbatâ || ||
sumantamantîno[8] dhîrâ || tuṇhîbhûtâ samañcarâ ||
devâ viruddhâ[9] asurehi || puthumaccâ ca[10] Mâtali || ||
Aviruddhâ viruddhesu || attadaṇḍesu[11] nibbutâ ||
sâdânesu anâdânâ || te namassâmi Mâtalî ti ||

9. Seṭṭhâ hi kira lokasmiṃ || ye tvaṃ Sakka namassasi ||
aham pi te namassâmi || ye namassasi Vâsava || ||

10. Idaṃ vatvâna Maghavâ || devarâjâ Sujampati ||
bhikkhusaṅghaṃ namassitvâ || pamukho ratham âruhî ti || ||

Dutiyo vaggo || ||

Tass-uddânam || ||

Devâ pana[12] tayo vuttâ || Daliddañ ca Râmaṇeyyakaṃ ||
Yajamânañ ca Vandanâ || tayo Sakkanamassanâ ti || ||

---

1 S^3 bhadanta. 2 S^{1-3} omit hi. 3 S^1 nimugga ; S^3 mugga ; B. kuṇapambete ; C. °pasmete. 4 B. anagârâna here and further on. 5 S^{1-3} tavanti. 6 S^{1-3} netaṃ. 7 S^{1-3} nakumbhî (S^3 -i) kaḷopiyâ (Therîg. 283). 8 S^{1-3} sumanti°. 9 S^{1-3} viraddhâ. 10 S^3 mañcâca ; C. puthumaccâhi (for macchi ?). 11 C. adaṇḍesu. 12 S^{1-3} vatapadena.

CHAPTER III. TATIYO-VAGGO (OR SAKKA-PAÑCAKAM).

§ 1. *Chetvâ.*

1. Sâvatthiyaṃ Jetavane || ||

2. Atha kho Sakko devânam indo yena Bhagavâ ten-upasaṅkami || upasaṅkamitvâ Bhagavantam abhivâdetvâ ekam antam aṭṭhâsi || ||

3. Ekam antaṃ ṭhito kho Sakko devânam indo Bhagavantaṃ gâthâya ajjhabhâsi || ||

Kiṃsu chetvâ[1] sukhaṃ seti || kiṃsu chetvâ na socati ||
kissassa ekadhammassa || vadhaṃ rocesi[2] Gotamâ ti || ||

4. Kodhaṃ chetvâ sukhaṃ seti || kodhaṃ chetvâ na socati ||
kodhassa visamûlassa || madhuraggassa Vâsava ||
vadham ariyâ pasaṃsanti || taṃ hi chetvâ na socatî ti[3] || ||

§ 2. *Dubbaṇṇiya.*

1. Sâvatthiyaṃ Jetavane || ||

2. Tatra kho || pa || etad avoca || ||

3. Bhûtapubbam bhikkhave aññataro yakkho dubbaṇṇo okoṭimako Sakkassa devânam indassa âsane nisinno ahosi || ||

4. Tatrasudaṃ bhikkhave devâ Tâvatimsâ ujjhâyanti khîyanti vipâcenti || || Acchariyaṃ vata bho abbhutaṃ vata bho ayaṃ yakkho dubbaṇṇo okoṭimako Sakkassa devânam indassa âsane nisinno hoti || ||

5. Yathâ yathâ kho bhikkhave devâ Tâvatiṃsâ ujjhâyanti khîyanti vipâcenti || tathâ tathâ so yakkho abhirûpataro c-eva hoti dassanîyataro[4] ca pâsâdikataro ca || ||

6. Atha kho bhikkhave devâ Tâvatimsâ yena Sakko devânam indo ten-upasaṅkamiṃsu || upasaṅkamitvâ Sakkaṃ devânam indam etad avocuṃ || ||

7. Idha te mârisa aññataro yakkho dubbaṇṇo okoṭimako tumhâkam âsane nisinno || || Tatra suḍam mârisa devâ Tâvatiṃsâ ujjhâyanti khîyanti vipâcenti || || Acchariyaṃ vata bho abbhutaṃ vata bho ayaṃ yakkho dubbaṇṇo okoṭi-

---

[1] SS. jhatvâ always, as above. [2] SS. rocehi. [3] These gâthâs occur here for the fourth time. See Devatâ-S. VIII. 1; Devaputta-S. I. 3; Brâhmaṇa-S. I. 1. [4] S^{1-3} dassaṇeyyataro here and further on.

mako Sakkassa devânam indassa âsane nisinno ti || || Yathâ yathâ kho mârisa devâ Tâvatimsâ ujjhâyanti khîyanti vipâcenti || tathâ tathâ so yakkho abhirûpataro c-eva hoti dassanîyataro ca pâsâdikataro câ ti || || So hi nûna mârisa kodhabhakkho yakkho bhavissatî ti || ||

8. Atho kho bhikkhave Sakko devânam indo yena so kodhabhakkho yakkho ten-upasaṅkami || upasaṅkamitvâ ekaṃsam uttarâsaṅgam karitvâ dakkhiṇajâṇumaṇḍalam paṭhaviyaṃ[1] nihantvâ yena so kodhabhakkho yakkho tenañjalim paṇâmetvâ tikkhattuṃ nâmam sâvesi[2] || || Sakkohaṃ mârisa devânam indo Sakko-haṃ[3] mârisa devânam indo ti[4] || ||

9. Yâthâ yathâ kho bhikkhave Sakko devânam indo nâmaṃ sâveti || tathâ tathâ so yakkho dubbaṇṇataro c-eva ahosi okoṭimakataro ca || dubbaṇṇataro c-eva hutvâ okoṭimakataro ca tatth-ev-antaradhâyî ti || ||

10. Atha kho bhikkhave Sakko devânam indo sake âsane nisîditvâ deve Tâvatiṃse anunayamâno tâyaṃ velâyaṃ imâ gâthâyo abhâsi || ||

Na sûpahata-citto-mhi[5] || nâvaṭṭena suvânayo ||
na vo cirâhaṃ kujjhâmi || kodho mayi nâvatiṭṭhati || ||
kuddhâham na pharusam brûmi || na ca dhammâni kittaye ||
sanniggaṇhâmi[6] attânaṃ || sampassaṃ attham attano ti || ||

§ 3. *Mâyâ.*

1. Sâvatthiyaṃ || pa || ||
2. Bhagavâ etad avoca || ||
3. Bhûtapubbaṃ bhikkhave Vepacitti asurindo âbâdhiko ahosi dukkhito bâḷhagilâno || ||
4. Atha kho bhikkhave Sakko devânam indo yena Vepacitti asurindo ten-upasaṅkami gilânapucchako || ||
5. Addasâ kho bhikkhave Vepacitti asurindo Sakkaṃ devânam indam dûrato va âgacchantam || disvâna Sakkaṃ devânam indam etad avoca || || Tikiccha maṃ devânam indâ ti || ||

---

[1] S¹-³ puthaviyaṃ. [2] S¹ B. sâveti. [3] B. sakkâhaṃ. [4] S¹-³ omit ti. [5] S¹-³ °sûpâhata°. [6] S¹-³ na ca mânakkaye santiṃ gaṇhâmi.

6. Vâcehi maṃ[1] Vepacitti sambarimâyan-ti || ||

7. Yâvâhaṃ mârisa asure paṭipucchamî ti || ||

8. Atha kho bhikkhave Vepacitti asurindo asure paṭipucchi || || Vâcem-aham[2] marisâ Sakkam devânam indaṃ sambarimâyan-ti || ||

9. Mâ kho tvaṃ mârisa vacesi[3] Sakkam devânam indam sambarimâyan-ti || ||

10. Atha kho bhikkhave Vepacitti asurindo Sakkaṃ devânam indaṃ gâthâya ajjhabhâsi || ||

Mâyâ pi[4] Maghavâ Sakka || devarâja[5] Sujampati ||
upeti nirayaṃ ghoraṃ || Sambaro va satam saman-ti || ||

§ 4. *Accaya* (*-akodhano*).

1. Sâvatthiyaṃ || la || ârâme | ||

2. Tena kho pana samayena dve bhikkhû sampayojesuṃ || tatr-eko bhikkhu accasarâ[6] || atha kho so[7] bhikkhu tassa bhikkhuno santike accayam accayato desesi[8] || so bhikkhu na paṭigaṇhâti || ||

3. Atha kho sambahulâ bhikkhû yena Bhagavâ tenupasaṅkamiṃsu || upasaṅkamitvâ Bhagavantam abhivâdetvâ ekam antaṃ nisîdiṃsu || || Ekam antaṃ nisinnâ kho te bhikkhû Bhagavantam etad avocuṃ || ||

4. Idha bhante dve bhikkhû sampayojesuṃ || tatr-eko bhikkhu accasarâ || atha kho so bhante bhikkhu[9] tassa bhikkhuno santike accayam accayato deseti || so bhikkhu na patigaṇhâtî ti || ||

5. Dve me bhikkhave bâlâ || yo ca accayam accayato na passati || yo ca accayaṃ desentassa yathâ dhammaṃ na paṭigaṇhâti || ime kho bhikkhave dve bâlâ || ||

6. Dve me bhikkhave paṇḍitâ || yo ca accayam accayato passati || yo ca accayaṃ desentassa yathâ dhammaṃ paṭigaṇhâti || ime kho bhikkhave dve paṇḍitâ || ||

7. Bhûtapubbaṃ bhikkhave Sakko devânam indo Sudhammâyaṃ sabhâyaṃ deve Tâvatiṃse anunayamâno tâyaṃ velâyam imam gâtham abhâsi || ||

---

[1] S¹-³ vâcehisi (S¹ sî) maṃ. [2] S¹-³ vâcehaṃ. [3] S¹-³ vâcehi. [4] B. mâyâvi (for mâyâvî ?) [5] S¹-³ °râjâ. [6] S³ accayasarâ here and further on. [7] S³ omits so. [8] B. deseti. [9] S¹-³ omit so and bhikkhu.

Kodho vo vasam âyâtu || mâ ca mittehi vo jarâ ||
agarahiyam mâ garahittha[1] || mâ ca bhâsittha pesuṇaṃ ||
atha pâpajanaṃ kodho || pabbato vâbhimaddatî ti || ||

§ 5. *Akodho (-avihiṃsâ).*

1. Evam me sutam ekaṃ samayam Bhagavâ Sâvatthiyaṃ viharati Jetavane Anâthapiṇḍikassa ârâme || ||

2. Tatra kho Bhagavâ bhikkhû || pa || Bhagavâ etad avoca || ||

3. Bhûtapubbaṁ bhikkhave Sakko devânam indo Sudhammâyaṃ sabbâyaṃ deve Tâvatiṃse anunayamâno tâyaṃ velâyaṃ imaṃ gâtham abhâsî || ||

Mâ vo kodho ajjhabhavi || mâ ca kujjhittha kujjhataṃ ||
akkodho avihimsâ ca[2] || ariyesu vasati sadâ[3] ||
atha pâpajanaṃ kodho || pabbato vâbhimaddatî ti || ||

Sakka-pañcakam[4] || ||

Tass-uddânam[5] || ||

Chetvâ Dubbanniya Mayâ[6] ||
Accayena-akodhano ||
Akodho-avihimsâ ti[7] || ||

Sakka-saṃyuttaṃ samattaṃ || ||

Ekâdasa-saṃyuttaṃ samattaṃ[8] || ||

Devatâ Devaputto ca || Râjâ Mâro ca Bhikkhunî ||
Brahmâ Brâhmaṇa-Vangîso || Vana-Yakkhena Vâsavo ti || ||

Sagâtha-vaggo pathamo[9] || ||

---

[1] S[1] garahitvâ; S[3] garahitthâ. [2] B. akodho avihiṃsî ca. [3] S[1-3] vasatî°; B. ariyesu ca paṭipadâ. [4] Missing in B. [5] B. tatruddânam bhavati. [6] S[1-3] jhatvâ—mâyam. [7] S[1-3] desitâ buddhaseṭṭhena idaṃ sakkapañcakaṃ (instead of akodho-avihimsâ). [8] In S[1-3] only. [9] In B. only.

Supplementary Note.—Since the sheets passed through the press it has been pointed out to me that the whole of I. 4. 7 recurs, as the opening of the Mahāsamaya Sutta, in the Dīgha; and that III. 2. 5. 16 recurs in the Jātaka II. 239.

APPENDIX.

I. INDEX OF THE PROPER NAMES.

All the proper names of the Sagâtha have been included in this Index. Only such words as Gotama, Tathâgata, Bhagavâ, etc., have been omitted. On the contrary, some words which are more qualifying expressions than veritable names (as Mâtuposaka), have been admitted. The qualifications generally added to the many words are, with the exception of very few of them, borrowed from the text.

The references are all made to the Saṃyuttas and to the §§ of them, without any further indication. The Saṃyuttas are mentioned in their numerical, not alphabetical, order, and are signified by the following abbreviations:

1. Dev.	= Devatâ-Saṃyutta	7. Brâ.	= Brâhmaṇa-Saṃyutta
2. Dp.	= Devaputta- ,,	8. Vaṅ.	= Vaṅgîsa- ,,
3. Ko.	= Kosala- ,,	9. Va.	= Vana- ,,
4. Mâ.	= Mâra- ,,	10. Ya.	= Yakkha- ,,
5. Bhi.	= Bhikkhunî- ,,	11. Sa.	= Sakka- ,,
6. Bra.	= Brahmâ- ,,		

This rule will be complied with in the subsequent indexes.

Aggâḷava-ka cetiya, Vaṅ. 1. 2. 3.
Aṅgîrasa mahâmuni (= Gotama), Vaṅ. 11.
Ajapâla-nigrodha, Mâ. I. 1, 2, 3; III. 4; Bra. I. 1, 2.
Ajâtasatthu râjâ, Ko. II. 4, 5.
Ajita-kesakambalo titthiyo, Ko. I. 1.
Añjana-vana, Dp. II. 8.
Aññâsi-Koṇḍañño âyasmâ, Vaṅ. 9.
Aṭaṭo nirayo, Bra. I. 10.
Anâthapiṇḍikassa ârâma (*See* Jetavana).
Anâthapiṇḍiko gahapati, Dp. II. 10; Ya. 8.
Anâthapiṇḍiko devaputto, Dp. II. 10.
Anuruddha âyasmâ, Bra. I. 5; II. 5; Va. 6; Ya. 6.
Andhakavinda deso, Bra. II. 3.
Ababo nirayo, Bra. I. 10.
Abbudo nirayo, Bra. I. 9, 10.
Abhibhû bhikkhu, Bra. II. 4.

Arati mâradhîtâ, Mâ. III. 5.
Aruṇavâ râjâ, Bra. II. 4.
Aruṇavatî râjadhânî, Bra. II. 4.
Asamo devaputto, Dp. III. 10.
Ahaho nirayo, Bra. I. 10.

Âkoṭako devaputto, Dp. III. 10.
Ânando âyasmâ, Dp. II. 10; III. 9; Ko. II. 8; Bra. II. 5; Brâ. II. 11; Vaṅ. 4; Va. 5.
Âbhassarâ devâ, Mâ. II. 8.
Âḷavako yakkho, Ya. 12.
Âḷavi deso, Vaṅ. 1, 2, 3; Ya. 12.
Âḷavikâ bhikkhunî, Bhi. 1.

Indako yakkho, Ya. 1.
Indakûṭa-pabbato, Ya. 1.
Isigili, Mâ. III. 3; Vaṅ. 10.
Isipatana, Mâ. I. 4. 5.
Îsâna-devarâjâ, Sa. I. 3.

Ujjhânasaññikâ devatâyo, Dev. IV. 5.
Uttarâ (-rikâ) yakkhinî, Ya. 7.
Uttaro devaputto, Dp. II. 9.
Udayo brâhmaṇo, Brâ. II. 2.
Upako bhikkhu, Dev. V. 10; Dp. III. 4.
Upacalâ bhikkhunî, Bhi. 7.
Upavattana deso, Bra. II. 5.
Upavâno ayasmâ, Brâ. II. 3.
Uppala-nirayo, Bra. I. 10.
Uppalavaṇṇâ bhikkhunî, Bhi. 5.
Uruvelâ nigamo, Mâ. I. 1, 2, 3; 5; III. 4; Bra. I. 1, 2.

Ekanâlâ gâmo, Brâ. II. 1.
Ekasâlâ gâmo, Mâ. II. 4.

Kakudho devaputto, Dp. II. 8.
Kakuddho or Pakuddho, *see next word.*
Kaccâyano (Kakuddha or Pakuddha-) titthiyo, Ko. I. 1.
Kapilavatthu deso, Dev. IV. 7.
Kappino (Mahâ-) âyasmâ, Bra. I. 5.
Kappo baddhacaro, Bra. I. 4.
Kappo (Nigrodha-) upajjhâyo, Vaṅ. 1, 2, 3.
Kalandaka-nivâpa. *See* Veḷuvana.
Kassapagotto âyasmâ, Va. 3.
Kassapo buddho, Dev. V. 10; Dp. III. 4.
Kassapo devaputto, Dp. I. 1, 2.
Kassapo (Purâṇa-) titthiyo, Dp. III. 10; Ko. I. 1.
Kassapo (Mahâ-) âyasmâ, Bra. I. 5.
Kâtyano (=Kaccâyano), Dp. III. 10.
Kâmado devaputto, Dp. I. 6.
Kâḷasilâ deso, Mâ. III. 3; Vaṅ. 10.
Kâsî deso, Ko. II. 4, 5.
Kisâ-Gotamî bhikkhunî, Bhi. 3.
Kumuda nirayo, Bra. I. 10.
Kusinârâ deso, Bra. II. 5.
Kûṭâgarasâlâ deso, Dev. IV. 9, 10; Mâ. II. 7; Sa. II. 7.
Kesakambalo (Ajita-) titthiyo, Kos. II. 1.
Kokanadâ devatâ, Dev. IV. 9.
Kokanadâ (cûla-) devatâ, Dev. IV. 10.
Kokâliko (-liyo) bhikkhu, Bra. I. 7, 9, 10.
Koṇḍañño (Aññâsi-) âyasmâ, Vaṅ. 9.
Kosala deso, Va. 4.
Kosalâ janâ, Dp. III. 5; Mâ. II. 4, 10; Brâ. I. 9, 10; II. 7, 8; Va. 1-8; 10-14.
Kosalo (Pasenadî-), Ko. I. II. III.
Khaṇḍadevo bhikkhu, Dev. V. 10; Dp. III. 4.
Kharo yakkho, Ya. 3.
Khemo devaputto, Dp. III. 2.
Khomadussa nigamo, Brâ. II. 12.
Khomadussakâ janâ, Brâ. II. 12.

Gaggarâ pokkharaṇî, Vaṅ. 11.
Gaṅgâ nadî, Bra. I. 4; Ya. 3, 12.
Gayâ deso, Ya. 3.
Gijjhakûṭa-pabbato, Mâ. II. 1; Bra. II. 2; Ya. 2; Sa. II. 6.
Gotamî (Kisâ-) bhikkhunî, Bhi. 4.
Godhiko âyasmâ, Mâ. III. 3.
Gosalo (Makkhali-) titthiyo, Dp. III. 10; Ko. I. 1.
Ghaṭikâro devaputto, Dp. III. 4.

Belaṭhaputto (Sañjayî-) titthiyo, Ko. I. 1.

Brahmadevo âyasmâ, Bra. I. 3.

Brahmaloko, Bra. I. 3-5; II. 4.

Brahmâ sahampati, Bra. I. 1-3, 10; II. 2, 3, 5; Sa. II. 7.

Bhaddiyo bhikkhu, Dev. V. 10: Dp. III. 4.

Bhâradvâjagotto brâhmaṇo, Brâ. I. 1-10; II. 8.

Bhâradvâjo (akkosaka-) brâhmaṇo, Brâ. I. 2.

Bhâradvâjo (aggika-) brâhmaṇo, Brâ. I. 8.

Bhâradvâjo (asurindaka-) brâhmaṇo, Brâ. I. 3.

Bhâradvâjo (ahiṃsaka-) brâhmaṇo, Brâ. I. 5.

Bhâradvâjo (kasi-) brâhmaṇo, Brâ. II. 1.

Bhâradvâjo (jaṭâ-) brâhmaṇo), Brâ. I. 6.

Bhâradvâjo (navakammika-) brâhmaṇo, Brâ. II. 7.

Bhâradvâjo (bilaṅgika-) brâhmaṇo, Brâ. I. 4.

Bhâradvâjo (suddhika-) brâhmaṇo, Brâ. I. 7.

Bhâradvâjo (Sundarika-) brâhmaṇo, Brâ. I. 9.

Bhikkhako brâhmaṇo, Brâ. II. 10.

Bhoja Rohita-pitâ, Dp. III. 6.

Makkhali (-Gosâlo), Dp. III. 10; Ko. I. 1.

Magadha deso, Va. 4.

Maghavâ = Sakko, Sa. II. 2, 3, 8-10; III. 3.

Magho mânavo (= Sakko), Sa. II. 2, 3.

Maṇibaddho yakkho, Ya. 4.

Maṇimâlaka cetiyam, Ya. 4.

Maddakucchi ârâma, Dev. IV. 8; Mâ. II. 3.

Mallâ, Bra. II. 5.

Mallikâ devî, Ko. 1. 8; II. 6.

Mahârâjâ (cattâro) devâ, Sa. II. 8.

Mahâroruva-nirayo, Ko. II. 10.

Mahâli licchavi, Sa. II. 3.

Mahâvana, Dev. IV. 7, 9, 10; Mâ. II. 7; Sa. II. 3.

Mahâsâlo brâhmaṇo, Brâ. II. 4.

Mâgadhâ[1] janâ, Mâ. II. 8; Bra. I. 1; II. 3; Brâ. II. 1; Ya. 4.

Mâgadho devaputto, Dp. I. 4.

Mâgho devaputto, Dp. I. 3.

Mâṇava-gâmiyo devaputto, Dp. III. 10.

Mâtali saṅgâhako, Sa. I. 4, 6; II. 8, 9, 10.

Mâtuposaka brâhmaṇo, Brâ. II. 9.

Mânatthaddo brâhmaṇo, Brâ. II. 5.

Māruto, Mâ. III. 5.

Mâro pâpimâ, Dp. III. 10; Mâ. I. 1-10; II. 1-10; III. 1-5; Bhi. I. 1-10; Vaṅ. 8.

Migadâya (Bârâṇâsiyam), Mâ. I. 4, 5.

Migadâya (Râjagahe), Dev. IV. 8; Mâ. II. 3.

Migadâya (Sâkete), Dp. II. 8.

Migâra-mâtu-pâsâda, Ko. II. 1; Vaṅ. 7.

Moggallâno (Mahâ-) âyasmâ, Bra. I. 5, 9, 10; Vaṅ. 10.

Mogharâjâ âyasmâ, Dev. IV. 4.

Yama devo, Dev. IV. 3.

Yâmâ devâ, Bhi. 7.

Ragâ mâradhîtâ, Mâ. III. 5.

Râjagaha deso, Dev. 10; IV. 8; Dp. 3-7, 9; III. 10; Mâ. I. 6, 7, 9, 10; II. 1, 3; III. 3; Bra. II. 1, 2; Brâ. I. 1-4, 8; Vaṅ. 9, 10; Ya. 1, 2, 8-11; Sa. II. 4, 6 (specially Brâ. I. 8; Ya. 8, 9).

Râhu asurindo, Dp. I. 9, 10.

Rohitasso isi, Dp. III. 6.

Rohitasso devaputto, Dp. III. 6.

Licchavi (Mahâli-), Sak. II. 3.

---

[1] Written erroneously Magadhâ.

Vaṅgîso thero âyasmâ, Vaṅ. 1-12.
Vajirâ bhikkhunî, Bhi. 10.
Vajja-bhûmî, Va. 4.
Vajji-puttako, Va. 9.
Vatrabhû = Mâgho, Dp. I. 3.
Varuṇa devarâjâ, Sa. I. 3.
Vasavattino devâ, Bhi. 7.
Vâsavo = Sakko, Sa. I. 4; II. 2, 3, 8, 9, 10; III. 1.
Vijayâ bhikkhunî, Bhi. 4.
Vipulo giri, Dp. III. 10.
Vîrâ (or Cîrâ?) bhikkhunî, Ya. 11.
Vekalinga deso. *See* Vebha°.
Vegabbharî. *See* Veṭambharî.
Vejayanta-pasâda, Sa. II. 9, 10.
Veṭambharî (*or* Vegabbharî) devaputto, Dp. III. 10.
Veṇḍu devaputto, Dp. II. 2.
Vetaranî nirayanadî, Dev. IV. 3.
Vedehî-putto (= Ajâtasattu), Ko. II. 4, 5.
Vepacitti asurindo, Dp. I. 9, 10; Sa. I. 4, 5, 7, 9; III. 3.
Vebhaliṅga (or Veka° Veha°) deso, Dev. V. 10; Dp. III. 4.
Verocano asurindo, Sa. I. 8.
Veḷuvana kalandakanivâpa, Dp. II. 3-7, 9; III. 10; Mâ. I. 6, 7, 9, 10; III. 3; Brâ. I. 1-4, 8; Vaṅ. 9; Ya. 9-11; Sa. II. 4.
Vesâlî deso, Dev. IV. 9, 10; Mâ. II. 7; Va. 9; Sa. II. 3.
Vehaliṅga deso. *See* Vebhalinga.

Sakkâ (*or* Sakyâ) janâ, Dev. IV. 7; Ko. II. 8; Mâ. III. 1-2; Bra. II. 12.
Sakko devânam indo, Bra. II. 5; Sa. I. 1-10, II. 1-10, III. 1-5.
Sakko yakkho, Ya. 2.
Saṅgâravo brâhmaṇo, Brâ. II. 11.
Sañjayo belâthaputto, Ko. I. 1.
Saṭullapakâyikâ devâ, Dev. IV. 1-4, 6, 8.
Sanaṅkumâro brahmâ, Bra. II. 1.
Sappinî nadî, Bra. II. 1.
Samiddhi âyasmâ, Dev. II. 10; Mâ. III. 2.
Sambaro asurindo, Sa. I. 10; III. 3.
Sambhavo bhikkhu, Bra. II. 4.
Sahassakkho = Sakko, Sa. II. 2, 3.
Sahassanetta (= Sakko), Sa. I. 9.
Sahalî devaputto, Dp. III. 10.
Sâketa deso, Dp. II. 8.
Sânu yakkho, Ya. 5.
Sâriputto âyasmâ, Dev. V. 8; Dp. II. 10; III. 9; Bra. I. 9, 10; Vaṅ. 6, 7.
Sâlavana, Bra. II. 5.
Sâvatthi, Dev. I. 1-10; II. 1-9; III. 1-10; IV. 1-6; V. 1-10; VI. 1-10; VII. 1-10; VIII. 1-10; Dp. I. 1-10; II. 1, 2, 10; III. 1-4, 6-9; Ko. I. 1-10; II. 1-10; III. 1-5; Mâ. I. 8; II. 2, 5, 6, 9; Bhi. 1-10; Bra. I. 3-10; II. 4; Brâ. I, 5, 6, 7; II. 2-6, 9-11; Vaṅ. 4-8. 12; Ya. 5, 6, 7; Sa. I. 1-10; II. 1, 2, 5, 7-10; III. 1-5 (specially Ko. 4, 5, 9; Brâ. II. 11).
Sikhî buddho, Bra. II. 4.
Siṅgiyo. *See* Piṅgiyo.
Silâvatî deso, Mâ. III. 1, 2.
Sivo devaputto, Dp. III. 1.
Sîtavana, Ya. 8.
Sîvako yakkho, Ya. 8.
Sîvathika = Sîtavana,
Sîsupacâlâ, Bhi. 8.
Sukkâ bhikkhunî, Ya. 9, 10.
Sucilomo yakkho, Ya. 3.
Sujampati = Sakko, Sa. I. 7; II. 2, 3, 8, 9, 10; III. 3.
Sujâ (or Sujatâ) asurakaññâ, Sa. 2, 3.
Sudatto devaputto, Dp. II. 6.
Sudatto = Anâthapiṇḍika, Ya. 8.
Sudassano mâṇavo, Ko. II. 3.
Suddhâvâsakâyikâ devâ, Dev. IV. 7.
Suddhâvâso paccekabrahmâ, Bra. I. 6, 7, 8.
Sudhammâ sabhâ, Sa. I. 4; III. 4, 5.
Sundarikâ nadî, Brâ. I. 9.
Subrahmâ devaputto, Dp. II. 7.
Subrahmâ paccekabrahmâ, Bra. I. 6, 7, 8.
Suriyo devaputto, Dp. I. 10.
Suvîro devaputto, Sa. 1.

Susîmo devaputto, Dp. III. 9; Sa. I. 2.
Seto giri, Dp. III. 10.
Serî devaputto, Dp. III. 3.
Serî râjâ, Dp. III. 3.
Selâ bhikkhunî, Bhi. 9.
Sogandhiko nirayo, Bra. I. 10.
Somâ bhikkhunî, Bhi. 2.

Himavanta, Dp. III. 5; Mâ. II. 10.

II. ALPHABETICAL INDEX OF THE SUTTAS.

The mark = refers to suttas the text of which is given more than once under different titles. The word *or* refers to the suttas whose title is given differently in the different MSS., *Cf.* to partial identity. If the mark ? is added, it points out mere uncertainty of reading.

Ogham, Dev. I. 1.
Ogâḷha (*or* Kulagharanî), Va. 8.

Kakudha, Dp. II. 8.
Kaṭṭhahâra, Brâ. II. 8.
Katichinde, Dev. I. 5.
Kavi, Dev. VI. 10.
Kasi, Brâ. II. 1.
Kassaka, Mâ. II. 9.
Kassapagotto (*or* Chetaputto), Va. 3.
Kassapo, Dp. I. 1, 2.
Kâma, Dev. VIII. 8.
Kâmado, Dp. I. 6.
Kiṃdada, Dev. IV. 2.
Kuṭikâ, Dev. II. 9.
Kummo (*or* Dukkaram), Dev. II. 7.
Kulagharanî (*or* Ogâḷha), Va. 8.
Kulâvaka, Sa. I. 6.
Kokâlika (*or* -liya), Bra. I. 7, 10.
Koṇḍañño, Vaṅ. 9.
Khattiyo, Dev. II. 4.
Khanti (*or* Vepacitti), Sa. I. 4.
Khemo, Dp. II. 2.
Khomadussa, Brâ. II. 12.

Gaggarâ, Vaṅ. 11.
Gandha (=Isayo araññakâ), Sa. I. 9.
Gâravo, Bra. I. 2.
Gotamî, Bhi. 3.
Godhika, Mâ. III. 3.
Ghaṭîkaro, Dev. V. 10; Dp. III. 4.

Catucakka, Dev. III. 9.
Candana, Dp. II. 5.
Candimâ, Dp. I. 9.
Candimaso, Dp. II. 1.
Cârika (*or* Sambahulâ), Va. 4.
Câlâ, Bhi. 6.
Cittaṃ, Dev. VII. 2.
Cîrâ (Vîrâ?), Va. 11.
Cheta-putto (*or* Kassapagotto), Va. 3.
Chetvâ, Dev. VIII. 1; Sa. III. 1 (*Cf.* Dhanañjânî *and* Mâgho).

Jaṭâ, Dev. III. 3; Brâ. I. 6.
Jaṭilo, Ko. II. 1.
Janaṃ, Dev. VI. 5, 6, 7.
Jantu, Dp. III. 5.
Jarâ, Dev. VI. 1.
Jâgaram, Dev. I. 6.
Jetam (*or* Jetavana), Dev. V. 8.

Taṇhâ, Dev. VII. 3.
Tapokamma, Mâ. I. 1.
Tâyano, Dp. I. 8.
Tissako, Bra. I. 8.
Tudu (*or* Turu ?) brahmâ, Bra. I. 9.

Daliddo, Sa. II. 4.
Daharo, Ko. I. 1.
Dâmali, Dp. II. 5.
Diṭṭhi (aparâ-), Bra. I. 5.
Dîghalaṭṭhi, Bra. I. 3.
Dukkaraṃ (*or* kummo), Dev. II. 7.
Dutiyo, Dev. VI. 9.
Dubbaṇṇiya, Sa. III. 2.
Devadatto, Bra. II. 2.
Devahito, Brâ. II. 3.
Devâ (*or* Vatapada), Sa. II. 1, 2, 3.
Doṇapâka, Ko. II. 3.
Dhajaggam, Sa. I. 3.
Dhanañjânî, Brâ. I. 1 (*Cf.* Chetvâ *and* Mâgho).
Dhamma (*or* Sajjhâya), Va. 10.
Dhîtaro, Mâ. III. 5.
Dhîtâ, Ko. II. 6.

Na jîrati, Dev. VIII. 6.
Natthiputtasamam, Dev. II. 3.
Nadubbhiyam, Sa. I. 7.
Nandati (=Nandanaṃ), Dev. II. 2.
Nandanaṃ (=Nandati), Mâ. I. 8.
Nandanâ, Dev. II. 1 (*Cf.* Anuruddho).
Nandano, Dev. II. 4.
Nandivisâlo, Dp. III. 8.
Nando, Dp. III. 7.
Navakammika, Brâ. II. 7.
Na santi, Dev. IV. 4.
Nâgadatta, Va. 7.
Nâgo, Mâ. I. 2.
Nânâtitthiyâ, Dp. III. 10.
Nâmaṃ, Dev. VII. 1.
Nikkhantam, Vaṅ. 1.
Niddâ tandi, Dev. II. 6.
Nimokkho, Dev. I. 2.
Nivâraṇa, Dev. III. 4.

Paccanîka, Brâ. II. 6.
Pajjunnadhîtâ, Dev. IV. 9, 10.
Pajjoto, Dev. III. 6; VIII. 10.
Pañcarâjâno, Ko. II. 2.
Pañcâlacaṇḍo, Dp. I. 7.
Paṭirûpaṃ, Mâ. II. 4.
Pattaṃ, Mâ. II. 6.
Paduma puppha (*or* Puṇḍarîka), Va. 14.
Pabbatupamaṃ, Ko. III. 5.
Pamâda, Bra. I. 6.
Parinibbâna, Bra. II. 5.
Parosahassaṃ, Vaṅ. 8.
Pavâraṇâ, Vaṅ. 7.
Pâkatindriya (*or* Sambahulâ bhikkhû), Va. 13.
Pâtheyyam, Dev. VIII. 9.
Pâsa, Mâ. I. 4, 5.
Pâsâno, Mâ. II. 1.
Piṇḍaṃ, Mâ. II. 8.
Piya, Ko. I. 4.
Piyaṅkara, Ya. 6.
Pihito, Dev. VII. 8.
Puggalo, Ko. III. 1.
Puṇḍarîka (*or* Paduma-puppha), Va. 14.
Punabbasu, Ya. 7.
Puriso (= Loko), Kos. I. 2.
Pesalâ-atimaññanâ, Vaṅ. 3.
Phusati, Dev. III. 2.

Bako brahmâ, Bra. I. 4.
Bandhana, Dev. VII. 5; Ko. I. 10.
Bahudhîti, Brâ. I. 10.
Bilaṅgika, Brâ. I. 4.
Brahmadevo, Bra. I. 3.
Bhikkako, Brâ. II. 10.
Bhikkhû (sambahulâ-), Mâ. III. 1.
Bhîtâ, Dev. VIII. 5.

Macchari, Dev. IV. 2; V. 9.
Majjhantiko (*or* Saṇika), Va. 12; = Saṇamâna *or* Santika (Dev. II. 5).
Maṇibhaddo, Ya. 4.
Manonivaraṇâ, Dev. III. 4.
Mallikâ, Ko. I. 8.
Mahaddhana, Dev. III. 8.
Mahâsâla (*or* Lûkhapâpuraṇa), Brâ. II. 4.
Mâgadho, Dp. I. 4.
Mâgho (= Chetvâ), Dp. I. 3.
Mâtuposaka, Brâ. II. 9.
Mânakâma, Dev. I. 9.
Mânatthaddo, Brâ. II. 5.
Mânasam, Mâ. II. 5.
Mâyâ, Sa. III. 3.
Mittaṃ, Dev. VI. 3.
Moggallâno, Vaṅ. 10.

Yajamânaṁ, Sa. II. 6.
Yañña, Ko. I. 9.

Rajjam, Mâ. II. 10.
Ratha, Dev. VIII. 2.
Râjâ, Ko. I. 3.
Râmaṇeyyakam, Sa. II. 5.
Rohito, Dp. III. 6.

Lûkhapâpuraṇa (*or* Mahâsâla), Brâ. II. 4.
Loka, Dev. VII. 10.
Loko (= Puriso), Ko. III. 3.

Vaṅgîsa, Vaṅ. 12.
Vacanaṃ (*or* Vanaropa), Dev. V. 7.
Vajirâ, Bh. 10.
Vajjiputto (*or* Vesâlî), Va. 9.
Vatapada (*or* Devâ), Sa. II. 1, 2, 3.
Vatthu, Dev. VI. 4.
Vanaropa (*or* Vacanam), Dev. V. 7.
Vandanâ, Sa. II. 7.
Vijayâ, Bhi. 4.
Vitakkita (*or* Ayoniso), Va. 11.
Vittam, Dev. VIII. 3.
Virocana-asurindo (*or* Attho), Sa. I. 8.
Viveka, Va. 1.
Vîrâ (Cîrâ ?), Ya. 11.
Vuṭṭhi, Dev. VIII. 4.
Veṇḍu, Dp. II. 2.
Vepacitti (*or* Khanti), Sa. I. 4.
Vesâlî (*or* Vajjiputto), Va. 9.

Sakalika, Dev. IV. 8, Mâ. II. 3.
Sakka, Ya. I. 2.
Sakkanamanassa, Sa. II. 8, 9, 10.
Saṅgâme dve vuttâni, Ko. II. 4, 5.
Saṅgârava, Brâ. II. 11.

Sajjhâya (*or* Dhamma), Va. 10.
Satta vassâni, Mâ. III. 4.
Sattiyâ, Dev. III. 1.
Saddhâ, Dev. IV. 6.
Saṇamâno (santikâya), Dev. II. 5.
=Saṇika (*or* Majjhantika), Va. 12.
Sanaṃkumâro, Bra. II. 1.
Sappo, Mâ. I. 6.
Sabbhi (=Sivo), Dev. IV. 1.
Samayo, Dev. IV. 7.
Samiddhi, Dev. II. 10; Mâ. III. 2.
Sambara (*or* Isayo samuddakâ), Sa. I. 10.
Sambahulâ, Mâ. III. 1.
Sambahulâ (*or* Cârika), Va. 4.
Sambahulâ bhikkhû (*or* Pâkatindriya), Va. 13.
Sarâ, Dev. III. 7.
Saṃyojanaṃ, Dev. VII. 4.
Sâdhu, Dev. IV. 3.
Sânu, Ya. 5.
Sâriputta, Vaṅ. 6.
Sivo (=Sabbhi), Dp. III. 1.
Sîsupacâlâ, Bhi. 8.
Sîho, Mâ. II. 2.
Sukkâ, Ya. 9, 10.
Sucilomo, Ya. 3.
Sudatto, Dp. II. 6.
Sudatto, Ya. 8.
Suddhika, Brâ. I. 7.
Sundarika, Brâ. I. 9.
Suppati, Mâ. I. 7.
Subrahmâ, Dp. II. 7.
Subhaṃ, Mâ. I. 3.
Subhâsitaṃ jayaṃ, Sa. I. 5.
Subhâsitâ, Vaṅ. 5.
Suriya, Dp. I. 10.
Suvîra, Sa. I. 1.
Susammuṭṭhâ, Dev. I. 8.
Susîma, Dp. III. 9.
Susîma, Sa. I. 2.
Selâ, Bhi. 9.
Serî, Dp. III. 3. (*Cf.* Annam).
Somâ, Bhi. 2.

Hirî, Dev. II. 8.

III. ALPHABETICAL INDEX OF THE GATHAS.

This index contains the beginning of all the gâthâs of four padas, although many of them are only the sequel of another, with which they constitute a whole.

The first of the two padas sometimes added to four padas, and forming with them a stanza of six padas, has not been mentioned, as not being a beginning at all.

No distinction has been made as to the gâthâs which, beginning with the same words, differ more or less in the rest.

Akatam dukkatam seyyo, Dp. I. 8.
Akampitam acalitam, Bhi. 7.
Akammanâ devaseṭṭha, Sa. I. 1, 2.
Akkodhassa kuto kodho, Brâ. I. 2.
Akkheyyasaññino sattâ, Dev. II. 10.
Akkheyyaṃ ca pariññâya Dev. II. 10.
Aghajâtassa ve nandî, Dp. II. 8.
Accantaṃ hataputtâmhi, Bhi. 3.
Accayanti ahorattâ, Mâ. I. 10.
Accayaṃ desayantînaṃ, Dev. IV. 5.
Accayo ca na vijjetha, Dev. IV. 5.
Accenti kâlâ, Dev. I. 4; Dp. III. 7.
Accharâgaṇasaṅghuṭṭhaṃ, Dev. V. 6.
Acchejja taṇham, Mâ. III. 5.
Ajelakâ ca gâvo ca, Ko. I. 9.
Ajja pannarase visuddhiyâ, Vaṅ. 7.
Ajjâpi te âvuso sâ diṭṭhi, Bra. I. 5.
Aññathâ santam attânam, Dev. IV. 5.

Aññena ce kevalinaṃ, Brâ. I. 8, 9; II. 1.
Aḍḍho ve puriso râja, Ko. III. 1.
Atîtam nânusocanti, Dev. I. 10.
Attânaṃ ce piyaṃ jaññâ, Ko. I. 4.
Attânaṃ na dade, Dev. VIII. 8.
Atthassa pattiṃ, Mâ. III. 5.
Atthâya vata me buddho, Ya. 12.
Atthi nissaraṇaṃ loke, Bhi. 1.
Atthi sakyakule jâto, Bhi. 8.
Atha aggi divârattiṃ, Dev. III. 6; Dp. I. 4.
Atha antena jahati, Dev. V. 1.
Atha saṭṭhi tasitâ, Vaṅ. 2.
Athâyam itarâ pajâ, Brâ. II. 3.
Addhâ pajânâsi mametaṃ, Bra. I. 4.
Addhâ maṃ yakkha jânâsi, Va. 14.
Addhâ suyiṭṭhaṃ, Brâ. I. 9.
Addhâ hi dânaṃ. *See* Saddhâhi.
Anaṅgaṇassa possassa, Va. 14.
Anatthasaññhitam ñatvâ, Mâ. I. 1.
Anantadassî Bhagavâhaṃ, Bra. I. 4.
Anâgatappajappâya, Dev. I. 10.
Anigho ve ahaṃ yakkha, Dp. II. 8.
Aniccâ addhuvâ kâmâ, Va. 2.
Aniccâ vata saṅkhârâ, Bra. II. 5.
Animittaṃ ca bhâvehi, Vaṅ. 4.
Anuṭṭhahaṃ avâyamaṃ, Sa. I. 1, 2.
Anomanâmaṃ, Dev. V. 5.
Antakenâdhipannassa, Ko. I. 4.
Antalikkhacaro pâso, Mâ. II. 5.
Antojaṭâ, Dev. III. 1; Brâ. I. 6.
Andhakâre pure hoti, Brâ. II. 4.
Annado balado hoti, Dev. V. 2.
Annam evâbhinandanti, Dev. V. 3; Dp. III. 3.
Annam pânam, Ko. III. 4.
Apârutâ tesaṃ amatassa, Bra. I. 1.
Apuññam pasavi Mâro, Mâ. II. 8.
Appamattako ayaṃ kali, Bra. I. 9, 10.
Appamatto ubho atthe, Ko. II. 7, 8.
Appameyyaṃ paminanto, Bra. I. 7, 8.
Appaviddhâ anâthâ te, Dp. III. 5; Va. 13.
Appasmeke pavecchanti, Dev. IV. 2, 3.
Appaṃ âyu manussânam, Mâ. I. 9.
Appaṃ hi etam na hi dîghaṃ, Bra. I. 4.
Abalaṃ tam balam âhu, Sa. I. 4, 5.
Abhayaṃ yâcamânânaṃ, Sa. I. 10.
Abhikkama gahapati, Ya. 8.
Abhidhâvatha bhaddante, Ya. 5.
Abhutvâ bhikkhasi bhikkhu, Dev. II. 10.
Amaccudheyyam pucchanti, Mâ. III. 4.
Amanussaṭṭhâne udakaṃ, Ko. II. 9.
Amma na vyahârissâmi, Ya. 7.
Ayoniso manasikârâ, Va. 11.
Araññe rukkhamûle vâ, Sa. I. 3.
Araññe viharantânaṃ, Dev. I. 10.
Arati viya mejja khâyati, Va. 4.
Aratiṃ ca ratiṃ ca pahâya, Vaṅ. 2.
Aratiṃ pajahâsi, Va. 1.
Arahante sîtibhûte, Brâ. II. 6.
Arahaṃ sugato loke, Mâ. III. 5; Brâ. II. 3.
Aladdhâ tattha assâdaṃ, Mâ. III. 4.
Alasassa anuṭṭhâtâ, Sa. I. 1, 2.
Aviham upapannâse, Dev. V. 10; Dp. III. 4.
Aviruddhâ viruddhesu, Sa. II. 10.
Asantâ kira maṃ jammâ, Brâ. II. 4.
Asallînena cittena, Bra. II. 5.
Asubhâya cittaṃ bhâvehi, Vaṅ. 4.
Assamedhaṃ purisamedhaṃ, Ko. I. 9.
Asso va jiṇṇo nibbhogo, Brâ. II. 4.
Ahaṃ ca sîlasampanne, Sa. II. 8.
Ahu pure dhammapadesu, Va. 10.
Ahuvâ te sagâmeyyo, Dev. V. 10; Dp. III. 4.

Âkiṇṇaluddo puriso, Va. 14.
Âdittasmiṃ agârasmiṃ, Dev. V. 1.
Âraddhaviriyam pahitattaṃ, Va. 2.
Ârabbhatha nikkhamatha, Bra. II. 4.
Ârâmacetyâ vanacetyâ, Sa. II. 5.
Ârâmaropâ vanaropâ, Dev. V. 7.
Âyuṃ ârogyam vaṇṇaṃ, Ko. II. 7.
Âhuneyyo vedagû, Bra. I. 3.

Iṅgha aññe pi pucchassa, Ya. 12.
Icchâya bajjhati loko, Dev. VII. 9.
Iti hetam vijânâma, Dev. V. 9.
Ito bahiddhâ pâsaṇḍâ, Bhi. 8.
Itthî pi ekaccî yâ, Ko. II. 6.
Itthibhâvo kiṃ kayirâ, Bhi. 2.

Idaṃ vatvâna Maghavâ, Sa. II. 8, 9, 10.
Idaṃ hi jâtu me diṭṭhaṃ, Bra. II. 3.
Idaṃ hitaṃ jetavanam, Dev. V. 8; Dp. II. 10.
Idha chinditamârite, Dp. III. 10.
Idhâgamâ vijjupabhâsavaṇṇâ, Dev. IV. 10.
Iminâ pûtikâyena, Bhi. 4.
Isayo Sambaram pattâ, Sa. I. 10.
Isînam abhayaṃ natthi, Sa. I. 10,
Issattaṃ balaviriyañca, Ko. III. 4.

Uggaputtâ mahissâsâ, Vaṅ. 1.
Uccâvaccehi vaṇṇehi, Ko. I. 1.
Ujuko nâma so maggo, Dev. V. 6.
Uṭṭhâhi (or Uṭṭhehi) vîra, Bra. I. 1; Sa. II. 7.
Uṭṭhehi bhikkhu kiṃ sesi, Va. 2.
Uddham adho ca tiriyaṃ, Mâ. III. 3.
Upako Phalagaṇḍo ca, Dev. V. 10; Dp. III. 4.
Upadhîsu janâ gadhitâ, Vaṅ. 2.
Upanîyati jîvitaṃ, Dev. I. 3; Dp. II. 9.
Uposatham upavasanti, Ya. 5.
Ubhinnam attham carati, Brâ. I. 2, 3; Sa. I. 4, 5.
Ubhinnam tikicchantânaṃ, Brâ. I. 2, 3; Sa. I. 4, 5.
Ubho puññañca pâpañca, Ko. I. 4.
Ummaggapatham Mârassa, Vaṅ. 8.

Ekakâ mayaṃ araññe, Va. 9.
Ekako tvam araññe, Va. 9.
Ekamûlam dvirâvaṭṭaṃ, Dev. V. 4.
Eṇijaṅghaṃ kisaṃ, Dev. III. 10.
Etad eva ahaṃ maññe, Sa. I. 4, 5.
Etad eva titikkhâya, Sa. I. 4, 5.
Etaṃ ca samatikkamma, Mâ. II. 7.
Etaṃ tesaṃ pihâyâmi, Sa. II. 10.
Etaṃ daḷham bandhanaṃ, Ko. I. 10.
Etaṃ sammaggatâ yaññaṃ, Ko. I. 9.
Etaṃ hi yajamânassa, Ko. I. 9.
Etâhi tîhi vijjâhi, Brâ. I. 8.
Ettha dajjâ deyyadhammaṃ, Brâ. II. 3.
Evaṃ âdipito loko, Dev. V. 1.
Evaṃ etaṃ tadâ âsi, Dev. V. 10; Dp. III. 4.
Evaṃ etaṃ (or evaṃ) purâṇânam, Dev. V. 10; Dp. III. 4.
Evaṃ esâ kasî kaṭṭhâ, Bra. II. 1.
Evaṃ khandhâ ca dhâtuyo, Bhi. 9.
Evaṃ ce maṃ viharantaṃ, Vaṅ. 1.
Evaṃ jarâ ca maccu ca, Ko. III. 5.
Evaṃ dhammâ apakamma, Dp. III. 2.
Evaṃ buddhaṃ sarantânaṃ, Sa. I. 3.
Evaṃ vijitasaṅgâmaṃ, Vaṅ. 7.
Evaṃ virattam khemattam, Mâ. II. 6.
Evaṃ vihârî bahulo, Mâ. III. 5.
Evaṃ sabbaṅgasampannaṃ, Vaṅ. 10.
Evaṃ sahassânaṃ, Dev. IV. 2.
Evaṃ sudesite dhamme, Vaṅ. 8.
Evaṃ hi dhîrâ kubbanti, Mâ. III. 3.
Esa devamânussânaṃ, Ya. 7.
Esâ antaradhâyâmi, Bhi. 5.
Esupamâ Dâmali, Dp. I. 5.
Eso hi te brâhmaṇi Brahmadevo, Bra. I. 3.

Oghassa hi nittharaṇattaṃ, Vaṅ. 8.

Kacci te kuṭikâ natthi, Dev. II. 9.
Kacci tvam anigho bhikkhu, Dp. II. 8.
Kati chinde kati jahe, Dev. I. 5.
Kati jâgarataṃ suttâ, Dev. I. 6.
Kati lokasmim pajjotâ, Dev. III. 6; Dp. I. 4.
Katihaṃ careyya sâmaññaṃ, Dev. II. 7.
Kattha dajjâ deyyadhammaṃ, Brâ. II. 3.
Kathaṃ tvam anigho, Dp. II. 8.
Kathaṃ nu dâni puccheyyaṃ, Ya. 12.
Kathaṃ vihârî bahulo, Mâ. III. 5.
Kathaṃsu tarati oghaṃ, Dp. II. 5; Ya. 12.
Kathaṃsu labhate paññaṃ, Ya. 12.
Kathaṃ hi Bhagavâ tuyhaṃ, Mâ. III. 3.
Kappo ca te baddhacaro, Bra. I. 4.
Kammaṃ vijjâ ca, Dev. V. 8; Dp. II. 10.
Kayirañce kayirathenaṃ, Dp. I. 8.
Karaṇîyam ettha brâhmaṇena, Dp. I. 5.
Kasmâ tuvaṃ dhammapadâni, Va. 10.
Kassako patijânâsi, Brâ. II. 1.

Gambhîrarûpe, Brâ. II. 8.
Gambhîraṃ bhâsasi, Dev. V. 10; Dp. III. 4.
Gâthâbhigîtaṃ, Brâ. I. 8. 9; II. 1.
Gâme vâ yadivâraññe, Ko. I. 1; Sa. II. 5.
Giriduggacaraṃ chetaṃ, Va. 3.

Cakkavatti yathâ râjâ, Vaṅ. 7.
Catucakkam navadvâraṃ, Dev. III. 9; Dp. III. 8.
Cattâro ca paṭipannâ, Sa. II. 6.
Cattâro loke pajjotâ, Dev. III. 6; Dp. I. 4.
Cando yathâ, Vaṅ. 11.
Carakâ bahubheravâ bahû, Mâ. I. 6.
Caranti bâlâ dummedhâ, Dp. III. 2.
Câtuddasiṃ pañcaddasiṃ, Ya. 5.
Cittasmiṃ vasîbhutamhi, Bhi. 5.
Cittena nîyati loko, Dev. VII. 2.
Cirassaṃ vata passâmi, Dev. I. 1; Dp. II. 8.
Coraṃ harantam, Dev. VIII. 7.
Colam piṇḍo ratî khiddâ, Dev. V. 9.
Chandajam agham, Dev. IV. 4.
Chandarâgassa vinayâ, Va. 2.
Chando nidânaṃ gâthânaṃ, Dev. VI. 10.
Cha lokasmim chiddâni, Dev. VIII. 6.
Chasu loko samuppanno, Dev. VII. 10.
Chinda sotaṃ parakkamma, Dp. I. 8.
Chetvâ khilaṃ, Dev. IV. 7.
Chetvâ nandiṃ, Dev. III. 9.

Jaggaṃ na saṅke, Mâ. II. 3.
Jayaṃ ve maññati bâlo, Brâ. I. 3.
Jayam veram pasavati, Ko. II. 4.
Jâtassa maraṇaṃ hoti, Bhi. 6.
Jîranti ve râja rathâ, Ko. I. 3.
Jegucchi nipako bhikkhu, Dp. III. 10.
Jetvâna maccuno senaṃ, Mâ. III. 3.

Ṭhânaṃ hi maññati bâlo, Ko. II. 5.
Ṭhânaṃ hi so manussindo, Ko. I. 1.
Ṭhite majjhantike kâle, Dev. II. 5; Va. 12.
Taggha me kuṭikâ natthi, Dev. II. 9.
Taṇhâ janeti purisaṃ, Dev. VI. 5, 6, 7.
Taṇhâdhipannâ vata, Dev. IV. 8.
Taṇhâya uḍḍito loko, Dev. VII. 7.
Taṇhâya nîyati loko, Dev. VII. 3.
Tattha cittaṃ paṇidehi, Va. 6.
Tattha dajjâ. *See* Ettha°.
Tatra bhikkhavo samâdahaṃsu, Dev. IV. 7.
Tathâgatassa buddhassa, Dev. IV. 5.
Tathâgatam arahantaṃ, Dp. I. 9, 10.
Tathâvidhaṃ sîlavantaṃ, Dp. II. 4.
Tatheva khantisoracca°, Ko. III. 4.
Tatheva saddho sutavâ, Ko. III. 4.
Tadâsi yaṃ bhiṃsanakaṃ, Bra. II. 5.
Tapokammâ apakkamma, Mâ. I. 1.
Tapojigucchâya, Dp. III. 10.
Tayo ca supaṇṇâ caturo ca haṃsâ, Bra. I. 6.
Tasmâ akhilo dha padhânavâ, Vaṅ. 3.
Tasmâ kareyya kalyâṇaṃ, Ko. I. 4; II. 10; III. 2.
Tasmâ taṃ parivajeyya, Ko. I. 1.
Tasmâ vineyya maccheram, Dev. IV. 2; V. 3; Dp. III. 3.
Tasmâ sataṃ ca asatañ ca, Dev. IV. 2.
Tasmâ saddhaṃ ca sîlañ ca, Sa. II. 4.
Tasmâ have (bhave?) lokavidû, Dp. III. 6.
Tasmâ hi atthakâmena, Bra. I. 2.
Tasmâ hi paṇḍito poso, Dev. V. 8; Dp. II. 10; Ko. I. 1; III. 5.
Tasmim pasannâ, Bra. I. 3.
Tassa taṃ desayantassa, Vaṅ. 6.
Tassa sokaparetassa, Mâ. III. 3.
Tassâ yo jâyati poso, Ko. II. 6.
Tasseva tena pâpiyo, Brâ. I. 2, 3; Sa. I. 4, 5.
Taṃ eva vâcaṃ bhâseyya, Vaṅ. 5.
Taṃ ca kammaṃ kataṃ, Dp. III. 2.
Taṃ ca pana appaṭivâniyaṃ, Ya. 9.
Taṃ ce hi nâdakkhuṃ, Dev. IV. 4.
Taṃ namassanti tevijjâ, Sa. II. 8.
Taṃ hi ete namasseyyuṃ, Sa. II. 10.
Tâdiso puriso râja, Ko. III. 1.
Taṃ hissa gajjitaṃ, Ko. III. 4.
Tâvatiṃsâ ca Yâmâ ca, Bhi. 7.
Tîhi vijjâhi sampanno, Brâ. I. 8.
Tuṇhî Uttarike hohi, Ya. 7.

Tuṇhîbhûto bhavaṃ, Brâ. II. 3.
Te cetasâ anupariyeti, Vaṅ. 10.
Te matesu na mîyanti, Dev. IV. 2.
Tevijjâ iddhipattâ ca, Bra. I. 5.
Tesaṃ divâca ratto ca, Dev. V. 7.
Tesu assa sagâravo, Brâ. II. 5.
Tesu ussukkajâtesu, Dev. III. 8.
Te hi paraṃ gamissanti, Dp. II. 1.
Te hi sotthiṃ gamissanti, Dp. II. 1.

Daṇḍo va kira me seyyo, Brâ. II. 4.
Dadanti eke visame, Dev. IV. 2.
Daddallamânâ agañchuṃ, Mâ. III. 5.
Dabbo cirarattasamâhito, Vaṅ. 2.
Daliddo puriso râja, Ko. III. 1.
Daharâ tvaṃ rûpavatî, Bhi. 4.
Dânaṃ ca yuddhaṃ ca, Dev. IV. 3.
Dinnam sukhaphalam hoti, Dev. V. 1.
Divâvihârâ nikkhamma, Vaṅ. 8.
Dîgham âyu manussânaṃ, Mâ. I. 9.
Dukkaraṃ duttitikkhañca, Dev. II. 7.
Dukkaraṃ vâpi karonti, Dp. I. 6.
Dukkham eva hi sambhoti, Bhi. 10.
Duggatâ devakaññâyo, Va. 6.
Duggame visame vâpi, Dp. I. 6.
Duddadam dadamânânaṃ, Dev. IV. 2.
Dupposaṃ katvâ attânaṃ, Dp. III. 5; Va. 13.
Dullabham vâpilabhanti, Dp. I. 6.
Dussamâdahaṃ vâpi, Dp. I. 6.
Dûre ito brâhmaṇi, Bra. I. 3.
Dvâsattati Gotama, Brâ. I. 4.
Dhajo rathassa, Dev. VIII. 2.
Dhaññaṃ dhanaṃ, Ko. II. 10.
Dhammaṃ care yo, Dev. IV. 2.
Dhammo rahado, Brâ. I. 9; II. 11.
Dhîro ca viññû, Ko. II. 9.

Na aññatra bojjhaṅgatapasâ, Dp. II. 7.
Na aññatra Bhagavatâ, Dev. V. 10; Dp. III. 4.
Nagassa passe âsînaṃ, Vaṅ. 10.
Na tattha hatthînaṃ bhûmi, Ko. III. 5.
Na tassa pacchâ na, Bra. I. 3.
Na taṃ kammaṃ, Dp. III. 2.
Na taṃ daḷham bandhanaṃ, Ko. I. 10.
Na te kâmâ yâni, Dev. IV. 4.
Na tena bhikkhako hoti, Brâ. II. 10.
Na tesaṃ koṭṭhe openti, Sa. II. 10.
Na te sukhaṃ, Dev. II. 1; Va. 6.
Natthi atthasamaṃ pemaṃ, Dev. II. 3.
Natthi kiccaṃ brâhmaṇassa, Dp. I. 5.
Natthi dâni punâvâso, Va. 6.
Natthi nissaraṇaṃ loke, Bhi. 1.
Natthi puttasamam pemaṃ, Dev. II. 3.
Na tvaṃ bâle pajânâsi, Dev. II. 1; Va. 6.
Nadîtîresu saṇṭhâne, Va. 8.
Nandati puttehi pattimâ, Dev. II. 2; Mâ. I. 8.
Nandanti ve mahâvîrâ, Mâ. II. 2.
Nandîbhavaparikkhayâ, Dev. I. 2.
Nandîsambandhano loko, Dev. VII. 5.
Nandîsaṃyojano loko, Dev. VII. 4.
Na Paccanîkasâtena, Brâ. II. 6.
Nabham phaleyya pathaviṃ phaleyya, Mâ. I. 6.
Na brâhmaṇo sujjhati, Brâ. I. 7.
Na mandiyâ sayâmi, Mâ. II. 3.
Na mânakâmassa damo, Dev. I. 9; IV. 9.
Na mânaṃ brâhmaṇa sâdhu, Brâ. II. 5.
Na me mârisa sâ diṭṭhi, Bra. I. 5.
Na me vanasmiṃ karaṇîyaṃ, Brâ. II. 7.
Namo te buddha, Dp. I. 9, 10.
Na yattha gîtaṃ na pi, Brâ. II. 8.
Nayanti ve mahâvîrâ, Mâ. III. 5.
Na yidaṃ attakataṃ bimbaṃ, Bhi. 9.
Na yidaṃ bhâsitamattena, Dev. IV. 5.
Narakâ ubbhato tâta, Ya. 5.
Na vaṇṇarûpena naro, Ko. II. 1.
Na ve dhîrâ pakubbanti, Dev. IV. 5.
Na santi kâmâ manujesu, Dev. IV. 4.
Na sabbato mano nivâraye, Dev. III. 4.
Na sûpahatacitto mhi, Sa. III. 2.
Na harâmi na bhañjâmi, Va. 14.
Na hi nûnimassa samaṇassa, Brâ. I. 10.
Na hi putto pati vâ pi, Ya. 7.
Na hi mayham brâhmaṇa, Brâ. I. 10.
Na hi socati bhikkhu kadâci, Vaṅ. 3.
Nâganâmo si Bhagavâ, Vaṅ. 8.
Nâccayanti ahorattâ, Mâ. I. 10.
Nâphusantam phusati, Dev. III. 2.

Nâmaṃ sabbam addhabhavi, Dev. VII. 1.
Nâhaṃ bhayâ na dubbalyâ, Sa. I. 4.
Nâhu assâsapassâso Bra. II. 5.
Nikkhantaṃ vata maṃ santaṃ, Vaṅ. 1.
Niccam utrastaṃ idaṃ, Dp. II. 7.
Niddâ (-dam) tandî (-diṃ), Dev. II. 6.
Nibbânaṃ Bhagavâ âhu, Ya. 7.
Nimmânaratino, Bhi. 7.
Nirayaṃ tiracchânayoniṃ, Dev. V. 9.
Netaṃ tava patirûpaṃ, Mâ. II. 4.
Neva tam upajîvâmi, Va. 14.
Nesâ sabhâ yattha, Brâ. II. 12.
No ce dhammam sareyyâtha, Sa. I. 3.
No ce buddhaṃ sareyyâtha, Sa. I. 3.

Pakudhako kâtiyâno, Dp. III. 10.
Pajjotakaro ativijjha, Vaṅ. 8.
Pañcakâmaguṇâ loke, Dev. III. 10.
Pañca chinde pañca jahe, Dev. I. 5.
Pañca jâgarataṃ suttâ, Dev. I. 6.
Pañcavedasataṃ samaṃ, Dev. IV. 8.
Paññâ lokasmiṃ pajjoto, Dev. VIII. 10.
Paṭikacceva taṃ kariyâ, Dp. III. 2.
Paṭirûpakârî dhuravâ, Ya. 12.
Paṭirûpako mattika kuṇḍalo, Ko. II. 1.
Paṭisotagâmiṃ nipuṇaṃ, Bra. I. 1.
Paṇḍitosi samaññâto, Dp. III. 9.
Pathamam kalalaṃ hoti, Ya. 1.
Padumaṃ yathâ kokanadaṃ, Ko. II. 2.
Pabbatassa suvaṇṇassa, Mâ. II. 10.
Pamâdam anuyuñjanti, Dev. IV. 6.
Parasambhatesubhogesu, Dev. V. 9.
Parosahassaṃ bhikkhûnam, Vaṅ. 8.
Pasaṃsiyâ tepi bhavanti, Dev. IV. 4.
Passaddhakâyo suvimuttacitto, Mâ. III. 5.
Pahâsi kaṅkham (*or* saṅkhaṃ), Dev. II. 10; IV. 4.
Pahînamânassa na santi ganthâ, Dev. III. 5.
Pahûtabhakkhaṃ jâlînaṃ, Ko. I. 1.
Pâṇesu ca samyamâmase, Ya. I. 6.
Pâtur ahosi Mâgadhesu, Bra. I. 1.
Pâpaṃ na kayirâ, Dev. II. 10; IV. 10.
Piyavâcaṃ va bhâseyya, Vaṅ. 5.
Piyo loke sako putto, Ya. 7.
Pucchâmi taṃ Gotama bhûripaññaṃ, Dp. II. 4.
Puññaṃ vata pasavi bahuṃ, Ya. 10, 11.
Puttâ vatthu manussânaṃ, Dev. VI. 4.
Punappunaṃ khîranikâ, Brâ. II. 2.
Punappunaṃ ceva, Brâ. II. 2.
Punappunaṃ jâyati, Brâ. II. 2.
Punappunaṃ yâcakâ, Brâ. II. 2.
Punabbasu sukhî hohi, Ya. 7.
Pubbe nivâsaṃ jânâmi, Vaṅ. 12.
Pubbe nivâsaṃ yo vedi, Brâ. I. 8; II. 3.
Purisassa hi jâtassa, Bra. I. 9, 10.
Pûjito pûjaneyyânaṃ, Brâ. II. 3.
Phalaṃ ve kadaliṃ hanti, Bra. II. 2.

Baddhosi mârapâsena, Mâ. I. 4.
Baddhosi sabbapâsehi, Mâ. I. 5.
Bahunâ pi kho taṃ, Dev. IV. 10.
Bahunnaṃ vata atthâya, Vaṅ. 12.
Bahuṃ pi palapam jappaṃ, Brâ. I. 7, 8.
Bahû hi saddâ paccûhâ, Va. 8.
Bâlâ kumudanâḷehi, Mâ. III. 5.
Bîjam uppatataṃ seṭṭham, Dev. VIII. 4.
Buddhânubuddho so thero, Vaṅ. 9.
Buddho dhammam adesesi, Bhi. 6.
Bhayâ nu mathavâ Sakka, Sa. I. 4.
Bhâyâmi Nâgadattam, Va. 7.
Bhikkhu siyâ jhâyî, Dp. I. 2; II. 3.
Bhîyo pañcasatâ sekhâ, Bra. II. 3.
Bhîyo bâlâ pakujjheyyuṃ, Sa. I. 4, 5.
Bhutvâ bhutvâ nipajjanti, Va. 13.
Bhetvâ avijjaṃ vijjâya, Va. 2.
Bhoge patthayamânena, Ko. II. 8.

Makkhena makkhitâ pajâ, Vaṅ 3.
Magadhaṃ gatâ Kosalaṃ gatâ, Va. 4.
Maccunâ pihito loko, Dev. VII. 8.
Maccunâbbhahato loko, Dev. VII. 6.
Maccheravinaye yuttaṃ, Sa. II. 1, 2. 3.
Maccherâ ca pamâdâ ca, Dev. IV. 2, 3.
Maññehaṃ lokâdhipati, Brâ. II. 8.
Mataṃ va amma rodanti, Ya. 5.
Mataṃ va puttaṃ rodanti, Ya. 5.

Manasâ ce pasannena, Ya. 2.
Manujassa sadâ satimato, Ko. II. 3.
Mandiyâ nu sesi, Mâ. II. 3.
Mahaddhanâ mahâbhogâ, Dev. III. 8.
Manânubhâvo tevijjo, Vaṅ. 9.
Mahâvîra mahâpañña, Mâ. III. 3.
Mahâsamayo pavanasmiṃ, Dev. IV. 7.
Maṃ namassanti tevijjâ, Sa. II. 8.
Mâ jâtiṃ puccha caraṇañca puccha, Brâ. I. 9.
Mâtaraṃ kuṭikaṃ brûsi, Dev. II. 9.
Mâtari pitari vâ pi, Brâ. II. 5.
Mâtâpettibharo âsi (-siṃ), Dev. V. 10; Dp. III. 4.
Mâtâpettibharaṃ jantuṃ, Sa. II. 1, 2, 3.
Mânaṃ pajahassu Gotama, Vaṅ. 3.
Mânaṃ pahâya, Dev. I. 9; IV. 8.
Mâno hi te brâhmaṇa, Brâ. I. 9.
Mâ pamâdam anuyuñjetha, Dev. IV. 6.
Mâ brâhmaṇa dâru, Brâ. I. 9.
Mâyâpi Maghavâ, Sa. III. 3.
Mâ vo kodho ajjhabhavi, Sa. III. 5.
Mâ saddaṃ karî Piyaṅkara, Ya. 6.
Muttohaṃ Mârapâsena, Mâ. I. 4.
Muttohaṃ sabbapâsehi, Mâ. I. 5.
Medavaṇṇañca pâsânaṃ, Mâ. III. 4.

Yajamânânam manussânaṃ, Sa. II. 6.
Yato yato mano nivâraye, Dev. III. 4.
Yattha âpo ca pathavî, Dev. III. 7.
Yattha nâmañ ca, Dev. III. 3; V. 10; Dp. III. 4; Brâ. I. 6; III. 9.
Yattha bheravâ siriṃsapâ, Bra. II. 3.
Yatthâlaso anuṭṭhâtâ, Sa. I. 1, 2.
Yathâ aññataraṃ bîjaṃ, Bhi. 9.
Yathâ nâmam tathâ cassa, Brâ. I. 5.
Yathâpi selâ vipulâ, Kos. III. 5.
Yathâ sâkaṭiko panthaṃ, Dp. III. 2.
Yathâ hi aṅgasambhârâ, Bhi. 10.
Yathâ hi megho, Kos. III. 4.
Yassa etâdisaṃ yânaṃ, Dev. V. 6.
Yassa jâlinî visattikâ, Mâ. I. 7.
Yassa nûna siyâ evam, Bhi. 2.
Yassa saddhâ Tathâgate, Ya. 4.
Yassa sabbam ahorattaṃ, Ya. 4.
Yassete caturo dhammâ, Ya. 12.
Yasseva bhîto na dadâti, Dev. IV. 2.
Yaṃ idha puthaviṃ ca, Vaṅ. 2.
Yaṃ eṇikulasmiṃ janaṃ, Bra. I. 4.
Yam etaṃ vârijaṃ pupphaṃ, Va. 14.
Yaṃ kiñci sithilaṃ kammaṃ, Dp. I. 8.
Yaṃ ca karoti kâyena, Ko. II. 10.
Yaṃ ca kho sîlasampanno, Ko. I. 1.
Yaṃ cassa bhuñjati mâtâ, Ya. 1.
Yaṃ taṃ isîhi pattabbaṃ, Bhi. 2.
Yaṃ tvam apâyesi, Bra. I. 4.
Yaṃ buddho bhâsate vâcam, Vaṅ. 5.
Yaṃ musâbhaṇato pâpaṃ, Sa. I. 7.
Yaṃ vadanti na taṃ mayhaṃ, Mâ. II. 9; III. 4.
Yaṃ vadanti mamayidam, Mâ. II. 9; III. 4.
Yaṃ sâvakena pattabbaṃ, Vaṅ. 9.
Yam hi kayirâ, Dev. IV. 5.
Yaṃ hi devâ manussâ ca, Sa. II. 9.
Yâ kâci kaṅkhâ, Brâ. II. 8.
Yâdisaṃ vapate bîjaṃ, Sa. I. 10.
Yâya saddhâya pabbajito, Va. 2.
Ye keci buddhaṃ, Dev. IV. 7.
Ye keci rûpâ idhavâ, Dp. III. 10.
Ye kho pamattâ, Dp. III. 5; Va. 13.
Ye gahaṭṭhâ puññakarâ, Sa. II. 8.
Ye ca atîtâ sambuddhâ, Bra. I. 2.
Ye ca kâyena vâcâya, Mâ. I. 3.
Ye ca kho ariyadhamme, Dev. IV. 9.
Ye ca yaññâ nirârambhâ, Ko. I. 9.
Ye ca rûpûpagâ sattâ, Bhi. 4. 6.
Ye dha maccharino loke, Dev. V. 9.
Ye dha laddhâ manussattam, Dev. V. 9.
Ye naṃ dadanti saddhâya, Dp. III. 3.
Yena kenaci vaṇṇena, Ya. 2.
Ye naṃ pajânanti, Ya. 3.
Ye me pavutte satthipade, Dp. II. 2.
Ye râgadosavinayâ, Sa. II. 9.
Yesaṃ dhammâ appaṭividitâ, Dev. I. 7.
Yesaṃ dhammâ asammuṭṭhâ, Dev. I. 8.
Yesaṃ dhammâ suppaṭividitâ, Dev. I. 7.
Yesaṃ dhammâ susammuṭṭhâ, Dev. I. 8.
Yesaṃ pi sallaṃ urasi, Mâ. II. 3.
Yesaṃ râgo ca doso ca, Dev. III. 3; Brâ. I. 6; Sa. II. 9.
Ye hi keci ariyadhammaṃ, Dev. IV. 9.
Yehi jâtehi nandissaṃ, Brâ. II. 4.
Yo andhakâre tamasi, Dp. I. 10.

Yo appaduṭṭhassa, Dev. III. 2; Brâ. I. 4.
Yo imasmiṃ dhammavinaye, Bra. II. 4.
Yo ca vineyya sârabbhaṃ, Brâ. II. 6.
Yo ca saddaparittâsî, Va. 8.
Yo dukkhaṃ adakkhi, Mâ. II. 10; III. 1.
Yo dha puññañca pâpañca, Brâ. II. 10.
Yo dhammacârî kâyena, Ko. III. 5.
Yo dhammaladdhassa, Dev. IV. 3.
Yo nindiyaṃ pasaṃsati, Bra. I. 9, 10.
Yo pâṇabhûtesu, Dev. IV. 3.
Yo mâtaraṃ pitaraṃ vâ, Brâ II. 9.
Yo sîlavâ paññavâ, Dp. II. 4.
Yo suññagehâni sevati, Mâ. I. 6.
Yo have balavâ santo, Sa. I. 4. 5.
Yo hoti bhikkhu arahaṃ, Dev. III. 5.
Yvâyaṃ bhisâni khaṇati, Va. 14.

Râgo uppatho akkhâti, Dev. VII. 8.
Râgo ca doso ca kuto (-ito), Ya. 3.
Rukkhamûlagahaṇaṃ pasakkiya, Va. 5.
Rûpaṃ jîrati maccânaṃ, Dev. VIII. 6.
Rûpam na jîvanti, Ya. 1.
Rûpaṃ vedayitaṃ saññaṃ, Mâ. II. 6.
Rûpâ saddâ rasâ gandhâ, Mâ. II. 6, 7; Bhi. 4.

Laddhâ hi so upâdânaṃ, Ko. I. 1.
Loke dukkhapare tasmiṃ, Ya. 7.
Lobho doso ca, Ko. I. 2; III. 3.

Vanaṃ yad aggi ḍahati, Ko. I. 1.
Vayo rattindivakkhayo, Dev. VIII. 6.
Vaso issariyaṃ loke, Dev. VIII. 7.
Vâcaṃ manañca paṇidhâya, Dev. VIII. 5.
Vâyametheva puriso, Sa. I. 8.
Viceyyadânam sugatappasatthaṃ, Dev. IV. 3.
Vijjâ uppatataṃ seṭṭhâ, Dev. VIII. 4.
Vipulo Râjagahîyânaṃ, Dp. III. 10.
Virato kâmasaññâya, Dp. II. 6.
Viriyam me dhuradhorayham, Brâ. II. 1.
Vilumpateva puriso, Ko. II. 5.
Vivekakâmo si vanaṃ, Va. 1.
Visenibhûto upasantacitto, Bra. I. 3.
Vuṭṭhi alasaṃ, Dev. VIII. 10.
Vesâliyaṃ vane viharantaṃ, Dev. IV. 9.

Sakuṇo yathâ paṃsukuṇḍito, Va. 1.
Sakkhî hi me sutaṃ etaṃ, Vaṅ. 1.
Sagâravenâ pi chavo, Dp. III. 10.
Saṅkhâre parato passa, Vaṅ. 4.
Saṅkhittena pi deseti, Vaṅ. 6.
Saṅghe pasâdo yassatthi, Sa. II. 4.
Sa ce atthi akammena, Sa. I. 1, 2.
Sa ce enti manussattaṃ, Dev. V. 9.
Sa ce pi ettato bhîyo, Vaṅ. 1.
Sa ce pi kevalaṃ, Mâ. II. 1.
Sa ce pi dasa pajjote, Va. 3.
Sa ce maggam anubuddhaṃ, Mâ. III. 4.
Sa ce va pâpakaṃ kammaṃ, Ya. 5.
Saccaṃ dhammo, Brâ. I. 9.
Saccam ve amatâ vâcâ, Vaṅ. 5.
Saccena danto damasâ upeto, Brâ. I. 9.
Saññâya vipariyesâ, Vaṅ. 4.
Sataṃ sahassânaṃ, Bra. I. 9, 10.
Sataṃ sahassâni pi, Bhi. 5.
Sataṃ hatthî satam assâ, Ya. 8.
Satimato sadâ bhaddam, Ya. 4.
Sattadhâ me phale muddhâ, Dp. I. 9, 10.
Sattiyâ viya omaṭṭho, Dev. III. 1; Dp. II. 6.
Sattîsûlupamâ kâmâ, Bhi. 1.
Satthâram dhammam, Va. 11.
Sattho pathavato mittam, Dev. VI. 3.
Saddahâno arahataṃ, Ya. 12.
Saddhâ dutiyâ, Dev. IV. 6; VI. 9.
Saddhâ bandhati pâtheyyaṃ, Dev. VIII. 9.
Saddhâ bîjaṃ tapo vuṭṭhi, Brâ. II. 1.
Saddhâya tarati oghaṃ, Ya. 12.
Saddhâyâham pabbajito, Mâ. III. 2.
Saddhâhi dânaṃ bahudhâ, Dev. IV. 3.
Saddhîdha vittaṃ, Dev. VIII. 3; Ya. 12.
Sabbakammakkhayaṃ patto, Bhi. 8.

HERTFORD:
PRINTED BY STEPHEN AUSTIN AND SONS.

SAṂYUTTA-NIKĀYA

Part 2

Pali Text Society.

SAṂYUTTA-NIKĀYA

PART II
NIDĀNA-VAGGA

EDITED BY
M. LÉON FEER
(OF PARIS)

LONDON:
PUBLISHED FOR THE PALI TEXT SOCIETY,
BY HENRY FROWDE,
OXFORD UNIVERSITY PRESS WAREHOUSE, AMEN CORNER, E.C.
1888.

CONTENTS.

INTRODUCTION.

I AM at last able to publish the second section of the SAṂYUTTA NIKĀYA, the first of which appeared three years ago. I am sorry for that long delay, and hope the following sections will appear at shorter intervals.

This section is longer than the preceding; it fills 95 leaves in the Burmese MS., and 58 in the Singhalese; whereas the first occupied respectively 82 and 48 leaves.

I.

The second section of the Saṃyutta-Nikāya is entitled NIDĀNA-VAGGO, because its first division, which comprises one half of the whole, deals especially (or rather begins by dealing) with the *paṭicca-samuppāda*, commonly called *Nidāna*. The first section is called *Sagātha*, because one or several verses (gāthās) are inserted in every sutta; for which reason I said (vol. i. intr. p. xv) that "all the verses had been gathered together by the compilers of the book into that section, and the four others were without verses." This was a mistake that I wish to rectify, as a few verses are to be found in the present section; and others also will occur (I know) in the third, and (I think) in the following ones. The number of these verses, it is true, is very small; no more than 28 occurring in 17 suttas (in this section). Nevertheless, it cannot be said that it is "without a verse."

Another assertion is to be corrected. I said in the same volume (p. viii) that, in the Section II, or Nidāna, there are nine great divisions or Saṃyuttas. Now their real number is ten; but there is some difficulty in the counting of these Saṃyuttas.

The first division contains eight chapters (vagga) [1] the seven first of which are very regular, consisting of ten suttas each; but the eighth is less regular, as being distributed into eleven suttas. These eight divisions, put together, are called *nidāna vaggo*, and should be considered as forming the *Nidāna-Saṃyuttam*; but this designation I did not find in any of the MS. at my disposal. Yet I retain it because I cannot conceive why it is missing.

The eight chapters above mentioned are followed by a division entitled *antara-peyyālam*, and styled *Suttantam*; it consists of twelve divisions. Now what *Saṃyutta* does it belong to? It is not comprised in the recapitulation at the end, and does not seem to be counted among the Saṃyuttas. What is then to be done with it? I consider it as an appendix to, or a ninth chapter of the Nidāna, the first *Saṃyutta*, which therefore has nine chapters and 93 suttas. These nine chapters, comprising 93 suttas, fill up in the Burmese MS. 48 leaves out of 96; but it looks as if this important part of the whole *Vagga* were not even a *Saṃyutta*, or rather as if the Buddhists themselves were not able to make this enumeration of the Saṃyuttas.

Observe that the following section, the so-called *Abhisamaya Samyuttaṃ*, consisting of 11 suttas, is counted by the Singalese MSS. as the "first" (*pathama*), while in the Burmese MS. it is not marked by any number at all. The following *Saṃyutta*, the so-called *dhātu*, having four chapters and 39 suttas, is marked down in the Burmese MS. as the "second" (*dutiya*) *Saṃyutta*, but is not designated by any number in the Singalese MS. The number 3 (*tatiya*) applied in the same Burmese MS. to the following *Saṃyutta* (the *Anamatagga*), which ought to be counted as the fourth, involves likewise the exclusion of the Nidāna

[1] It has been explained that the word *vagga* applies specially to the largest divisions of the compilation, and to the division of the several Saṃyuttas.

from the series of the *Saṃyuttas*. This is confirmed by the numbers *pañcama* (fifth) and *aṭṭhama* (eighth) being applied in one of the Singalese MSS. to the Lābhasakkāra and Opamma Saṃyuttas. This seems to us a remarkable fact; but, as the MSS. do not agree in this matter, and some Saṃyuttas are not accompanied by any number in any MS., we think that little regard is to be paid to the aforesaid numbers *paṭhama, dutiya, tatiya,* &c. Therefore, referring to the succession of the divisions, and to the general *uddāna* given at the end,—in the Burmese MSS. exclusively, —we divide the *Nidāna-vaggo* as follows:

		CHAPTERS.	SUTTAS.
I.	Nidāna-Saṃyutta	9	93
II.	Abhisamaya-Saṃyutta	1	11
III.	Dhātu-Saṃyutta	4	39
IV.	Anamatagga-Saṃyutta	2	20
V.	Kassapa-Saṃyutta	1	13
VI.	Lābhasakkāra-Saṃyutta	4	43
VII.	Rāhula-Saṃyutta	2	22
VIII.	Lakkhaṇa-Saṃyutta	2	21
IX.	Opamma-Saṃyutta	1	12
X.	Bhikkhu-Saṃyutta	1	12
	Total	27	286

II.

Therefore the total of the Saṃyuttas seems to be 56 instead of 55 given in the Vol. I. (p. viii) of this publication. But whatsoever the true total may be, we have here another way of counting the *Saṃyuttas*. What is indeed the SAṂYUTTA-NIKĀYA? a compilation of Saṃyuttas. The Saṃyutta is the important and essential element of the whole. The distribution of these elements into five great divisions is, for us, of secondary importance; and we can number all the *saṃyuttas*, from the first to the last, without paying regard to the five great divisions, as well as the suttas, in each *saṃyutta*, without paying regard to the different chapters.

Thus, two ways of counting exist—one founded upon the division of the whole into five great sections (*vagga*), of the sections into Saṃyuttas, of the *Saṃyuttas* into chapters (*vagga*), and of the chapters into *suttas*; the other founded upon the division of the whole into *Saṃyuttas*, and of the *Saṃyuttas* into *suttas*. In consequence, as the first great section (Sagātha) contains eleven *Saṃyuttas*, the ten Saṃyuttas of the present second section (*Nidāna*) become XII.–XXI. as follows:—

		SUTTAS.
XII.	Nidāna Saṃyutta	93
XIII.	Abhisamaya Saṃyutta	11
XIV.	Dhātu Saṃyutta	39
XV.	Anamatagga Saṃyutta	20
XVI.	Kassapa Saṃyutta..................	13
XVII.	Lābhasakkāra Saṃyutta	43
XVIII.	Rāhula Saṃyutta	22
XIX.	Lakkhaṇa Saṃyutta..............	21
XX.	Opamma Saṃyutta	12
XXI.	Bhikkhu Saṃyutta	12
	Total.................	286

The first *Saṃyutta* of the third section (Khandha) will accordingly be numbered XXII.

The use of this second method will be found more easy to use for dictionary purposes and wherever else references are required. For example, instead of quoting a passage, as II. 1. iv. 5. 4, or II. 1. vii. 3. 2 (where the figures stand respectively for the Section, Saṃyutta, Chapter, Sutta, and Paragraph), we can now say XII. 25. 4 and XVII. 3. 2, these three numbers designating respectively only the Saṃyutta, the Sutta, the Paragraph, and giving all the information required.

Now, is one of these ways to be taken, the other to be rejected? We do not think so. The first ought to be preserved because it is indigenous, the second to be taken because it is more rational and simple. Therefore we have printed in our edition the divisions of the MSS., only adding to each *Saṃyutta* its number in the whole compilation, and to each Sutta its number in the *Saṃyutta* to which it belongs.

III.

To prepare this edition, I have made use of three of the MSS. that had been previously employed, one Burmese, two Singhalese. The Burmese, which belongs to the Bibliothèque Nationale in Paris ("Fonds Pāli," No. 71), I designated there, and do so here again, by the letter B. The Singhalese MSS. are the well-known MS. of Copenhagen (S^1) and the MS. lent me by Dr. Morris (S^3). To prepare the edition of the Sagātha, I had only at my disposal a copy of the first made by Mr. Fausböll, who was so kind as to lend it me; for the present publication, I have been able to use the MS. itself which the Director of the Royal Library in Copenhagen very obligingly sent to the Bibliothèque Nationale in Paris, that it might be at my disposal, a favour for which I feel most grateful to him. As to the MS. which belonged to Dr. Morris, it is now one of the Pāli MSS. of the Bibliothèque Nationale, marked 634 in the register of the "Fonds Pāli." These two Singhalese MSS. are referred to in this volume, as in the preceding, by the letters S^1, S^3. I am sorry I was not able to mention S^2, which is the MS. of the British Museum (Or. 2344). Unfortunately I had no opportunity of going to London to examine it. Although S^2 be not mentioned in the present volume, this designation is not taken off and can always be referred to.

A fourth MS. gave me useful help; it is a Singhalese MS. of the *Nidāna-vagga* which belongs to the Bibliothèque Nationale, bearing the number 73, of the "Fonds Pāli," and which formerly belonged to Eugène Burnouf, bearing in his catalogue the number 146.

The title *Sāratthapakāsinī*—the name of the commentary of the Saṃyutta-Nikāya (of which this book is of course the second part)—is not to be found in it. It has no other title than *Nidānavaggassa-atthavaṇṇanā* (commentary on the Nidāna-vagga). Burnouf was not able, in his time, to identify the work; the frequent repetition of the word *Saṃyutta* said nothing to him, and he thought the work was to be referred to the Abhidharma class, as is stated in a note joined to the MS. and printed in his Catalogue.[1] I designate this MS. by the letter C, already used for the Commentary of the Sagātha (or first section), although the two MSS. are very different from each other, the first being Siamese and the second Singhalese.

So then these four MSS. have been examined and are referred to in the present edition in the following manner:

B. Burmese MS. of the Bibliothèque Nationale (No. 71 of the "Fonds Pāli").

S[1]. Singhalese MS. of the Royal Library of Copenhagen.

S[3]. Singhalese MS. of the Bibliothèque Nationale (No. 634 of the "Fonds Pāli").

C. Commentary on the Nidāna-vaggo, Singhalese MS. of the Bibliothèque Nationale (No. 73 of the "Fonds Pāli," No. 146 of the printed Burnouf's Catalogue).

IV.

In this volume I have acted upon the same rules of criticism as I followed in the preceding one. I have adopted no reading which is not supported by at least one of the four MSS. just mentioned. On the differences that exist between those MSS. I should like to add these few remarks. They are of three kinds; namely, as regards the text, the spelling, and the abridgments.

As to the first point, which is by far the most important,

---

[1] This is the text of the Burnouf's note: "*Nidānavaggà* ou exposition des causes en pāli, avec un Commentaire très ample dans la même langue, l'un des ouvrages qui font partie des écritures bouddhiques, et qui appartient sans doute à la section nommée Abhidhamma. Le MS. est écrit avec le plus grand soin;" and not without many faults ordinarily corrected, sometimes uncorrected.

there is not much to be said. One of the most curious of those differences results from the transfer of the succession of negative and and affirmative terms, a remarkable instance of which is to be found at page 122 in this volume. I have endeavoured not to omit any of these various readings. Those that have been rejected, not without hesitation, will be found recorded in the notes.

The difference with regard to spelling, though merely external, is perhaps more perplexing. Some words that occur very often are spelt in different ways (sometimes in the same MS.), either with a double or single letter, *nappajānāti* and *napajānāti*, *bahusuta* and *bahussuta*, either with a cerebral or a dental, *pathama* and *paṭhama*, *panīta* and *paṇīta*. These diversities seemed to me important enough to be pointed out, though the doing so has occasioned a great increase in the number of notes. Perhaps it would be better to draw up a list of such words specifying the different ways in which they are spelt, and then not have to mention them in the notes. This is what I intend to do in the next volume as Professors T. W. Rhys Davids and Estlin Carpenter have done in their edition of the Sumaṅgala-Vilāsinī.

But the greatest perplexity arose from these tedious repetitions which even the Buddhists themselves thought fit to cut short. Unfortunately the passages omitted or preserved are not always the same, nor are the texts uniformly abridged in all the MSS. This troublesome disparity was, I must confess, one of the causes of the delay in the publication of this volume. I had to choose the best abridgments: as the "Great Man"—*Si parva licet componere magnis*—I was *appossukko* (but little eager) to undertake this task. But upon trial, it proved to be less troublesome than it had seemed at first, only at times somewhat puzzling. And as a rule I have preferred the shorter arrangement.

Notwithstanding these abridgments, the number of the remaining repetitions is still very great. It often seems as if it would have been better suitable to lessen it. But I could not take upon myself to venture upon the alteration of the text given by the MSS. In some instances, however, but very rarely, I suppressed a word which came ever and again. In two occasions only (pp. 28 and 117), I did not repeat a long development that reproduced (without any change, or with a mere change of name) a passage that had preceded. These abridgments of mine are signified by the well-known symbol °.

V.

All the above-mentioned discrepancies occur more especially as between the Burmese and the Singhalese MSS. So much I may venture to assert, although I had at my disposal only one Burmese MS. and two Singhalese MSS. The agreement of these latter is very remarkable; while the variations are slight; and often a blunder existing in both is corrected in one of them (perhaps by another hand). This constant resemblance is the more astonishing as the two MSS. cannot be considered as proceeding the one from the other. One of them was only recently brought over from Ceylon to London; the other was deposited in the library at Copenhagen many years ago. My one Burmese MS. I was not able to compare with any other; but I make no doubt that the result of the comparison would be the same as for the two Singhalese MSS.

One of these diversities between the Burmese and the Singhalese MSS. seems peculiarly fit to be noticed here. The passages omitted in case of abridgment are always represented by *—pe—* in the Singhalese MSS., instead of which the Burmese MSS. have "*pa*" or "*la*" and sometime *gha*. I use ordinarily *pe*, but in cases where I follow the Burmese, I put *pa* or *la* or *gha* according to the MS.; whence the reader may conclude, without any further advice, that a passage noticed "*la*" or "*pa*" or "*gha*" is abridged in the Burmese, but complete in the Singhalese MSS. This rule I intend to observe more constantly henceforth, in order to diminish the number of the notes.

I have added to the text, as I did in the preceding volume, an appendix containing:—

I. The INDEX of *proper names.*
II. The INDEX of the titles of the *Suttas.*
III. The INDEX of *Gāthās.*

I at first hoped to be able to add a fourth index, that of the *Upamas* (comparisons), which are to be found in great numbers throughout all *Saṃyuttas*, although one of them (the *Opamma*, Saṃyutta No. IX.) is especially a collection of Upamas. I began to carry out this plan; but I found this task more difficult than I had expected. Such a list would be either too long or too short; and after some trouble I finally decided to give up the design.

Samyutta-Nikāya

Division II Nidāna-vaggo

BOOK I NIDĀNA-SAṀYUTTAM (XII)

Namo tassa bhagavato arahato sammāsambuddhassa|| ||

CHAPTER I BUDDHA-VAGGO

1 (1) *Desanā*

1 Evam me sutaṃ|| ekaṃ samayaṁ Bhagavā Sāvatthiyaṃ viharati Jetavane Anāthapiṇḍikassa ārāme|| ||

2 Tatra kho Bhagavā bhikkhū āmantesi Bhikkhavo ti||

Bhadante [1] ti te bhikkhū Bhagavato paccassosuṃ|| ||

Bhagavā etad avoca|| Paṭiccasamuppādam vo bhikkhave desissāmi|| tām suṇātha sādhukam manasikarotha bhāsissāmīti||

Evam bhanteti kho te bhikkhū Bhagavato paccassosuṃ|| ||

3 Bhagavā etad avoca|| Katamo ca bhikkhave paṭiccasamuppādo|| Avijjāpaccayā [2] bhikkhave saṅkhārā|| saṅkhārapaccayā viññānaṃ || viññāṇapaccayā nāmarūpaṃ|| nāmarūpapaccayā saḷāyatanaṃ|| saḷāyatanapaccayā phasso|| phassapaccayā vedanā|| vedanāpaccayā taṇhā|| taṇhapaccayā upādānaṃ|| upādānapaccayā bhavo|| bhavapaccayā jāti|| jātipaccayā jarāmaraṇaṃ soka-parideva-dukkhadomanassupāyasā sambhavanti|| Evam etassa [3] kevalassa dukkhakkhandhassa samudayo hoti|| Ayaṃ vuccati bhikkhave samuppādo|| ||

4 Avijjāya tveva asesavirāganirodhā saṅkhāranirodho||

---

[1] B bhaddante [2] S[1-3] °ppaccayā always

[3] B evamevatassa

saṅkhāranirodhā viññāṇanirodho|| viññāṇanirodhā nāmarūpanirodho|| nāmarūpanirodhā saḷāyatananirodho|| saḷāyatananirodhā phassanirodho|| phassanirodhā vedanānirodho|| vedanānirodhā taṇhānirodho|| taṇhānirodhā upādānanirodho|| upādānanirodhā bhavanirodho|| bhavanirodhā jātinirodho|| jātinirodhā jarāmaraṇaṃ soka-parideva-dukkha-domanassupāyāsā nirujjhanti|| Evam etassa kevalassa dukkhakkhandhassa nirodho hotīti||.||

5 Idam avoca Bhagavā|| attamanā te bhikkhū Bhagavato bhāsitam abhinandunti [1] || || Paṭhamaṃ|| || [2]

2 (2) *Vibhaṅgaṃ*

1 Sāvatthiyam viharati|| la||[3]

2 Paṭiccasamuppādam vo bhikkhave desissāmi vibhajissāmi|| taṃ suṇātha sādhukam manasikarotha bhāsissāmiti|| Evam bhante ti kho te bhikkhū Bhagavato paccassosuṃ|| ||

3 Bhagavā etad avoca||

Katamo ca bhikkhave paṭiccasamuppādo|| Avijjāpaccayā bhikkhave saṅkhārā|| saṅkhārapaccayā viññāṇaṃ|| viññāṇapaccayā nāmarūpaṃ|| nāmarūpapaccayā saḷāyatanaṃ|| saḷāyataṇapaccayā phasso|| phassapaccayā vedanā|| vedanāpaccayā taṇhā|| taṇhāpaccayā upādānaṃ|| upādānapaccayā bhavo|| bhavapaccayā jāti|| jātipaccayā jarāmaraṇaṃ soka-parideva-dukkha-domanassupāyasā sambhavanti|| Evam etassa kevalassa dukkhakkhandhassa samudayo hoti|| ||

4 Katamañca bhikkhave jarāmaraṇaṃ|| ||

Yā [4] tesaṃ tesaṃ sattānaṃ tamhi tamhi sattanikāye [5] jarā jīraṇatā khaṇḍiccaṃ pāliccaṃ valittaccatā āyuno saṃhāni indriyānaṃ paripāko|| ayam vuccati [6] jarā [7] || || Yaṃ [8]

---

[1] S[1-3] omit 5

[2] As a rule all the numbers are missing in S[1-3]

[3] In S[1-3] Sāvatthi only; and so always.

[4] S[1-3] yaṃ [5] S[1-3] °nikāyo [6] S[3] adds bhikkhave

[7] S[1-3] add katamañ ca bhikkhave maraṇaṃ [8] B yā

tesaṃ tesaṃ sattānaṃ tamhā tamhā sattanikāyā cuticavanatā bhedo antaradhānam maccumaraṇaṃ kālakiriyā khandhānaṃ bhedo kaḷebarassa [1] nikkhepo|| idam vuccati [2] maraṇaṃ|| Iti ayañ ca jarā idañ ca maraṇaṃ|| Idaṃ vuccati bhikkhave jarāmaraṇaṃ|| ||

5 Katamā ca bhikkhave jāti|| || Yā tesaṃ tesaṃ sattānaṃ tamhi tamhi sattanikāye jāti sañjāti okkanti abhinibbatti khandhānaṃ pātubhāvo [3] āyatanānaṃ paṭilābho|| Ayaṃ vuccati bhikkhave jāti||

6 Katamo ca bhikkhave bhavo|| || Tayo me bhikkhave bhavā|| kāmabhavo rūpabhavo arūpabhavo|| Ayaṃ vuccati bhikkhave bhavo|| ||

7 Katamañ ca bhikkhave upādānaṃ|| || Cattarimāni bhikkhave upādānāni|| kāmupādānaṃ diṭṭhupādānaṃ sīlabbatupādānaṃ attavādupādānaṃ|| || Idam vuccati bhikkhave upādānaṃ|| ||

8 Katamā ca bhikkhave taṇhā|| Chayime bhikkhave taṇhākāyā|| || Rūpataṇhā saddataṇhā gandhataṇhā rasataṇhā poṭṭhabbataṇhā dhammataṇhā|| || Ayaṃ vuccati bhikkhave taṇhā|| ||

9 Katamā ca bhikkhave vedanā|| || Chayime bhikkhave vedanākāyā|| cakkhu-samphassajā vedanā|| sotasamphassajā vedanā|| ghānasamphassajā vedanā|| jivhāsamphassajā vedanā|| kāyasamphassajā vedanā|| manosamphassajā vedanā|| || Ayam vuccati bhikkhave vedanā|| ||

10 Katamo ca bhikkhave phasso|| || Chayime bhikkhave phassakāyā|| Cakkhusamphasso sotasamphasso ghānasamphasso jivhāsamphasso kāyasamphasso manosamphasso|| Ayaṃ vuccati bhikkhave phasso|| ||

11 Katamañca bhikkhave saḷāyatanaṃ || cakkhāyatanaṃ sotāyatanaṃ ghānāyatanaṃ jivhāyatanaṃ kāyāyatanaṃ manāyatanam || Idam vuccati bhikkhave saḷāyatanaṃ|| ||

12 Katamañca bhikkhave nāmarūpaṃ|| || Vedanā saññā cetanā phasso manasikāro|| idam vuccati [4] nāmaṃ|| || Cattāro

---

[1] B kālakriyā . . . kaḷevarassa [2] S[3] adds bhikkhave
[3] B pātuṃ° [4] S3 adds bhikkhave

ca [1] mahābhūtā catunnañca mahābhūtānaṃ upādāya rūpaṃ|| idam vuccati rūpaṃ|| || Iti idañ ca nāmam idañ ca rūpaṃ|| Idam vuccati nāmarūpaṃ|| ||

13 Katamāñca bhikkhave viññāṇaṃ|| || Chayime bhikkhave viññāṇakāyā|| Cakkhuviññāṇaṃ sotaviññāṇaṃ ghānaviññāṇam jivhāviññaṇaṃ kāyaviññāṇaṃ manoviññāṇam|| || Idaṃ vuccati bhikkhave viññaṇaṃ|| ||

14 Katame[2] ca bhikkhave saṅkhārā|| || Tayo me bhikkhave saṅkhārā [3] kāyasaṅkhāro vacīsaṅkhāro cittasaṅkhāro|| || Ime vuccanti bhikkhave saṇkhārā|| ||

15 Katamā ca bhikkhave avijjā|| || Yaṃ kho bhikkhave dukkhe aññāṇaṃ dukkhasamudaye aññāṇaṃ dukkhanirodhe aññāṇaṃ dukkhanirodhagāminiyā paṭipadāya aññāṇaṃ|| || Ayaṃ vuccati bhikkhave avijjā|| ||

16 Iti kho bhikkhave avijjapaccayā saṅkhārā|| saṅkhārapaccayā viññāṇaṃ|| pe|| Evam etassa kevalassa dukkhakkhandhassa samudayo hoti|| Avijjāya tveva asesavirāganirodhā saṅkhāranirodho|| saṅkhāranirodhā viññāṇanirodho|| pe [4] || Evam etassa kevalassa dukkhakkhandhassa nirodho hotīti|| || Dutiyaṃ|| ||

3 (3) *Paṭipadā*

1 Sāvatthiyam viharati|| la||

2 Micchāpaṭipadañca vo bhikkhave desissāmi sammāpaṭipadañca|| taṃ suṇātha sādhukaṃ manasikarotha bhāsissāmīti|| ||

Evam bhante ti kho te bhikkhū Bhagavato paccassosuṃ|| ||

Bhagavā etad avoca||

3 Katamā ca bhikkhave micchapāṭipadā|| || Avijjāpaccayā bhikkhave saṅkhārā|| saṅkhārapaccayā [5] viññāṇaṃ|| pe[6]|| || Evam etassa kevalassa dukkhakkhandhassa samudayo hotīti|| ayaṃ vuccati bhikkhave micchāpaṭipadā|| ||

---

[1] omitted by S[1-3] [2] S[1-3] Katamā
[3] Tayo° °saṅkhārā is missing in B [4] B la
[5] S[3] has sankhārā° (*ā* being added to *r* afterwards [6] B la

4 Katamā ca bhikkhave sammāpaṭipadā|| Avijjāya tveva asesavirāganirodhā saṅkhāranirodho|| saṅkhāranirodhā viññāṇanirodho|| la||| Evam etassa kevalassa dukkhakkhandhassa nirodho hoti [1] || ayaṃ vuccati bhikkhave sammāpaṭipādā[2] ti||| Tatiyaṃ|||

4 (4) *Vipassī*

I

1 Sāvatthiyaṃ viharati||

2 Vipassissa bhikkhave bhagavato arahato sammāsambuddhassa pubbeva sambodhā anabhisambuddhassa bodhisattassa sato etad ahosi||| Kicchaṃ [3] vatāyaṃ loko āpanno jāyati ca jīyati ca mīyati ca cavati ca [4] upapajjati ca|| Atha ca panimassa dukkhassa nissaraṇaṃ nappajānāti jarāmaraṇassa||kudassu nāma imassadukkhassa nissaraṇaṃ paññāyissati jarāmaraṇassāti|||

3 Atha kho bhikkhave Vipassissa bodhisattassā etad ahosi||| Kimhi nu kho sati jarāmaraṇaṃ hoti kimpaccayā jarāmaraṇan ti||| Atha kho bhikkhave Vipassissa bodhisattassa yoniso manasikārā ahu paññāya abhisamayo|| jātiyā kho sati jarāmaraṇaṃ hoti jātipaccayā jarāmaraṇanti|||

4 Atha kho bhikkhave Vipassissa bodhisattassa etad ahosi||| Kimhi nu kho sati jāti hoti kimpaccayā jātīti||| Atha kho bhikkhave Vipassissa bodhisattassa yoniso manasikārā ahu paññāya abhisamayo|| bhave kho sati jāti hoti bhavapaccayā jātī ti|||

5 Atha kho bhikkhave Vipassissa bodhisattassa etad ahosi|| Kimhi nu kho sati bhavo hoti kimpaccayā bhavo ti||| Atha kho bhikkhave Vipassissa bodhisattassa yoniso manasikārā ahu paññāya abhisamayo|| upādāne kho sati bhavo hoti upādānapaccayā bhavo ti|||

6 Atha kho bhikkhave Vipassissa bodhisattassa etad ahosi||| Kimhi nu kho sati upādānaṃ hoti kimpaccayā upādānan ti||| Atha kho bhikkhave Vipassissa bodhisattassa yoniso

[1] S[1] [3] hotīti [2] S[3] omits ti [3] S[1-3] Kicchā
[4] B jiyyati . . . miyyati; S[3] omits cavati ca

manasikārā ahu paññāya abhisamayo|| taṇhāya kho sati upādānaṃ hoti taṇhāpaccayā upādānan ti|| ||

7 Atha kho bhikkhave Vipassissa bodhisattassa etad ahosi|| || Kimhi nu kho sati taṇhā hoti kimpaccayā taṇhā ti|| || Atha kho bhikkhave Vipassissa bodhisattassa yoniso manasikārā ahu pāññāya abhisamayo|| vedanāya kho sati[1] taṇhā hoti vedanāpaccayā taṇhāti|| ||

8 Atha kho bhikkhave Vipassissa bodhisattassa etad ahosi|| || Kimhi nu kho sati vedanā hoti kim paccayā vedanā ti|| || Atha kho bhikkhave Vipassissa bodhisattassa yoniso manasikārā ahu paññāya abhisamayo|| phasse kho sati vedanā hoti phassapaccayā vedanā ti|| ||

9 Atha kho bhikkhave Vipassassa bodhisattassa etad ahosi|| || Kimhi nu kho sati phasso hoti kimpaccayā phassoti|| || Atha kho bhikkhave Vipassissa bodhisattassa yoniso manasikārā ahu paññāya abhisamayo|| saḷāyatane kho sati phasso hoti saḷāyatanapaccayā phassoti|| ||

10 Atha kho bhikkhave Vipassissa bodhisattassa etad ahosi|| Kimhi nu kho sati saḷāyatanaṃ hoti kimpaccayā saḷāyatananti|| || Atha kho bhikkhave Vipassissa bodhisattassa yoniso manasikārā ahu paññāya abhisamayo|| Nāmarūpe kho sati saḷāyatanaṃ hoti nāmarūpapaccayā saḷāyatananti|| ||

11 Atha kho bhikkhave Vipassissa bodhisattassa etad ahosi|| Kimhi nu kho sati nāmarūpaṃ hoti kimpaccayā nāmarūpanti|| || Atha kho bhikkhave Vipassissa bodhisattassa yoniso manasikārā ahu paññāya abhisamayo|| Viññāṇe kho sati nāmarūpaṃ hoti viññāṇapaccayā nāmarūpanti|| ||

12 Atha kho bhikkhave Vipassissa bodhisattassa etad ahosi|| Kimhi nu kho sati viññāṇaṃ kimpaccayā viññāṇanti|| || Atha kho bhikkhave Vipassissa bodhisattassa yoniso manasikārā ahu paññāya abhisamayo|| Saṅkhāresu[2] kho sati viññāṇaṃ hoti saṅkhārapaccayā viññāṇanti|| ||

13 Atha kho bhikkhave Vipassissa bodhisattassa etad

---

[1] Here S[1] inserts upādāno S[3] no only [2] S[1-3] Saṅkhāre

ahosi|| Kimhi nu kho sati saṅkhārā honti kimpaccayā saṅkhārāti||| Atha kho bhikkhave Vipassissa bodhisattassa yoniso manasikārā ahu paññāya abhisamayo|| avijjāya kho sati saṅkhārā honti avijjāpaccayā saṅkhārāti|||

14 Iti hidaṃ avijjāpaccayā saṅkhārā|| saṅkhārapaccayā viññāṇaṃ|| pe||[1] Evam etassa kevalassa dukkhakkhandhassa samudayo hoti|||

15 Samudayo samudayo ti kho bhikkhave Vipassissa bodhisattassa pubbe ananussutesu dhammesu cakkhum udapādi ñāṇam udapādi paññā udapādi vijjā udapādi āloko udapādi|||

II

16 Atha kho bhikkhave Vipassissa bodhisattassa etad ahosi||| Kimhi nu kno asati[2] jarāmaraṇaṃ na hoti[3] kissa nirodhā jarāmaraṇanirodhoti||| Atha kho bhikkhave Vipassissa bodhisattassa yoniso manasikārā ahu paññāya abhisamayo|| jātiyā kho asati jarāmaraṇaṃ na hoti jātinirodhā jarāmaraṇanirodhoti|||

17 Atha kho bhikkhave Vipassissa bodhisattassa etad ahosi|| Kimhi nu kho asati jāti na hoti kissa nirodhā jātinirodhoti||| Atha kho bhikkhave Vipassissa bodhisattassa yoniso manasikārā ahu paññāya abhisamayo|| bhave kho asati jāti na hoti bhavanirodhā jātinirodho hoti|||

18 Atha kho bhikkhave Vipassissa bodhisattassa etad ahosi|| Kimhi nu kho asati bhavo na hoti kissa nirodhā bhavanirodhoti||| Atha kho bhikkhave Vipassissa bodhisattassa yoniso manasikārā ahu paññāya abhisamayo|| upādāne kho asati bhavo na hoti upadānanirodhā bhavanirodhoti|||

19 Atha kho bhikkhave Vipassissa bodhisattassa etad ahosi|| Kimhi nu kho asati upādānam na hoti kissa nirodhā upādānanirodhoti||| Atha kho bhikkhave Vipassissa bodhisattassa yoniso manasikārā ahu paññāya abhisamayo|| taṇhāya kho asati upādānaṃ na hoti taṇhānirodhā upādāna nirodhoti|||

---

[1] B la [2] S[1-3] sati [3] S[3] adds asati

20 Atha kho bhikkhave Vipassissa bodhisattassa etad ahosi|| Kimhi nu kho asati taṇhā na hoti kissa nirodhā taṇhānirodhoti||| Atha kho bhikkhave Vipassissa bodhisattassa yoniso manasikārā ahu paññāya abhisamayo|| Vedanāya kho asati taṇhā na hoti vedanānirodhā taṇhānirodhoti|||

21 Atha kho bhikkhave Vipassissa bodhisattassa etad ahosi|| Kimhi nu kho asati vedanā na hoti kissa nirodhā vedanānirodhoti||| Atha kho bhikkhave Vipassissa bodhisattassa yoniso manasikārā ahu paññāya abhisamayo|| phasse kho asati vedanā na hoti phassanirodhā vedanānirodhoti|||

22 Atha kho bhikkhave Vipassissa bodhisattassa etad ahosi|| Kimhi nu kho asati phasso na hoti kissa nirodhā phassanirodhoti||| Atha kho bhikkhave Vipassissa bodhisattassa yoniso manasikārā ahu paññāya abhisamayo|| saḷāyatane kho asati phasso na hoti saḷāyatananirodhā phassanirodhoti|||

23 Atha kho bhikkhave Vipassissa bodhisattassa etad ahosi|| Kimhi nu kho asati saḷāyatanaṃ na hoti kissa nirodhā saḷāyatana-nirodhoti||| Atha kho bhikkhave Vipassissa bodhisattassa yoniso manasikārā ahu paññāya abhisamayo|| nāmarūpe kho asati saḷāyatanaṃ na hoti nāmarūpanirodhā saḷāyatananirodhoti|||

24 Atha kho bhikkhave Vipassissa bodhisattassa etad ahosi|| Kimhi nu kho asati nāmarūpaṃ na hoti kissa nirodhā nāmarūpanirodhoti||| Atha kho bhikkhave Vipassissa bodhisattassa yoniso manasikārā ahu paññāya abhisamayo|| Viññāṇe kho asati nāmarūpam na hoti viññāṇanirodhā nāmarūpanirodhoti|||

25 Atha kho bhikkhave Vipassissa bodhisattassa etad ahosi|| Kimhi nu kho asati viññāṇaṃ na hoti kissa nirodhā viññāṇanirodhoti||| Atha kho bhikkhave Vipassissa bodhisattassa yoniso manasikārā ahu paññāya abhisamayo|| saṅkhāresu[1] kho asati viññāṇaṃ na hoti saṅkhāranirodhā viññāṇanirodhoti|||

---

[1] S[1-3] saṅkhāre, as above; further on, saṅkhāresu

26 Atha kho bhikkhave Vipassissa bodhisattassa etad ahosi|| Kimhi nu kho asati saṅkhārā na honti kissa nirodhā saṅkhāranirodhoti|| || Atha kho bhikkhave Vipassissa bodhisattassa yoniso manasikārā ahu paññāya abhisamayo|| avijjāya kho asati saṅkhārā na honti avijjānirodhā saṅkhāranirodhoti|| ||

27 Iti hidam avijjānirodhā saṅkhāranirodho|| saṅkhāranirodhā viññāṇanirodho|| pe||[1] Evam etassa kevalassa dukkhakkhandhassa nirodho hoti|| ||[2]

28 Nirodho nirodhoti kho bhikkhave Vipassissa bodhisattassa pubbe ananussutesu dhammesu cakkhum udapādi ñāṇam udapādi paññā udapādi vijjā udapādi āloko udapāditi|| || Catuttham|| ||

Sattannam pi buddhānam evam peyyālo|| ||[3]

5 (5) *Sikhī*

Sikkhissa bhikkhave bhagavato arahato sammāsambuddhassa° pe|| ||

6 (6) *Vessabhu*

Vessabhussa bhikkhave bhagavato arahato sammāsambuddhassa° pe|| ||

7 (7) *Kakusandho*

Kakusandhassa[4] bhikkhave bhagavato arahato sammāsambuddhassa° pe|| ||

8 (8) *Koṇāgamano*

Koṇāgamanassa bhikkhave bhagavato arahato sammāsambuddhassa° pe|| ||

9 (9) *Kassapo*

Kassapassa bhikkhave bhagavato arahato sammāsambuddhassa° pe || ||

---

[1] B la [2] B hotīti

[3] S[1-3] omit pi, and read vitthāretabbo instead of peyyālo

[4] B Kakku°

10 (10) *Mahā Sakyamuni Gotamo*

I

2 Pubbe va me bhikkhave sambodhā anabhisambuddhassa bodhisattasseva sato etad ahosi||| Kiccham[1] vatāyaṃ loko āpanno jāyati ca jīyati ca mīyati ca cavati ca upapajjati ca|| Atha ca panimassa dukkhassa nissaraṇam nappajānāti jarāmaraṇassa|| Kudassu nāma imassa dukkhassa nissaraṇaṃ paññāyissati jarāmaraṇassāti|||

3 Tassa mayhaṃ bhikkhave etad ahosi|| Kimhi nu kho sati jarāmaraṇaṃ hoti kimpaccayā jarāmaraṇanti||| Tassa mayhaṃ bhikkhave yoniso manasikārā ahu paññāya abhisamayo|| jātiyā kho sati jarāmaraṇaṃ hoti jātipaccayā jarāmaraṇan ti|||

4–13 Tassa mayham bhikkhave etad ahosi|| Kimhi nu kho sati jāti hoti|| bhavo|| upādānaṃ|| taṇhā|| vedanā|| phasso|| saḷāyatanaṃ|| nāmarūpaṃ|| viññāṇaṃ|| saṅkhārā honti kimpaccayā saṅkhārā ti||

Tassa mayhaṃ bhikkhave yoniso manasikārā ahu paññāya abhisamayo|| avijjāya kho sati saṅkhārā honti avijjā paccayā saṅkhārāti|||

14 Iti hidaṃ[2] avijjāpaccayā saṅkhārā|| saṅkhārapaccayā viññāṇaṃ|| pe||| Evam etassa kevalassa dukkhakkhandhassa samudayo hoti||

15 Samudayo samudayo ti kho me[3] bhikkhave pubbe ananussutesu dhammesu cakkhum udapādi ñāṇam udapādi paññā udapādi vijjā udapādi āloko udapādi|||

II

16 Tassa mayham bhikkhave etad ahosi|| Kimhi nu kho asati jarāmaraṇaṃ na hoti kissa nirodhā jarāmaraṇa nirodhoti||| Tassa mayham bhikkhave yoniso manasikārā ahu paññāya abhisamayo|| jātiyā kho asati jarāmaraṇaṃ na hoti jātinirodhā jarāmaraṇanirodhoti|||

17–26 Tassa mayham bhikkhave etad ahosi|| Kimhi nu

---

[1] S3 kiccho S1 kicchivitāyaṃ

[2] S1-3 add bhikkhave [3] Omitted by S1-3

kho asati jāti na hoti|| bhavo|| upādānaṃ|| taṇha|| vedanā|| phasso|| saḷāyatanaṃ|| nāmarūpaṃ|| viññāṇaṃ|| saṅkhārā na honti|| kissa nirodhā saṅkhāranirodho ti||

Tassa mayham bhikkhave yoniso manasikārā ahu paññāya abhisamayo|| Avijjāya kho asati saṅkhārā na honti avijjānirodhā saṅkhāranirodho ti|| ||

27 Iti hidam avijjānirodhā saṅkhāranirodho|| saṅkhāranirodhā viññāṇanirodho|| pe|| Evam etassa kevalassa dukkhakkhandhassa nirodho hoti|| ||

28. Nirodho nirodhoti kho me [1] bhikkhave pubbe ananussutesu dhammesu cakkhum udapādi ñāṇam udapādi paññā udapādi vijjā udapādi āloko udapādī ti|| ||

Buddha-vaggo pathamo|| ||

Tassuddānam|| ||

Desanā Vibhaṅgam Paṭipadā ca||[2] Vipassī Sikhī [3] ca Vessabhu || Kakusandho [4] Konāgamano [5] Kassapo|| Mahā Sakyamuni [6] ca Gotamanti|| ||

Chapter II Āhāra-vagga

11 (1) *Āhārā*

1 Evam me sutaṃ|| ekaṃ samayam Bhagavā Sāvatthiyaṃ viharati Jetavane Anāthapiṇḍikassa ārāme|| ||[7]

2 Cattāro me bhikkhave āhārā bhūtānam vā sattānaṃ ṭhitiyā sambhavesīnam vā anuggahāya||

Katame cattāro|| Kabaliṃkaro [8] āhāro oḷāriko vā sukhumo vā|| phasso dutiyo|| manosañcetanā tatiyo|| viññāṇaṃ catutthaṃ|| Ime kho bhikkhave cattāro āhārā bhūtānam vā sattānaṃ ṭhitiyā sambhavesīnaṃ vā anuggahāya|| ||

3 Ime ca [9] bhikkhave cattāro āhārā kiṃnidānā [10] kiṃ

---

[1] Omitted by S1-3
[2] B patipadañ ca
[3] B vipassi sikkhi
[4] B kakku°
[5] S1-3 koṇāgamanañca
[6] S1-3 mahāyaso sakyamunā
[7] S1-3 Sāvatthi only, always
[8] B. kabalīkāro, always
[9] S1-3 kho
[10] B kinnidānā always

samudayā kiṃjatikā kimpabhavā|| || Ime cattāro āhārā tanhānidānā taṇhāsamudayā taṇhājātikā taṇhāpabhavā||

4 Taṇhā cāyam bhikkhave kiṃnidānā kiṃsamudayā kiṃjātikā kimpabhavā|| Taṇhā vedanānidānā vedanāsamudayā vedanājātikā vedanā pabhavā|| ||

5 Vedanā cāyam bhikkhave kiṃnidānā kiṃsamudayā kiṃjātikā|| kimpabhavā|| Vedanā phassanidānā phassasamudayā phassajātikā phassapabhavā|| ||

6 Phasso cāyam bhikkhave kiṃnidāno kiṃsamudayo kiṃjātiko kimpabhavo|| Phasso saḷāyatananidāno saḷāyatanasamudayo saḷāyatanajātiko saḷāyatanapabhavo|| ||

7 Saḷāyatanaṃ cidaṃ bhikkhave kiṃnidānaṃ kiṃsamudayaṃ kiṃjātikaṃ kimpabhāvaṃ|| Saḷāyatanaṃ nāmarūpanidānaṃ nāmarūpasamudayaṃ namarūpajātikaṃ nāmarūpabhavaṃ|| ||

8 Nāmarūpañcidaṃ bhikkhave kimnidānaṃ kiṃsamudayaṃ kiṃjātikam kimpabhavaṃ|| || Nāmarūpaṃ viññāṇanidānaṃ viññāṇasamudayam viññāṇajātikaṃ viññāṇapabhavaṃ|| ||

9 Viññāṇaṃ cidam bhikkhave kiṃnidānaṃ kiṃsamudayam kiṃjātikaṃ kimpabhavaṃ|| Vinnāṇaṃ saṅkhāranidānam saṅkhārasamudayāṃ sankhārajātikaṃ saṅkhārapabhavaṃ|| ||

10 Sankhārā cime bhikkhave kiṃnidānā kiṃsamudayā kiṃjātikā kimpabhava|| Saṅkhārā avijjānidānā avijjāsamudayā avijjājātikā avijjāpabhavā|| ||

11 Iti kho bhikkhave avijjāpaccayā saṅkhārā|| saṅkhārapaccayā viññāṇaṃ|| pe|| || Evam etassa kevalassa dukkhakkhandhassa samudayo hoti|| ||

12 Avijjāya tveva asesavirāganirodhā saṅkhāranirodho|| saṅkhāranirodhā viññāṇanirodho||[1] pe||[2] Evam etassa kevalassa dukkhakkhandhassa nirodho hotīti|| ||

Pathamaṃ|| ||

12 (2) *Phagguno*

1 Sāvatthiyaṃ viharati|| ||[3]

---

[1] S1-3 omit viñº dho [2] B la [3] S1-3 sāvatthi only, always

2 Cattāro me bhikkhave āhārā bhūtānaṃ vā sattānam ṭhitiyā sambhavesīnam vā anuggahāya || Katame cattāro || Kabaḷimkāro āhāro oḷāriko vā sukhumo vā | phasso dutiyo || manosañcetanā tatiyo [1] || viññanaṃ catutthaṃ || Ime kho bhikkhave cattāro āhārā bhūtānaṃ vā sattānaṃ ṭhitiyā sambhavesīnaṃ vā anuggahāyāti ||

3 Evam vutte āyasmā Moliya-Phagguno [2] Bhagavantam etad avoca || Ko nu kho bhante viññāṇāhāram āhāretīti || ||

No kallo pañhoti Bhagavā avoca || Āhāretīti ahaṃ na vadāmi || āhāretīti cāhaṃ vadeyyaṃ tatrassa kallo pañho [3] Ko nu kho bhante āhāretīti || Evañcāhaṃ na vadāmi | evaṃ mam avadantaṃ yo evam puccheyya Kissa nu kho bhante viññāṇāhāro ti || esa kallo pañho || Tatra [4] kallam veyyakaraṇam || Viññāñāhāro āyatiṃ punabbhavābhinibbatiyā paccayo || tasmiṃ bhute sati saḷāyatanaṃ saḷāyatana-paccayā phasso ti || ||

4 Ko nu kho bhante phusatīti || ||

No kallo pañhoti Bhagavā avoca || Phusatīti aham [5] na vadāmi || phusatīti cāham vadeyyam tatrassa kallo pañho Ko nu kho bhante phusatīti || [6] Evañcāhaṃ na vadāmi || evam mam avadantaṃ yo evam pucheyya Kimpaccayā nu kho bhante phassoti || esa kallo pañho || Tatra [7] kallam veyyākaraṇam saḷāyatana paccayā phasso phassapaccayā vedanāti || ||

5 Ko nu kho bhante vediyatīti ||

No kallo pañhoti Bhagavā avoca || Vediyatīti āhaṃ na vadāmi || vediyatīti cāhaṃ vadeyyam tatrassa kallo pañho Ko nu kho bhante vediyatīti || Evāncāhaṃ na vadāmi || evam mam avadantaṃ yo evam puccheyya || kim paccayā nu kho bhante vedanati || esa kallo paṇho || Tatra kallam veyyākaraṇaṃ || phassapaccayā vedanā vedanāpaccayā taṇhāti || ||

6 Ko nu kho bhante tasatīti || || [8]

No kallo pañho ti Bhagavā avoca || tasatīti aham nava-

---

[1] B tatiyā [2] B Moḷiya° [3] S¹⁻³ add ti

[4] S³ tatrassa [5] S¹⁻³ haṃ here and further on

[6] S¹⁻³ insert here cāhaṃ vadeyyaṃ tatrassa kallo pañho ko nu kho bhante vediyatīti [7] S³ omits tatra

[8] So B. S¹⁻³ tuṇhīyatīti; the word is not to be found in C

dāmi|| tasatīti cāham vadeyyam tatrassa kallo pañho Ko nu kho bhante tasatīti|| Evañcāhaṃ na vadāmi, evam mam avadantaṃ yo evam puccheyya Kim paccayā nu kho bhante taṇhāti||[1] esa kallo pañho|| Tatra kallaṃ veyyākaraṇaṃ vedanāpaccayā taṇhā taṇhāpaccayā upādānanti|||

7 Ko nu kho bhante upādiyatīti||

No kallo pañhoti Bhagavā avoca|| Upādiyatīti ahaṃ na vadāmi|| upādiyatīti cāhaṃ vadeyyam tatrassa kallo pañho Ko nu kho bhante upādiyatīti|| Evaṃ cāhaṃ na vadāmi|| evam mam avadantaṃ yo evam puccheyya Kim paccayā nu kho bhante upādānanti|| esa kallo pañho|| Tatra kallam veyyākaraṇam taṇhāpaccayā upādanam upādānapaccayā bhavoti|| pe||

Evam etassa kevalassa dukkhakkhandhassa samudayo hoti||

8 Channam tveva Phagguna[2] phassāyatanānaṃ asesavirāganirodhā phassanirodho|| phassanirodhā vedanānirodho|| vedanānirodhā taṇhānirodho|| taṇhānirodhā upādānanirodho|| upādānanirodhā bhavanirodho|| bhavanirodhā jātinirodho|| jātinirodhā jarāmaraṇaṃ sokaparidevadukkhadomanassupāyāsā nirujjhanti||

Evam etassa kevalassa dukkhakkhandhassa nirodho hotīti|| ||[3] Dutiyaṃ|| ||

13 (3) *Samaṇa-brahmaṇā* (1)

1 Sāvatthiyaṃ viharati|| ||

2 Ye hi keci bhikkhave samaṇā vā brāhmaṇā vā jarāmaraṇaṃ nappajānanti|| jarāmaraṇasamudayaṃ nappajānanti|| jarāmaraṇanirodhaṃ nappajānanti|| jarāmaraṇanirodha-gāminiṃ[4] paṭipadaṃ nappajānanti|| jāti|| la||[5] bharam|| upādānaṃ|| taṇhaṃ|| vedanaṃ|| phassaṃ|| saḷāyatanaṃ|| nāmarūpaṃ|| viññāṇaṃ|| saṅkhāre nappajānanti|| sankhārasamudayaṃ nappajānanti|| saṅkhāranirodhaṃ nappajānanti|| saṅkhāranirodhagāminiṃ paṭipadaṃ nappa-

[1] B tasatīti [2] Missing in B [3] S[1-3] hoti
[4] B °gāmini° and so further on
[5] So B; S[1-3] —pe—jāti— here and further on.

jānanti || na me te bhikkhave samaṇā vā brāhmaṇā vā samaṇesu vā samaṇasammatā brāhmaṇesu vā brāhmaṇasammatā na ca pana te āyasmanto sāmaññatthaṃ vā brahmaññatthaṃ vā diṭṭheva dhamme sayaṃ abhiññā sacchikatvā upasampajja viharanti || ||

3 Ye ca kho keci bhikkave samaṇā vā brāhmaṇā vā jarāmaraṇam pajānanti || jarāmaraṇasamudayam pajānanti || jarāmaraṇanirodham pajānanti || jarāmaraṇanirodhagāminiṃ paṭipadaṃ pajānanti || jāti || bhavaṃ || upādānaṃ || taṇhaṃ || vedanaṃ || phassaṃ || saḷāyatanaṃ || nāmarūpaṃ || viññāṇaṃ || saṅkhāre pajānanti || saṅkhārasamudayaṃ pajānanti || saṅkhāranirodhaṃ pajānanti || saṅkhāranirodhagāminiṃ paṭipadaṃ pajānanti || te kho me bhikkhave samaṇā vā brāhmaṇā vā samaṇesu ceva samaṇasammatā brāhmaṇesu ca brāhmaṇasammatā || te ca panāyasmanto sāmaññatthañca brahmaññatthañca diṭṭheva dhamme sayam abhiññā sacchikatvā upasampajja viharantīti || || Tatiyaṃ || ||

14 (4) *Samaṇa-brāhmaṇā* (2)

1 Sāvatthiyam viharati || ||

2 Ye hi keci bhikkhave samanā vā brāhmaṇā vā ime dhamme nappajānanti || imesaṃ dhammānaṃ samudayaṃ nappajānanti || imesaṃ dhammānaṃ nirodhaṃ nappajānanti || imesaṃ dhammānaṃ nirodhagaminiṃ paṭipadaṃ nappajānanti ||

3 Katame dhamme nappajānanti || katamesaṃ dhammānaṃ samudayaṃ nappajānanti || katamesaṃ dhammānaṃ nirodhaṃ nappajānanti || katamesaṃ dhammānaṃ nirodhagāminiṃ paṭipadaṃ nappajānanti ||

4 Jarāmaraṇaṃ nappajānanti || jarāmaraṇasamudayaṃ nappajānanti || jarāmaraṇanirodhagāminiṃ paṭipadaṃ nappajānanti || jāti || pe || [1] bhavaṃ || upādānaṃ || taṇhaṃ || vedanaṃ || phassaṃ || saḷāyatanaṃ || nāmarūpaṃ || viññāṇaṃ || saṅkhāre nappajānanti || ime dhamme nappajānanti || imesaṃ dhammānaṃ samudayaṃ nappajānanti || imesaṃ dham-

[1] B la

mānaṃ nirodhaṃ nappajānanti|| imesaṃ dhammāṇam nirodhagaminiṃ paṭipadaṃ nappajānanti||

5 Na me te bhikkhave samaṇā vā brāhmaṇā vā samaṇesu vā samaṇasammatā brāhmaṇesu vā brāhmaṇasammatā na ca pana te āyasmanto sāmaññatthaṃ vā brahmaññatthaṃ vā diṭṭheva dhamme sayam abhiññā sacchikatvā upasampajja viharanti||

6 Ye ca kho keci bhikkhave samaṇā vā brāhmaṇā vā ime dhamme pajānanti|| imesaṃ dhammānaṃ samudayam pajānanti|| imesaṃ dhammānaṃ nirodham pajānanti|| imesaṃ dhammānaṃ nirodhagāminiṃ paṭipadaṃ pajānanti||

7 Katame dhamme pajānanti|| katamesaṃ dhammānaṃ samudayam pajānanti|| katamesaṃ dhammānaṃ nirodham pajānanti|| katamesaṃ dhammānaṃ nirodhagāminiṃ paṭipadaṃ pajānanti||

8 Jarāmaraṇam pajānanti || jarāmaraṇasamudayaṃ pajānanti|| jarāmaraṇanirodham pajānanti|| jarāmaraṇanirodhagāminiṃ paṭipadaṃ pajānanti|| pe|| jātim||[1] bhavaṃ|| upādānaṃ|| taṇhaṃ|| vedanaṃ|| phassaṃ|| saḷāyatanam|| nāmarupaṃ|| viññāṇaṃ|| saṅkhāre pajānanti||[2] saṅkhārasamudayam pajānanti|| saṅkhāranirodham pajānanti|| saṅkhāranirodhagāminiṃ paṭipadam pajānanti|| ime dhamme pajānanti|| imesaṃ dhammānaṃ samudayaṃ pajānanti|| imesaṃ dhammānaṃ nirodham pajānanti|| imesaṃ dhammānaṃ nirodhagāminiṃ paṭipadam pajānanti||

9 Te kho me[3] bhikkhave samaṇā vā brāhmaṇā vā samaṇesu ceva samaṇasammatā brāhmaṇesu ca brāhmaṇasammatā|| te ca panāyasmanto sāmaññatthañ ca brahmaññatthañca diṭṭheva dhamme sayam abhiññā sacchikatvā upasampajja viharantīti|| || Catutthaṃ|| ||

15 (5) *Kaccāyanagotto*

1 Sāvatthiyaṃ viharati|| ||

---

[1] So S[1] [3] B jāti|| la|| [2] S[1-3] pe

[3] So B S[1-3] imekho

2 Atha kho āyasmā Kaccāyanagotto[1] yena Bhagavā tenupasaṅkami|| upasaṅkamitvā Bhagavantam abhivādetvā ekam antam nisīdi||

3 Ekam antam nisinno kho āyasmā Kaccāyanagotto Bhagavantam etad avoca|| Sammādiṭṭhi sammādiṭṭhīti bhante vuccati|| kittāvatā nu kho bhante sammādiṭṭhi hotīti|| ||

4 Dvayanissito[2] khvāyaṃ[3] Kaccāyana loko yebhuyyena atthitañ ceva natthitañ ca||

5 Lokasamudayaṃ kho Kaccāyana yathābhūtaṃ sammappaññāya passato yā loke natthitā sā na hoti|| lokanirodhaṃ kho Kaccāyana yathābhūtaṃ sammappaññāya passato yā loke atthitā sā na hoti|| ||

6 Upāyupādānābhinivesavinibandho[4] khvāyaṃ Kaccāyana loko yebhuyyena|| tañcāyaṃ upāyupādānām[5] cetaso adhiṭṭhānam abhinivesānusayaṃ na upeti na upādiyati nādhiṭṭhāti attānam eti|| Dukkham eva uppajjamānam uppajjati dukkhaṃ nirujjhamānaṃ nirujjhatīti na kaṅkhati na vicikicchati aparapaccayā ñāṇam evassa ettha hoti|| || Ettavatā kho Kaccāna sammādiṭṭhi hoti|| ||

7 Sabbam atthīti kho Kaccāyana ayam eko anto|| Sabbaṃ natthīti ayam dutiyo anto|| ||

Ete te Kaccāyana ubho ante anupagamma majjhena Tathāgato dhammam deseti|| ||

8 Avijjāpaccayā sankhārā|| saṅkhārapaccayā viññāṇām|| pe|| Evam etassa kevalassa dukkhakkhandhassa samudayo hoti|| ||

Avijjāya tveva asesavirāganirodhā saṅkhāranirodho|| saṅkhāranirodhā viññāṇanirodho|| pe|| Evam etassa kevalassa dukkhakkhandhassa nirodho hotīti|| || Pañcamaṃ|| ||

---

[1] B kaccāna always [2] S[1-3] dvayaṃ°

[3] S[1-3] kho yaṃ and further on

[4] So B and C S[1-3] upāyupādānavinivesañca nibandho

[5] So B S[1-3] tañcāyupādānaṃ C has taṃcāyan-ti tañca upāyupādānaṃ . . .

16 (6) *Dhammakathiko*

1 Sāvatthiyaṃ|| ||

2 Atha kho aññataro bhikkhu yena Bhagavā tenupasankami|| upasankamitvā Bhagavantam abhivādetvā ekaṃ antaṃ nisīdi|| ||

3 Ekam antaṃ nisinno kho so bhikkhu Bhagavantam etad avoca|| Dhammakathiko dhammakathiko ti bhante vuccati|| ||

4 Jarāmaraṇassa ce bhikkhu nibbidāya virāgāya nirodhāya dhammaṃ deseti| dhammakathiko bhikkhū ti alaṃ vacanāya|| ||

5 Jarāmaraṇassa ce bhikkhu nibbidāya virāgāya nirodhāyā paṭipanno hoti|| dhammānuddhammapaṭipanno bhikkhūti alaṃ vacanāya|| ||

6 Jarāmaraṇassa ce bhikkhu nibbidā virāgā nirodhā anupādā vimutto hoti|| diṭṭhadhammanibbānappatto bhikkhūti alaṃ vacanāya|| ||

7 Jātiyā ce bhikkhu|| Bhavassa ce bhikkhu|| Upadānassa ce bhikkhu|| Taṇhāya ce bhikkhu|| Vedanāya ce bhikkhu|| Phassassa ce bhikkhu|| Saḷāyatanassa ce bhikkhu|| Nāmarūpassa ce bhikkhu|| Viññāṇassa ce bhikkhu|| Saṅkhārānaṃ ce bhikkhu|| Avijjāya ce bhikkhu nibbidāya virāgāya nirodhāya dhammaṃ deseti|| dhammakathiko bhikkhūti alaṃ vacanāya||

8 Avijjāya ce bhikkhu nibbidāya virāgāya nirodhāya paṭipanno hoti|| dhammānudhammapaṭipanno bhikkhūti alaṃ vacanāya|| ||

9 Avijjāya ce bhikkhu nibbidā virāgā nirodhā [1] anupādā vimutto hoti|| diṭṭhadhammanibbānappatto bhikkhūti alaṃ vacanāyāti|| ||

Chaṭṭhaṃ|| ||

17 (7) *Acela*

1 Evaṃ me sutaṃ|| ekaṃ samayam Bhagavā Rājagahe viharati Veḷuvane Kalandakanivāpe|| ||

---

[1] S[1-3] nibbidāya virāgāya nirodhāya

I

2 Atha kho Bhagavā pubbaṇhasamayaṃ nivāsetvā pattacīvaram ādāya Rājagaham piṇḍāya pāvisi|| ||

3 Addasā kho Acela-Kassapo [1] Bhagavantaṃ dūrato va āgacchantaṃ|| || Disvāna yena Bhagava tenupasaṅkami|| Upasaṅkamitvā Bhagavatā saddhiṃ sammodi|| sammodanīyaṃ kathaṃ sārāṇīyaṃ vītisāretvā ekam antam aṭṭhāsi||

4 Ekam antam ṭhito kho Achela-Kassapo Bhagavantam etad avoca|| || Puccheyyāma mayaṃ bhavantaṃ [2] Gotamaṃ kiñcid eva desaṃ|| sa ce no bhavaṃ Gotamo okāsaṃ karoti pañhassa veyyākaraṇāyāti|| ||

Akālo kho tāva Kassapa pañhassa antaragharaṃ paviṭṭhamhāti|| ||

5 Dutiyam pi kho Acela-Kassapo Bhagavantam etad avoca|| || Puccheyyāma mayam bhavantam Gotamaṃ kiñcideva desaṃ|| sa ce no bhavan Gotamo okāsam karoti pañhāssa veyyākaraṇāyāti|| ||

Akālo kho tāva Kassapa pañhassa antaragharaṃ paviṭṭhamhāti|| ||

6 Tatiyam pi kho Acela-Kassapo|| la|| antaragharaṃ paviṭṭhamhāti|| ||

Evam vutte Acela-Kassapo Bhagavantam etad avoca|| || Na kho pana mayam bhavantaṃ Gotamaṃ bahudeva pucchitukāmāti|| ||

Puccha Kassapa yad akaṅkhasīti||

II

7 Kim nu kho bho Gotama sayaṃkataṃ dukkhanti|| ||
Mā hevaṃ Kassapāti Bhagavā avoca|| ||

8 Kim pana bho Gotama paraṃkataṃ [3] dukkhanti|| ||
Mā hevaṃ Kassapāti Bhagavā avoca|| ||

9 Kim nu kho bho Gotama sayaṃkatañca paraṃkatañca dukkhanti|| ||
Mā hevaṃ Kassapāti Bhagavā avoca|| ||

---

[1] B acelo always [2] S1-3 bhagavantaṃ
[3] S1-3 parakataṃ always

10 Kim pana bho Gotama asayaṃ-kāram aparaṃ-kāram [1] adhicca samuppannaṃ dukkhanti||

Mā hevaṃ Kassapāti Bhagavā avoca|| ||

11 Kiṃ nu kho bho Gotama natthi dukkhanti||

Na kho Kassapa natthi dukkham atthi kho Kassapa dukkhanti|| ||

12 Tena hi bhavaṃ Gotamo dukkhaṃ na jānāti na passatīti||

Na khvāhaṃ Kassapa dukkham na jānāmi na passāmi|| jānāmi khvāham Kassapa dukkhaṃ passāmi khvāhaṃ Kassapa dukkhanti|| ||

13 Kiṃ nu kho bho Gotama sayaṃkatam dukkhanti iti puṭṭho samāno Mā hevaṃ Kassapā ti vadesi|| Kiṃ pana bho Gotama paraṃ-kataṃ dukkhanti iti puṭṭho samāno Mā hevaṃ Kassapā ti vadesi|| || Kiṃ nu kho bho Gotama sayaṃ-katañ ca paraṃ-katañ ca dukkhanti iti puṭṭho samāno Mā hevaṃ Kassapāti vadesi|| || Kim pana bho Gotama asayaṃ-kāram aparaṃ-kāram adhicca samuppannaṃ dukkhanti iti puṭṭho samāno Māhevam Kassapāti vadesi|| Kiṃ nu kho bho Gotama natthi dukkhanti iti puṭṭho samāno Na kho Kassapa natthi dukkham atthi kho Kassapa dukkhanti vadesi|| || Tena hi bhavaṃ Gotamo dukkhaṃ na jānāti na passatīti iti puṭṭho samāno Na khvāhaṃ Kassapa dukkham na jānāmi na passāmi|| jānāmi khvāhaṃ Kassapa dukkhaṃ passāmi khvāhaṃ Kassapa dukkhan ti vadesi|| ācikkhatu ca[2] me bhante Bhagavā dukkhaṃ desetu ca me bhante Bhagavā dukkhan ti|| ||

14 So karoti so paṭisamvediyatīti kho Kassapa ādito sato sayaṃkataṃ dukkhanti iti vadaṃ sassatam etam pareti||

Añño karoti añño paṭisaṃvediyatīti kho Kassapa vedanābhitunnassa sato paraṃkataṃ dukkhanti iti vadam ucchedam etam pareti|| ||

15 Ete te Kassapa ubho ante anupagamma majjhena Tathāgato dhammam deseti|| || Avijjāpaccayā saṅkhārā|| saṅkhārapaccayā viññāṇaṃ|| pe|| Evam etassa kevalassa dukkhakkhandhassa samudayo hoti|| || Avijjāya tveva

---

[1] S[1] omits kāraṃ

[2] S[1-3] omit ca

asesavirāganirodhā saṅkhāranirodho|| sankhāranirodhā viññāṇanirodho|| pe|| Evam etassa kevalassa dukkhakkhandhassa nirodho hotīti|||

III

16 Evam vutte Acela-Kassapo Bhagavantam etad avoca|| Abhikkantam bhante abhikkantam bhante seyyathāpi bhante nikujjitaṃ vā ukkujjeyya|| pe|| cakkhumanto rūpāni dakkhintīti|| Evam evaṃ Bhagavatā anekapariyāyena dhammo pakāsito||| Esāham bhante Bhagavantam saraṇaṃ gacchāmi dhammañca bhikkhusaṃghañ ca|| labheyyāham bhante Bhagavato santike pabbajjam labheyyam upasampadanti|||

17 Yo kho Kassapa aññatitthiyapubbo imasmiṃ dhammavinaye ākaṅkhati pabbajjam ākaṅkhati upasampadaṃ|| so cattāro māse parivasati|| Catunnaṃ māsānam accayena parivuṭṭhaparivāsaṃ [1] āraddhacittā bhikkhū ākaṅkhamānā pabbājenti upasampādenti bhikkhubhāvāya||| Api ca mayā (*alias* mettha, C) puggalavemattatā viditāti|||

18 Sa ce bhante aññatitthiyapubbo [2] imasmiṃ dhammavinaye ākaṅkhati pabbajjam ākaṅkhati upasampadam cattāro māse parivasati [3]|| catunnam māsānam accayena parivuṭṭhaparivāsam [4] āraddhacittā bhikkhū ākaṅkhamānā pabbājenti upasampādenti bhikkhubhāvāya|| ahaṃ cattāri vassāni parivasissāmi catunnaṃ vassānam accayena parivuṭṭhaparivāsam āraddhacittā bhikkhū pabbājentu upasampādentu bhikkhubhāvāyāti|||

19 Alattha kho Acela-Kassapo [5] Bhagavato santike pabbajjam alattha upasampadaṃ|||

IV

20 Acirūpasampanno ca panāyasmā Kassapo eko vupakaṭṭho appamatto ātāpī pahitatto viharanto na cirasseva

---

[1] S¹⁻³ parivuttha° here and further on [2] S¹ °titthiyā
[3] S¹⁻³ °ākaṅkhantā° . . . ākaṅkhantā° parivasanti
[4] S¹ parivutta° [5] S¹⁻³ acelako kassapo

yassatthāya kulaputtā sammadeva agārasmā anagāriyam pabbajanti|| tad anuttaram brahmacariya-pariyosānaṃ diṭṭheva dhamme sayaṃ abhiññā[1] sacchikatvā upasampajja vihāsi|| khīṇā jāti vusitam brahmacariyaṃ kataṃ karaṇīyaṃ nāparam itthattāyāti abbhaññāsi||

21 Aññataro ca panāyasmā Kassapo arahatam ahosīti||| Sattamam||||

18 (8) *Timbaruko*

1 Sāvatthiyaṃ viharati||||

2 Atha kho Timbaruko[2] paribbājako yena Bhagavā tenupasaṅkami|| upasaṅkamitvā Bhagavatā saddhiṃ sammodi|| sammodanīyam kathaṃ sārāṇīyaṃ vītisāretvā ekam antaṃ nisīdi||||

3 Ekam antaṃ nisinno kho Timbaruko paribbājako Bhagavantam etad avoca|| kiṃ nu kho bho Gotama sayaṃkatam sukhadukkhanti||||

Mā hevaṃ Timbarukāti Bhagavā avoca||||

4 Kim pana bho Gotama param-kataṃ sukhadukkhanti||||

Mā hevaṃ Timbarukāti Bhagavā avoca||||

5 Kiṃ nu kho bho Gotama sayaṃ-katañca paraṃ-katañca sukhadukkhanti||||

Mā hevaṃ Timbarukāti Bhagavā avoca||||

6 Kim pana bho Gotama asayaṃ-kāram aparaṃ-kāram adhicca samuppannam sukhadukkhanti||||

Mā hevaṃ Timbarukāti Bhagavā avoca||

7 Kiṃ nu kho bho Gotama natthi sukhadukkhanti||||

8 Na kho Timbaruka natthi sukhadukkham atthi kho Timbaruka sukhadukkhanti|||| Tena hi bhavaṃ Gotamo sukhadukkhaṃ na jānāti na passati||||

9 Na khvāhaṃ Timbaruka sukhadukkham na jānāmi na passāmi|| jānāmi khvāhaṃ Timbaruka sukhadukkhaṃ passami khvāham Timbaruka sukhadukkhanti||||

10 Kiṃ nu kho bho Gotama sayaṃkataṃ dukkhasukhanti iti puṭṭho samāṇo Mā hevam Timbarukā ti vadesi||||

---

[1] S[1-3] abhiññāya [2] B Timparuko S[1-3] Timbarūko

Kiṃ nu kho bho Gotama sayaṃ-katañca paraṃkatañca sukhadukkhanti iti puṭṭho samāno Mā hevam Timbarukā ti vadesi|| || Kiṃ pana bho Gotama asayaṃkāram aparaṃ kāram adhicca samuppannaṃ sukhadukkhanti iti puṭṭho samāno Mā hevaṃ Timbarukā ti vadesi|| || Kiṃ nu kho bho Gotama natthi sukhadukkhanti iti puṭṭho samāno Na kho Timbaruka natthi sukhadukkham atthi kho Timbaruka sukhadukkhanti vadesi|| || Tena hi bhavaṃ Gotamo sukhadukkhaṃ na jānāti na passatīti iti puṭṭho samāno Na khvāham Timbaruka sukhadukkhaṃ na jānāmi na passāmi|| jānāmi khvāham Timbaruka sukhadukkham passāmi khvāham Timbaruka sukhadukkhanti vadesi|| || Ācikkhatu ca me bhavaṃ Gotamo sukhadukkhaṃ desetu ca me bhavaṃ Gotamo sukhadukkhan ti|| ||

11 Sā vedanā so vediyatīti kho Timbaruka ādito sato sayaṃkataṃ sukhadukkhanti|| evam pāham na vadāmi|| ||

12 Aññā vedanā añño vediyatīti kho Timbaruka vedanābhitunnassa sato paraṃ kataṃ sukhadukkhanti|| evam pahaṃ na vadāmi|| ||

13 Ete te Timbaruka ubho ante anupagamma majjhena Tathāgato dhammaṃ deseti|| ||

Avijjāpaccayā saṅkhārā|| saṅkhārapaccayā viññāṇaṃ|| pe|| Evam etassa kevalassa dukkhakkhandassa samudayo hoti|| || Avijjā tveva asesavirāganirodhā saṅkhāranirodho|| saṅkhārānirodhā viññāṇanirodho|| [1] pe|| || Evam etassa kevalassa dukkhakkhandhassa nirodho hotīti|| ||

14 Evaṃ vutte Timbaruka paribbājako Bhagavantam etad avoca|| || Abhikkantaṃ bho Gotama|| pe|| Esāham bhavantaṃ Gotamaṃ saraṇam gacchāmi dhammañ ca bhikkhusaṅghañca|| upāsakaṃ maṃ bhavaṃ Gotamo dhāretu ajjatagge pāṇupetaṃ saraṇaṃ gatanti|| || Aṭṭhamaṃ|| ||

19 (9) *Bālena paṇḍito*

1 Sāvatthiyam viharati|| ||

2 Avijjānīvaraṇassa bhikkhave bālassa taṇhāya sampa-

---

[1] S^{1-3} omit vi° nirodho.

yuttassa [1] evam ayaṃ kāyo samudāgato|| Iti ayaṃ ceva kāyo bahiddhāca nāmarūpam|| itthetaṃ dvayaṃ dvayaṃ paṭicca phassò saḷevāyatanāni [2] ||. yehi phuṭṭho bālo sukhadukkham paṭisamvediyati|| etesaṃ vā aññatarena||

3 Avijjānīvaraṇassa bhikkhave paṇḍitassa taṇhāya sampayuttassa evaṃ ayaṃ kāyo samudāgato|| Iti ayaṃ ceva kāyo bahiddhā ca nāmarūpaṃ|| itthetaṃ dvayaṃ dvayaṃ paṭicca phasso saḷevāyatanāni|| yehi phuṭṭho paṇḍito sukhadukkhaṃ paṭisaṃvediyati|| etesaṃ vā aññatarena|| ||

4 Tatra bhikkhave ko viseso ko adhippāyo kiṃ nānākaraṇaṃ paṇḍitassa bālenāti|| ||

5 Bhagavaṃ-mūlakā no bhante dhammā Bhagavaṃnettikā Bhagavaṃ-patisaraṇā|| Sādhu vata [3] bhante Bhagavantaṃ yeva paṭibhātu etassa bhāsitassa attho|| Bhagavato sutvā bhikkhū dhāressantīti|| ||

6 Tena hi bhikkave suṇātha sādhukam manasi karotha bhāsissāmiti|| ||

Evam bhante ti kho te bhikkhū Bhagavato paccassosuṃ|| ||

7 Bhagavā etad avoca|| || Yāya bhikkhave avijjāya nivutassa bālassa yāya ca taṇhāya sampayuttassa ayaṃ kāyo samudāgato|| Sā ceva avijjā bālassa appahīnā sā ca taṇhā aparikkhīṇā|| || Tam kissa hetu|| Na bhikkhave bālo acari brahmacariyaṃ sammādukkhakkhayāya|| tasmā bālo kāyassa bhedā kāyūpago [4] hoti|| So kāyūpago samāno na parimuccati jātiyā jaramaraṇena sokehi paridevehi dukkhehi domanassehi upāyāsehi na parimuccati dukkhasmā ti vadāmi|| ||

8 Yāya ca bhikkhave avijjāya nivutassa paṇḍitassa yāya ca taṇhāya sampayuttassa ayaṃ kāyo samudāgato|| Sā ceva avijjā paṇḍitassa pahīnā sā ca taṇhā parikkhīṇā|| Tam kissa hetu|| Acari bhikkhave paṇḍito brahma-

---

[1] S[1-3] saṃyuttassa always

[2] B has saḷevaphassāyatanāni here and further on C saḷevāyatananāni ti saḷevaphassāyatanāni . . .

[3] S[1-3] insert me [4] B kāyupago always

cariyam sammādukkhakkhayāya|| tasmā paṇḍito kāyassa bhedā na kāyūpago hoti|| So akāyūpago samāno parimuccati jātiyā jarāmaraṇena sokehi paridevehi dukkhehi domanassehi upāyāsehi parimuccati dukkhasmā ti vadāmi|||

9 Ayam kho bhikkhave viseso ayam adhippāyo idam nānākaraṇam paṇḍitassa bālena yad idaṃ brahmacariyavāso ti|||

Navamaṃ|||

20 (10) *Paccayo*

1 Sāvatthiyaṃ viharati|||

2 Paticcasamuppādañca vo bhikkhave desissāmi paṭicca-samuppanne ca dhamme|| taṃ suṇātha sādhukaṃ manasikarotha bhāsissāmīti|||

Evam bhante ti kho te bhikkhū Bhagavato paccassosuṃ|||

Bhagavā etad avoca|||

3 Katamo ca bhikkhave paṭicca-samuppādo|| Jātipaccayā bhikkhave jarāmaraṇam uppādā vā Tathāgatānam anuppādā vā Tathāgatānaṃ|| ṭhitā va sā dhātu dhammaṭṭhitatā [1] dhammaniyāmatā [2] idappaccayatā||| Taṃ Tathāgato abhisambujjhati abhisameti|| abhisambujjhitvā abhisametvā ācikkhati deseti paññāpeti paṭṭhapeti vivarati vibhajati uttānī-karoti [3] passathāti cāha||

4 Jātipaccayā bhikkhave jarāmaraṇaṃ|| bhavapaccayā bhikkhave jāti|| upādānapaccayā bhikkhave bhavo|| taṇhāpaccayā bhikkhave upādānaṃ|| vedanāpaccayā bhikkhave taṇhā|| phassapaccayā bhikkhave vedanā|| saḷāyatanapaccayā bhikkhave phasso|| nāmarūpapaccayā bhikkhave saḷāyatanaṃ|| viññāṇapaccayā bhikkhave nāmarūpaṃ|| saṅkhārapaccayā bhikkhave viññāṇaṃ|| avijjāpaccayā bhikkhave saṅkhārā uppādā vā Tathāgatānaṃ anuppādā vā Tathāgatānaṃ|| ṭhitā va sā dhātu dhammaṭṭhitatā [4] dhammaniyāmatā idappaccayatā|| taṃ Tathāgato abhisambhujjhati

---

[1] So B C, S1-3 dhammaṭṭhitā

[2] S1-3 °metā further on matā

[3] B uttāniṃ S3 uttāni [4] S1-3 dhammaṭṭhititā

abhisameti || abhisambhujjhitvā abhisametvā ācikkhati deseti paññāpeti paṭṭhapeti vivarati vibhajati uttānī-karoti passathāti cāha ||

5 Avijjāpaccayā bhikkhave saṅkhārā || Iti kho bhikkhave yā tatra tathatā avitathatā anaññathatā idappaccayatā || ayaṃ vuccati bhikkhave paṭiccasamuppādo || ||

6 Katame ca bhikkhave paṭiccasamuppannā dhammā || || Jarāmaraṇaṃ bhikkhave aniccaṃ saṅkhataṃ paṭiccasamuppannaṃ khayadhammaṃ vayadhammaṃ virāgadhammaṃ nirodhadhammam || ||

7 Jāti bhikkhave aniccā[1] saṅkhatā paṭiccasamuppannā khayadhammā vayadhammā virāgadhammā nirodhadhammā || ||

8 Bhavo bhikkhave anicco saṅkhato paṭiccasamuppanno khayadhammo vayadhammo virāgadhammo nirodhadhammo || ||

9–16 Upādānam bhikkhave || || Taṇhā bhikkhave || || Vedanā bhikkhave || || Phasso bhikkhave || || Saḷāyatana bhikkhave || || Nāmarūpaṃ bhikkhave || || Viññaṇaṃ bhikkhave || || Saṅkhārā bhikkhave || ||

17 Avijjā bhikkhave aniccā[2] saṅkhatā paṭiccasamuppannā khayadhammā vayadhammā virāgadhammā nirodhadhammā || ime vuccanti bhikkhave paṭiccasamuppannā dhammā || ||

18 Yato kho bhikkhave ariyasāvakassa ayañca paṭiccasamuppādo ime ca paṭiccasamuppannā dhammā yathābhūtaṃ sammāpaññāya suddiṭṭhā[3] honti || so vata pubbantaṃ vā paṭidhāvissati[4] || Ahosiṃ nu khvāham atītam addhānaṃ Na nu kho ahosim atītam addhānaṃ Kiṃ nu kho ahosiṃ atītam addhānam Kathaṃ nu kho ahosim atītam addhānam Kim hutvā kim ahosiṃ nu khvāham atītam addhānan ti || ||

19 Aparantam vā upadhāvissati[5] || || Bhavissāmi nu khvāhaṃ anāgatam addhānam Na nu kho bhavissāmi

---

[1] S-3 add tā [2] S1-3 add tā as above

[3] So B S1-3 suuddiṭṭhā; further on, suddiṭṭhā

[4] B patidhāvissati [5] B apadhāvissati

anāgatam addhānam Kiṃ nu kho bhavissāmi anāgatam addhānam Kathaṃ nu kho bhavissāmi anāgatam addhānaṃ Kiṃ hutvā kim bhavissāmi nu khvāham anāgatam addhānanti|| ||

20 Etarahi vā paccuppannam addhānaṃ ajjhattaṃ [1] kathaṃkathī bhavissati|| || Ahaṃ nu kho smi Na nu kho smi Kiṃ nu kho smi Kathaṃ nu kho smi Aham nu kho satto kuto āgato so kuhiṃgāmī bhavissatī ti|| [2] Netaṃ ṭhānaṃ vijjati|| ||

21 Taṃ kissa hetu|| Tathā hi bhikkhave ariyasāvakassa ayañca paṭiccasamuppādo ime ca samuppannā dhammā yathā-bhūtaṃ sammapaññāya sudiṭṭhāti [3]|| ||
Dasamaṃ|| ||

Āhāravaggo dutiyo|| ||

Tassa uddānaṃ|| ||

Āhāraṃ Phagguno [4] ceva||
Dve Samaṇabrāhmaṇā||
Kaccāyanagotto [5] Dhammakathikam||
Acelaṃ Timbarukena ca [6]||
Bālena [7] paṇḍito ceva||
Dasamo Paccayena cā ti|| ||

Chapter III Dasabala-vaggo tatiyo

21 (1) *Dasabalā* (1)

1 Sāvatthiyaṃ viharati [8]||

2 Dasabalasamannāgato bhikkhave Tathāgato catūhi ca vesārajjehi samannāgato āsabhaṃ ṭhānam paṭijānāti|| parisāsu sīhanādam nadati brahmacakkam pavatteti|| ||

---

[1] S1-3 insert kaṃ [2] C gāmi° B kuhiṃgamissati
[3] S1-3 sudditthāti [4] S1-3 phagunnañ
[5] B Kaccānagotta· S1-3 Dhammakathi
[6] S1-3 Timbarūkena B Timparukena [7] S1-3 bāla
[8] S1-3 Sāvatthi only always

Iti rūpam iti rūpassa samudayo iti rūpassa atthaṅgamo || [1] Iti vedanā iti vedanāya samudayo iti vedanāya atthaṅgamo || Iti saññā iti saññāya samudayo iti saññāya atthaṅgamo || Iti saṅkārā iti saṅkhārānam samudayo iti saṅkhārāṇam atthaṅgamo || Iti viññāṇam iti viññāṇassa samudayo iti viññāṇassa atthaṅgamo || [2]

Iti imasmiṃ sati idaṃ hoti imassuppādā idam uppajjati || imasmiṃ asati idaṃ na hoti imassa nirodhā idaṃ nirujjhati || ||

3 Yad idam avijjāpaccayā saṅkhārā || saṅkhārapaccayā viññāṇaṃ pe || Evam etassa kevalassa dukkhakkhandhassa samudayo hoti || ||

4 Avijjāya tveva asesavirāganirodhā saṅkhāranirodho saṅkhāranirodhā viññāṇanirodho || pe || evam etassa kevalassa dukkhakkhandhassa nirodho hotīti || || Paṭhamam | [3]

22 (2) *Dasabalā* (2)

1 Sāvatthiyaṃ viharati || ||

2–4 Dasabalasamannāgato bhikkhave° °evam etassa kevalassa dukkhakkhandhassa nirodho hoti || || [4]

5 Evaṃ svākhyāto [5] bhikkhave mayā dhammo uttāno vivaṭo pakasito chinnapilotiko || ||

6 Evaṃ svākhyāte kho bhikkhave mayā dhamme uttāne vivaṭe pakāsite chinnapilotike alam eva saddhā pabbajitena kulaputtena viriyam ārabhituṃ || kāmaṃ taco ca nahārū [6] ca aṭṭhi ca avasissatu sarīre upasussatu maṃsaṃ lohitaṃ | Yan tam purisathāmena purisaviriyena purisaparakkamena pattabbaṃ na tam apāpuṇitvā viriyassa saṇṭhānaṃ [7] bhavissati || ||

---

[1] B has atthaṅgamo S[1-3] atthagamo always

[2] All this, from iti rūpaṃ°, is missing in S[1-3], but is to be found in the next sutta

[3] This first sutta becomes the beginning of the second

[4] Repetition of the preceding sutta

[5] So B S[1-3] svakkhāto always [6] B nhāru always

[7] S[1-3] pa (S[1] pu) risassa santhānaṃ

7 Dukkham bhikkhave kusīto viharati vokiṇṇo pāpakehi akusalehi dhammehi mahantañca sadattham[1] parihāpeti|| Āraddhaviriyo ca kho bhikkhave sukhaṃ viharati pavivitto pāpakehi akusalehi dhammehi mahantañca sadattham paripūreti|| ||

8 Na bhikkhave hīnena aggassa patti hoti|| aggena ca bhikkhave aggassa patti hoti|| maṇḍapeyyam idam bhikkhave brahmacariyaṃ satthā sammukhībhūto|| Tasmāti ha bhikkhave viriyam ārabhatha appattassa pattiyā anadhigatassa adhigamāya asacchikatassa sacchikiriyāya||

9 Evam no ayam amhākaṃ pabbajjā avañjhā[2] bhavissati saphalā sa-udrayā||[3] Yesaṃhi mayaṃ paribhuñjāma cīvara-piṇḍapāta-senāsana-gilāna-paccaya-bhesajja-parikkhāram || tesaṃ vokārā[4] amhesu mahapphalā bhavissanti mahānisaṃsāti|| ||

10 Evaṃ hi vo bhikkhave sikkhitabbaṃ|| attatthaṃ vā[5] hi bhikkhave sampassamānena alam eva appamādena sampādetuṃ|| paratthaṃ vā hi bhikkhave sampassamānena alam eva appamādena sampādetum|| ubhayatthaṃ vā hi bhikkhave sampassamānena alam eva appamādena sampādetun ti|| || Dutiyam|| ||

23 (3) *Upanisā*

1 Sāvatthiyaṃ viharati||

2 Jānato haṃ bhikkhave passato āsavānaṃ khayaṃ vadāmi no ajānato no appassato|| ||

3 Kiṃ ca bhikkhave jānato kiṃ passato āsavānaṃ khayo hoti|| || Iti rūpaṃ iti rūpassa samudayo iti rūpassa atthaṅgamo|| Iti vedanā|| pe|| Iti saññā|| || Iti saṅkhārā|| || Iti viññāṇaṃ|| iti viññāṇassa samudayo iti viññāṇassa atthaṅgamo ti|| || Evam kho bhikkhave jānato evam passato āsavānaṃ khayo hoti||

---

[1] S1-3 insert ca here and further on

[2] B avanchā [3] So B and S3 S1 udāyā C udriyā

[4] S1-3 tesantekārā [5] S1-3 omit vā

4 Yam pissa tam [1] bhikkhave khayasmiṃ khaye ñāṇaṃ taṃ sa-upanisam vadāmi no anupanisam|| [2]

5 Kā ca bhikkhave khaye ñāṇassa upanisā Vimuttīti-ssa [3] vacanīyaṃ|| vimuttim pāham [4] bhikkhave sa-upanisaṃ vadāmi no anupanisaṃ||

6 Kā ca bhikkhave vimuttiyā upanisā Virāgo ti-ssa vacanīyaṃ|| Virāgam pāham bhikkhave sa-upanisāṃ vadāmi no anupanisaṃ||

7 Kā ca bhikkhave virāgassa upanisā Nibbidāti-ssa vacanīyaṃ|| Nibbidam pāham bhikkhave sa-upanisaṃ vadāmi no anupanisaṃ||

8 Kā ca bhikkhave nibbidāya upanisā Yathābhūtañāṇadassanan ti-ssa vacanīyaṃ|| Yathābhūtañāṇadassanam pāham bhikkhave sa-upanisaṃ vadāmi no anupanisaṃ||

9 Kā ca bhikkhave yathābhūtañāṇadassanassa upanisā Samādhīti-ssa vacanīyaṃ|| Samādhim vāham bhikkhave sa-upanisaṃ vadāmi no anupanisaṃ||

10 Kā ca bhikkhave samādhissa upanisā [5] Sukhan ti-ssa vacanīyaṃ|| Sukham pāham bhikkhave sa-upanisaṃ vadāmi no anupanisaṃ||

11 Kā ca bhikkhave sukhassa upanisā Passaddhīti-ssa vacanīyaṃ|| Passadhim pāham bhikkhave sa-upanisam vadāmi no anupanisaṃ||

12 Kā ca bhikkhave passaddhiyā upanisā Pītīti [6]-ssa vacanīyam|| Pītim pāham bhikkhave sa-upanisam vadāmi no anupanisaṃ||

13 Kā ca bhikkhave pītiyā upanisā Pāmojjanti-ssa [7] vacanīyaṃ|| Pāmojjam pāham bhikkhave sa-upanisaṃ vadāmi no anupanisaṃ||

14 Kā ca bhikkhave pāmojjassa upanisā Saddhāti-ssa vacanīyaṃ|| Saddham pāham bhikkhave sa-upanisaṃ vadāmi no anupanisaṃ||

---

[1] S3 Sampassataṃ [2] S1-3 insert pi
[3] S1-3 Upanisaṃsā vimuttītitassa
[4] S1-3 paham always [5] S1-3 upanisaṃ
[6] S1-3 Pītiṃ [7] So B and C S1-3 pamujjaṃ

15 Kā ca bhikkhave saddhāya[1] upanisā Dukkhanti-ssa vacanīyaṃ|| Dukkham pāham bhikkhave sa-upanisam vadāmi no anupanisaṃ|||

16 Kā ca bhikkhave dukkhassa upanisā Jātīti ssa vacanīyam|| Jātim pāham bhikkhave sa-upanisam vadāmi no anupanisaṃ|||

17 Kā ca bhikkhave jātiyā upanisā Bhavoti-ssa vacanīyaṃ|| bhavam pāham bhikkhave sa-upanisam vadāmi no anupanisaṃ|||

18 Kā ca bhikkhave bhavassa upanisā Upādānanti-ssa vacanīyaṃ||| Upādānam pāham bhikkhave sa-upanisam vadāmi no anupanisaṃ|||

19 Kā ca bhikkhave upādānassa upanisā Taṇhāti-ssa vacanīyaṃ||| Taṇham[2] pāham bhikkhave sa-upanisaṃ vadāmi no anupanisaṃ|||

20–25 Kā ca bhikkhave taṇhāya upanisā Vedanāti-ssa vacanīyaṃ|| pe||

° Phasso tissa vacanīyaṃ|||

° Saḷāyatananti-ssa vacanīyaṃ|||

° Nāmarūpanti-ssa vacanīyaṃ|||

° Viññāṇanti-ssa vacanīyaṃ|||

° Saṅkhārāti-ssa vacanīyaṃ||[3] saṅkhāre pāhām bhikkhave sa-upanise vadāmi no anupanise||

26 Kā ca bhikkhave saṅkhārānam upanisā Avijjāti-ssa vacanīyaṃ||

Iti kho bhikkhave avijjūpanisā saṅkhārā|| saṅkhārūpanisām viññāṇaṃ|| viññāṇūpanisaṃ nāmarūpaṃ|| nāmarūpūpanisaṃ saḷāyatanaṃ|| saḷāyatanūpaniso phasso|| phassūpanisā vedanā|| vedanūpanisā taṇhā|| taṇhūpanisaṃ upādānaṃ|| upādānūpaniso bhavo|| bhavūpanisā[2] jāti|| jātūpānisaṃ dukkhaṃ|| dukkhūpanisā saddhā|| saddhūpanisam pāmojjaṃ|| pāmojjūpanisā pīti|| pītūpanisā passaddhi|| passaddhūpanisaṃ sukhaṃ|| sukhūpaniso samādhi|| samādhūpanisaṃ yathābhutaṃñāṇadassanaṃ|| yathābhū-

---

[1] S[1] suddhā [2] S3 taṇhā corrected to taṇhaṃ in S[1]
[3] So B; complete in S[1-3]

taññāṇadassanūpanisā nibbidā|| nibbidūpaniso virāgo virāgūpanisā vimutti|| vimuttūpanisaṃ khaye ñāṇaṃ|| ||

27 Seyyathāpi bhikkhave uparipabbate phullaphusitake deve vassante taṃ udakaṃ yathā ninnam pavattamānam pabbata-kandara-padara-sākhā paripūreti || pabbata-kandara-padara-sākhā paripūrā kusubbhe paripūrenti|| kusubbhā[1] paripūrā mahāsobbhe paripūrenti|| mahāsobbhā[2] paripūrā kunnadiyo paripūrenti || kunnadiyo paripūrā mahānadiyo paripūrenti|| mahānadiyo paripūrā mahāsamuddam sāgaram paripūrenti||.

28 Evam eva kho bhikkhave avijjūpanisā saṅkhārā|| Saṅkhārūpanisaṃ viññāṇam|| viññāṇūpanisaṃ nāmarūpaṃ|| nāmarūpūpanisaṃ saḷāyatanaṃ|| saḷāyātanūpaniso phasso|| phassūpanisā vedanā|| vedanūpanisā taṇhā|| taṇhūpanisam upādānaṃ|| upādānūpaniso bhavo|| bhavūpanisā jāti|| jātūpanisaṃ dukkhaṃ|| dukkhūpanisā saddhā|| saddhūpanisam pāmojjaṃ|| pāmojjūpanisā pīti|| pītūpanisā passaddhi|| phassaddhūpanisaṃ sukhaṃ|| sukhūpaniso samādhi|| samādhūpanisaṃ yathābhūtaññāṇadassanaṃ|| yathābhūtaññāṇadassanūpanisā nibbidā|| nibbidūpaniso virāgo|| virāgūpanisā vimutti|| vimuttūpanisaṃ khaye ñāṇanti|| ||

Tatiyaṃ|| ||

24 (44) *Aññatitthiyā*

1 Rājagahe viharati Veḷuvane|| ||[3]

I

2 Atha kho āyasmā Sāriputto pubbaṇhasamayaṃ nivāsetvā pattacīvaram ādāya Rājagaham piṇḍāya pāvisi|| ||

3 Atha kho āyasmato Sāriputtassa etad ahosi|| Atippago kho tāva Rājagahe piṇḍāya carituṃ|| yam nūnāhaṃ yena aññatitthiyānam paribbājakānam ārāmo tenupasaṅkameyyanti|| ||

4 Atha kho āyasmā Sāriputto yena aññatitthiyānam

---

[1] S[1-3] kussubbhe . . . kussubbhā
[2] S[1-3] °sobbhe
[3] S[1-3] Rājagahe only

paribbājakānam ārāmo tenupasaṅkami|| upasaṅkamitvā tehi aññatitthiyehi paribbājakehi saddhiṃ sammodi|| sammodanīyaṃ kathaṃ sārāṇīyaṃ vītisāretrā ekam antaṃ nisīdi||

Ekam antaṃ nisinnaṃ kho āyasmantaṃ Sāriputtam te aññatitthiyā paribbājakā etad avocuṃ|| ||

5 Santāvuso Sāriputta eke samaṇabrāhmaṇā kammavādā sayaṃkataṃ dukkhaṃ paññāpenti|| santi panāvuso Sāriputta eke samaṇabrāhmaṇā kammavādā paraṃkatam dukkham paññāpenti|| santāvuso Sāriputta eke samaṇabrāhmaṇā kammavādā sayaṃkatañca paraṃkatañca dukkham paññāpenti|| santi panāvuso Sāriputta eke samaṇabrāhmaṇā [1] kammavādā asayaṃ-kāram aparaṃ-kāram adhicca samuppannam dukkham paññāpenti|| ||

6 Idha panāvuso Sāriputta Samaṇo Gotamo kiṃvādī kimakkhāyī|| Kathaṃ vyākaramānā ca mayam vuttavādino ceva Samaṇassa Gotamassa assāma na ca [2] Samaṇaṃ Gotamam abhūtena abbhācikkheyyāma|| dhammassa cānudhammam vyākareyyāma|| na ca koci sahadhammiko vādānupāto [3] gārayhaṃ ṭhānaṃ āgaccheyyāti|| ||

7 Paṭiccasamuppannam kho āvuso dukkhaṃ vuttaṃ Bhagavatā|| kiṃ paṭicca phassam paṭicca|| iti vadaṃ [4] vuttavādī ceva Bhagavato assa na ca Bhagavantam abhūtena abbhācikkheyya|| dhammassa [5] cānudhammaṃ vyākareyya|| na ca koci sahadhammiko vādānupāto gārayhaṃ ṭhānaṃ āgaccheyya||

8 Tatrāvuso [6] ye te samaṇabrāhmaṇā kammavādā [7] sayaṃkataṃ dukkham paññāpenti tad api phassapaccayā|| ye pi te samaṇabrāhmanā kammavādā paraṃ - kataṃ dukkham paññapenti tad api phassapaccayā|| Ye pi te samaṇabrahmaṇā kammavādā sayaṃ-kataṃ ca paraṃ-kataṃ ca dukkham paññāpenti tad api phassapaccayā|| Ye

---

[1] All this from the first kammavādā is missing in B.

[2] S¹⁻³ seem to have assāmanañca always

[3] So S¹⁻³ and C B vādānuvādo ; both always

[4] So B and C S¹⁻³ padaṃ [5] S¹ dhammañcassa

[6] S¹⁻³ tatra āvuso always [7] S¹⁻³ °vādino

pi te samaṇabrāhmaṇā kammavādā asayaṃkāraṃ aparaṃkāraṃ adhiccasamuppannaṃ dukkhaṃ paññāpenti tad api phassapaccayā||

9 Tatrāvuso ye te samaṇabrāhmaṇā kammavādā sayaṃkataṃ[1] dukkhaṃ paññāpenti|| te vata[2] aññatra phassā paṭisaṃvedissantīti|| netaṃ[3] ṭhānaṃ vijjati||||· Ye pi te samaṇabrāhmaṇā kammavādā paraṃkataṃ dukkhaṃ paññapenti|| te vata aññatra phassā paṭisaṃvedissantīti|| netaṃ ṭhānaṃ vijjati|||| Ye pi te samaṇabrāhmaṇā kammavādā sayaṃkatañca paraṃkatañca dukkhaṃ paññāpenti|| te vata aññatra phassā paṭisaṃvedissantīti|| netaṃ ṭhānaṃ vijjati|||| Ye pi te samaṇabrāhmaṇā kammavādā asayaṃkāraṃ adhiccasamuppannaṃ dukkhaṃ paññāpenti|| te vata aññatra phassā paṭisaṃvedissantīti|| netaṃ ṭhānaṃ vijjatīti||||

II

10 Assosi kho āyasmā Ānando āyasmato Sāriputtassa tehi aññatitthiyehi paribbājakehi saddhiṃ kathāsallāpaṃ||||

11 Atha kho āyasmā Ānando Rājagahe piṇḍāya caritvā pacchābhattaṃ piṇḍapātapaṭikkanto yena Bhagavā tenūpasaṅkami|| upasaṅkamitvā Bhagavantaṃ abhivādetvā ekaṃ antaṃ nisīdi||||

Ekaṃ antaṃ nisinno kho ayasmā Ānando yāvatako āyasmato Sāriputtassa tehi aññatitthiyehi paribbājakehi saddhiṃ ahosi kathasallāpo taṃ sabbaṃ Bhagavato arocesi||||

12 Sādhu sādhu Ānanda yathā taṃ Sāriputto sammāvyākaramāno vyākareyya|| paṭiccasamuppannaṃ kho Ānanda dukkhaṃ vuttaṃ mayā|| kiṃpaṭicca phassaṃ paṭicca|| Iti vadaṃ vuttavādī ceva me assa na ca maṃ abhūtena vyākareyya na ca koci sahadhammiko vādānupāto gārayhaṃ ṭhānaṃ āgaccheyya||||

13 Tatrānanda ye te samaṇabrāhmaṇā kammavādā sayaṃ-kataṃ dukkhaṃ paññāpenti tad api phassapaccayā||||

---

[1] S[1-3] add parakatañca [2] S[1] vathā always

[3] B. no taṃ

Ye pi te|| pe|| || Ye pi te|| pe|| || Ye pi te samaṇabrāhmaṇā kammavādā asayaṃkāram aparaṃkāram adhiccasamuppannaṃ dukkham paññāpenti tad api phassapaccayā|| ||

14 Tatrānanda ye pi te samaṇabrāhmaṇā kammavādā sayaṃkataṃ dukkham paññāpenti|| te vata aññatra phassā paṭisaṃvedissantīti netam ṭhānaṃ vijjati|| || Ye pi te|| pe|| Ye pi te|| pe|| || Ye pi te samaṇabrāhmanā kammavādā asayaṃkaram aparaṃkāram adhiccasamuppannam dukkham paññāpenti|| te vata aññatra phassā paṭisaṃvedissantīti netaṃ ṭhānaṃ vijjati|| ||

15 Ekam idāham Ānanda samayam idheva Rājagahe viharāmi Veḷuvane Kalandakanivāpe|| ||

16 Atha khvāham Ānanda pubbaṇhasamayaṃ nivāsetvā pattacīvaram ādāya Rājagahe piṇḍāya pāvisiṃ|| ||

17 Tassa mayham Ānanda etad ahosi|| Atippago kho tāva Rājagahe piṇḍāya carituṃ|| yam nunāhaṃ yena aññatitthiyānam paribbājakānam ārāmo tenupasaṅkameyyanti|| ||

18 Atha khvāham Ānanda yena aññatitthiyānam paribbājakānam ārāmo tenupasaṅkamiṃ|| upasaṅkamitvā tehi aññatitthiyehi paribbājakehi saddhiṃ sammodiṃ|| sammodanīyam kathaṃ sārāṇīyam vītisāretvā ekam antaṃ nisīdiṃ|| ||

Ekam antam nisinnaṃ kho maṃ Ānanda te aññatitthiyā paribbājakā etad avocuṃ|| ||

19 Santāvuso Gotama eke samaṇabrahmaṇā kammavādā sayaṃkataṃ dukkham paññāpenti|| || Santi panāvuso Gotama eke samaṇabrāhmaṇā kammavādā paraṃ-kataṃ dukkham paññāpenti|| || Santāvuso Gotama eke samaṇabrāhmaṇā kammavādā sayaṃ-katañca paraṃ-katañca dukkhaṃ paññāpenti|| || Santi panāvuso Gotama eke samaṇabrāhmaṇā kammavādā asayaṃ-kāram aparaṃkāram adhiccasamuppannaṃ dukkham paññāpenti|| ||

20 Idha no āyasmā Gotamo kiṃvādī kim akkhāyī|| kathaṃ vyākaramānā[1] mayaṃ vuttavādino ceva āyasmato Gotamassa assāma na ca āyasmantaṃ Gotamam abhūtena

[1] B adds ca

abbhācikkheyyāma|| dhammassa cānudhammaṃ vyākareyyāma na ca koci sahadhammiko vādānupāto gārayhaṃ ṭhānam āgaccheyyāti|| ||

21 Evaṃ vuttāham Ānanda te aññatitthiye paribbājake etad avocaṃ|| || Paṭiccasamuppannaṃ kho āvuso dukkham vuttaṃ mayā|| kim paṭicca phassaṃ paṭicca'| iti vadaṃ vuttavādī ceva me assa na ca maṃ abhūtena abbhācikkheyya|| dhammassa cānudhammaṃ vyākareyya na ca koci sahadhammiko vādānupāto gārayhaṃ ṭhānam āgaccheyyāti|| ||

22 Tatrāvuso ye te samaṇabrāhmaṇā kammavādā sayaṃkataṃ dukkham paññāpenti|| tad api phassapaccayā"|| Ye pi te|| pe|| || Ye pi te|| pe|| || Ye pi te samaṇabrāhmaṇā kammavādā asayaṃ-kāram aparaṃ-kāram adhiccasamuppannam dukkham paññāpenti|| tad api phassapaccayā|| ||

23 Tatrāvuso ye te samaṇabrāhmaṇā kammavādā sayaṃ katam dukkhaṃ paññapentī|| te vata aññatra phassā paṭisaṃvedissantīti|| netaṃ ṭhānaṃ vijjati|| || Ye pi te|| pe|| || Ye pi te|| pe|| || Ye pi te samaṇabrāmanā kammavādā asayaṃkāram aparaṃkāram adhiccasamuppannam dukkham paññāpenti|| te vata aññatra phassā paṭisaṃvedissantīti netaṃ ṭhānam vijjatīti|| ||

24 Acchariyam bhante abbhūtam bhante yatra hi nāma ekena padena sabbo attho vutto bhavissati|| siyā nu kho bhante esevattho vitthārena vuccamāno gambhīro ceva assa gambhīravabhāso cā ti|| ||

25 Tena[1] hānanda taññevettha paṭibhātūti|| ||

III

26 Sace mam bhante evaṃ puccheyyuṃ|| Jarāmaraṇaṃ āvuso Ānanda kiṃnidānaṃ kiṃsamudayaṃ kiṃjātikam kimpabhavanti|| || Evam puṭṭhāham[2] bhante evam vyākareyyaṃ|| Jarāmaraṇaṃ kho āvuso jātinidānam jātisamudayaṃ jātijātikaṃ jātipabhavanti|| Evam puṭṭhāham bhante evaṃ vyākareyyaṃ||

[1] S3 kena [2] S1-3 puṭṭho ham

27 Sa ce mam bhante evaṃ puccheyyuṃ|||| Jāti panāvuso Ānanda kiṃnidānā kiṃsamudayā kiṃjātikā kimpabhavāti|| Evam puṭṭhāham bhante evam vyākareyyaṃ|||| Jāti kho āvuso bhavanidānā bhavasamudayā bhavajātikā bhavapabhavā ti|||| Evam puṭṭhāham bhante evaṃ vyākareyyaṃ||||

28 Sa ce maṃ bhante evam puccheyyuṃ|| Bhavo pānāvuso Ānanda kiṃnidāno kiṃsamudayo kiṃjātiko kimpabhavoti|| Evam puṭṭhāham bhante evaṃ vyākareyyam|||| Bhavo kho āvuso upādānanidāno upādānasamudayo upādānajātiko upādānappabhavo ti|||| Evam puṭṭhāhaṃ bhante evam vyākareyyaṃ||

29–31 Sa ce mam bhante evam puccheyyuṃ||
Upādānaṃ panāvuso ||[1] pe||
Taṇhā panāvuso|| pe||
Vedanā panāvuso|| pe||

Sa ce mam bhante puccheyyuṃ|| Phasso panāvuso Ānanda kiṃnidāno kiṃsamudāyo kiṃjātiko kimpabhavoti|| evam puṭṭhāhaṃ bhante evaṃ vyākareyyaṃ|| Phasso kho āvuso saḷāyatananidāno saḷāyatanasamudayo saḷāyatanajātiko saḷāyatanapabhavoti|| channam tveva āvuso phassāyatanānaṃ asesavirāganirodhā phassanirodho|| phassanirodhā vedanānirodho|| vedanānirodhā taṇhānirodho|| taṇhānirodhā upādānanirodho|| upādānanirodhā bhavanirodho|| bhavanirodhā jātinirodho|| jātinirodhā jarāmaraṇaṃ sokaparidevadukkhadomanassupāyāsā nirujjhanti|| Evam etassa kevalassa dukkhakkhandhassa nirodho hotīti|||| Evam puṭṭhāham bhante evaṃ vyākareyyanti|||| Catutthaṃ||||

25 (5) *Bhūmija*

1 Sāvatthiyam viharati||

I

2 Atha kho āyasmā Bhūmijo sāyaṇhasamayam paṭisallāṇā vuṭṭhito yenāyasmā Sāriputto tenupasaṅkami||

---

[1] Omitted by S[1-3]

upasaṅkamitvā āyasmatā Sāriputtena saddhiṃ sammodi|| sammodaniyam kathām sārānīyaṃ vītisāretvā ekam antaṃ nisīdi|| ||

Ekām antaṃ nisinno kho āyasmā Bhūmijo āyasmantaṃ Sāriputtam etad avoca|| ||

3 Santāvuso Sāriputta eke samaṇabrāhmaṇā kammavādā sayaṃkataṃ sukhadukkham paññāpenti|| Santi panāvuso Sāriputta eke samaṇabrahmaṇā kammavādā param-katām sukhadukkham paññāpenti|| santi panāvuso [1] Sāriputta eke samaṇabrahmaṇā kammavādā sayaṃkatañca paraṃ-katañca sukhadukkhaṃ paññāpenti|| Santi panāvuso Sāriputta eke samaṇabrāhmaṇā kammavādā asayaṃ-kāram aparaṃ-kāram adhiccasamuppannaṃ sukhadukkhaṃ paññāpenti||

4 Idha no āvuso Sāriputta Bhagavā kiṃvādi kimakkhāyī|| kathaṃ vyākaramānā ca mayaṃ vuttavādino ceva Bhagavato assāma na ca Bhagavantam abhūtena abbhācikkheyyāma|| dhammassa cānudhammam vyākareyyāma na ca koci sahadhammiko vādānupāto[2] gārayhaṃ ṭhānam āgaccheyyāti||

5 Paṭicca-samuppannam . kho āvuso sukhadukkhaṃ vuttaṃ Bhagavatā|| kiṃ paṭicca phassaṃ paṭicca|| iti vadaṃ vuttavādī ceva Bhagavato assa na ca Bhagavantam abhūtena abbhācikkheyya|| dhammassa cānudhammaṃ vyākareyya na ca koci sahadhammiko vādānupāto gārayhaṃ ṭhānam āgaccheyya|| ||

6 Tatrāvuso ye te samaṇabrāhmaṇā kammavāda sayaṃ-kataṃ sukhadukkhaṃ paññāpenti|| tad api phassapaccayā|| || Ye pi te|| pe|| Ye pi te|| pe|| || Ye pi te samanabrāhmaṇā kammavādā asayaṃ-kāraṃ aparaṃ-kāram adhicca samuppannaṃ sukhadukkham paññāpenti|| tad api phassapaccayā|| ||

7 Tatrāvuso ye pi[3] te samaṇabrāhmaṇā kammavādā sayaṃkataṃ sukhadukkhaṃ paññāpenti|| te vata aññatra phassā paṭisamvedissantīti netam ṭhānam vijjati|| Ye pi te||

---

[1] B Santāvuso [2] See the preceding sutta (p. 33 n. 3)
[3] Omitted by B

pe|| || Ye pi te|| pe|| || Ye pi te samaṇabrāhmaṇā kammavādā asayaṃ-kāraṃ aparaṃ-kāram adhiccasamuppannaṃ sukhadukkham paññāpenti|| te vata aññatra phassā patisamvedissantīti netam ṭhanaṃ vijjatīti|| ||

II

8 Assosi kho āyasmā Ānando āyasmato Sāriputtassa āyasmatā Bhūmijena saddhim imaṃ kathāsallāpaṃ|| ||

9 Atha kho āyasmā Ānando yena Bhagavā tenupasaṅkami|| upasaṅkamitvā Bhagavantam abhivādetvā ekam antaṃ nisīdi|| ||

Ekam antaṃ nisinno kho āyasmā Ānando yāvatako āyasmato Sāriputtassa āyasmatā Bhūmijena saddhiṃ ahosi kathāsallāpo|| tam sabbam Bhagavato ārocesi|| ||

10 Sādhu sādhu Ānanda|| yathā taṃ Sāriputto sammāvyākaramāno vyākareyya|| paṭicca - samuppannaṃ kho Ānanda sukhadukkhaṃ vuttam mayā|| kim paṭicca phassam paṭicca|| iti vadaṃ[1] vuttavādī ceva me assa na ca maṃ abhūtena abbhācikkheyya|| dhammassa cānudhammaṃ vyākareyya na ca koci sahadhammiko vādānupāto gārayhaṃ ṭhānam agaccheyya||

11 Tatrānanda ye[2] te samaṇabrāhmaṇā kammavādā sayaṃ-kataṃ sukhadukkhaṃ paññāpenti tad api phassapaccaye|| || Ye pi te|| pe|| || Ye pi te|| pe|| || Ye pi te samaṇabrāhmaṇā kammavādā asayaṃ-kāram aparaṃ-kāraṃ adhiccasamupannaṃ sukhadukkhaṃ paññāpenti|| tad api phassapaccayā|| ||[3]

12 Tatrānanda ye te samaṇabrāhmaṇā kammavādā sayaṃ-kataṃ sukhadukkham paññāpenti te vata aññatra phassā paṭisamvedissantīti netaṃ ṭhanaṃ vijjati|| || Ye pi te|| pe|| || Ye pi te|| pe|| || Ye pi te samaṇabrāhmaṇā kammavādā asayaṃ - kāram aparaṃ - kāram adhiccasamuppannaṃ sukhadukkhaṃ paññāpenti|| te vata aññatra phassā pāṭisamvedissantīti netaṃ ṭhānaṃ vijjaṭi||

13 Kāye vā hānanda sati kāyasañcetanā-hetu uppajjati

---

[1] S[1-3] have vadaṃ here See p. 33 n. 4. [2] S[2] adds pi
[3] This paragraph is repeated in B

ajjhattaṃ sukhadukkhaṃ|| vācāya vā hānanda sati vacīsañcetanā-hetu uppajjati ajjhattaṃ sukhadukkham|| maṇe[1] vā hānanda sati manosañcetanā-hetu uppajjati ajjhattam sukhadukkhaṃ|| ||

14 Avijjāpaccayā va[2] sāmaṃ vā taṃ Ananda kāyasankhāram abhisaṅkharoti[3] yam paccayāssa[4] tam uppajjati ajjhattaṃ sukhadukkhaṃ|| pare vāssa[5] taṃ Ānanda kāyasaṅkhāram abhisaṅkharonti[6] yam paccayāssa tam uppajjati ajjhattaṃ sukhadukkhaṃ|| || Sampajāno vā[7] tam Ananda kāyasaṅkhāram abhisaṅkharoti yam paccāyassa tam uppajjati ajjhattam sukhadukkham|| asampajāno vā[7] tam Ānanda kāyasaṅkhāram abhisaṅkharoti yam paccayāssa tam uppajjati ajjhattaṃ sukhadukkham|| ||

15 Sāmaṃ vā taṃ Ānanda vacīsankhāram abhisaṅkharoti yam paccayāssa tam uppajjati ajjhattaṃ sukhadukkhaṃ|| pare vāssa tam Ānanda vacīsaṅkhāram abhisaṅkharonti yaṃ paccayāssa taṃ uppajjati ajjhattaṃ sukhadukkhaṃ||

16 Sampajāno vā taṃ Ānanda|| pe|| || asampajāno vā tam Ananda vacīsaṅkhāram abhisaṅkharoti yam paccayāssa tam uppajjati ajjhattaṃ sukhadukkhaṃ|| ||

17 Sāmaṃ vā tam Ānanda manosaṅkhāraṃ abhisaṅkharoti yam paccayāssa tam uppajjati ajjhattam sukhadukkham|| Pare vāssa taṃ Ānanda manosaṅkhāram abhisaṅkharonti yaṃ paccayāssa taṃ uppajjati ajjhattaṃ sukhadukkhaṃ|| ||

18 Sampajāno vā tam Ananda|| pe|| asampajāno vā tam Ānanda manosaṅkhāram abhisaṅkharoti yam paccayāssa taṃ uppajjati ajjhattam sukhadukkhaṃ|| ||

19 Imesu Ānanda chasu[8] dhammesu avijjā anupatitā|| Avijjāya tveva Ananda asesāvirāganirodhā so kāyo na hoti|| yam paccayāssa tam uppajjati ajjhattaṃ sukhadukkhaṃ|| Sa vācā na hoti yam paccayāssa tam uppajjati ajjhattam sukhadukkhaṃ|| So mano na hoti yam paccayāssa tam

---

[1] S[1-3] mano [2] B ca
[3] S[1-3] °karoti C °khāroti [4] B paccayāyaṃ always
[5] B vāyam [6] S[1-3] °karonti ; further on kharoti kharonti
[7] S[1-3] va always [8] S[1-3] omit chasu

uppajjati ajjhattaṃ sukhadukkhaṃ|| khettaṃ taṃ na hoti|| vatthu taṃ na hoti|| āyatanaṃ taṃ na hoti|| adhikaraṇaṃ taṃ na hoti|| yam paccayāssa tam uppajjati ajjhattam sukhadukkhanti||||

Pancamaṃ||||

26 (6) *Upavāno*

1 Sāvatthiyam viharati||

2 Atha kho āyasmā Upavāṇo[1] yena Bhagavā tenupa saṅkami|| upasaṅkamitvā Bhagavantam abhivādetvā ekan antaṃ nisīdi||||

Ekam antam nisinno kho āyasmā Upavāṇo Bhagavantan etad avoca||||

3 Santi[2] bhante eke samaṇabrāhmanā sayaṃ-kataṇ dukkhaṃ paññāpenti|| Santi pana bhante eke samaṇabrāhmanā paraṃ-kataṃ dukkhaṃ paññāpenti|| Santi pana bhante eke samaṇabrāhmaṇā sayaṃ-katañca paraṃ-katañca dukkhaṃ paññāpenti|| Santi pana bhante eke samaṇabrāhmaṇā asayāṃ-kāram aparaṃ-kāram adhiccasamuppannaṃ dukkhaṃ paññāpenti||||

4 Idha no bhante Bhagavā kimvādī kiṃ akkhāyī|| kathaṃ vyākaramānā ca mayaṃ vuttavādino ceva Bhagavato assāma na ca Bhagavantam abhūtena abbhācikkheyyāma|| dhammassa cānudhammaṃ vyākareyyāma na ca koci sahadhammiko vādānupāto gārayham ṭhānam āgaccheyyāti||||

5 Paṭiccasamuppannaṃ kho Upavāṇa dukkhaṃ vuttaṃ mayā|| Kimpaṭicca phassaṃ paṭicca|| iti vadaṃ[3] vuttavādī ceva me assa na ca maṃ abhūtena abbhācikkheyya dhammassa cānudhammaṃ vyākareyya na ca koci sahadhammiko vādānupāto gārayhaṃ ṭhānam āgaccheyya||

6 Tatra Upavāṇa[4] ye te samaṇabrāhmanā sayaṃ-kataṃ dukkhaṃ paññāpenti|| tad api phassa paccayā|||| Ye pi te|| pe|||| Ye pi te|| pe|||| Ye pi te samaṇabrāhmaṇā asayaṃ-kāram aparaṃ-kāram adhiccasamuppannam dukkhaṃ paññāpenti|| tad api phassa paccayā||||

---

[1] So[1-3] C B Upavāno [2] S[1-3] add hi always
[3] S[1] padaṃ [4] B tatrupavāna always

7 Tatra Upavāṇa ye te samaṇabrahmaṇā sayaṃ-kataṃ dukkhaṃ paññāpenti|| te vata aññatra phassā paṭisaṃvedissantīti netam ṭhānaṃ vijjati||| Ye pi te|| pe| Ye pi te|| pe||| Ye pi te samaṇabrāhmaṇā asayam-kāram aparaṃ-kāraṃ adhiccasamuppannaṃ dukkhaṃ paññāpenti||[1] te vata aññatra phassā paṭisaṃvedissantīti netam ṭhānam vijjatīti||| Chaṭṭham|||

27 (7) *Paccayo*

1 Sāvatthiyaṃ viharati|||

2 Avijjāpaccayā bhikkhave saṅkhārā|| Saṅkhārapaccayā viññāṇaṃ|| pe||| Evam etassa kevalassa dukkhakkhandhassa samudayo hoti||

3 Katamañcā bhikkhave jarāmaraṇaṃ||| Yā tesaṃ tesaṃ sattānaṃ tamhi tamhi sattanikāye jarā jīraṇatā khaṇḍiccaṃ pāliccaṃ valittacatā āyuno saṃhāni indriyāṇāṃ paripāko ayaṃ vuccati jarā||| Yā tesaṃ tesaṃ sattānaṃ tamhā tamhā sattanikāyā cuti cavanatā [2] bhedo antaradhānam maccu maraṇam kālakiriyā khandhānam bhedo kaḷevarassa nikkhepo idaṃ vuccati maraṇaṃ||| Iti ayañca jarā idañca maraṇaṃ||

Idam vuccati bhikkhave jarāmaraṇaṃ|||

4 Jātisamudayā jarāmaraṇasamudayo|| jātinirodhā jarāmaraṇanirodho|| ayam eva ariyo aṭṭhangiko maggo jarāmaraṇanirodha-gāminī paṭipadā|| seyyathīdam||| sammādiṭṭhi sammāsaṅkappo sammāvācā sammākammanto sammā-ājīvo sammāvāyāmo sammāsati sammāsamādhi|||

5 Katamo ca bhikkhave jāti|| [3]

6 Katamo ca bhikkhave bhavo||

7 Katamañ ca bhikkhave upādānam||

---

[1] Here S[1] adds between the lines tad api phassa paccayā—Upavāṇa ye te samaṇabrāhmaṇā sayaṃ kataṃ dukkhaṃ paññāpenti

[2] All this from kaṭamañca is missing in S3—See above 2.4

[3] Here S 1-3 repeats what is said in 2.4

8 Katamā ca bhikkhave taṇhā||

9 Katamā ca bhikkhave vedanā||

10 Katamo ca bhikkhave phasso||

11 Katamañ ca bhikkhave saḷāyatanaṃ||

12 Katamañ ca bhikkhave nāmarūpaṃ||

13 Katamañ ca bhikkhave viññāṇaṃ||

14 Katamā ca bhikkhave saṅkhārā|| tayo me bhikkhave saṅkhārā|| kāyasaṅkhāro vācīsaṅkhāro cittasaṅkhāro|| [1] ime vuccanti bhikkhave saṅkhārā||| [2]

Avijjasamudayā saṅkhāra - samudayo|| avijjā - nirodhā saṅkhāra-nirodho|| ayam eva ariyo aṭṭhaṅgiko maggo saṅkhāra-nirodha-gāminī paṭipadā|| seyyathīdam,| sammādiṭṭhi|| pa|, sammāsamādhi|||

15 Yato kho bhikkhave ariyasāvako evam paccayam pajānāti|| evam paccayasamudayaṃ pajānāti|| evam paccayanirodham pajānāti|| evaṃ paccayanirodhagāminiṃ paṭipadaṃ pajānāti|| ayaṃ vuccati bhikkhave ariyasāvako diṭṭhisampanno iti pi|| dassanasampanno iti pi|| āgato imaṃ saddhammam iti pi|| passati imaṃ saddhammam iti pi|| sekhena ñānena samannāgato iti pi|| sekhāya vijjāya samannāgato iti pi|| dhammasotaṃ [3] samāpanno iti pi|| ariyo nibbedhikapañño iti pi|| amatadvāram āhacca [4] tiṭṭhati iti pīti||| Sattamaṃ|||

28 (8) *Bhikkhū.*

1 Sāvatthiyaṃ viharati|||

2 Tatra kho|||

3 Idha bhikkhave bhikkhu jarāmaraṇam pajānāti|| jarāmaraṇasamudāyam pajānāti|| jarāmaraṇanirodham pajānāti|| jarāmaraṇanirodhagāminiṃ patipadam pajānāti|| pe||

4 Jātim pajānāti|||

5 Bhavam pajānāti|||

6 Upādānam pajānāti|||

---

[1] S [1-3] add ti [2] See above 2.14

[3] S [1-3] dhammaṃ sotaṃ° C dhammaṃ sota° and dhammasotaṃ° [4] B āpacca here only

7 Taṇham pajānāti|| ||

8 Vedanam pajānāti|| ||

9 Phassam pajānāti|| ||

10 Saḷāyatanam pajānāti|| ||

11 Nāmarūpam pajānāti|| ||

12 Viññāṇam pajānāti|| ||

13 Saṅkhāre pajānāti|| saṅkhārasamudayam pajānāti|| saṅkhāranirodham pajānāti|| saṅkhāranirodhagāminiṃ paṭipadam pajānāti|| ||

14 Katamañca bhikkhave jarāmaraṇaṃ|| || Yā tesaṃ tesaṃ sattānaṃ tamhi tamhi sattanikāye jarā jīraṇatā khaṇḍiccam pāliccam valittacatā āyuno samhāni indriyānam paripāko ayam vuccati jarā|| Yā tesaṃ tesaṃ sattānaṃ tamhi tamhi sattanikāye cuti cavanatā bhedo antaradhānaṃ maccu maraṇaṃ kālakiriyā khandānam bhedo kaḷevarassa nikkhepo idam vuccati maraṇaṃ|| Iti ayañca jarā idañca maraṇaṃ|| idam vuccati bhikkhave jarāmaraṇaṃ|| ||

15 Jātisamudayā jarāmaraṇasamudayo|| jātinirodhā jarāmaraṇanirodho|| ayam eva ariyo aṭṭhaṅgiko maggo jarāmaraṇanirodhagāminī paṭipadā|| seyyathīdaṃ|| || Sammādiṭṭhi|| pe|| sammāsamādhi|| ||

16–24 Katamā ca bhikkhave jāti|| pe|| katamo ca bhikkhave bhavo|| katamañ ca bhikkhave upādānam|| katamā ca bhikkhave taṇhā|| vedanā|| phasso|| saḷāyatanaṃ|| nāmarūpaṃ|| viññāṇam||

25 Katame ca bhikkhave saṅkhārā|| || Tayo me bhikkhave saṅkhārā|| kāyasāṅkhāro|| vacīsaṅkhāro|| cittasaṅkhāro|| ime vuccanti bhikkhave saṅkhārā|| ||

Avijjā - samudayā saṅkhārasamudayo|| avijjā - nirodhā saṅkhāranirodho|| ayam eva ariyo aṭṭhaṅgiko maggo saṅkhāranirodhagāminī paṭipadā|| seyyathīdaṃ|| sammādiṭṭhi|| pe|| sammāsamādhi|| ||

26 Yato kho bkikkhave bhikkhu evam jarāmaraṇaṃ pajānāti|| evaṃ jarāmaraṇasamudayam pajānāti|| evaṃ jarāmaraṇanirodham pajānāti|| evaṃ jarāmaraṇanirodhagāminiṃ patipadam pajānāti|| ||

27–36 Evaṃ jātiṃ pajānāti|| pe|| || Bhavam|| Upādānam|| Taṇhaṃ|| Vedanaṃ|| Phassaṃ|| Saḷāyatanaṃ|| Nāmarūpaṃ||

Viññāṇaṃ|| Saṅkhāre saṅkhāra-samudayam|| saṅkhāra-nirodhaṃ|| evam saṅkhāranirodhagāminiṃ paṭipadaṃ pajānāti|| ||

37 Ayaṃ vuccati bhikkhave bhikkhu diṭṭhisampanno iti pi|| dassanasampanno iti pi|| āgato imaṃ saddhammam iti pi|| passati imaṃ saddhammam iti pi|| sekhāya vijjāya samannāgato iti pi|| dhammasotaṃ samāpanno iti pi|| ariyo nibbedhikapañño iti pi|| amatadvāram āhacca tiṭṭhati iti pīti|| || Aṭṭhamaṃ|| ||

29 (9) *Samaṇabrahmaṇā* (1)

1 Sāvatthiyam viharati|| ||

I

2–12 Tatra kho[1] ye hi keci bhikkhave samaṇā vā brāhmaṇā vā jarāmaraṇaṃ na parijānanti|| jarāmaraṇasamudayaṃ na parijānanti|| jarāmaraṇanirodhaṃ na parijānanti|| jarāmaraṇanirodhagāminiṃ paṭipadaṃ na parijānanti|| || Jātiṃ na parijānanti|| pe|| || Bhavam|| || Upādānaṃ|| || Taṇhaṃ|| || Vedanaṃ|| Phassam|| || Saḷāyatanaṃ|| || Nāmarupaṃ|| || Viññāṇam|| || Saṅkhāre|| saṅkārasamudayaṃ|| saṅkhāranirodhaṃ|| saṅkhāranirodhagaminiṃ paṭipadaṃ na parijānanti|| ||

13 Na me te bhikkhave samaṇā vā brāhmaṇā vā samanesu vā samaṇā sammatā brāhamaṇesu vā brāhmaṇā sammatā|| na ca panete āyasmanto[2] sāmaññatthaṃ vā brāhmaññatthaṃ vā diṭṭheva dhamme sayam abhiññā sacchikatvā upasampajja viharanti|| ||

II

14–24 Ye ca kho keci bhikkhave samaṇā va brāhmaṇā vā jarāmaraṇaṃ parijānanti|| jarāmaraṇasamudayaṃ parijānanti|| jarāmaraṇanirodhaṃ parijānanti|| jarāmaraṇanirodhagāminiṃ paṭipadaṃ parijānanti|| jātiṃ parijānanti|| pe|| bhavam|| upādānaṃ|| tanhaṃ|| vedanaṃ|| phassam|| saḷāyatanam|| nāmarūpaṃ|| viññāṇaṃ|| saṅkhāre parijā-

---

[1] Omitted by S^{1-3} [2] S^{1-3} āyasmantā always

nanti|| saṅkhārasamudayam parijānanti|| saṅkhāranirodham parijānanti|| saṅkhāranirodhagāminim paṭipadam parijānanti|| ||

25 Te kho me bhikkhave samaṇā vā brāhmaṇā vā samaṇesu ceva samaṇā sammatā brāhmaṇesu ca brāhmaṇasammatā|| te ca panāyasmanto sāmaññatthañ ca brahmaññatthañca diṭṭheva dhamme sayam abhiññā sacchikatvā upasampajja viharantīti|| || Navamaṃ|| ||

30 (10) *Samaṇabrahmaṇā* (2)

1 Sāvatthiyaṃ viharati|| ||

2 Tatra kho|| pe||

3 Ye hi keci bhikkhave samaṇā vā brāhmaṇā vā jarāmaraṇam nappajānanti|| jarāmaraṇasamudayaṃ nappajānanti|| jarāmaraṇanirodhaṃ nappajānanti|| jarāmaraṇanirodhagāminiṃ paṭipadam nappajānanti|| te vata jarāmaraṇaṃ samatikkamma ṭhasssantīti|| netam ṭhānaṃ vijjati|| ||

4–12 Jātim nappajānanti|| pe|| || Bhavam|| || Upadānaṃ|| Taṇhaṃ|| || Vedanaṃ|| || Phassaṃ|| || Saḷāyatanam|| || Nāmarupaṃ|| || Viññānaṃ|| ||

13 Saṅkhāre nappajānanti|| saṅkhārasamudayam nappajānanti|| saṅkhāranirodhaṃ nappajānanti|| saṅkhāranirodhagāminiṃ paṭipadaṃ nappajānanti|| te vata saṅkhāre samatikkamma ṭhassantīti|| netaṃ ṭhānaṃ vījjati|| ||

14 Ye ca kho keci bhikkhave samaṇā vā brāhmaṇā vā jarāmaraṇaṃ pajānanti|| jarāmaraṇāṃ pajānanti|| jarāmaraṇasamudayaṃ pajānanti|| jarāmaraṇanirodhaṃ pajānanti|| jarāmaraṇanirodhagāminiṃ paṭipadaṃ pajānanti|| te te jarāmaraṇaṃ samatikkamma ṭhassantīti|| ṭhānam etaṃ vijjati|| ||

15–23 Jātim pajānanti|| pe|| bhavaṃ|| upādānaṃ|| taṇhaṃ|| vedanaṃ|| phassaṃ|| saḷāyatanaṃ|| nāmarūpaṃ|| viññāṇaṃ||

24 Saṅkhāre pajānanti|| saṅkhārasamudayaṃ pajānanti|| saṅkharanirodhaṃ pajānanti|| sankhāranirodhagāminim paṭipadaṃ pajānanti|| te vata saṅkhāre samatikkamma ṭhassantīti ṭhānam etaṃ vijjatīti|| || Dasamaṃ|| ||

Dasabalavaggo tatiyo|| ||

Tassuddānam|| ||

Dve Dasabalā[1] Upanisā ca[1]
Aññatitthiyā Bhūmijam||[2]
Upavāṇo[3] Paccayo Bhikkhu||[4]
Dve ca Samaṇabrāhmaṇā ti|| ||

Chapter IV Kaḷarakhattiyo vaggo Catuttho

31 (1) *Bhūtam*

1 Ekam samayaṃ Bhagavā Sāvatthiyaṃ viharati||[5]

I

2 Tatra kho Bhagavā āyasmantaṃ Sāriputtam āmantesi|| || Vuttam idaṃ Sāriputta parāyaṇe[6] Ajita-pañhe||

Ye ca saṅkhātadhammāse[7]|| ye ca sekhā[8] puthu idha||
Tesam me nipako iriyaṃ|| puṭṭho me[9] brūhi mārisāti|| ||

Imassa kho Sāriputta saṅkhittena bhāsitassa kathaṃ vitthārena attho daṭṭhabbo ti|| ||

Evaṃ vutte[10] ayasmā Sāriputto tuṇhī ahosi|| ||

3 Dutiyam pi kho Bhagavā āyasmantaṃ Sāriputtam āmantesi|| pe|| Dutiyam pi kho āyasmā Sāriputto tuṇhī ahosi|| ||

4 Tatiyam pi kho Bhagavā āyasmantaṃ Sāriputtaṃ āmantesi|| || Vuttam idaṃ Sāriputta parāyane Ajita-pañhe.[11]

Ye ca saṅkhātadhammāse|| ye ca sekhā puthu idha||
Tesam me nipako iriyaṃ|| puṭṭho me brūhi mārisāti|| ||

---

[1] S[1-3] °balaṃ upādāniyo
[2] S[1-3] °yabhūmijo
[3] B Upavāno
[4] B bhikkhū
[5] S[1-3] Sāvatthi—ārāme—pe—
[6] B S[1-3] pārāyane
[7] S[1] °ye always S[3] sometimes
[8] C sekkhā
[9] S[1-3] pa always
[10] B vuttena
[11] S[1] pārāyano °pañho.

Imassa nu kho Sāriputta saṅkhittena bhāsitassa kathaṃ vitthārena attho daṭṭhabbo ti|| ||[1] Tatiyam pi kho āyasmā Sāriputto tuṇhī ahosi|| ||

II

5 Bhūtam idanti Sāriputta passasīti|| bhūtaṃ idanti Sāriputta passasīti|| ||

6 Bhūtam idanti bhante yathābhūtaṃ sāmmappaññāya[2] passati|| || Bhūtam idanti yathābhūtam sammappaññāya disvā bhūtassa nibbidāya virāgāya nirodhāya paṭipanno hoti|| || Tadāhārasambhavanti sammappaññāya passati|| tadāhārarasambhavanti yathā-bhūtaṃ sammappaññāya disvā āhārasambhavassa nibbidāya virāgāya nirodhāya paṭipanno hoti|| || Tadāhāranirodhā[3] yaṃ bhūtam taṃ nirodhadhamman ti yathā-bhūtam sammappaññāya passati|| tad āhāranirodhā yaṃ bhūtaṃ taṃ nirodhadhammanti yathā-bhūtaṃ sammappaññāya disvā nirodhadhammassa nibbidāya virāgāya nirodhāya paṭipanno hoti|| || Evaṃ kho bhante sekho hoti|| ||

7 Kathañca bhante saṅkhātadhāmmo hoti|| Bhūtam idanti bhante yathā-bhūtaṃ sammapaññāya passati|| bhūtam idanti yathā-bhūtaṃ sammappaññāya disvā bhūtassa[4] nibbidā virāgā[5] nirodhā anupādā vimutto hoti|| || Tadāhārasambhavanti yathā-bhūtaṃ sammapaññāya passati|| tadāhārasambhavanti yathā-bhūtam sammappaññāya disvā āhārasambhavassa nibbidā virāgā nirodhā anupādā vimutto hoti|| ||

Tadāhāranirodhā yaṃ bhūtaṃ taṃ nirodhadhammanti yathā-bhūtaṃ sammappaññāya passati|| tadāhāranirodhā yaṃ bhutaṃ taṃ nirodhadhammanti yathā-bhūtaṃ sammappaññāya disvā nirodhadhammassa nibbidā virāgā

---

[1] S^{1-3} add evam vutte.

[2] B has usually sammapa°; sometimes sammapp°

[3] S^{1-3} °nirodhāya

[4] omitted by S^{1-3}; in S^{1} instead of bhūtassa there is a word (as tisvā) erased

[5] S^{3} nibbidāya virāgāya

nirodhā anupādā vimutto hoti|||| Evaṃ kho bhante saṅkhātadhammo hoti||

8. Iti kho bhante yaṃ taṃ vuttāṃ parāyane Ajitapañhe||||

Ye ca saṅkhātadhammāse|| ye ca sekhā puthu idha||
Tesaṃ me nipako iriyaṃ|| puṭṭho me brūhi mārisāti||||[1]

Imassa khvāhaṃ bhante saṅkhittena bhāsitassa evaṃ vitthārena atthaṃ ājānāmīti||||

III

9 Sādhu sādhu Sāriputta bhūtam idanti Sāriputta yathā bhūtaṃ sammapaññāya passati|| bhūtam idanti yathā bhūtaṃ sammapaññāya disvā bhūtassa nibbidāya virāgāya nirodhāya paṭipanno hoti||||

Tadāhārasambhavanti yathābhūtam sammapaññāya passati|| tadāhārasambhavanti yathā-bhūtaṃ samma-paññāya disvā āhārasambhavassa nibbidāya virāgāya nirodhāya paṭipanno hoti||||

Tadāhāranirodhā yaṃ bhūtaṃ taṃ nirodhadhammanti yathā-bhūtaṃ sammapaññāya passati|| tadāhāranirodhā-yaṃ bhūtaṃ taṃ nirodhadhammanti yathā-bhūtam sammapaññāya disvā nirodhadhammassa nibbidāya virāgāya nirodhāya paṭipanno hoti||||

Evaṃ kho Sāriputta sekho hoti||||

10 Kathañca Sāriputta saṅkhātadhammo hoti|| Bhūtam idanti Sāriputta yathā-bhūtaṃ sammapaññāya passati|| Bhūtam idanti yathā-bhūtam sammapaññāya disvā bhūtassa nibbidā virāgā nirodhā anupādā vimutto hoti||||

Tadāhārasambhavanti yathā-bhūtaṃ sammapaññāya passati|| tadāhārasambhavanti yatha-bhūtaṃ sammapaññāya disvā āhārasambhavassa nibbidā virāgā nirodhā anupādā vimutto hoti||||

Tadāhāranirodhā yam bhūtaṃ tam nirodhadhammanti yathā-bhūtam sammapaññāya passati|| tadāhāranirodhā yam bhūtam taṃ nirodhadhammanti yathā-bhūtaṃ sam-

[1] See above, 2 (p. 47)

mapaññaya disvā nirodhammassa nibbidā virāgā nirodhā anupādā vimutto hoti|||

Evaṃ kho Sāriputta saṅkhātadhammo hoti||

11 Iti[1] kho Sāriputta yaṃ taṃ vuttaṃ parāyane Ajitapañhe|||

Ye ca saṅkhātadhammāse|| ye ca sekhā puthu idha||
tesaṃ me nipako iriyaṃ|| puṭṭho me brūhi mārisāti|||

Imassa kho Sāriputta saṅkhittena bhāsitassa evam vitthārena attho daṭṭhabbo ti|||

Pathamaṃ[2]|||

32 (2) *Kaḷāra*

1 Sāvatthiyaṃ viharati|||

I

2 Atha kho Kaḷārakhattiyo bhikkhu yenāyasmā Sāriputto tenupasaṅkami|| upasāṅkamitvā āyasmatā Sāriputtena saddhiṃ sammodi|| sammodanīyaṃ kathaṃ sārāṇīyaṃ vītisāretvā ekam antaṃ nisīdi|||

3 Ekam antaṃ nisinno kho Kaḷārakhattiyo bhikkhu āyasmantaṃ Sāriputtam etad avoca|||

Moliyaphagguno avuso Sāriputta bhikkhu sikkham paccakkhāya hīnāyāvatto ti|||

Na hi nūna so āyasmā imasmiṃ dhammavinaye assāsam alatthāti|||

4 Tena hāyasmā Sāriputto imasmim dhammavinaye assāsam patto ti||

Na khvāham āvuso kaṅkhāmīti||

5 Āyatim panāvusoti||

Nakhvāham āvuso vicikicchāmīti|||

6 Atha kho Kaḷārakhattiyo bhikkhu uṭṭhāyāsanā yena Bhagavā tenupasaṅkami|| upasaṅkamitvā Bhagavantam abhivādetvā ekam antaṃ nisīdi|||

7 Ekam antam nisinno kho Kaḷārakhattiyo bhikkhu

---

[1] These words from kho° are missing in S[1-3]

[2] All the numbers are missing in S[1-3]

Bhagavantam etad avoca|| || Ayasmatā bhante Sāriputtena aññā vyākatā khīṇā jati vusitaṃ brahmacariyaṃ kataṃ karaṇīyaṃ nāparam itthattāyāti pajānāmīti|| ||

8 Atha kho Bhagavā aññataram bhikkhum āmantesi|| || Ehi tvaṃ bhikkhu mama vacanena Sāriputtam āmantehi|| Satthā tam āvuso Sāriputta āmantetīti|| ||

9 Evam bhante ti kho so bhikkhu Bhagavato paṭisutvā [1] yenāyasmā Sāriputto tenupasaṅkami|| upasaṅkamitvā āyasmantaṃ Sāriputtam etad avoca|| Satthā tam āvuso Sāriputta āmantetīti|| ||

10 Evam āvuso ti kho āyasmā Sāriputto tassa bhikkhuno paṭisutvā yena Bhagavā tenupasaṅkami|| upasaṅkamitvā Bhagavantam abhivādetvā ekam antaṃ nisīdi|| ||

II

11 Ekam antam nisinnaṃ kho āyasmantam Sāriputtaṃ Bhagavā etad avoca|| || Saccaṃ kira tayā Sāriputta aññā vyākatā khīnā jāti vusitaṃ brahmacariyaṃ kataṃ karaṇīyāṃ nāparam itthattāyāti pajānāmīti|| ||

Na kho [2] bhante etehi padehi etehi vyañjanehi attho [3] vutto ti||

12 Yena kenaci pi Sāriputta pariyāyena kulaputto aññaṃ vyākaroti|| atha kho vyākatām vyākatato daṭṭhabbanti|| ||

13 Nanu aham pi bhante evam vadāmi Na kho bhante etehi padehi etehi vyañjanehi attho vutto ti|| ||

14 Sace taṃ Sāriputta evam puccheyyum|| Kathaṃ jānatā pana tayā āvuso Sāriputta katham passatā aññā vyākatā khīṇā jāti vusitaṃ brahmacariyaṃ kataṃ karaṇīyaṃ nāparaṃ itthattāyāti pajānāmīti|| Evam puṭṭho tvaṃ Sāriputta kinti vyākareyyāsīti|| ||

15 Sace mam bhante evam puccheyyuṃ Kathaṃ jānatā pana tayā āvuso Sāriputta katham passatā aññā vyākatā

---

[1] S[1-3] paṭiss° always

[2] B khvātaṃ or khvāham (to be read khvāyaṃ)

[3] All the MSS. add ca

khīṇā jāti vusitaṃ brahmacariyaṃ kataṃ karaṇīyaṃ nāparaṃ itthattāyāti pajānāmīti evaṃ puṭṭhāhaṃ bhante evam vyākareyyaṃ|| ||

16 Yaṃnidānā[1] āvuso jāti tassa nidānassa khayā khīṇasmiṃ[2] khīṇam iti[3] viditaṃ|| khīṇasmiṃ[4] khīṇam iti[5] viditvā khīṇā jāti vusitaṃ brahmacariyaṃ kataṃ karaṇīyaṃ nāparaṃ itthattāyāti pajānāmī ti|| ||

Evam puṭṭhāham bhante evaṃ vyākareyyanti|| ||

17 Sace pana taṃ Sāriputta evam puccheyyuṃ|| ||

Jāti panāvuso Sāriputta kiṃnidānā kiṃsamudayā[6] kiṃ jātikā kimpabhavāti|| evam puṭṭho tvaṃ Sāriputta kinti vyākareyyāsīti|| ||

18 Sace mam bhante evam puccheyyuṃ|| || Jāti panāvuso Sāriputta kiṃnidānā|| pa|| kimpabhavāti||evam puṭṭhāham bhante evaṃ vyākareyyaṃ|| || Jāti kho[7] avuso bhavanidānā bhavasamudayā bhavajātikā bhavapabhavāti|| Evaṃ puṭṭhāham bhante evaṃ vyākareyyanti||

19 Sace pana taṃ Sāriputta evaṃ puccheyyuṃ|| Bhavo panāvuso Sariputto kiṃnidāno kiṃsamudayo kiṃjātiko kimpabhavoti|| evam puṭṭho tvaṃ Sāriputta kinti vyākareyyāsīti|| ||

20 Sace maṃ bhante evaṃ puccheyyum|| || Bhavo panāvuso Sāriputta kiṃnidaño|| pa|| kimpabhavoti|| evaṃ puṭṭho bhante evaṃ vyākareyyaṃ|| Bhavo kho āvuso upādānanidāno upādānasamudayo upādānajātiko upādāna pabhāvoti|| Evam puṭṭhāham bhante evaṃ vyākareyyanti|| |

21 Sace pana taṃ Sāriputta evam puccheyyuṃ|| Upādānam panāvuso|| pe||

22–23 Sa ce pana taṃ Sāriputta evaṃ puccheyyuṃ|| Taṇhā panāvuso kiṃnidānā kiṃsamudayā kiṃjātikā kiṃ pabhavāti|| evaṃ puṭṭho tvaṃ Sāriputta kinti vyākareyyāsīti|| ||.

---

[1] S^{1-3} nidānaṃ ; C nidānāvuso [2] S^3 khīṇāsmi [3] B khiṇāmhiti [4] Omitted by B [5] B khīṇāmhīti [6] S^3 kimnidānaṃ kiṃsamudayaṃ (corrected from samudayā) [7] S^{1-3} omit kho

24 Sace mam bhante evam puccheyyuṃ|| Taṇhā panāvuso Sāriputta kiṃnidānā kiṃsamudayā kiṃjātikā kimpabhavāti|| evam puṭṭhāham bhante evaṃ vyākareyyaṃ|| Taṇhā kho āvuso vedanānidānā vedanāsamudayā vedanājātikā vedanāpabhavāti|| evam puṭṭhāham bhante evaṃ vyākareyyanti|| ||[1]

25 Sacepana tam Sāriputta evam puccheyyuṃ|| || Kathaṃ jānato pana te āvuso Sāriputta katham passato yā vedanā sunandī sā na upaṭṭhāsīti|| evam puṭṭho tvaṃ Sāriputta kinti vyākareyyāsīti|| ||

26 Sace mam bhante evam puccheyyuṃ|| Kathaṃ jānato pana te avuso katham passato yā vedanā sunandī sā na upaṭṭhāsīti|| evam puṭṭāham bhante evaṃ vyākareyyaṃ|| ||

27 Tisso kho imā āvuso vedanā|| Katamā tisso||[2] Sukhā vedanā dukkhā vedanā adukkhamasukhā vedanā|| imā kho āvuso tisso vedanā aniccā|| yad aniccaṃ ṭam dukkkanti vidite yā vedanā sunandī sā na upaṭṭhāsīti|| ||

Evam puṭṭhāham bhanṭe evaṃ vyākareyyanti|| ||

28 Sādhu sādhu Sāriputta ayam pi kho Sāriputta pariyāyo etasseva saṅkhittena veyyākaraṇāya|| Yam kiñci vedayitaṃ taṃ[3] dukkhasminti|| ||

29 Sace pana taṃ Sāriputta evam puccheyyuṃ|| Katham vimokhā[4] pana tayā āvuso Sāriputta aññā vyākatā khīnā jātī vusitam brahmacariyaṃ kataṃ karaṇīyam nāparam itthattāyātī pajānāmīti|| Evam puṭṭho tvaṃ Sāriputta kinti vyākareyyāsītī|| ||

30 Sace mam bhante evam puccheyyuṃ|| Katham vimokkhā[5] pana tayā āvuso Sāriputta aññā vyākatā khīṇā jāti vusitam brahmacariyaṃ kataṃ karaṇīyam nāparam itthattāyāti pajānāmīti|| evam puṭṭhāham bhante evaṃ vyākareyyaṃ||

---

[1] S[1-3] add here Sace pana° °vedanā kiṃnidānā° °evaṃ puṭṭho vyākareyyaṃ vedanā phassa° °pabbavāti° °evam vyākareyyanti. [2] Omitted by S[1-3]

[3] S[1] omits taṃ; S[3] yaṃ and taṃ

[4] So B and C; S[1-3] vimokhā always

[5] S[1-3] vimokhāya

31 Ajjhattaṃ vimokkhā khvāhaṃ āvuso sabbupādānanakkhayā[1] tathāsato viharāmi|| yathāsataṃ viharantaṃ āsavā nānusavanti[2] attānaṃ ca nāvajānāmīti||

Evaṃ puṭṭhāhaṃ bhante evaṃ vyākareyyanti|| ||

32 Sādhu sādhu Sāriputta|| ayaṃ[3] kho Sāriputta pāriyāyo etasseva[4] atthassa saṅkhittena veyyākaraṇāya|| ye āsavā samaṇena vuttā tesvāhaṃ[5] na kaṅkhāmi te me pahīnā[6] na vicikicchāmīti||

33 Idaṃ vatvā Bhagavā uṭṭhāyāsanā vihāraṃ pāvisi|| ||

III

34 Tatra kho āyasmā Sāriputto acirapakkantassa Bhagavato bhikkhū āmantesi|| ||

35 Pubbe appaṭisaṃviditaṃ maṃ āvuso Bhagavā paṭhamaṃ pañhaṃ apucchi tassa me ahosi dandhāyitattaṃ|| Yato ca kho me āvuso Bhagavā paṭhamaṃ pañhaṃ anumodi|| tassa mayhaṃ āvuso etad ahosi||

36 Divasañce pi maṃ Bhagavā etaṃ atthaṃ puccheyya aññaṃ aññehi padehi aññaṃ aññehi pariyāyehi|| divasaṃ pahaṃ Bhagavato etaṃ atthaṃ vyākareyyaṃ aññaṃ aññehi padehi aññaṃ aññehi pariyāyehi|| ||

37 Rattiñce pi maṃ[7] Bhagavā etaṃ atthaṃ puccheyya aññaṃ aññehi padehi aññaṃ aññehi pariyāyehi|| rattiṃ pahaṃ Bhagavato etaṃ atthaṃ vyākareyyaṃ aññaṃ aññehi padehi aññaṃ aññehi pariyāyehi|| ||

38 Rattindivaṃ[8] ce pi maṃ Bhagavā etaṃ atthaṃ puccheyya aññaṃ aññehi padehi aññaṃ aññehi pariyāyehi|| rattindivaṃ pahaṃ Bhagavato etaṃ atthaṃ vyākareyyaṃ aññaṃ aññehi padehi aññaṃ aññehi pariyāyehi|| ||

---

[1] S[1-2] sādhupādānakhayā
[2] S[1-3] °sayanti; C °ssavanti
[3] S[1-3] add pi [4] S[1-3] add Sāriputta
[5] S[1-3] seem to have tesañcāhaṃ
[6] B puts na before and ti after pahīnā
[7] S[1-3] rattice pi me
[8] S[1-3] insert dve before this word

39 Dve rattidivāni ce pi mam Bhagavā etam attham puccheyya|| dve rattidivāni paham Bhagavato etam attham vyākareyyam|| ||

40 Tīni rattidivāni ce pi mam Bhagavā etam attham puccheyya|| tīni rattidivāni paham Bhagavato etam attham vyākareyyam||

41 Cattāri rattidivāni ce pi mam Bhagavā etam attham puccheya|| cattāri rattidivāni paham Bhagavato etam attham vyākareyyam|| ||

42 Pānca rattidivāni ce pi mam Bhagavā etam attham puccheyya|| pañca rattidivāni paham Bhagavato etam attham vyākareyyam||

43 Cha rattidivāni ce pi mam Bhagavā etam attham puccheyya|| charattidivāni paham Bhagavato etam attham vyākareyyam|| ||

44 Satta rattidivāni ce pi mam Bhagavā etam attham puccheyya aññam aññehi padehi aññam aññehi pariyāyehi|| Satta rattidivāni paham Bhagavato etam attham vyākareyyam aññam aññehi padehi aññam aññehi pariyāyehīti|| ||

IV

45 Atha kho Kaḷārakhattiyo bhikkhu uṭṭhāyasanā yena Bhagavā tenupasaṅkami|| upasaṅkamitvā Bhagavantam abhivādetvā ekam antam nisīdi|| ||

46 Ekam antam nisinno kho Kaḷārakhattiyo bhikkhu Bhagavantam etad avoca|| || Āyasmatā bhante Sāriputtena sīhanādo nadito pubbe appaṭisamviditam mam āvuso Bhagavā pathamam pañham āpucchi|| tassa me ahosi dandhāyitattam|| || Yato ca kho me āvuso Bhagavā pathamam pañham anumodi|| tassa mayham āvuso etad ahosi|| || Divasañ ce pi mam Bhagavā etam attham puccheyya aññam aññehi padehi aññam aññehi pariyāyehi|| divasam paham Bhagavato etam attham vyākareyyam aññam aññehi padehi aññam aññehi pariyāyehi|| || Rattiñce pi|| gha|| Rattindivām ce pi mam Bhagavā|| Dve rattidivāni ce pi mam Bhagavā|| || Tīni|| Cattāri|| Pañca|| Cha|| Satta rattidivāni ce pi mam Bhagavā etam attham

puccheyya aññam aññehi padehi aññam aññehi pariyāyehi | satta rattidivāni paham Bhagavato etam attham vyākareyyam aññam aññehi padehi aññam aññehi pariyāyehīti || ||

47 Sā hi bhikkhu Sāriputtassa dharmadhātu suppaṭividdhā|| yassā dhammadhātuyā suppaṭividdhattā divasañce paham Sāriputtam etam attham puccheyyam aññam aññehi padehi aññam aññehi pariyāyehi|| divasam pi me Sāriputto etam attham vyākareyya aññam aññehi padehi aññam aññehi pariyāyehi|| || Rattiñce paham Sāriputtam etam attham puccheyyam aññam aññehi padehi aññam aññehi pariyāyehi|| rattim pi me Sāriputto etam attham vyākareyya| Rattidivāni ce paham Sāriputtam etam attham puccheyyam | rattidivāni pi me Sāriputto etam attham vyākareyya | | Dve rattidivāni ce paham Sāriputtam etam attham puccheyyam|| dve rattidivāni pi me Sāriputto etam attham vyākareyya|| || Tīni rattidivāni ce paham Sāriputto etam attham puccheyyam tīni rattidivāni pi me Sāriputto etam attham vyākareyya|| || Cattāri rattidivāni ce paham Sāriputtam etam attham puccheyyam|| cattāri rattidivāni pi me Sāriputto etam attham vyākareyya|| || Pañca rattidivāni ce paham Sāriputtam etam attham puccheyyam pañca rattidivāni pi me Sāriputto etam attham vyākareyya|| Cha rattidivāni ce paham Sāriputtam etam attham puccheyyam|| cha rattidivāni pi me Sāriputto etam attham vyākareyya|| || Satta rattidivani ce paham Sāriputtam etam attham puccheyyam aññam aññehi padehi aññam aññehi pariyāyehi|| satta rattidivāni pi me Sāriputto etam attham vyākareyya aññam aññehi padehi aññam aññehi pariyāyehī ti|| || Dutiyam|| ||

33 (3) *Ñāṇassa vatthūni* (1)

1 Sāvatthi|| ||

2 Catucattārīsaṃ vo bhikkhave ñāṇavatthūni desissāmi| Taṃ suṇātha sādhukam manasi karotha bhāsissāmīti|| ||

Evam bhante ti kho te bhikkhū Bhagavato paccassosum|| ||

3 Bhagavā etad avoca|| || Katamāni ca bhikkhave catucattārīsam ñāṇavatthūni|

4 Jarāmaraṇe ñāṇaṃ jarāmaraṇasamudaye ñāṇaṃ jarāmaraṇanirodhe ñāṇaṃ jarāmaraṇanirodhagāminiyā paṭipadāya ñāṇaṃ || ||

5 Jātiyā ñāṇaṃ jātisamudaye ñāṇaṃ jātinirodhe ñāṇaṃ jātinirodhagāminiyā paṭipadāya ñāṇaṃ || ||

6 Bhave ñāṇaṃ bhavasamudaye ñāṇaṃ bhavanirodhe ñāṇaṃ bhavanirodhagāminiyā paṭipadāya ñāṇaṃ || ||

7 Upādāne ñāṇaṃ upādānasamudaye ñāṇaṃ upādānanirodhe ñāṇaṃ upādānanirodhagāminiyā paṭipadāya ñāṇaṃ || ||

8 Tanhāya ñāṇaṃ vedanāsamudaye ñāṇaṃ vedanānirodhe ñāṇaṃ vedanānirodhagāminiyā paṭipadāya ñāṇaṃ || ||

9 Vedanāya ñāṇaṃ vedanāsamudaye ñāṇaṃ vedanānirodhe ñāṇaṃ vedanānirodhagāminiyā paṭipadāya ñāṇaṃ || ||

10 Phasse ñāṇaṃ || ||

11 Saḷāyatane ñāṇaṃ || ||

12 Nāmarūpe ñāṇaṃ || ||

13 Viññāṇe ñāṇaṃ || ||

14 Saṅkhāresu ñāṇaṃ saṅkhārasamudaye ñāṇaṃ saṅkhāranirodhe ñāṇaṃ saṅkhāranirodhagāminiyā paṭipadāya ñāṇaṃ || ||

Imāni vuccanti bhikkhave catucattārīsaṃ ñāṇavatthūni || ||

15 Katamañca[1] bhikkhave jarāmaraṇam || ||

Yā tesaṃ tesaṃ sattānaṃ tamhi tamhi sattanikāye jarā jīranatā khaṇḍiccaṃ pāliccam valittacatā āyuno saṃhāni indriyānaṃ paripāko || ayam vuccati jarā || || Yā tesaṃ tesaṃ sattānaṃ tamhā tamhā sattanikāyā cuti cavanatā bhedo antaradhānaṃ maccumaraṇaṃ kālakiriyā khandhānam bhedo kaḷevarassa nikkhepo | idaṃ vuccati maraṇaṃ. Iti ayañca jarā idañca maraṇaṃ || idam vuccati bhikkhave jarāmaraṇaṃ || ||

16 Jātisamudayā jarāmaraṇasamudayo || jātinirodhā jarāmaraṇanirodho || ayam eva ariyo aṭṭhaṅgiko maggo jarāmaraṇanirodhagāminī paṭipadā || seyyathīdam || Sammādiṭṭhi || pa || sammāsamādhi || ||

17 Yato kho bhikkhave ariyasāvako evaṃ jarāmaraṇam pajānāti || evaṃ jarāmaṇasamudayam pajānāti || evaṃ

[1] B kathañca

jarāmaraṇanirodhaṃ pajānāti|| evaṃ jarāmaraṇanirodhagāminim paṭipadam pajānāti|||

18 Idhamassa[1] dhamme ñāṇaṃ|| so iminā dhammena diṭṭhena viditena akālikena pattena pariyogāḷhena atītānāgate nayaṃ neti||

19 Ye kho keci atītam addhānam samaṇā vā brāhmaṇā vā jarāmaraṇam abbhaññaṃsu|| jarāmaraṇasamudayam abbhaññaṃsu|| jarāmaraṇanirodham abbhaññaṃsu|| jarāmaraṇanirodhagāminim paṭipadam abbhaññaṃsu|| sabbe[2] te evam evam abbhaññaṃsu|| Seyyathāpaham[3] etarahi|||

20 Ye hi pi keci anāgatam addhānam samaṇā vā brahmaṇā vā jarāmaraṇam abhijānissanti|| jarāmaraṇasamudayam abhijānissanti|| jarāmaraṇanirodham abhijānissanti|| jarāmaraṇanirodhagāminim paṭipadam abhijānissanti|| sabbe te evam evam abhijānissanti|| seyyathāpaham etarahīti|| idam assa anvaye ñāṇaṃ|||

21 Yato kho bhikkhave ariyasāvakassa imāni dve ñāṇāni parisuddhāni honti pariyodātāni dhamme ñāṇaṃ ca anvaye ñāṇaṃ ca||[4] ayaṃ vuccati bhikkhave ariyasāvako diṭṭhisampanno iti pi|| dassanasampanno iti pi|| āgato imaṃ saddhammam iti pi|| passati imaṃ saddhammam iti pi|| sekhena ñāṇena samannāgato iti pi|| sekhāya vijjāya samannāgato iti pi|| dhammasotaṃ samāpanno iti pi| ariyo nibbedhikapañño iti pi|| amatadvāram āhacca tiṭṭhati iti pīti|| pe||

22 Katamā ca bhikkhave jāti|| yā tesam|||

23 Katamo ca bhikkhave bhavo||

24 Katamaṃ ca bhikkhave upādānaṃ||

25 Katamā ca bhikkhave taṇhā||

26 Katamā ca bhikkhave vedanā||

27 Katamo ca bhikkhave phasso||

28 Katamaṃ ca bhikkhave saḷāyatanam||

29 Katamaṃ ca bhikkhave nāmarūpaṃ||

30 Katamaṃ ca bhikkhave viññāṇaṃ||

31 Katame ca bhikkhave saṅkhārā|||| Tayo me bhik-

---

[1] S[1] ida° [2] S3 sabbesu [3] S3-° pi haṃ [4] B omits ca

khave saṅkhārā|| kāyasaṅkhāro vacīsaṅkhāro cittasaṅkhāro ti|| ime vuccanti bhikkhave saṅkhārā|||

32 Avijjāsamudayā saṅkhārasamudayo|| avijjāsamudayanirodhā[1] saṅkhāranirodho|| ayam eva ariyo aṭṭhaṅgiko maggo saṅkhāranirodhagāminī paṭipadā|| seyyathidaṃ|| Sammādiṭṭhi|| pe|| sammāsamādhi||||

33 Yato kho bhikkhave ariyasāvako evaṃ saṅkhāre pajānāti|| evaṃ saṅkhārasamudayam pajānāti|| evaṃ saṅkhāranirodham pajānāti|| evaṃ saṅkharā nirodhagaminiṃ paṭipadam pajānāti|| idam assa dhamme ñāṇaṃ||||

So iminā dhammena diṭṭhena viditena akālikena pattena pariyogāḷhena atītānāgate[2] nayaṃ neti||||

34 Ye kho keci atītam addhānam samaṇā vā brāhmaṇā vā saṅkhare abbhaññaṃsu saṅkharasamudayam abbhaññaṃsu|| saṅkhāranirodham abbhaññaṃsu|| sabbe te evam evam abbhaññaṃsu seyyathāpaham etarahi||

35 Ye pi hi keci anāgatam addhānaṃ samaṇā vā brāhmaṇā vā saṅkhāre abhijānissanti|| saṅkhārasamudayam abhijānissanti|| saṅkhāranirodham abhijānissanti|| saṅkhāranirodhagāminim paṭipadam abhijānissanti|| sabbe te evam evam abhijānissanti|| seyyathāpaham[3] etarahi|| Idam assa anvaye ñāṇaṃ|

36 Yato kho bhikkhave ariyasāvakassa imāni dve ñāṇāni parisuddhāni honti pariyodātāni dhamme ñāṇaṃ ca anvaye ñāṇaṃ ca|| ayaṃ vuccati bhikkhave āriyasāvako diṭṭhisampanno iti pi|| dassanasampanno iti pi|| āgato imaṃ saddhammam iti pi|| passati imaṃ saddhammaṃ iti pi|| sekhena ñāṇena samannāgato iti pi|| sekhayā vijjāya samannāgato iti pi|| dhammasotam samāpanno iti pi|| ariyo nibbedhikapañño iti pi|| amatadvāram āhacca tiṭṭhati iti pīti|||| Tatiyaṃ||||

34 (4) *Ñāṇassa vatthūni* (2)

1 Sāvatthiyaṃ viharati||||

2 Satta sattari vo bhikkhave ñāṇavatthūni desissāmi|| taṃ suṇātha|| pe||

[1] B S[1] avijjānirodhā [2] S[1-3] anāgate [3] B. pi haṃ

Katamāni ca bhikkhave sattasattari ñāṇavatthūni||

3 Jātipaccayā jarāmaraṇanti ñāṇaṃ|| asati jātiyā natthi jarāmaraṇanti ñāṇaṃ|| atītam pi addhānam jātipaccayā jarāmaraṇan ti ñāṇaṃ|| asati jātiyā natthi jarāmaraṇanti ñāṇaṃ|| anāgatam pi addhānaṃ jātipaccayā jarāmaraṇanti ñāṇaṃ|| asati jātiyā natthi jarāmaraṇanti ñāṇaṃ|| Yam pissa taṃ dhammaṭṭhitiñāṇaṃ tam pi khayadhammam vayadhammam virāgadhammam nirodhamman ti ñāṇaṃ||

4 Bhavapaccayā jātīti ñāṇam|| pe||

5 Upādānapaccayā bhavo ti ñāṇam | pe||

6 Taṇhāpaccayā upādānanti ñāṇaṃ|| pe||

7 Vedanāpaccayā taṇhāti ñāṇaṃ | pe||

8 Phassapaccayā vedanāti ñāṇaṃ|| pe||

9 Saḷāyatanapaccayā phassotiñāṇaṃ|| pe||

10 Nāmarūpapaccayā saḷāyatananti ñāṇaṃ || pe||

11 Viññāṇapaccayā nāmarūpanti ñāṇaṃ|| pe||

12 Saṅkhārapaccayā viññāṇanti ñāṇaṃ|| pe||

13 Avijjāpaccayā saṅkhārāti ñāṇaṃ|| asati avijjāya natthi saṅkhārāti ñāṇaṃ|| atītam pi addhānam avijjāpaccayā saṅkhārā ti ñāṇaṃ|| asati avijjāya natthi saṅkhārā ti ñāṇaṃ|| anāgatam pi addhānaṃ avijjāpaccayā saṅkhārā ti ñāṇaṃ|| asati avijjāya natthi saṅkhārā ti ñāṇaṃ Yaṃ pissa tam dhammaṭṭhitiñāṇaṃ tam pi khayadhammaṃ vayadhammaṃ virāgadhammaṃ nirodhadhammanti ñāṇaṃ||||

14 Imāni vuccanti bhikkhave sattasattari ñāṇavatthūnīti|||| Catutthaṃ||||

35 (5) *Avijjāpaccayā* (1)

1. Savatthiyam viharati||||

2 Avijjāpaccayā bhikkhave saṅkhārā|| saṅkhārapaccayā viññāṇaṃ|| pe|| evam etassa kevalassa dukkhakkhandhassa samudayo hotīti||||

3 Katamaṃ nu kho bhante[1] jarāmaraṇaṃ|| kassa ca panidam jarāmaraṇanti||||

No kallo pañhoti Bhagavā avoca|| Katamaṃ jarā-

[1] Missing in S[1-3]

maraṇaṃ kassa ca panidaṃ jarāmaraṇanti iti vā bhikkhu yo vadeyya‖ aññaṃ jarāmaraṇam aññassa ca panidaṃ jarāmaraṇanti iti vā bhikkhu yo vadeyya‖ ubhayam etam ekattam[1] vyañjanam eva nānaṃ‖‖ Tam jīvaṃ taṃ sarīranti vā bhikkhu diṭṭhiyā sati brahmacariyavāso na hoti‖ aññaṃ jīvam aññaṃ sarīranti vā bhikkhu diṭṭhiyā sati brahmacariyavāso na hoti‖‖ Ete te bhikkhu ubho ante anupagamma majjhena Tathāgato dhammaṃ deseti‖‖ Jātipaccayā jarāmaraṇanti‖‖

4 Katamā nu kho bhante jāti kassa ca panāyaṃ jātīti‖‖

No kallo. pañho ti Bhagavā avoca‖‖ Katamā jāti kassa ca panāyaṃ jātīti iti vā bhikkhu yo vadeyya‖ aññā jāti aññassa ca panāyaṃ jātīti iti vā bhikkhu yo vadeyya‖ ubhayam etam ekattam vyañjanam eva nānaṃ‖‖ Taṃ jīvaṃ taṃ sarīrantivā bhikkhu diṭṭhiyā sati brahmacariyavāso na hoti‖ aññaṃ jīvam aññaṃ sarīranti vā bhikkhu diṭṭhiyā brahmacariyavāso na hoti‖‖ Ete te bhikkhu ubho ante anupagamma majjhena Tathāgato dhammaṃ deseti‖‖ Bhavapaccayā jātīti‖‖

5 Katamo nu kho bhante bhavo kassa ca panāyam bhavoti‖‖

No kallo pañhoti Bhagavā avoca‖‖ Katamo bhavo kassa ca panāyam bhavoti iti vā bhikkhu yo vadeyya‖ añño bhavo aññassa ca panāyam bhavoti iti vā bhikkhu yo vadeyya‖ ubhayam etam ekattam vyañjanam eva nānam‖‖ Tam jīvaṃ taṃ sarīranti vā bhikkhu diṭṭhiyā sati brahmacariyavāso na hoti‖ aññaṃ jīvaṃ aññaṃ sarīranti vā bhikkhu diṭṭhiyā sati brahmacariyavāso na hoti‖‖ Ete te bhikkhu ubho ante anupagamma majjhena Tathāgato dhammaṃ deseti‖‖

6 Upādānapaccayā bhavoti‖ pe‖

7 Taṇhāpaccayā upādānanti‖ pe‖

8 Vedanāpaccayā taṇhāti‖‖

9 Phassapaccayā vedanāti‖‖

10 Saḷāyatanapaccayā phassoti‖‖

11 Nāmarūpapaccayā saḷāyatananti‖‖

---

[1] S1-3 ekaṭṭhaṃ always

12 Viññāṇapaccayā nāmarūpanti|| ||

13 Saṅkhārapaccayā viññāṇanti|| ||

14 Katame nu kho bhante saṅkhārā kassa ca panime saṅkhārāti|| ||

No kallo pañhoti Bhagavā avoca|| || Katame saṅkhārā kassa ca panime saṅkhārāti iti vā bhikkhu yo vadeyya|| aññe saṅkhārā aññassa ca panime saṅkhārāti iti vā bhikkhu yo vadeyya || ubhayam etam ekattham vyañajanam eva nānaṃ|| || Tam jīraṃ tam sarīranti vā bhikkhu diṭṭhiyā sati brahmacariyavāso na hoti|| aññaṃ jīvaṃ aññaṃ sarīranti vā bhikkhu diṭṭhiyā sati brahmacariyavāso na hoti|| || Ete te bhikkhu ubho ante anupagamma majjhena Tathāgato dhammaṃ deseti|| || Avijjāpaccaya saṅkhārāti||

Avijjāya tveva bhikkhu asesavirāganirodhā yānissitāni[1] visūkāyitāni visevitāni[2] vipphanditāni kānici kānici|| ||

15 Katamaṃ ca jarāmaraṇaṃ kassa ca panidaṃ jarāmaranam iti vā|| āññaṃ jarāmaraṇam aññassa ca panidaṃ jarāmaraṇam iti vā|| || Taṃ jīvaṃ tam sarīram iti vā aññaṃ jīvam aññam sarīram iti vā|| || Sabbānissitāni pahīnāni bhavantī|| ucchinnamūlāni tālavatthu katāni anabhāvakatāni[3] āyatiṃ anuppādadhammāni|| || Avijjāya tveva bhikkhu asesavirāganirodhā yanissitāni visukāyitani visevitāni[4] vipphanditāni kānici kānici|| ||

16 Katamā jāti kassa ca panāyam jāti iti vā|| || Tam jīvaṃ taṃ sariram iti vā aññam jivam aññaṃ sarīram iti vā|| || Sabbānissitāni pahīnāni bhavanti|| ucchinnamūlāni talavatthukatāni anabhāvakatāni āyatiṃ anuppādadhammāni|| Avijjāya tveva bhikkhu asesavirāganirodhāyānissitāni visukāyitāni visevitāni vipphanditāni kānici kānici|| ||

17 Katamo bhavo|| pe||

18 Katamam upādānam|| pe||

19 Katamā taṇhā|| pe||

---

[1] B °nissatāni always; S1-3 titassa

[2] S1-3 kāyikāni (S3-tāni) visesitāni (S1-kāni); B visu°

[3] B anabhāvaṃ katāni always; C anabhāvaṃgatāni

[4] S2 paṃsukāyitani visevitāni; B visukāyikāni

20 Katamā vedanā‖ pe‖
21 Katamo phasso‖ pe‖
22 Katamaṃ saḷāyatanaṃ‖ pe‖
23 Katamaṃ nāmarūpaṃ‖ pe‖
24 Katamaṃ viññāṇaṃ‖ pe‖ Avijjāya tveva bhikkhu asesavirāganirodhā yānissitāni visūkāyitāni[1] visevitāni vipphanditāni kānici kānici‖‖

25 Katamo saṅkhārā kassa ca panime saṅkhārā iti vā‖‖ Aññe saṃkhārā aññassa ca panime saṅkhārā iti vā‖ taṃ jivaṃ taṃ sarīram iti vā aññaṃ jivam aññaṃ sarīram iti vā‖ | Sabbānissitāni pahīnāni bhavanti‖ ucchinnamūlāni tālavatthukatāni anabhāvakatāni āyatim anuppādadhammānīti‖‖ pe‖‖ Pañcamaṃ‖‖

36 (6) *Avijjāpaccayā* (2)

1 Sāvatthiyaṃ viharati‖‖

2 Avijjāpaccayā bhikkhave saṅkhārā‖ saṅkhārāpaccayā viññāṇaṃ‖ pe‖ Evam etassa kevalassa dukkhakkhandhassa samudayo hoti‖‖

3 Katamaṃ jarāmaraṇaṃ kassa ca panidaṃ jarāmaraṇanti iti vā bhikkhave yo vadeyya‖ aññaṃ jarāmaraṇam aññassa ca panidam jarāmaraṇanti iti vā bhikkhave yo vadeyya‖ ubhayam etam ekattham vyañjanam eva nānam‖‖

Taṃ jīvaṃ taṃ sarīranti vā bhikkhave diṭṭhiyā sati brahmacariyavāso na hoti‖ aññam jīvam aññaṃ sarīranti vā bhikkhave diṭṭhiyā sati brahmacariyavāso nā hoti‖‖

Ete te bhikkhave ubho ante anupagamma majjhena Tathāgato dhammaṃ deseti Jātipaccayā jarāmaraṇanti‖ pe‖‖

4 Katamā jāti‖‖
5 Katamo bhavo‖‖
6 Katamam upādānaṃ‖‖
7 Katamā taṇhā‖‖
8 Katamā vedanā‖‖
9 Katamo phasso‖‖

---

[1] S[1] sūkāyitāni

10 Katamaṃ saḷāyatanaṃ||

11 Katamam nāmarūpaṃ|||

12 Katamaṃ viññāṇaṃ|||

13 Katame saṅkhārā kassa ca panime saṅkhārā ti iti vā bhikkhave yo vadeyya|| aññe saṅkhārā aññassa ca panime saṅkhārā ti iti vā bhikkhave yo vadeyya|| ubhayam etam ekattam vyañjanam eva nāṇaṃ||

Taṃ jīvam taṃ sarīram iti vā bhikkhave diṭṭhiyā sati brahmacariyavāso no hoti|| aññaṃ jīvam aññaṃ sarīram iti vā bhikkhave ditthiyā sati brahmacariyavāso na hoti|||

Ete te bhikkhave ubho ante anupagamma majjhena Tathāgato dhammaṃ deseti Avijjāpaccayā saṅkhārā| pe|||

14 Avijjāya tveva bhikkhave asesavirāganirodhā yānissitāni visukāyitāni visevitāni vipphanditāni kānici kānici|||

15 Katamā jāti|| pe||

16 Katamo bhavo|||

17 Katamam upādānam|||

18 Katamā taṇhā|||

19 Katamā vedanā|||

20 Katamo phasso|||

21 Katamaṃ saḷāyatanaṃ|||

22 Katamaṃ nāmarupaṃ|||

23 Katamaṃ viññāṇam|||

24 Katame saṅkhārā kassa ca panime saṅkhārā iti vā||| Aññe saṅkhārā aññassa ca panime saṅkhārā iti vā||| Taṃ jīvaṃ taṃ sarīram iti vā|||[1] Sabbānissitāni pahināni bhavanti ucchinnamūlāni tālavatthukatāni anabhāvakatāni āyatim anupādadhammānīti||| Chaṭṭham|||

37 (7) *Na tumhā*

1 Sāvatthiyaṃ viharati|||

2 Nāyam bhikkhave kāyo tuṃhākam na pi aññesaṃ||

[1] S1-3 insert visevitāni, vā being omitted in S1

3 Purāṇam idam bhikkhave kammam abhisaṅkhatam abhisañcetayitam vedaniyaṃ[1] daṭṭhabbaṃ|| ||

4 Tatra kho[3] bhikkave sutavā ariyasāvako paṭiccasamuppādaññeva sādhukaṃ yoniso manasi karoti|| ||

5 Iti imasmiṃ sati idaṃ hoti|| imassuppādā[2] idam uppajjati|| imasmin asati idam na hoti|| imassa nirodhā idam nirujjhati|| Yad idam avijjāpaccayā saṅkhārā|| saṅkhārapaccayā viññāṇam|| pe|| Evam etassa kevalassa dukkhakkhandhassa samudayo hoti|| avijjāya tveva asesavirāganirodhā saṅkhāranirodho|| sankhāranirodhā viññāṇanirodho | pe | evaṃ etassa kevalassa dukkhakkhandhassa nirodho hotīti| || pe|| || Sattamaṃ|| ||

38 (8) *Cetanā* (1)

1 Sāvatthiyam viharati|| ||

2 Yañca kho[3] bhikkhave ceteti yañ ca pakappeti[4] yañca anuseti|| ārammaṇam etaṃ hoti viññāṇassa ṭhitiyā|| ārammaṇe sati patiṭṭhā viññāṇassa hoti|| tasmiṃ patiṭṭhite viññāṇe virūḷhe āyatim punabbhavābhinibbatti hoti|| āyatim punabbhavābhinibbattiyā sati āyatiṃ jarāmaraṇaṃ sokaparidevadukkhadomanassupāyāsā sambhavanti|| || Evam etassa kevalassa dukkhakkhandhassa samudayo hoti|| ||

3 No ce bhikkhave ceteti no ce[5] pakappeti[6] atha ce[7] anuseti|| ārammaṇam etaṃ hoti viññāṇassa ṭhitiyā|| ārammaṇe sati patiṭṭhā viññāṇassa hoti|| tasmiṃ patiṭṭhite viññāṇe virūḷhe āyatiṃ punabbhavābhinibbatti hoti|| āyatiṃ punabbhavābhinibbatiyā sati āyatiṃ jātijarāmaraṇaṃ sokaparidevadukkhadomanassupāyāsā sambhavanti|| Evam etassa kevalassa dukkhakkhandhassa samudayo hoti|| ||

4 Yato ca kho bhikkhave no[8] ceva ceteti no ca[9] pakappeti no ca[9] anuseti|| ārammaṇam etaṃ na hoti viññāṇassa

---

[1] So B and C; S1-3 vedayitaṃ
[2] S1-3 idamassuppādā [3] Omitted by B
[4] So S1 and C; B and S3 kappeti preceded by pana in S3
[5] S1-3 ca [6] B kappeti always [7] S1-3 kho
[8] Omitted by B [9] B Ce

ṭhitiyā|| ārammaṇe asati patiṭṭhā viññāṇassa na hoti | tad appatiṭṭhite viññāṇe avirūḷhe āyatiṃ punabbhavābhinibbatti na hoti|| āyatiṃ punabbhavābhinibbattiyā asati āyatiṃ jāti jarāmaraṇam sokadevaparidevadukkhadomanassupāyāsā nirujjhanti|| Evam etassa kevalassa dukkhakkhandhassa nirodho hotī ti|||| Aṭṭhamaṃ||||

39 (9) *Cetanā* (2)

1 Sāvatthiyaṃ viharati||||

2 Yañca bhikkhave ceteti yañ ca pakappeti yañ ca anuseti|| ārammaṇam etaṃ hoti viññāṇassa ṭhitiyā| ārammaṇe sati patiṭṭhā viññāṇassa hoti|| tasmiṃ patiṭṭhite viññāṇe virūḷhe nāmarūpassa avakkanti hoti||||

3 Nāmarūpapaccayā saḷāyatanaṃ|||| Saḷāyatanapaccayā phasso|||| Phassapaccayā vedanā|| pe|||| Taṇhā || pe|||| Upādānaṃ|||| pe|||| Bhavo|| pe|| Jāti|| pe|, Jarāmaraṇaṃ|| sokaparidevadukkhadomanassupāyāsā sambhavanti|||| Evam etassa kevalassa dukkhakkhandhassa samudayo hoti||||

4 No ce bhikkhave ceteti no ca[1] pakappeti atha ce[2] anuseti|| ārammaṇam etaṃ hoti viññāṇassa ṭhitiyā|| ārammaṇe sati patiṭṭhā viññāṇassa hoti||||[3] Tasmiṃ patiṭṭhite viññāṇe virūlhe nāmarūpassa avakkanti hoti||||

5 Nāmarūpapaccayā saḷāyatanaṃ|| pe|| Evam etassa kevalassa dukkhakkhandhassa samudayo hoti||||

6 Yato ca kho bhikkave no ceteti no ca pakappeti no ca anuseti|| ārammaṇam etaṃ na hoti viññāṇassa ṭhitiyā|| ārammaṇe asati patiṭṭhā viññāṇassa na hoti|||| Tad appatiṭṭhite viññāṇe avirūḷhe nāmarūpassa avakkanti na hoti|||| Nāmarūpanirodhā saḷāyatananirodho|| pe|| Evam etassa kevalassa dukkhakkhandhassa nirodho hotīti||||

Navāmaṃ||||

40 (10 *Cetanā* (3)

1 Sāvatthiyaṃ viharati

---

[1] B ce [2] S3 kho

[3] Here S1-3 insert tasmiṃ khaṇe

2 Yañca kho [1] bhikkhave ceteti yañca [2] pakappeti yañca anuseti,| ārammaṇam etaṃ hoti viññāṇassa ṭhitiyā|| ārammaṇe sati patiṭṭhā viññāṇassa hoti|| ||

3 Tasmiṃ patiṭṭhite viññāṇe virūḷhe nati hoti || natyā [3] sati āgatigati [4] hoti|| āgatigatiyā sati cutūpapāto hoti|| cutūpapāte sati āyatiṃ jāti jarāmaraṇam sokaparidevadukkhadomanassupāyāsā sambhavanti|| ||

Evam etassa kevalassa dukkhakkhandhassa samudayo hoti|| ||

4 No ce bhikkhave ceteti no ca pakappeti atha ce anuseti ārammaṇam etaṃ hoti viññāṇassa ṭhitiyā|| ārammaṇe sati patiṭṭhā viññāṇassa hoti|| ||

5 Tasmiṃ patiṭṭhite viññāṇe virūḷhe nati hoti|| natiyā sati [5] āgatigati hoti|| āgatigatiyā sati cutūpapāto hoti|| cutūpapāte sati āyatiṃ jāti jarāmaraṇaṃ sokaparidevadukkhadomanassupāyāsā sambhavanti|| ||

Evam etassa kevalassa dukkhakkhandhassa samudayo hoti|| || [6]

6 Yato ca kho bhikkhave no ce ceteti no ca pakappeti no ca anuseti|| ārammaṇam etaṃ na hoti viññāṇassa ṭhitiyā|| ārammaṇe asati patiṭṭhā viññāṇassa na hoti||

7 Tad appatiṭṭhite viññāṇe avirūḷhe nati na hoti|| natiyā asati āgatigati na hoti|| āgatigatiyā asati cutupapāto na hoti|| cutūpapāte asati āyatiṃ jāti jarāmaraṇam soka paridevadukkhadomanassupāyāsā nirujjhanti|| ||

Evam etassa kevalassa dukkhakkhandhassa nirodho hotiti|| || Dasamaṃ|| ||

Kaḷārakhattiyavaggo catuttho|| || Tassuddānam|| ||

Bhūtam idaṃ Kaḷārañca||
Dve ca Ñāṇassa [7] vatthūni||

---

[1] Missing in B [2] S[1-3] add bhikkhave

[3] S[1-3] iti . . . itiyā, further on nati . . . natiyā

[4] S[1-3] agati° always; C āgati . . .

[5] The words virūlhe° sati are missing in B

[6] Here S[3] adds one paragraph, repeating no ce bhikkhave ceteti° °samudayo hoti, with the reading iti . . . itiyā

[7] S[1-3] ñāna

Avijjāpaccayā ca [1] dve ||
Natumhā [2] Cetanā tayo ti || ||

Chapter V Gahapativaggo Pañcamo

41 (1) *Pañcaverabhayā* (1)

1 Sâvatthiyaṃ viharati || || [3]

I

2 Atha kho Anāthapiṇḍiko gahapati yena Bhagavā tenupasaṅkami || Upasaṅkamitvā Bhagavantam abhivādetvā ekam antaṃ misīdi || ||

Ekam antaṃ nisinnam kho Anāthapiṇḍikam gahapatim Bhagavā etad avoca || ||

3 Yato [4] kho gahapati ariyasâvakassa pañca bhayāni verāni vūpasantāni honti || Catūhi ca sotāpattiyaṅgehi [5] samannāgato hoti || ariyo cassa ñāyo paññāya sudiṭṭho [6] hoti suppaṭividdho || so akaṅkhamāno attanāva attānaṃ vyākareyya || || Khīṇanirayomhi khīṇatiracchānayoniyo khīṇapettivisayo khīṇāpāyaduggativinipāto || sotāpanno ham asmi avinipātadhammo niyato sambodhiparāyano || ||

4 Katamāni pañcabhayāni verāni vūpasantāni honti || ||

5 Yaṃ gahapati pāṇātipātī pāṇātipātapaccayā diṭṭhadhammikam pi bhayam veram pasavati samparāyikam pi bhayaṃ veraṃ pasavati || cetasikam pi dukkham domanassam patisamvediyati || [7] pāṇātipātāpaṭiviratassa evaṃ tam bhayaṃ veraṃ vūpasantaṃ hoti || ||

6 Yam gahapati adinnādāyi adinnādānapaccayā diṭṭhadhammikam pi bhayam veram pasavati || samparāyikam pi bhayaṃ veraṃ pasavati || cetasikam pi dukkhaṃ domanassam patisamvediyati || [8] adinnādānā paṭiviratassa evaṃ taṃ bhayaṃ veraṃ vūpasantaṃ hoti || ||

---

[1] S1-3 omit ca
[2] S1-3 mahā
[3] S1-3 Sāvatthi-pe ārāme
[4] S1-3 add ca
[5] C sotāpattimaṅgehi
[6] S1-3 sudditṭho always
[7] B °samvedayati always
[8] S3 °samvedeti here only

7 Yaṃ gahapati kāmesu micchācārī kāmesu micchācārapaccayā diṭṭhadhammikam pi bhayaṃ veram pasavati|| samparāyikam pi bhayam veram pasavati|| Cetasikam pi dukkham domanassam patisamvediyati|| kāmesu micchācārā paṭiviratassa tam bhayaṃ veraṃ vūpasantaṃ hoti|||

8 Yam gahapati musāvādī musāvādapaccayā diṭṭhadhammikam pi bhayam veram pasavati|| samparāyikam pi bhayaṃ veram pasavati|| cetasikam pi dukkham domanassam paṭisamvediyati|| musāvādā paṭiviratassa evaṃ taṃ bhayaṃ veram vūpasantaṃ hoti|||

9 Yaṃ gahapati surāmerayamajjapamādaṭṭhāyī surāmerayamajjapamādaṭṭhānapaccayā diṭṭhadhammikam pi bhayaṃ veraṃ pasavati|| samparāyikam pi bhayaṃ veram pasavati|| cetasikam pi dukkhaṃ domanassam paṭisamvedayati|| surāmerayamajjapamādaṭṭhānā paṭiviratassa evam tam bhayaṃ veraṃ vūpasantaṃ hoti|||

Imani pañcabhayāni verāni[1] vūpasantāni honti

II

10 Katamehi catūhi sotāpattiyaṅgehi samannāgato hoti|||

11 Idha gahapati ariyasāvako Buddhe aveccappasādena samannāgato hoti||| Iti pi so Bhagavā arahaṃ sammāsambuddho vijjācaraṇasampanno sugato lokavidū anuttaro purisadammasārathi satthā devamanussānaṃ Buddho Bhagavāti|||

12 Dhamme aveccappasādena samannāgato hoti||| Svākhyāto[2] Bhagavatā Dhammo sandiṭṭhiko akāliko ehipassiko opanayīko[3] paccattaṃ veditabbo viññūhīti|||

13 Saṅghe aveccappasādena samannāgato hoti|| supaṭipanno Bhagavato Sāvakasaṅgho|| ujupaṭipanno Bhagavato sāvakasaṅgho|| ñāyapaṭipanno Bhagavato sāvakasaṅgho|| sāmīcipaṭipanno Bhagavato sāvakasaṅgho|| yadidaṃ cattāri purisayugāni aṭṭhapurisapuggalā||| esa Bhagavato

---

[1] S1-3 pañcaverabhayāni
[2] S1-3 svākkhāto [3] B opaneyyiko

Sāvakasaṅgho āhuneyyo pāhuneyyo dakkhiṇeyyo añjalikaraṇīyo anuttaraṃ puññakhettaṃ lokassāti|| ||

14 Ariyakantehi sīlehi samannāgato hoti|| akhaṇḍehi acchiddehi asabalehi akammāsehi bhujissehi[1] viññūpasaṭṭhehi[2] aparāmaṭṭhehi samādhisaṃvattanikehi|| ||

Imehi catūhi sotāpattiyaṅgehi samannāgato hoti|| ||

15 Katamo cassa ariyo ñāyo paññāya sudiṭṭho hoti suppaṭividdho|| ||

16 Idha gahapati ariyasāvako paṭiccasamuppādaññeva sādhukaṃ yoniso manasi karoti|| || Iti imasmiṃ sati idaṃ hoti|| imasmim asati idaṃ na hoti|| imassuppādā idam uppajjati|| imassa nirodhā idaṃ nirujjhati||

17 Yadidam avijjāpaccayā saṅkhārā|| saṅkhārapaccayā viññāṇaṃ|| pe|| Evam etassa kevalassa dukkhakkhandhassa samudayo hoti|| || Avijjāya tveva asesavirāganirodhā saṅkhāranirodho|| || saṅkhāranirodhā viññāṇanirodho|| pe|| Evam etassa kevalassa dukkhakkhandhassa nirodho hoti|| ||

Ayam assa ariyo ñāyo paññāya sudiṭṭho hoti suppaṭividdho|| ||

18 Yato ca kho gahapati ariyasāvakassa imāni pañcabhayāni verāni vūpasantāni honti|| imehi catūhi sotāpattiyaṅgehi samannāgato hoti|| ayaṃ cassa ariyo ñāyo paññāya sudiṭṭho hoti suppaṭividdho||[3] so ākaṅkhamāno attanā va attānaṃ vyākareyya|| khīṇanirayomhi khīṇatiracchānayoniyo khīṇapettivisayo khīṇāpāyaduggativinipāto|| sotāpanno ham asmi avinipātadhammo niyato sambodhiparāyano ti|| || Paṭhamaṃ|| ||[4]

42 (2) *Pañcaverabhayā* (2)

1 Sāvatthiyaṃ viharati|| ||

2 Atha kho sambahulā bhikkhū yena Bhagavā°

°Bhagavā etad avoca|| ||[5]

---

[1] S[1] bhuñjissehi [2] S[1-3] °saṭṭhehi

[3] S[1-3] add hoti suppaṭividdho

[4] Missing in S[1-3] and all the following numbers also.

[5] Paragraph missing in B, complete in S[1-3]

8 Yato kho bhikkhave ariyasāvakassa pañcabhayāni verāni vūpasantāni honti|| catūhi ca sotāpattiyaṅgehi samannāgato hoti|| ariyo cassa ñāyo paññāya sudiṭṭho hoti suppaṭividdho|| so ākaṅkhamāno attanā va attānam vyākareyya|| || Khīṇanirayomhi|| pe|| avinipātadhammo niyato sambodhiparāyano|| || [Bhikkhave ti sabbam vitthāretabbaṃ [1]|| ||]

3 Katamāni pañcabhayāni verāni vūpasantāni honti|| ||

Yaṃ bhikkhave pānātipāti|| pe|| ||

Yaṃ bhikkhave adinnādāyī|| pe|| ||

Yaṃ bhikkhave kāmesu micchācārī|| pe|| ||

Yaṃ bhikkhave musāvādī|| pe|| ||

Yaṃ bhikkhave surāmerayamajjapamādaṭṭhāyī|| pe|| ||

Imāni pañcabhayāni verāni vūpasantāni honti|| ||

4 Katamehi catūhi sotāpattiyaṅgehi samannāgato hoti|| ||

Idha bhikkhave ariyasāvako Buddhe|| pe|| Dhamme|| pe|| Saṅghe|| pe|| Ariyakantehi sīlehi samannāgato hoti|| ||

Imehi catūhi sotāpattiyaṅgehi samannāgato hoti|| ||

5 Katamo cassa ariyo ñāyo paññāya sudiṭṭho hoti suppaṭividdho|| ||

Idha bhikkhave ariyasāvako paṭicca samuppādaññeva sādhukaṃ yoniso manasi karoti|| [2] pe|| ||

Ayam assa ariyo ñāyo paññāya sudiṭṭho hoti suppaṭividdho|| ||

6 Yato ca kho bhikkhave ariyasāvakassa imāni pañcabhayāni verāni vūpasantāni honti|| imehi catūhi sotāpattiyaṅgehi samannāgato hoti|| ayaṃ cassa ariyo ñāyo paññāya sudiṭṭho hoti suppaṭividdho|| So ākaṅkhāmāno attanā va attānaṃ vyākareyya|| || Khīṇanirayomhi khīṇatiracchānayoniyo khīṇapettivisayo khīṇāpāyaduggativinipāto|| sotāpanno ham asmi avinipātadhammo niyato sambodhiparāyano ti|| || Dutiyaṃ|| ||

43 (3) *Dukkha*

1 Sāvatthiyaṃ viharati|| ||

---

[1] In S[1-3] only

[2] Here S[1-3] add imasmiṃ sati° °saṅkhārā

2 Dukkhassa bhikkhave samudayañca atthaṅgamañca desissāmi|| taṃ suṇātha|| pe|| ||

I

3 Katamo ca bhikkhave dukkhassa samudayo||

4 Cakkhuṃ ca paṭicca rūpe ca uppajjati cakkhuviññāṇaṃ|| tiṇṇaṃ saṅgatiphasso|| phassapaccayā vedanā|| vedanāpaccayā taṇhā|| Ayaṃ kho bhikkhave dukkhassa samudayo|| ||

5 Sotaṃ ca paṭicca sadde ca||

6 Ghānaṃ ca paṭicca gandhe ca||

7 Jivhaṃ ca paṭicca rase ca||

8 Kāyañca paṭicca phoṭṭhabbe ca||

9 Manañca paṭicca dhamme ca uppajjati manoviññāṇaṃ|| tiṇṇaṃ saṅghatiphasso|| phassapaccayā vedanā|| vedanāpaccayā taṇhā|| Ayaṃ kho bhikkhave dukkhassa samudayo|| ||

II

10 Katamo ca bhikkhave dukkhassa atthaṅgamo|| ||

11 Cakkhuṃ ca paṭicca rūpe ca uppajjati cakkhuviññāṇam|| tiṇṇaṃ saṅgatiphasso|| phassapaccayā vedanā|| vedanāpaccayā taṇhā|| || Tassāyeva taṇhāya asesavirāganirodhā upādānanirodho|| upādānanirodhā bhavanirodho|| bhavanirodhā jātinirodho|| jātinirodhā jatāmaraṇam sokaparidevadukkhadomanassupāyāsā nirujjhanti|| || Evam etassa kevalassa dukkhakkhandhassa nirodho hoti|| ||

Ayaṃ khobhikkhave dukkhassa atthaṅgamo|| ||

12 Sotañca paṭicca sadde ca uppajjati sotaviññāṇaṃ|| ||

13 Ghānañ ca paṭicca gandhe ca uppajjati ghānaviññāṇaṃ||

14 Jivhaṃ ca paṭicca|| pe||

15 Kāyaṃ ca paṭicca|| pe||

16 Manaṃ ca paṭicca dhamme ca uppajjati manoviññāṇaṃ|| tiṇṇam saṅgatiphasso|| phassapaccayā vedanā|| vedanāpaccayā taṇhā|| tassāyeva taṇhāya asesavirāganirodhā upādānanirodho|| upādānanirodhā bhavanirodho|| bhavanirodhā jātinirodho|| jātinirodhā jarāmaraṇaṃ

sokaparidevadukkhadomanassupāyāsā nirujjhanti|| Evam etassa kevalassa dukkakkhandhassa nirodho hoti||

17 Ayaṃ kho bhikkhave dukkhassa atthaṅgamo ti||
Tatiyaṃ||

44 (4) *Loko*

1 Sāvatthiyaṃ viharati||

2 Lokassa bhikkhave samudayañca atthaṅgamañca desissāmi| Tam suṇātha|| pe||

I

3 Katamo ca bhikkhave lokassa samudayo||

4 Cakkhuṃ ca paṭicca rūpe ca uppajjati cakkhuviññāṇaṃ|| tiṇṇam saṅgatiphasso|| phassapaccayā vedanā|| vedanāpaccayā taṇhā|| taṇhapaccayā upādānaṃ|| upādānapaccayā bhavo|| bhavapaccayā jāti|| jātipaccayā jarāmaraṇaṃ sokaparidevadukkhadomanassupāyāsā sambhavanti|| Ayaṃ lokassa samudayo||

5 Sotañca paṭicca sadde ca|| pe||

6 Ghānaṃ ca paṭicca gandhe ca|| pe||

7 Jivhaṃ ca paṭicca rase ca|| pe||

8 Kāyaṃ ca paṭicca poṭṭhabbe ca||

9 Manaṃ ca paṭicca dhamme ca uppajjati manoviññāṇam|| tiṇṇam saṅgatiphasso|| phassapaccayā vedanā|| pe|| jātipaccayā jarāmaraṇaṃ sokaparidevadukkhadomanassupāyāsā sambhavanti|| Ayaṃ kho bhikkhave lokassa samudayo||

II

10 Katamo ca bhikkhave lokassa atthaṅgamo||

11 Cakkhuṃ ca paṭicca rūpe ca uppajjati cakkhuviññāṇam|| tiṇṇaṃ saṅgatiphasso|| phassapaccayā vedanā|| vedanāpaccayā taṇhā|| tassā yeva taṇhāya asesavirāganirodhā upādānanirodho|| upādānanirodhā bhavanirodho|| pe|| evam etassa kevalassa dukkhakkhandhassa nirodho hoti||

Ayaṃ lokassa atthaṅgamo||

12 Sotaṃ ca paṭicca sadde ca pe.

13 Ghānaṃ ca paṭicca gandhe ca|| pe|| ||

14 Jivhaṃ ca paṭicca rase ca|| pe|| ||

15 Kāyaṃ ca paṭicca poṭṭhabbe ca|| pe|| ||

16 Manaṃ ca paṭicca dhamme ca uppajjati manoviññāṇaṃ|| tiṇṇam sangatiphasso|| phassapaccayā vedanā|| vedanāpaccayā taṇhā|| || tassāyeva taṇhāya asesavirāganirodhā upādānanirodho|| upādānanirodhā bhavanirodho|| pe|| || Evam etassa kevalassa dukkhakkhandhassa nirodho hoti|| ||

17 Ayaṃ kho bhikkhave lokassa atthaṅgamoti|| || Catutthaṃ|| ||

45 (5) *Ñātika*

1 Evam me sutaṃ|| Ekaṃ samayaṃ Bhagavā Ñātike viharati Giñjakāvasathe|| ||

I

2 Atha kho Bhagavā rahogato paṭisallīno [1] imam dhammapariyāyam [2] abhāsi|| ||

3 Cakkhuṃ ca paṭicca rūpe ca uppajjati cakkhuviññāṇaṃ|| tiṇṇaṃ saṅgatiphasso|| phassapaccayā vedanā|| vedanāpaccayā taṇhā|| taṇhāpaccayā upādānaṃ|| pe|| Evam etassa kevalassa dukkhakkhandhassa samudayo hoti|| ||

4 Sotañca paṭicca sadde ca|| pe|| ||

5 Ghānañca paṭicca gandhe ca|| pe|| ||

6 Jivhaṃ ca paṭicca rase ca|| pe|| ||

7 Kāyaṃ ca paṭicca poṭṭhabbe ca|| pe|| ||

8 Manañca paṭicca dhamme ca uppajjati manoviññāṇaṃ|| tiṇṇaṃ saṅgatiphasso|| phassapaccayā vedanā|| vedanāpaccayā taṇhā|| taṇhāpaccayā upādānam|| pe|| || Evam etassa kevalassa dukkhakkhandhassa samudayo hoti|| ||

9 Cakkhuṃ ca paṭicca rūpe ca uppajjati cakkhuviññāṇaṃ|| tiṇṇaṃ saṅgatiphasso|| phassapaccayā vedanā|| vedanāpaccayā taṇhā|| tassā yeva taṇhāya|| asesavirāganirodhā upādānanirodhe|| upādānanirodhā bhavanirodho|| pe|| || Evam etassa kevalassa dukkhakkhandhassa nirodho hoti|| pe|| ||

[1] B patisallāno [2] B °paṭiyāyaṃ ; C °cariyāyaṃ

10 Sotañca paṭicca sadde ca|| pe|| ||

11 Ghānañca paṭicca|| pe|| ||

12 Jivhañca paṭicca|| pe|| ||

13 Kāyañca paṭicca|| pe|| ||

14 Manañca paṭicca dhamme uppajjati manoviññāṇaṃ|| tiṇṇaṃ saṅgatiphasso|| phassapaccayā vedanā|| vedanāpaccayā taṇhā|| tassā yeva taṇhāya asesavirāganirodhā upādānanirodho|| upādānanirodhā bhavanirodho|| pe|| || Evam atassa kevalassa dukkhakkhandhassa nirodho hotīti|| ||

II

15 Tena kho pana samayena aññataro bhikkhu Bhagavato upassutiṃṭhito[1] hoti|| ||

16 Addasā kho Bhagavā taṃ bhikkhum upassutiṃṭhitaṃ||

17 Disvāna taṃ bhikkhuṃ etad avoca|| || Assosi no tvaṃ bhikkhu imaṃ dhammapariyāyanti|| ||

Evam bhante ti|| ||

18 Uggaṇhāhi tvaṃ bhikkhu imaṃ dhammapariyāyaṃ|| pariyāpuṇāhi tvaṃ bhikkhu imaṃ dhammapariyāyaṃ|| || Atthasaṃhitāyam bhikkhu dhammapariyāyo ādibrahmacariyako ti|| || Pañcamaṃ|| ||

46 (6) *Aññataraṃ*

1 Sāvatthiyaṃ viharati||

2 Atha kho aññataro brāhmaṇo yena Bhagavā tenupasaṅkami|| upasaṅkamitvā Bhagavatā saddhiṃ sammodi|| sammodanīyaṃ katham sārāṇīyaṃ vītisāretvā ekam antaṃ nisīdi|| ||

Ekam antaṃ nisinno kho so brāhmaṇo Bhagavantaṃ etad avoca||

3 Kiṃ nu kho bho Gotama so karoti patisamvediyatīti|| ||[2]

So karoti so paṭisaṃvediyatīti kho brāhmaṇa ayam eko anto|| ||

---

[1] B upassuti° always

[2] B °vedayati (as usual) always

4 Kiṃ pana bho Gotama añño karoti añño paṭisaṃvediyatīti|| ||

Añño karoti añño paṭisaṃvediyatīti kho brāhmaṇa ayaṃ dutiyo anto|| || Ete te brāhmaṇa ubho ante anupagamma majjhena Tathāgato dhammaṃ deseti|| ||

5 Avijjāpaccayā saṅkhārā|| saṅkhārapaccayā viññāṇaṃ|| pe|| || Evam etassa kevalassa dukkhakkhandhassa samudayo hoti|| ||

Avijjāya tveva asesavirāganirodhā saṅkhāranirodho|| saṅkhāranirodhā|| pe|| Evam etassa kevalassa dukkhakkhandhassa nirodho hotīti|| ||

6 Evaṃ vutte so brāhmaṇo Bhagavantam etad avoca|| || Abhikkantaṃ bho Gotama abhikkantaṃ bho Gotama|| pe|| Upāsakam maṃ bhavaṃ Gotamo dhāretu ajjatagge pāṇupetaṃ saraṇaṃ gatanti|| || Chaṭṭhaṃ|| ||

47 (7) *Jānussoṇi*

1 Sāvatthiyaṃ viharati|| ||

2 Atha kho Jānussoṇi[1] brāhmaṇo yena Bhagavā tenupasaṅkami|| upasaṅkamitvā Bhagavatā saddhiṃ sammodi|| pe|| ||

Ekaṃ antaṃ nisinno kho Jānussoṇi brāhmaṇo Bhagavantam etad avoca|| ||

3 Kim nu kho bho Gotama sabbaṃ atthīti|| || Sabbam atthīti kho brāhmaṇa ayam eko anto|| ||

4 Kiṃ pana bho Gotama sabbaṃ natthīti|| ||

Sabbam natthīti kho brāhmaṇa ayaṃ dutiyo anto|| || Ete te brāhmaṇa ubho ante anupagamma majjhena Tathāgato dhammaṃ deseti|| ||

5 Avijjāpaccayā saṅkhārā|| saṅkhārapaccayā viññāṇaṃ|| pe|| || Evam etassa kevalassa dukkhakkhandhassa samudayo hoti|| ||

Avijjāya tveva asesavirāganirodhā saṅkhāranirodho|| saṅkhāranirodhā viññāṇanirodho|| pe|| || Evam etassa kevalassa dukkhakkhandhassa nirodho hotīti|| ||

6 Evaṃ vutte so Jāṇussoṇi brāhmaṇo Bhagavantam

---

[1] So C; S[1] Jāṇussoṇi; S3 Jānussoni; B. Jāṇusoṇi (-ī)

etad avoca|| || Abhikkantam bho Gotana||[1] pe|| pāṇupetaṃ saraṇaṃ gatanti | | Sattamam |,|

48 (8) *Lokāyatika*

1 Sāvatthi|| ||

2 Atha kho lokāyatiko brāhmaṇo yena Bhagavā|| pe|| ||

Ekam antaṃ nisinno kho lokāyatiko brāhmaṇo Bhagavantam etad avoca|| ||

3 Kiṃ nu kho bho Gotama sabbam atthīti|| ||

Sabbam atthīti kho brāhmaṇa jiṭṭham etam lokāyatam|| ||[2]

4 Kim pana bho Gotama sabbaṃ natthīti|| ||

Sabbaṃ natthīti kho brāhmaṇa dutiyaṃ etaṃ lokāyatam|| ||

5 Kiṃ nu kho bho Gotama sabbam ekattan ti||

Sabbam ekattanti kho brāhmaṇa tatiyam etaṃ lokāyataṃ| |

6 Kiṃ pana bho Gotama sabbaṃ puthuttanti[3] || ||

Sabbaṃ puthuttanti kho brāhmaṇa catutthaṃ etaṃ lokāyatam ||

Ete te brāhmaṇa ubho ante anupagamma majjhena Tathāgato dhammaṃ deseti|| ||

7 Avijjāpaccayā saṅkhārā|| saṅkhārapaccayā viññāṇaṃ|| pe| || Evam etassa kevalassa dukkhakkhandhassa samudayo hotī|| ||

Avijjāya tveva asesavirāganirodhā saṅkhāranirodho|| saṅkhāranirodhā viññāṇanirodho|| pe|| || Evam etassa kevalassa dukkhakkhandhassa nirodho hotīti|| ||

8 Evaṃ vutte lokāyatiko brāhmaṇo Bhagavantam etad avoca|| || Abhikkantaṃ bho Gotama||[4] pe|| ajjatagge pānupe taṃ saraṇaṃ gatanti|| || Aṭṭhamaṃ|| ||

49 (9) *Ariyāsavaka* (1)

1 Sāvatthi|| ||[5]

---

[1] S[1-3] repeat these words; S[1] has abhikkhantaṃ, which, in the preceding sutta, occurs in S3

[2] S[1] adds ete brāhmaṇa ubho ante anupagamma

[3] So B and C S[1-3] puthattanti [4] repeated in S[1-3]

[5] S[1-3] add pe-tatra kho-pe-avoca

2 Na bhikkhave sutavato ariyasāvakassa evaṃ hoti' | Kiṃ nu kho kismiṃ sati kiṃ hoti|| Kissuppādā kim uppajjati|| || [Kismiṃ sati saṅkhāra honti|| Kismiṃ sati viññāṇaṃ hoti|| [1]] Kismiṃ sati nāmarūpaṃ hoti|| kismiṃ sati saḷāyatanaṃ hoti|| kismiṃ sati phasso hoti|| kismiṃ sati vedanā hoti|| kismiṃ sati taṇhā hoti|| kismiṃ sati upādānaṃ hoti|| kismiṃ sati bhavo hoti|| kismiṃ sati jāti hoti|| kismiṃ sati jarāmaraṇaṃ hotīti|| ||

3 Atha kho bhikkhave [2] sutavato ariya sāvakassa aparapaccayā ñāṇam evettha hoti|| || Imasmiṃ sati idaṃ hoti|| imassuppādā idam uppajjati|| [Avijjāya sati saṅkhārā honti|| saṅkhāresu sati viññāṇaṃ hoti|| [3]] viññāṇe sati nāmarūpaṃ hoti|| pe|| ||[4] Jātiyā sati jarāmaraṇaṃ hotīti|| || So evaṃ pajānāti evam ayam loko samudayatīti|| ||[5]

4 Na bhikkhave sutavato ariyasāvakassa evaṃ hoti, || Kiṃ nu kho kismiṃ asati kiṃ na hoti|| kissa nirodhā kiṃ nirujjhati|| [Kismiṃ asati saṅkhārā na honti|| kismiṃ asati viññāṇaṃ na hoti||[6]] kismiṃ asati nāmarūpaṃ na hoti|| kismiṃ asati saḷāyatanaṃ na hoti|| kismiṃ asati phasso na hoti|| kismiṃ asati vedanā na hoti|| kismiṃ asati taṇhā na hoti|| kismiṃ asati upādānaṃ na hoti|| kismiṃ asati bhavo na hoti|| kismiṃ asati jāti na hoti|| kismiṃ asati jarāmaraṇaṃ na hotīti|| pe|| ||

5 Atha kho bhikkhave sutavato ariyasāvakassa aparapaccayā ñāṇam evettha hoti||

Imasmiṃ asiti idaṃ na hoti|| imassa nirodhā idaṃ nirujjhati|| [Avijjāya asati saṅkhārā na honti|| saṅkhāresu asati viññāṇaṃ na hoti||[7]] viññāṇe asati nāmarūpaṃ na hoti|| nāmarūpe asati saḷāyatanam na hoti|| pe|| phasso na hoti|| pe|| vedanā na hoti|| taṇhā na hoti|| pe|| upādānaṃ na hoti|| pe||[8] bhavo na hoti|| pe|| jāti na hoti|| pe|| jātiyā asati jarāmaraṇaṃ na hotīti|| pe|| || So evaṃ pajānāti evam ayaṃ loko nirujjhatīti|| ||

---

[1] in B only [2] missing in S[1-3]
[3] in B only [4] Here B adds nāmarūpe sati° °jāti hoti
[5] So B and C; S[1-3] samudīyatīti [6] in B only
[7] in B only [8] in S[1-3] only from phasso na hoti

6 Yato ca kho bhikkhave ariyasāvako evaṃ lokassa samudayañca atthaṅgamañca yathābhūtaṃ pajānāti|| ayaṃ vuccati bhikkhave ariyasāvako diṭṭhisampanno iti pi|| pe|| amatadvāram āhacca tiṭṭhati iti piti|| || Navamaṃ|| ||

50 (10) *Ariyasāvaka* (2)

1 Sāvatthi|| ||[1]

2 Na bhikkhave sutavato ariyasāvakassa evaṃ hoti|| || Kiṃ nu kho kismiṃ sati kiṃ hoti|| || kissuppādā kim uppajjati|| kismiṃ sati saṅkhārā honti|| kismiṃ sati viññāṇaṃ hoti|| kismiṃ sati nāmarūpaṃ hoti|| kismiṃ sati saḷāyatanaṃ hoti|| kismiṃ sati phasso hoti|| kismiṃ sati vedanā hoti|| kismiṃ sati taṇhā hoti|| kismiṃ sati upādānaṃ hoti|| kismiṃ sati bhavo hoti|| kismiṃ sati jāti hoti|| kismiṃ sati jarāmaraṇaṃ hoti|| pe|| ||

3 Atha kho bhikkhave sutavato ariyasāvakassa aparapaccayā ñāṇam evettha hoti|| || Imasmiṃ sati idaṃ hoti|| imassuppādā idam uppajjati|| || avijjāya sati saṅkhārā honti|| saṅkhāresu sati viññāṇaṃ hoti|| viññāṇe sati nāmarūpaṃ hoti|| nāmarūpe sati saḷāyatanam hoti|| saḷāyatane sati phasso hoti|| phasse sati vedanā hoti|| vedanāya sati taṇhā hoti|| taṇhāya sati upādānaṃ na hoti|| upādāne sati bhavo hoti|| bhave sati jāti hoti|| jātiyā sati jarāmaraṇaṃ hotīti|| || So evaṃ jānāti evam ayaṃ loko samudayatīti|| ||[2]

4 Na bhikkhave sutavato ariyāsavakassa evaṃ hoti|| Kiṃ nu kho kismiṃ asati kiṃ na hoti|| kissa nirodhā kiṃ nirujjhati||[3] kismiṃ asati saṅkhārā na honti|| kismiṃ asati viññāṇaṃ na hoti|| pe|| ||[4] kismim asati jarāmaraṇaṃ na hoti|| ||

5 Atha kho bhikkhave sutavato ariyasāvakassa aparapaccayā ñāṇam evettha hoti|| || Imasmim asati idaṃ na hoti|| imassa nirodhā idaṃ nirujjhati|| Avijjāya asati

---

[1] S[1-3] add pe-tatra kho bhikkhave

[2] S[1] samudiyyatīti ; S[3] samudīyatīti

[3] Kiṃnirujjhati is missing in B

[4] Here B inserts kismiṃ asati nāma° °taṇhā na hoti|| pa|| upādānaṃ|| bhavo|| jāti||

saṅkhārā na honti|| saṅkhāresu asati viññāṇaṃ na hoti|| viññāṇe[1] asati nāmarūpaṃ na hoti|| nāmarūpe[1] asati saḷāyatanaṃ na hoti|| pe|| jātiyā asati jarāmaraṇaṃ na hotīti|| | So evaṃ pajānāti evaṃ ayaṃ loko nirujjhatīti|| ||

6 Yato ca kho bhikkhave ariyasāvako evaṃ lokassa samudayañca atthaṅgamañca yathābhūtaṃ pajānāti|| ayaṃ vuccati bhikkhave ariyasāvako diṭṭhisampanno iti pi| passati imaṃ[2] saddhammaṃ iti pi|| sekhena ñāṇena samannāgato iti pi|| [sekhāya vijjāya samannāgato iti pi|| [3]] dhammasotaṃ samāpanno iti pi|| ariyo nibbedhikapañño iti pi|| amatadvāraṃ āhacca tiṭṭhati iti pīti|| || Dasamaṃ|| |

Gahapativaggo pañcamo|| ||

Tassuddānaṃ|| ||[4]

Dve Pañcaverabhayā[5] vuttā|| [6]
Dukkhaṃ Loko ca Ñātikaṃ||
Aññataraṃ[7] Jānussoṇi ca|| [8]
Dve Ariyasāvakā vuttā|| [9]
Vaggo tena pavuccatīti|| [10]

CHAPTER VI RUKKHA-VAGGO CHAṬṬHO

51 (1) *Parivimaṃsana*

1 Evaṃ me sutaṃ|| ekaṃ samayaṃ Bhagavā Sāvatthiyaṃ viharati Jetavane Anāthapiṇḍikassa ārāme|| ||

2 Tatra Bhagavā bhikkhū āmantesi Bhikkhavo ti|| || Bhadante ti te bhikkhū Bhagavato paccassosuṃ|| ||

3 Bhagavā etad avoca|| || [11] Kittāvatā nu kho bhikkhave bhikkhu parivimaṃsamāno parivimaṃseyya sabbaso sammādukkhakkhayāyāti|| ||

Bhagavaṃmulaka no bhante dhammā Bhagavaṃnettikā

[1] S[1-3] add su [2] S[1] passatimaṃ ; S[3] passati me
[3] in B only [4] S[1-3] Tatrud° [5] S[1-3] pañcambhayañca
[6] S[1-3] dve putta ; S[3] adds ṃ [7] athaññataraṃ
[8] S[1] Jāṇussoni ; S[3] Jaṇussonī ; B Jāṇusoṇi
[9] S[1-3] Sāvako vutto [10] S[1] vuccatīti
[11] Abbreviated in S[1-3]

Bhagavampaṭisaraṇā|| sādhu vata bhante Bhagavantaṃ yeva paṭibhātu etassa bhāsitassa attho|| Bhagavato sutvā bhikkhū dhāressantīti|| ||

4 Tena hi bhikkhave taṃ suṇātha sādhukaṃ manasi karotha bhāsissāmīti|| ||

Evam bhante ti kho te bhikkhū Bhagavato paccassosuṃ |

Bhagavā etad avoca|| ||

5 Idha bhikkhave bhikkhu parivīmaṃsamāno[1] parivīmaṃsati|| Yaṃ kho idam anekavidhaṃ nānappakārakaṃ[2] dukkhaṃ loke uppajjati jarāmaraṇaṃ|| idaṃ nu kho dukkhaṃ kiṃnidānaṃ kiṃsamudayaṃ kiṃjātikaṃ kimpabhavaṃ|| | kismiṃ sati jarāmaraṇaṃ hoti|| kismiṃ asati jarāmaraṇaṃ na hotīti|| ||

6 So parivīmaṃsamāno evam pajānāti|| Yaṃ kho idam anekavidhaṃ nānappakarakaṃ dukkhaṃ loke uppajjati jarāmaraṇaṃ|| idaṃ kho dukkhaṃ jātinidānaṃ jātisamudayaṃ jātijātikaṃ jātipabhavaṃ|| || Jātiyā sati jarāmaraṇaṃ hoti jātiyā asati jarāmaraṇaṃ na hotīti|| ||

7 So jarāmaraṇaṃ ca pajānāti jarāmaraṇasamudayaṃ ca pajānāti jarāmaraṇanirodhaṃ ca pajānāti|| yā ca jarāmaraṇanirodhasārūppagāminī paṭipadā taṃ ca pajānāti|| || Tathā paṭipanno ca hoti anudhammacārī|| ||

8 Ayaṃ vuccati bhikkhave bhikkhu sabbaso sammādukkhakkhayāya paṭipanno jarāmaraṇanirodhāya|| ||

9. Athāparaṃ parivīmaṃsamāno parivīmaṃsati|| || Bhavo panāyaṃ kinnidāno|| Upādānaṃ panidaṃ kinnidānam|| Taṇhā panāyaṃ kinnidānā|| Vedanā|| Phasso|| Saḷāyatanaṃ panidaṃ kinnidānaṃ|| Nāmarūpaṃ panidaṃ|| Viññāṇaṃ panidaṃ|| Saṅkhārā panime kinnidānā kiṃsamudayā kiṃjātikā kiṃpabhāvā|| kismiṃ sati saṅkhārā honti kismiṃ asati saṅkhārā na hontī ti|| ||[3]

10. So parivimaṃsamāno evaṃ pajānāti|| || Saṅkhārā avijjānidānā avijjāsamudayā avijjājātikā avijjāpabhavā|| ||

---

[1] B parivi° always

[2] So B and C; S1-3 nāpappakāraṃ always

[3] So B; S1-3 are more developed

Avijjāya sati saṅkhārā honti|| avijjāya asati saṅkhārā na hontī ti|| ||

11 So saṅkhāre ca pajānāti saṅkhārasamudayañca pajānāti saṅkhāranirodhañ ca pajānāti || yā ca saṅkhāránirodhasāruppagāminī paṭipadā taṃ ca pajānāti|| || Tathā paṭipanno ca hoti anudhammacārī|| || Ayaṃ vuccati bhikkhave bhikkhu sabbaso sammādukkhakkhayāya paṭipanno saṅkhāranirodhāya|| ||

12 Avijjāgato[1] yaṃ bhikkhave purisapuggalo puññaṃ ce saṅkhāram abhisaṁkharoti|| puññūpagaṃ hoti viññāṇaṃ| apuññaṃ ce saṅkhāraṃ abhisaṅkharoti|| apuññūpagaṃ hoti viññāṇaṃ|| Āneñjam [2] ce saṅkhāram abhisaṅkharoti|| āneñjūpagaṃ [3] hoti viññānaṃ|| ||

13 Yato kho bhikkhave bhikkhuno avijjā pahīnā hoti vijjā uppannā|| so avijjāvirāgā vijjuppādā-n-eva puññabhisaṅkhāram abhisaṅkharoti|| na apuññābhisaṅkhāram [4] abhisaṅkharoti|| na ānejābhisaṅkhāram [5] abhisaṅkharoti |

14 Anabhisaṅkharonto anabhisañcetayanto na [6] kiñci loke upādiyati|| anupādiyaṃ na paritassati|| aparitassaṃ paccattaññeva parinibbāyati|| khīṇā jāti|| vusitaṃ brahmacaviyaṃ kataṃ karaṇīyāṃ nāparam itthattāyā ti pajānāti|| ||

15 So [7] sukham ce [8] vedanaṃ vedayati|| [9] sā aniccāti pajānāti|| anajjhositā ti pajānāti|| anabhinanditāti pajānāti|| || Dukkhaṃ ce vedanam vedayati|| sa aniccā ti pajānāti|| anajjhositāti pajānāti|| anabhinanditā ti pajānāti|| || Adukkham asukhaṃ ce vedanaṃ vedayati|| sā aniccāti pajānāti|| anajjhositāti pajānāti|| anabhinanditā ti pajānāti|| ||

16 So sukhaṃ ce vedanaṃ vedayati visaññutto taṃ [10] vedanaṃ vedayati|| dukkhaṃ ce vedanaṃ vedayati visaññutto taṃ [10] vedanaṃ vedayati|| adukkham asukhaṃ ce vedanaṃ vedayati visaññutto taṃ [10] vedanaṃ vedayati||

---

[1] S[1] avijjāyagato
[2] So B and C; S[1-3] āṇañje°
[3] C S[1-3] āṇañjūpagaṃ
[4] B adds naṃ
[5] B nāṇañjābhisaṅkhāram
[6] S adds ca
[7] Omitted by S[1-3]
[8] S[1-3] ca
[9] S[1-3] vediyati here and further on
[10] Missing in B

17 [1] So kāyapariyantikaṃ vedanaṃ vediyamāno kāyapariyantikaṃ vedanaṃ vediyāmīti pajānāti || jīvitapariyantikaṃ vedanaṃ vediyamāno jīvitapariyantikaṃ vedanaṃ vediyāmīti pajānāti | kāyassa bhedā uddhaṃ jīvitapariyādānā idheva sabbavedayitāni anabhinanditāni sītibhavissanti || sarīrāni avasissantīti pajānāti || ||

18 Seyyathāpi bhikkhave puriso kumbakārapākā uṇhaṃ kumbham uddharitvā same bhūmibhāge patiṭṭhapeyya [2] tatra yāyam usmā sa tattheva vūpasameyya kapallāni avasiseyyuṃ || evam eva kho bhikkhave bhikkhu kāyapariyantikaṃ vedanaṃ vediyamāno kāyapariyantikaṃ [3] vedanaṃ vediyāmīti pajānāti || jīvitapariyantikaṃ vedanaṃ vedijamāno jivitapariyantikam vedanam vediyāmīti pajānāti || kāyassa bhedā uddhaṃ jīvitapariyādānā idheva sabbavedayitāni anabhinandītāni sītibhavissanti || sarīrāni avassissantīti pajānāti || ||

19 Taṃ kiṃ maññatha bhikkhave || api nu kho khīnāsavo bhikkhu puññābhisaṅkhāraṃ vā abhisaṅkhareyya apuññābhisaṅkhāram vā abhisaṅkhareyya ānenjābhisaṅkhāram [4] vā abhisaṅkhareyyāti || ||

No etam bhante || ||

20 Sabbaso vā pana saṅkhāresu asati saṅkharānirodhā api nu kho viññāṇaṃ paññayethāti || ||

No etam bhante || ||

21 Sabbaso vā pana viññāṇe asati saṅkhāranirodhā api nu kho viññāṇaṃ paññāyethāti || ||

No etam bhante || ||

22 Sabbaso vā nāmarupe asati nāmarūpanirodhā api nu kho saḷāyatanaṃ paññāyethāti || ||

No etam bhante || ||

23 Sabbaso vā pana saḷāyatane asati saḷāyatananirodhā api nu kho phasso paññāyethāti || ||

No etam bhante || ||

---

[1] S [1-3] add So kāyapariyantikaṃ vedanaṃ vediyati.

[2] So C; S[1-3] paṭiviṃseyya; B paṭisasseyya

[3] Pariyantikaṃ till the next pajānāti is missing in S[1-3]

[4] S[1] āṇañjā°; S3 āṇañja° as above

24 Sabbaso vā pana phasse asati phassanirodhā api nu kho vedanā paññāyethāti|| ||

No etam bhante|| ||

25 Sabbaso vā pana vedanāya asati vedanānirodhā api nu kho taṇhā paññāyethāti|| ||

No etam bhante|| ||

26 Sabbasso vā pana taṇhāya asati taṇhānirodhā api nu kho upādānam paññāyethāti|| ||

No etam bhante|| ||

27 Sabbaso vā pana upādāne asati upādānanirodhā api nu kho bhavo paññāyethāti|| ||

No etam bhante|| ||

28 Sabbaso vā pana bhave asati bhavanirodhā api nu kho jāti paññāyethāti|| ||

No etam bhante|| ||

29 Sabbaso vā pana jātiyā asati jātinirodhā api nu kho jarāmaraṇaṃ paññāyethāti|| ||

No etam bhante|| ||

30 Sādhu sādhu[1] bhikkhave|| evam[2] etam bhikkhave netam aññathā|| || Saddahatha me tam[3] bhikkhave adhimuccatha nikkaṅkhā ettha hotha[4] nibbicikicchā|| esevanto dukkhassāti|| || Pathamaṃ[5]|| ||

52 (2) *Upādāna*

1 Sāvatthiyaṃ viharati|| ||

2 Upādāniyesu bhikkhave dhammesu assādānupassino viharato taṇhā pavaḍḍhati|| taṇhāpaccayā upādānaṃ|| upādānapaccayā bhavobhavapaccayā jāti|| jātipaccayā jarāmaraṇaṃ sokaparidevadukkhadomanassupāyāsā sambhavanti|| || Evam etassa kevalassa dukkhakkhandhassa samudayo hoti|| ||

3 Seyyathāpi bhikkhave dasannaṃ vā kaṭṭhavāhānaṃ[6]

---

[1] S1-3 add kho [2] evam is repeated by S1

[3] S1-3 netaṃ [4] S1-3 hothāti

[5] missing in S1-3, and all the other numbers also

[6] So B; S3 °vāhānaṃ; S1 vāhānam, but the two first times the ā after h is erased

vīsāya vā kaṭṭhavāhānaṃ tiṃsāya vā kaṭṭhavāhānaṃ cattārīsāya[1] vā kaṭṭhavāhānaṃ mahā aggikkhandho jāleyya|| Tatra puriso kālena kālaṃ sukkhāni ceva tiṇāni pakkhippeyya sukkhāni ca[2] gomayāni pakkhippeyya|| sukkhāni ca kaṭṭhāni pakkhippeyya|| Evañhi so bhikkhave mahā aggikkhando tadāhāro tadupādāno ciram dīgham addhānam jaleyya||[3]

4 Evam eva kho bhikkhave upādāniyesu dhammesu assādānupassino viharato taṇhā pavaḍḍhati||[4] taṇhāpaccayā upādānaṃ|| pe|| || Evam etassa kevalassa dukkhakkhandhassa samudayo hoti|| ||

5 Upādāniyesu bhikkhave dhammesa ādīnavānupassino viharato taṇhā nirujjhati|| taṇhānirodhā upādānanirodho|| upādānanirodhā bhavanirodho|| bhavanirodhā jātinirodho|| jātinirodha jarāmaraṇamm sokaparidevadukkhadomanassupāyāsā nirujjhanti|| || Evam etassa kevalassa dukkhakkhandhassa nirodho hoti|| ||[5]

6 Seyyathāpi bhikkhave dasannaṃ vā kaṭṭhavāhānam vīsāya vā| timsāya vā cattārīsāya vā kaṭṭhavāhānam[6] mahā aggikkhandho jāleyya|| tatra puriso na kālena kālaṃ sukkhāni ceva tiṇāni pakkhippeyya|| na sukkhāni ca gomayāni pakkhippeyya|| na sukkhāni ca kaṭṭhāni pakkhippeyya||[7] Evañhi so bhikkhave mahā aggikkhandho purimassa ca upādānassa[8] pariyādānā aññāssa ca anupāhārā anāhāro nibbāyeyya|| ||

7 Evam eva kho bhikkhave upādāniyesu dhammesu ādīnavānupassino viharato taṇhā nirujjhati|| tanhānirodhā upādānanirodho|| pe|| || Evam etassa kevalassa dukkhakkhandhassa nirodho hotīti|| || Dutiyaṃ|| ||

---

[1] S[1-3] cattālīsāya [2] Missing in S[1-3]

[3] S[1-3] jāleyya (See the next sutta 3)

[4] B vaḍḍhati [5] S3 hotīti

[6] S[1-3] have kaṭṭhavāhānaṃ four times; S[1] writing hā (without erasure of ā); S3 ha

[7] S[1-3] omit na . . . ca . . . in these two phrases

[8] B aggikhando; S[1-3] cupādānassa

53 (3) *Saññojanaṃ* (1)

1 Sāvatthiyaṃ viharati || ||

2 Saññojaniyesu bhikkhave dhammesu assādānupassino viharato taṇhā pavaḍḍhati|| taṇhāpaccayā upādānaṃ [upādānāpaccayābhavo|| bhavapaccayājāti|| jatipaccayā-jarāmaraṇaṃ sokaparidevadukkhadomanassupāyāsā sambhavanti||[1]] Evam etassa kevalassa dukkhakkhandhassa samudayo hoti|| ||

3 Seyyathāpi bhikkhave telaṃ ca paṭicca vaṭṭim ca paṭicca telappadīpo jhāyeyya||[2] tatra puriso kālena kalaṃ telam āsiñceyya vaṭṭim upasamhareyya||[3] Evañhi so bhikkhave telappadīpo tadāhāro tad upādāno ciraṃ dīgham addhānaṃ jaleyya||[4]

4 Evam eva kho bkikkhave saññojaniyesu dhammesu assādānupassino viharato taṇhā pavaḍḍhati|| taṇhāpaccayā upādānaṃ|| pe|| ||[5]

Evam etassa kevalassa dukkhakkhandhassa samudayo hoti|| ||

5 Saññojaniyesu bhikkhave dhammesu ādīnavānupassino viharato taṇhā nirujjhati|| tanhānirodhā upādānanirodho|| pe|| ||[6] Evam etassa kevalassa dukkhakkhandhassa nirodho hoti|| ||

6 Seyyathāpi bhikkhave telaṃ ca paṭicca vaṭṭiṃ ca paṭicca telappadīpo jhāyeyya|| tatra puriso na kālena kālaṃ telam āsiñceyya na vaṭṭiñca upsaṃhareyya|| Evañhi so bhikkhave telappadīpo purimassa ca upādañassa pariyādānā aññassa ca anupāhārā anāhāro nibbāyeyya|| ||

7 Evam eva kho bhikkhave saññojaniyesu dhammesu ādīnavānupassino viharato taṇhā nirujjhati|| taṇhānirodhā upādānanirodho|| pe|| || Evam etassa kevalassa dukkhakkhandhassa nirodho hotīti|| || Tatiyaṃ|| ||

---

[1] omitted in S[1-3] and represented by —pe— here and further on
[2] B chāyeyya
[3] S[1-3] upasahareyya ; C has upasaṁha (and hā) reyya
[4] S3 jāleyya
[5] See note [1]
[6] See note [1]

54 (4) *Saññojanaṃ* (2)

1 Sāvatthiyaṃ viharati|| ||

2 Seyyathāpi bhikkhave telaṃ ca paṭicca vaṭṭiṃ ca paṭicca telappadīpo jhāyeyya|| tatra puriso kālena kālam telam āsiñceyya vaṭṭiṃ upasaṃhareyya|| evam hi so bhikkhave telappadīpo tadāhāro tadupādāno ciraṃ dīgham addhānaṃ jāleyya| Evam eva kho bhikkhave saññojaniyesu dhammesu assādānupassino viharato taṇhā pavaḍḍhati|| taṇhāpaccayā upādānam|| pe|| || Evam etassa kevalassa dukkhakkhandhassa samudayo hoti|| ||

3 Seyyathāpi bhikkhave telaṃ ca paṭicca vaṭṭiṃ ca paṭicca telappadīpo jhāyeyya|| tatra na kālena kālam telam āsiñceyya na vaṭṭiṃ ca upasaṃhareyya|| Evañ hi so bhikkhave telappadīpo purimassa ca upādānassa pariyādānā aññassa ca anupāhārā anāhāro nibbāyeyya|| || Evam eva kho bhikkhave saññojaniyesu dhammesu ādīnavānupassino viharato taṇhā nirujjhati|| taṇhānirodhā upādānanirodho|| pe|| || Evam etassa kevalassa dukkhakkhandhassa nirodho hotīti|| || Catuttham|| ||

55 (5) *Mahārukkho* (1)

1 Sāvatthiyaṃ viharati|| ||

2 Upādāniyesu bhikkhave dhammesu assādānupassino viharato taṇhā pavaḍḍhati|| Taṇhāpaccayā upādānam|| pe|| | Evam etassa kevalassa dukkhakkhandhassa samudayo hoti|| ||

3 Seyyathāpi bhikkhave mahārukkho|| tassa yāni ceva mūlāni adhogamāniyāni ca tiriyaṅgamāni sabbāni tāni uddham ojam abhiharanti|| Evañ hi so bhikkhave mahārukkho tadāhāro tadupādāno ciraṃ dīgham addhānaṃ tiṭṭheyya|| || Evam eva kho bhikkhave upādāniyesu dhammesu assādānupassino viharato taṇhā pavaḍḍhati|| taṇhāpaccayā upādānam|| [upadānapaccayā bhavo] [1]|| Evam etassa kevalassa dukkhakkhandhassa nirodho hoti|| ||

---

[1] In S1-3 only

4 Upādāniyesu bhikkhave dhammesu ādīnavānupassino viharato taṇhā nirujjhati|| taṇhānirodhā upādānanirodho|| upādānanirodhā bhavanirodho|| pe|| || Evam etassa kevalassa dukkhakkhandhassa nirodho hoti|| ||

5 Seyyathāpi bhikkhave mahārukkho|| Atha puriso āgaccheyya kuddālapiṭakam [1] ādāya|| so taṃ rukkhaṃ mūle chindeyya|| mulena chetvā [2] paliṃ khaṇeyya [3] | paliṃ khaṇitvā mulāni uddhareyya antamaso usīraṇāḷimattānipi [4] so taṃ rukkhaṃ khaṇḍākhaṇḍikaṃ chindeyya|| khaṇḍākhaṇḍikaṃ chetvā [5] phāleyya|| phāletvā sakalikaṃ sakalikaṃ [6] kareyya|| sakalikam sakalikaṃ karitvā vātātape visoseyya|| vātātape visosetvā aggina ḍaheyya|| agginā ḍahitvā masiṃ kareyya||[7] masiṃ karitvā mahāvāte vā opuneyya|| [8] nadiyāvā sīghasotāya pavāheyya|| || Evañhi so bhikkhave mahārukkho ucchinnamūlo assa|| tālavatthukato anabhāvaṃkato [9] āyatim anuppādadhammo|| ||

6 Evam eva kho bhikkhave upādāniyesu dhammesu ādīnavānuppassino viharato taṇhā nirujjhati|| taṇhānirodhā upādānanirodho|| || pe [upādānanirodhā bhavanirodho [10]]|| || Evam etassa kevalassa dukkhakkhandhassa nirodho hotīti|| || Pañcamaṃ|| ||

56 (6) *Mahārukkho* (2)

1 Sāvatthiyaṃ viharati|| ||

2 Seyyathāpi bhikkhave mahārukkho|| tassa [11] yāni ceva mūlāni adhogamāniyāni ca tiriyaṅgamāni sabbāni tāni uddham ojam abhiharanti|| Evañhi so bhikkhave mahārukkho tadāhāro tadupādāno ciraṃ dīgham addhānam tiṭṭheyya|| ||

3 Evam eva kho bhikkhave upādāniyesu dhammesu assādānupassino viharato taṇhā pavaḍḍhati|| taṇhāpaccayā

[1] C kuddāli° [2] S[1] mūle; B mūlaṃ chinditvā
[3] S[1-3] pali° [4] B usira° ; S[1-3] °nāḷa° [5] S[1-3] chindetvā
[6] Not repeated in S[1-3] [7] B maṃsiṃ always
[8] B ophuneyya always [9] S[1-3] anabhāva° always
[10] In B only [11] Missing in S[1-3]

upādānaṃ|| pe|| Evam etassa kevalassa dukkhakkhandhassa samudayo hoti|| ||

4 Seyyathāpi bhikkhave mahārukkho|| Atha puriso āgaccheyya kuddālapiṭakam ādāya|| so taṃ rukkham mūle chindeyya|| mūle chetvā paliṃ[1] khaṇeyya|| paliṃ khaṇitvā mulāni uddhareyya|| pe|| || nadiyā vā sīghasotāya[2] pavāheyya|| || Evañhi[3] so bhikkhave mahārukkho ucchinnamūlo assa tālavatthukato anabhāvaṃkato[4] āyatim anuppādadhammo|| ||

5 Evam eva kho bhikkhave upādāniyesu dhammesu ādīnavānupassino viharato taṇhā nirujjhati|| taṇhānirodhā upādānanirodho|| pe|| || Evam etassa kevalassa dukkhakkhandhassa nirodho hotīti|| ||[5] Chaṭṭhaṃ|| ||

57 (7) *Taruṇa*

1 Sāvatthiyaṃ viharati|| ||

2 Saññojaniyesu bhikkhave[6] dhammesu assādānupassino viharato taṇhā pavaḍḍhati|| taṇhāpaccayā upādānaṃ|| pe|| || Evam etassa kevalassa samudayo hoti|| ||[7]

3 Seyyathāpi bhikkhave taruṇo rukkho|| tassa puriso kālena kālam mūlāni palisajjeyya||[8] kālena kālam paṃsuṃ dadeyya|| kālena kālaṃ udakam dadeyya|| || Evañhi so bhikkhave taruṇo rukkho tadāhāro tadupādāno vuddhiṃ virūḷhiṃ vepullam āpajjeyya|| ||

4 Evam eva kho bhikkhave saññojaniyesu dhammesu assādānupassino viharato taṇhā pavaḍḍhati|| taṇhāpaccayā upādānaṃ|| pe|| || Evam etassa kevalassa dukkhakkhandhassa samudayo hoti|| ||

5 Saññojaniyesu bhikkhave dhammesu ādīnavānupassino viharato taṇhā nirujjhati|| taṇhānirodhā upādānanirodho|| la|| || Evam etassa kevalassa dukkhakkhandhassa nirodho hoti ||

---

[1] So B—S1-3 phali, perhaps pali(=pari) khaṇeyya
[2] B singha° [3] S1-3 omit hi [4] S1-3 °bhāva°
[5] S1-3 add —pe— [6] Omitted in S1-3 [7] S3 hotīti
[8] So C—S1-3 palisattheyya; B paṭipaṭṭheyya

6 Seyyathāpi bhikkhave taruṇo rukkho| Atha puriso āgaccheyya kuddālapiṭakam ādāya| So taṃ rukkhaṃ mūle chindeyya mūle chetvā phalikhaṇeyya|| phalikhaṇitvā mūlani uddhareyya antamaso usīranāḷamattāni pi so taṃ rukkhaṃ khaṇḍākhaṇḍikam chindeyya khaṇḍākhandikaṃ chetvā phaleyya phāletvā sakalikam sakalikaṃ kareyya sakalikaṃ sakalikaṃ[1] karitvā vātātape visosetvā agginā ḍaheyya agginā ḍahetvā masiṃ kareyya masiṃ karitvā vātātape vā opuneyya[2] nadiyā vā sīghasotāya pavāheyya' evañhi so bhikkhave taruṇo rukkho ucchinnamūlo assa tālavatthukato anabhāvakato[3] āyatim anuppādadhammo

7 Evam eva kho bhikkhave saññojaniyesu dhammesu ādīnavānupassino viharato taṇhā nirujjhati' taṇhānirodhā upādānanirodho|| pe|| || Evam etassa kevalassa dukkhakkhandhassa nirodho hotīti|| ||[4] Sattamaṃ| |

58 (8) *Nāmarūpam*

1 Sāvatthiyaṃ viharati|| ||

2 Saññojaniyesu bhikkhave dhammesu assādānupassino viharato nāmarūpassa avakkanti hoti|| Nāmarūpapaccayā saḷāyatanaṃ|| pe|| || Evam etassa kevalassa dukkhakkhandhassa samudayo hoti|| ||

3 Seyyathāpi bhikkhave mahārukkho|| tassa yāni ceva mūlāni adhogamāni yāni ca tiriyaṅgamāni|| sabbāni tāni uddham ojam abhiharanti|| Evañhi so bhikkhave mahārukkho tadāhāro tadupādāno ciraṃ dīgham addhānaṃ tiṭṭheyya|| ||

4 Evam eva kho bhikkhave saññojaniyesu dhammesu assādānupassino viharato nāmarūpassa avakkanti hoti|| pe|| ||

5 Saññojaniyesu bhikkhave dhammesu ādīnavānupassino viharato nāmarūpassa avakkanti na hoti'| nāmarūpa-

---

[1] Not repeated in S[1]

[2] All this (from so tam rukkham mūle) is missing in B, being represented by ||pa||

[3] B anabhāvaṃ° [4] S[1-3] add —pe—

nirodhā saḷāyatananirodho|| pe|| || Evam etassa kevalassa dukkhakkhandhassa nirodho hoti|| ||

6 Seyyathāpi bhikkhave mahārukkho|| atha puriso āgaccheyya kuddālapiṭakam ādāya|| pe|| || āyatim anupādadhammo.

7 Evam eva kho bhikkhave saññojaniyesu dhammesu ādinavānupassino viharato nāmarūpassa avakkanti na[1] hoti| Nāmarūpanirodhā saḷāyatananirodho|| pe|| | Evam etassa kevalassa dukkhakkhandhassa nirodho hotīti|| || Aṭṭhamaṃ || ||

59 (9) *Viññāṇaṃ*

1 Sāvatthiyaṃ viharati|| ||

2 Saññojaniyesu bhikkhave dhammesu assādānupassino viharato viññāṇassa avakkanti hoti|| viññāṇapaccayā nāmarūpaṃ| pe|| || Evam etassa kevalassa dukkhakkhandhassa samudayo hoti|| ||

3 Seyyathāpi bhikkhave mahārukkho|| tassa yāni ceva mulāni|| pe|| ||

4 Evam eva kho bhikkhave saññojaniyesu dhammesu ādīnavānupassino[2] viharato viññāṇassa avakkanti hoti|| viññāṇapaccayā nāmarūpam|| pe|| || Evam etassa kevalassa dukkhakkhandhassa samudayo hoti|| ||

5 Saññojaniyesu bhikkhave dhammesu[3] ādīnavānupassino viharato viññāṇassa avakkanti na hoti|| viññāṇanirodhā nāmarūpanirodho|| pe|| | Evam etassa kevalassa dukkhakkhandhassa nirodho hoti|| ||

6 Seyyathāpi bhikkhave mahārukkho|| Atha puriso āgaccheyya kuddālapiṭakam ādāya|| pe|| || āyatiṃ anuppādadhammo|| ||

7 Evam eva kho bhikkhave saññojaniyesu dhammesu ādīnavānupassino viharato viññāṇassa avakkanti na hoti|| viññāṇassa nirodhā nāmarūpanirodho|| pe|| ||

8 Evam etassa kevalassa dukkhakkhandhassa nirodho hotīti|| || Navamaṃ|| ||

---

[1] Missing in S3

[2] This word and the sequel, till the next ādīṇavapassino, are missing in B [3] Here is the end of the gap in B

60 (10) *Nidāna*

1 Ekaṃ[1] samayaṃ Bhagavā Kurusu viharati Kammāsadammaṃ[2] nāma Kurūnaṃ nigamo|| ||

2 Atha kho āyasmā Ānando yena Bhagavā tenupasaṅkami|| upasaṅkamitvā Bhagavantam abhivādetvā ekam antaṃ nisīdi|| ||

3 Ekam antaṃ nisinno kho āyasmā Ānando Bhagavantam etad avoca|| || Acchariyam bhante abbhutam bhante yāvagambhīro cāyam bhante paṭiccasamuppādo gambhīrāvabhāso ca|| atha ca pana me uttānakuttānako viya khāyatīti|| ||

4 Māhevām Ānanda māhevam Ānanda|| gambhīro cāyam Ānanda paṭiccasamuppādo gambhīrāvabhāso ca|| Etassa[3] Ānanda dhammassa aññāṇāṃ[4] ananubodhā appaṭivedhā[5] evam ayaṃ pajā tantākulakajātā guḷigandhikajātā muñjapabbajā bhūtā apāyaṃ duggatiṃ vinipātaṃ saṃsāraṃ nātivattati||

5 Upādāniyesu Ānanda dhammesu assādānupassino viharato taṇhā pavaḍḍhati|| taṇhāpaccayā upādānaṃ|| upādānapaccayā bhavo|| [bhavapaccayā jāti|| jātipaccayā jarāmaraṇaṃ sokaparidevadukkhadomanassupayasā sambhavanti|| [6]] Evam etassa kevalassa dukkhakkhandhassa samudayo hoti|| ||

6 Seyyathāpi Ananda mahārukkho|| tassa yāni ceva mūlāni adhogamāni yāni ca tiriyaṅgamāni|| sabbāni tāni uddham ojam abhisaṃharanti||[7] Evañhi so Ānanda mahārukkho tadāhāro tadupādāno ciraṃ dīgham addhānaṃ tiṭṭheyya|| ||

7 Evam eva kho Ānanda upādāniyesu dhammesu assādānupassino viharato taṇhā pavaḍḍhati|| taṇhapaccayā

---

[1] Before ekam S[1] has Sāvatthi—pe—

[2] So B; S[3] kammāssadammaṃ; S[1] kammāssadhammaṃ; C kammāssadammā [3] S[1-3] add ca

[4] So S[3]; S[1] aññāṇā; missing in B

[5] Missing in S[1-3] [6] Missing in B

[7] S S[1-3]; B abhiharanti

upādānaṃ| upādānapaccayā bhavo|| pe||| Evam etassa kevalassa dukkhakkhandhassa samudayo hoti||

8 Upādāniyesu Ānanda dhammesu ādīnavānupassino viharato taṇhā nirujjhati|| taṇhānirodhā upādānanirodho|| [upādānanirodha bhavanirodho||[1]] pe|| Evam etassa kevalassa dukkhakkhandhassa nirodho hoti|||

9 Seyyathāpi Ānanda mahārukkho|| Atha puriso āgaccheyya kuddālapiṭakam ādāya|| So tam rukkhaṃ mūle chindeyya|| mūle chetvā paliṃ khaṇeyya|| paliṃ khaṇitva mūlāni uddhareyya antamaso usīranāḷimattāni pi||[2] so taṃ rukkham khaṇḍākhaṇḍikaṃ chindeyya|| khaṇḍākhaṇḍikaṃ chinditvā phāleyya|| phāletvā sakalikaṃ sakalikaṃ kareyya|| sakalikaṃ sakalikaṃ karitvā vātātape visoseyya|| vātātape visosetvā agginā ḍaheyya|| agginā ḍahetvā masiṃ kareyya|| masiṃ karitvā mahāvāte vā opuneyya nadiyā vā sīghasotāya pavāheyya|| Evañhi so Ānanda mahārukkho ucchinnamūlo assa tālavatthukato anabhāvanikato āyatiṃ anuppādadhammo|||[3]

10 Evam eva kho Ānanda upādāniyesu dhammesu ādīnavānupassino viharato taṇhā nirujjhati|| taṇhānirodhā upādānanirodho|| upādānanirodhā bhavanirodho|| bhavanirodhā jātinirodho|| jātinirodhā jarāmaraṇaṃ sokoparidevadukkhadomanassupāyāsā nirujjhanti|||[4] Evam etassa kevalassa dukkhakkhandhassa nirodho hotīti||| Dasamaṃ|||

Rukkhavaggo chaṭṭho|||
Tassuddānaṃ|||

Parivīmaṃsanupādānaṃ||
Dve ca Saññojanāni ca||
Mahārukkhena dve vuttā||
Taruṇena ca sattamaṃ||
Nāmarūpañca Viññāṇaṃ||
Nidānena ca te dasāti|||

---

[1] in B only [2] So B; S[1] °nāḷi; S[3] °nāla

[3] For the text and the notes see above p. 55, 5

[4] S[1-3] nirujjhantīti, the remainder being omitted

CHAPTER VII MAHĀVAGGO SATTAMO

61 (1) *Assutavato*

1 Evaṃ me sutaṃ|| Ekaṃ samayaṃ Bhagavā Sāvatthiyaṃ viharati Jetavane Anāthapiṇḍikassa ārāme|| [1]

2 Assutavā bhikkhave putthujjano imasmiṃ cātumahābhūtikasmiṃ [2] kāyasmim nibbindeyya pi virajjeyya pi vimucceyya pi|| ||

3 Taṃ kissa hetu|| || Dissati bhikkhave imassa catumahābhūtikassa kāyassa ācayo pi apacayo [3] pi ādānam pi nikkhepanam pi|| ||[4]

Tasmā tatrāssutavā puthujjano nibbindeyya pi virajjeyya pi vimucceyya pi|| ||

4 Yaṃ ca kho etaṃ bhikkhave vuccati cittaṃ iti pi mano iti pi viññānaṃ iti pi|| tatrassutavā puthujjano nālaṃ nibbinditum nālaṃ virajjituṃ nālaṃ vimuccituṃ|| ||

5 Tam kissa hetu||[5] Dīgharattaṃ hetaṃ bhikkhave assutavato puthujjanassa ajjhositaṃ mamāyitaṃ parāmaṭṭham [6] Etam mama eso ham asmi eso me attāti|| ||

Tasmā tatrāssutavā puthujjano nālaṃ nibbindituṃ nālaṃ virajjituṃ nālam vimuccituṃ|| ||

6 Varaṃ bhikkhave assutavā puthujjano imaṃ cātumahābhūtikaṃ kāyam attato upagaccheyya na tveva cittaṃ|| ||

7 Tam kissa hetu|| || Dissatāyam bhikkhave cātumahābhūtiko kāyo ekam pi vassaṃ tiṭṭhamāno|| dve pi vassāni tiṭṭhamāno|| tīṇi pi vassāni tiṭṭhamāno|| cattāri pi vassāni tiṭṭhamāno|| pañca pi vassāni tiṭṭhamāno|| dasa pi vassāni tiṭṭhamāno|| vīsati pi vassāni tiṭṭhamāno|| tiṃsam pi vassāni tiṭṭhamāno|| Cattārīsam pi vassāni tiṭṭhamāno paññāsam pi vassāni tiṭṭhamāno||[7] vassasatam pi tiṭṭhamāno||

---

[1] S1-3 Sāvatthi—pe—tatra—pe—voca

[2] S1-3 cātummahā, always

[3] Missing in S1-3

[4] S1-3 nikkhepampi

[5] S1-3 hetūm here and further on

[6] S3 para°; ā superadded in S1

[7] S1-3 insert —pe—

bhiyyo pi titthamāno| Yaṃ ca kho etaṃ bhikkhave vuccati cittam iti pi mano iti pi viññāṇam iti pi, taṃ rattiyā ca divasassa ca aññad eva uppajjati aññaṃ nirujjhati

8 Seyyathāpi bhikkhave makkaṭo araññe pavane caramāno sākhaṃ gaṇhati|| taṃ muñcitvā aññaṃ gaṇhati|| Evam eva kho bhikkhave yad idam vuccati cittam iti pi mano iti pi viññāṇam iti pi|| taṃ rattiyā ca divasassa ca ānnad eva uppajjati aññam nirujjhati|| |

9 Tatra bhikkhave sutavā ariyasāvako paṭiccasamuppādaṃ yeva sādhukaṃ yoniso manasi karoti||| Iti pi imasmim sati idam hoti imassuppādā idam uppajjati|| imasmiṃ asati idaṃ na hoti imassa nirodhā idaṃ nirujjhati || Yad idam avijjāpaccayā saṅkhārā|| saṅkhārapaccayā viññāṇam|| pe||| Evam etassa kevalassa dukkhakkhandhassa samudayo hoti|||

10 Avijjāya tveva asesavirāganirodhā saṅkhāranirodho|| saṅkhāranirodhā viññāṇanirodho|| pe||| Evam etassa kevalassa dukkhakkhandhassa nirodho hoti|||

11 Evam passaṃ[1] bhikkhave sutavā ariyasāvako rūpasmiṃ pi[2] nibbindati|| vedanāya pi nibbindati|| saññāya pi nibbindati|| saṅkhāresu pi nibbindati|| viññāṇasmim pi nibbindati||| Nibbindaṃ virajjati|| virāgā vimuccati|| vimuttasmiṃ vimuttamiti[3] ñāṇaṃ hoti||| Khīṇājāti vusitaṃ brahmacariyaṃ kataṃ karaṇīyam nāparam itthattāyāti pajānātīti||| Paṭhamaṃ|||

62 (2) *Assutavā* (2)

1 Sāvatthiyam viharati|||

2 Assutavā bhikkhave puthujjano imasmiṃ cātumahābhūtikasmiṃ kāyasmim nibbindeyya pi virajjeyya pi vimucceyya pi|||

3 Taṃ kissa hetu||| Dissati bhikkhave imassa cātumahābhūtikassa kāyassa ācayo pi apacayo pi[4] ādānam pi

---

[1] S[1-3] pahaṃ [2] Missing in S[1-3] [3] B vimuttamhīti
[4] apacayo pi is omitted in S3 only

nikkhepanam pi|| tasmā tatrāssutavā puthujjano[1] nibbindeyyapi virajjeyya pi vimucceyya pi|| ||

4 Yaṃ ca[2] kho etam bhikkhave vuccati cittam iti pi mano iti pi viññāṇaṃ iti pi||. tatrāssutavā puthujjano nālaṃ nibbindituṃ nālaṃ virajjituṃ nālaṃ vimuccituṃ |

5 Taṃ kissa hetu|| || Dīgharattañhetaṃ[3] bhikkhave assutavato puthujjanassa ajjhositaṃ[4] mamāyitaṃ parāmaṭṭham etaṃ mama esoham asmi eso me attā ti || Tasmā tatrāssutavā puthujjano nālaṃ nibbinditum nālaṃ virajjituṃ nālaṃ vimuccituṃ|| ||

6 Varaṃ bhikkhave assutavā puthujjano imaṃ cātumahābhūtikaṃ kāyam attato upagaccheyya na tveva cittaṃ|| ||

7 Taṃ kissa hetu|| || Dissatāyam bhikkhave cātumahābhūtiko kāyo ekam pi vassam tiṭṭhamāno|| dve pi vassāni tiṭṭhamāno|| tīni pi|| pe|| cattāri pi|| pe|| pañcā pi | pe|| dasa pi|| pe|| vīsati pi|| pe|| timsa pi|| pe|| cattārīsam pi|| pe|| paññāsam pi vassāni tiṭṭhamāno|| vassasatam pi tiṭṭhamāno|| bhiyyo pit iṭṭhamāno|| || Yaṃ ca kho etam[5] bhikkhave vuccati cittam iti pi mano iti pi viññāṇam iti pi|| taṃ[6] rattiyā ca divasassa ca aññad eva upajjati aññaṃ nirujjhati||

8 Tatra bhikkhave sutavā ariyasāvako paṭiccasamuppādam yeva sādhukaṃ yoniso manasi karoti|| Iti imasmiṃ sati idaṃ hoti imassuppādā idam uppajjati imasmim asati idaṃ na hoti imassa[7] nirodhā idaṃ nirujjhati|| ||

9 Sukhavedaniyaṃ bhikkhave phassaṃ paṭiccauppajjati sukhā vedanā||[8] tasseva sukhavedaniyassa phassassa nirodhā yaṃ tajjaṃ vedayitaṃ sukhavedaniyaṃ phassaṃ paṭicca uppannā sukhā vedanā sā nirujjhati sā v-ūpasammati|| ||

10 Dukkhavedaniyaṃ bhikkhave phassaṃ paṭicca uppajjati dukkhā[9] vedanā|| tasseva dukkhavedaniyassa phassassa nirodhā yaṃ tajjaṃ vedayitam dukkhavedani-

---

[1] S1-3 add pi
[2] Missing in B
[3] S1-3 °rattaṃ kho taṃ
[4] S3 °sitā
[5] S1-3 evaṃ
[6] Missing in S1-3
[7] S1-3 imasmiṃ
[8] S1-3 sukha° always
[9] B dukkha°

yaṃ phassaṃ paṭicca uppannā dukkhā[1] vedanā sā nirujjhati sā vūpasammati|| ||

11 Adukkhamasukhavedaniyaṃ bhikkhave phassaṃ paṭicca uppajjati adukkhamasukhavedanā|| tasseva adukkhamasukhavedaniyassa phassassa nirodhā yaṃ tajjaṃ vedayitam adukkhamasukhavedaniyaṃ phassaṃ paṭicca uppannā adukkhamasukhavedanā sā nirujjhati sa vupasammati|| ||

12 Seyyathāpi bhikkhave dvinnaṃ kaṭṭhānaṃ saṅghaṭṭasamodhānā[2] usmā jāyati tejo abhinibattati|| tesaṃ yeva dvinnaṃ kaṭṭhānam nānābhāvāvinikkhepā[3] yā tajjā usmā sā nirujjhati sā vūpasammati|| ||

13 Evam eva kho bhikkhave sukhavedaniyaṃ[4] phassaṃ paṭicca uppajjati sukhavedanā|| tasseva sukhavedaniyassa phassassa nirodhā yaṃ tajjaṃ vedayitaṃ sukhavedaniyaṃ phassaṃ paṭicca uppannā sukhavedanā sā nirujjhati sā vūpasammati|| ||

14 Dukkhavedaniyaṃ phassam paṭicca|| pe|| ||

15 Adukkhamasukhavedaniyaṃ[5] phassaṃ paṭicca uppajjati adukkhamasukhavedanā|| tasseva adukkhamasukhavedaniyassa phassassa nirodhā yaṃ tajjaṃ vedayitam adukkhamasukhavedaniyaṃ phassam paṭicca uppannā adukkhamasukhavedanā sā nirujjhati sā vūpasammati|| ||

16 Evaṃ passaṃ bhikkhave sutavā ariyasāvako phasse[6] nibbindati|| vedanāya pi[7] nibbindati|| saññāya pi nibbindati|| viññāṇasmim pi nibbindati|| || Nibbindaṃ virajjati|| [virāgā vimuccati|| vimuttasmiṃ vimuttamhīti ñāṇaṃ hoti|| || ' Khīṇā jāti vusitaṃ brahmacariyaṃ kataṃ karaṇiyaṃ[8]] nāparam itthattāyā ti pajānātīti|| || Dutiyaṃ|| ||

63 (3) *Puttamaṃsa*

1 Sāvatthi|| ||

---

[1] All the MSS. have dukkha°

[2] So B and C; S^1 saṃghasamodhāna; S^3 ghaṃsamāno

[3] B nānākata vinibbhogā

[4] S^{1-3} sukhaṃ°

[5] S^{1-3} add bhikkhave

[6] S^{1-3} add pi

[7] S^3 omits pi

[8] Abridged in S^{1-3}

2 Cattāro me bhikkhave āhārā bhūtānaṃ vā sattānaṃ ṭhitiyā sambhavesinaṃ[1] vā anuggahāya || ||

3 Katame cattāro[2] || || Kabaliṃkāro āhāro oḷāriko vā sukhumo vā || phasso dutiyo || manosāncetanā tatiyā || viññāṇaṃ catutthaṃ || ||

Ime kho bhikkhave cattāro āhārā bhūtānaṃ vā sattānaṃ ṭhitiyā sambhavesinaṃ va anuggahāya || ||

4 Kathaṃ ca bhikkhave kabaliṃkāro āharo datthabbo || ||

5 Seyyathāpi bhikkhave dve jayampatikā[3] parittaṃ sambalam ādāya kantāramaggaṃ paṭipajjeyyuṃ || tesam assa ekaputtako piyo manāpo ||

6 Atha kho tesaṃ bhikkhave dvinnaṃ jayampatikānaṃ kantāragatānaṃ yā parittā sambalamattā sā parikkhayāṃ pariyādānaṃ gaccheyya || siyā ca nesaṃ kantārāvaseso anithiṇṇo || ||[4]

7 Atha kho tesam bhikkhave dvinnam jayampatikānam evam assa || || Amhākaṃ kho yā paritta sambalamattā sā parikkhīṇā pariyādiṇṇā || atthi cāyaṃ kantārāvaseso anittiṇṇo || Yannuna mayaṃ imam ekaputtakaṃ piyaṃ manāpaṃ vadhitvā vallūrañca soṇḍikañca karitvā puttamaṃsāni khādantā evantaṃ kantārāvasesaṃ nitthareyyāma || mā sabbeva[5] tayo vinassimhāti || ||[6]

8 Atha kho te bhikkhave dve jayampatikā tam ekaputtakam piyaṃ manāpaṃ vadhitvā vallūrañca soṇḍikañca karitvā puttamaṃsāni khādantā evantaṃ kantārāvasesaṃ nitthareyyuṃ ||[7] te puttamaṃsāni ceva khādeyyuṃ ure ca patipiṃseyyum kahaṃ ekaputtaka kahaṃ[8] ekaputtakāti || ||

9 Taṃ kiṃ maññatha bhikkhave api nu te davāya vā āhāraṃ āhareyyum[9] || madāya vā āhāram āhareyyuṃ ||

---

[1] S[1-3] °sīnaṃ
[2] S[1-3] add āhārā
[3] B and C jāyampatikā
[4] B anatiṇṇo
[5] S[3] bhabbeva
[6] S[1-3] vinassumhāti
[7] S[1] nittareyyuṃ
[8] S[1] haṃ ekaputtakahaṃ S[3] kahaṃ ekaputta kaṃhaṃ
[9] B āhāreyyuṃ always; in S[3] hā with ā erased here only, further on ha

Maṇḍanāya vā āhāram āhareyyuṃ || vibhūsanāya vā āhāram āhareyyunti || ||

No hetam bhante || ||

10 Nanu te bhikkhave yāvadeva kantārassa nittharaṇatthāya āhāram āhareyyunti || ||

Evam bhante || ||

11 Evam eva khvāhaṃ bhikkhave kabaliṃkāro āhāro daṭṭhabbo ti vadāmi || kabaliṃkāre bhikkhave āhāre pariññāte pañcakāmaguṇiko rāgo pariññāto hoti || Pañcakāmaguṇike rāge pariññāte natthi taṃ saññojanaṃ yena saññojanena saññutto ariyasāvako puna imam lokam āgaccheyya || ||

12 Kathañca bhikkhave phassāhāro daṭṭhabbo || ||

13 Seyyathāpi bhikkhave gāvī niccammā kuḍḍañce[1] nissāya tiṭṭheyya ye kuḍḍanissitā pāṇā te naṃ khādeyyuṃ || rukkhañce nissāya tiṭṭheyya ye rukkhanissitā pāṇā te naṃ khādeyyuṃ || udakañce nissāya tiṭṭheyya ye udakanissitā pāṇā te naṃ khādeyyuṃ || ākāsañce nissāya tiṭṭheyya ye ākāsanissitā pāṇā te naṃ khādeyyuṃ || || Yaññad eva hi sā bhikkhave gāvī niccammā nissāya nissāya tiṭṭheyya ye[2] tannissitā tannissitā[3] pāṇā te naṃ khādeyyuṃ || [4] Evam eva khvāhaṃ bhikkhave phassāhāro daṭṭhabbo ti vadāmi || ||

14 Phasse bhikkhave āhāre pariññāte tisso vedanā pariññātā honti || tīsu vedanāsu pariññātāsu ariyasāvakassa natthi kiñci uttariṃ karaṇīyanti vadāmi || ||

15 Kathañca bhikkhave manosañcetanāhāro daṭṭhabbo || ||

16 Seyyathāpi bhikkhave aṅgārakāsu sādhikaporisā puṇṇā angārānaṃ vītacchikānaṃ[5] vītadhūmānaṃ || Atha puriso āgaccheyya jīvitukāmo amaritukāmo sukhakāmo dukkhapaṭikkūlo || [6] tam enaṃ dve[7] balavanto purisā nānābāhāsu gahetvā[8] tam aṅgārakāsum upakaḍḍheyyuṃ || atha kho bhikkhave tassa purisassa ārakāvassa cetanā ārakā patthanā ārakā paṇidhi || ||

---

[1] B kuṭṭa°; C kuṭa [2] Missing in S1-3
[3] B does no repeat nissāya . . . tannissitā
[4] S1-3 add ti [5] S1 and C vīta° [6] B °paṭikulo
[7] S1-3 duve [8] S3 paggahetvā

17 Taṃ kissa hetu|| || Evaṃ hi[1] bhikkhave tassa purisassa hoti|| || Imaṃ cāhaṃ aṅgārakāsuṃ papatissāmi tato nidānaṃ maraṇaṃ vā nigacchāmi maraṇamattaṃ vā dukkhanti|| || Evam eva khvāhaṃ bhikkhave manosañcetanāhāro daṭṭhabbo ti vadāmi||

18 Manosañcetanāya bhikkhave āhāre pariññāte tisso taṇhā pariññātā honti|| tīsu taṇhāsu pariññātāsu ariyasāvakassa natthi uttariṃkaraṇīyanti vadāmi|| ||

19 Kathañca bhikkhave viññāṇāhāro daṭṭhabbo|| ||

20 Seyyathāpi bhikkhave coram āgucāriṃ gahetvā rañño dasseyyuṃ||[2] Ayante deva coro āgucārī|| imassa yaṃ icchitaṃ[3] taṃ daṇḍam paṇehīti|| tam enam rājā evaṃ vadeyya|| Gacchatha bho imaṃ purisaṃ pubbaṇhasamayaṃ sattisatena[4] hanathāti|| tam enaṃ pubbaṇhasamayaṃ sattisatena[4] hareyyuṃ|| ||

21 Atha rājā majjhantikaṃ samayaṃ evaṃ vadeyya|| || Ambho kathaṃ so purisoti|| || Tatheva deva jīvatīti|| tam enam rājā evam vadeyya|| || Gacchatha bho tam purisaṃ majjhantikasamayaṃ sattisatena hanathāti|| tam enaṃ majjhantikasamayaṃ sattisatena haneyyuṃ|| ||

22 Atha rājā sāyaṇhasamayaṃ evaṃ vadeyya|| || Ambho kathaṃ so puriso ti|| || Tatheva deva jīvatīti|| tam enaṃ rājā evaṃ vadeyya|| || Gacchatha bho tam purisaṃ sāyaṇhasamayaṃ sattisatena hanathāti|| tam enaṃ sāyaṇhasamayaṃ sattisatena haneyyuṃ|| ||

23 Taṃ kim maññatha bhikkhave|| Api nu so[5] puriso divasaṃ tīhi sattisatehi haññamāno tato nidānaṃ dukkham domanassam paṭisaṃvediyethāti|| ||

Ekissa pi bhante sattiyā haññamāno tato nidānaṃ dukkhaṃ domanassaṃ paṭisaṃvediyetha ko pana vādo tīhi sattisatehi haññayamāno ti|| ||

24 Evam eva khvāhaṃ bhikkhave viññāṇāharo daṭṭhabbo ti vadāmi|| ||

25 Viññāṇe bhikkhave āhāre pariññāte nāmarūpam pariññātaṃ hoti|| nāmarūpe pariññāte ariyasāvakassa natthi kiñci uttariṃkaraṇīyanti vadāmīti|| ||[6] Tatiyaṃ|| ||

---

[1] S[1-3] Viditaṃ [2] S[1-3] dassesuṃ [3] S[1-3] icchasi
[4] S[1-3] add vā [5] S[1-3] kho [6] S[1-3] vadāmi —pe—

(64) (4) *Atthirāgo*

1 Sāvatthiyaṃ viharati|| ||

2 Cattāro me bhikkhave āhārā bhūtānaṃ vā sattānam ṭhitiyā sambhavesinaṃ vā anuggahāya|| ||

3 Katame cattāro|| || Kabaliṃkāro āhāro oḷāriko vā sukhumo vā phasso dutiyo manosañcetanā tatiyā viññānaṃ catutthaṃ|| ||

Ime kho bhikkhave [1] cattāro āhārā bhūtānaṃ vā sattānam ṭhitiyā sambhavesinaṃ vā anuggahāya|| ||

4 Kabaliṃkāre ce bhikkhave āhāre atthi rāgo atthi nandi atthi taṇhā patiṭṭhitaṃ tattha viññāṇaṃ virūḷhaṃ|| || Yattha patiṭṭhitaṃ viññāṇaṃ virūḷhaṃ|| atthi tattha nāmarūpassa avakkanti|| Yattha atthi nāmarūpassa avakkanti atthi tattha saṅkhārāṇaṃ vuddhi|| Yattha atthi saṅkhārānaṃ vuddhi atthi tattha āyatiṃ punabbhavābhinibbatti|| Yattha [atthi āyatiṃ punabbhavābhinibbatti [2] atthi tattha āyatiṃ jātijarāmaraṇaṃ|| Yattha atthi āyatiṃ jātijarāmaraṇaṃ sasokantam [3] bhikkhave sadaraṃ [4] saupāyāsanti vadāmi|| ||

5 Phasse ce bhikkhave āhāre|| pe|| ||

6 Manosañcetanāya ce bhikkhave āhāre|| pe|| ||

7 Viññāṇe ce bhikkhave āhāre atthi rāgo atthi nandi atthi taṇhā patiṭṭhitaṃ tattha viññāṇaṃ virūḷhaṃ|| || Yattha patiṭṭhitaṃ viññāṇaṃ virūḷhaṃ atthi tattha nāmarūpassa avakkanti|| Yattha atthi nāmarūpassa avakkanti atthi tattha saṅkhārānaṃ vuddhi|| Yattha atthi saṅkhārānaṃ vuddhi atthi tattha āyatiṃ punabbhavābhinibatti|| Yattha atthi āyatiṃ punabbhavābhinibbatti atthi tattha āyatiṃ jātijarāmaraṇaṃ|| Yattha atthi āyatiṃ jātijarāmaraṇaṃ sasokantaṃ sadaraṃ saupāyāsanti vadāmi|| ||

8 Seyyathāpi bhikkhave rajako vā cittakāro [5] vā sati rajanāya va lākhāya vā [6] haliddiyā vā nīliyā vā mañjeṭ-

---

[1] Missing in S1-3

[2] S3 omits yattha atthi āyatiṃ punabbhavābhinibbatti

[3] S1.3 yaṃsokan° [4] S1-3 sarajaṃ always

[5] B° kārako [6] Omitted in S1-3

ṭhāya [1] vā suparimaṭṭhe vā [2] phalake bhittiyā vā dussapaṭṭe vā [3] itthirūpam vā purisarūpaṃ vā abhinimmineyya sabbaṅgapaccaṅgaṃ||

9 Evam eva kho bhikkhave kabaliṃkāre ce [4] āhāre atthi rāgo atthi nandi atthi taṇhā patiṭṭhitam tattha viññāṇaṃ virūḷhaṃ||| Yattha patiṭṭhitaṃ viññāṇaṃ virūḷham atthi tattha nāmarūpassa avakkanti|| Yattha atthi nāmarupassa avakkanti atthi tattha saṅkhārānam vuddhi|| Yattha atthi saṅkhārānam vuddhi atthi tattha āyatiṃ punabbhavābhinibbatti|| Yattha atthi āyatiṃ punabbhavābhinibbatti atthi tattha āyatiṃ jātijarāmaraṇaṃ|| Yattha atthi āyatiṃ jātijarāmaraṇaṃ sasokantaṃ bhikkhave sadaraṃ saupāyāsan ti vadāmi|||

10 Phassa ce bhikkhave [5] āhāre|| pe|||

11 Manosañcetanāya ce bhikkhave [5] āhāre|| pe|||

12 Viññāne ce bhikkhave āhāre atthi rāgo atthi nandi atthi taṇhā patiṭṭhitaṃ tattha viññāṇaṃ virūḷhaṃ|||
Yattha patiṭṭhitaṃ viññānaṃ virūlhaṃ atthi tattha nāmarūpassa avakkanti|| Yattha atthi nāmarūpassa avakkanti atthi tattha saṅkhārānaṃ vuddhi|| Yattha atthi saṅkhāranaṃ vuddhi atthi tāttha āyatiṃ punabbhavābhinibbatti|| Yattha atthi āyatiṃ punabbhavābhinibbatti atthi tattha āyatiṃ jātijarāmaraṇaṃ|| Yattha atthi ayatiṃ jātijarāmaraṇaṃ sasokanti bhikkhave sadaram saupāyāsanti vādāmi|||

13 Kabaliṃkāre ce bhikkhave āhāre natthi rāgo natthi nandi natthi taṇhā appatiṭṭhitaṃ tattha viññāṇaṃ avirūḷhaṃ||| Yattha appatiṭṭhitaṃ viññāṇam avirūlhaṃ natthi tattha nāmarūpassa avakkanti|| Yattha natthi nāmarūpassa avakkanti natthi tattha saṅkhārānaṃ vuddhi|| Yattha natthi saṅkhārānam vuddhi natthi tattha āyatim punabbhavābhinibbatti|| Yattha natthi āyatiṃ punabbhavābhinibbatti natthi tattha āyatim jātijarāmaraṇaṃ|| Yattha natthi āyatiṃ jātijarāmaraṇaṃ asokantaṃ bhikkhave adaraṃ anupāyāsanti vadāmi|||

---

[1] B mañcaṭṭhiyā [2] S[1-3] sumaṭṭe
[3] S[1-3] °paṭe [4] S[1-3] add bhikkhave
[5] S[1-3] omit bhikkhave

14 Phasse ce bhikkhave āhāre|| pe|| ||

15 Manosancetanāya [1] ce bhikkhave|| pe|| ||

16 Viññāṇe ce bhikkhave āhāre natthi rāgo natthi nandi natthi taṇhā appatiṭṭhitaṃ tattha viññāṇam avirūḷham|| || Yattha appatiṭṭhitaṃ viññāṇam avirūḷhaṃ natthi tattha nāmarūpassa avakkanti|| Yattha natthi nāmarūpassa avakkanti natthi tattha saṅkhārānaṃ vuddhi|| Yattha natthi saṅkhārānaṃ vuddhi natthi tattha āyatim punabbhavābhinibbatti|| Yattha natthi āyatim punabbhavābhinibbatti natthi tattha āyatiṃ jātijarāmaraṇaṃ|| Yattha natthi āyatiṃ jātijarāmaraṇam asokantam bhikkhave adaram anupāyāsanti vadāmi|| ||

17 Seyyathāpi bhikkhave kuṭāgāraṃ vā kuṭāgārasālā vā|| uttarāya vā dakkhiṇāya va [2] pācīnāya vā vātapānā|| suriye uggacchante vātapānena rasmi pavisitvā kvassa patiṭṭhitāti|| ||

Pacchimāya [3] bhante bhittiyanti|| ||

18 Pacchimā ce [4] bhikkhave bhitti nāssa kvāssa patiṭṭhitā ti|| ||

Pathaviyaṃ bhante ti|| ||

19 Pathavī ce bhikkhave nāssa kvāssa patiṭṭhitā ti|| ||

Āpasmiṃ bhante ti|| ||

20 Āpo ce bhikkhave nāssa kvāssa patiṭṭhitā ti|| ||

Appatiṭṭhitā bhante ti|| ||

21 Evam eva kho bhikkhave kabaliṃkāre ce bhikkhave [5] āhāre natthi rāgo natthi nandi natthi taṇhā|| pe|| ||

22 Phasse ce bhikkhave [5] āhāre|| pe|| ||

23 Manosañcetanāya [6] ce bhikkhave [5] āhāre|| pe|| ||

24 Viññāṇe ce bhikkhave āhāre natthi rāgo natthi nandi natthi taṇhā appatiṭṭhitaṁ tattha viññāṇaṃ avirūḷhaṃ|| || Yattha appatiṭṭhitam viññāṇam avirūḷham natthi tattha nāmarūpassa avakkanti|| Yattha natthi nāmarūpassa avakkanti natthi tattha saṅkhārānaṃ vuddhi|| Yattha natthi saṅkhārānaṃ vuddhi natthi tattha āyatiṃ punabbhavā-

---

[1] S1-3 omit °ya

[2] S1-3 have not vādakkhiṇāyavā

[3] B pacchimāyaṃ

[4] S1-3 pacchimāya ; S3 omits ce

[5] Missing in B

[6] ya omitted as above in S1-3

bhinibbatti|| Yattha natthi āyatiṃ punabbhavābhinibbatti natthi tattha āyatiṃ jātijarāmaraṇaṃ|| Yattha natthi āyatiṃ jātijarāmaraṇaṃ asokantam bhikkhave adaram anupāyāsanti vadāmi|| || Catutthaṃ|| ||

65 (5) *Nagaram*

1 Sāvatthi|| ||

2 Pubbe me bhikkhave sambodhā anabhisambuddhassa bodhisattasseva sato etad ahosi|| || Kicchaṃ[1] vatāyaṃ loko āpanno jāyati ca jīyate ca mīyati ca cavati ca upapajjati ca||[2] atha ca panimassa dukkhassa nissaraṇaṃ na pajānāti jarāmaraṇassa|| Kudāssu nāma imassa dukkhassa nissaraṇaṃ paññāyissati jarāmaraṇassā ti|| ||

3 Tassa mayham bhikkhave etad ahosi|| || Kimhi nu kho sati jarāmaraṇaṃ hoti kimpaccayā jarāmaraṇanti|| ||

4 Tassa mayhaṃ bhikkhave yoniso manasikārā ahu paññāya abhisamayo|| || Jātiyā kho sati jarāmaraṇaṃ hoti|| jātipaccayā jarāmaraṇanti|| ||

5 Tassa mayham bhikkave etad ahosi|| || Kimhi nu kho sati jāti hoti|| bhavo hoti|| upādānaṃ hoti|| taṇhā hoti|| vedanā hoti|| phasso hoti|| saḷāyatanaṃ hoti|| nāmarūpaṃ hoti|| kimpaccayā nāmarūpanti|| ||

6 Tassa mayham bhikkhave yoniso manasikārā ahu paññāya ābhisamayo|| viññāṇe kho sati nāmarūpaṃ hoti viññāṇapaccayā nāmarūpanti|| ||

7 Tassa mayham bhikkhave etad ahosi|| || Kimhi nu kho sati viññāṇaṃ hoti kiṃpaccayā viññāṇanti|| ||

8 Tassa mayham bhikkhave yoniso manasikārā ahu paññāya abhisamayo|| || Nāmarūpe kho sati viññāṇaṃ hoti nāmarūpapaccayā viññāṇanti||

9 Tassa mayham bhikkhave etad ahosi|| || Paccudāvattati kho idaṃ viññāṇaṃ nāmarūpamhā nāparaṃ gacchati|| ettāvatā jīyetha vā jāyetha vā māyetha vā cavetha vā upapajjetha vā yad idam nāmarūpapaccayā viññāṇaṃ|| viññāṇapaccayā nāmarūpaṃ|| nāmarūpapaccayā saḷāyatanaṃ|| saḷāyatanapaccayā phasso|| pe|| ||

---

[1] B. Kicchā [2] S[1-3] uppajj° always

Evam etassa kevalassa dukkhakkhandhassa samudayo hoti || ||

10 Samudayo samudayo ti kho me bhikkhave pubbe ananussutesu dhammesu cakkhum udapādi ñāṇam udapādi paññā udapādi vijjā udapādi āloko udapādi || ||

11 Tassa mayham bhikkhave etad ahosi || || Kiṃhi nu kho asati jarāmāraṇaṃ na hoti || kissa nirodhā jarāmaraṇa-nirodho ti || ||

12 Tassa mayhaṃ bhikkhave yoniso manasikārā ahu paññāya abhisamayo || Jātiyā kho asati jarāmaraṇaṃ na hoti || jātinirodhā jarāmaraṇanirodho ti || ||

13 Tassa mayham bhikkhave etad ahosi || || Kimhi nu kho asati jāti na hoti || bhavo na hoti || upādānaṃ na hoti || taṇhā na hoti || vedanā na hoti || phasso na hoti || saḷāya-tanaṃ na hoti || nāṃarūpaṃ na hoti || kissa nirodhā nāma-rūpanirodhoti || ||

14 Tassa mayham bhikkhave yoniso manasikārā ahu paññāya abhisamayo || viññāṇe kho asati nāmarupaṃ na hoti || viññāṇañirodhā nāmarūpanirodhoti ||

15 Tassa mayham bhikkhave etad ahosi || Kimhi nu kho asati viññāṇaṃ na hoti || kissa nirodhā viññāṇanirodhoti || ||

16 Tassa mayham bhikkhave yoniso manasikārā ahu paññāya abhisamayo || nāmarūpe kho asati viññāṇaṃ na hoti nāmarupanirodhā viññāṇanirodhoti || ||

17 Tassa mayhaṃ bhikkhave etad ahosi || || Adhigato kho myāyaṃ[1] maggo bodhāya yad idaṃ nāmarūpanirodhā viññā-ṇanirodho || Viññāṇanirodhā nāmarupanirodho || nāmarū-panirodhā saḷāyatananirodho || saḷāyatananirodhā phassa-nirodho || pe || ||

Evaṁ etassa kevalassa dukkhakkhandhassa nirodho hoti || ||

18 Nirodho nirodhoti kho me bhikkhave pubbe ananus-sutesu dhammesu cakkhum udapādi ñāṇam udapādi paññā udapādi vijjā udapādi āloko udapādi || ||

19 Seyyathāpi bhikkhave puriso araññe pavane caramāno passeyya purāṇam maggam purāṇañjasaṃ pubbakehi manussehi anuyātaṃ || so tam anugaccheyya tam anugac-chanto passeyya purāṇaṃ nagaraṃ purāṇam rājadhāniṃ[2]

[1] S[1-3] meayaṃ [2] B purāṇarājaṭhānim

pubbakehi manussehi ajjhāvuttham[1] ārāmasampannaṃ vanasampannaṃ pokkharaṇisampannam uddāpavantaṃ[2] ramaṇīyaṃ || ||

20 Atha kho so bhikkhave puriso rañño vā rājamahāmattassa vā ārocceyya || || Yagghe bhante jāneyyāsi aham addasam araññe pavane caramāno purāṇaṃ naggaṃ purāṇañjasaṃ pubbākehi manussehi anuyātam tam anuggacchiṃ || tam anugacchanto addasaṃ purāṇam nagaraṃ purāṇaṃ rājadhāniṃ pubbakehi manussehi ajjhāvutthaṃ ārāmasampannaṃ vanasampannaṃ pokkharaṇisampannam uddāpavantaṃ ramaṇīyām || tam bhante nagaram māpehīti ||

21 Atha kho bhikkhave rājā vā rājamahāmatto vā taṃ nagaram māpeyya || tad assa[3] nagaram aparena samayena iddhaṃ ceva phitaṃ ca bahujanam ākiṇṇamanussam vuddhivepullappattaṃ || ||

Evam eva khvāham bhikkhave addasaṃ purāṇaṃ maggaṃ purāṇañjasaṃ pubbakehi sammāsambuddhehi anuyātaṃ || ||

22 Katamo ca so bhikkhave purāṇamaggo purāṇañjaso pubbakehi sammāsambuddhehi anuyāto || || Ayam eva ariyo aṭṭhaṅgiko maggo || seyyathāpi sammadiṭṭhi || pe || sammāsamādhi || || Ayaṃ kho so bhikkhave purāṇamaggo purāṇañjaso pubbakehi sammāsambuddhehi anuyāto || || Tam[4] anugacchiṃ || tam anugacchanto jarāmaraṇaṃ abbhaññāsiṃ || jarāmaraṇasamudayam abbhaññāsiṃ || jarāmaraṇasamudayam abbhaññāsiṃ || jarāmaraṇanirodham abbhaññāsiṃ || jarāmaraṇanirodhagāminim paṭipadam abbhaññāsim || ||

23–31 Tam anugacchiṃ || tam anugacchanto jātim abbhaññāsiṃ || pe || || bhavam abbhaññāsiṃ || pe || || upādānam abbhaññāsiṃ || pe || || taṇham abbhaññāsim || pe || || vedanam abbhaññāsiṃ || pe || || phassam abbhaññāsiṃ || pe || || saḷāyatanam abbhaññāsiṃ || pe || || nāmarūpam abbhaññāsiṃ || pe || || viññāṇam abbhaññāsiṃ || pe || ||

32 Taṃ anugacchiṃ || tam anugacchanto saṅkhāre abbhaññāsiṃ || saṅkhārasamudayam abbhaññāsiṃ || saṅkhāranirodham abbhaññāsiṃ || saṅkhāranirodhagāminiṃ paṭipadam abbhaññāsiṃ || ||

---

[1] B °vuṭṭhaṃ ; S3-° vuttaṃ [2] B uddhā°
[3] B tassa [4] S1-3 so taṃ . . .

33 Tad abhiññāya ācikkhiṃ bhikkhūnaṃ bhikkhunīnaṃ upāsakānam upāsikānam|| tayidam bhikkhave brahmacariyam iddhaṃ ceva phītaṃ ca vitthārikaṃ bahujaññaṃ puthubhūtam yāvadeva manussehi suppakāsitanti|||| Pañcamaṃ||||

66 (6) *Sammasam*

1 Evaṃ me sutam|| Ekam samayam Bhagavā Kurusu viharati Kammāsadammam [1] nāma Kurūnam nigamo||||

2 Tatra kho Bhagavā bhikkhū āmantesi Bhikkhavo ti|||| Bhadante ti te bhikkhū Bhagavato paccassosuṃ||||

3 Bhagavā etad avoca|||| Sammasatha no tumhe bhikkhave antaraṃ sammasanti||||

4 Evaṃ vutte aññataro bhikkhu Bhagavantaṃ etad avoca|||| Ahaṃ kho bhante sammasāmi antaraṃ sammasanti||||

5 Yathā katham pana tvam bhikkhu sammasasi antaram sammasanti||||

6 Atha kho so bhikkhu vyākāsi|| [Yathā so bhikkhu vyākāsi [2]] na so bhikkhu Bhagavato cittam ārādhesi||||

7 Evaṃ vutte āyasmā Ānando Bhagavantam etad avoca|||| Etassa Bhagavā kālo etassa Sugata kālo yaṃ Bhagavā antaraṃ sammasaṃ bhāseyya|| [3] Bhagavato sutvā bhikkhū dhāressantīti||||

8 Tena hānanda suṇātha sādhukaṃ manasi karotha bhāsissāmīti||||

Evam bhanti ti kho te bhikknū Bhāgavato paccassosuṃ||||

9 Bhagavā etad avoca|||| Idha bhikkhave bhikkhu sammasamāno sammasati antaraṃ sammasaṃ|||| Yaṃ kho idam anekavidhaṃ nānappakārakaṃ dukkhaṃ loke uppajjati jarāmaraṇam|| [idam [4] kho dukkhanidānaṃ kiṃsamudayaṃ

---

[1] S^{1-3} kammāssadhammaṃ

[2] In B only [3] S^{1-3} sammasamaṃ bhāseyya

[4] These words till idaṃ kho dukkhaṃ upadhi° are missing in S^3, and have been superadded between the lines in S^1

kiṃjātikam kimpabhavaṃ|| kismiṃ sati jarāmaraṇaṃ hoti|| kismiṃ asati jarāmaraṇaṃ na hotīti|| so sammasamāno evaṃ jānāti|| || Yaṃ kho idam anekavidhaṃ nānappakārakaṃ dukkhaṃ loke uppajjati jarāmaraṇaṃ,] idaṃ kho dukkham upadhinidānaṃ upadhisamudayaṃ upadhijātikaṃ upadhipabhavaṃ|| upadhismiṃ sati jarāmaraṇaṃ hoti upadhismiṃ asati jarāmaraṇaṃ na hotīti|| so jarāmaraṇaṃ ca pajānāti|| jarāmaraṇasamudayām ca pajānāti|| jarāmaraṇanirodhaṃ ca pajānāti|| Yā ca jarāmaraṇanirodhasāruppagāminī paṭipadā tañ ca pajānāti|| || Tathā [1] paṭipanno ca hoti anudhammacārī|| ||

Ayaṃ vuccāti bhikkhave bhikkhu sabbaso sammādukkhakkhayāya paṭipanno jarāmaraṇanirodhāya|| ||

10 Athāparaṃ sammasamāno sammasati antaraṃ sammasaṃ|| upadhi panāyaṃ kiṃnidāno kiṃsamudayo kiṃjātiko kiṃpabhavo|| kismiṃ sati upadhi hoti kismiṃ asati [upadhi [2]] na hotīti|| || So sammasamāno evaṃ jānāti|| || Upadhi taṇhānidāno taṇhāsamudayo taṇhāpabhavo taṇhāya sati upadhi hoti taṇhāya asati upadhi na hotīti| so upadhiñca pajānāti upadhisamudayañca pajānāti upadhinirodhañca pajānati|| yā ca upadhinirodhasāruppagāminī paṭipadā tañca pajānāti|| || Tathā paṭipanno ca hoti anudhammacārī|| ||

Ayaṃ vuccati bhikkhave bhikkhu sabbaso sammādukkhakkhayāya paṭipanno upadhinirodhāya|| ||

11 Athāparaṃ sammasamāno sammasati antaraṃ sammasaṃ|| || Taṇhā panāyaṃ kattha uppajjamānā uppajjati kattha nivisamānā nivisatīti|| || So sammasamāno evaṃ pajānāti|| || [3] Yaṃ kho kiñci loke piyarūpaṃ sātarūpaṃ etthesā [4] taṇhā uppajjamānā uppajjati ettha nivisamānā nivisati|| 'Kiñca loke piyarūpaṃ sātarūpaṃ|| Cakkhuṃ loke piyarūpaṃ sātarūpam etthesā taṇhā uppajjamānā uppajjati ettha nivisamānā nivisati|| ||

[Evaṃ peyyālo]|| || [5]

12 Sotaṃ loke piyarūpaṃ sātarupam|| pe|| ||

---

[1] S[1] tathāgata [2] In B only [3] B jānāti [4] S[1-3] etthāyam [5] Missing in S[1-3]

13 Ghānaṃ loke piyarūpaṃ sātarūpaṃ || pe || ||

14 Jivhā loke piyarūpaṃ sātarūpaṃ || pe || ||

15 Kāyo loke piyarūpaṃ sātarūpaṃ || pe || ||

16 Mano loke piyarūpaṃ sātarūpaṃ etthesā taṇhā uppajjamāna [1] uppajjati ettha nivisamānā nivisati ||

17 Ye hi keci bhikkhave atītam addhānam samaṇā vā brāhmaṇā vā yaṃ loke piyarūpaṃ sātarūpam taṃ niccato addakkhuṃ sukhato addakkhuṃ atthato addakkhuṃ ārogyato addakkhuṃ khemato addakkhum te taṇhaṃ vaḍḍhesuṃ || ||

18 Ye taṇham vaḍḍhesuṃ te upadhiṃ vaḍḍhesuṃ || ye upadhiṃ vaḍḍhesuṃ te dukkhaṃ vaḍḍhesuṃ || ye dukkhaṃ vaḍḍhesuṃ te na parimuccimsu jātiyā jarāya maraṇena sokehi paridevehi dukkhehi domanassehi upāyāsehi na parimuccimsu dukkhasmā ti vadāmi || ||

19 Ye pi [2] hi keci bhikkhave anāgatam addhānaṃ samaṇā va brāhmaṇā vā yaṃ loke piyarūpaṃ sātarūpaṃ taṃ niccato dakkhinti || [3] sukhato dakkhinti || attato dakkhinti || ārogyato dakkhinti || khemato dakkhinti || te taṇham vaḍdhessanti || || [4]

20 Ye taṇhaṃ vaḍḍhessanti te upadhiṃ vaḍḍhessanti || ye upadhiṃ vaḍḍhessanti te dukkhaṃ vaḍḍhessanti || te na parimuccissanti jātiyā jarāmaraṇena [5] sokehi paridevehi dukkhehi domanassehi upāyāsehi || na parimuccissanti dukkhasmā ti vadāmi || ||

21 Ye pi [6] hi keci bhikkhave etarahi samaṇā vā brāhmaṇā vā yaṃ loke piyarūpaṃ sātarupaṃ tam niccato passanti || sukhato passanti || attato passanti || ārogyato passanti || khemato passanti te taṇhaṃ vaḍḍhenti || ||

22 Ye taṇham vaḍḍhenti te upadhiṃ vaḍḍhenti || [ye upadhim vaḍḍhenti [7]] te dukkhaṃ vaḍḍhenti || ye dukkhaṃ vaḍḍhenti te na parimuccanti jātiyā jarāmaraṇena [8] sokehi paridevehi dukkhehi domanassehi upāyāsehi || na parimuccanti dukkhasmā ti vadāmi || ||

---

[1] Missing in S [1-3]
[2] Missing in S [1-3]
[3] B dakkhissanti always
[4] B vaḍḍhissanti
[5] S[1-3] °maraṇehi
[6] Missing in S [1-3]
[7] In B only
[8] B jarāya°

23 Seyyathāpi bhikkhave āpāniyakaṃso vaṇṇasampanno gandhasampanno so ca visena saṃsaṭṭho|| Atha puriso āgaccheyya ghammābhitatto ghammā pareto kilanto tasito pipāsito|| tam enaṃ evaṃ vadeyyuṃ||| Ayaṃ te ambho purisa āpāniyakaṃso vaṇṇasampanno gandhasampanno rasasampanno so ca kho visena sampanno|| sace ākaṅkhasi piva[1] pivato hi kho taṃ chādessati vaṇṇena pi gandhena pi rasena pi|| pitvā ca pana tato nidānaṃ maraṇaṃ vā nigacchasi maraṇamattaṃ vā dukkhanti||| So tam āpāniyakaṃsaṃ sahasā apaṭisaṅkhā piveyya[2] na paṭinissajjeyya||[3] so tato nidānam maraṇaṃ vā nigaccheyya maraṇamattam vā dukkhaṃ|||

24 Evam eva kho bhikkhave ye keci atītam addhānaṃ samaṇā vā brāhmaṇā vā yaṃ loke piyarūpam|| pe|||

25 Anāgatam addhānam|| pe|||[4]

26 Etarahi samaṇā vā brāhmaṇā vā yaṃ loke piyarūpaṃ sātarūpaṃ taṃ niccato passanti|| sukhato passanti|| attato passanti|| ārogyato passanti|| khemato passanti te taṇham vaḍḍhenti|||

27 Ye taṇhaṃ vaḍḍhenti te dukkhaṃ vaḍḍhenti|| te na parimuccanti jātiyā jarāya maraṇena sokehi paridevehi dukkhehi domanassehi upāyāsehi|| na parimuccanti dukkhasmā ti vadāmi|||

28 Ye ca kho keci bhikkhave atītam addhānaṃ samaṇā vā brāhmaṇā vā yaṃ loke piyarūpaṃ sātarūpaṃ tam[5] aniccato addakkhuṃ|| dukkhato addakkhuṃ|| anattato adakkhuṃ|| rogato addakkhum|| bhayato addakkhuṃ te taṇhaṃ pajahiṃsu||

Ye taṇhaṃ pajahiṃsu te upadhiṃ pajahiṃsu|| ye upadhiṃ pajahiṃsu te dukkhaṃ pajahiṃsu|| ye dukkhaṃ pajahiṃsu te parimucciṃsu jātiyā jarāya maraṇena sokehi paridevehi dukkhehi domanassehi upāyāsehi|| parimucciṃsu dukkhasmā ti vadāmi|||

29 Ye pi hi keci bhikkhave anāgatam addhānaṃ samaṇā

---

[1] S1-3 pibbeyyā (S3 -ya-) si [2] S3 pibeyya; S1 pibbeyya
[3] S1-3 °nissajjeyya [4] So B1; more developed in S1-3
[5] Missing in S1-3

vā brāhmaṇā vā yaṃ loke piyarūpaṃ sātarūpaṃ tam[1] aniccato dakkhinti|| dukkhato dakkhinti|| anattato dakkhinti|| rogato dakkhinti|| bhayato dakkhinti te taṇhaṃ pajahissanti|| ||[2]

30 Ye taṇham pajahissanti|| pe|| parimuccissanti dukkhasmā ti vadāmi|| ||

31 Ye pi hi[3] keci bhikkhave etarahi samaṇā vā brāhmaṇā vā yaṃ loke piyarūpaṃ sātarūpaṃ tam aniccato passanti|| dukkhato passanti|| anattato passanti|| rogato passanti|| bhayato passanti|| te taṇhaṃ pajahanti|| ||

32 Ye taṇhaṃ pajahanti[4] te upadhiṃ pajahanti|| ye upadhim pajahanti te dukkhaṃ pajahanti|| ye dukkhaṃ pajahanti te parimuccanti jātiyā jarāya maraṇena sokehi paridevehi dukkhehi domanassehi upāyāsehi|| parimuccanti dukkhasmā ti vadāmi|| ||

33 Seyyathāpi bhikkhave āpāniyakaṃso vaṇṇasampanno gandhasampanno rasasampanno so ca[5] visena saṃsaṭṭho|| || Atha puriso āgaccheyya ghammābhitatto ghammā pareto kilanto tasito pipāsito|| tam enaṃ vadeyyuṃ|| || Ayaṃ te ambho purisa āpāniyakaṃso vaṇṇasampanno gandhasampanno rasasampanno|| so ca[6] visena saṃsaṭṭho|| sace ākaṅkhasi piva|| pivato[7] hi kho taṃ chādessati vaṇṇena pi gandhena pi rasena pi|| pivitvā[8] ca tato nidānaṃ maraṇaṃ vā nigacchasi maraṇamattaṃ vā dukkhanti|| ||

34 Atha kho bhikkhave tassa purisassa evam assa|| Sakkā kho me ayaṃ surāpipāsitā pāniyena vā vinetuṃ dadhimaṇḍakena vā vinetum matthaloṇikāya vā vinetum loṇasovīrakena vā vinetuṃ|| na tvevāhaṃ tam piveyyaṃ yam mama[9] assa dīgharattaṃ ahitāya dukkhāyāti|| ||[10] So tam āpāniyakaṃ sampaṭisaṅkhā na piveyya paṭi-

---

[1] Missing in S[1-3]

[2] te° . . . °hissanti is missing in S[1-3]

[3] Missing in S[1-3]

[4] Ye° °jahanti are missing in S[1-3]

[5] So ca are missing in S[1-3]

[6] S[1-3] add kho

[7] S[1] piba; missing in S3; S[1-3] pibato

[8] S[1] pītvā; S[3] pitvā

[9] S[1] yaṃ mamaṃ; S3 yañcamaṃ

[10] B hitāya ukhāyāti

nissajjeyya|| so tato nidānaṃ na [1] maraṇaṃ vā nigaccheyya maraṇamattaṃ vā dukkhaṃ|| ||

35 Evam eva kho bhikkhave ye hi keci atītam addhānam samaṇā vā brāhmaṇā vā yaṃ loke piyarūpaṃ sātarūpaṃ aniccato addakkhuṃ|| dukkhato addakkhuṃ|| anattato addakkhum|| rogato addakkhuṃ|| bhayato addakkhuṃ|| te taṇham pajahiṃsu|| ||

36 Ye taṇhaṃ pajahiṃsu te upadhiṃ pajahiṃsu|| ye upadhiṃ pajahiṃsu te dukkhaṃ pajahiṃsu|| ye dukkhaṃ pajahiṃsu te parimucciṃsu jātiyā jārāmaraṇena sokehi paridevehi dukkhehi domanassehi upāyāsehi|| parimucciṃsu [2] dukkhasmā ti vadāmi||

37–38 Ye pi hi keci bhikkhave anāgatam addhānam|| pe|| ||[3]

39 Etarahi samaṇā vā brāhmaṇā vā yaṃ loke piyarūpam sātarūpaṃ tam aniccato passanti|| dukkhato passanti|| anattato passanti|| rogato passanti|| bhayato passanti te taṇhaṃ pajahanti|| ||

40 Ye taṇhaṃ pajahanti te upadhiṃ pajahanti|| ye upadhiṃ pajahanti te dukkhaṃ pajahanti|| ye dukkham pajahanti te parimuccanti jātiyā jarāya maraṇena sokehi paridevehi dukkhehi domanassehi upāyāsehi|| parimuccanti dukkhasmā ti vadāmi ti|| ||[4] Chaṭṭhaṃ|| ||

67 (7) *Naḷakalapiyaṃ*

1 Ekaṃ samayaṃ āyasmā ca Sāriputto āyasmā ca Mahākoṭṭhito [5] Bārāṇasiyaṃ viharanti Isipatane Migadāye|| ||

2 Atha kho āyasmā Mahā-Koṭṭhito sāyaṇhasamayaṃ paṭisallānā vuṭṭhito yenāyasmā Sāriputto tenupasaṅkami|| ||

Upasaṅkamitvā āyasmatā Sāriputtena saddhiṃ sammodi|| sammodanīyaṃ kathaṃ vītisāretvā ekam antaṃ nisīdi|| ||

3 Ekam antaṃ nisinno kho āyasmā Mahā-Koṭṭhito āyasmantaṃ Sāriputtam etad avoca|| kinnu kho āvuso Sāriputta sayaṃkatāṃ jarāmaraṇaṃ paraṃkataṃ [6] jarāmaraṇaṃ

---

[1] S[1-3] omit na [2] S[1-3] °muccanti [3] Complete in S[1-3]
[4] S[1-3] omit ti [5] B koṭṭhiko·always
[6] parakataṃ always in S[1-3] (as above)

sayaṃkatañca paraṃkatañca jarāmaraṇaṃ udāhu asayaṃkāram aparaṃkāram adhicca samuppannaṃ jarāmaraṇanti|| ||

4 Na kho āvuso Koṭṭhita sayaṃkataṃ jarāmaraṇaṃ na paraṃkataṃ jarāmaraṇaṃ [1] na sayaṃkatañca paraṃkatañca jarāmaraṇaṃ nāpi asayaṃkāram aparaṃkāram adhicca samuppannaṃ jarāmaraṇam api ca jātipaccayā jarāmaraṇanti|| ||

5 Kiṃ nu kho āvuso Sāriputta sayaṃkatā jāti paraṃkatā jāti sayaṃkatā ca paraṃkatā ca jāti udāhu asayaṃkārā aparaṃkārā adhicca samuppannā jātīti|| ||

6 Na kho āvuso Koṭṭhita sāyaṃkatā jāti nā paraṃkatā jāti na sayaṃkatā ca paraṃkatā ca jāti nāpi asayaṃkārā aparaṃkārā adhiccasamuppannā jāti apica bhavapaccayā jātīti|| ||

7–18 Kimnu kho āvuso Sāriputta sayaṃkato bhavo|| pe|| || [2] sayaṃkatam upādānaṃ|| pe|| || sayaṃkatā taṇhā|| pe|| || sayamkatā vedanā|| pe|| || sayaṃkato phasso|| pe|| || sayaṃkataṃ saḷāyatanaṃ|| pe|| ||

19 Sayaṃkataṃ nāmarupaṃ paraṃkataṃ nāmarūpaṃ sayaṃkatañca paraṃkatañca nāmarūpam udāhu asayaṃkāram aparaṃkāram adhicca samuppannaṃ nāmarūpanti|| ||

20 Na kho āvuso Koṭṭhita sayaṃkataṃ nāmarūpam na paraṃkataṃ nāmarūpaṃ na sayaṃkatañca paraṃkatañca [3] nāmarūpaṃ na pi asayaṃkāram aparaṃkāraṃ adhicca samuppannaṃ nāmarūpaṃ apica viññāṇapaccayā nāmarūpanti|| ||

21 Kiṃ nu kho āvuso Sāriputta sayaṃkataṃ viññāṇaṃ paraṃkataṃ viññāṇaṃ sayaṃkatañca paraṃkatañca viññāṇam udāhu asayaṃkāram aparaṃkāram adhicca samuppannam viññāṇanti|| ||

22 Na kho āvuso Koṭṭhita sayaṃkataṃ viññaṇam na paraṃkataṃ viññaṇaṃ na sayaṃkatañca paraṃkatañca viññāṇaṃ na pi asayaṃkāram aparaṃkāram adhicca samuppannaṃ viññāṇam api ca nāmarūpapaccayā viññāṇanti|| ||

---

[1] S^{1-3} omits naparaṃ kataṃ jārāmaraṇaṃ

[2] Complete in S^{1-3}

[3] The words °ca paraṃkatañca are missing in S^{1-3}

23 Idāneva kho mayam āyasmato Sāriputtassa bhāsitam evam ājānāma|| || Na kho āvuso Koṭṭhita sayaṃkataṃ nāmarūpaṃ na paraṃkataṃ nāmarūpaṃ na sayaṃkatañca[1] paraṃkatañca nāmarūpaṃ na pi[2] asayaṃkāram aparaṃkāram adhicca samuppannaṃ nāmarūpam api ca viññāṇapaccayā nāmarūpanti|| ||

24 Idāneva ca pana[3] mayam āyasmato Sāriputtassa bhāsitam evam ājānāma|| || Na kho āvuso Koṭṭhita sayaṃkataṃ viññāṇaṃ[4] paraṃkataṃ viññāṇaṃ na sayaṃkatañca[5] paraṃkatañca viññāṇaṃ na pi asayaṃkāram aparaṃkāram adhicca samuppannam viṇṇāṇam api ca nāmarūpapaccayā viññāṇanti|| ||

25 Yathā katham panāvuso Sāriputta imassa bhāsitassa attho daṭṭhabbo ti|| ||

Tenāvuso upamante karissāmi upamāya pi[6] idhekacce viññū purisā bhāsitassa attham ājānanti|| ||

26 Seyyathāpi āvuso dve naḷakalāpiyo aññam aññam nissāya tiṭṭheyyuṃ|| evam eva kho āvuso nāmarūpapaccayā viññāṇam viññāṇapaccayā nāmarūpaṃ|| nāmarūpaccayā saḷāyatanaṃ|| saḷāyatanapaccayā phasso|| pe|| || Evam etassa kevalassa dukkhakkhandhassa samudayo hoti|| || Tāsaṃ ce āvuso naḷakalāpinaṃ ekam ākaḍḍheyya ekā papateyya aparañce ākaḍḍheyya[7] aparā papateyya|| evam eva kho āvuso nāmarūpanirodhā viññāṇanirodho|| viññāṇanirodhā nāmarūpanirodho|| nāmarūpanirodhā saḷāyatananirodho|| saḷāyatananirodhā phassanirodho|| pe|| || Evam evetassa[8] kevalassa dukkhakkhandhassa nirodho hotīti|| ||

27 Acchariyaṃ āvuso Sāriputta abbhutam āvuso Sāriputta yāva subhāsitaṃ cidaṃ āyasmatā Sāriputtena|| idañca pana mayam āyasmato Sāriputtassa bhāsitam imehi chattiṃsāya vatthūhi anumodāma||

28 Jarāmaraṇassa ce āvuso bhikkhu nibbidāya virāgāya nirodhāya dhammaṃ deseti Dhammakathiko bhikkhūti

---

[1] S¹-³ add na [2] B nāpi always

[3] B kho instead of ca pana [4] S¹-³ add na

[5] S¹-³ add na [6] B upamayāmi (repeated) dhekacce

[7] S¹-³ aparañca apakaḍḍheyya [8] S¹-³ etassa

alaṃ vacanāya‖ jarāmaraṇassa ce āvuso bhikkhu nibbidāya virāgāya nirodhāya paṭipanno hoti Dhammānudhammapaṭipanno bhikkhūti alaṃ vacanāya‖ jarāmaraṇassa ce āvuso bhikkhu nibbidā[1] virāgā[1] nirodhā[1] anupādā vimutto hoti Diṭṭhadhammanibbānappatto bhikkhūti alaṃ vacanāya‖‖

29–38 Jātiyā ce[2]‖ bhavassa ce‖ upadānassa ce‖ taṇhāya ce‖ vedanāya ce‖ phassassa ce‖ saḷāyatanassa ce‖ nāmarūpassa ce‖ viññāṇassa ce‖ saṅkhārāṇañ ce‖

39 Avijjāya ce āvuso bhikkhu nibiddāya virāgāya nirodhāya dhammaṃ deseti Dhammakathiko bhikkhūti alaṃ vacanāya‖ avijjāya ce āvuso bhikkhu nibbidāya virāgāya nirodhāya paṭipanno hoti Dhammānudhammapaṭipanno[3] bhikkhūti alaṃ vacanāya‖ avijjāya ce āvuso bhikkhu nibbidā virāgā nirodhā anupādā vimutto hoti Diṭṭhadhammanibbānapatto bhikkhūti alaṃ vacanāyāti‖‖ Sattamaṃ‖‖

68 (8) *Kosambi*‖

1 Ekaṃ samayaṃ āyasmā ca Musīlo āyasmā ca Saviṭṭho[4] ayasmā ca Nārado āyasmā ca Ānando Kosambiyaṃ viharanti Ghositārāme‖‖

I

2 Atha kho āyasmā Saviṭṭho āyasmantam Musīlam etad avoca‖‖ Aññatreva āvuso Musīla saddhāya[5] aññatra ruciyā aññatra anussavā aññatra ākāraparivitakkā aññatra diṭṭhinijjhānakhantiyā[6] atthāyasmato Musīlassa paccattam eva ñāṇaṃ Jātipaccayā jarāmaraṇanti‖‖

3 Aññatreva āvuso Saviṭṭha saddhāya aññatra ruciyā aññatra anussavā aññatra ākāraparivitakkā aññatra diṭṭhinijjhānakhantiyā aham etaṃ jānāmi aham etaṃ passāmi Jātipaccayā jarāmaraṇanti‖‖

---

[1] S^{1-3} add ya
[2] S^{1-3} add āvuso bhikkhu
[3] S^{1-3} add so
[4] B Paviṭṭho always
[5] C susīlasaddhāya
[6] S^{1-3} °kkhantiyā always

4 Aññatreva āvuso Musīla saddhāya aññatra ruciyā aññatra anussavā aññatra ākāraparivitakkā aññatra diṭṭhinijjhānakhantiyā atthāyasmato Musīlassa paccattam eva ñāṇaṃ Bhavapaccayā jātīti||[1] pe

5 Upādānapaccayā bhavo|| pe||

6 Taṇhāpaccayā upādānanti|| pe||

7 Vedanāpaccayā taṇhāti|| pe||

8 Phassapaccayā vedanāti|| || pe||

9 Saḷāyatanapaccayā phassoti|| || pe||

10 Nāmarūpapaccayā saḷāyatananti|| || pe||

11 Viññāṇapaccayā nāmarūpanti|| || pe||

12 Sankhārapaccayā viññāṇanti|| || pe||

13 Avijjāpaccayā saṅkhārāti||

14 Aññatreva [2] āvuso Saviṭṭha saddhāya aññatra [3] ruciyā aññatra anussavā aññatra ākāraparivitakkā aññatra [4] diṭṭhinijjhānakhantiyā aham etaṃ jānāmi aham etam passāmi Avijjāpaccayā saṅkhārāti|| ||

15 Aññatreva āvuso Musīla saddhāya|| pe||[5] aññatradiṭṭhinijjhānakkhantiyā atthāyasmato Musīlassa paccattam eva ñāṇaṃ Jātinirodhā jarāmaraṇanirodhoti|| ||

16 Aññatreva āvuso Saviṭṭha saddhāya aññatra ruciyā aññatra anussavā aññatra ākāraparivitakkā [6] aññatra diṭṭhinijjhānakhantiyā aham etaṃ jānāmi aham etam passāmi Jātinirodhā jarāmaraṇanirodhoti|| ||

17 Aññatreva āvuso Musīla saddhāya aññatra ruciyā aññatra anussavā aññatra ākāraparivitakkā aññatra diṭṭhinijjhānakhantiyā atthāyasmato Musīlassa paccattam eva ñāṇaṃ Bhavanirodhā jātinirodhoti|| ||

18–24 Upādānanirodhā bhavanirodhoti|| || pe|| Taṇhānirodhā upādānanirodhoti|| || pe|| Vedanānirodhā taṇhānirodhoti|| || pe|| Phassanirodhā vedanānirodhoti [7] || || pe|| Saḷāyatananirodhā phassanirodhoti|| || pe|| Nāmarūpanirodhā saḷāyatananirodho ti|| || pe|| Viññānanirodhā namarūpa-

---

[1] S[1-3] viññāṇanti [2] S[1] aññatova several times
[3] aññatra° °parivitakkā are missing in S[1-3]
[4] S[3] aviññata [5] Complete in B
[6] Missing as above in S[1-3] [7] Omitted by S[1-3]

nirodhoti|| || pe|| Saṅkhāranirodhā viññāṇanirodhoti|| || pe|| [Avijjānirodhā saṅkhāranirodhoti|| ||[1]]

25 Aññatreva āvuso Saviṭṭha saddhāya aññatra ruciyā aññatra anussavā aññatra ākāraparivitakkā aññatra diṭṭhinijjhānakhantiyā aham etaṃ jānāmi aham etam passāmi Avijjānirodhā saṅkhāranirodhoti|| ||

26 Aññatreva āvuso Musīla saddhāya aññatra ruciyā[2] aññatra anussavā aññatra ākāraparivitakkā aññatra diṭṭhinijjhānakhantiyā atthāyasmato Musīlassa paccattam eva ñāṇaṃ Bhavanirodho nibbānam ti|| ||

27 Aññatreva āvuso Saviṭṭha saddhāya aññatra ruciyā aññatra anussavā aññatra ākaraparivitakkā aññatra diṭṭhinijjhānakhantiyā aham etaṃ jānāmi aham etaṃ passāmi Bhavanirodho nibbānam ti|| ||

28 Tenāyasmā[3] Musīlo arahaṃ khīṇāsavoti|| ||

29 Evaṃ vutte āyasmā Musīlo tunhī ahosīti|| ||

II

30 Atha kho ayasmā Nārado āyasmantam Saviṭṭham etad avoca|| || Sādhāvuso Saviṭṭha aham etaṃ pañhaṃ labheyyaṃ|| mam etam[4] pañhaṃ puccha|| aham te etaṃ pañham vyākarissāmīti|| ||

31 Labha taṃ āyasmā[5] Nārada etaṃ pañhaṃ|| pucchāmaham āyasmāntaṃ Nāradam etam pañhaṃ vyākarotu ca me āyasmā Nārado etaṃ pañhaṃ|| ||

32–57 [6] Aññatreva āvuso Nārada saddhayā° °Aham etaṃ jaṇāmi aham etam passāmi Bhavanirodho nibbānanti|| ||

58 Tenāyasmā Nārado arahaṃ khīṇāsavo ti|| ||

---

[1] This phrase seems to be superfluous, as being only the abbreviation of the next paragraph

[2] Here aññatra ruciyā only is missing in S^{1-3}

[3] S^{1-3} tenahāyasmā [4] S^{1-3} omit mam ; S^3 eva tam

[5] S^{1-3} labhatāyasmā

[6] Textual and integral repetition (in all the MSS.) of what above (3-27), the name of Nārada being only put instead of Musīla

59 Bhavanirodho nibbānanti kho me āvuso yathā bhūtaṃ sammapaññāya sudiṭṭhaṃ na camhi arahaṃ khīṇāsavo|| ||

60 Seyyathāpi āvuso kantāramagge udapāno|| tatra nevassa rajjunā udakavārako|| || Atha puriso āgaccheyya ghammābhitatto ghammapareto kilanto tasito pipāsito|| so taṃ udapānam olokeyya|| tassa udakanti hi kho ñāṇam assa na ca kāyena phusitvā [1] vihareyya|| ||

61 Evam eva kho āvuso bhavanirodho nibbānanti yathā bhūtaṃ sammapaññayā sudiṭṭham [2] na camhi arahaṃ khīṇāsavoti|| ||

III

62 Evaṃ vutte āyasmā Ānando āyasmantaṃ Saviṭṭham etad avoca|| || Evaṃvādī tvaṃ āvuso Saviṭṭha āyasmantam Nāradaṃ kiṃ vadesīti|| ||

63 Evaṃvādāham āvuso Ānanda ayasmantam Naradaṃ na [3] kinci vadāmi aññatra kalyāṇā aññatra kusalāti [4] || ||

Aṭṭhamaṃ|| ||

69 (9) *Upayanti*

1 Evaṃ me sutaṃ|| ekaṃ samayaṃ Bhagavā Savatthiyaṃ viharati Jetavane Anāthapiṇḍikasse ārāme|| ||

2 Tatra kho|| ||

3 Mahāsamuddo bhikkhave upayanto mahānadiyo upayāpeti|| mahānadiyo upayantiyo kunnadiyo upayāpenti|| kunnadiyo upayantiyo mahāsobbhe [5] upayāpenti|| mahāsobbhā upayantā kusobbhe [6] upayāpenti|| ||

4 Evam eva kho bhikkhave avijjā upayantī saṅkhāre upayāpeti|| saṅkhārā upayantā viññāṇam upayāpenti|| viññāṇaṃ upayantaṃ nāmarūpam upayāpeti|| nāmarūpam upayantam saḷāyatanam upayāpeti|| saḷāyatanam upayantaṃ phassam upayāpeti|| phasso [7] upayanto vedanam upayāpeti|| vedanā upayantī taṇham upayāpeti|| taṇhā upayantī upādānaṁ upayāpeti|| upādānam upayantam

---

[1] So C; B phusetvā; S[1-3] passitvā
[2] S[1-3] suddiṭṭham
[3] Missing in S[1-3]
[4] S[1-3] kusalāṇīti
[5] S[1-3] °sobbhā
[6] S[1-3] kussubbhā
[7] S[1-3] phassā

bhavam upayāpeti|| bhavo upayanto jātim upayāpeti|| jāti upayanti jarāmaraṇam upayāpeti|| ||

5 Mahāsamuddo bhikkhave apayanto mahānadiyo apayāpeti|| mahānadiyo apayantiyo kunnadiyo apayāpenti|| kunnadiyo apayantiyo mahāsobbhe apayāpenti|| mahāsobbhā apayantā kusobbhe [1] apayāpenti|| ||

6 Evam eva kho bhikkhave avijjā apayantī saṅkhāre apayāpeti|| saṅkhārā apayantā viññāṇaṃ apayāpenti|| viññaṇam apayantam nāmarūpam apayāpeti|| nāmarupaṃ apayantam saḷāyatanam apayāpeti|| sāḷāyatanam apayantaṁ phassam apayāpeti|| phasso apayanto vedanam apayāpeti|| vedanā apayantī taṇhaṃ apayāpeti|| taṇhā [2] apayantī upādānam apayāpeti|| upādānam apayantam bhavam apayāpeti|| bhavo apayanto jātim apayāpeti|| jāti apayantī jarāmaraṇam apayāpetīti|| || Navamaṃ|| ||

70 (10) *Susīmo*

1 Evam me sutaṃ|| ekam samayaṃ Bhagavā Rājagahe viharati Veḷuvane kalandakanivāpe|| ||

I

2 Tena kho pana samayena Bhagavā sakkato hoti gurukato mānikato pūjito apacito lābhī cīvara-piṇḍapāta-senāsanagilāna-paccaya-bhesajja-parikkhārānaṃ|| ||

3 Bhikkhusaṅgho pi sakkato hoti gurukato mānito pūjito apacito lābhī cīvara-piṇḍapāta-senāsāna-gilānapaccaya-bhesajja-parikkhārānaṃ|| ||

4 Aññatitthiyā pana paribbājakā asakkatā honti agarukatā amānitā apūjitā|| na apacitā [3] na lābhino cīvara-piṇḍapāta-senāsana-gilānapaccaya-bhesajja-parikkārānaṃ|| ||

II

5 Tena kho pana samayena Susīmo [4] paribbājako Rājagahe pativasati mahatiyā paribbājakaparisāya saddhiṃ|| ||

---

[1] S^{1-3} kussobbhe
[2] S^{1-3} tāṇhaṃ
[3] Missing in S^{1-3}
[4] B Susimo always

6 Athā kho Susīmassa paribbājakassa parisā Susīmaṃ paribbājakam etad avocuṃ|| || 'Ehi tvaṃ āvuso Susīma samaṇe Gotame brahmacariyaṃ cara|| tvaṃ dhammaṃ pariyāpuṇitvā amhe vācessasi|| taṃ mayaṃ dhammaṃ pariyāpuṇitvā gihīnaṃ bhāsissāma|| Evam mayam pi sakkatā bhavissāma garukatā mānitā pūjitā apacitā lābhino cīvara-piṇḍapāta-senāsana-gilānapaccaya-bhesajja-parikkhārāṇanti|| ||

7 Evam āvuso ti kho Susīmo paribbājako sakāya parisāya paṭisuṇitvā yenāyasmā Ānando tenupasaṅkami|| upasaṅkamitvā āyasmatā Ānandena saddhiṃ sammodi|| sammodanīyaṃ kathaṃ sārāṇīyam vītisāretvā ekam antaṃ nisīdi|| ||

III

8 Ekam antaṃ nisinno kho Susīmo paribbājako āyasmantam Ānandam etad avoca|| || Icchāmaham āvuso Ānanda imasmiṃ dhammavinaye brahmacariyaṃ carituntī|| ||

9 Atha kho āyasmā Ānando Susīmam paribbājakam ādāya yena Bhagavā tenupasaṅkami|| upasaṅkamitvā Bhagavantam abhivādetvā ekam antaṃ nisīdi|| ||

10 Ekam antām nisinno kho āyasmā Ānando Bhagavantam etad avoca|| || Ayaṃ bhante Susīmo paribbājako evam āha|| || Icchāmaham āvuso Ānanda imasmiṃ dhammavinaye brahmacariyaṃ carituntī|| ||

11 Tena hānanda Susīmaṃ [1] pabbājethāti|| ||

12 Alattha kho Susīmo paribbājako Bhagavato santike pabbajjam alattha upasampadaṃ [2] || ||

13 Tena kho pana samayena sambahulehi bhikkhūhi Bhagavato santike aññā vyākatā hoti|| || Khīṇā jāti vusitaṃ brahmacariyaṃ kataṃ karaṇīyaṃ nāparam itthattāyā ti pajanāmāti [3]|| ||

IV

14 Assosi kho āyasmā Susīmo|| || Sambahulehi kira

---

[1] S1-3 add paribbājakaṃ

[2] S1-3 alatthupasampadaṃ [3] B pajānāmāti always

bhikkhūhi Bhagavato santike aññā vyākatā|| || Khīnā jāti vusitaṃ brāhmacariyaṃ katam karaṇīyāṃ nāparam itthattāyāti pajānāmāti|| ||

15 Atha kho āyasmā Susīmo yena te bhikkhū tenupasaṅkami|| || Upasaṅkamitvā tehi bhikkhūhi saddhiṃ sammodi|| sammodanīyaṃ kathaṃ sārāṇīyaṃ vītisāretvā ekam antaṃ nisīdi|| ||

16 Ekam antaṃ nisinno kho āyasmā Susīmo te bhikkhū etad avoca|| || Saccaṃ kira āyasmantehi Bhagavato santike aññā vyākatā|| khīnā jāti vusitaṃ brahmacariyaṃ kataṃ karaṇīyaṃ nāparam itthatāyāti pajānāmāti|| ||

Evam āvusoti|| ||

17 Api pana tumhe āyasmanto evaṃ jānantā evam passantā anekavihitaṃ iddhividhaṃ paccanubhotha|| eko pi hutvā bahudhā hotha|| bahudhā pi hutvā eko hotha|| āvibhāvaṃ tirobhāvaṃ tirokuḍḍam tiropākāram tiropabbatam asajjamānā gacchatha seyyathāpi ākāse|| pathaviyaṃ pi ummujja [1] nimmujjaṃ karotha seyyathāpi udake|| udake pi abhijjamāne gacchatha seyyathāpi pathaviyaṃ|| ākāse pi pallaṅkena khamatha seyyathāpi pakkhīsakuṇo|| ime pi candimasuriye evam mahiddhike evam mahānubhāve pāṇinā parimasatha parimajjatha|| yāva Brahmalokāpi kāyena vasam vattethāti|| ||

No hetam āvuso|| ||

18 Api pana tumhe āyasmanto evaṃ jānantā evaṃ passantā dibbāya sotadhātuyā visuddhāya atikkantamānusakāya [2] ubho sadde suṇātha dibbe ca mānuse [3] ca ye dūre santike cāti|| ||

No hetam āvuso|| ||

19 Api pana tumhe āyasmanto evaṃ jānantā evam passantā parasattānaṃ parapuggalānam cetasā ceto paricca pajānātha|| [4] sarāgaṃ vā cittam sarāgaṃ cittanti pajānātha|| vītarāgaṃ vā cittaṃ vītarāgaṃ cittanti pajānātha|| sadosaṃ vā cittaṃ vītadosaṃ cittanti pajānātha|| samohaṃ vā cittaṃ

---

[1] S[1-3] pathaviyāpi ummajja

[2] B °mānussikāya [3] B mānusse

[4] S[1] jānātha ; S3 ceto parijānātha

samohaṃ cittanti pajānātha || vītamohaṃ vā cittaṃ vītamohaṃ cittanti pajānātha || saṅkhittaṃ vā cittaṃ saṅkhittaṃ cittanti pajānātha || vikkhittaṃ vā cittaṃ vikkhittaṃ cittanti pajānātha || mahaggataṃ vā cittam mahaggataṃ cittanti pajānātha || amahaggatam vā cittam amahaggataṃ cittanti pajānātha || sa-uttaraṃ vā cittaṃ sa-uttaraṃ cittanti pajānātha || anuttaraṃ vā cittam anuttaraṃ cittanti pajānātha || samāhitaṃ vā cittaṃ samāhitaṃ cittanti pajānātha || asamāhitaṃ vā cittaṃ asamāhitaṃ cittanti pajānātha || vimuttāṃ vā cittaṃ vimuttaṃ cittanti pajānātha || avimuṭtam vā cittam avimuttaṃ cittanti pajānāthāti || ||[1]

No hetam avuso || ||

20 Api pana tumhe āyasmanto evaṃ pajānantā evaṃ passantā anekavihitaṃ pubbenivāsaṃ anussaratha || seyyathīdam ekam pi jātim dve pi jātiyo tissopi jātiyo catasso pi jātiyo pañca pi jātiyo dasam pi jātiyo vīsaṃ pi jātiyo tiṃsam pi jātiyo ||[2] cattārisam [3] pi jātiyo paññāsam pi jātiyo jātisatam pi jātisahassam pi jātisatasahassam pi || aneke pi saṃvaṭṭakappe aneke pi vivaṭṭakappe aneke pi samvaṭṭavivaṭṭakappe || Amutrāsiṃ evaṃ nāmo evaṃgotto evaṃvaṇṇo evamāhāro evaṃsukhadukkhapaṭisaṃvedī evamāyupariyanto || so tato cuto amutra udapādiṃ ||[4] tatrāpāsiṃ evaṃ nāmo evaṃgotto evaṃvaṇṇo evamāhāro evaṃsukhadukkhapaṭisamvedī evam āyupariyanto || so tato cuto idhupapannoti || Iti sākāraṃ sa-uddesaṃ [5] anekavihitaṃ pubbenivāsam anussarathāti || ||

No hetam āvuso || ||

21 Api pana tumhe āyasmanto evaṃ jānantā evaṃ passantā dibbena cakkhunā visuddhena atikkantamānussakena satte passatha || cavamāne upapajjamāne hīne paṇīte suvaṇṇe dubbaṇṇe sugate duggate yathākammupage satte pajānātha || || Ime vata bhonto sattā kāyaduccaritena saman-

---

[1] So B; S[1-3] intervert the negation and the affirmation from amahaggataṃ (instead of mahaggataṃ) to vimuttam instead of avimuttam. The result is the same

[2] S[1-2] vīsatim° tiṃsatim° [3] S[1] cattārisatim

[4] S[1-3] uppādiṃ [5] S[1-3] sacauddesaṃ

nāgatā vacīduccaritena samannāgatā manoduccaritena samannāgatā ariyānam upavādakā micchādiṭṭhikā micchādiṭṭhikammasamādānā|| te kāyassa bhedā paraṃ maraṇā apāyaṃ duggatiṃ vinipātaṃ nirayaṃ uppannā|| || Ime vata bhonto sattā kāyasucaritena samannāgatā vacīsucaritena samannāgatā manosucaritenā samannāgatā ariyānam anupavādakā sammadiṭṭhikā sammādiṭṭhikammasamādānā|| te kāyassa bhedā param maraṇā sugatiṃ saggaṃ lokam upapannā[1] ti|| || Iti dibbena cakkhunā visuddhena atikkantamānusakena satte passatha|| cavamāne upapajjamāne hīne paṇīte suvaṇṇe dubbaṇṇe sugate duggate yathākammupage satte pajānāthāti|| ||

No hetam āvuso|| ||

22 Api pana tumhe āyasmanto evaṃ jānantā evaṃ passantā ye te santā vimokkhā[2] atikamma rūpe āruppā te kāyena phusitvā[3] viharathāti|| ||

No hetam āvuso|| ||

23 Ettha dāni āyasmanto idaṃ ca veyyākaraṇam imesaṃ ca dhammānam asamāpatti [idan te āvuso api pana tumhe āyasmanto evaṃ jānantā evam passantā ye te santā vimokhā atikamma rūpe āruppā te kāyena passitvā viharathāti|| || No hetam āvuso|| || Ettha dāni āyasmanto idañca veyyākaraṇam imesañcadhammānaṃ asamāpatti [4]]

24 Idan no avuso|| ||

25 Kathanti|| ||

Paññāvimuttā [5] kho mayaṃ āvuso Susīmāti|| ||

26 Na khvāham imassa āyasmantānam saṅkhittena bhāsitassa vitthārena attham ajānāmi|| sādhu me āyasmanto [6] tathā bhāsantu [7] yathāham imassa āyasmantānaṃ saṅkhittena bhāsitassa vitthārena attham ājāneyyanti|| ||[8]

---

[1] S^{1-3} uppanno

[2] C santā (ā being erased); S^{1-3} °vimokhā always

[3] S^{1-3} passitvā always

[4] The part between [ ] is in S^{1-3} only, and seems to be a faulty repetition

[5] S^{1-3} °vimutti

[6] S^{1-3} āyasmantā

[7] S^{1} bhāssantu, and inserts yathā bhāssantu

[8] S^{1-3} ajāneyy° (with a instead of ā) always

27 Ājāneyyāsi vā tvaṃ āvuso Susīma na vā tvam ājāneyyāsi|| atha kho paññāvimuttā mayanti|| ||

V

28 Atha kho āyasmā Susīmo uṭṭhāyāsanā yena Bhagavā tenupasaṅkami|| upasaṅkamitvā Bhagavantam abhivādetvā ekam antam nisīdi||

29 Ekam antaṃ nisinno kho āyasmā Susīmo yāvatako tehi bhikkhūhi saddhiṃ ahosi kathāsallāpo|| taṃ sabbaṃ Bhagavato ārocesi||

30 Pubbe kho Susīma dhammaṭṭhitiñāṇaṃ pacchā nibbāṇe ñāṇanti|| ||

31 Na khvāham bhante imassa Bhagavato saṅkhittena bhāsitassa vitthārena attham ājānāmi|| sādhu me bhante Bhagavā tathā bhāsatu yathāham imassa Bhagavato saṅkhittena bhāsitassa vitthārena attham ājāneyyan ti|| ||

32 Ājāneyyāsi vā tvaṃ Susīma na vā tvaṃ ājāneyyāsi atha kho dhammaṭṭhitiñāṇaṃ pubbe pacchā nibbāne ñāṇaṃ|| ||
Taṃ kiṃ maññasi Susīma Rūpaṃ niccaṃ vā aniccaṃ vāti|| ||

Aniccaṃ bhante|| ||

33 Yam panāniccaṃ dukkhaṃ vā taṃ sukhaṃ vāti|| ||
Dukkhaṃ bhante|| ||

Yaṃ panāniccaṃ dukkhaṃ vipariṇāmadhammaṃ [1] kallaṃ nu taṃ samanupassituṃ|| Etam mama eso hamasmi [2] eso me attāti|| ||

No hetam bhante|| ||

34 Vedanā niccā vā [3] aniccā vā ti|| ||

Aniccā bhante|| || pe|| ||[4]

35 Saññā niccā vā amiccā vā ti|| ||

Aniccā bhante|| pe|| ||

36 Saṅkhārā niccā vā [5] aniccā vā ti|| ||

Aniccā bhante|| pe|| || [6]

37 Viññaṇaṃ niccaṃ vā aniccaṃ vā ti|| ||

---

[1] S[1] °nāma°
[2] B hamasmiṃ always, S3 here only
[3] S1-3 add ti
[4] Abridged in none MS.
[5] S1 adds ti
[6] Not abridged in S1-3

Aniccaṃ bhante|| ||

Yaṃ panāniccaṃ dukkhaṃ vā taṃ sukhaṃ vā ti|| ||

Dukkham bhante|| ||

Yaṃ panāniccaṃ dukkhaṃ vipariṇāmadhammaṃ kallaṃ nu tam samanupassituṃ|| Etam mama eso hamasmi eso me attāti|| ||

No hetam bhante|| ||

38 Tasmātiha Susīma yaṃ kiñci rūpam atītānāgatapaccuppannam ajjhattaṃ vā bahiddhā vā oḷārikaṃ sukhumaṃ vā hīnaṃ vā paṇītaṃ vā yaṃ dūre santike vā sabbam rūpaṃ [1] netam mama neso ham asmi na me so attāti|| Evam etam yathābhūtaṃ sammappaññāya daṭṭhabbaṃ|| ||

39 Yā kāci vedanā atītānāgatapaccuppannā [2]|| pe|| ||

40 Yā kāci saññā|| pe|| ||

41 Ye keci saṅkhārā atītānāgatapaccuppannā ajjhattā vā bahiddhā vā oḷārikā vā sukhumā vā hīnā vā paṇītā vā|| ye dūre santike vā sabbe saṅkhārā netaṃ mama neso hamasmi na me so [3] attā ti|| pe|| ||

42 Yaṃ kiñci viññāṇaṃ atītānāgatapaccuppannaṃ ajjhattaṃ vā bahiddhā vā oḷārikaṃ vā sukhumaṃ vā hīnaṃ vā paṇītaṃ vā|| yam dūre santike vā sabbaṃ viññāṇaṃ netaṃ mama neso hamasmi na me so attāti evam etaṃ yathābhūtaṃ sammappaññāya daṭṭhabbaṃ|| ||

43 Evaṃ passaṃ Susīma sutavā ariyasāvako rūpasmim pi nibbindati|| vedanāya pi [4]|| saññāya pi|| [4] saṅkhāresu pi|| [4] viññāṇasmiṃ pi nibbindati|| || Nibbindaṃ virajjati|| virāgā vimuccati|| vimuttasmiṃ vimuttam iti ñāṇaṃ hoti|| khīṇā jāti vusitaṃ brahmacariyaṃ kataṃ karaṇīyam nāparam itthattāyāti pajānāti|| || Jātipaccayā jarāmaraṇanti Susīma passasīti|| ||

Evam bhante|| ||

44 Bhavapaccayā jātīti Susīma passasīti||

Evam bhante|| ||

45 Upādānapaccayā bhavoti Susīma passasīti|| ||

Evaṃ bhante|| ||[5]

---

[1] Missing in S[1-3] [2] Not abridged in B

[3] S[1-3] neso me [4] B repeats nibbindati

[5] Missing, replaced by -pe- in S[1-3]

46 Taṇhāpaccayā upādānanti Susīma passasīti|| ||
Evaṁ bhante|| ||[1]

47 Vedanāpaccayā taṇhāti|| phassapaccayā vedanāti,| saḷāyatanapaccayā phasso ti|| nāmarūpapaccayā saḷāyatananti|| viññāṇapaccayā nāmarūpanti[2]|| saṅkhārapaccayā viññāṇanti|| avijjāpaccayā saṅkhārāti Susīma passasīti|| ||
Evam bhante|| ||

48 Jātinirodhā jarāmaraṇanirodhoti Susīma passasīti|| ||
Evam bhante|| ||

49 Bhavanirodhā jātinirodhoti Susīma passasīti,| ||
Evam bhante|| ||

50 Upādānanirodhā bhavanirodhoti|| taṇhānirodhā upādānā nirodhoti|| phassanirodhā vedanānirodhoti|| saññānirodhā[3] phassanirodhoti||[4] nāmarūpanirodhā saḷāyatananirodhoti|| viññāṇanirodhā nāmarūpanirodho ti|| saṅkhāranirodā viññāṇanirodhoti|| avijjānirodhā saṅkhāranirodhoti Susīma passasīti|| ||
Evam bhante|| ||

51 Api pana tvaṃ Susīma evaṃ jānanto evaṃ passanto anekavihitam iddhividhaṃ paccanubhosi|| || Eko pi hutvā bahudhā hosi bahudhā pi hutvā eko hosi|| āvibhāvaṃ tirobhāvaṃ tirokuḍḍaṃ tiropākāraṃ tiropabbataṃ asajjamāno gacchasi seyyathāpi ākāse|| pathāviyam pi ummujja nimmujjaṃ karosi seyyathāpi udake|| udakepi abhijjamāne gacchasi seyyathāpi pithiviyam|| ākāse pi pallaṅkena kamasi seyyathāpi pakkhisakuṇo|| || ime pi[5] candimasūriye evam mahiddhike evam mahānubhāye pāṇinā parimasasi parimajjasi|| yāva brahmalokāpi kāyena vasam vattesīti|| ||
No hetaṃ bhante|| ||

52 Api pana tvaṃ Susīma evaṃ jānanto evam passanto dibbāya sotadhātuyā visuddhāya atikkantamānusakāya[6] ubho sadde suṇāsi dibbe ca mānuse[7] ca ye dūre santike cāti|| ||

---

[1] Missing, replaced by -pe- in S1-3
[2] Missing in S1-3 from phassa°
[3] B saḷāyatananirodha
[4] S1 nirodho hoti
[5] Missing in S1-3
[6] B °mānussi°
[7] B mānusse

No hetam bhante|| ||

53 Api[1] pana tvaṃ Susīma evāṃ jānanto evam passanto parasattānam parapuggalānaṃ cetasā ceto paricca parijānati|| sarāgaṃ vā cittaṃ sarāgaṃ cittanti pajānāsi|| pe|| avimuttaṃ vā cittam avimuttaṃ[2] cittanti pajānāsi[3]|| || vimuttaṃ vā cittam vimuttaṃ[4] cittanti pajānāsīti|| ||

No hetam bhante|| ||

54 Api pana tvaṃ Susīma evam jānanto evam passanto anekavihitaṃ pubbenivāsam anussarasi|| seyyathīdaṃ ekam pi jātim|| pe|| Iti sākāram sa-uddesam anekavihitaṃ pubbenivāsam anussarasīti|| ||

No hetam bhante|| ||

55 Api pana tvaṃ Susīma evaṃ jānanto evam passanto dibbena cakkhunā visuddhena atikkantamānussakena satte passasi cavamāne[5]|| pe|| yathā kammūpage satte pajānāsīti|| ||

No hetam bhante|| ||

56 Api pana tvaṃ Susīma evaṃ jānanto evam passanto ye te santā vimokkhā atikamma rūpe āruppā te kāyena phusitva viharasīti|| ||

No hetam bhante|| ||

57 Ettha dāni Susīma idānca veyyākaraṇam imesaṃ ca dhammānam asamāpatti idam no Susīma katanti|| ||

VI

58 Atha kho āyasmā Susīmo Bhagavato pādesu sirasā nipatitvā Bhagavantam etad avoca|| || Accayo mam bhante accāgamā yathā bālaṃ yathā mūḷhaṃ yathā akusalaṃ|| Svāham evam svākhyāte dhammavinaye dhammatthena ko pabbajito|| tassa me bhante Bhagavā accayam accayato paṭiganhātu āyatiṃ samparāyāti|| ||

59 Taggha tvam Susīma accayo accagamā yathā bālaṃ yathā mūḷhaṃ yathā akusalaṃ|| yo tvaṃ evaṃ svākhyāte dhammavinaye dhammatthena ko pabbajito|| ||

---

[1] S[1-3] add ca
[2] S[1] adds vā
[3] This phrase is in S[1-3] only
[4] B adds vā
[5] S[1-3] add uppajjamāne

60 Seyyathāpi Susīma coram āgucāriṃ gahetvā rañño dasseyyum|| ayaṃ te deva coro āgucārī imassa yam icchasi taṃ daṇḍaṃ paṇehīti[1]|| tam enaṃ rājā evam vadeyya Gacchatha bho imam purisaṃ daḷhāya rajjuyā pacchābāhaṃ gāḷhabandhanaṃ bandhitvā khuramuṇḍaṃ[2] kāritvā kharassarena paṇavena rathiyāya rathiyam siṅghāṭakena siṅghāṭakam pariṅetvā dakkhiṇena dvāreṇa nikkhametvā dakkhiṇato nagarassa sīsaṃ chindathāti|| Tam enaṃ rañño purisā daḷhāya rajjuyā pacchābāhaṃ gāḷhabandhanaṃ bandhitvā khuramuṇḍaṃ karitvā kharassarena paṇavena rathiyāya rathiyaṃ siṅghāṭakena siṅghātakam parinetvā dakkhiṇena dvārena nikkhāmetvā dakkhiṇato nagarassa sīsaṃ chindeyyuṃ|| ||

61 Taṃ kiṃ maññasi Susīma|| Api nu so puriso tato nidānaṃ dukkhaṃ domanassam paṭisamvediyethā ti|| ||

Evam bhante|| ||

62 Yaṃ kho so Susīm puriso tato nidanaṃ dukkhaṃ domanassaṃ patisaṃvediyetha [vā na vā paṭisaṃvediyetha[3]] yā evaṃ svākhyāte dhammavinaye dhammatthena kassa pabbajā ayaṃ tato dukkhavipākatarā ca kaṭukavipākatarā ca[4]|| api ca vinipātāya samvattati||

63 Yato ca kho tvaṃ Susīma accayam accayato disvā yathādhammaṃ paṭikarosi|| taṃ te mayam paṭigaṇhāma|| vuddhi hesā Susīma ariyassa vinaye yo accayam accayato disvā yathādhammaṃ paṭikaroti āyatiṃ ca samvaram āpajjatīti|| || Dasamam|| ||

Mahāvaggo sattamo|| ||

Tassuddānaṃ|| ||

Dve Assutavatā vuttā|| Puttamaṃsena cāparaṃ|| ||
Atthirāgo ca Nagaram|| Sammasaṃ Naḷākālāpiyaṃ||
Kosambi Upayantica|| Dasamo Susīmena cāti[5]

---

[1] So B.—S3 paṇahīti; S[1] paṇahīti (or paṇhīti) bh being erased and replaced by p

[2] S[1-3] °muṇḍakaṃ always [3] vānavā paṭi° is missing in S[1-3]

[4] S[1-3] add kkhuvipākatarā ca

[5] S[1-3] Tatruddanam—Makkato akaraṇīputto sālaṃnagarana (S3 ṇa) sammasaṃ naḷakalāpaṃ udapānaṃ samuddo susīmonavāti (S3 °susīmenavāti)

CHAPTER VIII SAMAṆA-BRĀHMAṆA-VAGGO AṬṬHAMO

71 (1)

1 Evaṃ me sutaṃ|| Ekaṃ samayaṃ Bhagavā Sāvatthiyaṃ viharati Jetavane Anāthapiṇḍikassa ārāme[1]|| ||

2 Tatra kho Bhagavā | pe | voca|| ||

3 Ye hi keci bhikkhave samaṇā va brāhmaṇā vā jarāmaraṇaṃ na pajānanti|| jarāmaraṇasamudayam na pajānanti|| jarāmaraṇanirodhaṃ na pajānanti|| jarāmaraṇanirodhagāminim paṭipadaṃ na pajānanti|| Na me te bhikkhave samaṇā vā brāhmaṇā vā samaṇesu vā samaṇasammatā brāhmaṇesu va brāhmaṇasammatā|| na ca pana te āyasmanto sāmaññatthaṃ vā brāhmaññatthaṃ vā diṭṭheva dhamme sayaṃ abhiññā[2] sacchikatvā upasampajja viharanti || ||

4 Ye ca kho keci bhikkhave samaṇā vā brāhmaṇā va jarāmaraṇam pajānanti|| la[3]|| paṭipadaṃ pajānanti|| te kho me bhikkave samaṇā va brāhmaṇā vā samaṇesu ceva samaṇasammatā brāhmaṇesu ca brāhmaṇasammatā|| te capanāyasmanto[4] sāmaññatthaṃ ca brāhmaññatthaṃ ca diṭṭheva dhamme sayaṃ abhiññā sacchikatvā upasampajja viharantīti|| || Suttanto eko|| ||

72-80 (2-10)

Sāvatthi|| ||
Jātiṃ na pajānanti|| pe|| ||
Bhavaṃ na pajānanti|| pe|| ||
Upādānaṃ na pajānanti|| pe|| ||
Taṇhaṃ na pajānanti|| pe|| ||
Vedanaṃ na pajānanti|| pe|| ||
Phassaṃ na pajānanti|| pe|| ||
Saḷāyatanaṃ na pajānanti|| pe|| ||
Nāmarūpaṃ na pajānanti|| pe|| ||
Viññāṇaṃ na pajānanti|| pe|| ||

---

1 S1-3 sāvatthi only
2 S1-3 add ya
3 Complete in S1-3
4 S1-3 °āyasmantā

81 (11)

Saṅkhāre na pajānanti|| saṅkhārasamudayam na pajānanti|| saṅkhāranirodhaṃ na pajānanti|| saṅkhāranirodhagāminiṃ paṭipadaṃ na pajānanti|| pe|| ||

pajānanti|| pe|| || sayam abhiññā sacchikatvā upasampajja viharantīti|| || Ekādasamam [1] || ||

Samaṇabrāhmaṇa-vaggo aṭṭhamo| ||

Tassuddānaṃ|| || [2]

Paccayekādasā vuttā|| catusaccavibhajjanā||
Samaṇabrāhmaṇavaggo|| nidāne [3] bhavati aṭṭhamaṃ|| ||

Ayaṃ vaggassa uddānaṃ|| || [4]
Buddho [5] Āhāra Dasabalaṃ||
Kaḷāraṃ [6] Gahapati pañcamam||
Rukkhavaggo Mahāvaggo||
Aṭṭhamam Samaṇa-brāhmaṇanti|| ||

Chapter IX Antara-peyyālaṃ

Sāvatthiyam viharati|| || [7]

82 (1) *Satthā*

1 Jarāmaraṇaṃ bhikkhave ajānatā apassatā yathābhūtaṃ jarāmaraṇe yathābhūtaṃ ñāṇāya satthā pariyesitabbo|| jarāmaraṇasamudayaṃ ajānatā appassatā yathābhūtaṃ jarāmaraṇasamudaye yathābhūtaṃ ñāṇāya satthā pariyesitabbo|| jarāmaraṇanirodham ajānatā apassatā yathābhūtaṃ jarāmaraṇanirodhe yathābhūtaṃ ñāṇāya satthā pariyesitabbo|| jarāmaraṇanirodhagāminiṃ patipadam ajānatā apassatā yathābhūtaṃ jarāmaraṇanirodhagaminiyā paṭipadāya yathābhūtaṃ ñāṇāya satthā pariyesitabbo ti|| ||
Suttanto eko|| || [8]

Sabbesam evam peyyālo||

---

[1] Missing in S¹⁻³ [2] S¹⁻³ tatrud° [3] B nidāno
[4] B vaggudānaṃ [5] S¹ vuddho; S³ muddho
[6] S¹⁻³ Kaḷāra [7] S¹⁻³ Sāvatthi-tatra-voca
[8] S¹⁻³ Paṭhama-suttantā

2 Jātiṃ bhikkhave ajānatā apassatā yathābhūtaṃ|| pe|| ||

3 Bhavaṃ bhikkhave ajānatā apassatā yathābhūtaṃ|| pe|| ||

4 Upādānaṃ bhikkhave ajānatā apassatā yathābhūtaṃ|| pe ||

5 Taṇhaṃ bhikkhave ajānatā apassatā yathābhūtaṃ|| pe|| ||

6 Vedanā bhikkhave ajānatā apassatā yathābhūtaṃ|| pe|| ||

7 Phassaṃ bhikkhave ajānatā apassatā yathābhūtaṃ|| pe|| ||

8 Saḷāyatanaṃ bhikkhave ajānatā apassatā yathābhūtaṃ|| pe|| ||

9 Nāmarūpaṃ bhikkhave ajānatā apassatā yathābhūtaṃ|| pe|| ||

10 Viññāṇaṃ bhikkhave ajānatā apassatā yathābhūtaṃ|| pe|| ||

11 Saṅkhāre bhikkhave ajānatā apassatā yathābhūtaṃ saṅkhāresu yathābhūtaṃ ñāṇāya satthā pariyesitabbo|| saṅkhārasamudayaṃ ajānatā apassatā yathābhūtaṃ saṅkhārasamudaye yathābhūtaṃ[1] ñāṇāya satthā pariyesitabbo|| saṅkhāranirodhaṃ ajānatā apassatā yathābhūtaṃ saṅkhāranirodhe yathābhūtaṃ ñāṇāya satthā pariyesitabbo|| saṅkhāranirodhagāminipaṭipadaṃ ajānatā apassatā yathābhūtaṃ saṅkhāranirodhagāminiyā paṭipadāya yathābhūtaṃ ñāṇāya satthā pariyesitabbo ti|| ||

Sabbesaṃ catusaccikaṃ katabbaṃ|| ||

83 (2) *Sikkhā*

Jarāmaraṇaṃ bhikkhave ajānatā apassatā yathābhūtaṃ jarāmaraṇe yathābhūtaṃ ñāṇāya sikkhā karaṇīyā|| Evaṃ peyyālo catusaccikaṃ kātabbaṃ (1–11)

84 (3) *Yogo*

°yogo karaṇīyo|| (1–11)

---

[1] S¹⁻³ omit saṅkhārasamudaye yathābhūtaṃ

85 (4) *Chando*

°chando karaṇīyo|| (1–11)

86 (5) *Ussoḷhī* [1]

°ussoḷhi karaṇīyo|| (1–11)

87 (6) *Appaṭivāni*

°appaṭivānī karaṇīyā|| (1–11)

88 (7) *Atappaṃ*

°ātappaṃ karaṇīyaṃ|| (1–11)

89 (8) *Viriyaṃ*

°viriyaṃ karaṇīyaṃ|| (1–11)

90 (9) *Sātaccaṃ*

°sātaccaṃ karaṇīyaṃ|| (1–11)

91 (10) *Sati*

°sati karaṇīyā|| (1–11)

92 (11) *Sampajaññaṃ*

°sampajaññaṃ karaṇīyaṃ|| (1–11)

93 (12) *Appamādo*

°appamādo karaṇīyo ti|||| (1–11)

Antarapeyyālaṃ [2]
Tassuddānaṃ|||| [3]

Satthā Sikkhā ca Yogo ca|| [4]
Chando Ussoḷhī pañcamī Appativānī Ātappaṃ|| [5]

---

[1] B S3 Ussolhi
[2] Missing in S1-3
[3] S1-3 uddānam
[4] S1-3 Yogañca
[5] S1-3 Appativaniyātappanti

Viriyaṃ Sātaccaṃ vuccati||
Sati ca [1] Sampajaññañca||
Appamādena dvādasāti|| ||
Suttantā [2] antarapeyyālā niṭṭhitā|| || [3]
Pare te dvādasa honti|| suttā dvattiṃsasatāni||
Catusaccena te vuttā|| peyyāla-antaramhi ye||
Antarapeyyāle hi uddānaṃ samattaṃ|| ||

BOOK II ABHISAMAYA-SAṂYUTTAṂ

1 *Nakhasikhā*

1 Evaṃ me sutaṃ|| ekaṃ samayaṃ Bhagavā Sāvatthiyam [4] viharati Jetavane Anāthapiṇḍikassa ārāme|| ||

2 Atha kho Bhagavā parittaṃ nakhasikhāyaṃ paṃsuṃ āropetvā bhikkhū āmantesi|| || Taṃ kiṃ maññathā bhikkhave|| katamaṃ nu kho bahutaraṃ yo cāyam mayā paritto nakhasikhāyaṃ paṃsu [5] āropito ayaṃ vā mahāpathavīti|| ||

3 Etad eva bhante bahutaraṃ yad idaṃ mahāpāthavī|| appamattako nakhasikhāyam [6] Bhagavatā paritto paṃsu āropito|| neva satimaṃ kalam upeti na sahassimaṃ kalam upeti na satasahassimaṃ kalam upeti mahāpathaviṃ [7] upanidhāya Bhagavatā paritto nakhasikhāyaṃ paṃsu āropito ti|| ||

4 Evam eva kho bhikkhave ariyasāvakassa diṭṭhisampannassa puggalassa abhisametāvino etad eva bahutaraṃ dukkhaṃ yad idaṃ parikkhīṇaṃ pariyādiṇṇaṃ appamattakam avasiṭṭham|| neva satimaṃ kalam upeti na sahas-

---

[1] S^{1-3} Sātaccamuccatitañca [2] Omitted by S^{1-3}

[3] S^{1-3} °peyyālo samatto. The sequel is not to be found in S^{1-3}. Instead of this these MSS. have: Antara peyyālassa suttantā—ekasatañca dva (S^{1} -kha-) ttiṃsa bhavanti

[4] S^{1-3} Sāvatthi—tatra—voca—

[5] S^{1-3} paṃsuṃ always

[6] S^{1-3} yaṃ, the word nakhasikhāyaṃ coming after paritto [7] B °pathavī

simaṃ kalam upeti na satasahassimaṃ kalam upeti [1] purimaṃ dukkhakkhandhaṃ parikkhīṇaṃ pariyādinnaṃ [2] upanidhāya yad idam sattakkhattuṃ [3] paramatā|||

5 Evam mahatthiyo [4] kho bhikkhave dhammābhisamayo evam mahatthiyo dhammacakkhupaṭilābhoti||| Paṭhamaṃ|||

2 *Pokkharaṇī*

1 Sāvatthiyaṃ viharati|||| [5]

2 Seyyathāpi bhikkhave pokkharaṇī paññāsayojanāni āyāmena paññāsayojanāni vitthārena paññāsayojanāni ubbedhena puṇṇā udakassa samatittikā kākapeyyā tato puriso kusaggena udakaṃ uddhareyya||| Taṃ kiṃ maññatha bhikkhave katamaṃ nu kho bahutaraṃ yaṃ vā kusaggena udakam ubbhataṃ yaṃ vā pokkharaṇiyā udakanti||||

3 Etad eva bhante bahutaraṃ yad idam pokkharaṇiyā udakam appamattakaṃ kusaggena udakam ubbhataṃ|| neva satimaṃ kalam upeti na sahassimaṃ kalam upeti na satasahassimam kalam upeti pokkharaṇiyā udakam upanidhāya kusaggena udakam ubbhatanti||||

4 Evam eva kho bhikkhave ariyasāvakassa diṭṭhisampannassa puggalassa abhisametāvino etad eva bahutaraṃ dukkhaṃ|| yad idaṃ parikkhīṇaṃ pariyādinnaṃ appamattakam avasiṭṭhaṃ|| neva satimaṃ kalam upeti na sahassimaṃ kalam upeti na satasahassimaṃ kalam upeti purimaṃ dukkhakkhandhaṃ parikkhīṇaṃ pariyādiṇṇaṃ upanidhāya yad idaṃ sattakkhattuṃ paramatā||||

5 Evam mahatthiyo kho bhikkhave dhammābhisamayo|| evam mahatthiyo dhammacakkhupaṭilābhoti|||| Dutiyaṃ|||

3 *Sambhejja udaka* (1)

1 Sāvatthiyam viharati|||| [6]

---

[1] Missing in S3, from nasatasahassi° here and further on [2] So B S1 always; S3 sometimes °dinnaṃ

[3] ṃ is missing in S1-3 always

[4] So B and C; S1-2 mahiddhiyo always

[5] S1-3 Sāvatthi—tatra—voca—

[6] Omitted in S1-3 here and further on

2 Seyyathāpi bhikkhave yatthimā[1] mahānadiyo saṃsandanti samenti | seyyathidam Gangā Yamunā Aciravatī[2] Sarabhū Mahī|| tato puriso dve vā ti[3] vā udakaphusitāni uddhareyya|| || Taṃ kiṃ maññatha bhikkhave|| katamaṃ nu kho bahutaraṃ[4] yāni vā dve vā ti vā udakaphusitāni ubbhatāni yam vā sambhejja[5] udakan ti|| ||

3 Etad eva bhante bahutaraṃ yad idaṃ sambhejja udakam|| appamattakāni dve vā tīṇi vā[5] udakaphusitāni ubbhatāni|| neva satimaṃ kalam upenti na sahassimaṃ kalam upenti na satasahassimaṃ kalam upenti sambhejja udakam upanidhāya dve vā tini vā udakaphusitāni ubbhatānīti|| ||

4 Evam eva kho bhikkhave|| pe|| ||[6] Tatiyam|| ||

4 *Sambhejja udaka* (2)

1 Sāvatthiyam viharati|| ||

2 Seyyathāpi bhikkhave yatthimā mahānadiyo saṃsandanti samenti|| seyyathīdaṃ Gangā Yamunā Aciravatī Sarabhū Mahī|| tam udakaṃ parikkhayaṃ pariyādānaṃ gaccheyya ṭhapetvā dve vā tīṇi vā udakaphusitāni|| || Tam kiṃ maññatha bhikkhave|| katamaṃ nu kho bahutaraṃ yaṃ vā sambhejja udakaṃ parikkhīṇaṃ pariyādiṇṇaṃ|| yāni vā dve vā tīṇi vā udakaphusitāni avasiṭṭhānīti|| ||

3 Etad eva bhante bahutaram sambhejja udakaṃ yad idaṃ parikkhīṇaṃ pariyādiṇṇaṃ|| appamattakāni dve vā tīṇi vā udakaphusitāni avasiṭṭhāni|| neva satimam kalam upenti na sahassimam kalaṃ na satasahassimaṃ kalam upenti sambhejjaudakam parikkhīṇaṃ pariyādiṇṇaṃ upanidhāya dve vā ti vā udakaphusitāni avasiṭṭhānī ti||

4 Evam eva kho bhikkhave||[7] pe|| || Catutthaṃ

5 *Pathavī* (1)

1 Sāvatthiyaṃ viharati

---

[1] S1-3 yatti° here only
[2] B acīravatī
[3] So B; S1-3 tīṇi (or tīni) always
[4] S1 adds bhikkhave
[5] S1-3 °bhejjaṃ always
[6] S1-3 add Evaṃ mahiddhiyo dhammacakkhu paṭilābhoti
[7] S1-3 add ariya— and after —pe—dhamma°

2 Seyyathāpi bhikkhave puriso mahāpathaviyā satta kolaṭṭhimattiyo guḷikā[1] upanikkhipeyya || Taṃ kiṃ maññatha bhikkhave || katamaṃ nu kho bahutaraṃ || yā[2] vā satta kolaṭṭhimattiyo guḷikā upanikkhittā || yā[3] vā mahāpathavīti || ||

3 Etad eva bhante bahutaraṃ yad idaṃ mahāpathavī appamattikā satta kolaṭṭhimattiyo guḷikā upanikkhittā || neva satimam kalam upenti na sahassimam upenti na sasasahassimaṃ kalam upenti mahāpathavim upanidhāya satta kolaṭṭhimattiyo guḷikā upanikkhittāti || ||

4 Evam eva kho bhikkhave || pe || [4] Pañcamaṃ || ||

6 *Pathavī* (2)

1 Sāvatthiyaṃ viharati || ||

2 Seyyathāpi bhikkhave mahāpathavī parikkhāyaṃ pariyādānaṃ gaccheyya ṭhapetva satta kolaṭṭhimattiyo guḷikā || || Taṃ *kiṃ maññatha bhikkhave* || *katamaṃ nu* kho bahutaraṃ || yaṃ vā *mahāpathaviyā parikkhīṇaṃ* pariyādiṇṇaṃ yā vā satta kolaṭṭhimattiyo guḷikā avasiṭṭhāti || ||

3 Etad eva bhante bahutaraṃ mahāpathaviyā yad idam[5] parikkhīṇaṃ pariyādiṇṇaṃ || appamattikā satta kolaṭṭhimattiyo guḷikā avasiṭṭhā || neva satimaṃ kalam upenti na sahassimaṃ kalam upenti na satasahassimaṃ kalam upenti, mahāpathaviyā parikkhīṇaṃ pariyādiṇṇam upanidhāya satta kolaṭṭhimattiyo guḷikā avasiṭṭhā ti || ||

4 Evam eva kho bhikkhave || pe || Chaṭṭhaṃ || ||

7 *Samudda* (1)

1 Sāvatthiyaṃ viharati || ||

2 Seyyathāpi bhikkhave puriso mahāsamuddato[6] dve vā ti vā udakaphusitāni uddhareyya || Taṃ kiṃ maññatha bhikkhave || Katamaṃ nu kho bahutaraṃ || yāni vā dve vā ti vā udakaphusitāni ubbhatāni yaṃ vā mahāsamudde udakanti || ||

---

[1] S[1-3] gulikā here only
[2] S[1-3] yaṃ
[3] S[1-3] ayaṃ
[4] As in the preceding
[5] S[1-3] insert mahāpathavi (S[3]-vi)
[6] B °samudde

3 Etad eva bhante bahutaraṃ yad idaṃ mahāsamudde udakaṃ | appamattakāni dve vā ti vā udakaphusitāni ubbhatāni || neva satimaṃ kalam upenti na sahassimaṃ kalam upenti na satasahassimaṃ kalam upenti mahāsamudde udakam upanidhāya dve vā ti vā udakaphusitāni ubbhatānīti ||

4 Evam eva kho bhikkhave || pe || ||[1] Sattamaṃ || ||

8 *Samudda* (2)

1 Sāvatthiyaṃ viharati || ||

2 Seyyathāpi bhikkhave mahāsamuddo parikkhāyaṃ pariyādānaṃ gaccheyya ṭhapetvā dve vā ti vā udakaphusitāni || || Taṃ kiṃ maññatha bhikkhave || Katamaṃ nu kho bahutaraṃ yaṃ vā mahā-samudde udakaṃ parikkhīṇaṃ pariyādiṇṇaṃ yāni vā dve vā ti vā udakaphusitāni avasiṭṭhānīti || ||

3 Etad eva bhante bahutaraṃ mahāsamudde udakaṃ yad idaṃ parikkhīṇaṃ pariyādiṇṇaṃ || appamattakāni dve vā ti vā udakaphusitāni avasiṭṭhāni || neva satimaṃ kalam upenti na sahassimaṃ kalam upenti na satasahassimam kalaṃ upenti mahāsamudde udakaṃ parikkhīṇaṃ pariyādiṇṇam upanidhāya dve vā ti vā udakaphusitāni avasiṭṭhānīti || ||

4 Evam eva kho bhikkhave || pe || ||[2] Aṭṭhamaṃ || ||

9 *Pabbatupama* (1)

1 Sāvatthiyaṃ viharati || ||

2 Seyyathāpi bhikkhave puriso Himavato pabbatarājassa satta sāsapamattiyo pāsāṇasakkharā upanikkhippeyya || || Taṃ kiṃ maññatha bhikkhave || Katamaṃ nu kho bahutaraṃ yā vā satta sāsapamattiyo pāsāṇasakkharā upanikkhittā yo vā[3] Himavā pabbatarājāti || ||

3 Etad eva bhante bahutaraṃ yad idaṃ Himavā pabbatarājā || appamattikā satta sāsapamattiyo pāsāṇa-

---

[1] S1-3 add Dhamma° lābhoti
[2] S1-3 Dhamma° °lābhoti
[3] S1-3 °nikkhitto, omitting yo vā

sakkharā upanikkhittā|| neva satimaṃ kalam upenti na sahassimaṃ kalam upenti na satasahassinaṃ kalam upenti Himavantaṃ pabbatarājānam upanidhāya satta sāsapamattiyo pāsāṇasakkharā upanikkhittā ti,

4 Evam eva kho bhikkhave||[1] pe|| || Navamaṃ|| ||

10 *Pabbatupama* (2)

1 Sāvatthiyaṃ vīharati|| ||

2 Seyyathāpi bhikkhave Himavā pabbatarājā parikkhayam pariyādānaṃ gaccheyya ṭhapetvā satta sāsapamattiyo pāsāṇasakkharā|| || Taṃ kiṃ maññatha bhikkhave|| Katamaṃ nu kho bahutaraṃ|| yaṃ[2] vā Himavato pabbatarājassa parikkhīnaṃ[3] pariyādiṇṇam yā vā satta sāsapamattiyo pāsāṇasakkharā avasiṭṭhā ti|| ||

3 Etad eva bhante bahutaraṃ Himavato pabbatarājassa yad idam parikkhīṇaṃ pariyādiṇṇam|| appamattikā satta sāsapamattiyo pāsāṇasakkharā avasiṭṭhā|| neva satimaṃ kalam upenti na sahassimaṃ kalam upenti na satasahassimaṃ kalam upenti Himavato pabbatarājassa parikkhīṇaṃ[4] pariyādiṇṇam upanidhāya satta sāsapamattiyo pāsāṇasakkharā avasiṭṭhā ti|| ||

4 Evam eva kho bhikkhave ariyasāvakassa diṭṭhisampannassa puggalassa[5] abhisametāvino etad eva bahutaraṃ dukkhaṃ yad idaṃ parīkkhīṇaṃ pariyādinnaṃ appamattakam avasiṭṭhaṃ|| neva satimaṃ kalam upeti na sahassimaṃ kalam upeti na satasahassimaṃ kalam upeti purimaṃ dukkhakkhandham[6] parikkhīṇaṃ pariyādiṇṇam upanidhāya yad idaṃ sattakkhattum paramatā||

5 Evam mahatthiyo kho bhikkhave dhammābhisamayo evam mahatthiyo dhammacakkhupatilābho ti|| Dasamaṃ|| ||

11 *Pabbatupama* (3)

1 Sāvatthiyaṃ viharati|| ||

---

[1] Added by S^{1-3} which add also after pe dhamma° lābhoti
[2] S^3 yā
[3] S^3 parikkhayaṃ ; S^3 °khayā
[4] S^{1-3} parikkhayaṃ
[5] Omitted by S^{1-3}
[6] S^{1-3} dukkhaṃ

2 Seyyathāpi bhikkhave puriso Sinerussa pabbatarājassa satta muggamattiyo pāsāṇasakkharā upanikkhipeyya || Taṃ kiṃ maññatha bhikkhave || Katamaṃ nu kho bahutaraṃ || yā vā satta muggamattiyo pāsāṇasakkharā upanikkhittā yo vā [1] Sineru [2] pabbatarājāti || ||

3 Etad eva bhante bahutaraṃ yad idaṃ Sineru pabbatarājā || appamattikā satta muggamattiyo pāsāṇasakkharā upanikkhittā || neva satimaṃ kalam upenti na sahassimam kalam upenti na satasahassimaṃ kalam upenti Sinerupabattarājānam upanidhāya satta muggamattiyo pāsāṇasakkharā upanikkhittā ti || ||

4 Evam eva kho bhikkhave ariyasāvakassa diṭṭhisampannassa puggalassa adhigamam [3] upanidhāya aññatitthiya - samaṇa - brāhmaṇa - paribbājakānaṃ adhigamo [4] neva satimaṃ kalam upeti na sahassimaṃ kalam upeti na satasahassimam kalaṁ upeti || ||

5 Evam mahādhigamo [5] bhikkhave diṭṭhisampanno puggalo evam mahābhiññoti || ||

Abhisamaya-saṃyuttaṃ niṭṭhitaṃ || || [6]

Tassa [7] uddānaṃ || ||

Nakasikhā Pokkharaṇī || [8]

Sambhejja udake ca dve || [9]

Dve Pathavī dve [10] Samuddā || [11]

Tayo ca Pabbatūpamā ti || ||

---

[1] S[1-3] omit yo vā
[2] S[1-3] Suneru always
[3] S[3] adhigamanaṃ
[4] S[3] agamo
[5] S[1-3] add kho
[6] S[1-3] paṭhamam
[7] S[1-3] tatr
[8] S[1-3] add ceva
[9] S[1-3] sambhejjā udakā ce
[10] Omitted by S[1-3].
[11] S[1-3] °samuddaṃ

BOOK III DHĀTU-SAṂYUTTAṂ

CHAPTER I NĀNATTAVAGGO PATHAMO

(Section I Ajjhatta-pañcakaṃ)

1 (1) *Dhātu*

1 Sāvatthiyaṃ viharati [1]|| ||

2 Dhātunānattaṃ vo bhikkhave desissāmi|| tam suṇātha sādhukaṃ manasi karotha|| bhāsissāmīti [2]|| ||

Evam bhante ti[2] kho te bhikkhū Bhagavato paccassosum|| ||

3 Bhagavā etad avoca|| || Katamañ ca bhikkhave dhātunānattam||

4 Cakkhudhātu rūpadhātu cakkhuviññāṇadhātu|| Sotadhātu saddadhātu sotaviññāṇadhātu|| Ghānadhātu gandhadhātu ghānaviññāṇadhātu|| Jivhādhātu rasadhātu jivhāviññāṇadhātu|| Kāyadhātu poṭṭhabbadhātu kāyaviññāṇadhātu|| Manodhātu dhammadhātu manoviññāṇadhātu|| ||

Idam vuccati bhikkhave dhātunānattanti|| || Pathamam|| ||

2 (2) *Samphassam*

1 Sāvatthiyaṃ viharati|| ||

2 Dhātunānattaṃ bhikkhave paṭicca uppajjati phassanānattaṃ [3]|| ||

3 Katamañca bhikkhave dhātunānattaṃ|| ||

4 Cakkhudhātu sotadhātu ghānadhātu jivhādhātu kāyadhātu manodhātu|| || Idaṃ vuccati bhikkhave dhātunānattaṃ|| ||

5 Katamañ ca bhikkhave dhātunānattam paṭicca uppajjati phassanānattam||

6 Cakkhudhātum bhikkhave paṭicca uppajjati cakkhusamphasso|| Sotadhātum paṭicca|| || Ghānadhātum

---

[1] S[1-3] Sāvatthitatra-voca   [2] B omits ti

[3] S[1-3] add phassanānattaṃ no phassanānattaṃ paṭicca appajjati dhātunānattaṃ

paṭicca || Jivhādhātuṃ paṭicca || Kāyadhātuṃ paṭicca || Manodhātum paṭicca uppajjati manosamphasso ||

7 Evaṃ kho [1] bhikkhave dhātunānattaṃ paṭicca uppajjati phassanānattanti || Dutiyaṃ ||

3 (3) *No ce taṃ*

1 Sāvatthiyaṃ viharati [2] ||

2 Dhātunānattaṃ bhikkhave paṭicca uppajjati phassanānattaṃ || no phassanānattaṃ paṭicca uppajjati dhātunānattaṃ ||

3 Katamañ ca bhikkhave dhātunānattam ||

4 Cakkhudhātu || pe || Manodhātu || Idaṃ vuccati bhikkhave dhātunānattaṃ ||

5 Kathañ ca [3] bhikkhave dhātunānattaṃ paṭicca uppajjati phassanānattaṃ || no phassanānattam paṭicca uppajjati dhātunattam ||

6 Cakkhudhātum bhikkhave paṭicca uppajjati cakkhusamphasso [4] || no cakkhusamphassam [5] paṭicca uppajjati cakkhudhātu [6] | pe || [7] Manodhātum paṭicca uppajjati manosamphasso || no manosamphassam paṭicca uppajjati manodhātu ||

7 Evaṃ kho bhikkhave dhātunānattam paṭicca uppajjati phassanānattam || no phassanānattam paṭicca uppajjati dhātunānattanti || Tatiyaṃ ||

4 (4) *Vedanā* (1)

1 Savatthiyam viharati ||

2 Dhātunānattam bhikkhave paṭicca uppajjati phassanānattaṃ || phassanānattam paṭicca uppajjati vedanānattaṃ ||

3 Katamañ ca bhikkhave dhātunānattaṃ ||

---

[1] Omitted in S[1-3] [2] S[1-3] Sāvatthi [3] B katamañca
[4] S[1-3] Cakkhuphasso (saṃ being erased in S[3])
[5] S[1] omits, S[3] has sam°
[6] S[3] has bhikkhave added in the margin
[7] S[1-3] add Jivhādhātum° uppajjati manodhātu

4 Cakkhudhātu|| pe|| || Manodhātu|| pe|| || Idam vuccati bhikkhave dhātunānattaṃ|| ||

5 Kathañca[1] bhikkhave dhātunānattam paṭicca uppajjati phassanānattam|| phassanānattam[2] paṭicca uppajjati vedanānānattaṃ|| ||

6 Cakkhudhātum bhikkhave paṭicca uppajjati cakkhusamphasso| cakkhusamphassam paṭicca uppajjati cakkhusamphassajā vedanā|| ||[3] Manodhātum paṭicca uppajjati manosamphasso| manosamphassam paṭicca uppajjati manosamphassajā vedanā|| ||

7 Evaṃ kho bhikkhave dhātunānattam paṭicca uppajjati phassanānattam|| phassanānattam paṭicca uppajjati vedanānānattanti|| || Catutthaṃ|| ||

5 (5) *Vedanā* (2)

1 Savatthiyaṃ viharati|| ||

2 Dhātunānattaṃ bhikkhave paṭicca uppajjati phassanānattaṃ| phassanānattam paṭicca uppajjati vedanānattaṃ| No vedanānattam paṭicca uppajjati phassanānattaṃ no phassanānattam paṭicca uppajjati dhātunānattaṃ|

3 Katamañca bhikkhave dhātunānattaṃ|| Cakkhudhātu|| pe || Manodhātu|| pe|| || Idaṃ vuccati bhikkhave dhātunānattaṃ|| ||

4 Kathañca[4] bhikkhave dhātunānattam paṭicca uppajjati phassanānattam|| phassanānattam paṭicca uppajjati vedanānānattam|| No vedanānānattam paṭicca uppajjati phassanānattaṃ|| no physsanānattam paṭicca uppajjati phātunānattaṃ|| ||

5–9 Cakkhudhātum bhikkhave paṭicca uppajjati cakkhusamphasso|| cakkhusamphassam paṭicca uppajjati cakkhusamphassajā vedanā|| No cakkhusamphassajaṃ vedanam

---

[1] B katamañca [2] Omitted in S[1-3]

[3] S[1-3] add jivhādhātuṃ° jivhāsamphassajāvedanā

[4] B katamañca

paṭicca uppajjati cakkhusamphasso|| no cakkhusamphassam paṭicca uppajjati cakkhudhātu|| pe|| [1]

10 Manodhātam paṭicca uppajjati manosamphasso|| manosamphassam paṭicca uppajjati manosamphassajā vedanā|| No manosamphassajaṃ vedanam paṭicca uppajjati manosamphasso|| no manosamphassam paṭicca uppajjati manodhātu|||

11 Evaṃ kho bhikkhave dhātunānattam paṭicca uppajjati phassanānattaṃ|| phassanānattam paṭicca uppajjati vedanānattam| No vedanānattam paṭicca uppajjati phassanānattaṃ| no phassanānattam paṭicca uppajjati dhātunānattanti||| Pañcamaṃ|||

(Section II Bāhira-pañcakam)

6 (6) *Dhātu*

1 Sāvatthiyaṃ viharati|||[2]

2 Dhātunānattam vo[3] bhikkhave desissāmi|| tam suṇātha|| pe ||

3 Katamañca bhikkhave dhātunānattaṃ||| Rūpadhātu saddadhātu, gandhadhātu rasadhātu phoṭṭhabbadhātu dhammadhātu|||

4 Idaṃ vuccati bhikkhave dhātunānattanti||| Chaṭṭhaṃ|||

7 (7) *Saññā*

1 Sāvatthi|||

2 Dhātunānattam bhikkhave paṭicca uppajjati saññānānattaṃ|| saññānānattam paṭicca uppajjati saṅkappanānattaṃ, saṅkappanānattam paṭicca uppajjati chandanānattaṃ|| chandanānattam paṭicca uppajjati pariḷāhanānattaṃ|| pariḷāhanānattam paṭicca uppajjati pariyesanānānattaṃ||

3 Katamañca bhikkhave dhātunānattam|| Rūpadhātu|| pe| || Dhammadhātu||| Idaṃ vuccati bhikkave dhātunānattaṃ|||

---

[1] S^{1-3} add above jivhādātum° uppajjati jivhādhātu
[2] S^{1-3} Sāvatthi
[3] S^{1-3} omitted by S^{1-3}

4 Kathañca[1] bhikkhave dhātunānattaṃ paṭicca uppajjati saññānānattaṃ|| saññānānattaṃ paṭicca uppajjati saṅkappanānattaṃ|| saṅkappanānattaṃ paṭicca uppajjati chandanānattaṃ|| chandanānattaṃ paṭicca uppajjati pariḷāhanānattaṃ|| pariḷāhanānattaṃ paṭicca uppajjati pariyesanānānattaṃ|| ||[2]

5–9 Rūpadhātuṃ bhikkave paṭicca uppajjati rūpasaññā| rūpasaññaṃ paṭicca uppajjati rūpasaṅkappo|| rūpasaṅkappaṃ paṭicca uppajjati rūpachando|| rūpachandaṃ paṭicca uppajjati|| rūpapariḷāho|| rūpapariḷāhaṃ paṭicca uppajjati|| rūpapariyesanā|| pe|| ||[3]

10 Dhammadhātuṃ paṭicca uppajjati dhammasaññā| dhammasaññaṃ paṭicca uppajjati dhammasaṅkappo|| dhammasankappaṃ paṭicca uppajjati dhammachando|| dhammachandaṃ paṭicca uppajjati dhammapariḷāho|| dhammapariḷāhaṃ paṭicca uppajjati dhamma pariyesanā|| ||

11 Evaṃ kho bhikkhave dhātunānattaṃ paṭicca uppajjati saññānānattaṃ|| saññānānattaṃ paṭicca uppajjati saṅkappanānattaṃ|| saṅkappanānattaṃ paṭicca uppajjati chandanānattaṃ|| chandanānattaṃ paṭicca uppajjati chandanānattaṃ|| chandanānattaṃ paṭicca uppajjati pariḷāhanānattaṃ|| pariḷāhanānattaṃ paṭicca uppajjati pariyesanānānattanti|| || Sattamaṃ|| ||

8 (8) *No ce taṃ*

1 Sāvatthiyaṃ viharati|| ||[4]

2 Dhātunānattaṃ bhikkhave paṭicca uppajjati saññānānattaṃ|| saññānānattaṃ paṭicca uppajjati|| pe| | pariyesanānānattaṃ|| ||[5]

3 No pariyesanānānattaṃ paṭicca uppajjati pariḷāhanā-

---

[1] B S3 Katamañca

[2] All this phrase, from pariḷāhanānattaṃ, is missing in S3

[3] Instead of ||pe|| S 1-3 have: Saddadhātuṃ° gandhadhātuṃ° rasadhātuṃ° poṭṭhabbadhātuṃ paṭicca

[4] Missing in S1-3

[5] As in the preceding; complete in S1-3

nattaṃ|| no pariḷāhanānattaṃ paṭicca uppajjati chandanānattaṃ|| no chandanānattam paṭicca uppajjati saṅkappanānattam|| na saṅkappanānattam paṭicca uppajjati dhātunānattaṃ|| ||

4–9 Katamañca bhikkhave dhātunānattam|| || Rūpadhātu||pe|| || dhammadhātu|| || Idaṃ vuccati bhikkhave dhātunānattaṃ|| ||

10 Kathañca [1] bhikkhave dhātunānattam paṭicca uppajjati saññānānattaṃ|| saññānānattam paṭicca uppajjati|| pe|| || [2] pariyesanānānattam|| No pariyesanānānattaṃ paṭicca uppajjati pariḷāhanānattam|| no pariḷāhanānattam paṭicca uppajjati chandanānattam|| no chandanānattaṃ paṭicca uppajjati saṅkappanānattam|| no saṅkappanānattam paṭicca uppajjati saññānattaṃ|| no saññānānattam paṭicca uppajjati dhātunānattaṃ|| ||

11 Rūpadhātum bhikkhave paṭicca uppajjati rūpasaññā|| [[3] rūpasaññaṃ paṭicca uppajjati rūpasaṅkappo||. rūpasaṅkappaṃ paṭicca uppajjati rūpachando rūpachandaṃ paṭicca uppajjati rūpapariḷāho rūpapariḷāhaṃ paticca uppajjati rūpapariyesanā|| || No rūpapariyesanaṃ paṭicca uppajjati rūpapariḷāho|| no rūpapariḷāhaṃ paṭicca uppajjati rupāchando|| no rūpachandaṃ [4] paṭicca uppajjati rūpasaññā|| rūpasaññaṃ paṭicca uppajjati no rūpasaṅkappo|| no rūpasaṅkappaṃ paticca uppajjati rūpasaññā|| no rūpasaññam paṭicca uppajjati rūpadhātu|| ||

12 Saddadhātum paṭicca|| pe|| ||

13 Gandhadhātuṃ paṭicca|| pe|| ||

14 Rasadhātum paṭicca|| pe|| ||

15 Poṭṭhabbadhātuṃ paṭicca|| pe|| ||]

16 Dhammadhātum paṭicca uppajjati dhammasaññā||

---

[1] B S3 Katamañca

[2] S1-3 instead of || pe|| have saṅkappanānattaṃ° as above

[3] The part between [ ] is to be found in S1-3 only. In B, it is represented by || pe||

[4] S1-3 have rūpacchando—am, as usual

dhammasaññaṃ paṭicca uppajjati|| pe|| ||[1] dhammapariyesanā|| || No dhammapariyesanaṃ paṭicca uppajjati dhammapariḷāho|| no dhammapariḷāham paṭicca uppajjati dhammachando|| no dhammachandam paṭicca uppajjati dhammasaṅkappo|| no dhammasaṅkappam paṭicca uppajjati dhammasaññā|| no dhammasaññaṃ paṭicca uppajjati dhammadhātu|| ||

17 Evaṃ kho bhikkhave dhātunānattam paṭicca uppajjati saññānānattaṃ|| saññānānattam paṭicca uppajjati|| pe|[2] pariyesanānānattaṃ|| || No pariyesanānānattaṃ paṭicca uppajjati pariḷāhanānattaṃ|| no pariḷāhanānattaṃ paṭicca uppajjati chandanānattaṃ|| no chandanānattaṃ paṭicca uppajjati saṅkappanānattam|| no saṅkappanānattaṃ paṭicca uppajjati[3] saññānānattam|| no saññānānattam paṭicca uppajjati dhātunānattanti|| || Aṭṭhamaṃ||

9 (9) *Phassa* (1)

1 Sāvatthiyaṃ viharati|| ||[4]

2 Dhātunānattam bhikkhave paṭicca uppajjati saññānānattam|| saññānānattam paṭicca uppajjati saṅkappanānattaṃ|| saṅkappanānattam paṭicca uppajjati phassanānattaṃ||phassanānattam paticca uppajjati vedanānānattaṃ|| vedanānānattam paṭicca uppajjati chandanānattaṃ||chandanānattaṃ paṭicca uppajjati pariḷāhanānattaṃ|| pariḷāhanānattam paṭicca uppajjati pariyesanānānattaṃ|| pariyesanānānattaṃ paṭicca uppajjati lābhanānattaṃ|| ||

3 Katamañ ca bhikkhave dhātunānattam|| || Rūpadhātu|| pe|| || dhammadhātu|| || Idaṃ vuccati bhikkhave dhātunānattaṃ|| ||

4 Kathañ ca[5] bhikkhave dhātunānattam paticca uppaj-

---

[1] Instead of ||pe|| S¹⁻³ have dhammasaṅkappo° as in the preceding (10)

[2] S¹⁻³ instead of || pe|| have saṅkappanānattaṃ° as above

[3] S¹⁻³ insert here phassanānattaṃ no phassanānattam paṭicca uppajjati

[4] Sāvatthi . [5] B katamañca

jati saññānānattam|| saññānānattam paṭicca uppajjati|| pe|| ||[1] lābhanānattam|| ||

5 Rūpadhātum bhikkhave paṭicca uppajjati rūpasaññā|| rūpasaññam paticca uppajjati rūpasaṅkappo|| rūpasaṅkappam paṭicca uppajjati rūpasamphasso|| rūpasamphassam paṭicca uppajjati rūpasamphassajā vedanā|| rūpasamphassajaṃ vedanam paṭicca uppajjati rūpachando|| rūpachandam paṭicca uppajjati rūpapariḷāho|| rūpapariḷāham paṭicca uppajjati rūpalābho|| ||[2] pe||

6 Saddadhātum paṭicca|| pe|| ||

7 Gandhadhātum paṭicca|| pe|| ||

8 Rasadhātum paṭicca|| pe|| ||

9 Poṭṭhabbadhātum paṭicca|| pe|| ||

10 Dhammadhātum paṭicca uppajjati dhammasaññā|| dhammasaññam paṭicca uppajjati dhammasaṅkappo|| dhammasaṅkappam paṭicca uppajjati dhammasamphasso|| dhammasamphassam paṭicca uppajjati dhammasamphassajā vedanā|| dhammasamphassajaṃ vedanam[3] paṭicca uppajjati dhammachando || dhammachandam paṭicca uppajjati dhammapariḷāho|| dhammapariḷāhaṃ paṭicca uppajjati dhammapariyesanā|| dhammapariyesanam paṭicca uppajjati dhammalābho|| ||[4]

11 Evaṃ kho bhikkhave dhātunānattam paṭicca uppajjati saññānānattaṃ|| saññānānattam paṭicca uppajjati|| la||[5] pariyesanānānattaṃ|| pariyesanānānattam paṭicca uppajjati lābhānānattaṃ|| ||

Navamaṃ|| ||

10 (10) *Phassa* (2)

1. Sāvatthiyaṃ viharati|| ||[6]

2. Dhātunānattam bhikkhave paṭicca uppajjati saññānānattam|| saññānānattam paṭicca uppajjati saṅkappanānat-

[1] Complete in S[1-3] [2] S[1-3] rūpaparilā (S[3] ḷā) ho

[3] S[3] °samphassajā

[4] S[3] dhamma[pari]ḷābho, pari being erased

[5] Complete in S[1-3] [6] Missing in S[1-3]

taṃ|| phassa|| vedanā|| chanda|| pariḷāha||[1] pariyesanānānattam paṭicca uppajjati lābhanānattaṃ|| No lābhanānattam paṭicca uppajjati pariyesanānānattaṃ|| no pariyesanānānattam paṭicca uppajjati pariḷāhanānattaṃ|| no pariḷāhanānattaṃ paṭicca uppajjati|| pe|| || chanda|| vedanā|| phassa|| saṅkappa||[2] saññānānattaṃ|| no saññānānattam paṭicca uppajjati dhātunānattaṃ|| ||

3. Katamañca bhikkave dhātunānattaṃ|| || Rūpadhātu|| pe|| ||[4] Dhammadhātu|| || Idaṃ vuccati bhikkhave dhātunānattaṃ|| ||

4. Kathañca [3] bhikkhave dhātunānattam paṭicca uppajjati saññānānattaṃ|| saññānānattam paṭicca uppajjati saṅkappanānattam|| phassa|| vedanā|| chanda|| pariḷāho|| pariyesanā|| lābha||[5] No lābhanānattam paṭicca uppajjati pariyesanānānattaṃ|| no pariyesanānānattaṃ paṭicca uppajjati pariḷāha|| chanda|| vedanā|| phassa|| no saṅkappanānattam paṭicca uppajjati saññānānattam|| no saññānānattam paṭicca uppajjati dhātunānattaṃ|| ||

5. Rūpadhātum bhikkhave paticca uppajjati rūpasaññā|| la||[6]

6. Saddadhātum paṭicca|| pe|| ||

7. Gandhadhatuṃ paṭicca|| pe|| ||

8. Rasadhātum paṭicca|| pe|| ||

9. Poṭṭhabbadhātum paṭicca|| pe|| ||

10. Dhammadhātum paṭicca uppajjati dhammasaññā|| dhammasaññam paṭicca uppajjati|| pe|| || dhammapariyesanā|| dhammapariyesanam paṭicca uppajjati dhammalābho|| No dhammalābhaṃ paṭicca uppajjati dhammapariyesanā|| no dhammapariyesanam paṭicca uppajjati dham-

---

[1] So B; developed as in the preceding, in S[1-3]

[2] So B; developed also as in the preceding, in S[1-3] which have samphassa° instead of phassa° here only.

[3] B and S[1-3] intervert katamañca and kathañca

[4] S [1-3] saddha° gandha° rasa°. (S[3] ghāṇa°) poṭṭhabbadhātu.

[5] So B; developed in S[1-3]

[6] Developed in S[1-3] as in the preceding (5)

maparilāho|| no dhammaparilāham paṭicca uppajjati dhammachando|| no dhammachandam paṭicca uppajjati dhammasamphassajā vedanā|| no dhammasamphassajaṃ vedanam paṭicca uppajjati dhammasamphasso|| no dhammasamphassam paṭicca uppajjati dhammasaṅkappo|| no dhammasaṅkappam paṭicca uppajjati dhammasaññā|| no dhammasaññam paṭicca uppajjati dhammadhātu|| ||

Evaṃ kho bhikkhave dhātunānattam paṭicca uppajjati saññānānattaṃ|| saññānānattaṃ paṭicca uppajjati|| pe|| saṅkappa|| phassa|| vedanā|| chanda|| parilāha|| pariyesanā|| lābha|| No lābhanānattam paṭicca uppajjati pariyesanānānattaṃ|| no pariyesanānānattaṃ paṭicca uppajjati parilāhanānattam|| no parilāhanānattam paṭicca uppajjati chandanānattaṃ|| no chandanānattaṃ paṭicca uppajjati vedanānānattam|| no vedanānānattam paṭicca uppajjati phassanānattaṃ|| no phassanānattam paṭicca uppajjati saṅkappanānattaṃ|| no saṅkappanānattaṃ paṭicca uppajjati saññānānattam|| no saññānānattam paṭicca uppajjati dhātunānattanti|| ||

Dasamaṃ [1]|| ||

Nānattavaggo pathamo|| ||

Tassa uddānaṃ|| ||[2]

Dhātu Samphassañca [3] No-ce-taṃ||[4]
Vedanā apare duve||[5]
Etam Ajjhattapañcakaṃ|| ||[6]
Dhātu Saññā No-ce-taṃ||
Phassena apare duve||[7]
Etaṁ Bāhira-pañcakanti|| ||[8]

Chapter II Dutiyo vaggo

11 (1) *Sattimā*

1 Sāvatthiyaṃ viharatī|| ||[9]

---

[1] Missing in S[1-3] [2] S [1-3] tassuddānaṃ
[3] S[1-3] samphassa [4] S[1-3] °ta [5] S[1-3] dve
[6] B ajjhattaṃ ; S[3] pañcakā [7] B phassassa °dve
[8] S[1-3] pañcakaṃ [9] S[1-3] Sāvatthi —tatra-voca

2 Sattimā bhikkhave dhātuyo||

Katama satta|| || Ābhādhātu subhadhātu [1] ākāsānañcāyatanadhātu viññāṇañcāyatanadhātu ākiñcaññāyatanadhātu nevasaññānāsaññāyatanadhātu saññāvedayitanirodhadhātu|| ||

Imā kho bhikkhave satta dhātuyoti|| ||

3 Evaṃ vutte aññataro bhikkhu Bhagavantam etad avoca|| || Yā [2] cāyam bhante ābhādhātu yā ca subhadhātu [3] yā ca ākāsānañcāyatanādhātu yā ca viññāṇañcāyatanadhātu yā ca ākiñcaññāyatanadhātu yā ca nevasaññānāsaññāyatanadhātu yā ca saññāvedayitanirodhadhātu|| || Imā nu kho bhante dhātuyo kim paṭicca paññāyantīti|| ||

4 Yāyam bhikkhu ābhādhātu ayaṃ dhātu andhakāram paṭicca paññāyati|| ||

5 Yāyam bhikkhu subhadhātu ayaṃ dhātu asubham [4] paṭicca pannāyati||

6 Yāyam bhikkhu ākāsānañcāyatanadhātu ayaṃ dhātu rūpaṃ paṭicca paññāyati|| ||

7 Yāyam bhikkhu viññāṇañcāyatanadhātu ayaṃ dhātu ākāsānañcāyatanaṃ paṭicca paññāyati|| ||

8 Yāyam bhikkhu ākiñcaññāyatanadhātu ayaṃ dhātu viññāṇañcāyatanam paṭicca paññāyati||

9 Yāyam bhikkhu nevasaññānāsaññāyatanadhātu ayaṃ dhātu ākiñcaññāyatanam paṭicca paññāyati||

10 Yāyaṃ bhikkhu saññāvedayitanirodhadhātu ayaṃ dhātu nirodhaṃ paṭicca paññāyatīti|| ||

11 Yā cāyam bhante ābhādhātu yā ca subhadhātu yā ca ākāsānañcāyatana dhātu yā ca viññāṇañcāyatanadhātu yā ca ākiñcaññāyatanadhātu yā ca nevasaññānāsaññāyatanadhātu yā ca saññāvedayitanirodhadhātu|| imā nu kho bhante dhātuyo kathaṃ samāpatti pattabbāti|| ||[5]

12 Yā cāyam bhikkhu ābhādhātu yā ca subhadhātu yā ca ākāsanañcāyatanadhātu yā ca viññāṇāncāyatanadhātu yā

---

[1] S1-3 subhā° always [2] S1-3 yāvā

[3] S3 inserts here yā ca asubhādhātu [4] S1-3 asubha

[5] So B and C ; S1-3 vattabbā always

ca ākiñcaññāyatanadhātu || imā dhātuyo saññāsamāpatti pattabā || |

13 Yāyam bhikkhu nevasaññānāsaññāyatanadhātu ayaṃ dhātu saṅkhārāvasesasamāpatti pattabbā || |

14 Yāyam bhikkhu saññāvedayitanirodhadhātu ayam dhātu nirodhasamāpatti pattábbā ti || || Pāthāmaṃ || ||[1]

12 (2) *Sanidānaṃ*

1 Sāvatthiyaṃ viharati || ||[2]

2 Sanidānam bhikkhave uppajjati kāmavitakko no anidānaṃ || sanidānam uppajjati vyāpādavitakko no anidānaṃ || sanidānam uppajjati vihiṃsāvitakho no anidānaṃ || ||

3 Kathāñca bhikkhave sanidānam uppajjati kāmavitakko no anidānaṃ || sanidānam uppajjati vyāpādavitakko no anidānaṃ || sanidānam uppajjati vihiṃsāvitakko no anidānaṃ ||

4 Kāmadhātum bhikkhave paṭicca uppajjati kāmasaññā || kāmasaññam paṭicca uppajjati kāmasaṅkappo || kāmasaṅkappam paṭicca uppajjati kāmachando ||[3] kāmachandam paṭicca uppajjati kāmapariḷāho || kāmapariḷāham paṭicca uppajjati kāmapariyesanā || kāmapariyesanam bhikkhave pariyesamāno assutavā puthujjano tīhi ṭhānehi micchāpaṭipajjati kāyena vācāya[4] manasā || ||

5 Vyāpādadhātum bhikkhave paṭicca uppajati vyāpādasaññā || vyāpādasaññaṃ paṭicca uppajjati vyāpādasaṅkappo || || vypāpādachando[5] || vyāpādapariḷāho[5] || vyāpādapariyesanā[5] || vyāpādapariyesanaṃ bhikkhave pariyesamāno assutavā puthujjano tīhi ṭhānehi micchāpaṭipajjati kāyena vācāya manasā || ||

6 Vihiṃsādhātam bhikkhave paṭicca uppajjati vihiṃsasaññā || pe || || vihiṃsāsaṅkappo || vihiṃsāchando || vihiṃsāpariḷāho || vihiṃsāpariyesanā || vihiṃsāpariyesanaṃ bhik-

---

1 S1-3 Paṭhamo
2 As in the preceding
3 S1-3 kāmacchando always
4 S1-3 vācā always
5 So B; complete in S1-3

khave pariyesamāno assutavā puthujjano tīhi ṭhānehi micchāpaṭipajjati kāyena vācāya manasā||

7 Seyyathāpi bhikkhave puriso ādittaṃ tiṇukkaṃ sukkhe tiṇadāye [1] nikhippeyya|| no ce hatthehi ca pādehi ca khippam eva nibbāpeyya|| evañhi bhikkhave ye tiṇakaṭṭhanissitā [2] pāṇā te anayavyasanaṃ āpajjeyyuṃ||

8 Evam eva kho bhikkhave yo hi koci samaṇo vā brāhmaṇo vā uppannam visamagatam saññam na khippam eva pajahati vinodeti vyantikaroti anabhāvaṃ gameti|| so diṭṭhe ceva dhamme dukkhaṃ viharati savighātam sa-upāyasam sapariḷāham|| kāyassa ca bhedā param maranā duggatiṃ [3] pāṭikaṅkhā|| ||

9 Sanidānam bhikkhave uppajjati nekkhammavitakko [4] no anidānaṃ|| sanidānaṃ uppajjati avyāpādavitakko no anidānaṃ|| sanidānam uppajjati avihiṃsāvitakko no anidānaṃ|| ||

10 Kathān ca bhikkhave sanidānam uppajjati nekkhammavitakko no anidānam|| sanidānam upajjati avyāpādavitakko no anidānaṃ|| sanidānam uppajjati avihiṃsāvitakko no anidānaṃ|| ||

11 Nekkhammadhātum bhikkhave paṭicca uppajjati nekkhammasaññā|| nekkhammasaññam paṭicca uppajjati nekkhammasaṅkappo|| nekkhammasaṅkappam paṭicca uppajjati nekkhammachando|| || Nekkhammachandaṃ paṭicca uppajjati nekkhammapariḷāho|| nekkhammapariḷāham paṭicca uppajjati nekkhammapariyesanā|| nekkhammapariyesanaṃ bhikkhave pariyesamāno sutavā ariyasāvako tīhi ṭhānehi sammāpaṭipajjati kāyena vācāya manasā|| ||

12 Avyāpādadhātum bhikkhave paṭicca uppajjati avyāpādasaññā|| pe|| avyāpādasaṅkappo|| avyāpādachando|| avyāpādapariḷāho|| avyāpādapariyesanā|| avyāpādapariyesanaṃ bhikkhave pariyesamāno sutavā ariyasāvako tīhi ṭhānehi sammāpaṭipajjati kāyena vācāya manasā||

13 Avihiṃsādhātum bhikkhave paṭicca uppajjati avihiṃ-

---

[1] S tiṇā°; S[3] tinā°; C. tiṇapādāye

[2] S[1-3] °kaṭṭhasitā and further on

[3] S[3] omits ṃ

[4] B nekkhama° always

sāsaññā|| avihiṃsāsaññaṃ paṭicca uppajjati avihiṃsāsaṅkappo|| avihiṃsāsaṅkappaṃ paṭicca uppajjati avihiṃsāchando|| avihiṃsāchandaṃ paṭicca uppajjati avihiṃsāpariḷāho|| avihiṃsāpariḷāhaṃ paṭicca uppajjati avihiṃsāpariyesanā|| avihiṃsāpariyesanaṃ bhikkhave pariyesamāno sutavā ariyāsavako tīhi ṭhānehi sammāpaṭipajjati kāyena vācāya manasā|| ||

14 Seyyathāpi bhikkhave puriso ādittaṃ tiṇukkaṃ sukkhe tiṇadāye nikkhipeyya|| tam enaṃ[1] hatthehi ca pādehi ca khippam eva nibbāpeyya|| evaṃ hi bhikkhave ye tiṇakaṭṭhanissitā pāṇā te na anayavyasanam āpajjeyyuṃ|| ||

15 Evam eva kho bhikkhave yo hi koci samaṇo vā brāhmaṇo vā uppannaṃ visamagataṃ saññaṃ khippam eva pajahati vinodeti vyantikaroti anabhāvaṃ gameti|| so diṭṭhe ceva dhamme sukhaṃ viharati avighātaṃ anupāyāsaṃ apariḷāhaṃ|| kāyassa ca[2] bhedā param maraṇā sugatiṃ[3] paṭikaṅkhāti|| || Dutiyaṃ|| ||[4]

13 (3) *Giñjakāvasatha*

1 Ekaṃ samayaṃ Bhagavā Ñātikehi[5] viharati Giñjakāvasathe|| ||

2 Tatra kho Bhagavā bhikkhū āmantesi Bhikkhavo ti|| || Bhante ti te bhikkhū Bhagavato paccassosuṃ||

3 Bhagavā etad avoca|| || Dhātuṃ bhikkhave paṭicca uppajjati saññā uppajjati diṭṭhi uppajjati vitakko ti|| ||

4 Evaṃ vutte[6] āyasmā saddho Kaccāyano[7] Bhagavantaṃ etad avoca|| || Yāyaṃ bhante diṭṭhi asammāsambuddhesu Sammāsambuddho ti ayaṃ nu[8] kho bhante diṭṭhi kiṃ paṭicca paññāyatīti|| ||

5 Mahatī kho esā Kaccāyana dhātu yad idaṃ avijjādhātu|| ||[9]

---

[1] S1-3 omit ṃ
[2] Missing in S1.3
[3] S1.3 add saggaṃ
[4] S1-3 dutiyo
[5] °hi is in B only
[6] S1-3 bhante ti
[7] S1-3 sandho; B kaccāno, always
[8] Omitted by S1-3
[9] S1.3 °dhātuṃ

6 Hīnaṃ Kaccāyana dhātuṃ paṭicca uppajjati hīnā saññā hīnā diṭṭhi hīno vitakko hīnā cetanā hīnā patthanā hīno paṇidhi hīno puggalo hīnā vācā|| hīnam ācikkhati deseti paññapeti paṭṭhapeti vivarati vibhajati uttānikaroti [1]|| hīnā tassa uppattīti vadāmi||||

7 Majjhimaṃ Kaccāyana dhātum paṭicca upajjati majjhimā saññā majjhimā diṭṭhi majjhimo vitakko majjhimā cetanā majjhimā patthanā majjhimo paṇidhi majjhimo puggalo majjhimā vācā|| majjhimam ācikkhati deseti paññāpeti paṭṭhapeti vivarati vibhajati uttānikaroti|| majjhimā tassa uppattīti vadāmi||||

8. Paṇītaṃ Kaccāyana dhātum paṭicca uppajjati paṇītā saññā paṇītā diṭṭhi paṇīto vitakko paṇītā cetanā paṇītā patthanā paṇīto paṇidhi paṇīto puggalo paṇītā vācā|| paṇītam ācikkhati deseti paññapeti paṭṭhapeti vivarati vibhajati uttānikaroti|| paṇītā tassa uppattīti [2]vadāmīti|||| Tatiyaṃ||

14 (4) *Hīnādhimutti*

1 Sāvatthiyaṃ viharati|| [3]

2 Dhātuso bhikkave sattā saṃsandanti samenti|| Hīnādhimuttikā sattā [4] hīnādhimuttikehi saddhiṃ saṃsandanti samenti|||| Kalyāṇādhimuttikā kalyāṇādhimuttikehi saddhiṃ saṃsandanti samenti||||

3 Atītam pi bhikkhave addhānam dhātuso va sattā saṃsandiṃsu samiṃsu|||| Hīnādhimuttikā hīnādhimuttikehi saddhiṃ saṃsandiṃsu samiṃsu|||| Kalyāṇādhimuttikā kalyāṇādhimuttikehi saṃsandimsu samiṃsu||||

4 Anāgatam pi bhikkhave addhānaṃ dhātuso va [5] sattā saṃsandissanti samessanti|| Hīnādhimuttikā hīnādhimuttikehi saddhiṃ saṃsandissanti samessanti|||| Kalyāṇādhimuttikā kalyāṇādhimuttikehi saddhiṃ saṃsandissanti samessanti||||

---

[1] B uttāniṃ ; S[1] uttānī° always
[2] S[1-3] uppajjatīti always ; S[1] uppattīti here only
[3] Missing in S[1-3] [4] Missing in B [5] Missing in S[1-3]

5 Etarahi bhikkhave paccuppannam addhānaṃ dhātuso va[1] sattā saṃsandanti samenti|| || Hīnādhimuttikā hīnādhimuttikehi saddhiṃ samsandanti samenti|| || Kalyāṇādhimuttikā kalyāṇādhimuttikehi saddhiṃ saṃsandanti samentīti|| ||

Catutthaṃ|| ||

15 (5) *Kammam*

1 Ekaṃ samayaṃ Bhagavā Rājagahe viharati Gijjhakūṭe pabbate|| ||

2 Tena kho pana samayena āyasmā pi kho Sāriputto sambahulehi bhikkhūhi saddhiṃ Bhagavato avidūre caṅkamati|| ||

3 Āyasmā pi kho Mahā-Moggalāno sambahulehi bhikkhūhi saddhim Bhagavato avidūre caṅkamati|| ||

4 Āyasmā pi kho Mahā-Kassapo sambahulehi bhikkūhi saddhim Bhagavato avidūre caṅkamati|| ||

5 Ayasmā pik ho Anuruddho sambahulehi|| °caṅkamati|| ||

6 Āyāsmā pi kho Puṇṇo Mantāniputto[2] sambahulehi|| caṅkamati||

7 Āyasmā pi kho Upāli sambahulehi|| || caṅkamati|| ||

8 Āyasmā pi kho Ānando sambahulehi|| || caṅkamati|| ||

9 Devadatto pi kho sambahulehi bhikkhūhi saddhiṃ Bhagavato avidūre caṅkamati|| ||

10 Atha kho Bhagavā bhikkhū āmantesi|| || Passatha no tumhe bhikkhave Sāriputtaṃ sambahulehi bhikkhūhi saddhiṃ caṅkamantanti|| ||

Evam bhante|| ||

Sabbe kho ete bhikkhave bhikkhū mahāpaññā|| ||

11 Passatha no tumhe bhikkhave Moggalānam[3] sambahulehi bhikkhūhi saddhiṃ caṅkamantanti|| ||

Evam bhante

Sabbe pi kho ete bhikkhave bhikkhū mahiddhikā|| ||

12 Passatha no tumhe bhikkhave Kassapam[4] sambahulehi bhikkhūhi saddhiṃ caṅkamantanti|| ||

---

[1] Missing in S[1-3] [2] S[1] mantāṇi°

[3] S[1-3] Mahā-M° [4] S[1-3] Mahā-K°

Evam bhante|| ||

Sabbe pi kho ete bhikkhave bhikkhū dhutavādā|| ||

13 Passatha no tumhe bhikkhave Anuruddhaṃ sambahulehi bhikkhūhi saddhiṃ caṅkamantanti|| ||

Evam bhante

Sabbe pi kho ete bhikkhave bhikkhū dibbacakkhukā|| ||

14 Passatha no tumhe bhikkhave Puṇṇaṃ Mantāniputtaṃ sambahulehi bhikkhūhi saddhiṃ caṅkamantanti|| ||

Evam bhante|| ||

Sabbe kho ete bhikkhave bhikkhū dhammakathikā|| ||

15 Passatha no tumhe bhikkhave Upāliṃ sambahulehi bhikkhūhi saddhiṃ caṅkamantanti|| ||

Evam bhante||

Sabbe kho ete bhikkhave bhikkhū vinayadharā|| ||

16 Passatha no tumhe bhikkhave Ānandam sambahulehi bhikkhūhi saddhiṃ caṅkamantanti|| ||

Evaṃ bhante|| ||

Sabbe kho ete bhikkhave bhikkhū bahussutā|| ||

17 Passatha no tumhe bhikkhave Devadattaṃ sambahulehi bhikkhūhi saddhiṃ caṅkamantanti|| ||

Evam bhante|| ||

Sabbe[1] kho ete bhikkhave bhikkhū pāpicchā||

18 Dhātuso bhikkhave sattā saṃsandanti samenti|| || Hīnādhimuttikā hīnādhimuttikehi saddhim saṃsandanti samenti|| || Kalyāṇādhimuttikā kalyāṇādhimuttikehi saddhiṃ saṃsandanti samenti|| ||

19 Atītam pi bhikkhave addhānaṃ dhātuso va sattā saṃsandiṃsu samiṃsu|| || Hīnādhimuttikā hīnādhimuttikehi saddhiṃ saṃsandiṃsu samiṃsu|| || Kālyāṇādhimuttikā kalyāṇādhimuttikehi saddhim samsandiṃsu samiṃsu|| ||

20 Anāgatam pi bhikkhave addhānaṃ dhātuso va sattā saṃsandissanti samessanti|| || Hīnādhimuttikā hīnādhimuttikehī saddhim saṃsandissanti samessanti|| Kalyāṇādhimuttikā kalyāṇādhimuttikehi saddhiṃ samsandissanti samessanti|| ||

---

[1] S[1-3] add pi

21 Etarahi pi bhikkhave paccuppannam addhānaṃ dhātuso va sattā saṃsandanti samenti ‖ ‖ Hīnādhimuttikā hīnādhimuttikehi saddhim saṃsandanti samenti ‖ ‖ Kalyāṇādhimuttikā kalyāṇādhimuttikehi saddhiṃ saṃsandanti samentīti ‖ ‖

Pañcamam ‖ ‖

16 (6) *Sagātha*

1 Sāvatthiyaṃ viharati ‖ ‖

I

2 Dhātuso va bhikkhave sattā saṃsandanti samenti ‖ ‖ Hīnādhimuttikā hīnāmuttikehi saddhiṃ saṃsandanti samenti ‖ ‖

3 Atītam pi bhikkhave addhānam dhātuso va sattā saṃsandiṃsu samiṃsu ‖ Hīnādhimuttikā hīnādhimuttikehi saddhiṃ saṃsandiṃsu samiṃsu ‖ ‖

4 Anāgatam pi bhikkhave addhānam dhātuso va sattā saṃsandissanti samessanti ‖ ‖ Hīnādhimuttikā hīnādhimuttikehi saddhiṃ saṃsandissanti samessanti ‖ ‖

5 Etarahi pi bhikkhave paccuppannam addhānam dhātuso va sattā saṃsandanti samenti ‖ ‖ Hīnādhimuttikā hīnādhimuttikehi saddhiṃ saṃsandanti samenti ‖ ‖

6 Seyyathāpi bhikkhave pi gūtho gūthena [1] samsandati sameti ‖ muttam muttena saṃsandati sameti ‖ khelo khelena saṃsandati sameti ‖ pubbo pubbena samsandati sameti ‖ lohitam lohitena samsandati sameti ‖ ‖ Evam eva kho bhikkhave dhātuso va sattā saṃsandanti samenti ‖ ‖ Hīnādhimuttikā hīnādhimuttikehi saddhiṃ saṃsandanti samenti ‖ ‖

7 Atītam pi addhānaṃ ‖ pe ‖ ‖

8 Anāgatam pi addhānaṃ ‖ pe ‖ ‖

9 Etarahi pi paccuppannam addhānaṃ dhātuso va sattā saṃsandanti samenti ‖ ‖ Hīnādhimuttikā hīnādhimuttikehi saddhiṃ saṃsandanti samenti ‖ ‖

---

[1] B gudho gudhena

II

10 Dhātuso va bhikkhave sattā saṃsandanti samenti || Kalyāṇādhimuttikā kalyāṇādhimuttikehi saddhiṃ saṃsandanti samenti || ||

11 Atītam pi bhikkhave addhānaṃ dhātuso va sattā saṃsandiṃsu samiṃsu || || Kalyāṇādhimuttikā kalyāṇādhimuttikehi saddhiṃ saṃsandiṃsu samiṃsu ||

12 Anāgatam pi bhikkhave addhānaṃ || pe[1] || ||

13 Etarahi pi bhikkhave paccuppannam addhānam dhātuso va sattā saṃsandanti samenti || || Kalyāṇādhimuttikā kalyāṇādhimuttikehi saddhiṃ saṃsandanti samenti ||

14 Seyyathāpi bhikkhave khīraṃ khīrena saṃsandati sameti || telaṃ telena[2] saṃsanandati sameti || sappi sappinā[2] saṃsandati sameti || madhuṃ madhunā saṃsandati sameti || phāṇitaṃ phaṇitena saṃsandati sameti ||

Evam eva kho bhikkhave dhātuso va sattā saṃsandanti samenti || || Kalyāṇādhimuttikā kalyānādhimuttikehi saddhiṃ saṃsandanti samenti || ||

15 Atītam pi addhānaṃ || pe || ||

16 Anāgatam pi addhānam || pe || ||

17 Etarahi pi paccuppannam addhānaṃ dhātuso va sattā saṃsandanti samenti || || Kalyaṇādhimuttikā kalyāṇādhimuttikehi saddhiṃ saṃsandanti samentīti || ||

18 Idam avoca Bhagavā || idaṃ vatvā ca Sugato athāparam etad avoca satthā || ||

Saṃsaggā vanatho jāto || asaṃsaggena chijjati ||
parittam dārum[3] āruyha || yathā sīde[4] mahaṇṇave ||
Evaṃ kusītam āgamma || sādhujīvī pi sīdati ||
tasmā tam parivajjeyya || kusītaṃ hīnaviriyaṃ ||
Parivittehi ariyehi || pahitattehi jhāyīhi ||[5]
niccam āraddhaviriyehi || paṇḍitehi sahāvaseti[6] || ||
Chaṭṭhaṃ || ||

---

[1] S1-3 anāgataṃ—pe— [2] S1-3 add saddhiṃ
[3] S3 (and perhaps S1) dāru
[4] So S1; B °side; S3 °sideva [5] S1-3 jāyīhi [6] C °vāseti

17 (7) *Asaddha*

1 Sāvatthiyaṃ viharati|| ||[1]

I

2 Dhātuso bhikkhave sattā saṃsandanti samenti|| ||

3 Asaddhā asaddhehi[2] saddhiṃ saṃsandanti samenti|| ahirikā ahirikehi saddhim saddhiṃ saṃsandanti samenti|| anottāpino[3] anottāpīhi[4] saddhiṃ saṃsandanti samenti|| appassutā appassutehi saddhiṃ saṃsandanti samenti|| kusītā kusītehi saddhiṃ saṃsandanti samenti|| muṭṭhasatino muṭṭhasatīhi[5] saddhiṃ saṃsandantis amenti|| duppaññā duppaññehi saddhiṃ saṃsandanti samenti|| ||

4 [Saddhā saddhehi saddhim saṃsandanti samenti|| hirimanā hirimanehi saddhiṃ samsandanti samenti|| ottāpino ottāpīhi saddhiṃ°|| bahussutā bahussutehi saddhim°|| āraddhaviriyā āraddhaviriyehi saddhiṃ°|| upaṭṭhitasatino upaṭṭhitasatīhi saddhim°|| paññavanto paññavantehi saddhiṃ saṃsandanti samenti] || ||[6]

5 Atītaṃ pi bhikkhave addhānaṃ dhātuso va sattā saṃsandiṃsu samiṃsu|| ||

6 Asaddhā asaddhehi saddhiṃ saṃsandiṃsu samiṃsu|| ahirikā ahirikehi saddhiṃ saṃsandiṃsu samiṃsu|| anottāpino anottāpīhi saddhiṃ°|| appassutā appassutehi saddhiṃ°|| kusītā kusītehi saddhiṃ°|| muṭṭhasatino muṭṭhasatīhi saddhiṃ°|| duppaññā duppaññehi saddhiṃ saṃsandhiṃsu samiṃsu|| ||

6 Anāgatam pi bhikkhave addhānam dhātuso va sattā saṃsandissanti samessanti|| ||

Asaddhā asaddhehi saddhiṃ samsandissanti samessanti|| ahirikā ahirikehi saddhiṃ°|| anottāpino anottāpīhi saddhiṃ||

---

[1] Missing in S[1-3] [2] S[1-3] assaddhā assaddhehi always

[3] So S[1-3]; B anottappino always

[4] S[1-3] anottāpiyehi; B anottappīhi; both always

[5] S[1-3] muṭṭhassatīno-tīhi always

[6] This paragraph is missing in S[1-3]

pe|| appassutā appassutehi saddhiṃ|| pe|| kusītā kusītehi saddhiṃ|| pe|| muṭṭhasatino muṭṭhasatīhi saddhiṃ, pe duppaññā duppaññehi saddhiṃ saṃsandissanti samessanti|| ||

7 Etarahi pi[1] bhikkhave paccuppannam addhānam dhātuso va sattā saṃsandanti samenti|| ||

Asaddhā asaddhehi saddhim saṃsandanti samenti|| ahirikā ahirikehi saddhiṃ|| pe|| anottāpino anottāpībi saddhim|| pe|| appassutā appassutehi saddhim|| pe|| kusītā kusītehi saddhim|| pe|| muṭṭhasatino muṭṭhasatīhi saddhiṃ saṃsandanti samenti|| duppaññā duppaññehi saddhiṃ saṃsandanti samenti|| ||

II

8 Dhātuso va[2] bhikkhave sattā samsandanti samenti|| ||

Saddhā saddhehi saddhiṃ saṃsandanti samenti|| hirimanā hirimanehi saddhiṃ saṃsandanti samenti|| ottāpino ottāpīhi saddhiṃ saṃsandanti samenti|| bahussutā bahussutehi saddhiṃ samsandanti samenti|| āraddhaviriyā āraddhaviriyehi saddhiṃ saṃsandanti samenti|| upaṭṭhitasatino upaṭṭhitasatīhi saddhiṃ saṃandanti samenti|| paññavanto paññavantehi saddhiṃ saṃsandanti samenti|| ||

9 Atītaṁ pi bhikkhave addhānaṃ|| pe||

10 Anāgatam pi bhikkhave addhānaṃ|| pe||[3]

11 Etarahi pi bhikkhave paccuppannam addhānaṃ dhātuso va sattā saṃsandanti samenti||

Saddhā saddhehi saddhim|| pe|| paññavanto paññavantehi saddhiṃ saṃsandanti samentīti|| ||

Sattamaṃ|| ||

18 (8) *Asaddhamūlakāpañca*

1 Sāvatthi|| ||[4]

I

2 Dhātuso va[5] bhikkhave sattā saṃsandanti samenti|| ||

---

[1] Missing in S¹⁻³ [2] Omitted by B

[3] 9 and 10 are less abridged in S¹⁻³

[4] Missing in S¹⁻³ [5] Omitted by B

Asaddhā asaddhehi saddhiṃ saṃsandanti samenti|| ahirikā ahirikehi saddhiṃ duppaññā duppaññehi saddhiṃ Saddhā saddhehi saddhiṃ saṃsandanti samenti|| hirimanā hirimanehi saddhiṃ|| paññavanto paññavantehi saddhiṃ saṃsandanti samenti|| ||

3 Atītam pi bhikkhave addhānam dhātuso va sattā saṃsandiṃsu samiṃsu|| pe||

4 Anāgatam pi bhikkhave addhānaṃ dhātuso va sattā saṃsandissanti samessanti|| ||

5 Etarahi pi bhikkhave paccuppannam addhānam dhātuso va sattā saṃsandanti samenti|| ||

Asaddhā asaddhehi saddhim|| ahirikā ahirikehi saddhiṃ|| duppaññā duppaññehi saddhiṃ|| || Saddhā saddhehi saddhiṃ hirimanā hirimanehi saddhiṃ|| paññavanto paññavantehi saddhiṃ saṃsandanti samentīti|| || Ekam||[1]

II

6 Dhātuso va[2] bhikkhave sattā saṃsandanti samenti|| Evam vitthāretabbaṃ|| ||

Asaddhā asaddhehi saddhim saṃsandanti samenti|| anottāpino anottāpīhi saddhiṃ|| duppaññā duppaññehi saddhiṃ|| || Saddhā saddhehi saddhiṃ|| ottāpino ottāpīhi saddhiṃ|| paññavanto paññavantehi saddhiṃ samsandanti samentīti|| ||

7 Atītam pi|| pe||

8 Anāgatam pi|| pe||

9 Etarahi paccuppannam addhānam°|| || Dve[3]

III

10 Asaddhā asaddhehi saddhiṃ saṃsandanti samenti|| appassutā appassutehi saddhiṃ|| duppaññā duppaññehi saddhiṃ|| || Saddhā saddhehi saddhiṃ || bahussutā bahussutehi saddhiṃ|| paññavanto paññavantehi saddhim saṃsandanti samentīti|| ||

11 Atītam pi|| pe||

---

[1] In S1-3 only [2] Omitted by S1-3

[3] 7, 8, 9 are missing in B, and little more developed in S1-3

12 Anāgatam pi|| pe||
13 Etarahi paccuppannam addhānam|| pe|| || Tīṇi|| [1]

IV

14 Dhātuso bhikkhave|| pe||
Asaddhā asaddhehi saddhiṃ saṃsandanti samenti| kusītā kusītehi saddhiṃ|| duppaññā duppaññehi saddhiṃ| Saddhā saddhehi saddhiṃ|| āraddhaviriyā āraddhaviriyehi saddhiṃ|| paññavanto paññavantehi saddhiṃ saṃsandanti samentīti|| ||
15 Atītam pi||
16 Anāgatam pi||
17 Etarahi paccuppannam addhānam° samentīti|| || Cattāri||[2]

V

18 Asaddhā asaddhehi saddhiṃ saṃsandanti samenti|| muṭṭhasatino muṭṭhasatīhi saddhiṃ|| duppaññā duppaññehi saddhiṃ|| || Saddhā saddhehi saddhiṃ|| uppaṭṭhitasatino upaṭṭhitasatīhi saddhiṃ|| paññavanto paññavantehi saddhiṃ saṃsandanti samentīti|| ||
19 Atītam pi
20 Anāgatam pi
21 Etarahi paccuppannam addhānaṃ° samentīti|| || Pañca|| ||[3] Aṭṭhamaṃ|| ||

19 (9) *Ahirikamūlakā cattāro*

1 Sāvatthi|| ||[4]

I

2 Dhātuso|| pe|| ||[5]
Ahirikā ahirikehi saddhiṃ saṃsandanti samenti|| anottā-

---

[1] Missing in B

[2] 15, 16, 17 are omitted by B; little more developed in S^{1-3}; cattāri is missing in B

[3] 19, 20, 21 are missing in B; little more developed in S^{1-3}; Pañca is missing in B

[4] Omitted by S^{1-3}

[5] S^{1-3} bhikkhave sattā.

pino anottapīhi saddhiṃ|| duppaññā duppaññehi saddhiṃ|| || Hirimanā hirimanehi saddhiṃ|| ottāpino ottāpīhi saddhiṃ|| paññavanto paññavantehi saddhiṃ saṃsandanti samentīti|| Atītam pi|| Anāgatam pi|| Paccuppannam addhānaṃ° samentīti|| || Ekaṁ|| ||[1]

II

3 Ahirikā ahirikehi saddhiṃ saṃsandanti samenti|| appassutā appassutehi saddhim°|| duppaññā duppaññehi saddhim°|| || Hirimanā hirimanehi saddhiṃ°|| bahussutā bahussutehi saddhiṃ° paññavanto paññavantehi saddhim saṃsandanti samenti|| || Dve[2] || ||

III

4 Ahirikā ahirikehi saddhiṃ saṃsandanti samenti|| kusītā kusītehi saddhiṃ|| duppaññā duppaññehi saddhiṃ°|| || Hirimanā hirimanehi saddhiṃ°|| āraddhaviriyā āraddhaviriyehi saddhiṃ°|| paññavanto paññavantehi saddhiṃ saṃsandanti samentīti|| Tīṇi[3]|| ||

IV

5 Ahirikā ahirikehi saddhiṃ saṃsandanti samenti|| muṭṭhasatino muṭṭhasatīhi saddhiṃ°|| duppaññā duppaññehi saddhiṃ°|| || Hirimanā hirimanehi saddhiṃ°|| upaṭṭhitasatino upaṭṭhitasatīhi saddhiṃ|| paññavanto paññavantehi saddhiṃ saṃsandanti samentīti|| ||

6–8 Atītam pi|| Anāgatam pi|| Etarahi paccuppannam addhānam° samenti|| || Cattāri[4] || ||

Navamaṃ|| ||

20 (10) *Anotappamūlakā tīṇi*

1 Sāvatthi|| ||

---

[1] All this from atītam is missing in B, and little more developed in $S^{1\text{-}3}$

[2] Missing in B

[3] Missing in B

[4] Missing in B; from atītam little more developed in $S^{1\text{-}3}$

2 Dhātuso bhikkhave sattā saṃsandanti samenti|| ||

Anottāpino anottāpīhi saddhiṃ|| appassutā appassutehi saddhiṃ°||duppaññā duppaññehi saddhiṃ°|| || Ottāpino ottāpīhi saddhiṃ°||bahussutā bahussutehi saddhiṃ°|| paññavanto paññavantehi saddhiṃ saṃsandanti samenti|| || Ekaṃ|| ||

3–5 Atītam pi|| Anāgatam pi|| Etarahi paccuppannam addhānaṃ° samentīti|| || Ekaṃ [1] || ||

6 Anottāpino anottāpīhi saddhiṃ saṃsandanti samenti|| || kusītā kusītehi saddhiṃ°|| duppaññā duppaññehi saddhiṃ°|| || Ottāpino ottāpīhi saddhiṃ°|| āraddhaviriyā āraddhaviriyehi saddhiṃ°|| paññavanto paññavantehi saddhiṃ saṃsandanti samenti|| ||

7–9 Atītam pi|| Anāgatam pi|| Etarahi paccuppannam addhanaṃ|| || Dve [2] || ||

10 Anottāpino anottāpīhi saddhiṃ saṃsandanti samenti|| muṭṭhasatino muṭṭhasatīhi saddhiṃ°|| || duppaññā duppaññehi saddhiṃ°|| || Ottāpino ottāpīhi saddhiṃ°|| upaṭṭhitasatino upaṭṭhitasatīhi saddhiṃ°|| paññavanto paññavantehi saddhiṃ saṃsandanti samentīti|| ||

11–13 Atītam pi|| Anāgatam pi|| || Paccuppannam addhānam° samentīti|| || Tīṇi [3] || ||

Dasamaṃ|| ||

21 (11) *Appassutena dve*

1 Sāvatthi|| ||

2 Dhātuso bhikkhave sattā saṃsandanti samenti|| ||

Appassutā appassutehi saddhiṃ saṃsandanti samenti|| kusītā kusītehi saddhiṃ°|| duppaññā duppaññehi saddhiṃ°|| ||. Bahussutā bahussutehi saddhiṃ°|| āraddhaviriyā

---

[1] 3–5 are missing in B; 5 only is complete (in S[1-3]); ekaṃ is also missing in B

[2] 7–9 are also missing in B; 9 is complete in S[1-3]; Dve is missing in B

[3] Tīṇi is missing, as 11–13; 13 being complete as usual in S[1-3]

āraddhaviriyehi saddhiṃ°|| paññavanto paññavantehi saddhiṃ saṃsandanti samentīti|| ||

3–5 Atītam pi|| || Anāgatam pi|| || Etarahi paccuppannam addhānaṃ° samentīti|| || Ekaṃ|| ||

6 Appassutā appassutehi saddhiṃ saṃsandanti samenti|| muṭṭhasatino muṭṭhasatīhi saddhiṃ°|| duppaññā duppaññehi saddhiṃ°|| || Bahussutā bahussutehi saddhiṃ°|| upaṭṭhitasatino upaṭṭhitasatīhi saddhiṃ°|| paññavanto paññavantehi saddhiṃ saṃsandanti samentīti|| ||

7–9 Atītam pi|| Anāgatam pi|| Etarahi paccuppannam addhānaṃ° samentīti|| || Dve [1] || ||

Ekādasamam|| ||

22 (12) *Kusītam*

1 Sāvatthi|| ||

2 Dhātuso bhikkhave sattā saṃsandanti samenti|| ||

Kusītā kusītehi saddhiṃ saṃsandanti samenti|| muṭṭhasatino muṭṭhasatīhi saddhiṃ°|| duppaññā duppaññehi saddhim°|| || Āraddhaviriyā āraddhaviriyehi saddhiṃ|| upaṭṭhitasatino upaṭṭhitasatīhi saddhim°|| paññavanto paññavantehi saddhiṃ saṃsandanti samentīti|| ||

3–5 Atītam pi|| || Anāgatam pi|| || Etarahi paccuppannam addhānaṃ samentīti|| || Ekaṃ [2] || || Dvādasamaṃ|| ||

Dutiyo vaggo|| ||

[Sabbattha atītānāgatapaccuppannaṃ kātabbam|| ||[3]]

Tassa uddānam [4] || ||

Sattimā Sanidānanca||
Giñjakāvasathena ca||
Hinādhimutti ca Kammaṃ||
Sagātha Asaddha sattamaṃ [5] ||

---

[1] Same remarks as in the preceding suttas

[2] Same remarks as above

[3] In B only — [4] S^{1-3} Tassud°

[5] Missing in S^{1-3} from Sattimā

Asaddhamūlakā pañca||
Cattāro [1] ahirikamūlakā||
Anottappamūlakātīṇi||
Dve [2] Appassutena ca Kusītaṃ||
Ekakā vuttā [3] suttantā|| tīni pañcavakā suttaṃ [4] |
bāvīsati vuttā suttā [5] || Dutiyo vaggo pavuccatīti [6] |

Chapter III Kammapathavaggo tatiyo

23 (1) *Asamāhita*

1 Sāvatthiyaṃ viharati [7] || ||

2 Dhātuso bhikkhave sattā saṃsandanti samenti

3 Asaddhā asaddhehi saddhiṃ saṃsandanti samenti|| ahirikā ahirikehi saddhiṃ°|| anottāpino anottāpīhi saddhiṃ°|| asamāhitā asamāhitehi saddhiṃ°|| duppaññā duppaññehi saddhiṃ saṃsandanti samenti|| ||

4 Saddhā saddhehi saddhiṃ saṃsandanti samenti|| hirimanā hirimanehi saddhiṃ°|| ottāpino ottāpīhi saddhiṃ°|| samāhitā samāhitehi saddhiṃ°|| paññavanto paññavantehi saddhiṃ saṃsandanti samentīti|| || Paṭhamaṃ [8] ||

24 (2) *Dussilya*

1 Sāvatthiyaṃ viharati|| ||

2 Dhātuso bhikkhave sattā saṃsandanti samenti|| |

3 Asaddhā asaddhehi saddhiṃ saṃsandanti samenti|| ahirikā ahirikehi saddhiṃ°|| anottāpino anottāpīhi saddhiṃ°|| dussīlā dussīlehi saddhiṃ°|| duppaññā duppaññehi saddhiṃ saṃsandanti samenti|| ||

4 Saddhā saddhehi saddhiṃ saṃsandanti samenti|| hirimanā hirimanehi saddhiṃ°|| ottāpino ottāpīhi saddhiṃ°||

---

[1] S1-3 cattāri [2] S1-3 duve
[3] S1-3 ekakaṃ vuttaṃ [4] S1-3 pañcakāni
[5] suttaṃ bhāvisati vuttā suttā are missing in S1-3
[6] pavuccatīti is missing in S1-3
[7] Missing in S1-3 [8] S1-3 vitthāretabbaṃ

sīlavanto sīlavantehi saddhiṃ°|| paññavanto paññavantehi saddhiṃ saṃsandanti samentīti|| || Dutiyaṃ|| ||

25 (3) *Pañcasikkhāpadāni*

1 Sāvatthiyaṃ viharati|| ||

2 Dhātuso bhikkhave sattā saṃsandanti samenti|| ||

3 Pāṇātipātino pāṇātipātīhi saddhiṃ saṃsandanti samenti|| adinnādāyino adinnadāyīhi saddhiṃ°|| kāmesu micchācārino kāmesu micchācārīhi saddhiṃ°|| musāvādino musāvādīhi saddhiṃ°|| surāmerayamajjapamādaṭṭhāyino surāmerayamajjapamādaṭṭhāyīhi saddhiṃ saṃsandanti samenti|| ||

4 Pāṇātipātā paṭiviratā pāṇātipātā paṭiviratehi saddhiṃ samsandanti samenti|| adinnādānā paṭiviratā adinnādānā paṭiviratehi saddhiṃ°|| Kāmesu micchācārā paṭiviratā kāmesu micchācārā paṭiviratehi saddhiṃ°|| musāvādā paṭiviratā musāvādā paṭiviratehi saddhiṃ°|| surāmerayamajjapamādaṭṭhānā paṭiviratā surāmerayamajjapamādaṭṭhānā paṭiviratehi saddhiṃ saṃsandanti samentīti|| || Tatiyaṃ|| ||

26 (4) *Sattakammapathā*

1 Sāvatthiyaṃ viharati|| ||

2 Dhātuso bhikkhave sattā saṃsandanti samenti|| ||

3 Pāṇātipātino pāṇātipātīhi saddhiṃ saṃsandanti samenti|| adinnādāyino adinnadāyīhi saddhiṃ°|| kāmesu micchācārino kāmesu micchācārīhi saddhiṃ°|| musāvādino musāvādīhi saddhiṃ°|| pisuṇavācā pisuṇavācehi saddhiṃ°|| samphappalāpino samphappalāpīhi saddhiṃ saṃsandanti samenti|| ||

4 Pāṇātipātā paṭiviratā|| adinnādānā paṭiviratā|| kāmesu micchācārā paṭiviratā|| musāvādā paṭiviratā|| pisuṇavācāya paṭiviratā pisuṇavācāya paṭiviratehi saddhiṃ saṃsandanti samenti|| pharusavācāya paṭiviratā pharusavācāya paṭiviratehi saddhiṃ saṃsandanti samenti|| samphappalāpā paṭiviratā samphappalāpā paṭiviratehi saddhiṃ saṃsandanti samenti|| || Catutthaṃ|| ||

27 (5) *Dasakammapatha*

1 Sāvatthiyaṃ viharati|| ||

2 Dhātuso bhikkhave sattā saṃsandanti samenti|| ||

3 Pāṇātipātino pāṇātipātīhi saddhiṃ saṃsandanti samenti|| ādinnādāyino|| pe|| kāmesu micchācārino|| musāvādino|| pisuṇavācā|| pharusavācā|| samphappalāpino samphappalāpīhi saddhiṃ saṃsandanti samenti|| abhijjhāluno abhijjhālūhi saddhiṃ saṃsandanti samenti|| vyāpannacittā vyāpannacittehi saddhiṃ|| micchādiṭṭhikā micchādiṭṭhikehi saddhiṃ saṃsandanti samenti|| ||

4 Paṇātipātā paṭiviratā pāṇātipātāpaṭiviratehi saddhiṃ saṃsandanti samenti|| adinnādānā paṭiviratā|| kāmesu micchācārā paṭiviratā|| musāvādā paṭiviratā|| pisuṇavācāya paṭiviratā|| pharusavācāya paṭiviratā|| samphappalāpā paṭiviratā samphappalāpā paṭiviratehi saddhiṃ saṃsandanti samenti|| anabhijjhāluno anabhijjhālūhi saddhiṃ saṃsandanti samenti|| avyāpannacittā avyāpannacittehi saddhiṃ saṃsandanti samenti || sammādiṭṭhikā sammādiṭṭhikehi saddhiṃ saṃsandanti samenti|| ||Pañcamaṃ|| ||

28 (6) *Aṭṭhaṅgiko*

1 Sāvatthiyaṃ viharati|| ||

2 Dhātuso bhikkhave sattā saṃsandanti samenti|| ||

3 Micchādiṭṭhikā micchādiṭṭhikehi saddhiṃ saṃsandanti samenti|| micchāsaṅkappā|| pe|| micchāvācā|| pe|| micchākammanta|| pe|| miccha-ajīva|| pe|| micchāvāyāmā|| pe|| micchāsatino|| pe|| micchāsamādhino|| micchāsamādhīhi saddhim saṃsandanti samenti|| ||

4 Sammādiṭṭhikā sammādiṭṭhikehi saddhiṃ saṃsandanti samenti|| sammāsaṅkappā|| sammāvācā|| sammākammantā|| sammā-ājīvā|| sammāvāyāmā|| sammāsatino|| sammāsamādhino sammāsamādhīhi saddhiṃ saṃsandanti samentīti|| || Chaṭṭhaṃ|| ||

29 (7) *Dasaṅga*

1 Sāvatthi|| ||

2 Dhātuso bhikkhave sattā saṃsandanti samenti|| ||

3 Micchādiṭṭhikā micchādiṭṭhikehi saddhiṃ saṃsandanti samenti|| micchāsaṅkappā|| micchāvācā|| micchākammantā|| micchā-ājīvā|| micchāvāyāmā|| micchāsatino|| micchāsamā-

dhino micchāsamādhīhi saddhiṃ saṃsandanti samenti|||| Micchāñāṇino micchāñāṇīhi saddhiṃ saṃsandanti samenti|| micchāvimuttino micchāvimuttīhi saddhiṃ saṃsandanti samenti||||

4 Sammādiṭṭhikā sammādiṭṭhikehi saddhiṃ saṃsandanti samenti|| sammāsaṅkappā|| sammāvācā|| sammākammantā|| sammā-ājīvā|| sammāvāyāmā|| sammāsatino|| sammāsamādhino|||| Sammāñāṇino sammāñāṇīhi saddhiṃ saṃsandanti samenti|| sammāvimuttino sammāvimuttīhi saddhiṃ saṃsandanti samentīti|||| Sattamaṃ||||

Sabbattha atītānāgatapaccuppannaṃ kātabbaṃ||||[1]

Sattannaṃ suttantānam[2] uddānaṃ||||
Asamāhitaṃ Dussīlyam||[3] Pañcasikkhāpadāni ca||
Sattakammapathā vuttā|| Dasakammapathena ca||
Chaṭṭham Aṭṭhaṅgiko vutto|| Dasaṅgena[4] ca sattamam||||

Kammapathavaggo tatiyo||||

Chapter IV Catuttha-vaggo

30 (1) *Catasso*

1 Ekaṃ samayam Bhagavā Sāvatthiyaṃ viharati Jetavane Anāthapiṇḍikassa ārāme||||[5]

2 Catasso imā bhikkhave dhātuyo||||
Katamā catasso|||| Pathavīdhātu|| āpodhātu|| tejodhātu|| vāyodhātu||||
Imā kho bhikkhave catasso dhātuyo ti|||| Pathamam||||[6]

31 (2) *Pubbe*

1 Sāvatthi||||

---

[1] In B only, since this development is missing there in each sutta
[2] S[1-3] Sattānaṃ
[3] S[1-3] Dussīlā asamāhitāṃ
[4] S[1-3] dasahi aṅgehi
[5] Missing in S[1-3]
[6] S[1-3] ekaṃ

2 Pubbe me bhikkhave sambodhā anabhisambuddhassa bodhisattasseva sato etad ahosi|| ||

3 Ko nu kho pathavīdhātuyā assādo ko ādinavo kiṃ nissaraṇaṃ|| ko āpodhātuyā assādo ko ādīnavo [1] kiṃ nissaraṇaṃ|| ko tejodhātuyā assādo ko ādīnavo kiṃ nissaraṇaṃ|| ko vāyodhātuyā assādo ko adīnavo kim nissaraṇanti|| ||

4 Tassa mayhaṃ bhikkhave etad ahosi|| ||

5 Yaṃ kho pathavīdhātum paṭicca uppajjati sukhaṃ somanassaṃ|| ayam pathavīdhātuyā assādo|| || Yaṃ [2] pathavīdhātuyā aniccā dukkhā vipariṇāmadhammā|| ayam pathavīdhātuyā ādīnavo|| Yaṃ [3] pathavīdhātuyā chandarāgavinayo [4] chandarāgappahānaṃ|| idam pathavīdhātuyā nissaraṇaṃ|| ||

6 Yam āpodhātum paṭicca|| pe|| ||

7 Yaṃ tejodhātum paṭicca|| pe|| ||

8 Yaṃ vāyodhātum paṭicca uppajjati sukhaṃ somanassaṃ|| ayaṃ vāyodhātuyā assādo|| || Yaṃ [5] vāyodhatuyā aniccā dukkhā vipariṇāmadhammā|| ayaṃ vāyodhātuyā ādīnavo|| || Yaṃ [6] vāyodhātuyā chandarāgavinayo chandarāgappahānaṃ|| idaṃ vāyodhātuyā nissaraṇaṃ|| ||

9 Yāva kivañcāham bhikkave imāsaṃ [7] catunnam dhātūnaṃ evam assādañca assādato ādīnavañca ādīnavato nissaraṇañca nissaraṇato yathābhūtaṃ na abbhaññāsiṃ [8] neva tāvāham bhikkhave sadevake loke samārake sabrahmake sassamaṇabrāhmaṇiyā pajāya sadevamanussāya anuttaraṃ sammāsambodhiṃ abhisambuddhoti paccaññāsiṃ|| ||

10 Yato cakhvāham bhikkhave imāsaṃ catunnaṃ dhātūnam evam assādañ ca assādato ādīnavañ ca ādīnavato nissaraṇañca nissaraṇato yathābhūtaṃ abbhaññāsiṃ athāham bhikkhave sadevake loke samārake sabrahmake sassamaṇabrāhmaṇiyā pajāya sadevamanussāya anuttaraṃ sammāsambodhim abhisambuddhoti paccaññasiṃ|| ||

---

[1] B ādinavo always
[2] S[1-3] yā
[3] B yo
[4] Missing in S[1-3]
[5] S[3] yā; missing in S[1]
[6] B yo; S[1-3] yā
[7] S[3] imesaṃ
[8] S[1] nab (S[3] nāb-) bhaññāsiṃ

11 Ñāṇañca pana me dassanam udapādi Akuppā me cetovimutti [1] ayam antimā jāti natthi dāni punabbhavoti|||
Dutiyaṃ||| [2]

32 (3) *Acariṃ*

1 Sāvatthi||| [3]

2 Pathavīdhātuyāhaṃ bhikkhave assādapariyesanaṃ acariṃ||| [4] Yo pathavīdhatuyā assādo tad ajjhagamaṃ|| yāvatā pathavīdhātuyā assādo paññāya me so [5] sudiṭṭho|||

3 Pathavīdhātuyāham bhikkhave ādinavapariyesanaṃ acariṃ|| Yo pathavīdhātuyā ādīnavo tad ajjhagamam|| yāvatā pathavīdhātuyā ādīnavo paññāya me so [6] sudiṭṭho|||

4 Pathavīdhātuyāham bhikkhave nissaraṇapariyesaṇaṃ acariṃ||| Yaṃ pathavīdhātuyā nissaraṇaṃ tad ajjhagamaṃ yāvatā pathavīdhātuyā nissaraṇaṃ paññāya me taṃ [7] sudiṭṭhaṃ|||

5–7 Āpodhātuyāham bhikkhave|| pe||

8–10 Tejodhātuyāham bhikkhave|| pe|||

11 Vāyodhātuyāham bhikkhave assādapariyesanaṃ acariṃ|| Yo vāyodhātuyā assādo tad ajjhagamaṃ|| yāvatā vāyodhatuyā assādo paññāya me so [8] sudiṭṭho|||

12 Vāyodhātuyāham bhikkhave ādīnavapariyesanaṃ acariṃ||| Yo vāyodhātuyā ādīnavo tad ajjhagamaṃ|| yāvatā vāyodhātuyā ādīnavo paññāya me so sudiṭṭho|||

13 Vāyodhātuyāhaṃ bhikkhave nissaraṇapariyesanam acariṃ||| Yaṃ [9] vāyodhātuyā nissaraṇaṃ tad ajjhagamaṃ|| yāvatā vāyodhātuyā nissaraṇam paññāya me taṃ sudiṭṭhaṃ|||

14 Yāva kivāncāham bhikkhave imāsaṃ catunnaṃ dhātūnaṃ assādañca assādato ādīnavañca ādīnavato nissaraṇañca nissaraṇato yathābhūtaṃ na abbhaññāsiṃ|| [10]

---

[1] Ceto is omitted by S3 written between the lines in S1
[2] Dve [3] Missing in S1-3 here and further on
[4] Sometimes ācariṃ whether in S1 or in S3
[5] Missing in S1-3 [6] Missing in S1-3
[7] Missing in S3 [8] Missing in S1-3
[9] Missing in S1-3
[10] So S1 here; S3 nābbha° as above; B anabbha°

neva tāvāhaṃ[1] bhikkhave sadevake loke samārake sabrahmake sassamaṇabrāhmaṇiyā pajāya sadevamanussāya anuttaraṃ sammāsambodhim abhisambuddhoti paccaññāsiṃ || ||

15 Yato ca khvāhaṃ bhikkhave imāsaṃ catunnaṃ dhātūnam assādañca assādato ādīnavañca ādīnavato nissaraṇañca nissaraṇato yathābhūtam abbhaññāsiṃ || athāham bhikkhave sadevake loke samāra ke sabrahmake sassamaṇabrāhmaṇiyā pajāya sadevamanussāya anuttaraṃ sammāsambodhim abhisambuddhoti paccaññāsiṃ || ||

16 Ñāṇañca pana me dassanam udapādi || Akuppā me cetovimutti ||[2] ayam antimā jāti || natthidāni punabbhavoti || ||

Tatiyaṃ || ||

33 (4) *Yo no cedaṃ*

1 Sāvatthi || ||

2 No cedam bhikkhave pathavīdhātuyā assādo abhavissa || nayidaṃ sattā pathavīdhātuyā sārajjeyyuṃ || || Yāsmā ca kho bhikkhave atthi pathavīdhātuyā assādo || tasmā sattā pathavīdhātuyā sārajjanti || ||

3 No cedaṃ bhikkhave pathavīdhatuyā ādīnavo abhavissa || nayidaṃ satthā pathavīdhātuyā nibbindeyyuṃ || || Yasmā ca kho bhikkhave atthi pathavīdhātuyā ādīnavo || tasmā sattā pathavīdhātuyā nibbindanti || ||

4 No cedam bhikkhave pathavīdhātuyā nissaraṇam abhavissa || nayidaṃ sattā pathavīdhātuyā nissareyyuṃ || || Yasmā ca kho bhikkhave atthi pathavīdhātuyā nissaraṇaṃ || tasmā sattā pathavīdhātuyā nissaranti || ||[3]

5–7 No cedaṃ bhikkhave āpodhātuyā assādo abhavissa ||[4] pe || ||

8–10 No cedam bhikkhave tejodhātuyā || pe || ||

11 No cedam bhikkhave vāyodhātuya assādo abhavissa || nayidaṃ sattā vāyodhātuyā sārajjeyyuṃ || || Yasmā ca kho bhikkhave atthi vāyodhātuyā assādo || tasmā sattā vāyodhātuyā sārajjanti || ||

---

[1] S[1] athāhaṃ
[2] S[1-3] omit ceto
[3] B S[1] nissaraṇanti
[4] assādo° is in B only

12 No cedaṃ bhikkhave vāyodhātuyā ādīnavo abhavissa || nayidaṃ sattā vāyodhātuyā nibbindeyyuṃ ||| Yasmā ca kho bhikkhave atthi vāyodhātuyā ādīnavo || tasmā sattā vāyodhātuyā nibbindanti |||

13 No cedam bhikkhave vāyodhātuyā nissaraṇam abhavissa || nayidaṃ sattā vāyodhātuyā nissareyyuṃ ||| Yasmā ca kho bhikkhave atthi vāyodhātuyā nissaraṇaṃ || tasmā sattā vāyodhātuyā nissaranti |||[1]

14 Yāva kīvañcime[2] bhikkhave sattā imāsaṃ catunnam dhātūnaṃ assādañca assādato ādīnavañca ādīnavato nissaraṇañca nissaraṇato yathābhūtaṃ na abbhaññaṃsu ||[3] neva tāvime[4] bhikkhave sattā sadevakā lokā samārakā sabrahmakā sassamaṇabrāhmaṇiyā pajāya sadevamanussāya nissaṭṭhā[5] visaṃyuttā[6] vippayuttā vimariyādikatena[7] cetasā vihariṃsu |||

15 Yato ca kho bhikkhave sattā imāsaṃ catunnaṃ dhātūnam assādañca assādato ādīnavañca ādīnavato nissaraṇañca nissaraṇato yathābhūtam abbhaññaṃsu || atha bhikkhave sattā sadevakā lokā samārakā sabrahmakā sassamaṇabrāhmaṇiyā pajāya sadevamanussāya nissaṭṭhā visaṃyuttā vippayuttā vimariyādikatena[7] cetasā viharantīti ||| Catutthaṃ[8] |||

34 (5) *Dukkha*

1 Sāvatthi |||

2 Pathavīdhātu ce[8] hidaṃ bhikkhave ekantadukkhā abhavissa dukkhānupatitā dukkhāvakkantā anavakkantā sukhena || nayidam sattā pathavīdhātuyā sārajjeyyuṃ ||| Yasmā ca kho bhikkhave pathavīdhātusukhā sukhānupatitā sukhāvakkantā anavakkantā dukkhena ||[9] tasmā sattā pathavīdhātuyā sārajjanti |||

[1] B nissaraṇanti [2] S1-3 °ca instead of °cime
[3] So B always; S1-3 abbhaññāsuṃ here only
[4] S1-3 tāvahaṃ
[5] B nissaṭā; C nissatā [6] S3 viññātā
[7] So C; B, S1-3 vipariyādi° katena, both always
[8] S1-3 cattāri [9] S1-3 °dhātuñca always
[10] S1-3 sukhena, anavakkantā being omitted

3 Apodhātu ce hidaṃ bhikkhave|| pe|| ||

4 Tejodhātu ce hidaṃ bhikkhave|| pe|| ||

5 Vāyodhātu ce hidam bhikkhave ekantadukkhā abhavissa dukkhānupatitā dukkhāvakkantā anavakkantā sukhena|| na yidam [1] sattā vāyodhātuyā sārajjeyyuṃ|| || Yasmā ca kho bhikkhave vāyodhātu sukhā sukhānupatitā sukhāvakkantā anavakkantā dukkhena||[2] tasmā sattā vāyodhātuyā sārajjanti|| ||

6 Pathavīdhātu ce hidaṃ bhikkhave ekantasukhā abhavissa sukhānupatitā sukhāvakkantā anavakkhantā dukkhena|| na yidaṃ sattā pathavidhātuyā nibbindeyyuṃ|| || Yasmā ca kho bhikkhave pathavīdhātu dukkhā dukkhānupatitā dukkhāvakkantā anavakkantā sukhena||[3] tasmā sattā pathavīdhātuyā nibbindanti|| ||

7 Āpodhātu ce hidam bhikkhave|| pe|| ||

8 Tejodhātu ce hidaṃ bhikkhave|| pe|| ||

9 Vāyodhātu ce hidaṃ bhikkhave ekantasukhā abhavissa sukhānupatitā sukhāvakkantā anavakkantā dukkhena|| nayidam sattā vāyodhātuyā nibbindeyyuṃ|| || Yasmā ca kho bhikkhave vāyodhātu dukkhā dukkhānupatitā dukkhāvakkantā anavakkantā sukhena||[1] tasmā sattā vāyodhātuyā nibbindantīti|| ||

Pañcamaṃ|| ||

35 (6) *Abhinandam*

1 Sāvatthi|| ||

I

2 Yo bhikkhave pathavīdhātum abhinandati dukkhaṃ so abhinandati|| Yo dukkham abhinandati aparimutto so dukkhasmā ti vadāmi||

3 Yo āpodhātum abhinandati|| pe|| ||

4 Yo tejodhātum abhinandati|| pe|| ||

5 Yo vāyodhātum abhinandati dukkhaṃ so abhinandati|| Yo dukkham abhinandati aparimutto so dukkhasmā ti vadāmi|| ||

---

[1] S[1-3] yadidaṃ [2] S[1-3] sukhena

[3] S[1-3] dukkhena ; S[1] has avakkantā here and above

II

6 Yo ca kho bhikkhave pathavīdhātuṃ nābhinandati dukkhaṃ so nābhinandati|| yo dukkhaṃ nābhinandati parimutto so dukkhasmāti vadāmi|| ||

7 Yo āpodhātuṃ|| pe|| ||

8 Yo tejodhātuṃ|| pe|| ||

9 Yo vāyodhātum nābhinandati dukkhaṃ so nābhinandati|| yo dukkhaṃ nābhinandati parimutto so dukkhasmā ti vadāmi|| || Chaṭṭhaṃ|| ||[1]

36 (7) *Uppādo*

1 Sāvatthi|| ||

2 Yo bhikkhave pathavīdhātuyā uppādo ṭhiti abhinibbatti pātubhāvo dukkhasseso uppādo rogānaṃ ṭhiti jarāmaraṇassa pātubhāvo|| ||

3 Yo āpodhātuyā|| pe|| ||

4 Yo tejodhātuyā|| pe|| ||

5 Yo vāyodhātuyā uppādo ṭhiti abhinibbatti pātubhāvo dukkhasseso uppādo rogānaṃ ṭhiti jarāmaraṇassa pātubhāvo|| ||

6 Yo ca kho bhikkhave pathavīdātuyā nirodho vūpasamo atthagamo dukkhasseso nirodho rogānaṃ vūpasamo jarāmaraṇassa atthagamo|| ||

7 Yo āpodhātuyā|| pe|| ||

8 Yo tejodhātuyā|| pe||

9 Yo vāyodhātuyā nirodho vūpasamo atthagamo dukkhasseso nirodho rogānaṃ vūpasamo jarāmaraṇassa atthagamo ti|| || Sattamaṃ|| ||[2]

37 (8) *Samaṇabrāhmaṇa* (1)

1 Sāvatthi|| ||

2 Catasso imā bhikkhave dhātuyo|| || Katame catasso|| || Pathavīdhātu|| āpodhātu|| tejodhātu|| vāyodhātu|| ||

3 Ye hi keci bhikkhave samaṇāvā brāhmaṇā vā imāsaṃ catunnaṃ dhātūnaṃ assādañca ādīnavañca nissaraṇañca

---

[1] S1-3 cha

[2] S1-3 satta

yathābhūtaṃ na pajānanti|| na me te bhikkhave samaṇā vā brāhmaṇā vā samaṇesu vā samaṇasammatā brāhmaṇesu vā brāhmaṇasammatā|| na ca pana te āyasmantā sāmaññattaṃ vā brahmaññatthaṃ vā diṭṭheva dhamme sayaṃ abhiññā sacchikatvā upasampajja viharanti|||

4 Ye ca kho keci bhikkhave samaṇā vā brāhmaṇā vā imāsaṃ catunnam dhātūnaṃ assādañca ādīnavañcā nissaraṇañca yathābhūtaṃ pajānanti||[1] te ca kho me[2] bhikkhave samaṇā vā brāhmaṇā vā samaṇesu ceva samaṇasammatā brāhmaṇesu va.[3] brāhmaṇasammatā|| te ca panāyasmantā sāmaññatthaṃ ca brahmaññatthañca diṭṭheva dhamme sayaṃ abhiññā sacchikatvā upasampajja viharantīti||| Aṭṭhamaṃ|||

38 (9) *Samaṇabrahmaṇa* (2)

1 Sāvatthi|||

2 Catasso imā bhikkhave dhātuyo||| Katamā catasso||| Pathavīdhātu|| āpodhātu|| tejodhātu|| vāyodhātu|||

3 Ye hi keci bhikkhave samaṇā vā brāhmaṇā vā imāsaṃ catunnaṃ dhātunaṃ samudayañ ca atthagamān ca assādañ ca ādīnavañ ca nissaraṇañ ca yathābhūtaṃ na pajānantī ti[4] vitthāretabbam|| [5]

4 Pajānanti|| pe||[5] sayam abhiññā sacchikatvā upasampajja viharantīti||| Navamaṃ|||[6]

39 (10) *Samaṇa brāhmaṇa*

1 Sāvatthi|||

2 Ye hi keci bhikkhave samaṇā vā brāhmaṇā vā pathavīdhātuṃ na pajānanti|| pathavīdhātusamudayaṃ na pajānanti|| pathavīdhātunirodhaṃ na pajānanti|| pathavīdhātunirodhagāminiṃ paṭipadaṃ na pajānanti||[7] pe|||

---

[1] S[1-3] nappajānanti
[2] S[1-3] te kho te
[3] B ca
[4] S[1-3] nappajānanti
[5] Omitted by S[1-3]
[6] S[1-3] Nava
[7] B inserts here: te ca kho me bhikkhave samaṇā va brāhmaṇā vā|| pa||

3 Āpodhātuṃ na pajānanti|| pe|| ||

4 Tejodhātuṃ na pajānanti|| pe|| ||

5 Vāyodhātuṃ na pajānanti|| vāyodhātusamudayaṃ na pajānanti|| vāyodhātunirodhagāminiṃ paṭipadaṃ na pajānanti|| na me te bhikkhave samaṇā vā brāhmaṇā vā samaṇesu vā samaṇasammatā brāhmaṇesu vā brāhmaṇasammatā|| na ca pana te āyasmantā sāmaññattaṃ vā brahmaññattaṃ vā diṭṭheva dhamme sayam abhiññā sacchikatvā upasampajja viharanti|| ||

6 Ye ca kho keci bhikkhave samaṇā vā brāhmaṇā vā pathavīdhātum pajānanti|| pathavīdhatusamudayam pajānanti|| pathavīdhātunirodhaṃ pajānanti|| pathavīdhātunirodhagāminiṃ paṭipadaṃ pajānanti||

7 Āpodhātum pajānanti

8 Tejodhātum pajānanti||

9 Vāyodhātum pajānanti|| vāyodhātusamudayam pajānanti|| vāyodhātunirodhaṃ pajānanti|| vāyodhātunirodhagāminiṃ paṭipadam pajānanti|| te ca kho me[1] bhikkhave samaṇā vā brāhmaṇā va samaṇesu ceva samaṇasammatā brāhmaṇesu ca brāhmaṇasammatā|| te ca panāyasmanto sāmaññatthañ ca brahmaññatthañ ca diṭṭheva dhamme sayaṃ abhiññā sacchikatvā upasampajja viharantīti|| ||

Dasamaṃ|| ||[2]

Catuttha-vaggo|| ||[3]

Tassuddānam|| ||

Catasso Pubbe Acariṃ||
Yo-no-cedam[4] Dukkhena ca||
Abhinandañ ca[5] Uppādo||
Tayo Samaṇabrāhmaṇāti|| ||

Dhātu-saṃyuttaṃ tatiyaṃ samattaṃ|| ||[6]

---

[1] S1-3 te kho te [2] S1-3 dasa
[3] S1-3 Catudhātu-vaggo samatto
[4] S1-3 acari no cedaṃ [5] S1-3 Abhinandanañca
[6] S1-3 Dhātusaññutti samatti

BOOK IV ANAMATAGGA-SAṂYUTTAṂ

Paṭhamo Vaggo

1 (1) *Tiṇakaṭṭham*

1 Evaṃ me sutaṃ|| ekaṃ samayaṃ Bhagavā Sāvatthiyaṃ viharati Jetavane Anāthapiṇḍikassa ārāme|| ||

2 Tatra kho [1] Bhagavā bhikkhū āmantesi Bhikkhavo ti Bhadante ti te bhikkhū Bhagavato paccassosuṃ|| ||

3 Bhagavā etad avoca|| || Anamataggāyaṃ [2] bhikkhave saṃsāro pubbākoṭi na paññāyati avijjānīvaraṇānaṃ [3] sattānaṃ taṇhāsaṃyojanānaṃ sandhāvataṃ saṃsarataṃ|| |

4 Seyyathāpi bhikkhave purisoyaṃ imasmiṃ Jambudīpe tiṇakaṭṭhasākhā palāsaṃ tacchetvā [4] ekajjhaṃ saṃharitvā caturaṅgulaṃ caturaṅgulaṃ ghaṭikaṃ karitvā [5] nikkhippeyya|| Ayaṃ me mātā tassā me mātu ayam mātā ti|| || Apariyādinnā ca bhikkhave tassa purisassa mātu mātaro assu|| atha imasmiṃ Jambudīpe tiṇakaṭṭhasākhāpalāsaṃ parikkhayam pariyādānaṃ gaccheyya|| ||

5 Taṃ kissa hetu|| || Anamataggāyaṃ bhikkhave saṃsāro pubbakoṭi na pannāyati avijjānīvaraṇānaṃ sattānaṃ taṇhāsaṃyojanānaṃ sandhāvataṃ saṃsarataṃ|| ||

6 Evaṃ dīgharattam vo [6] bhikkhave dukkham paccanubhūtam tibbaṃ [7] paccanubhūtaṃ vyasanaṃ paccanubhūtaṃ kaṭasi vaḍḍhitā|| ||

7 Yāvañcidam bhikkhave alam eva sabbasaṅkhāresu nibbinditum alaṃ virajjituṃ alaṃ vimuccituntī|| || Paṭhamaṃ|| ||[8]

---

[1] Missing in S1-3 till etadavoca

[2] S1-3 °taggo yaṃ always [3] S1-3 insert here bhikkhave

[4] S1-3 taṃ chetvā; S3 ta (which seems to be erased) gahetvā ekajjham saṃhareyya [5] B katvā [6] B kho

[7] C tippaṃ missing with the following word in S1-3

[8] Missing in S1-3

2 (2) *Pathavī*

1 Sāvatthiyaṃ viharati|| ||[1]

2 Anamataggāyam bhikkhave saṃsāro pubbākoṭi na paññāyati avijjānīvaraṇānam sattānam taṇhāsaṃyojanānaṃ sandhāvataṃ saṃsarataṃ||

3 Seyyathāpi bhikkhave puriso imaṃ mahāpathaviṃ kolaṭṭhimattaṃ kolaṭṭhimattaṃ mattikāguḷikaṃ[2] karitvā nikkhippeyya|| Ayaṃ kho me pitā tassa me pitu ayam pitā ti || Apariyādinnā[3] bhikkhave tassa purisassa pitu pitaro assu,| athāyam mahāpathavī parikkhayam pariyādānaṃ gaccheyya|| ||

4 Taṃ kissa hetu|| || Anamataggāyam bhikkhave saṃsāro pubbakoṭi na paññāyati avijjānīvaraṇānaṃ sattānaṃ taṇhāsaṃyojanānaṃ sandhāvataṃ saṃsarataṃ|| ||

5 Evaṃ dīgharattaṃ kho bhikkhave dukkhaṃ paccanubhūtaṃ tibbam paccanubhūtaṃ vyasanaṃ paccanubhūtaṃ kaṭasi vaḍḍhitā|| ||

6 Yāvañcidam bhikkhave alam eva sabbasaṅkhāresu nibbinditum alaṃ virajjituṃ alaṃ vimuccituntī|| || Dutiyam|| ||

3 (3) *Assu*

1 Sāvatthi|| || pe|| ||

2 Anamataggāyam bhikkhave saṃsāro pubbākoṭi na paññāyati avijjānīvaraṇānaṃ sattānam taṇhāsaṃyojanānaṃ sandhāvataṃ saṃsarataṃ|| ||[4]

3 Taṃ kiṃ maññatha bhikkhave|| Katamaṃ nu kho bahutaraṃ|| yaṃ vā vo iminā dīghena addhunā sandhāvataṃ saṃsarataṃ amanāpasampayogā manāpavippayogā kandantānaṃ rodantānaṃ[5] assupasannaṃ paggharitaṃ yaṃ vā catūsu mahāsamuddesu udakanti|| ||

4 Yathā kho mayam bhante Bhagavatā dhammaṃ desitam ājānāma|| etad eva bhante bahutaraṃ yaṃ no

---

[1] S[1-3] Sāvatthi-pe-tatrakhovoca—

[2] S[1-3] omit mattikā [3] S[1-3] °ādinno

[4] S[1-3] add dīgharattaṃ vo bhikkhave dukkhaṃ paccanubhūtaṃ [5] S[1] rūdantānam always

iminā dīghena āddhunā sandhāvatam saṃsaratam amanāpasampayogā manāpavippayogā kandantānaṃ rodantānaṃ assupasannam paggharitaṃ na tveva catūsu mahāsamuddesu udakanti || ||

5 Sādhu sādhu bhikkhave sādhu kho me[1] tumhe bhikkhave evam dhammaṃ desitam ājānātha || ||

6 Etad eva bhikkhave bahutaraṃ yaṃ vo[2] iminā dīghena adhunā sandhāvataṃ saṃsārataṃ amanāpasampayogā manāpavippayogā kandantānaṃ rodantānam assupasannaṃ paggharitaṃ na tveva catūsu mahāsamuddesu udakam || ||[3]

7 Dīgharattaṃ vo bhikkhave mātumaraṇam paccānubhūtam ||

8 Puttamaraṇaṃ paccanubhūtam || ||

9 Dhītumaraṇam paccanubhūtaṃ || ||

10 Ñātivyasanam paccanubhūtaṃ || ||

11 Bhogavyasanam paccanubhūtam || ||

12 Dīgharattam vo bhikkhave rogavyasanam paccanubhūtaṃ || tesaṃ vo rogavyasanam paccanubhontānam amanāpasaṃyogā manāpavippayogā kandantānaṃ rodantānam assupasannaṃ paggharitaṃ na tveva catūsu mahāsamuddesu udakaṃ || ||

13 Taṃ kissa hetu || || Anamataggāyam bhikkhave saṃsāro || pe || ||

14 Yāvancidam bhikkhave alam eva sankhāresu nibbindituṃ alaṃ virajjitum alaṃ vimuccituntī || || Tatiyaṃ || ||

4 (4) *Khīram*

1 Sāvatthi || ||[4]

2 Anamataggāyam bhikkhave saṃsāro pubbākoṭi na paññāyati avijjānīvaraṇānaṃ sattānaṃ taṇhāsaṃyojanānaṃ sandhāvataṃ saṃsarataṃ || ||

3 Taṃ kiṃ maññatha bhikkhave || || Katamaṃ nu kho bahutaraṃ || yaṃ vā vo iminā dīghena addhunā sandhāva-

---

[1] S[1-3] omit kho me [2] S[1-3] kho instead of yaṃ vo

[3] These last words from na tveva° are omitted in B

[4] S[1-3] add °yaṃ viharati—pe—

taṃ saṃsarataṃ mātuthaññam pītam yaṃ vā catūsu mahāsamuddesu udakanti|| ||

4 Yathā kho mayam bhante Bhagavatā dhammaṃ desitam ājānāma|| etad eva bhante bahutaram yaṃ no iminā dīghena addhunā sandhāvatam saṃsarataṃ mātuthaññaṃ pītam|| na tveva catūsu mahāsamuddesu udakanti|| ||

5 Sādhu sādhu bhikkhave sādhu kho me tumhe bhikkhave evaṃ dhammaṃ desitam ājānātha|| ||

6 Etad eva bhikkhave bahutaram yaṃ vo iminā dīghena addhunā sandhāvataṃ saṃsarataṃ mātuthaññam pītam|| na tveva catūsu mahāsamuddesu udakaṃ|| ||

7 Taṃ kissa hetu|| || Anamataggam bhikkhave saṃsāro|| pe|| alaṃ vimuccituntì|| || Catutthaṃ|| ||

5 (5) *Pabbata*

1 Sāvatthi|| pe||[1] ārāme|| ||

2 Atha kho aññataro bhikkhu yena Bhagavā tenupasaṅkami|| upasaṅkamitvā|| pe|| ||[2]

3 Ekam antam nisinno kho so bhikkhu Bhagavantam etad avoca|| || Kiṃva dīgho nu kho bhante kappoti|| ||

4 Dīgho kho bhikkhu kappo|| so na sukaro saṅkhātum|| ettakāni vassāni iti[3] vā ettakāni vassasatāni iti vā ettakāni vassasahassāni iti vā ettakāni vassasata sahassāni iti vā ti|| ||

5 Sakkā pana bhante upamā kātunti|| ||

6 Sakkā bhikkhū ti Bhagava avoca|| || Seyyathāpi bhikkhu mahāselo pabbato yojanam āyāmena yojanaṃ vitthārena yojanam ubbedhena acchiddo[4] asusiro ekaghano||[5] tam enam[6] puriso vassasatassa vassasatassa accayena kāsikena vatthena sakiṃ sakiṃ parimajjeyya||[7] khippataraṃ kho so bhikkhu mahāselo pabbato iminā upakkamena parikkhayam pariyādānaṃ gaccheyya na tveva kappo|| ||

7 Evam dīgho[8] bhikkhu kappo|| evaṃ dīghānam kho

---

[1] S[1-3] °yaṃ viharati—pe— [2] More developed in B
[3] S[1-3] °ānīti always [4] B acchinno
[5] B ekagghano [6] S[1-3] tamena
[7] S[1-3] °maddeyya [8] S[1-3] add kho

bhikkhu kappānaṃ neko kappo saṃsito nekaṃ[1] kappasataṃ saṃsitaṃ nekaṃ kappasahassaṃ saṃsitaṃ nekaṃ kappasata-sahassaṃ saṃsitaṃ || ||

8 Taṃ kissa hetu || || Anamataggāyaṃ bhikkhu saṃsāro pe || || alaṃ vimuccituntī || ||[2] Pañcamaṃ [3]

6 (6) *Sāsapā*

1 Sāvatthi || ||[4]

2 Atha kho aññataro bhikkhu yena Bhagavā || pe

3 Ekam antaṃ nisinno kho so bhikkhu Bhagavantaṃ etad avoca || || Kiṃ va dīgho nu kho bhante kappotī || ||

4 Dīgho kho bhikkhu kappo || so na sukaro saṅkhātuṃ ettakāni vassāni iti vā || pe || ettakāni vassasatasahassāni iti vā ti || ||

5 Sakkā pana bhante upamā kātuntī || ||

6 Sakkā bhikkhūti Bhagavā avoca || Seyyathāpi bhikkhu[5] āyasaṃ[6] nagaraṃ yojanaṃ āyāmena yojanaṃ vitthārena yojanaṃ ubbedhena puṇṇaṃ sāsapānaṃ cuḷikābaddhaṃ ||[7] tato puriso vassasatassa vassasatassa accayena ekaṃ ekaṃ sāsapaṃ uddhāreyya || khippataraṃ kho so[8] bhikkhu mahā sāsaparāsi iminā upakkamena parikkhayaṃ pariyādānaṃ gaccheyya na tveva kappo || ||

7 Evaṃ dīgho kho bhikkhu kappo || evaṃ dīghānaṃ kho bhikkhu kappānaṃ neko kappo saṃsito nekaṃ kappasataṃ saṃsitaṃ nekaṃ kappasahassaṃ saṃsitaṃ nekaṃ kappasatasahassaṃ saṃsitaṃ || ||

8 Taṃ kissa hetu || || Anamataggāyaṃ bhikkhu saṃsāro || pe || alaṃ[9] vimuccituntī || || Chaṭṭhaṃ || ||[10]

7 (7) *Sāvakā*

1 Sāvatthiyaṃ viharati || ||[11]

---

[1] S[1-3] neka always
[2] More developed in S[1-3]
[3] Missing in S[1-3]
[4] Missing in S[1-3]
[5] S[1-3] bhikkhave
[6] B asayaṃ
[7] B guculikābandhaṃ
[8] Missing in S[1-3]
[9] S[1] alameva S[3] alañceva
[10] S[1] dva
[11] S[1-3] Sāvatthi—pe—ārāme

2 Atha kho sambahulā bhikkhū yena Bhagavā|| pe|| ||

3 Ekam antaṃ nisinnā kho te bhikkhū Bhagavantam etad avocuṃ|| | Kiṃva bahukā nu kho bhante kappā abbhatītā atikkantāti|| ||

4 Bahukā kho bhikkhave kappā abbhatītā atikkantā,| te na sukarā saṅkhātuṃ|| ettakā kappā iti vā|| ettakāni kappasatāni iti vā ettakāni kappasahassāni iti vā ettakāni kappasatasahassāni iti vā ti|| ||

5 Sakkā pana bhante upamā kātunti|| ||

6 Sakkā bhikkhave ti Bhagavā avoca|| Idhassu[1] bhikkhave cattāro sāvakā vassasatāyukā vassasatajīvino|| te divase divase kappasatasahassam[2] anussareyyuṃ|| anussaritā va bhikkhave tehi kappā assu|| || Atha[3] te cattāro sāvakā vassasatāyukā vassasatajīvino vassasatassa accayena kālaṃ kareyyuṃ|| ||

7 Evaṃ bahukā kho bhikkhave kappā abbhatītā atikkantā|| te na sukarā saṅkhātuṃ|| ettakā kappā iti vā ettakāni kappasatāni iti va ettakāni kappasahassāni iti vā ettakāni kappasatasahassāni iti vā|| ||[4]

8 Taṃ kissa hetu|| || Anamataggāyam bhikkhave saṃsāro|| pe|| alaṃ vimuccituntі|| || Sattamaṃ|| ||[5]

8 (8) *Gaṅgā*

1 Rājagahe Veḷuvane|| ||[6]

2 Atha kho aññataro brāhmaṇo yena Bhagavā tenupasaṅkami|| pe|| ||[7]

3 Ekam antaṃ nisinno kho so brāhmaṇo Bhagavantam etad avoca|| || Kiṃ va bahukā nu kho bho Gotama kappā abbhatītā atikkantā ti|| ||

4 Bahukā kho brāhmaṇa kappā abbhatītā atikkantā| te na sukarā saṅkhātuṃ|| ettakā kappā iti vā ettakāni kappasatāni iti vā ettakāni kappasahassāni iti vā ettakāni kappasatasahassāni iti vā ti|| ||[8]

---

[1] B idhamassu
[2] Repeated in B
[3] B adds me
[4] B adds ti
[5] Omitted by S1-3
[6] Complete in S1-3
[7] Complete in B
[8] S1-3 omit ti

5 Sakkā pana bho Gotama upamā kātunti ||

6 Sakkā brāhmaṇāti Bhagavā avoca || || Seyyathāpi brāhmaṇa yato cāyaṃ Gangā nadī pahoti || yattha ca mahāsamuddam appeti || yā ca tasmiṃ[1] antare vālikā[2] sā na sukarā saṅkhātuṃ ettakā vālikā iti vā ettakāni vālikasatāni iti vā ettakāni vālikāsahassāni iti vā ettakāni vālikasatasahassāni iti vā || ||

7 Ato bahutarā kho brāhmaṇa kappā abbhatītā atikkantā || te na sukarā saṅkhātuṃ ettakā kappā iti vā ettakāni kappasatāni iti vā ettakāni kappasahassāni iti vā ettakāni kappasatasahassāni iti vā || ||

8 Taṃ kissa hetuṃ || || Anamataggāyam brāhmaṇa sāṃsāro pubbakoṭi[3] na paññāyati avijjānīvaraṇānaṃ sattānaṃ taṇhāsaṃyojanānam sandhāvataṃ saṃsarataṃ || ||

9 Evam dīgharattaṃ kho brāhmaṇa dukkham paccanubhūtam tibbaṃ paccanubhūtaṃ vyasanaṃ paccanubhūtaṃ kaṭasi vaḍḍhitā || yāvañcidam brāhmaṇa alam eva sabbasaṅkhāresu nibbinditum alaṃ virajjituṃ alaṃ vimuccituntі || ||

10 Evaṃ vutte so brāhmaṇo Bhagavantam etad avoca || || Abhikkantam bho Gotama abhikkantam bho Gotama || pe || Upāsakām mam bhavaṃ Gotamo dhāretu[4] ajjatagge pāṇupetaṃ saraṇaṃ gatanti || || Aṭṭhamaṃ || ||[5]

9 (9) *Daṇḍo*

1 Sāvatthiyaṃ viharati || ||[6]

2 Anamataggāyam bhikkhave saṃsāro pubbākoṭi na paññāyati avijjānīvaraṇānaṃ sattānam taṇhāsamyojanānam sandhāvataṃ saṃsarataṃ || pe ||

3 Seyyathapi bhikkhave daṇḍo upari vehāsaṃ khitto sakimpi mūlena nipatati sakim pi majjhena nipatati sakim pi aggena[7] nipatati || evam eva kho bhikkhave avijjānī-

---

[1] S¹⁻³ yāetasmiṃ [2] S¹⁻³ vālukā (S³-ḷu) here only

[3] S¹⁻³ —pe— abbreviated till °virajjituṃ

[4] Missing in S¹⁻³ from upāsakaṃ

[5] Missing in S¹⁻³ [6] Sāvatthi—tatra—voca—

[7] B antena

varaṇā[1] sattā[1] taṇhāsaṃyojanā[1] sandhāvantā saṃsarantā sakim pi asmā lokā paraṃ[2] lokaṃ gacchanti|| sakim pi parasmā lokā imaṃ lokam āgacchanti|| ||

4 Taṃ kissa hetu|| Anamataggāyaṃ bhikkhave saṃsāro|| la||[3] alaṃ vimuccitunti|| || Navamaṃ|| ||[4]

10 (10) *Puggala*

1 Bhagavā Rājagahe Gijjhakūṭe pabbate|| ||[5]

2 Tatra|| || voca|| ||[6]

3 Anamataggāyam bhikkhave saṃsāro|| pe|| ||

4 Ekapuggalassa bhikkhave kappaṃ sandhāvato saṃsarato[7] 'siyā evam mahā aṭṭhikaṅkalo[8] aṭṭhipuñjo aṭṭhirāsi|| yathāyam Vepullo pabbato sace saṃhārako assa sambhatañca na vinasseyya|| ||

5 Taṃ kissa hetu|| || Anamataggāyam bhikkhave saṃsāro|| pe|| || alaṃ vimuccitunti|| ||

6 Idam avoca Bhagavā|| idaṃ vatvāna[9] Sugato athāparam etad avoca satthā|| ||

Ekassekena kappena|| puggalassaṭṭhisañcayo||
siyā pabbatasamo rāsi|| iti vuttam mahesinā|| 1 ||
So kho panāyam akkhāto|| Vepullo pabbato mahā||
uttaro Gijjhakūṭassa|| Magadhānam giribbajo[10]|| 2 ||
Yato[11] ariyasaccāni|| sammappaññāya passati||
dukkhaṃ dukkhasamuppādaṃ|| dukkhassaca atikkamaṃ|| 3 ||
Ariyaṭṭhaṅgikam[12] maggaṃ|| dukkhūpasamagāminaṃ||
sasattakkhattuṃ[13] paramaṃ|| sandhāvitvāna puggalo||

---

[1] S1-3 add naṃ at the end
[2] S3 parasmā instead of pi°|| imaṃ instead of paraṃ
[3] Missing in S1-3
[4] Missing in S1-3
[5] More complete in B
[6] Complete in B
[7] S1-3 saṃsarataṃ
[8] So B S1; S3 °saṃkalo; C aṭṭhikalo; B omits mahā
[9] S1-3 vatvā
[10] So S1-3; B °bbaje; C °pabbaje
[11] S1-3 add ca
[12] S1-3 ariyañcaṭṭha°
[13] S1-3 sattakkhattu

dukkhassantakaro hoti|| sabbasaṃyojanakkhayā ti 4 |
Dasamaṃ|| ||[1]

Paṭhamo vaggo|| |[2]
Tassa uddānaṃ|| ||[3]
Tiṇakaṭṭhaṃ[4] ca Pathavī,
Assa Khīraṃ ca Pabbataṃ[5]
Sāsapā Sāvakā Gaṅgā||
Daṇḍo ca[6] Puggalenā ti,

Dutiyo vaggo

11 (1) *Duggataṃ*

1 Ekaṃ samayaṃ Bhagavā Sāvatthiyaṃ viharati. ||
2 Tatra kho|| ||[7]
3 Anamataggāyam bhikkave saṃsāro pubbākoṭi napaññāyati avijjānīvaraṇānaṃ sattānaṃ taṇhāsaṃyojanānaṃ sandhāvataṃ saṃsarataṃ|| ||
4 Yaṃ bhikkhave passeyyātha duggataṃ durūpetaṃ niṭṭham ettha gantabbam Amhehi pi evarūpaṃ paccanubhūtaṃ iminā dīghena addhunā ti|| ||
5 Taṃ kissa hetu|| || Anamataggāyaṃ bhikkhave saṃsāro|| pe|| || alaṃ vimuccituntі|| ||[8]
Paṭhamaṃ|| ||[9]

12 (2) *Sukhitam*

1 Sāvatthiyaṃ viharati|| ||[10]
2 Anamataggāyam bhikkhave saṃsāro|| pe| ||
3 Yam bhikkhave passeyyātha sukhitaṃ sajjitaṃ[11]

---

[1] S1-3 dasa
[2] S1-3 vaggo paṭhamo
[3] S1-3 tassu°
[4] B tinaṃkaṭṭhaṃ
[5] S1-3 pabbatā
[6] S1-3 Daṇḍena
[7] Omitted by S1-3 who have only -pe-
[8] Differently abbreviated in B and in S1-3
[9] S1-3 ekaṃ
[10] Omitted in S1-3
[11] Instead of sukhitaṃ sajjitaṃ confirmed by C, S1-3 have duggatam durūpetaṃ of the preceding sutta

nitthaṃ ettha gantabbaṃ Ambehi pi evarūpaṃ paccanubhūtaṃ iminā dīghena addhunāti||

4 Taṃ kissa hetu||| Anamataggāyaṃ bhikkhave saṃsāro pubbākoṭi na paññāyati|| [1] pe|| alaṃ vimuccituntī||| Dutiyaṃ|||[2]

13 (3) *Tiṃsamattā*

1 Rājagahe viharati Veḷuvane|||

2 Atha kho tiṃsamattā Paveyyakā[3] bhikkhū sabbe araññakā sabbe piṇḍapātikā sabbe paṃsukūlikā sabbe tecīvarikā sabbe sasaṃyojanā[4] yena Bhagavā tenupasaṅkamiṃsu|| upasaṅkamitvā Bhagavantaṃ abhivādetvā ekam antaṃ nisīdiṃsu|||

3 Atha kho Bhagavato etad ahosi||| Ime kho timsamattā Pāveyyakā[5] bhikkhū sabbe araññakā sabbe piṇḍapātika sabbe paṃsukūlikā sabbe tecīvarikā sabbe sasaṃyojanā yaṃ nūnāham imesaṃ tathādhammaṃ deseyyaṃ yathā nesaṃ[6] imasmiṃ yeva āsane anupādāya āsavehi cittāni vimucceyyanti|||[7]

4 Atha ko Bhagavā bhikkhū āmantesi||| Bhikkhavo ti||| Bhadante ti te bhikkhū Bhagavato paccassosuṃ|||

5 Bhagavā etad avoca||| Anamataggāyaṃ bhikkhave saṃsāro pubbākoṭi na paññāyati avijjānīvaraṇānaṃ sattānaṃ taṇhāsaṃyojanānaṃ sandhāvataṃ saṃsarataṃ|||

6 Taṃ kiṃ maññatha bhikkhave||| Katamaṃ nu kho bahutaraṃ|| Yaṃ vā vo iminā dīghena addhunā sandhāvataṃ saṃsarataṃ sīsacchinnānaṃ lohitaṃ pasannaṃ[8] paggharitaṃ|| yaṃ vā catūsu mahāsamuddesu udakanti|||

7 Yathā kho mayaṃ bhante Bhagavatā dhammaṃ desitaṃ ājānāma|| etad eva bhante bahutaraṃ yaṃ no iminā dīghena addhunā sandhāvataṃ saṃsarataṃ sīsacchin-

---

[1] na° is missing in S^{1-3} [2] Missing in B
[3] So B and C ; S^{1-3} pāṭheyyakā
[4] So B and C ; S^{1-3} saṃyojanā always
[5] S^3 as above ; S^1 paṭṭheyyakā [6] S^{1-5} imesaṃ
[7] S^{1-3} cittaṃ vimucceyyāti [8] S^{1-3} passannaṃ always

nānaṃ lohitam pasannam paggharitaṃ|| na tveva catūsu mahāsamuddesu udakanti|||

8 Sādhu sādhu bhikkhave sādhu kho me tumhe bhikkhave evaṃ dhammaṃ desitam ājānātha|||

9 Etad eva bhikkhave bahutaraṃ yaṃ vo iminā dīghena addhunā sandhāvataṃ saṃsarataṃ sīsacchinnānaṃ lohitaṃ pasannaṃ paggharitaṃ na tveva catūsu mahāsamuddesu udakaṃ|||[1] pe|||

10 Dīgharattaṃ vo bhikkhave gunnaṃ sataṃ gobhūtānam sīsacchinnānaṃ lohitaṃ pasannam paggharitaṃ na tveva catūsu mahāsamuddesu udakaṃ|| la||

11 Dīgharattam vo bhikkhave mahisānaṃ sataṃ mahisabhūtānaṃ[2] sīsacchinnānaṃ lohitaṃ pasannam paggharitaṃ|| pe||

12 Dīgharattaṃ vo bhikkhave urabbhānam sataṃ urabbhabhūtānam|| pe||

13 ajānaṃ sataṃ ajabhūtanam|| pe|||[3]

14 migānaṃ sataṃ migabhūtānam|| pe|||

15 kukkuṭānaṃ sataṃ kukkuṭabhūtānam|| pe|||

16 sūkarāṇaṃ sataṃ sūkarabhūtānaṃ|| pe|||[4]

17 Dīgharattaṃ vo bhikkhave corā gāmaghātā ti gahetvā sīsacchinnānaṃ lohitam pasannam paggharitaṃ|| pe|||

18 Dīgharattaṃ vo bhikkhave corā pāripanthakā[5] ti gahetvā sīsacchinnānam lohitaṃ pasannam paggharitaṃ|| pe|||

19 Dīgharattaṃ vo bhikkhave corā paradārikā ti gahetvā sīsacchinnānaṃ lohitaṃ pasannaṃ paggharitaṃ|| na tveva catūsu mahāsamuddesu udakaṃ|||[6]

20 Tam kissa hetu||| Anamataggāyam bhikkhave saṃsāro|| pe|| alaṃ vimuccitunti|||

21 Idam avoca Bhagava|| attamanā te bhikkhū Bhagavato bhāsitam abhinandun ti|||

---

[1] S[1-3] udakanti [2] Here S[1-3] stop adding tīṇi
[3] S[1-3] put ajānaṃ before, urabbhānaṃ afterwards
[4] S[1-3] put still sūkarānam before, kukkuṭānam afterwards
[5] So B and C ; S[1-3] pāripanthikā
[6] 11–19 are less developed in S[1-3]

22 Imasmim ca pana veyyākaraṇasmiṃ bhaññamāne tiṃsamattānam Pāveyyakānam[1] bhikkhūnam anupādāya āsavehi cittāni vimuccimsūti|| ||

Tatiyaṃ|| ||[2]

14 (4) *Mātā*

1 Sāvatthiyaṃ viharati|| ||[3]

2 Anamataggāyam bhikkhave saṃsāro|| pe|| ||[4]

3 Na so bhikkhave satto sulabharūpo|| yo na mātābhūtapubbo iminā dīghena addhunā|| ||

4 Taṃ kissa hetu|| || Anamataggāyam bhikkhave saṃsāro|| pe|| alam vimuccitunti|| || Catutthaṃ|| ||[5]

15 (5) *Pitā*

1 Sāvatthiyaṃ viharati|| ||[6]

2 Anamataggāyaṃ bhikkhave saṃsāro|| [Sabbesam evam peyyālo]|| ||[7]

3 Na so bhikkhave satto sulabharūpo yo na pitābhūtapubbo|| la|| ||[8]

Pañcamaṃ|| ||[9]

16 (6) *Bhātā*

1 Sāvatthiyam viharati|| ||[10]

2 Na so bhikkhave satto sulabharūpo yo na bhātābhūtapubbo|| pe|| ||

Chaṭṭhaṃ|| ||[11]

17 (7) *Bhagini*

1 Savatthi|| ||

2 Na so bhikkhave satto sulabharūpo yo na bhaginibhūtapubbo|| pe|| ||

Sattamaṃ|| ||

---

1 S1-3 pāṭhe° 2 S1-3 tīṇi
3 S1-3 Sāvatthi—tatra—voca 4 B gha
5 S1-3 Cattāri 6 S1-3 Sāvatthi—tatra—voca
7 Missing in S1-3 who have only -pe-
8 In B only 9 S1-3 pañca
10 S1-3 evam peyyālo 11 S1 seem to have dva

18 (8) *Putto*

1 Sāvatthi|| ||[1]

2 Na so bhikkhave satto sulabharūpo yo na puttabhūtapubbo|| pe|| ||

Aṭṭhamam|| ||[2]

19 (9) *Dhītā*

Sāvatthiyaṃ viharati [3]

Anamataggāyam bhikkhave saṃsāro pubbakoṭi na paññāyati avijjānīvaraṇānaṃ sattānaṃ taṇhāsaṃyojanānaṃ sandhāvataṃ saṃsarataṃ||

Na so bhikkhave satto sulabharūpo yo na dhītābhūtapubbo iminā dīghena addhunā|| ||

Tam kissa hetu|| ||[4] Anamataggāyam bhikkhave saṃsāro pubbakoṭi na paññāyati avijjānīvaraṇānaṃ sattāhaṃ taṇhāsaṃyojanānaṃ sandhāvatam saṃsarataṃ|| ||

Evaṃ dīgharattaṃ vo bhikkhave dukkham paccanubhūtaṃ tibbaṃ paccanubhūtaṃ vyasanaṃ paccanubhūtaṃ [5] kaṭasivaḍḍhitā|| Yavaṃ cidam bhikkhave alam eva sabbasaṅkhāresu nibbindituṃ alam virajjituṃ alam vimuccituntī|| || Navamaṃ|| ||[6]

20 (10) *Vepullapabbataṃ*

1 Ekaṃ samayam Bhagavā Rājagahe viharati Gijjhakūṭe pabbate|| ||

2. Tatra kho Bhagavā bhikkhū āmantesi|| pe|| ||[7]

3 Bhagavā etad avoca|| || Anamataggāyam bhikkhave saṃsāro pubbākoṭi na paññāyati avijjānīvaraṇānam sattānam taṇhāsamyojanānaṃ sandhāvatam saṃsarataṃ|| ||

4 Bhūtapubbam bhikkhave imassa Vepulassa pabbatassa Pācīnavaṃso tveva [8] samaññā udapādi|| || Tena kho pana

---

[1] Missing in S[1-3] till satto [2] Missing in S[1-3]

[3] Missing in S[1-3] [4] Here S[1-3] insert –na–

[5] S[1-3] add kiṃpaccanubhūtaṃ omitting tibbaṃ pacca° (as before)

[6] Missing in S[1-3] [7] Complete in B

[8] B pācina° always; S[1-3] teva always

bhikkhave samayena manussānaṃ Tivarā [1] tveva samaññā udapādi || Tivarānam bhikkhave manussānam cattārisaṃ [2] vassasahassāni [3] āyuppamāṇam ahosi ||| Tivarā bhikkhave manussā Pācīnavaṃsaṃ pabbataṃ catuhena ārohanti catuhena orohanti |||

5 Tena kho pana bhikkhave samayena [4] Kakusandho bhavagā arahaṃ sammāsambuddho loke uppanno hoti ||| Kakusandhassa bhikkhave bhagavato arahato sammāsambuddhassa Vidhura-Sajīvaṃ nāma sāvakāyugam ahosi aggaṃ bhaddayugaṃ |||

6 Passatha bhikkhave sā cevimassa [5] pabbatassa samaññā antarahitā || te ca manussā kālaṃkatā || [6] so ca Bhagavā parinibbuto |||

7 Evam aniccā bhikkhave saṅkhārā evam addhuvā bhikkhave saṅkhārā evam anassāsikā bhikkhave saṅkhārā || yāvaṃ cidaṃ bhikkhave alam eva sabbasaṅkhāresu nibbindituṃ alaṃ virajjituṃ alaṃ vimuccituṃ ||

8 Bhūtapubbaṃ bhikkhave imassa Vepulassa pabbatassa Vaṅkako tveva samaññā udapādi ||| Tena kho pana bhikkhave samayena manussānaṃ Rohitassā tveva samaññā udapādi ||| Rohitassānam bhikkhave manussānam tiṃsavassasahassāni āyuppamāṇam ahosi ||| Rohitassā bhikkhave manussā Vaṅkakam [7] pabbatam tīhena arohanti tīhena orohanti |||

9 Tena kho pana bhikkhave samayena Koṇāgamano [8] bhagavā arahaṁ sammāsambuddho loke uppanno hoti ||| [9] Koṇāgamanassa bhikkhave bhagavato arahato sammāsambuddhassa Bhiyyo-Suttaraṃ nāma sāvakayugam ahosi aggam bhaddayugaṃ |||

10 Passatha bhikkhave || sā cevimassa pabbatassa samaññā antarahitā te ca manussā kālaṃkatā so ca Bhagavā parinibbuto ||

---

[1] S[1] tīvara always, S3 sometimes
[2] S[1-3] °līsaṃ
[3] S[1] vassasatasahassāni
[4] S[1-3] samayena bhi°
[5] S[1-3] sace imassa always
[6] So B; S[1-3] kālakato always
[7] S[1-3] Vaṅkaṃ here only
[8] B Konā°
[9] S[1-3] ahosi

Evam aniccā bhikkhave saṅkhārā|| pe|| alaṃ vimuccituṃ|| ||[1]

11 Bhūtapubbaṃ bhikkhave imassa Vepullassa pabbatassa Supasso[2] tveva samaññā udapādi|| || Tena kho pana bhikkhave samayena manussānaṃ Suppiyā[3] tveva samaññā udapādi|| Suppiyānam bhikkhave manussānaṃ vīsati[4] vassasahassani āyuppamāṇam ahosi|| || Suppiyā bhikkhave manussā Supassaṃ[5] pabbataṃ dvīhena ārohanti dvīhena orohanti|| ||

12 Tena kho pana samayena Kassapo bhagavā arahaṃ sammāsambuddho loke uppanno hoti|| Kassapassa bhikkhave bhagavato arahato sammāsambuddhassa Tissa-Bhāradvājaṃ nāma sāvakayugam ahosi aggam bhaddayugaṃ|| ||

13 Passatha bhikkhave|| Sā cevimassa pabbatassa samaññā antarahitā te ca manussā kālaṃkatā so ca Bhagavā parinibbuto|| ||

14 Evam aniccā bhikkhave saṅkhārā evam addhuvā bhikkhave saṅkhārā||[6] pe|| alaṃ vimuccituṃ|| ||

15 Etarahi kho pana bhikkhave imassa Vepulassa pabbatassa Vepullo tveva samaññā udapādi|| ||[7] Etarahi kho pana bhikkhave imesam manussānaṃ Māgadhakā tveva samaññā udapādi|| ||[7] Māgadhakānam bhikkhave manussānam appakam āyuppamāṇam parittaṃ lahukaṃ||[8] yo ciraṃ jīvati so vassasatam appaṃ vā bhiyyo|| || Māgadhakā bhikkhave manussā Vepullam pabbatam muhuttena ārohanti muhuttena orohanti|| ||

16 Etarahi kho panāham bhikkhave arahaṃ sammāsambuddho loke uppanno|| mayham kho[9] pana bhikkhave Sāriputta-Moggallānaṃ nāma sāvakayugam[10] aggam bhaddayugaṃ|| ||

17 Bhavissati bhikkhave so samayo|| yā ayañ cevimassa[11]

---

[1] S1-3 °tunti [2] S1-3 Suphasso always
[3] S1-3 appiyā always [4] S1-3 vīsatiṃ
[5] S1-3 omit ṃ [6] Little more developed in B
[7] udapādi is missing in S1-3
[8] Omitted by S1-3 [9] B °moggalānāsāvakayugaṃ
[10] S1-3 ayamevimassa

pabbatassa samaññā antaradhāyissati|| ime ca manussā kālaṃ karissanti ahañ ca parinibbāyissāmi||||

18 Evam aniccā bhikkhave saṅkhārā evam addhuvā bhikkhave saṅkhārā evam anassāsikā bhikkhave saṅkhārā|| Yāvaṃ cidaṃ bhikkhave alam eva sabbasaṅkhāresu nibbindituṃ alaṃ virajjituṃ alaṃ vimuccitun ti||||

19 Idam avoca Bhagavā|| idaṃ vatvāna[1] Sugato athāparam etad avoca satthā||||

Pācīnavaṃso Tivarānaṃ||
Rohitassānaṃ Vaṅkako||
Suppiyānam Supassā ti||[2]
Māgadhānaṃ ca Vepulla|| 1 ||[3]

Aniccāvata saṅkhārā||
Uppāda vayadhammino||[4]
Uppajjitvā nirujjhanti||
Tesaṃ vūpasamo sukho ti|| 2 ||
||Dasamaṃ||||[5]

Dutiyo vaggo||
Tassa uddānaṃ||||[6]

Duggataṃ Sukhitaṃ ceva||||
Tiṃsa[7] Mātā Pitena ca||
Bhāta Bhaginī Putto ca||
Dhītā Vepullapabbataṃ||||

Anamatagga-saṃyuttaṃ catuttham||||[8]

---

[1] S[1-3] omit na [2] S[1-3] appiyānaṃ supassāsi (S[1] sī)
[3] S[1-3] —llaṃ [4] S[1-3] uppādā
[5] Omitted by S[1-3]; S[1] puts yya [6] S[1-3] tassud°
[7] B tīsa [8] B tatiyaṃ

BOOK V KASSAPA-SAṂYUTTAṂ

1 *Santuṭṭhaṃ*

1 Sāvatthiyaṃ viharati|||[1]

2 Santuṭṭhāyam[2] bhikkhave[3] Kassapo itarītarena cīvarena|| Itarītaracīvarasantuṭṭhiyā[4] ca vaṇṇavādi| na ca cīvarahetu anesanam appatirūpam[5] āpajjati|| Aladdhā cīvaram na paritassati laddhā ca cīvaram agadhito[6] amucchito anajjhāpanno ādīnavadassāvī nissaraṇapañño paribhuñjati|||

3 Santuṭṭhāyam bhikkhave Kassapo itarītarena piṇḍapātena||| Itarītarapiṇḍapātasantuṭṭhiyā ca vaṇṇavādī|| na ca piṇḍapātahetu anesanam appaṭirūpaṃ āpajjati|| Aladdhā ca piṇḍapātaṃ na paritassati laddhā ca piṇḍapātaṃ agadhito amucchito anajjhāpanno ādīnavadassāvī nissaraṇapañño paribhuñjati|||

4 Santuṭṭhāyam bhikkhave Kassapo itarītarena senāsanena||| Itarītarena senāsanasantuṭṭhiyā ca vaṇṇavādī|| na ca senāsanahetu anesanam appatirūpam āpajjati||| Aladdhā ca senāsanaṃ na paritassati laddhā ca senāsanam agadhito amucchito anajjhāpanno ādīnavadassāvī nissaraṇapañño paribhuñjati|||

5 Santuṭṭhāyam bhikkhave Kassapo itarītarena gilānapaccaya-bhesajja-parikkhārena||| Itarītaragilāna-paccaya-bhesajja-parikkhārasantuṭṭhiyā ca vaṇṇavādī|| na ca gilānapaccaya-bhesajja-parikkhārahetu anesanam appatirūpam āpajjati||| Aladdhā ca gilānapaccaya-bhesajja-parikkhāraṃ[7] na paritassati|| laddhā ca gilānapaccaya-bhesajja-parikkhāram agadhito amucchito anajjhāpanno ādīnavadassāvi nissaraṇapañño paribhuñjati|||

6 Tasmā tiha bhikkhave evaṃ sikkhitabbaṃ||| Santuṭṭhā bhavissāma itarītarena cīvarena itarītaracīvarasantuṭṭhiyā

---

[1] S[1-3] Sāvatthi—tatra—voca
[2] S[1-3] santuṭṭho yaṃ always
[3] S[1-3] insert mahā
[4] B itari° always
[5] B °paṭi° always
[6] S[1-3] agathito always
[7] S[1-3] °parikkhārānaṃ

ca vaṇṇavādino|| na ca cīvarahetu anesanam appaṭirūpam āpajjissāma||| Aladdhā ca cīvaraṃ na[1] paritassissāma|| laddhā ca cīvaram agadhitā amucchitā anajjhāpannā ādīnavadassāvino nissaraṇa - paññā paribhuñjissāma||| Evaṃ sabbaṃ kātabbaṃ|||[2] Santuṭṭhā bhavissāma itarītarena piṇḍapātena|| pe||| Santuṭṭhā bhavissāma itarītarena senāsanena|| pe||| Santuṭṭhā bhavissāma itarītarena gilāna - paccaya - bhesajja - parikkhārena|| itarītara-gilāna-paccaya - bhesajja - parikkhārasantuṭṭhiyā ca vaṇṇavādino|| na ça gilāna-paccaya-bhesajja-parikkārahetu anesanam appaṭirūpam āpajjissāma||| Aladdhā ca gilāna-paccaya-bhesajja-parikkhāram na paritassissāma|| laddhā ca gilāna-paccaya-bhesajja-parikkhāram agadhitā amucchitā anajjhāpannā ādīnavadassāvino nissaraṇapaññā paribhuñjissāma ti||| Evaṃ hi vo bhikkhave sikkhitabbaṃ|||

7 Kassapena vā hi vo bhikkhave ovadissāmi yo vā kassapasadiso|| ovāditehi ca pana vo tathattāya paṭipajjitabbanti||| Pathamaṃ|||

2 *Anottāpi*

1 Evam me sutaṃ|| ekaṃ samayaṃ[3] āyasmā ca Mahākassapo āyasmā ca Sāriputto Bārāṇasīyam viharanti Isipatane Migadāye|||

2 Atha kho āyasmā Sāriputto sāyaṇhasamayam patisallānā vuṭṭhito yenāyasmā Mahā-Kassapo tenupasaṅkami|| pe|||[4] vītisāretvā ekam antaṃ nisīdi|||

3 Ekam antaṃ nisinno kho āyasmā Sāriputto āyasmantam Mahā-Kassapam etad avoca|||

4 Vuccati hidam āvuso Kassapa anātāpī[5] anottāpī[6] abhabbo sambodhāya[7] abhabbo nibbānāya abhabbo anuttarassa yogakkhemassa adhigamāya||| Ātāpī ca kho[8]

---

[1] B inserts ca. [2] S[1-3] sabbam evaṃ kātabbaṃ
[3] S[1] insert here Bhagavā [4] Complete in B
[5] So B and C; S[1-3] anatāpi [6] B anottappi always
[7] S[1-3] add ṃ [8] Omitted by S[1-3]

ottāpī bhabbo sambodhāya bhabbo[1] nibbānāya bhabbo[1] anuttarassa yogakkhemassa adhigamāyāti|| ||[2]

5 Kittāvatā nu kho āvuso anātāpī hoti anottāpī abhabbo sambodhāya abhabbo nibbānāya abhabbo anuttarassa yogakkhemassa adhigāmāya|| ||[3] Kittāvatā ca pana[4] ātāpī hoti ottāpī bhabbo sambodhāya bhabbo nibbānāya bhabbo anuttarassa yogakkhemassa adhigāmāyā ti ||

I

6 Idhāvuso bhikkhu Anuppannā me pāpakā akusalā dhammā uppajjamānā anatthāya saṃvatteyyunti|| na ātappaṃ karoti|| || Uppannā me pāpakā akusalā dhammā appahīyamānā anatthāya saṃvatteyyunti na ātappaṃ karoti|| || Anuppannā me kusalā[5] dhammā nuppajjamānā anatthāya saṃvatteyyunti na ātappaṃ karoti|| || Uppannā me kusalā dhammā nirujjhamānā anatthāya saṃvatteyyunti na ātappaṃ karoti|| ||

Evam kho āvuso anātāpī hoti|| ||

II

7 Kathañcāvuso anottāpi hoti|| ||

Idhāvuso bhikkhu Anuppannā me pāpakā akusalā dhammā uppajjamānā[6] anatthāya saṃvatteyyunti na ottappati|| Uppannā me pāpakā akusalā dhammā appahīyamānā anatthāya saṃvatteyyunti na ottappati|| || Anuppannā me kusalā dhammā nuppajjamānā anatthāya saṃvatteyyunti na ottappati|| ||[7] Uppannā me kusalā dhammā nirujjhamānā anatthāya saṃvatteyyunti na ottappati||

---

[1] Omitted by S^{1-3} [2] S^{1-3} °gamāya

[3] S^1 adds here between the lines ātāpi ca otāpi ca abhabbo sambodhāya nibbānāya anuttarassa yogakkhemassa adhigamāya kittāvatā nu kho āvuso anāgatāpi (*sic*) hoti anottāpī ababbho sambodhāya abhabbo nibbānāya abhabbo anuttarassa yogakkhemassa adhigamāya

[4] B panāvuso [5] S^{1-3} akusalā preceded by pāpakā in S^3

[6] Missing in S^{1-3}; represented in S^1 by nā; S^3 na

[7] S^{1-3} ottapati

Evam kho āvuso anottāpī hoti|| ||

8 Evam kho āvuso anātāpī anottappī abhabbo sambodhāya abhabbo nibbānāya abhabbo anuttarassa yogakkhemassa adhigamāya|| ||

III

9 Kathañ ca āvuso ātāpī hoti|| ||

Idhāvuso bhikkhu Anuppannā me pāpakā akusalā dhammā uppajjamānā anatthāya saṃvatteyyunti ātappaṃ karoti|| || Uppannā me pāpakā akusalā dhammā appahīyamānā [1] anatthāya saṃvatteyyunti ātappaṃ karoti|| || Anuppannā me kusalā dhammā|| pe|| ||[2] ātappaṃ karoti|| ||

Evaṃ kho āvuso ātāpī hoti|| ||

IV

10 Kathañcāvuso ottāpī hoti|| ||

Idhāvuso bhikkhu Anuppannā me pāpakā akusalā[3] dhammā uppajjamānā anatthāya saṃvatteyyunti ottappati|| || Uppannā me pāpakā akusalā dhammā appahīyamānā anatthāya saṃvatteyyunti ottappati|| || Anuppannā me kusalā dhammā nuppajjamānā anatthāya saṃvatteyyunti ottappati|| || Uppannā me kusalā dhammā nirujjhamānā anatthāya saṃvatteyyunti ottappati|| ||

Evam kho āvuso ottāpī hoti|| ||

11 Evaṃ kho āvuso ātāpī ottāpī bhabbo sambodhāya bhabbo nibbānāya bhabbo anuttarassa yogakkhemassa adhigamāyā ti|| ||

Dutiyaṃ|| ||

3 *Candupamam*

1 Sāvatthiyaṃ viharati|| ||[4]

2 Candupamā bhikkhave kulāni upasaṅkamatha|| apa-

---

[1] So S^{1-3}; B °hiyya° always; C °hiya°

[2] Complete in S^{1-3}

[3] S^{1-3} me kusalā; S^1 adds pāpakā a between the lines; S^1 adds nu, S^1 an after dhammā

[4] S^{1-3} Sāvatthi—tatra—voca—

kasseva kāyam apakassa[1] cittaṃ niccanavakā[2] kulesu appagabbhā||[3]

3 Seyyathāpi bhikkhave puriso jarūdapānaṃ[4] vā olokeyya pabbatavisamaṃ vā nadīviduggaṃ[5] vā apakasseva kāyam apakassa cittaṃ|| Evam eva kho bhikkhave candupamā kulāni upasaṅkamatha apakasseva kāyam apakassa cittaṃ niccanavakā kulesu appagabbhā|| ||

Kassapo bhikkhave candupamo kulāni upasaṅkamati apakesseva kāyam apakassa cittaṃ niccanavako kulesu appagabbho|| ||

4 Taṃ kim maññatha bhikkhave kathaṃrūpo bhikkhu arahati kulāni upasaṅkamituntı|| ||

5 Bhagavaṃmūlakā no bhante dhammā bhagavannettikā bhagavaṃpaṭisaraṇā|| || Sādhu vata bhante Bhagavantaṃ yeva paṭibhātu etassa bhāsitassa attho|| Bhagavato sutvā bhikkhū dhāressantīti|| ||

6 Atha kho Bhagavā ākāse pāṇiṃ cālesi|| || Seyyathāpi bhikkhave ayaṃ[6] ākāse pāṇi na sajjati na gayhati na bajjhati|| Evam eva kho bhikkhave yassa kassaci bhikkhuno kulāni upasaṅkamato kulesu cittaṃ na sajjati na gayhati na bajjhati|| labhantu lābhakāmā puññakāmā karontu puññānīti|| ||

7 Yathā sakena lābhena attamano hoti sumano|| evam paresaṃ lābhena attamano hoti sumano|| || Evarūpo kho bhikkhave bhikkhu arahati kulāni upasaṅkamituṃ|| ||

Kassapassa bhikkhave kulāni upasaṅkamato kulesu cittaṃ na sajjati na gayhati na bajjhati|| labhantu lābhakāmā puññakāmā karontu puññānīti|| ||

8 Yathā sakena lābhena attamano hoti sumano| Evaṃ paresaṃ lābhena attamano hoti sumano|| ||

[9 Evarūpo kho bhikkhave bhikkhu arahati kulāni upasaṅkamituṃ][7]|| ||

---

[1] B adds va; further on appakasseva

[2] So B and C; S[1-3] niccaṃ naviyā

[3] B °gabbā° always

[4] S[1] omits ja, S[3] jarū

[5] S[1-3] nadīduggaṃ

[6] B apāyaṃ

[7] In S[1-3] only.

10 Taṃ kiṃ maññatha bhikkhave||| Kathaṃrūpassa bhikkhuno aparisuddhā dhammadesanā hoti||| Kathaṃrūpassa bhikkhuno parisuddhā dhammadesanā hotīti|||

11 Bhagavaṃmūlakā no bhante dhammā bhagavaṃnettikā bhagavaṃpaṭisaraṇā|| Sādhu vata bhante Bhagavantaṃ yeva paṭibhātu etassa bhāsitassa attho|| Bhagavato sutvā bhikkhū dhāressantīti|||

12 Tena hi bhikkhave suṇātha sādhukaṃ manasi karotha bhāsissāmīti|||

Evam bhante ti kho te bhikkhū Bhagavato paccassosuṃ|||

Bhagavā etad avoca|||

13 Yo hi koci bhikkhave bhikkhu evaṃcitto paresaṃ dhammaṃ deseti|| Aho vata me dhammaṃ suṇeyyuṃ|| sutvā ca dhammaṃ pasīdeyyuṃ[1]|| pasannā ca me pasannā kāram kareyyunti||| Evarūpassa kho bhikkhave bhikkhuno aparisuddhā dhammadesanā hoti||

14 Yo ca[2] kho bhikkhave bhikku evaṃ citto paresaṃ dhammaṃ deseti|| Svākhyāto[3] Bhagavatā dhammo sandiṭṭhiko akāliko ehipassiko opanayiko[4] paccattam veditabbo viññūhīti|| aho vata me dhammaṃ suṇeyyuṃ|| sutvāca dhammam ājāneyyuṃ|| ājānitvā[5] ca pana tathattāya paṭipajjeyyunti||| Iti dhammasudhammataṃ paṭicca paresaṃ dhammaṃ deseti||| Kāruññaṃ paṭicca[6] anudayam paṭicca[7] anukampam upādāya paresaṃ dhammaṃ deseti||| Evarūpassa kho bhikkhave bhikkhuno parisuddhā dhammadesanā hoti|||

15 Kassapo bhikkhave evaṃcitto paresaṃ dhammaṃ deseti||| Svākhyāto[7] Bhagavatā dhammo sandiṭṭhiko ehipassiko opanayiko paccattam veditabbo viññūhiti||| Aho

---

[1] B pasideyyuṃ [2] B omits ca
[3] So B; S[1-3] svākkhāto, as usual
[4] B opaneyyiko as elsewhere [5] B ājānetvā always
[6] S[1-3] insert paresaṃ dhammaṃ deseti
[7] S[1-3] insert paresaṃ dhammaṃ deseti once more
[8] As above (Note 3)

vata me dhammaṃ suṇeyyuṃ|| sutvā ca pana [1] dhammam ājāneyyuṃ|| ājānitvā ca pana tatthattāya paṭipajjeyyunti|| Iti dhammasudhammatam paṭicca [2] anudayam paṭicca [2] anukampam upādāya paresaṃ dhammaṃ deseti|||

16 Kassapena vā hi vo bhikkhave ovadissāmi yo vā panassa kassapasadiso|| ovāditehi ca pana vo tathattāya paṭipajjitabbanti|||

Tatiyaṃ|||[3]

4 *Kulupagam*

1 Sāvatthi|||[4]

2 Taṃ kiṃ maññatha bhikkhave||| Kathaṃrūpo bhikkhu arahati kulūpako [5] hotuṃ|| Kathaṃrūpo bhikkhu na arahati kulūpako hotunti|||

3 Bhagavaṃmūlakā no bhante dhammā|| pe||| Bhagavā etad avoca|||

4 Yo hi koci bhikkhave bhikkhu evaṃcitto kulāni upasaṅkamati||| Dentu yeva [6] me mā [7] adaṃsu|| bahukaññeva me dentu mā thokam|| paṇītaññeva me dentu mā lukhaṃ|| sīghaññeva me dentu mā dandham|| sakkaccaññeva me dentu mā asakkaccanti||

5 Tassa ce bhikkhave bhikkhuno evaṃcittassa kulāni upasaṅkamato na denti tena bhikkhu sandiyyati||[8] so tato nidānaṃ dukkhaṃ domanassam paṭisaṃvediyati|| thokaṃ denti no bahukaṃ|| pe|||[9] lukhaṃ denti no paṇītaṃ|| pe|||[9] dandham denti no sīghaṃ|| tena bhikkhu sandiyyati|| so tato nidānaṃ dukkhaṃ domanassaṃ paṭisamvediyati|| asakaccaṃ denti no sakkaccaṃ|| tena bhikkhu sandiyyati||

---

[1] S[1] omits pana ; S[3] capana

[2] S[1-3] insert paresaṃ dhammaṃ deseti

[3] S[1] ç instead of tatiyam omitted by S[3]

[4] S[1-3] Sāvatthi—tatra—voca

[5] So C ; B kulupako always ; S[1-3] kulū (or -lū) pago

[6] S[1-3] dentuññeva [7] S[1-3] repeat me mā

[8] So B ; C. sandiyati ; S[1-3] sandīyyati

[9] Complete in S[1-3]

so tatonidānaṃ dukkhaṃ domanassaṃ patisaṃvediyati|| ||
Evarūpo kho bhikkhave bhikkhu na arahati kulūpako hotuṃ|| ||

6 Yo ca kho[1] bhikkhave bhikkhu evaṃcitto kulāni upasaṅkamati, Taṃ kutettha labbhā parakulesu dentu yeva me mā[2] adaṃsu|| bahukaññeva me[3] dentu mā thokaṃ|| paṇītaññeva me dentu mā lukhaṃ|| sīghaññeva me dentu mā dandhaṃ|| sakkaccaññeva me dentu mā asakkaccan ti|| ||

7 Tassa ce bhikkhave bhikkhuno evaṃcittassa kulāni upasaṅkamato na denti|| tena bhikkhu na sandiyyati|| so na tato nidānaṃ dukkhaṃ domanassaṃ paṭisaṃvediyati|| thokam denti no bahukaṃ°[4]|| lukhaṃ denti no paṇītaṃ°[4]|| dandhaṃ denti no sīghaṃ°[4]|| asakkaccaṃ denti no sakkaccaṃ|| tena bhikkhu na sandiyyati|| so na tato nidānaṃ dukkhaṃ domanassaṃ paṭisamvediyati|| ||

Evarūpo kho bhikkhave bhikkhu arahati kulūpako hotuṃ|| ||

8 Kassapo bhikkhave evaṃcitto[5] kulāni upasaṅkamati|| Taṃ kutettha labbhā parakulesu dentu yeva me mā[6] adaṃsu|| bahukaññeva[7] me dentu mā thokaṃ|| paṇītaññeva me dentu mā lukhaṃ|| sīghaññeva me dentu mā dandhaṃ|| sakkacaññeva me dentu mā asakkaccanti|| ||

9 Tassa ce bhikkhave Kassapassa evaṃ cittassa kulāni upasaṅkamato na denti|| tena Kassapo pi na sandiyyati|| so na tato nidānaṃ dukkhaṃ domanassaṃ paṭisaṃvediyati|| thokaṃ denti no bahukaṃ|| tena Kassapo na sandiyyati|| so na tato nidānam dukkhaṃ domanassaṃ paṭisaṃvediyati|| lukham denti no paṇītaṃ|| tena Kassapo na sandiyyati|| so na tato nidānaṃ dukkhaṃ domanassaṃ paṭisaṃvediyati|| dandhaṃ denti no sīghaṃ|| tena Kassapo na sandiyyati|| so na tato nidānaṃ dukkhaṃ domanassaṃ paṭisaṃvediyati|| || asakkaccaṃ denti no sakkaccaṃ|| tena Kassapo'no sandiy-

---

1 S1-3 yova (or ca ?) hamo
2 S1-3 deutaññeva mā me mā
3 Omitted by S1-3
4 Complete in all the MSS.
5 S1-3 omits citto
6 S1-3 have here me mā one time only as well as B
7 S1-3 bahuññeva here and above

yati|| so na tato nidānam dukkhaṃ domanassaṃ paṭisaṃvediyati|| ||

10 Kassapena vā hi bhikkhave ovadissāmi yo vā panassa kassapasadiso|| ovāditehi ca pana vo tathattāya paṭipajjitabbanti|| || Catutthaṃ|| || [1]

5 *Jiṇṇaṃ*

1 Evaṃ me sutaṃ|| [2] Rājāgahe Veḷuvane|| || [3]

2 Atha kho āyasmā Mahā-Kassapo yena Bhagavā tenupasaṅkami|| upasaṅkamitvā Bhagavantam abhivādetvā ekam antaṃ nisīdi|| || [4]

3 Ekam antaṃ nisinnaṃ kho āyasmantaṃ Mahā-Kassapaṃ Bhagavā etad avoca|| || Jiṇṇo si tvaṃ Kassapa garukāni ca [5] te imāni sāṇāni paṃsukūlāni nibbasanāni|| tasmā ti ha tvaṃ Kassapa gahapatāni ceva cīvarāni dhārehi nimantanāni [6] ca bhuñjāhi mama ca [7] santike viharāhīti|| ||

4 Ahaṃ kho bhante dīgharattam araññako [8] ceva araññakattassa ca vaṇṇavādī|| piṇḍapātiko ceva [9] piṇḍapātikattassa ca vaṇṇavādī|| paṃsukūliko ceva paṃsukūlikattassa vaṇṇavādī|| tecīvariko ceva tecīvarikattassa ca vaṇṇavādī|| appiccho ceva appicchatāya vaṇṇavādī|| santuṭṭho ceva santuṭṭhiyā ca vaṇṇavādī|| pavivitto ceva pavivekassa ca vaṇṇavādī|| asaṃsaṭṭho ceva asaṃsaggassa ca vaṇṇavādī|| āraddhaviriyo ceva viriyārambhassa ca vaṇṇavādīti||

5 Kimpana tvaṃ Kassapa atthavasaṃ sampassamāno dīgharattaṃ araññako ceva araññakattassa vaṇṇavādi|| Evam peyyālo|| || piṇḍapātiko ceva [9]|| paṃsukūliko ceva tecīvariko ceva|| appiccho ceva|| santuṭṭho ceva|| pavivitto ceva|| asaṃsaṭṭho ceva|| āraddhaviriyo ceva viriyārambhassa ca vaṇṇavādīti|| ||

6 Dve kvāham bhante atthavase sampassamāno dīgharattam araññako ceva araññakattassa ca vaṇṇavādī pe|| ||

---

[1] S¹-³ cattāri
[2] Missing in S¹-³
[3] More complete in S¹-³
[4] S¹-³ -pe- instead of ekaṃ°
[5] S¹-³ kho
[6] S¹-³ nimantaṇāsu
[7] S¹-³ mamañca
[8] S¹-³ āraññ°
[9] S¹-³ ca (or va) always

piṇḍapātiko ceva|| paṃsukūliko ceva|| tecīvariko ceva|| apiccho ceva|| santuṭṭho ceva|| paviviṭṭo ceva|| asaṃsaṭṭho ceva|| āraddhaviriyo ceva viriyārambassa[1] ca vaṇṇavādī|||

7 Attano ca diṭṭhadhammasukhavihāraṃ sampassamāno pacchimaṃ ca janataṃ anukampamāno appevanāma pacchimā janatā diṭṭhanugatiṃ āpajjeyyuṃ|| Ye kira te ahesuṃ buddhānubuddhasāvakā te dīgharattaṃ araññakā ceva ahesuṃ araññakattassa ca vaṇṇavādino|| pe|| piṇḍapātikā ceva ahesuṃ|| paṃsukūlikā ceva ahesuṃ|| tecīvarikā ceva ahesuṃ|| appicchā ceva ahesuṃ|| santuṭṭhā ceva ahesuṃ paviviṭṭā ceva ahesuṃ|| asaṃsaṭṭhā ceva ahesuṃ|| āraddhaviriyā ceva ahesuṃ|| viriyārambhassa ca vaṇṇavādino ti|| te tathattāya paṭipajjissanti|| tesaṃ taṃ bhavissati dīgharattaṃ hitāya sukhāya|||

8 Ime khvāhaṃ bhante dve atthavase sampassamāno dīgharattaṃ araññako ceva araññakattassa ca vaṇṇavādī|| piṇḍapātiko ceva|| paṃsukūliko ceva|| tecīvariko ceva|| appiccho ceva|| santuṭṭho ceva|| paviviṭṭo ceva|| asaṃsaṭṭho ceva|| āraddhaviriyo ceva viriyārambhassa ca vaṇṇavādīti|||

9 Sādhu sādhu Kassapa|| bahujanahitāya kira tvaṃ Kassapa paṭipanno bahujanasukhāya lokānukampāya atthāya hitāya sukhāya devamanussānaṃ|||

10 Tasmātiha tvaṃ Kassapa sāṇāni ceva paṃsukūlikāni dhārehi nibbasanāni|| piṇḍapatāya ca carāhi araññe ca viharāhīti|||

Pañcamaṃ[2]|||

6 *Ovādo* (1)

1 Rājagahe[3] Veluvane|||

2 Atha kho āyasmā Mahā-Kassapo yena Bhagavā tenupasaṅkami|| pe[4]|||

3 Ekam antaṃ nisinnaṃ kho āyasmantaṃ Mahā-Kassapaṃ Bhagavā etad avoca|| Ovada[5] Kassapa bhikkhū|| karohi Kassapa bhikkhūnaṃ dhammikathaṃ[6] ahaṃ vā

[1] B viriyārabbha° always [2] S¹⁻³ pañca
[3] S¹⁻³ insert viharati [4] Complete in B [5] S¹⁻³ Ovadi
[6] S¹⁻³ dhammikaṃ (further on dhammiṃ) kathaṃ

Kassapa bhikkhū ovadeyyaṃ[1] tvaṃ vā ahaṃ vā bhikkhūnaṃ dhammikathaṃ kareyyaṃ tvaṃ vāti|| ||

4 Dubbacā kho bhante etarahi bhikkhū dovacassakaraṇehi[2] dhammehi samannāgatā akkhamā apadakkhiṇaggāhino[3] anusāsaniṃ[4]|| Idhāhaṃ bhante addasaṃ Bhaṇḍaṃ[5] ca nāma bhikkhuṃ Ānandassa saddhivihāriṃ Abhiñjikaṃ[6] ca nāma bhikkhuṃ Anuruddhassa saddhivihāriṃ aññamaññaṃsu tena accāvadante|| Ehi bhikkhu ko bahutaraṃ bhasissati|| ko sundarataram bhāsissati|| ko ciratarам bhavissatīti|| ||

5 Atha kho Bhagavā aññataraṃ bhikkhum āmantesi|| || Ehi tvam bhikkhu|| mama vacanena Bhaṇḍaṃ ca bhikkhum Ānandassa saddhivihāriṃ Abhijikaṃ ca bhikkhum Anuruddhassa saddhivihārim āmantehi Satthā āyasmante āmantetī ti[7]|| ||

6 Evam bhante ti kho so bhikkhu Bhagavato patissutvā yena te bhikkhū tenupasaṅkami|| Upasaṅkamitvā te bhikkhū etad avoca|| Satthā āyasmante āmantetīti|| ||

7 Evaṃ āvuso ti kho te bhikkhum paṭissutvā yena Bhagavā tenupasaṅkamiṃsu|| upasaṅkamitvā Bhagavantam abhivādetvā ekam antaṃ nisīdiṃsu||

8 Ekam antaṃ nisinne[8] kho te bhikkhū Bhagavā etad avoca|| || Saccaṃ kira tumhe bhikkhave aññamaññaṃsu tena accāvadatha|| Ehi bhikkhu|| ko bahutaram bhāsissati ko sundarataram bhāsissati ko ciratarам bhāsissatīti|| ||

Evam bhante|| ||

9 Kiṃ nu kho[9] me tumhe bhikkhave evaṃ dhammaṃ desitaṃ ājānātha|| || Etha tumhe bhikkhave aññamaññaṃsu tena accāvadatha|| Ehi bhikkhu|| ko bahutaram bhāsissati ko sundarataram bhāsissati ko ciratarам bhāsissatīti|| ||

---

[1] S1-3 ovadeyyuṃ
[2] S1-3 insert ca before karaṇehi; C kāraṇehi
[3] So B and C; S1-3 appa° [4] B anusāsanī; S1 °sani
[5] S1-3 bhaṇḍum [6] B abhijika; S1-3 ābhiñjika always
[7] S1-3 omit āmantehi and āyasmante, and have āmantesīti
[8] S1-3 nisinnā [9] S1-3 omit kho

No hetam bhante|| ||

10 No ce kira me tumhe bhikkhave evaṃ dhammaṃ desitam ājānātha|| atha kiñcarahi tumhe moghapurisā kiṃ jānantā kiṃ passantā evaṃ svākkhāte dhammavinaye pabbajitā samānā aññamaññaṃsu tena accāvadatha|| || Ehi bhikkhu|| ko bahutaraṃ bhāsissati ko sundarataram bhāsissati ko cirataraṃ bhāsissatīti|| ||

11 Atha kho te bhikkhū Bhagavato pādesu sirasā nipatitvā Bhagavantam etad avocuṃ|| ||

Accayo no bhante accayamā yathā bāle yathā mūḷhe yathā akusale|| ye mayam evaṃ svākkhāte dhammavinaye pabbajitā samānā aññamaññaṃsu tena accāvadimha|| Ehi bhikkhu|| ko bahutaram bhāsissati ko sundarataram bhāsissati ko cirataraṃ bhāsissatīti|| || Tesanno bhante Bhagavā accayam accayato paṭigaṇhātu āyatiṃ saṃvarāyā ti|| ||

12 Taggha tumhe bhikkhave accayo accayamā yathā bāle yathā mūḷhe yathā akusale|| ye tumhe evaṃ svākhāte dhammavinaye pabbajitā samānā aññamaññaṃsu tena accāvadittha|| Ehi bhikkhu|| ko bahutaraṃ bhāsissati ko sundarataram bhāsissati ko cirataraṃ bhāsissatīti|| || Yato ca kho tumhe bhikkhave accayam accayato disvā yathādhammaṃ paṭikarotha|| taṃ vo mayaṃ paṭigaṇhāma|| ||

13 Vuddhi hesā bhikkhave ariyassa vinaye yo accayaṃ accayato disvā yathādhammaṃ paṭikaroti āyatiṃ ca saṃvaram āpajjatīti|| || Chaṭṭhaṃ [1]|| ||

7 *Ovādo* (2)

1 Rājagahe viharati Veḷuvane [2]|| ||

2 Atha kho āyasmā Mahā-Kassapo yena Bhagavā tenupasaṅkami|| pe||

3 Ekam antaṃ nisinnaṃ kho āyasmantam Māha-Kassapam Bhagavā etad avoca|| || Ovada Kassapa bhikkhū|| karohi Kassapa bhikkhūnaṃ dhammikathaṃ [3] ahaṃ vā

[1] S[1-3] dva [2] S[1-3] Sāvatthi—tatra—voca—
[3] S[1-3] dhammimº always

Kassapa bhikkhū ovadeyyaṃ tvaṃ vā|| ahaṃ vā bhikkhūnaṃ dhammikathaṃ kareyyaṃ tvaṃ vāti|| ||

4 Dubbacā kho [1] bhante etarahi bhikkhū dovacassakaraṇehi dhammehi samannāgatā akkhamā apadakkhinaggāhino [2] anusāsanim [3]|| ||

5 Yassa kassaci bhante [4] saddhā natthi kusalesu dhammesu|| hiri natthi kusalesu dhammesu|| ottappaṃ natthi kusalesu dhammesu|| viriyaṃ natthi kusalesu dhammesu|| paññā natthi kusalesu dhammesu|| tassa yā ratti vā divaso vā āgacchati hāniyeva pāṭikaṅkhā kusalesu dhammesu no vuddhi|| ||

6 Seyyathāpi bhante kālapakkhe candassa yā ratti vā divaso vā āgacchati hāyateva vaṇṇena hāyati maṇḍalena hāyati ābhāya hāyati ārohapariṇāhena|| evam eva kho bhante yassa kassaci saddhā natthi kusalesu dhammesu|| pe|| hiri natthi|| ottappaṃ natthi||viriyaṃ natthi|| paññā natthi kusalesu dhammesu|| tassa yā ratti vā divaso vā āgacchati hāni yeva pātikaṅkhā kusalesu dhammesu no vuddhi|| ||

7 Asaddho purisapuggalo ti bhante parihānam etaṃ|| ahiriko purisapuggalo ti bhante parihānaṃ etaṃ|| anottāpi purisapuggalo ti bhante parihānam etaṃ|| kusīto purisapuggalo ti bhante parihānam etaṃ|| duppañño purisapuggalo ti bhante|| pe [5]|| kodhano|| purisapuggalo ti|| pe [5]|| || upanāhī purisapuggalo ti bhante parihānam etaṃ|| Na santi bhikkhū ovādakāti bhante parihānam etaṃ|| ||

8 Yassa kassaci bhante saddhā atthi kusalesu dhammesu|| hiri atthi kusalesu dhammesu|| ottappam atthi kusalesu dhammesu|| viriyaṁ atthi kusalesu dhammesu| paññā atthi kusalesu dhammesu|| tassa yā ratti vā divaso vā āgacchati vuddhiyeva pāṭikaṅkhā kusalesu dhammesu no parihāni [6]|| ||

9 Seyyathāpi bhante juṇhapakkhe candassa yā ratti vā divaso vā āgacchati|| vaḍḍhateva vaṇṇena vaḍḍhati maṇḍa-

---

[1] Omitted by S1-3
[2] B S1-3 appa°; S1 °ggāhīno
[3] B anusāsanī; S1-3 nim
[4] S1-3 insert bhikkhuno
[5] Complete in B
[6] B parihānaṃ

lena vaḍḍhati ābhāya vaḍḍhati ārohapariṇāhena|| evaṃ eva kho bhante yassa kassaci saddhā atthi kusalesu dhammesu|| pe|| hiri atthi|| la|| ottappam atthi|| viriyam atthi|| paññā atthi kusalesu dhammesu|| tassa yā ratti vā divaso vā āgacchati|| vuddhi yeva pāṭikaṅkhā kusalesu dhammesu no parihāni|| ||

10 Saddho purisapuggalo ti bhante aparihānam etaṃ|| Hirimā purisapuggalo ti bhante aparihānam etaṃ|| ottāpī purisapuggalo ti bhante aparihānaṃ etaṃ|| āraddhaviriyo purisapuggalo ti bhante aparihānam etaṃ|| paññavā purisapuggalo ti bhante aparihānam etaṃ|| akkodhano purisapuggalo ti bhante aparihānam etaṃ|| anupanāhī purisapuggalo ti bhante aparihānam etaṃ|| Santi bhikkhū ovādakāti bhante aparihānam etan ti|| ||

11 Sādhu sādhu Kassapa|| yassa kassaci Kassapa saddhā natthi kusalesu dhammesu|| pe|| || hiri natthi|| la|| ottappaṃ natthi|| viriyam natthi|| paññā natthi kusalesu dhammesu|| tassa yā ratti vā divaso vā āgacchati|| hāni yeva paṭikaṅkhā kusalesu dhammesu no vuddhi|| ||

12 Seyyathāpi Kassapa kālapakkhe candassa yā ratti vā divaso vā āgacchati|| hāyateva vaṇṇena|| pe[1]|| || hāyati ārohapariṇāhena|| Evam eva kho Kassapa yassa kassaci saddhā natthi kusalesu dhammesu|| pe|| hiri natthi|| ottappaṃ natthi|| viriyaṃ natthi|| paññā natthi kusalesu dhammesu|| tassa yā ratti vā divaso vā āgacchati|| hāni yeva pāṭikaṅkhā kusalesu dhammesu no vuddhi|| ||

13 Asaddho purisapuggalo ti Kassapa parihānam etaṃ|| ahiriko|| pe|| anottāpi|| kusīto|| duppañño|| kodhano|| upanāhī purisapuggalo ti Kassapa parihānam etaṃ|| Na santi bhikkhū ovādakāti Kassapa parihānam etaṃ|| ||

13 Yassa kassaci Kassapa saddhā atthi kusalesu dhammesu|| la||[2] hiri atthi|| ottappaṃ atthi|| viriyaṃ atthi|| paññā atthi kusalesudhammesu|| tassa yā ratti vā divaso vā āgacchati vuddhi yeva pāṭikaṅkhā kusalesu dhammessu|| ||[3]

14 Seyyathāpi Kassapa juṇhapakkhe candassa yā ratti vā

[1] Complete in S^{1-3} [2] Missing in S^{1-3}

[3] S^{1-3} add pe

divaso vā āgacchati|| vaḍḍhateva vaṇṇena vaḍḍhati maṇḍalena vaḍḍhati ābhāya vaḍḍhati ārohapariṇāhena|| evam eva kho Kassapa kassaci saddhā atthi kusalesu dhammesu hiri atthi|| ottappam atthi|| viriyam atthi|| paññā atthi kusalesu dhammesu|| tassa yā ratti vā divaso vā āgacchati|| vuddhiyeva pāṭikaṅkhā kusalesu dhammesu no parihāni||

15 Saddho purisapuggaloti Kassapa aparihānam etaṃ|| hirimā|| pe|| || ottāpī|| āraddhaviriyo|| paññavā|| akkodhano|| anupanāhī purisapuggalo ti Kassapa aparihānam etaṃ. Santi bhikkhū ovādakāti Kassapa parihānam etan ti|| ||

Sattamaṃ|| ||[1]

8 *Ovādo* (3)

1 Rājagahe Kalandakanivāpe|| ||[2]

2 Atha kho āyasmā Mahā-Kassapo yena Bhagavā tenupasaṅkami|| pe|| ||[3]

3 Ekam antaṃ nisinnaṃ kho āyasmantaṃ Mahā-Kassapam Bhagavā etad avoca|| || Ovada Kassapa bhikkhū karohi Kassapa bhikkhūnaṃ dhammikathaṃ||[4] ahaṃ vā. Kassapa bhikkhūnaṃ ovadeyyaṃ tvaṃ vā|| ahaṃ vā bhikkhūnaṃ dhammikathaṃ[5] kareyyaṃ tvaṃ vāti|| ||

4 Dubbacā kho bhante etarahi bhikkhū dovacassakaraṇehi dhammehi samannāgatā akkhamā apadakkhiṇaggāhino anusāsananti|| ||

5 Tathā hi pana Kassapa pubbe therā bhikkhū araññakā ceva[6] ahesuṃ|| araññakattassa ca vaṇṇavādino|| piṇḍapātikā ceva ahesuṃ piṇḍapātikattassa ca vaṇṇavādino|| paṃsukūlikā ceva ahesuṃ paṃsukūlikattassa ca vaṇṇavādino|| tecivarikā ceva ahesuṃ tecivarikattassa ca vaṇṇavādino|| appicchā ceva ahesuṃ appicchatāya ca vaṇṇavādino|| santuṭṭhā ceva ahesuṃ santuṭṭhiyā ca vaṇṇavādino|| pavivittā ceva ahesuṃ pavivekassa ca vaṇṇavādino|| asaṃsaṭṭhā ceva

---

[1] Missing in S1-3

[2] S1-3 Sāvatthi—ārāme—

[3] Complete in B

[4] See the preceding sutta

[5] See preceding sutta

[6] S1-3 ca always as in the preceding

ahesuṃ asaṃsaggassa ca vaṇṇavādino|| āraddhaviriyā ceva ahesuṃ viriyārambhassa ca vaṇṇavādino|| ||

6 Tatra[1] yo hoti bhikkhu araññako ceva araññakattassa ca vaṇṇavādī|| piṇḍapātiko ceva piṇḍapātikassa ca vaṇṇavādī|| paṃsukūliko ceva paṃsukūlikattassa ca vaṇṇavādī|| tecīvariko ceva tecīvarikattassa ca vaṇṇavādī|| appiccho ceva appicch atāya ca vaṇṇavādī|| santuṭṭho ceva santuṭṭhiyā ca vaṇṇavādī|| pavivitto ceva pavivekassa ca vaṇṇavādī|| asaṃsaṭṭho ceva asaṃsaggassa ca vaṇṇavādī|| āraddhaviriyo ceva viriyārambhassa ca vaṇṇavādī|| taṃ therā bhikkhū āsanena nimantenti|| || Ehi bhikkhu ko nāmayaṃ[2] bhikkhu bhaddako vatāyaṃ bhikkhu sikkhākāmo vatāyaṃ bhikkhu|| ehi bhikkhu idam āsanaṃ nisīdāhīti|| ||

7 Tatra Kassapa navānaṃ bhikkhūnam evaṃ[3] hoti|| || Yo kira so hoti bhikkhu āraññako ceva āraññakattassa ca vaṇṇavādī|| pe|| || piṇḍapātiko ceva|| paṃsukūliko ceva|| tecīvariko ceva|| appiccho ceva|| santuṭṭho ceva|| pavivitto cevā|| asaṃsaṭṭho ceva|| āraddhaviriyo ceva viriyārambhassa ca vaṇṇavādī|| taṃ therā bhikkhū āsanena nimantenti| Ehi bhikkhu|| ko nāmāyaṃ bhikkhu bhaddako vatāyam bhikkhu sikkhākāmo vatāyam bhikkhu|| ehi bhikkhu idam āsanam nisīdāhī ti|| || Te tathattāya paṭipajjanti|| tesan taṃ hoti dīgharattaṃ hitāya sukhāya|| ||

8 Etarahi pana Kassapa therā bhikkhū na ceva āraññakā na ca āraññakattassa vaṇṇavādino|| na ceva piṇḍapātikā na ca piṇḍapātikattassa vaṇṇavādino|| na ceva paṃsukūlikā na ca paṃsukūlikattassa vaṇṇavādino|| na ceva tecīvarikā na ca tecīvarikattassa vaṇṇavādino|| na ceva[4] appicchā na ca appicchatāya vaṇṇavādino|| na ceva santuṭṭhā na ca santuṭṭhiyā vaṇṇavādino|| na ceva pavivittā na ca pavivekassa vaṇṇavādino|| na ceva asaṃsaṭṭhā na ca asaṃsaggassa vaṇ-

---

[1] S1-3 tatrā [2] S1-3 nāmo ayam always

[3] Missing in S1-3

[4] Instead of na ceva S1-3 insert here hoti bhikkhu ñāto yassassī lābhī civarapiṇḍapātasenāsanagilānapaccaya bhesajjānañ ca

ṇavādino|| na ceva āraddhaviriyā na ca viriyārambhassa vaṇṇavādino|||

9 Tatra yo hoti bhikkhu ñāto yasassī lābhī cīvara-piṇḍapāta - senāsana - gilānapaccaya-bhesajja-parikkhārānam taṃ therā bhikkhū āsanena nimantenti||| Ehi bhikkhu|| ko nāmāyaṃ bhikkhu bhaddako vatāyaṃ bhikkhu sabrahmacārikāmo vatāyaṃ bhikkhu|| ehi bhikkhu idaṃ āsanaṃ nisīdāhīti|||

10 Tatra Kassapa navānaṃ bhikkhūnaṃ evaṃ hoti|| Yo[1] kira so hoti bhikkhu ñāto yasassī lābhī cīvara-piṇḍapāta-senāsana - gilānapaccaya - bhesajja - parikkhārānaṃ|| taṃ therā bhikkhū nimantenti||| Ehi bhikkhu|| ko nāmāyaṃ bhikkhu bhaddako vatāyaṃ bhikkhu sabrahmacārikāmo vatāyam bhikkhu|| ehi bhikkhu idam āsanaṃ nisīdāhīti||| Te tathattāya paṭipajjanti|| tesan taṃ hoti dīgharattaṃ ahitāya dukkhāya|||

Yañhi taṃ[2] Kassapa sammāvadamāno vadeyya Upaddutā brahmacārī[3] brahmacārūpaddavena abhibhavanā[4] brahmacārī brahmacārābhibhavanenāti||[5] evaṃhi taṃ Kassapa sammā vadamāno vadeyya Upaddutā brahmacārī brahmacārūpaddavena abhibhavanā brahmacārī brahmacārabhibhavanenāti|||[6] Aṭṭhamaṃ|||

9 *Jhānābhiññā*

1 Sāvatthiyaṃ viharati|||[7]

2 Aham bhikkhave yāvadeva[8] ākaṅkhāmi viviceeva kāmehi vivicca akusalehi dhammehi savitakkaṃ savicāraṃ vivekajaṃ pītisukham paṭhamaṃ jhānam upasampajja viharāmi|||

---

[1] S[1-3] so
[2] S[1-3] sañhitaṃ
[3] S[1-3] prefix sa here only
[4] C abhivanā; B abhipatthanā; S[1] adds va
[5] B abhippatthanenāti; brahmacābhibhavanenāti
[6] Same varieties of reading as in the first part of the phrase
[7] S[1-3] Sāvatthi—tatra voca
[8] So C and S[1-3]; B yāvade always

Kassapo pi bhikkhave yāvadeva ākaṅkhati vivicceva kāmehi vivicca [1] akusalehi dhammehi savitakkaṃ savicāraṃ vivekajaṃ pītisukhaṃ paṭhamaṃ jhānam upasampajja viharati || ||

3 Aham bhikkhave yāvadeva ākaṅkhāmi vitakkavicārānaṃ vūpasamā ajjhattam sampasādanaṃ cetaso ekodibhāvaṃ avitakkam avicāram samādhijaṃ pītisukhaṃ dutiyaṃ jhānam upasampajja viharāmi || ||

Kassapo pi bhikkhave yāvadeva ākaṅkhati vitakkavicārānaṃ vūpasamā || pe || dutiyam jhānam upasampajja viharati ||

4 Aham bhikkhave yāvadeva ākaṅkhāmi pītiyā ca virāgā upekkhako [2] ca viharāmi sato ca sampajāno sukhañ ca kāyena paṭisamvedemi || yan tam ariyā ācikkhanti Upekkhako satimā sukhavihārīti || tatiyaṃ jhānam upāsampajja viharāmi || ||

Kassapo pi bhikkhave yāvadeva ākaṅkhati pītiyā ca virāgā upekkhako ca viharati || pe || || [3] tatiyajjhānaṃ upasampajja viharati || ||

5 Aham bhikkhave yāvadeva ākaṅkhāmi sukhassa ca pahānā dukkhassa ca pahānā pubbeva somanassadomanassānam atthagamā adukkham asukham upekkhā sati parisuddhiṃ catutthaṃ jhānam [4] upasampajja viharāmi || ||

Kassapo pi bhikkhave yāvadeva ākaṅkhati sukhassa ca pahānā || pe || || catutthaṃ jhānam upasampajja viharati || ||

6 Aham bhikkhave yāvadeva ākankhāmi sabbaso rūpasaññānaṃ samatikkamā paṭighasaññānam atthagamā nānattasaññānam amanasikārā ananto ākāso ti ākāsanañcāyatanam upasampajja viharāmi || ||

Kassapo pi bhikkhave yāvadeva ākaṅkhati sabbaso rūpasaññānaṃ samatikkamā || pe || || Ākāsānañcāyatanam upasampajja viharati || ||

7 Aham bhikkhave yāvadeva ākankhāmi || sabbaso ākāsānañcāyatanaṃ samatikkamma anantam viññāṇanti viññāṇañcāyatanam upasampajja viharāmi || ||

---

[1] S[1-3] vivicceva [2] S[1-3] upekha° always
[3] Complete in S[1-3] [4] S[1-3] catutthajjhānam

Kassapo pi bhikkhave yāvadeva ākaṅkhati|| pe ||[1] viññāṇañ cāyatanaṃ upasampajja viharati|| ||

8 Aham bhikkhave yāvadeva ākaṅkhāmi|| sabbaso viññāṇañcāyatanaṃ samatikkamma natthi kiñciti ākiñcaññāyatanam upasampajja viharāmi|| ||

Kassapo pi bhikkhave yāvadeva ākaṅkhati|| pe|| ākiñcaññāyātanam upasampajja viharati|| ||

9 Aham bhikkhave yāvadeva ākaṅkhāmi sabbaso ākiñcaññāyatanaṃ samatikkamma nevasaññānāsaññāyatanam upasampajja viharāmi|| ||

Kassapo pi bhikkhave yāvadeva ākaṅkhati|| pe|| || nevasaññānāsaññāyatanam upasampajja viharati|| ||

10 Aham bhikkhave yāvadeva ākaṅkhāmi|| sabbaso nevasaññānāsaññāyatanaṃ samatikkamma saññāvedayitanirodham upasampajja viharāmi|| ||

Kassapo pi bhikkhave||[2] pe|| || saññāvedayitanirodham upasampajja viharati|| ||

11 Aham bhikkhave yāvadeva ākaṅkhāmi anekavidham iddhividham paccanubhomi|| || Eko pi hutvā bahudhāhomi|| bahudhā pi hutvā eko homi|| āvibhāvaṃ tirobhāvaṃ tirokuḍḍaṃ[3] tiropākāraṃ tiropabbatam asajjamāno gacchāmi seyyathāpi ākāse|| pathaviyāpi ummujja nimujjaṃ kāromi seyyathāpi udake|| udake pi abhijjamāne gacchāmi seyyathāpi pathaviyaṃ|| ākāse pi pallaṅkena caṅkamāmi[4] seyyathāpi pakkhisakuṇo|| || Ime pi candimasūriye evam mahiddhike evaṃ mahānubhāve pāṇinā parimasāmi parimajjāmi|| yāva brahmalokā pi kāyena vasaṃ vattemi|| ||

Kassapo pi bhikkhave yāvadeva ākaṅkhati anekavidham iddhividhaṃ paccanubhoti|| pe|| || Yāva brahmalokā pi kāyena vasaṃ vatteti|| ||

12 Ahaṃ bhikkhave yāvadeva ākaṅkhāmi dibbāya sotadhātuyā visuddhāya atikkantamānusakena[5] ubho sadde suṇāmi dibbe ca mānuse[6] ca ye dūre santike ca|| ||

Kassapo pi bhikkhave yāvadeva ākaṅkhati dibbāya sotadhātuyā|| pe|| || dūre santike ca|| ||

---

[1] Complete in B [2] Omitted by S[1-3]

[3] B °kuṭaṃ [4] S[1] pallaṅkenañcaṅ°; B omits caṅ°

[5] B mānussikāya [6] B mānusse

14 Aham bhikkhave yāvadeva ākaṅkhāmi parasattānam parapuggalānam cetasā ceto paricca pajānāmi || sarāgaṃ vā cittam sarāgaṃ cittanti pajānāmi || vītarāgam vā cittaṃ vītarāgaṃ cittanti pajānāmi || sadosaṃ vā cittaṃ || pe || || vītadosaṃ vā cittaṃ || pe || || samohaṃ vā cittaṃ || pe || || vītamohaṃ vā cittam || pe || || saṅkhittam vā cittam || pe || || vikkhittaṃ vā cittaṃ || pe || || mahaggatam vā cittaṃ || pe || || amahaggataṃ vā cittaṃ || pe || || sa-uttaraṃ vā cittam || pe || || anuttaraṃ vā cittaṃ || pe || || samāhitaṃ vā cittaṃ || pe || || asamāhitaṃ vā cittaṃ || pe || || vimuttaṃ vā cittaṃ || pe || || avimuttaṃ va cittaṃ avimuttaṃ cittanti pajānāmi || ||[1]

Kassapo pi bhikkave yāvadeva ākaṅkhati parasattānaṃ parapuggalānaṃ cetasā ceto paricca pajānāti || sarāgaṃ vā cittaṃ sarāgacittanti pajānāti || pe || || avimuttaṃ vā cittaṃ avimuttaṃ cittanti pajānāti || ||

15 Aham bhikkhave yāvadeva ākaṅkhāmi anekavihitam pubbenivāsaṃ anussarāmi || seyyathīdaṃ || ekam pi jātiṃ dve pi jātiyo tisso pi jātiyo catasso pi jātiyo pañca pi jātiyo dasa pi jātiyo vīsam[2] pi jātiyo tiṃsam pi jātiyo cattārīsam pi jātiyo paññāsam pi jātiyo jātisatam pi jātisahassam pi jātisatasahassam pi || aneke pi saṃvaṭṭakappe aneke pi vivaṭṭakappe aneke pi saṃvattavivaṭṭakappe || amutrāsim evaṃnāmo evaṃgotto evaṃvaṇṇo evamāhāro evaṃsukhadukkhapaṭisaṃvedī evamāyupariyanto || so tato cuto amutra udapādi || tatrāvāsiṃ evaṃnāmo evaṃgotto evaṃvaṇṇo evamāhāro evaṃ-sukhadukkhapaṭisaṃvedī evamāyupariyanto so tato cuto idhupapanno ti || iti sākāraṃ sa-uddesam anekavihitam pubbenivāsam anussarāmi || ||

Kassapo pi bhikkhave yāvadeva ākaṅkhati anekavihitam pubbenivāsam anussarati || seyyathīdaṃ || ekam pi jātiṃ || pe || || iti sākāraṃ sa-uddesam anekavihitam pubbenivāsam anussarati || ||

16 Aham bhikkhave yāvadeva ākaṅkhāmi dibbena cakkhunā visuddhena atikkantamānusakena[3] satte passāmi ||

---

[1] S¹-3 intervert here as before the affirmation and the negation [2] S¹-3 vīsati

[3] S¹-3 mānussakena

cavamāne uppajjamāne[1] hīne paṇīte suvaṇṇe dubbaṇṇe sugate duggate yathākammupage satte pajānāmi|| || Ime vata bhonto sattā kāyaduccaritena samannāgatā vacī duccaritena[2] samannāgatā manoduccaritena samannāgatā ariyānam upavādakā micchādiṭṭhikā micchādiṭṭhikammasamādānā te kāyassa bhedā paraṃ maraṇā apāyaṃ duggatiṃ vinipātaṃ nirayam upapannā|| ||[3] Ime vā pana bhonto sattā kāyasucaritena samannāgatā vacīsucaritena samannāgatā manosucaritena samannāgatā ariyānaṃ anupavādakā sammādiṭṭhikā sammādiṭṭhikammasamādānā|| te kāyassa bhedā parammaraṇā sugatiṃ saggaṃ lokaṃ upapannā ti|| || Iti dibbena cakkhunā visuddhena atikkantamānusakena satte passāmi cavamāne uppajjamāne hīne paṇīte suvaṇṇe dubbaṇṇe sugate duggate yathākammupage satte pajānāmi|| ||

Kassapo pi bhikkhave yāvadeva ākaṅkhati dibbena cakkhunā visuddhena atikkantamānusakena satte passati cavamāne|| pe|| ||[4] yathākammupage satte pajānāti|| ||

17. Ahañca bhikkhave āsavānaṃ khayā anāsavam cetovimuttiṃ paññāvimuttiṃ diṭṭheva dhamme sayam abhiññā sacchikatvā upasampajja viharāmi|| ||

Kassapo pi bhikkhave āsavānaṃ khayā anāsavaṃ cetovimuttiṃ paññāvimuttiṃ diṭṭheva dhamme sayam abhiññā sacchikatvā upasampajja viharatīti|| || Navamaṃ|| ||[5]

10 *Upassayam*

1 Evam me sutam||[6] ekaṃ samayaṃ āyasmā Kassapo Savatthiyaṃ viharati Jetavane Anāthapiṇḍikassa ārāme||

I

2 Atha kho āyasmā Ānando pubbaṇhasamayaṃ nivā-

---

[1] B upapajjamāne always

[2] S[1-3] have vacīmano duccaritena° and omit manoduccaritena° here and further on

[3] S[1-3] uppannā

[4] More complete in S[1-3]

[5] Missing in S[1-3]

[6] Missing in S[1-3]

setvā pattacīvaraṃ ādāya yenāyasmā Mahā-Kassapo tenupasaṅkami|| ||

3 Upasaṅkamitvā āyasmantaṃ Mahā-Kassapaṃ etad avoca|| || Āyāma bhante Kassapa yena aññataro [1] bhikkhunupassayo [2] tenupasaṅkossāmāti|| ||

Gaccha tvaṃ āvuso Ānanda bahukicco tvaṃ bahukaraṇīyo ti|| ||

4 Dutiyam pi kho āyasmā Ānando āyasmantaṃ Mahā-Kassapaṃ etad avoca|| || Āyāma bhante Kassapa yena aññataro bhikkhunupassayo tenupasaṅkissāmā ti|| ||

Gaccha tvaṃ avuso Ānanda bahukicco tvaṃ bahukaraṇīyoti|| ||

5 Tatiyam pi kho āyasmā Ānando āyasmantaṃ Mahā-Kassapaṃ etad avoca|| || Āyāma bhante Kassapa yena aññataro bhikkhunupassayo tenupasaṅkissāmā ti|| ||

6 Atha kho āyasmā Mahā-Kassapo pubbaṇhasamayaṃ nivasetvā pattacīvaraṃ ādāya āyasmatā Ānandena pacchā samaṇena yena aññataro bhikkhunupassayo tenupasaṅkami|| || Upasaṅkamitvā paññatte āsane nisīdi|| ||

II

7 Atha kho sambahulā bhikkhuniyo yenāyasmā Mahā-Kassapo tenupasaṅkamiṃsu|| upasaṅkamitvā āyasmantaṃ Mahā-Kassapaṃ abhivādetvā ekam antaṃ nisīdiṃsu|| ||

8 Ekam antaṃ nisinnā kho tā bhikkhuniyo āyasmā Mahā-Kassapo dhammiyā kathāya sandassesi samādapesi samuttejesi sampahaṃsesi|| ||

9 Atha kho āyasmā Mahā-Kassapo tā bhikkhuniyo dhammiyā kathāya sandassetvā samādapetvā samuttejetvā sampahaṃsetvā uṭṭhāyāsanā pakkāmi|| ||

10 Atha kho Thullatissā [3] bhikkhunī anattamanā anattamanavācaṃ nicchāresi|| || Kim pana ayyo [4] Mahā-Kassapo ayyassa Ānandassa vedehamunino sammukhā dhammaṃ bhāsitabbaṃ maññati|| seyyathāpi nāma sūcivāṇijako

---

[1] S[1-3] yenañña° always [2] B bhikkhū° always

[3] So B; C thūla°; S[1] phulla°; S[3] pulla° here only

[4] S[1] panayyo; S[3] paneyyo

sūcikārassa santike sūcim vikketabbam maññeyya || evam eva ayyo Mahā-Kassapo ayyassa Ānandassa vedehamunino sammukhā dhammam bhāsitabbam maññātīti || ||

11 Assosi kho āyasmā Mahā-Kassapo Thullatissāya bhikkhunipā imaṃ vācam bhāsamānāya || ||

III

12 Atha kho āyasmā Mahā-Kassapo āyasmantam Ānandam etad avoca || || Kiṃ nu kho āvuso Ānanda || ahaṃ sucivāṇijako tvam sucikāro udāhu ahaṃ sucikāro tvaṃ sucivāṇijakoti || ||

Khamatha [1] bhante Kassapa bālo mātugāmo ti || ||

13 Āgamehi tvam āvuso Ānanda mā te saṃgho uttari-upaparikkhi || || [2]

Tam kim maññasi āvuso Ānanda || ||

14 Api nu tvam Bhagavato sammukhā bhikkhusamghe upanīto || || [3] Aham bhikkhave yāvadeva ākaṅkhāmi viviceeva kāmehi vivicca akusalehi dhammehi savitakkaṃ savicāraṃ vivekajaṃ pītisukham pathamaṃ jhānam upasampajja viharāmi || || Ānando pi bhikkhave yāvadeva ākaṅkhati vivicceva kāmehi vivicca akusalehi dhammehi savitakkaṃ savicāraṃ vivekajaṃ pītisukham pathamam jhānam upasampajja viharatīti || ||

No hetam bhante || ||

15 Ahaṃ kho āvuso Bhagavato sammukhā bhikkhusaṃghe upanīto || || Ahaṃ bhikkhave yāvadeva ākaṅkhāmi vivicceva kāmehi vivicca akusalehi dhammehi savitakkaṃ savicāraṃ vivekajaṃ pītisukham pathamaṃ jhānam upasampajja viharāmi || || Kassapo pi bhikkhave yāvadeva ākaṅkhati vivicceva kāmehi vivicca akusalehi dhammehi || pe || || pathamam jhānam [4] upasampajja viharatī ti || ||

16–29 Navannam anupubbavihārasamāpattīnaṃ [5] pañcannam abhiññānam evam peyyālo || ||

---

[1] B khama

[2] So B and C who adds pi ; S[1-3] uttariṃ upaparikkhantaṃ kim maññasi°

[3] B upanito always ; S[1-3] upanīte here only

[4] S[1-3] pathamajjhānam

[5] B omits°vihāra°

30 Taṃ kim maññasi āvuso[1] Ānanda api nu tvaṃ Bhagavato sammukhā bhikkhusaṅghe upanīto|| || Aham bhikkhave āsavānam khayā anāsavaṃ cetovimuttim paññāvimuttiṃ diṭṭheva dhamme sayam abhiññā sacchikatvā upasampajja viharāmi|| || Ānando pi bhikkhave āsavānaṃ khayā anāsavaṃ cetovimuttim paññāvimuttiṃ diṭṭheva dhamme sayaṃ abhiññā sacchikatvā upasampajja viharatīti|| ||

No hetaṁ bhante|| ||

31 Aham kho āvuso Bhagavato sammukhā bhikkhusaṅghe upanīto|| || Aham bhikkhave āsavānaṃ khayā anāsavaṃ cetovimuttiṃ paññāvimuttiṃ diṭṭheva dhamme sayaṃ abhiññā sacchikatvā upasampajja viharāṃi|| || Kassapo pi bhikkhave āsavānaṃ khayā anāsavaṃ cetovimuttim paññāvimuttiṃ diṭṭheva dhamme sayam abhiññā sacchikatvā upasampajja viharatīti|| ||

32 Sattaratanaṃ vā[2] āvuso nāgam aḍḍhaṭṭharatanaṃ vā tālapattikāya[3] chādetabbam maññeyya yo me cha abhiññā chādetabbaṃ maññeyyāti|| ||

IV

33 Cavittha pana Thullatissā bhikkhunī brahmacāriyamhā ti|| || Dasamaṃ|| ||

11 *Cīvaram*

1 Ekaṃ samayam āyasmā Mahā-Kassapo Rājagahe viharati Veḷuvane kalandakanivāpe|| ||

I

2 Tena kho pana samayena āyasmā Ānando Dakkhiṇāgirismiṃ cārikaṃ carati mahatā bhikkhusaṅghena saddhim|| ||

3 Tena kho pana samayena āyasmato Ānandassa tiṃsamattā saddhivihārino bhikkhū[4] sikkhaṃ paccakkhāya hīnāyāvattā bhavanti yebhuyyena kumārabhūtā|| ||

---

[1] Omitted by S[1-3]   [2] S[1-3] insert yo

[3] S[1-3] omit ya   [4] Omitted by S[1-3]

II

4 Atha kho āyasmā Ānando Dakkhiṇāgirismiṃ yathābhirantam cārikaṃ caritvā yena Rājagahaṃ[1] Veluvanaṃ kalandakanivāpo yenāyasmā Mahā-Kassapo tenupasaṅkami || upasaṅkamitvā āyasmantaṃ Mahākassapam abhivādatvā ekam antaṃ nisīdi ||

5 Ekam antaṃ nisinnaṃ kho āyasmantam Ānandam āyasmā Mahā-Kassapo etad avoca || || Kati[2] nu kho āvuso Ānanda atthavase paṭicca Bhagavatā kulesu tikabhojanaṃ paññattanti || ||

6 Tayo kho bhante Kassapa atthavase paṭicca Bhagavatā kulesu tikabhojanam paññattaṃ || dummaṅkūnam[3] puggalānaṃ niggahāya pesalānam bhikkhūnam phāsuvihārāya[4] mā papicchā pakkhaṃ nissāya saṅgham bhindeyyuṃ kulānuddayatāya ca || || Ime kho bhante Kassapa tayo atthavase paṭicca Bhagavatā kuleṣu ti tikabhojanam paññattanti || ||

7 Atha kiñcarahi tvam[5] āvuso Ānanda imehi navehi[5] bhikkhūhi indriyesu aguttadvārehi bhojane[6] amattaññūhi jāgariyam ananuyuttehi saddhiṃ cārikaṃ carasi || sassaghātam maññe carasi kulupaghātam[7] maññe carasi || || Olujjati[8] kho te āvuso Ānanda parisā palujjanti[9] kho te āvuso[10] navappāyā || navāyaṃ kumārako mattam aññāsīti || ||

8 Api me bhante Kassapa sirasmiṃ phalitāni jātāni || atha ca pana mayam ajjāpi āyasmato Mahā-Kassapassa kumārakavādā na muñcamāti || ||

---

[1] ṃ is omitted in S[1]; afterwards added in B

[2] S[1-3] Kinnu

[3] So C; B dumaṅkunaṃ; S[1-3] dummaññūnaṃ.

[4] phāsu° and phāsuka°

[5] Missing in S[1-3]

[6] S[1-3] bhojanehi

[7] So B; S[1-3] kulupagghātaṃ; C kulappaghātaṃ

[8] So B; S[1-3] olujjasi; C ullujjasi

[9] S[1-3] pallujjati; C pallajjanti

[10] S[1-3] insert here Ānanda parisā

9 Tathā hi pana tvam āvuso Ānanda imehi navehi bhikkhūhi indriyesu aguttadvārehi bhojāne amataññūhi jāgariyam ananuyuttehi saddhiṃ cārikaṃ carasi|| sassaghātam maññe carasi kulupaghātam maññe carasi|| Olujjati kho te āvuso Ānanda parisā palujjanti kho te āvuso navappāyā|| || Na vāyaṃ [1] kumārako mattam aññāsīti.

III

10 Assosi kho Thullanandā bhikkhunī|| ayyena kira Mahā-Kassapena ayyo Ānando vedehamuni kumārakavādena apasādito ti||

11 Atha kho Thullanandā bhikkhunī anattamanā anattamanavācaṃ nicchāresi|| || Kimpana ayyo [2] Mahā-Kassapo aññatitthiyapubbo samāno ayyam Ānandaṃ vedehamuniṃ kumārakavādena apasādetabbam maññatīti|| ||

12 Assosi kho āyasmā Mahā-Kassapo Thullanandāya bhikkhuniyā imaṃ vācam bhāsamānāya|| ||

13 Atha kho ayasmā Mahā-Kassapo āyasmantam Ānandam etad avoca|| || Tagghāvuso Ānanda Thullanandāya bhikkhuniyā sahasā appaṭisaṅkhā [3] vācā bhāsitā|| yato ham [4] āvuso kesamassum ohāretvā kāsāyāni vatthāni acchādetvā agārasmā anagāriyam pabbajito nābhijānāmi aññaṃ satthāram uddisitum [5] aññatra tena Bhagavatā arahatā sammāsambuddhena|| ||

14 Pubbe me āvuso agārikabhūtassa sato etad ahosi|| || Sambādho gharāvāso rajāpatho abbhokāso [6] pabbajjā || na yidaṃ sukaraṃ agāram ajjhāvasatā ekantaparipuṇṇam ekantaparisuddhaṃ saṅkhalikhitaṃ brahmacariyaṃ carituṃ|| || Yaṃ nunāhaṃ kesamassuṃ ohāretvā kāsāyāni vatthāni acchādetvā agārasmā anagāriyam pabbajjeyyanti|| ||

15 So khvāham āvuso aparena samayena paṭapiloti-

---

[1] S^{1-3} nacāyaṃ; for the rest, same remarks as in 7

[2] S^{1-3} panayyo [3] B apaṭi° always

[4] So C; S^{1-3} yato kho ham, B yatvāhaṃ

[5] So B; C uddisatum and uddissituṃ; S^1 uddisita (S^3-taṃ)

[6] S^{1-3} ajjho; C abbokāso

kānaṃ[1] saṅghāṭiṃ karitvā||[2] yo loke arahanto te uddissa kesamassum ohāretvā kāsāyāni vatthāni acchādetvā agārasmā anagāriyam pabbaji|| ||[3]

16 So evam pabbajito samāno addhānamaggapaṭipanno addasaṃ Bhagavantam antarā ca Rājagaham antarā ca Nāḷandam Bahuputte[4] cetiye nisinnam|| disvanā me[5] etad ahosi|| || Satthāraṃ ca vatāham passeyyaṃ Bhagavantam eva passeyyaṃ|| Sugataṃ ca vatāham passeyyaṃ Bhagavantam eva passeyyaṃ|| Sammāsambuddhaṃ ca vatāham passeyyam Bhagavantam eva passeyyan ti|| ||

17 So khvāham āvuso tattheva Bhagavato pādesu sirasā nipatitvā Bhagavantam etad avocaṃ|| || Satthā me bhante Bhagavā|| sāvako ham asmīti|| ||

18 Evaṃ vutte maṃ āvuso Bhagavā etad avoca|| || Yo kho Kassapa evaṃ sabbaṃ[6] cetasā samannāgatam sāvakam ajānaññeva vadeyya Jānāmīti|| apasaññeva vaddeya Passāmīti|| muddhā pi tassi vipateyya|| || Aham kho pana Kassapa jānaññeva vadāmi Jānāmīti|| passaññeva vadāmi Passamīti|| ||

19 Tasmā ti ha te Kassapa evaṃ sikkhitabbaṃ|| || Tibbaṃ[7] hirottappam paccupaṭṭhitaṃ bhavissati theresu navesu majjhimesūti|| evañhi te Kassapa sikkhitabbaṃ|| ||

20 Tasmā ti ha te Kassapa evaṃ sikkhitabbaṃ|| || Yaṃ kiñci dhammaṃ sussāmi kusalūpasañhitam sabbaṃ tam aṭṭhikatvā[8] manasi karitvā sabbaṃ cetasā[9] samannāharitvā ohitasoto dhammaṃ suṇissamīti|| Evañhi te Kassapa sikkhitabbaṃ|| ||

21 Tasmā ti ha te Kassapa evaṃ sikkhitabbaṃ|| || Sātasahagatā ca me kāyagatā sati na vijahissatīti|| Evañhi te Kassapa sikkhitabbanti|| ||

22 Atha kho maṃ āvuso Bhagavā iminā ovādena ovaditvā uṭṭhāyāsanā pakkāmi|| ||

---

[1] So B and C; S[1] pilotītaṃ; S3 °pilotikaṃ [2] B kāretvā
[3] So S[1-3]; B [4] S[1-3] °putta°
[5] S[1-3] kho [6] S[1-3] omit ṃ
[7] B omit ṃ: S3 puts me instead of tibbaṃ
[8] B aṭṭhiṃ [9] S[1-3] sabbacetaso

23 Satthāham eva khvāham āvuso sāṇo [1] raṭṭhapiṇḍam bhuñjiṃ|| [2] aṭṭhamiyā aññā [3] udapādi|| ||

24 Atha kho āvuso Bhagavā maggā okkamma yena aññataraṃ rukkhamūlaṃ tenupasaṅkami|| ||

25 Atha khvāham āvuso paṭapilotikānaṃ [4] saṅghātiṃ catuggunaṃ paññāpetvā Bhagavantam etad avocaṃ|| || Idha bhante Bhagavā nisīdatu yam mamassa dīgharattaṃ hitāya sukhāyāti|| ||

26 Nisīdi kho āvuso Bhagavā paññatte āsane|| ||

27 Nisajja kho [5] mam āvuso Bhagavā etad avoca|| || Mudukā kho tyāyaṃ Kassapa [6] paṭapilotikānaṃ sanghāṭīti|| ||

Paṭigaṇhātu me bhante Bhagavā paṭapilotikānaṃ saṅghāṭiṃ anukampaṃ upādāyāti|| ||

28 Dhāressasi pana me tvaṃ Kassapa sāṇāni paṃsukūlāni nibbasanānīti|| ||

Dhāressāmāham [7] bhante Bhagavato sāṇāni paṃsukulāni nibbasanānīti|| ||

29 So khvāham āvuso paṭapilotikānaṃ saṅghātiṃ Bhagavato pādāsi [8]|| aham pana Bhagavato sāṇāni paṃsukūlāni nibbasanāni paṭipajjiṃ|| ||

30 Yañhi taṃ āvuso sammāvadamāno vadeyya Bhagavato putto oraso mukhato jāto dhammajo dhammanimmito dhammadāyādo patiggahitāni [9] sāṇāni paṃsukūlāni nibbasanānīti|| mamantaṃ sammāvadamaño vadeyya Bhagavato putto oraso mukhato jāto dhammajo dhammanimmito dhammadāyādo paṭiggahitāni sāṇāni paṃsukūlāni nibbasanānīti|| ||

31 Ahaṃ kho āvuso yāvadeva ākaṅkhāmi viviceeva kāmehi vivicca akusalehi dhammehi savitakkaṃ savicāram

---

[1] So S[1] and C; S[3] sā; B saraṇo

[2] S[1-3] insert atha

[3] S[1-3] aññaṃ

[4] S[1-3] paṭa (S[1] -ṭi) piloti(S[1] tī)nam always

[5] S3 nisīditvā; S[1] nisajjetvā, both omitting kho

[6] S[1] has tyāthāyam; S[1-3] omit Kassapa

[7] S[1-3] dhāreyyāmāhaṃ

[8] So B; S[1-3]

[9] S[1-3] paṭiggahito

vivekajam pītisukham paṭhamaṃ jhānam upasampajja vihārāmi||

32–46 Aham kho āvuso yāvadeva ākaṅkhāmi|| pe| | navannam anupubbavihārasamāpattinaṃ [1] pañcannam abhiññānam evam peyyālo |||| [2]

47 Ahaṃ kho āvuso āsavānaṃ khayā anāsavaṃ cetovimuttiṃ paññāvimuttiṃ diṭṭheva dhamme sayam abhiññā[3] sacchikatvā upasampajja viharāmi||||

48 Sattaratanaṃ vā [4] āvuso nāgam aḍḍhaṭṭharatanaṃ vā tālapattikāya chādetabbam maññeyya yo me cha abhiññā chādetabbaṃ maññeyyāti||||

IV

49 Cavittha [5] pana Thullanandā bhikkhunī brahmacariyambhāti|||| Ekādasamaṃ|||| [6]

12 *Paraṃmaraṇam*

1 Ekaṃ samayaṃ āyasmā Mahā-Kassapo āyasmā ca Sāriputto Bārāṇasiyaṃ viharanti Isipatane Migadāye||||

2 Atha kho āyasmā Sāriputto sāyaṇhasamayaṃ paṭisallāṇā vuṭṭhito yenāyasmā Mahā-Kassapo tenupasaṅkami|| pe|||| [7] vītisāretvā ekam antaṃ nisīdi||||

3 Ekamantaṃ nisinno kho āyasmā Sāriputto āyasmantam Mahā-Kassapam etad avoca|||| Kiṃ nu kho āvuso Kassapa hoti tathāgato parammaraṇā ti||||

Avyākataṃ kho [8] āvuso Bhagavatā hoti tathāgato parammaraṇāti||||

4 Kim panāvuso na [9] hoti tathāgato parammaraṇā ti||||

Evam pi kho āvuso avyākataṃ Bhagavatā na hoti tathāgato parammaraṇā ti||||

---

[1] S[1-3] vihārānam; omitted by B (see p. 216 n. 5)

[2] S[1-3] vitthāretabbaṃ

[3] S[1-3] abhiññāya here and further on

[4] S[1-3] insert so [5] S[1-3] insert ca [6] Missing in S[1-3]

[7] Complete in B [8] S[1-3] add evaṃ

[9] S[1-3] neva always

5 Kiṃ nu kho āvuso hoti ca na hoti ca [1] tathāgato paraṃmaraṇā ti || ||

Avyākataṃ kho evam āvuso Bhagavatā hoti ca na hoti ca tathāgato paraṃmaraṇā ti || ||

6 Kim panāvuso neva hoti na na hoti tathāgato paraṃmaraṇā ti || ||

Evam pi kho āvuso avyākataṃ Bhagavatā neva hoti na na hoti tathāgato paraṃmaraṇā ti || ||[2]

7 Kasmā cetam āvuso avyākataṃ Bhagavatā ti || ||

Na hetam āvuso atthasañhitam nādibrahmacāriyakaṃ [3] na nibbidāya na virāgāya na nirodhāya na upasamāya na abhiññāya na sambodhāya na nibbāṇāya samvattati || tasmā tam avyākatam Bhagavatā ti || || [4]

8 Atha kiṃ carahāvuso [5] vyākataṃ Bhagavatāti || ||

Idaṃ dukkhanti kho āvuso vyākataṃ Bhagavatā ayaṃ dukkhasamudayo ti vyākataṃ Bhagavatā ayaṃ dukkhanirodha ti vyākātam Bhagavatā ayaṃ dukkhanirodhagāminī paṭipadā ti [6] vyākataṃ Bhagavatā ti || ||

9 Kasmā cetaṃ āvuso byākataṃ Bhagavatā ti || ||

Etañhi āvuso atthasañhitam [7] ādibrahmacariyakam etaṃ nibbidāya virāgāya nirodhāya upasamāya abhiññāya sambodhāya nibbānāya saṃvattati || tasmā taṃ vyākataṃ Bhagavatā ti [8] || || Dvādasamaṃ || ||

13 *Saddhammapatirūpakam*

1 Evam me sutaṃ || ekaṃ samayaṃ Bhagavā Sāvatthiyaṃ viharati Jetavane Anāthapiṇḍikassa ārāme || ||

2 Atha kho āyasmā Mahā-Kassapo [9] yena Bhagavā tenupasaṅkami || upasaṅkamitvā Bhagavantaṃ adhivādetvā ekam antaṃ nisīdi || [10]

---

[1] S¹⁻³ na ca hoti always

[2] 6 is repeated in S¹ without any correction

[3] S¹⁻³ °brāhma° ; B cāriyakaṃ ; both here only

[4] S¹⁻³ omit ti

[5] S³ carahi āvuso ; S¹ cara āvuso

[6] B °gāmini

[7] B inserts here etaṃ

[8] S¹⁻³ Bhagavatā vyākatanti

[9] B omits Mahā

[10] 1, 2 are abbreviated in S¹⁻³

3 Ekam antaṃ nisinno kho ayasmā Mahā-Kassapo Bhagavantam etad avoca||| Ko nu kho bhante hetu ko paccayo yena pubbe appatarāni ceva sikkhāpadāni ahesuṃ| bahutarā ca bhikkhū aññāya saṇṭhahiṃsu|| Ko pana bhante hetu ko paccayo yenetarahi bahutarāni ceva sikkhāpadāni appatarā ca bhikkhū aññāya saṇṭhahantīti||

4 Evañhetaṃ[1] Kassapa hoti|| sattesu hāyamānesu saddhamme antaradhāyamāne bahutarāni ceva sikkhāpadāni honti|| appatarā ca bhikkhū aññāya saṇṭhahanti|||

5 Na tāva Kassapa saddhammassa antaradhānaṃ hoti yāva na saddhammapaṭirūpakaṃ loke uppajjati|| yato ca kho Kassapa saddhammapaṭirūpakaṃ loke uppajjati atha saddhammassa antaradhānaṃ hoti|||

6 Seyyathāpi Kassapa na tāva jātarūpassa antaradhānaṃ hoti yāva na jātarūpapatirūpakaṃ loke uppajjati|| yato ca kho Kassapa jātarūpapaṭirūpakam[2] loke uppajjati atha jātarūpassa antaradhānaṃ hoti|||

7 Evam eva kho Kassapa na tāva saddhammassa antaradhānaṃ hoti yāva na saddhammapatirūpakaṃ loke uppajjati|| yato ca kho Kassapa saddhammapatirūpakam loke uppajjati atha saddhammassa antaradhānaṃ hoti|||

8–11 Na kho Kassapa pathavīdhātu saddhammam antaradhāpeti|| nā āpodhātu|| pe|| na tejodhātu|| pe||| na vayodhatu saddhammam antaradhāpeti|||

12 Atha kho idheva te uppajjanti moghāpurisā ye imaṃ saddhammaṃ antaradhāpenti|||

13 Seyyathāpi Kassapa nāvā ādikeneva opilavati[3] na kho Kassapa evaṃ saddhammassa antaradhānaṃ hoti|||

14 Pañca kho me Kassapa okkamaniyā dhammā saddhammassa sammosāya antaradhānāya samvattanti|||

Katame pañca|||

15 Idha Kassapa bhikkhū bhikkhuniyo upasakā upāsikāyo satthari agāravā viharanti appaṭissā|| dhamme agāravā viharanti appaṭissā||[4] sanghe agāravā viharanti appaṭissā.

---

[1] B evañcetaṃ [2] S1-3 °paṭi° always
[3] So C; B S1 opilāvati; S3 opalavati (ā being erased in -la-)
[4] S1-3 °tissā always

sikkhāya agāravā viharanti appaṭissā|| samādhismiṃ agāravā viharanti appaṭissā|| ||

Ime kho Kassapa pañca okkamaniyā dhammā saddhammassa sammosāya antaradhānāya saṃvattanti|| ||

16 Pañca kho me Kassapa dhammā saddhammassa [1] ṭhitiyā asammosāya anantaradhānāya saṃvattanti|| ||

Katame pañca|| ||

17 Idha Kassapa bhikkhū bhikkhuniyo upāsakā [2] upāsikāyo satthari sagāravā viharanti sappaṭissā|| dhamme sagāravā viharanti sappaṭissā|| saṅghe sagāravā viharanti sappaṭissā|| sikkhāya sagāravā viharanti sappaṭissā|| samādhismiṃ sagāravā viharanti sappaṭissā|| ||

18 Ime kho Kassapa pañca dhammā saddhammassa ṭhitiyā asammosāya anantaradhānāya saṃvattantī ti|| || Terasamaṃ|| ||

Kassapa-saṃyuttaṃ samattaṃ|| || [3]

Tassa uddānaṃ|| ||

Santuṭṭhañ ca Anottāpi|| [4]
Candopamam [5] Kulupagaṃ||
Jiṇṇam tayo ca Ovādā [6]
Jhānabhiññā Upassayaṃ||
Cīvaram [7] Parammaraṇaṃ||
Saddhammapaṭirūpakanti|| ||

BOOK VI LĀBHASAKKĀRA

Chapter I Pathamo Vaggo

1 (1) *Dāruṇo*

1 Evam me sutaṃ|| ekaṃ samayaṃ Bhagavā Sāvatthiyaṃ viharati|| pe|| ārāme|| || [8]

2 Tatra kho Bhagavā bhikkhū āmantesi|| pe|| || [9]

---

[1] S[1-3] omit -ssa
[2] S[1-3] upāsaka
[3] B °yutto niṭṭhito
[4] B anu°
[5] B candu°
[6] B ovādaṃ
[7] S[1-3] Civara
[8] More abridged in S[1-3]
[9] More developed in B

Bhagavā etad avoca|| ||

3 Dāruṇo bhikkhave lābhasakkārasiloko kaṭuko pharuso antarāyiko anuttarassa yogakkhemassa adhigamāya|| ||

4 Tasmā ti ha bhikkhave evaṃ sikkhitabbaṃ|| || Uppannaṃ lābhasakkārasilokaṃ pajahissāma na ca no[1] uppanno lābhasakkārasiloko cittam pariyādāya ṭhassatīti|| ||

6 Evaṃhi vo bhikkhave sikkhitabbaṃti|| || Pathamaṃ|| ||

2 (2) *Balisam*

1 Sāvatthi|| ||[2]

2 Dāruṇo bhikkhave lābhasakkārasiloko kaṭuko pharuso antarāyiko anuttarassa yogakkhemassa adhigamāya|| ||

3 Seyyathāpi bhikkhave bāḷisiko āmisagatam baḷisaṃ gambhīre udakarahade pakkhipeyya|| tam enam aññataro āmisacakkhumaccho gileyya|| Evañhi so bhikkhave maccho gilitabaḷiso[3] bāḷisikassa anayam āpanno vyasanam āpanno yathākāmakaraṇīyo bāḷisikassa|| ||

4 Bāḷisiko ti kho bhikkhave Mārassetaṃ[4] pāpimato adhivacanaṃ|| baḷisanti kho bhikkhave lābhasakkārasilokassetam adhivacanaṃ|| ||

5 Yo hi koci bhikkhave bhikkhu uppannam lābhasakkārasilokam assādeti nikāmeti|| ayaṃ vuccati bhikkhave bhikkhu gilitabaḷiso Mārassa anayam āpanno vyasanam āpanno yathākāma karaṇīyo pāpimato|| ||

6 Evaṃ dāruṇo kho bhikkhave lābhasakkārasiloko kaṭuko pharuso antarāyiko anuttarassa yogakkhemassa adhigamāya|| ||

7 Tasmāti ha bhikkhave evaṃ sikkhitabbam|| || Uppannaṃ lābhasakkārasilokaṃ pajahissama|| na ca no uppanno lābhasakkārasiloko cittam pariyādāya ṭhassatīti || ||

8 Evañhi vo bhikkhave sikkhitabbaṇti|| ||

3 (3) *Kumma*

1 Sāvatthi[5]|| ||

---

[1] S3 nacavatano ; S1 navatamando

[2] S1-3 add —tatra—voca—

[3] B omits gilita [4] B mārassataṃ

[5] Missing in S1-3 here and further on

2 Dāruṇo bhikkhave lābhasakkārasiloko|| pe|| adhigamāya|| ||

3 Bhūtapubbam bhikkhave aññatarasmiṃ udakarahade mahākummakulaṃ ciranivāsi ahosi|| ||

4 Atha kho bhikkhave aññataro kummo aññataraṃ kummam etad avoca|| ||' Mā kho tvaṃ tāta kumma etaṃ padesam agamāsīti|| ||

5 Agamāsi kho bhikkhave so kummo tam padesam|| tam enaṃ [1] luddo [2] papatāya vijjhi|| ||

6 Atha kho bhikkhave so kummo yena so kummo tenupasaṅkami|| ||

7 Addasā kho bhikkhave so kummo taṃ kummaṃ dūrato va āgacchantaṃ|| || Disvāna taṃ kummam etad avoca|| || Kacci tvaṃ tāta kumma na tam padesam āgamāsīti|| ||

Agamāsiṃ [3] khvāhaṃ tāta kumma tam padesanti|| ||

8 Kacci panāsi tāta kumma akkhato anupahato ti|| ||

Akkhato kho [4] mhi tāta kumma anupahato|| atthi ca [5] me idaṃ suttakaṃ piṭṭhito piṭṭhito anubandhanti|| ||

9 Tagghasi tāta kumma khato taggha upahato|| Etena hi te tāta kumma luddakena [6] pitaro ca pitāmahā ca anayam āpannā vyasanam āpannā|| || Gaccha dāni tvaṃ tāta kumma na dāni tvam amhākanti|| ||

10 Luddo ti kho bhikkhave Mārassetam pāpimato ādhivacanaṃ|| papatāti kho bhikkhave lābhasakkārasilokassetam adhivacanam|| suttakanti kho bhikkhave nandiragassetam adhivacanam|| ||

11 Yo hi koci bhikkhave bhikkhu uppannaṃ lābhasakkārasilokam assādeti nikāmeti|| ayam vuccati bhikkhave bhikkhu giddho papatāya anayam āpanno vyasanam āpanno yathākāmakaranīyo pāpimato [7]|| ||

12 Evaṃ dāruṇo kho bhikkhave lābhasakkārasiloko|| pe'

---

[1] S^{1-3} omit ṃ
[2] S^{1-3} insert kummo
[3] B agamāpi (or -mi)
[4] S^{1-3} omit kho
[5] S^{1-3} pana
[6] B suttakena
[7] Abridged in S^{1-3}

13 Evañhi vo bhikkhave sikkhitabbanti|| ||
Tatiyaṃ|| ||

4 (4) *Dīghalomi*

1 Sāvatthi|| ||

2 Dāruno bhikkhave lābhasakkārasiloko|| pe|| adhigamāya|| ||

3 Seyyathāpi bhikkhave dīghalomikā eḷakā [1] kaṇṭakagahanam paviseyya [2] sā tatra tatra sajjeyya [3] tatra tatra gaṇheyya [4] tatra tatra bajjheyya [5] tatra tatra anayavyasanaṃ āpajjeyya||

4 Evam eva kho bhikkhave idhekacco bhikkhulābhasakkārasilokena abhibhūto pariyādiṇṇacitto pubbaṇhasamayaṃ nivāsetvā pattacīvaram ādāya gāmaṃ vā nigamaṃ vā piṇḍāya pavisati [6]|| so tatra tatra sajjati tatra tatra gayhati [7] tatra tatra bajjhati tatra tatra anayavyasanam āpajjati|| ||

5 Evaṃ dāruṇo kho bhikkhave lābhasakkārasiloko|| pe|| ||

6 Evañhi vo bhikkhave sikkhitabbanti|| ||
Catutthaṃ|| ||

5 (5) *Piḷhika* (or *Miḷhaka ?*)

1 Sāvatthi|| ||

2 Dāruṇo bhikkhave lābhasakkārasiloko|| pe|| || adhigamāya|| ||

3 Seyyathāpi bhikkhave piḷhakā [8] gūthādī [9] gūthapurā puṇṇā gūthassa|| pūrato cassa mahā gūthapuñjo|| ||

4 Sā [10] tena aññā piḷhakā [11] atimaññeyya Ahaṃ hi gūthādī [12] gūthapūrā puṇṇā gūthassa|| pūrato ca myāyam [13] mahā gūthapuñjo ti|| ||

---

[1] S[3] elakā [2] S[1-3] passeya [3] S[1-3] sajjati
[4] S[1-3] gacchati [5] S[1-3] bajjhati
[6] S[1-3] paṭipayati [7] S[1-3] gacchati
[8] So B; S[1-3] e (or -pha ?) ḷakā; C kaṃsalakāti gūthapāṇakā . . .
[9] B gūdha° always; S[1-3] °ādi
[10] B so [11] B miḷhakā, here
[12] B gūdhādi; S[1-3] gūthādiṃ [13] S[1-3] khvāhaṃ

5 Evam eva kho bhikkhave idhekacco bhikkhu lābhasakkārasilokena abhibhūto pariyādiṇṇacitto pubbaṇhasamayaṃ nivāsetvā pattacīvaram ādāya gāmaṃ vā nigamaṃ vā piṇḍāya pavisati|| So [1] tattha [2] bhuttāvī ca hoti yāvad attho nimantito ca svātanāya|| piṇḍapāto cassa pūro [3]|| ||

6 So ārāmaṃ gantvā bhikkhugaṇassa majjhe vikatthati [4] Bhuttāvī camhi yavad attho nimantito camhi svātanāya|| piṇḍapāto ca myāyam pūro|| lābhī camhi cīvara-piṇḍapāta-senāsana-gilānapaccaya-bhesajja-parikkhārānaṃ|| || Ime pana aññe bhikkhū appapuññā appesakkhā na lābhino cīvarapiṇḍapātasenāsanagilānapaccaya bhesajjaparikkhārānanti|| ||

7 So tena lābhasakkārasilokena abhibhūto pariyādiṇṇacitto aññe pesale [5] bhikkhū atimaññati|| || Tañhi tassa bhikkhave moghapurisassa hoti dīgharattaṃ ahitāya dukkhāya|| ||

8 Evaṃ dāruno kho bhikkhave lābhasakkārasiloko|| pe|| ||

9 Evañhi kho bhikkhave sikkhitabbanti|| ||

Pañcamaṃ|| ||

6 (6) *Asani*

1 Sāvatthi|| ||

2 Dāruṇo bhikkhave lābhasakkārasiloko|| pe|| adhigamāya|| ||

3 Kim bhikkhave asanivicakkaṃ taṃ [6] sekham appattamānasam lābhasakkārasiloko anupāpuṇāti [7]||

4 Asanivicakkanti kho bhikkhave lābhasakkārasilokassetam adhivacanaṃ|| ||

5 Evaṃ dāruṇo kho bhikkhave lābhasakkārasiloko|| pe|| ||

6 Evañhi vo bhikkhave sikkhitabbanti|| ||

Chaṭṭhaṃ|| ||

7 (7) *Diṭṭhaṃ*

1 Sāvatthi|| ||

---

[1] S1-3 yo
[2] S1-3 repeat tattha
[3] B S1 puro always
[4] S1-3 °kattheti
[5] S1-3 pesalā
[6] Missing in S1-3
[7] S1-3 anupāpuṇā(S3 -panā)tu

2 Dāruṇo bhikkhave lābhasakkārasiloko|| pe| adhigamāyā|| ||

3 Kam bhikkhave diṭṭhagatena[1] [visallena][2] sallena vijjhanti taṃ[3] sekkham appattamānasaṃ lābhasakkārasiloko[4] anupāpuṇāti|| ||

4 Sallanti kho bhikkhave lābhasakkārasilokassetam adhivacanaṃ|| ||

5 Evaṃ dāruṇo kho bhikkhave lābhasakkārasiloko|| pe|| ||

6 Evañhi vo bhikkhave sikkhitabbanti|| ||

Sattamaṃ|| ||

8 (8) *Singālo*

1 Sāvatthi|| ||

2 Dāruṇo bhikkhave lābhasakkārasiloko|| pe|| adhigamāya|| ||

3 Assuttha no tumhe bhikkhave rattiyā paccusasamayaṃ siṅgālassa[5] vassamānassāti|| ||

Evam bhante|| ||

4 Eso kho bhikkhave jarasiṅgālo[6] ukkaṇṇakena[7] nāma rogajātena puṭṭho neva suññāgāragato[8] ramati|| na rukkhamūlagato ramati na ajjhokāsagato ramati|| yena yena gacchati yattha yattha tiṭṭhati yattha yattha nisīdati yattha nipajjati[9] tattha tattha anayavyasanam āpajjati|| ||

5 Evam eva[10] kho bhikkhave idhekacco bhikkhu lābhasakkārasilokena abhibhūto pariyādiṇṇacitto neva suññāgārayato ramati|| na rukkhamūlagato ramati na ajjhokāsagato ramati|| yena yena gacchati yattha yattha tiṭṭhati yattha yattha nisīdati yattha yattha nipajjati tattha tattha anayavyasanam āpajjati|| ||

---

1 So B and C; S1-3 °gadena 2 Missing in S1-3
3 S1-3 vijjhituṃ and omit taṃ
4 S1-3 °silokaṃ and omit the sequel from anu° to °siloko—pe—
5 S1-3 sigāla°; B siṅāla°
6 So C S1-3; B omits jara° 7 So C S1-3; B ukkaṇḍakena
8 S1-3 bi (S1 -khi-) lagato 9 B nippajjati always
10 S3 omits evaṃ; S3 omits eva and puts dāruṇo under the line

6 Evaṃ dāruṇo kho bhikkhave lābhasakkārasiloko|| pe|| ||
7 Evañhi vo bhikkhave sikkhitabbanti[1]|| ||
Aṭṭhamaṃ|| ||

9 (9) *Verambā*

1 Sāvatthi|| ||

2 Dāruṇo bhikkhave lābhasakkārasiloko|| pe|| adhigamāya|| ||

3 Upari bhikkhave ākāse verambā[2] nāma vātā vāyanti|| || Tattha yo pakkhī gacchati tam enaṃ verambā vātā khipanti|| tassa verambavātakhittassa[3] aññeneva pādā gacchanti aññena pakkhā gacchanti|| aññena sisaṃ gacchati aññena kāyo gacchati|| ||

4 Evam eva kho bhikkhave idhekacco bhikkhu lābhasakkārasilokena abhibhūto pariyādiṇṇacitto pubbaṇhasamayam nivāsetvā pattacīvaram ādāya gāmaṃ nigamam vā piṇḍāya pavisati arakkhitena kāyena arakkhitena vācāya arakkhitena cittena anupaṭṭhitāya satiyā asaṃvutehi indriyehi|| ||

5 So tattha passati mātugāmam dunnivatthaṃ vā duppārutaṃ vā|| tassa mātugāmam disvā dunnivattham vā duppārutaṃ vā rāgo cittam anuddhaṃseti|| || So rāgānuddhaṃsitena[4] cittena sikkham paccakkhāya hīnāyāvattati[5]|| tassa aññe cīvaraṃ haranti aññe pattaṃ haranti aññe nisīdanaṃ haranti aññe sucigharaṃ haranti|| verambavātakhittassa va sakuṇassa|| ||

6 Evaṃ dāruṇo kho bhikkhave lābhasakkārasiloko|| pe|| ||

7 Evañhi vo bhikkhave sikkhitabbanti|| || Navāmaṃ|| ||

10 (10) *Sagāthakam*

1 Sāvatthi|| ||

2 Dāruṇo bhikkhave lābhasakkārasiloko|| pe|| || adhigamāya|| ||

3 Idhāham[6] bhikkhave ekaccaṃ puggalam passāmi

---

[1] B omits ti
[2] So S[1-3] and C; B verambhā; both always
[3] S[1-3] °vāte° always
[4] °B °dhaṃsena
[5] B hi° S[1-3] hīnāya
[6] S[1-3] idha ahaṃ

sakkārena abhibhūtaṃ pariyādiṇṇacittaṃ kāyassa bhedā parammaraṇā apāyam duggatiṃ vinipātaṃ nirayam upapannaṃ[1] || ||

4 Idha panāham bhikkhave ekaccam puggalaṃ passāmi asakkārena abhibhūtam pariyādiṇṇacittaṃ kāyassa bhedā parammaraṇā apāyaṃ duggatim vinipātaṃ nirayam upapannam || ||

5 Idha panāham bhikkhave ekaccaṃ puggalam passāmi sakkārena ca asakkārena ca tadubhayena abhibhūtam pariyādiṇṇacittam kāyassa bhedā parammaraṇā apāyam duggatiṃ vinipātaṃ nirayam upapannaṃ || ||

6 Evam dāruṇo kho bhikkhave lābhasakkārasiloko || pe || ||

7 Evañhi vo bhikkhave sikkhitabbanti || ||

8 Idam avoca Bhagavā || idam vatvāna[2] Sugato athāparam avoca satthā || ||

Yassa sakkariyamānassa ||
Asakkārena cūbhayam ||
Samādhi na vikampati ||
Appamādaviharino[3] || 1 ||
Taṃ jhāyinaṃ sātatikaṃ ||[4]
Sukhumaṃ diṭṭhivipassakaṃ ||
Upādānakkhayārāmam ||
Āhu sappuriso itīti || 2 || Dasamaṃ || ||

Vaggo pathamo || ||
Tassuddānaṃ || ||

Dāruṇo Bālisaṃ Kummaṃ ||[5]
Dīghalomi ca Miḷhakaṃ ||[6]
Asani Diṭṭhaṃ Singālaṃ ||[7]
Verambena Sagāthakanti ||[8]

---

[1] S1-3 uppannam always [2] S1-3 omit na
[3] S1-3 appamāṇa (S3 -na)° [4] S3 sāsatikaṃ
[5] S1-3 suddhakaṃ bālasim kummo
[6] S1-3 dīghalomi (S1 -miṃ) puneḷakaṃ
[7] S1-3 diṭṭhi (di- missing in S1) singālañca
[8] B verambhena ; S1-3 saṃgayhakanti

CHAPTER II DUTIYO VAGGO

11 (1) *Pāti* (1)

1 Sāvatthi[1]

2 Dāruṇo bhikkhave lābhasakkārasiloko|| pe|| || adhigamāya|| ||[2]

3 Idhāhaṃ bhikkhave ekaccaṃ puggalaṃ evaṃ cetasā ceto paricca pajānāmi|| na cāyaṃ āyasmā suvaṇṇapatiyā pi[3] rūpiyacuṇṇa paripuṇṇāya[4] hetu sampajānamusā bhāseyyā ti|| ||

4 Taṃ enaṃ passāmi aparena samayena lābhasakkārasilokena abhibhūtaṃ pariyādiṇṇacittaṃ sampajānamusā bhāsantaṃ|| ||

5 Evaṃ dāruṇo kho bhikkhave lābhasakkārasiloko|| pe|| ||

6 Evañhi vo bhikkhave sikkhitabbanti|| || Paṭhamaṃ|| ||[5]

12 (2) *Pāti* (2)

1 Sāvatthi|| ||[6]

2 Dāruṇo[7] bhikkhave lābhasakkārasiloko|| pe|| ||

3 Idāhaṃ bhikkhave ekaccaṃ puggalaṃ evaṃ cetasā ceto paricca pajānāmi|| na cāyaṃ āyasmā rupiyapātiyāpi suvaṇṇacuṇṇaparipūrāya hetu sampajānamusā bhāseyyāti|| ||

4 Taṃ enaṃ passāmi aparena samayena lābhasakkārasilokena abhibhūtaṃ pariyādiṇṇacittaṃ sampajānamusā bhāsantaṃ|| ||

5 Evaṃ dāruṇo kho bhikkhave lābhasakkārasiloko|| pe|| ||

6 Evañhi vo bhikkhave sikkhitabbanti|| || Dutiyaṃ|| ||[8]

13–20 (3–10) *Suvaṇṇanikkha—Janapadakalyāṇī*

1 Sāvatthi|| ||

---

[1] S1-3 add tatra—voca—
[2] Missing in S1-3
[3] Omitted by S1-3
[4] S1-3 °cuṇṇe (or -o) paripurāya
[5] S1-3 Ekaṃ
[6] Missing in S1-3 always
[7] S1-3 add kho
[8] S1-3 cipher

2 Idhāham bhikkhave ekaccaṃ puggalam evam cetasā ceto paricca pajānāmi|| na cāyam āyasmā

13 (3) Suvaṇṇanikkhassa pi hetu|| tīṇi pe||

14 (4) Suvaṇṇanikkhasatassa pi hetu|| cattāri pe||

15 (5) Siṅginikkhassa pi hetu|| pañca|| pe||

16 (6) Siṅginikkhasatassa pi hetu|| cha||

17 (7) Pathaviyā[1] pi jātarūpaparipurāya hetu|| satta||

18 (8) Āmisa kiñcikkha hetu pi|| aṭṭha||[2]

19 (9) Jīvita hetu pi||

20 (10) Janapadakalyāṇiyā pi hetu bhaseyyāti sampajānamusā bhāseyyāti|| ||

3 Tam enam[3] passāmi aparena samayena lābhasakkārasilokena abhibhūtam pariyādiṇṇacittaṃ sampajānamusā bhāsantam|| ||

4 Evam dāruṇo kho bhikkhave lābhasakkārasiloko pe|| ||

5 Evañhi vo bhikkhave sikkhitabbanti|| ||

Dutiyo vaggo|| ||
Tassuddānaṃ|| ||

Dve Pāti dve Suvaṇṇā ca||[4]
Singīhi apare duve||[5]
Pathavī[6] Kiñcikkha Jīvitaṃ||[7]
Janapadakalyāṇiyā dasā ti|| ||

Chapter III Tatiyo Vaggo

21 (1) *Mātugāmo*

1 Sāvatthi|| ||[8]

2 Dāruṇo bhikkhave lābhasakkārasiloko|| pe|| ||

---

[1] S[1-3] puthuviyā

[2] All these numbers are in S[1-3] only

[3] S[1-3] ena [4] S[1-3] dve [5] S[1-3] due

[6] puthavī [7] S[1-3] omit ṃ

[8] S[1-3] add tatra—voca—

3 Na tassa bhikkhave mātugāmo eko ekassa cittam pariyādāya tiṭṭhati yassa lābhasakkārasiloko cittam pariyādāya tiṭṭhati|| pe||

4 Evaṃ dāruṇo kho bhikkhave lābhasakkārasiloko|| pe|| ||[1]

5 Evañhi vo bhikkhave sikkhitabbanti|| || Paṭhamaṃ|| ||

22 (2) *Kalyāṇī*

1 Sāvatthi||[2]

2 Dāruṇo bhikkhave lābhasakkārasiloko|| pe|| ||

3 Na-tassa bhikkhave janapadakalyāṇi ekā ekassa cittam pariyādāya tiṭṭhati|| yassa lābhasakkārasiloko cittam pariyādāya tiṭṭhati|| ||

4 Evaṃ dāruṇo kho bhikkhave lābhasakkārasiloko|| pe|| ||

5 Evañhi vo bhikkhave[3] sikkhitabbanti|| || Dutiyaṃ||

23 (3) *Putto*

1 Sāvatthi|| ||

2 Dāruṇo bhikkhave lābhasakkārasiloko|| pe|| ||

3 Saddhā bhikkhave upāsikā ekaputtakaṃ[4] apiyam manāpaṃ evam sammā āyācamānā āyāceyya|| || Tādiso tāta bhavāhi yādiso Citto ca gahapti Hatthako ca āḷavako ti|| ||

4 Esā bhikkhave tulā etam pamāṇaṃ mama sāvakānaṃ upāsakānaṃ yad idam Citto gahapati Hatthako ca āḷavako|| ||

5 Sace kho tvam tāta agārasmā anagāriyaṃ pabbajasi|| tādiso tāta bhavāhi yādiso Sāriputta-Moggalānā ti|| ||

6 Esā bhikkhave tulā etam pamānaṃ mama sāvakānam bhikkhūnaṃ yadidaṃ Sāriputta-Moggalānā|| ||

7 Mā ca kho tvaṃ tāta sekham appamattamānasam lābhasakkārasiloko anupāpuṇātūti|| ||[5] Taṃ ce bhikkhave

---

[1] 4 is omitted in S^{1-3} [2] Missing in S^{1-3} always
[3] Missing in $S^{1.3}$ from Evañhi [4] S^{1-3} ekaputta
[5] S^{1-3} °punātīti always

bhikkhuṃ sekham appattamānasaṃ lābhasakkārāsiloko anupāpuṇāti|| so[1] tassa hoti antarāyāya|| ||

8 Evaṃ dāruṇo kho bhikkhave lābhasakkārasiloko|| pe|| ||

9 Evañhi vo bhikkhave[2] sikkhitabbanti|| || Tatiyaṃ|| ||

24 (4) *Ekadhītu*

Sāvatthi|| ||

2 Dāruṇo bhikkhave lābhasakkārasiloko|| pe|| ||

3 Saddhā bhikkhave upāsikā ekam dhītaraṃ piyaṃ manāpam evaṃ sammā āyācamānā āyāceyya|| || Tādisā āyye bhavāhi yādisā Khujjuttarā ca upāsikā Veḷukaṇḍakiyā ca Nandamātāti|| ||

4 Esā bhikkhave tulā etam pamāṇaṃ mama sāvikānam upāsikānam yadidam Khujjuttarā ca upāsikā Veḷukaṇḍakiyā ca Nandamātā|| ||[3]

5 Sa ce kho tvam ayye agārasmā anagāriyam pabbajasi|| tādisā āyye bhavāhi yādisā Khemā ca[4] bhikkhunī Uppalavaṇṇā cāti|| ||[4]

6 Esā bhikkhave tulā etam pamāṇaṃ mama sāvikānaṃ bhikkhunīnaṃ yadidaṃ Khemā ca bhikkhunī Uppalavaṇṇā ca||

7 Mā ca kho tvam ayye sekhaṃ appamattamānasam lābhasakkārasiloko anupāpuṇātūti|| ||

8 Taṃ ce bhikkhave bhikkhuniṃ sekham appattamānasaṃ lābhasakkārasiloko anupāpuṇāti|| so tassā hoti antarāyāya|| [5]

9 Evaṃ dāruṇo kho bhikkhave lābhasakkārasiloko|| pe|| ||

10 Evañhi vo bhikkhave[6] sikkhitabbanti|| || Catutthaṃ|| ||[7]

25 (5) *Samaṇabrāhmaṇā* (1)

1 Sāvatthi|| ||

---

[1] S[1-3] yo
[2] Omitted from Evañhi in S[1-3]
[3] B adds ti
[4] Omitted by S[1-3]
[5] S[1-3] adds ti
[6] Missing in S[1-3] from Evañhi
[7] Cipher in S[1]

2 Ye hi keci bhikkhave samaṇā vā brāhmanā vā lābhasakkhārasilokassa assādañca ādīnavañca nissaraṇañca yathābhūtaṃ na pajānanti || evaṃ kātabbam || ||[1]

3 Pajānanti || sayam abhiññā[2] sacchi katvā upasampajja viharantīti || || Pañcamaṃ || ||

26 (6) *Samaṇabrāhmaṇā* (2)

1 Sāvatthi || ||

2 Ye hi keci bhikkhave samaṇā vā brāhmaṇā vā lābhasakkārasilokassa samudayañca atthagamañca assādañca ādīnavañcanissaraṇañca yāthābhūtaṃ napajānanti || || Evam kātabbam || ||[3]

3 Ye[4] ca kho keci bhikkhave samaṇā vā brāhmanā vā lābhasakkārasilokassa samudayañca atthagamañca assādañca ādīnavañca nissaraṇañca yathābhūtam pajānanti || sayam abhiññā sacchikatvā upasampajja[5] viharantīti || ||
Chaṭṭhaṃ || ||

27 (7) *Samaṇabrāhmaṇā* (3)

1 Sāvatthi || ||

2 Ye hi keci bhikkhave samaṇā va brāhmaṇā vā [6]lābhasakkārasilokasamudayaṃ na pajānanti || lābhasakkārasiloka nirodham na pajananti || lābhasakkārasilokanirodhagāminiṃ[7] paṭipadaṃ na pajānanti || Evam kātabbam ||

3 Pajānanti || sayam abhiññā sacchikātvā upasampajja viharantīti || ||
Sattamaṃ || ||

28 (8) *Chavi*

1 Sāvatthi || ||

2 Dāruṇo bhikkhave lābhasakkārasiloko ||

---

[1] S1-3 kātabbanti
[2] S1-3 add ya
[3] Complete in S1-3
[4] S1-3 insert hi
[5] S1-3 have—evam vitthāroti—instead of sayaṃ° upasampajja
[6] S1-3 insert lābhasakkārasilokaṃ nappajānanti
[7] B °gāmini; and omit the word siloka always in this sutta

3 Lābhasakkārasiloko bhikkhave chaviṃ chindati|| chaviṃ chetvā cammaṃ chindati|| cammaṃ chetvā maṃsaṃ chindati|| maṃsaṃ chetvā nahāruṃ[1] chindati|| nahāruṃ chetvā aṭṭhiṃ chindati|| aṭṭhiṃ chetvā aṭṭhimiñjaṃ[2] āhacca tiṭṭhati|| ||

4 Evaṃ dāruno kho bhikkhave lābhasakkarāsiloko|| pe|| ||

5 Evañhi vo bhikkhave sikkhitabbanti|| ||

Aṭṭhamaṃ|| ||

29 (9) *Rajju*

1 Sāvatthi|| ||

2 Dāruṇo bhikkhave lābhasakkārasiloko||

3 Lābhasakkārasiloko bhikkhave chaviṃ chindati|| chaviṃ chetvā cammaṃ chindati|| cammaṃ chetvā maṃsaṃ chindati|| maṃsaṃ chetvā nahāruṃ chindati|| nahāruṃ chetvā aṭṭhiṃ chindati|| aṭṭhiṃ chetvā aṭṭhimiñjam āhacca tiṭṭhati|| ||

4 Seyyathāpi bhikkhave balavā puriso daḷhāya vālarajjuyā jaṅghaṃ veṭhetvā[3] ghaṃseyya|| sā chaviṃ chindeyya|| chaviṃ chetvā cammam chindeyya|| cammaṃ chetvā maṃsaṃ chindeyya|| maṃsaṃ chetvā nahāruṃ[4] chindeyya nahārum chetvā aṭṭhiṃ chindeyya|| aṭṭhiṃ chetvā aṭṭhimiñjam āhacca tiṭṭheyya|| ||

5 Evam eva kho bhikkhave lābhasakkārasiloko chaviṃ chindati|| chaviṃ chetvā cammaṃ chindati|| cammaṃ chetvā maṃsaṃ chindati|| maṃsaṃ chetvā nahāruṃ chindati|| nahāruṃ chetvā aṭṭhiṃ chindati|| aṭṭhiṃ chindati|| aṭṭhiṃ chetvā atthimiñjam āhacca tiṭṭhati|| ||

6 Evaṃ dāruṇo kho bhikkhave lābhasakkārasiloko|| pe|| ||

7 Evañhi vo bhikkhave sikkhitabbanti|| ||

Navamaṃ|| ||

30 (10) *Bhikku*

1 Sāvatthi|| ||

---

[1] S[1] nahārū always ; B nhāruṃ [2] B aṭṭhimiñcam always
[3] B vedhetvā [4] S[1] nahārūṃ here only

2 Yo[1] bhikkhave bhikkhu araham khīnāsavo tassa pāhaṃ[2] lābhasakkārasilokam antarāyāya vadāmīti|| ||

3 Evaṃ vutte āyasmā Ānando Bhagavantam etad avoca|| || Kissa pana bhante khīṇāsavassa bhikkhuno lābhasakkārasiloko antarāyāyāti|| ||

4 Yā hissa sā[3] Ānanda akuppā cetovimutti nāhaṃ tassa lābhasakkārasilokam antarāyāya vadāmi|| ||[4]

5 Ye ca khvāssa[5] Ānanda appamattassa ātāpino pahitattassa viharato diṭṭhadhammasukhavihārādhigatā[6] tesāhaṃ assa lābhasakkārasilokam antarāyāya vadāmi|| ||

6 Evaṃ dāruṇo[7] kho Ānanda lābhasakkārasiloko kaṭuko pharuso antarāyiko anuttarassa yogakkhemassa adhigamāya|| ||

7 Tasmā ti hānanda[8] evaṃ sikkhitabbaṃ|| uppannaṃ lābhasakkārasilokaṃ pajahissāma na ca no uppanno lābhasakkārasiloko cittam pariyādāya ṭhassatīti|| ||

8 Evañ hi vo Ānanda sikkhitabbanti|| ||

Dasamaṃ|| ||

Tatiyo vaggo|| ||

Tassuddānaṃ|| ||

Mātugāmo ca Kalyāṇī||[9]
Putto ca Ekadhītu ca||[10]
Samaṇabrāhmaṇā[11] tīṇi||
Chavi Rajjuca[12] Bhikkhunāti|| ||

CHAPTER IV CATUTTHO VAGGO

31 (1) *Chindi*

1 Sāvatthi[13]

2 Dāruṇo bhikkhave lābhasakkārasiloso|| pe|| ||

[1] S1-3 insert piso [2] S1-3 paham [3] B si
[4] S3 vadāmīti [5] B khvassa [6] S1-3 °vihārāya(S1 yā)gatā
[7] S1-3 insert hi [8] S1-3 ha ānanda [9] S1-3 °ṇi
[10] S1-3 °dhītiyā [11] S1-3 insert ceva
[12] S1-3 cīvi(or vīci)rajjuñca [13] S1-3 add—tatra—voca

3 Lābhasakkārasilokena abhibhūto pariyādiṇṇacitto bhikkhave Devadatto saṅghaṃ bhindati || || [1]

4 Evaṃ dāruṇo kho bhikkhave lābhasakkārasiloko || pe || ||

5 °Sikkhitabbanti || || Paṭhamaṃ || ||

32 (2) *Mūla*

1 Sāvatthi

2 Dāruṇo kho bhikkhave lābhasakkārasiloko || pe || ||

3 Lābhasakkārasilokena abhibhūtassa pariyādiṇṇa-cittassa bhikkhave Devadattassa kusalamūla samucchedam [2] agamā || ||

4 Evaṃ dāruṇo kho bhikkhave lābhasakkārasiloko || pe || ||

5 Sikkhitabbanti || || Dutiyaṃ || ||

33 (3) *Dhammo*

1 Sāvatthi || ||

2 Dāruṇo bhikkhave lābhasakkārasiloko || pe || ||

3 Lābhasakkārasilokena abhibhūtassa pariyādiṇṇa-cittassa bhikkhave Devadattassa kusalo dhammo samucchedam agamā || ||

4 Evaṃ dāruṇo kho bhikkhave lābhasakkārasiloko || pe || ||

5 °Sikkhitabbanti || || Tatiyaṃ || ||

34 (4) *Sukko*

1 Sāvatthi || ||

2 Dāruno bhikkhave lābhasakkārasiloko || pe || ||

3 Lābhasakkārasilokena abhibhūtassa pariyādiṇṇa-cittassa bhikkhave Devadattassa sukko dhammo samucchedam agamā || ||

4 Evaṃ dāruṇo kho bhikkhave lābhasakkārasiloko || pe || ||

5 Sikkhitabbanti || || Catutthaṃ || ||

---

[1] S[1-3] bhindi [2] S[1-3] kusalamūlaṃ

35 (5) *Pakkanta*

1 Ekam samayam Bhagavā Rājagahe viharati Gijjhakūṭe pabbate acirapakkante Devadatte|| ||

2 Tatra kho Bhagavā Devadattam ārabbha bhikkhū āmantesi|| ||

3 Attavadhāya bhikkhave Devadattassa lābhasakkārasiloko udapādi|| parābhavāya Devadattassa lābhasakkārasiloko udapādi|| ||

4 Seyyathāpi bhikkave kadalī attavadhāya phalaṃ deti parābhavāya phalaṃ deti|| Evam eva kho bhikkhave attavadhāya Devadattassa lābhasakkārasiloko udapādi|| parābhavāya Devadattassa lābhasakkārasiloko udapādi|| ||

5 Seyyathāpi bhikkhave veḷu attavadhāya phalaṃ deti parābhavāya phalaṃ deti|| Evam eva kho bhikkhave attavadhāya Devadattassa lābhasakkārasiloko udapādi, parābhavāya Devadattassa lābhasakkārasiloko udapādi|| ||

6 Seyyathāpi bhikkhave naḷo attavadhāya phalaṃ deti pārabhavāya phalaṃ deti|| Evam eva kho bhikkhave attavadhāya Devadattassa lābhasakkārasiloko udapādi|| parābhavāya Devadattassa lābhasakkārasiloko udapādi|| ||

7 Seyyathāpi bhikkhave assatarī attavadhāya gabbhaṃ gaṇhāti parābhavāya gabbhaṃ gaṇhāti|| Evam eva kho bhikkhave attavadhāya Devadattassa lābhasakkārasiloko udapādi|| parābhavāya Devadattassa lābhasakkārasiloko udapādi|| ||

8 Evaṃ dāruṇo kho bhikkhave lābhasakkārasiloko|| pe|| ||

9 Evañhi vo bhikkhave sikkhitabbanti|| ||

10 Idam avoca Bhagavā|| idam vatvāna [1] Sugato athāparam etad avoca satthā|| ||

Phalaṃ ve kadaliṃ hanti||
Phalaṃ veḷuṃ phalaṃ naḷam||
Sakkāro kāpurisaṃ hanti||
gabbho assatariṃ [2] yathāti|| || Pañcamam|| ||

---

[1] S[1-3] vatvā.

[2] B °tari; S[1] °tarī; S[3] °tarīṃ

36 (6) *Ratha*

1 Rājagahe viharati Veḷuvane kalandakanivāpe|||

2 Tena kho pana samayena Devadattassa Ajātasattukumāro pañcahi rathasatehi sāyampātam upaṭṭhānaṃ gacchati|| pañca ca thālipākasatāni bhattābhihāro abhihariyati|||

3 Atha kho sambahulā bhikkhū yena Bhagavā tenupasaṅkamiṃsu|| upasaṅkamitvā Bhagavantam abhivādetvā ekam antaṃ nisīdiṃsu|||

4 Ekam antaṃ nisinnā kho te bhikkhū Bhagavantam etad avocuṃ||| Devadattassa bhante Ajātasattukumāro pañcahi rathasatehi sāyaṃpātam upaṭṭhānaṃ gacchati||[1] pañca ca thālipākasatāni bhattābhihāro abhihariyatīti|||

5 Mā bhikkhave Devadattassa lābhasakkārasilokam pihāyittha|| yāva kīvañca bhikkhave Devadattassa Ajātasattukumāro pañcahi rathasatehi sāyaṃpātam upaṭṭhānaṃ gamissati|| pañca ca thālipākasatāni bhattābhihāro āhariyissati|| hāni yeva bhikkhave Devadattassa paṭikaṅkhā kusalesu dhammesu no vuddhi|||

6 Seyyathāpi bhikkhave caṇḍassa[2] kukkurassa nāsāya pittam bhindeyyuṃ|| evañhi so kukkuro bhiyyosomattāya caṇḍataro assa|| Evam eva[3] bhikkhave yāva kīvañca Devadattassa Ajātasattukumāro pañcahi rathasatehi sāyaṃ pātam upaṭṭhānaṃ gamissati|| pañca ca[4] thālipākasatāni bhattābhihāro āhariyissati||[5] hāni yeva bhikkhave Devadattassa pāṭikaṅkhā kusalesu dhammesu no vuddhi|||

7 Evaṃ dāruṇo kho bhikkhave lābhasakkārasiloko|| pe|||

8 Evāṇhi vo bhikkhave sikkhitabbanti|||

Chaṭṭhaṃ|||

37 (7) *Mātari*

1 Sāvatthi|||

2 Dāruṇo bhikkhave lābhasakkārasiloko kaṭuko pharuso antarāyiko anuttarassa yogakkhemassa adhigamāya|||

---

[1] S¹⁻³ gamissati [2] S¹⁻³ omit ssa [3] S²⁻³ add kho
[4] Omitted by S¹⁻³ [5] S¹⁻³ abhiharīyati

3 Idhāhaṃ bhikkhave ekaccam puggalam evaṃ cetasā ceto paricca pajānāmi|| na cāyam āyasmā mātu pi hetu sampajānamusā bhāseyyāti|||| Tam enam passāmi aparena samayena lābhasakkārasilokena abhibhūtam pariyādiṇṇacittaṃ[1] sampajānamusā bhāsantaṃ||||

4 Evam dāruṇo kho bhikkhave lābhasakkārasiloko kaṭuko pharuso antarāyiko anuttarassa yogakkhemassa adhigamāya||||

5 Tasma ti ha bhikkhave evaṃ sikkhitabbaṃ|||| Uppannaṃ lābhasakkārasilokaṃ pajahissāma[2] na ca no uppanno lābhasakkāra siloko cittam pariyādāya ṭhassatīti||||

6 Evañ hi vo bhikkhave sikkhitabbanti||||

Sattamam||||

38–43 (8) *Pitā* (9) *Bhātā* (10) *Bhagini* (11) *Puttā* (12) *Dhītā* (13) *Pajāpati*

1 Sāvatthi||||

2 Dāruṇo bhikkhave lābhasakkārasiloko kaṭuko pharuso antarāyiko anuttarassa yogakkhemassa adhigamāya||||

3 Idhāham bhikkhave ekaccam[3] puggalam evaṃ cetasā ceto paricca pajānāmi||nacāyam āyasmā

38 (8) pitu pi[4] hetu|| vitthāretabbaṃ|| pe||||

39 (9) bhātu pi hetu|| pe||||

40 (10) bhaginiyā pi hetu|| pe||||

41 (11) puttassa pi hetu|| pe||||

42 (12) dhītuyā pi hetu|| pe||||

43 (13) pajāpatiyā pi hetu sampajānamusā bhāseyyāti|||| Tam enam[5] passāmi aparena samayena lābhasakkārasilokena abhibhūtaṃ pariyādiṇṇacittaṃ sampajānāmusā bhāsantaṃ||||

4 Evaṃ dāruṇo kho bhikkhave lābhasakkārasiloko kaṭuko pharuso antarāyikò anuttarassa yogakkhemassa adhigamāya||||

5 Tasmā ti ha bhikkhave evaṃ sikkhitabbam|||| Uppaṇ-

---

[1] B omit ṃ [2] S[1-3] °issāmi [3] S[1-3] omit ṃ
[4] Omitted by S[1-3] [5] S[1-3] ena (as usual)

naṃ lābhasakkārasilokam pajahissāma || na ca no uppanno lābhasakkārasiloko cittam pariyādāya ṭhassatīti || ||

6 Evañhi vo bhikkhave sikkhittabbanti || ||

Catuttho vaggo || ||

Tassuddānaṃ || ||

Chindi Mūlam Dhammo Sukko [1]
Pakkanta Ratha Mātari || [2]
Pitā Bhātā ca Bhaginī ||
Puttā Dhītā [3] Pajāpatīti || || [4]
Lābhasakkāra saṃyuttaṃ || || [5]

BOOK VII RĀHULA SAṂYUTTAṂ

Chapter I Paṭhamo Vaggo

1 (1) *Cakkhu*

1 Evam me sutaṃ || ekaṃ samayam Bhagavā Sāvatthiyaṃ viharati Jetavane Anāthapiṇḍikassa ārāme || || [6]

2 Atha kho āyasmā Rāhulo yena Bhagavā tenupasaṅkami || upasaṅkamitvā Bhagavantam abhivādetvā ekam antaṃ nisīdi || ||

3 Ekaṃ antaṃ nisinno kho āyasmā Rāhulo Bhagavantam etad avoca || || Sādhu me bhante Bhagavā dhammaṃ desetu yam ahaṃ sutvā eko vūpakaṭṭho appamatto ātāpī pahitatto vihareyyanti || ||

4 Taṃ kim maññasi Rāhula || || cakkhuṃ niccaṃ vā aniccam vāti || ||

Aniccam bhante || ||

Yam panāniccaṃ dukkhaṃ vā taṃ sukhaṃ vāti ||

Dukkhaṃ bhante ||

---

[1] S1-3 Bhindi mūlāca dhammañca (sukko being omitted)
[2] S1 °rapathamāttari ; S3 rapathantari
[3] B dhitā
[4] S1-3 omit ti
[5] S1-3 add pañcamaṃsamattaṃ
[6] S1-3 Sāvatthi—ārāme

Yam panāniccaṃ dukkhaṃ vipariṇāmadhammaṃ kallaṃ nu taṃ samanupassituṃ Etam mama eso ham asmi eto me attā ti|| ||

No hetam bhante||

Evam peyyālo|| || [1]

5 Sotaṃ niccaṃ vā aniccaṃ vā ti|| ||

Aniccam bhante|| ||

6 Ghānaṃ niccaṃ vā aniccaṃ vā ti|| ||

Aniccam bhante|| ||

7 Jivhā niccā vā aniccā vā ti|| ||

Aniccā bhante|| ||

8 Kāyo nicco vā anicco vā ti|| ||

Anicco bhante|| ||

9 Mano nicco vā anicco vā ti|| ||

Anicco bhante|| ||

Yam panāniccaṃ dukkhaṃ vā taṃ sukhaṃ vā ti||

Dukkham bhante|| ||

Yam panāniccaṃ dukkhaṃ vipariṇāmadhammaṃ kallaṃ nu tam samanupassituṃ Etam mama eso ham asmi eso me attāti|| ||

No hetam bhante|| ||

10 Evam passaṃ Rāhula sutavā ariyasāvako cakkhusmim pi nibbindati|| sotasmim pi nibbindati|| ghānasmim pi nibbindati|| jivhāya pi nibbindati|| kāyasmim pi nibbindati|| manasmim pi nibbindati|| ||

11 Nibbindaṃ virajjati|| virāgā vimuccati|| vimuttasmim vimuttam iti [2] ñāṇaṃ hoti|| || Khīṇā jāti vusitaṃ brahmacariyaṃ kataṃ karaṇīyaṃ nāparam itthattāyāti pajānātīti|| ||

12 Etena peyyālena dasasuttantā kātabbā|| || Pathamaṃ|| || [3]

2 (2) *Rūpam*

1 Sāvatthi|| || [4]

2 Taṃ kiṃ maññasi Rāhula|| || Rūpā niccā vā [5] aniccā vāti|| ||

---

[1] Missing in S^{1-3}

[2] B vimuttamhiti

[3] All the numbers are missing in S^{1-3}

[4] Missing in S^{1-3} always

[5] Omitted by S^{1-3}

Aniccā bhante|| ||

3–6 Saddā|| pe|| || Gandhā|| pe|| || Rasā|| pe|| Poṭṭhabbā|| pe|| ||

7 Dhammā niccā vā aniccā vāti|| ||

Aniccā bhante|| ||

8 Evam passaṃ Rāhula sutavā ariyasāvako rūpesu pi nibbindati|| Saddesu pi [1]|| Gandhesu pi|| Rasesu pi|| Phoṭṭhabbesu pi|| Dhammesu pi nibbindati|| ||

9 Nibbindaṃ virajjati|| pe|| || pajānātīti|| || Dutiyaṃ|| ||

3 (3) *Viññāṇaṃ*

1 Sāvatthi|| ||

2 Taṃ kiṃ maññasi Rāhula|| || Cakkhuviññāṇaṃ niccaṃ vā aniccaṃ vāti|| ||

Aniccam bhante|| ||

3–6 Sotaviññāṇam|| Ghānaviññāṇam|| Jihvāviññāṇam|| Kāyaviññāṇaṃ||

7 Manoviññāṇam niccaṃ vā aniccaṃ vāti|| ||

Aniccaṃ bhante|| ||

8 Evam passaṃ Rāhula sutavā ariyasāvako cakkhuviññāṇasmim pi nibbindati|| Sotaviññāṇasmim pi nibbindati|| Ghānaviññāṇasmim pi|| || Jivhāviññāṇasmim pi|| || Kāyaviññāṇasmim pi|| || Manoviññāṇasmim pi nibbindati|| ||

9 Nibbindaṃ virajjati|| pe|| pajānātīti|| || Tatiyaṃ|| ||

4 (4) *Samphasso*

1 Sāvatthi|| ||

2 Taṃ kiṃ maññasī Rāhula|| || Cakkhusamphasso nicco vā anicco vāti||

Anicco bhante|| ||

3–7 Sotasamphasso|| Ghānasamphasso|| Jivhāsamphasso|| kāyasamphasso|| Manosamphasso nicco vā anicco vāti|| ||

Anicco bhante|| ||

8 Evam passaṃ Rāhula sutavā ariyasāvako cakkhusamphassasmim pi nibbindati|| sotasamphassasmim pi|| ghānasamphassasmim pi|| jivhāsamphassasmiṃ pi|| kāyasamphassasmim pi|| manosamphassasmim pi nibbindati|| ||

[1] B repeats nibbindati every time here and further on

9 Nibbindaṃ virajati|| pe|| || pajānātīti|| || Catutthaṃ|| ||

5 (5) *Vedanā*

1 Sāvatthi|| ||

2 Taṃ kim maññasi Rāhula|| || Cakkhusamphassajā vedanā niccā vā aniccā vāti|| ||

Aniccā bhante|| ||

3–6 Sotasamphassajā vedanā|| Ghānasamphassajā vedanā|| Jivhāsamphassajā vedanā|| Manosamphassajā vedā niccā vā aniccāvāti||

Aniccā bhante|| ||

7–8 Evam passaṃ Rāhula sutavā ariyasāvako cakkhusamphassajāya vedanāya pi nibbindati|| sota|| ghāna|| jivhā|| kāya|| manosamphassajāya vedanāya nibbindati|| pe|| pajānātīti|| ||

Pañcamaṃ|| ||

6 (6) *Saññā*

1 Sāvatthi|| ||

2 Taṃ kim maññasi Rāhula|| || Rūpasaññā niccā vā aniccā vāti|| ||

Aniccā bhante|| ||

3–7 Saddasaññā|| Gandhasaññā|| Rasasaññā|| Poṭṭhabbasaññā|| Dhammasaññā niccā vā aniccā vāti|| ||

Aniccā bhante|| ||

8–9 Evam passaṃ Rāhula sutavā ariyasāvako rūpasaññāya pi nibbindati|| saddasaññāya pi|| gandhasaññāya pi|| rasasaññāya pi|| poṭṭhabbasaññāya pi|| dhammasaññāya pi nibbindati|| pe|| pajānātīti[1]|| ||

Chaṭṭhaṃ|| ||

7 (7) *Sañcetanā*

1 Sāvatthi

2 Taṃ kim maññasi Rāhula|| || Rūpasañcetanā niccā vā aniccā vāti|| ||

Aniccā bhante

3–7 Saddasañcetanā[2]|| Gandhasañcetanā|| Rasasañce-

---

[1] More abridged in S1-3

[2] S1-3 add niccā vā aniccā vāti aniccā bhante

tanā|| Poṭṭhabbasañcetanā|| Dhammasañcetanā niccā vā aniccā vāti|| ||

Aniccā bhante|| ||

8–9 Evam passaṃ Rāhula sutavā āriyasāvako rūpasañcetanāya pi [1] nibbindati|| saddasañcetanāya pi [2]|| gandhasañcetanāya pi [3]|| rasasañcetanāya pi [4] poṭṭhabbasañcetanāya pi nibbindati|| dhammasañcetanāya pi nibbindati|| pe|| pajānātīti|| || Sattamaṃ|| ||

8 (8) *Taṇhā*

1 Sāvatthi|| ||

2 Taṃ kim maññasi Rāhula|| || Rūpataṇhā niccā vā aniccā vāti|| ||

Aniccā bhante|| ||

3–7 Saddataṇhā|| Gandhataṇhā|| Rasataṇhā|| Potthabbataṇha|| Dhammataṇhā ṇiccā vā aniccā vāti|| ||

Aniccā bhante|| ||

8–9 Evam passaṃ Rāhula sutavā ariyasāvako rūpataṇhāya pi nibbindati|| saddataṇhāya pi|| gandhataṇhāya pi|| rasataṇhāya pi|| phoṭṭhabbataṇhāya pi|| dhammataṇhāya pi nibbindati|| pe|| pajānātīti|| || Aṭṭhamaṃ|| ||

9 (9) *Dhātu*

1 Sāvatthi|| ||

9 Taṃ kim maññasi Rāhula|| || Pathavīdhātu niccā vā aniccā vāti|| ||

Aniccā bhante|| ||

3–7 Āpodhatu|| Tejodhātu|| Vāyodhātu|| Ākāsadhātu|| Viññāṇadhātu niccā vā aniccā vā ti|| ||

Aniccā|| bhante|| ||

8–9 Evam passam Rāhula sutavā ariyasāvako pathavīdhātuyā pi nibbindati|| āpodhātuyā pi|| tejodhātuyā pi||

---

[1] Omitted by S[1]-3 [2] S-3 saddarasa—

[3] S[1].3 gandharasa—the sequel being omitted

[4] Omitted by S[1]-3

vāyodhātuyā pi|| ākāsadhātuyā pi|| viññāṇadhātuyā pi nibbindati|| pe|| || pajānātīti|| ||[1]

Navamaṃ|| ||

10 (10) *Khandha*

1 Sāvatthi|| ||

2 Taṃ kim maññasi Rāhula|| || Rūpaṃ niccaṃ vā aniccaṃ vā ti|| ||

Aniccam bhante|| ||

3–6 Vedanā|| Saññā|| Saṅkhārā|| Viññāṇaṃ niccaṃ vā aniccaṃ vā ti|| ||

Aniccam bhante|| ||[2]

7 Evam passaṃ Rāhula sutavā ariyasāvako rūpasmiṃ pi nibbindati|| vedanāya pi nibbindati|| saṅkhāresu pi nibbindati|| viññāṇasmim pi nibbindati|| ||

8 Nibbindaṃ virajjati|| virāgā vimuccati|| vimuttasmiṃ vimuttamiti ñāṇaṃ hoti|| || Khīṇā jāti|| vusitaṃ brahmacariyaṃ|| kataṃ karaṇīyaṃ|| nāparam itthattāyāti pajānātīti|| ||

Dasamaṃ|| ||

Pathamo vaggo|| ||
Tassuddānaṃ|| ||

Cakkhu Rūpañca Viññāṇaṃ||
Samphasso[3] Vedanāya ca|| ||
Saññā Sañcetanā[4] Taṇhā||
Dhātu Khandhena te dasāti|| ||

Chapter II Dutiyo Vaggo

11 (1) *Cakkhu*

1 Evam me sutaṃ|| ekaṃ samayaṃ Bhagavā Sāvatthiyaṃ viharati|| ||[5]

---

[1] Here more there less abridged in S^{1-3}

[2] S^{1-3} insert here: Yam panāniccamº eso me attāti no hetam bhante

[3] S^{1-3} phasso

[4] S^{1-3} omit Sañ

[5] S^{1-3} Sāvatthi—Jetavane—

2 Atha kho āyasmā Rāhulo yena Bhagavā tenupasaṅkami|| upasaṅkamitvā Bhagavantam abhivādetvā ekam antaṃ nisīdi|||[1]

Ekam antaṃ nisinnaṃ kho āyasmantam Rāhulaṃ Bhagavā etad avoca|||

3 Taṃ kim maññasi Rāhula||| Cakkhuṃ niccaṃ vā aniccaṃ vā ti|||

Aniccam bhante|||

4 Yam panāniccaṃ dukkhaṃ vā taṃ sukham vāti|||

Dukkhaṃ bhante|||

5 Yam panāniccaṃ dukkhaṃ vipariṇāmadhammaṃ kallaṃ nu tam samanupassituṃ Etam mama eso ham asmi eso me attā ti|||

No hetam bhante|||

6–17 Sotaṃ|| Ghānam|| Jivhā|| Kāyo||

18 Mano nicco va anicco vā ti|||

Anicco bhante||

19 Yam panāniccaṃ dukkhaṃ vā tam sukhaṃ vā ti|||

Dukkham bhante|||

20 Yam panāniccaṃ dukkhaṃ vipariṇāmadhammaṃ kallaṃ nu tam samanupassituṃ Etam mama eso ham asmi eso me attāti|||

No hetam bhante|||

21 Evam passaṃ Rāhula sutavā ariyasāvako cakkhusmim pi nibbindati|| sotasmim pi||[2] ghānasmim pi|| jivhāya pi|| kāyasmim pi||[3] manasmim pi nibbindati|||

22 Nibbindaṃ virajjati|| virāgā vimuccati|| vimuttasmiṃ vimuttamiti ñāṇaṃ hoti||| Khīṇā jāti vusitaṃ brahmacariyaṃ kataṃ karaṇīyaṃ|| nāparam itthattāyāti pajānātīti|||

Etena peyyālena dasasuttantā kātabbā|||

Pathamaṃ

12–20 (2–10)

1 Sāvatthi|||

3 Taṃ kim maññasi Rāhula|||

---

[1] More abridged in S¹⁻³

[2] Omitted by S¹⁻³

[3] B repeats nibbindati

(2) *Rūpam*

Rūpā niccā va aniccā vā ti|| ||
Aniccā bhante|| ||
6–20 Saddā|| Gandhā|| Rasā|| Phoṭṭhabbā|| Dhammā|| ||

13 (3) *Viññāṇaṃ*

3–20 Cakkhuviññāṇaṃ|| sotaviññāṇaṃ|| ghānaviññāṇaṃ|| jivhāviññāṇaṃ|| kāyaviṇṇaṃ|| manoviññāṇaṃ|| ||

14 (4) *Samphasso*

3–30 Cakkhusamphasso|| sotasamphasso|| ghānasamphasso|| jivhāsamphasso|| kāyasamphasso|| manosamphasso|| ||

15 (5) *Vedanā*

3–20 Cakkhusamphassajā vedanā|| sotasamphassajā vedanā|| ghānasamphassajā vedanā|| jivhāsamphassajā vedanā|| kāyasamphassajā vedanā|| manosamphassajā vedanā||

16 (6) *Saññā*

3–20 Rūsapaññā|| saddasaññā|| gandhasaññā|| rasasaññā|| poṭṭhabbasaññā|| dhammasaññā|| ||

17 (7) *Sañcetanā*

3–20 Rūpasañcetanā||[1] sottasañcetanā|| gandhasañcetanā|| rasasañcetanā|| poṭṭhabbasañcetanā|| dhammasañcetanā||

18 (8) *Taṇhā*

3–20 Rūpataṇhā|| saddataṇhā|| gandhataṇhā|| rasataṇhā|| poṭṭhabbataṇhā|| dhammataṇhā|| ||

19 (9) *Dhātu*

3-20 Pathavīdhātu|| || āpodhātu|| tejodhātu|| vāyodhātu|| ākāsadhātu|| viññāṇadhātu|| ||

---

[1] S[1-3] °cetanā (without sañ) always

20 (10) *Khandha*

3–17 Rūpaṃ|| vedanā|| saññā|| saṅkhārā|| viññāṇam niccaṃ vā aniccaṃ vāti|| ||

Aniccam bhante|| pe|| ||

21–22 Evam passaṃ Rāhula|| pe|| nāparam itthattāyāti pajānātīti|| ||

Dasamaṃ|| ||

21 (11) *Anusaya*

1 Sāvatthi|| ||

2 Atha kho āyasmā Rāhulo yena Bhagavā tenupasaṅkami|| Upasaṅkamitvā Bhagavantam abhivādetvā ekam antaṃ nisīdi|| ||

Ekam antaṃ nisinno kho āyasmā Rāhulo Bhagavantam etad avoca|| ||

3 Kathaṃ nu kho bhante jānato katham passato imasmiñca saviññāṇake kāye bahiddhā ca sabbanimittesu ahaṃkāra-mamaṅkāra-mānānusayā na hontīti|| ||

4 Yaṃ kiñci Rāhula rūpam atītānāgatapaccuppannnam ajjhattaṃ vā bahiddhā vā oḷārikaṃ vā sukhumaṃ vā hīnaṃ vā paṇītaṃ vā yaṃ dūre santike vā|| sabbaṃ rūpaṃ netaṃ mama neso ham asmi na me so attāti|| || Evam etaṃ yathabhūtaṃ sammappaññāya passati|| || Yā kāci vedanā|| yā kāci saññā|| ye keci saṅkhārā|| yāṃ kiñci viññāṇaṃ atītānāgatapaccuppannam ajjhattaṃ vā bahiddhā vā oḷārikaṃ vā sukhumaṃ vā hīnaṃ vā paṇītam vā yam dūre santike vā|| sabbaṃ viññāṇaṃ netam mama nesoham asmi na me so attāti evam etaṃ yathābhūtaṃ sammappaññāya passati|| ||

5 Evam kho Rāhula jānato evam passato imasmiñca saviññāṇako kāye bahiddhā ca sabbanimittesu ahaṇkāramamaṇkāra-mānānusayā na hontīti|| ||[1]

Ekādasamaṃ|| ||

---

[1] S3 °mamaṃkāra [mānāpagatamānasāṃ hoti vidhāsam atikkantaṃ suvimutta] ntīti—the part between [ ], being between the lines

22 (12) *Apagatam*

1 Sāvatthi|| ||

2 Atha kho āyasmā Rāhulo yena Bhagavā tenupasaṅkami|| upasaṅkamitvā Bhagavantam abhivādetvā ekam antaṃ nisīdi|| ||[1]

Ekam antaṃ nisinno kho āyasmā Rāhulo Bhagavantam etad avoca|| ||

3 Kathaṃ nu kho bhante jānato katham passato imasmiñca viññāṇake kāye bahiddhā ca sabbanimittesu ahaṅkara-mamaṅkāra-mānāpagataṃ mānasaṃ hoti vidhāsamatikkantaṃ santaṃ suvimuttanti|| ||

4 Yaṃ kiñci Rāhula rūpam atītānāgatapaccuppannam ajjhattaṃ vā bahiddhā vā oḷarikaṃ vā sukhumaṃ vā hīnaṃ vā paṇītaṃ vā yaṃ dūre santike vā sabbaṃ rūpaṃ netaṃ mama neso ham asmi na me so attāti|| ||

Evam etaṃ yathābhūtaṃ sammappaññāya disvā anupādā vimutto hoti|| ||

Pancannam khandhānam evam kattabbam||[2]

5 Yā kāci vedanā||

6 Yā kāci saññā||

7 Ye keci saṅkhārā||

8 Yaṃ kiñci viññāṇaṃ ātītānāgatapaccuppannam ajjhattaṃ vā bahiddhā vā oḷārikaṃ vā sukhumaṃ vā hīnaṃ vā paṇītaṃ vā yaṃ dūre santike vā|| sabbaṃ viññāṇaṃ netam mama neso ham asmi na me so attāti|| ||

Evam etaṃ yathābhūtaṃ sammappaññāya disvā anupādā vimutto hoti|| ||

9 Evaṃ kho Rāhula jānato evam passato imasmiñca saviññāṇake kāye bahiddhā ca sabbanimittesu ahaṅkāra-mamaṅkāra-mānāpagataṃ mānasam hoti vidhāsamatikkantaṃ santaṃ suvimuttanti|| || Dvādasamaṃ|| ||

Rāhula-Saṃyuttaṃ|| ||
Dutiyo vaggo||
Tassuddānam|| ||

---

[1] Abbreviated in S[1-3]   [2] B kātabbaṃ

Cakkhu Rūpañca Viññāṇaṃ ||
Samphasso [1] Vedanāya ca ||
Saññā Sañcetanā [2] Taṇhā ||
Dhātu Khandhena te dasa ||
Anusayāpagatañ ceva [3] ||
Vaggo tena vuccatīti [4] || ||

BOOK VIII LAKKHAṆA-SAṂYUTTAṂ

Chapter I Vaggo pathamo

1 (1) *Aṭṭhīpesi*

1 Evaṃ me sutaṃ || ekam samayaṃ Bhagavā Rājagahe viharati Veḷuvane kalandakanivāpe || ||

2 Tena kho pana samayena āyasmā ca Lakkhaṇo āyasmā ca Mahā-Moggallāno [5] Gijjhakūṭe pabbate viharanti || ||

3 Atha kho āyasmā Mahā-Moggallāno pubbaṇhasamayaṃ nivāsetvā pattacīvaram ādāya yenāyasmā Lakkhaṇo tenupasaṅkami || ||

4 Upasankamitvā āyasmantaṃ Lakkhaṇam etad avoca || || ayāmāvuso [6] Lakkhaṇa Rājagahaṃ piṇḍāya pavisissāmāti || ||

Evam āvuso ti kho āyasmā Lakkhaṇo āyasmato Mahā-Moggallānassa paccàssosi ||

5 Atha kho āyasmā Mahā-Moggallāno Gijjhakūṭā pabbatā orohanto aññatarasmiṃ padese sitaṃ pātvākāsi || ||

6 Atha kho āyasmā Lakkhaṇo āyasmantaṃ Mahā-Moggallānam etad avoca || || Ko nu kho āvuso Moggallāna hetu ko paccayo sitassa pātukammāyāti || ||

Akālo kho āvuso Lakkhaṇa etassa pañhassa || Bhagavato maṃ santike etam pañham pucchāti [7] || ||

---

[1] S[1-3] phasso [2] S[1-3] cetanā

[3] S[1-3] asaṃyaṃ anupagataṃ vedana

[4] S[1-3] pavuccati [5] B Moggalā° always

[6] B ehi āvuso [7] S3 puccha; S[1] pucchā

7 Atha kho āyasmā ca Lakkhaṇo āyasmā ca Mahā-Moggalāno Rājagahe piṇḍāya caritvā pacchābhattam piṇḍapātapatikkantā yena Bhagavā tenupasaṅkamiṃsu|| upasaṅkamitvā Bhagavantam abhivādetvā ekam antaṃ nisīdiṃsu||

8 Ekam antaṃ nisinno kho āyasmā Lakkhaṇo āyasmantam Mahā-Moggalānam etad avoca||| Idhāyasmā Mahā-Moggalāno Gijjhakūtā pabbatā orohanto aññatarasmim padese sitaṃ pātvākāsi||| Ko nu kho āvuso Moggalāna hetu ko paccayo sitassa pātukammāyāti|||

9 Idhāham āvuso Gijjhakuṭā pabbatā orohanto addasaṃ aṭṭhikasaṅkhalikaṃ vehāsaṃ gacchantaṃ|| tam enaṃ[1] gijjhāpi kākā pi kulalā pi anupatitvā anupatitvā phāsuḷantarikāhi vitacchenti[2] vibhajenti[3] sāssudam aṭṭassaraṃ karoti||

10 Tassa mayhaṃ āvuso etad ahosi||| Acchariyaṃ vata bho abbhutaṃ vata bho|| evarūpo pi nāma satto bhavissati [evarūpo pi nāma yakkho bhavissati][4] evarūpo pi nāma attabhāvapaṭilābho[5] bhavissatīti||

11 Atha kho Bhagavā bhikkhū āmantesi||| Cakkhubhūtā bhikkhave sāvakā viharanti|| ñāṇabhūtā vata bhikkhave sāvakā viharanti|| yatra hi nāma sāvako evarūpaṃ ñassati[6] vā dakkhati vā sakkhiṃ vā karissati|||

12 Pubbe pi[7] me so bhikkhave satto diṭṭho ahosi|| apicāham na vyākāsiṃ||| Ahañcetaṃ[8] vyākareyyam pare ca[9] me na saddaheyyuṃ|| ye me na saddaheyyuṃ|| tesaṃ tam assa dīgharattam ahitāya dukkhāya|||

13 Eso bhikkhave satto imasmiññeva Rājagahe goghātako ahosi|| so tassa kammassa vipākena bahūni vassāni bahūni vassasatāni bahūni vassasahassāni bahūni vassasatasahassāni niraye pacitvā[10] tasseva kammassa vipākā-

---

[1] S¹-³ omit ṃ [2] S¹-³ vitudenti [3] Omitted by S¹-³
[4] Missing in S³ [5] S¹-³ omit °bhāva°
[6] S³ passati; S¹ ssati [7] S¹-³ va
[8] S¹-³ ahamevetaṃ [9] Omitted by S¹-³
[10] S³ paccitva; S¹ paccittha

vasesena evarūpam attabhāvapaṭilābhaṃ[1] patisaṃvediyatīti[2]|| ||

Pathamaṃ[3]|| ||

Sabbesaṃ suttantānam eseva[4] peyyālo|| ||

2 (2) *Gāvaghāṭaka*

1 Idhāham āvuso Gijjhakuṭā pabbatā orohanto addasaṃ maṃsapesiṃ[5] vehāsam gacchantaṃ|| tam enaṃ gijjhā pi dhaṅkā[6] pi kulalā pi anupatitvā anupatitvā vitacchenti vibhajenti[7]|| sāssudam aṭṭassaraṃ karoti|| ||

2 Eso bhikkhave satto imasmiññeva Rājagahe goghāṭako|| pe|| ||

Dutiyaṃ|| ||

3 (3) *Piṇḍasakuṇiyam*

1 Idhāhaṃ āvuso Gijjhakūṭā pabbatā orohanto addasaṃ maṃsapiṇḍam vehāsaṃ gacchantaṃ|| tam enaṃ|| pe[8]|

2 Eso bhikkhave satto imasmiññeva Rājagahe sākuṇiko ahosi|| ||

Tatiyaṃ|| ||

4 (4) *Nicchavorabbhi*

1 Idhāham āvuso|| la|| addasaṃ nicchaviṃ[9] purisaṃ|| pe|| vitacchenti vibhajenti|| so sudaṃ[10] aṭṭassaram karoti|| ||

2 Eso bhikkhave satto imasmiññeva Rājagahe orabbhiko[11] ahosi|| ||

Catutthaṃ|| ||[12]

---

[1] B °bhāvam° [2] °vedaya° (as usual)

[3] All the numbers are missing in S[1-3] (in the whole saṃyutta). [4] S[1-3] sabbesattānam esevahi°

[5] S[1-3] °piṇḍaṃ [6] S[1-3] kākā always

[7] S[1-3] virājenti always

[8] S[1-3] repeats the same words as before

[9] B vinicchaviṃ [10] B sāssudaṃ always

[11] S-3 orabdhiko

[12] 3 and 4 are more complete in S[1-3]

5 *Asi-sūkariko*

1 Idhāham āvuso Gijjhakūṭā pabbatā orohanto addasaṃ asilomam purisaṃ vehāsaṃ gacchantaṃ|| Tassa te asi uppatitvā uppatitvā tasseva kāye nipatanti|| so sudam aṭṭassaraṃ karoti|| ||

2 Eso bhikkhave satto imasmiññeva Rājagahe sūkariko ahosi|| || Pañcamaṃ|| ||

6 *Satti-māgavi*

1 Idhāham āvuso Gijjhakūṭā pabbatā orohanto addasaṃ sattilomam purisaṃ vehāsaṃ gacchantaṃ|| tassa tā sattiyo uppatitvā uppatitvā tasseva kāye nipatanti|| so sudam aṭṭassaraṃ karoti|| ||

2 Eso bhikkhave satto imasmiññeva Rājagahe māgaviko ahosi|| || Chaṭṭhaṃ|| ||

7 *Usu-kāraṇiyo*

1 Idhāhaṃ āvuso Gijjhakūṭā pabbatā orohanto addasam usulomaṃ purisaṃ vehāsaṃ gacchantaṃ|| tassa te usū[1] uppatitvā tasseva kāye nipatanti|| so sudaṃ aṭṭassaraṃ karoti|| ||

2 Eso bhikkhave satto imasmiññeva Rājagahe kāraṇiko ahosi|| || Sattamaṃ|| ||

8 *Sūci-sārathi*

1 Idhāham āvuso Gijjhakūṭā pabbatā orohanto addasam sūcilomam purisaṃ vehāsaṃ gacchantaṃ|| tassa tā sūciyo uppatitvā uppatitvā tasseva kāye nipatanti|| so sudaṃ aṭṭassaraṃ karoti|| ||

2 Eso bhikkhave satto imasmiññeva Rājagahe sūcako ahosi|| || Aṭṭhamaṃ|| ||

9 *Sūcako*

1 Idhāhaṃ āvuso Gijjhakūṭā pabbatā orohanto addasaṃ sūcilomam purisaṃ vehāsaṃ gacchantaṃ|| ||

[1] Missing in S^{1-3}

2 Tassa tā sūciyo sīse pavisitvā mukhato nikkhamanti| mukhe[1] pavisitvā urato nikkhamanti|| ure[2] pavisitvā udarato nikkhamanti|| udare[3] pavisitvā urūhi[4] nikkhamanti|| urūsu pavisitvā jaṅghāhi nikkhamanti|| jaṅghāsu pavisitvā pādehi nikkhamanti||| So sudaṃ aṭṭassaraṃ karoti|||

3 Eso bhikkhave satto imasmiññeva Rājagahe sūcako ahosi|||

Navamaṃ|||

10 (10) *Aṇḍabharī-Gāmakuṭako*

1 Idhāham āvuso Gijjhakūtā pabbatā orohanto addasaṃ kumbhaṇḍam purisaṃ vehasaṃ gacchantaṃ|||

2 So gacchanto pi teva aṇḍe khandhe āropetvā gacchati|| nisīdanto pi tesveva aṇḍesu nisīdati||

3 Tam enam gijjha pi dhankā pi kulalā pi anupatitvā anupatitvā vitacchenti vibhajenti||| So sudam aṭṭassaram karoti|||

4 Eso bhikkhave satto imasmiññeva Rājagahe gāmakūṭo ahosi||| Dasamaṃ|||

Vaggo pathamo|||
Tassuddānaṃ|||

Aṭṭhipesi ubho Gāvaghātakā|| [5]
Piṇḍasākuniyaṃ [6] Nicchavorabbhi||
Asica [7] sūkariko Satti-māgavi||
Usu ca kāraṇiyo Suci-sārathi|| [8]
Yo ca Sabbiyati[9]-sūcako hi so|| [10]
Aṇḍabhārī ahu gāmakuṭako cāti||| [11]

---

[1] S1-3 mukhato [2] S1-3 urena [3] S1-3 udarena
[4] S1-3 urumhi [5] B °ghātakā; S1-3 ghātikā
[6] S1-3 omit ṃ [7] S1-3 asiñca
[8] S1-3usubbe kāraṇeko suciyānurathi
[9] S1-3 kocesiviya(S3 -ya)vi [10] S1-3 omit so
[11] S1-3 °bhāri° °kuṭako ti

Chapter II Dutiyo Vaggo

11 (1) *Kupe nimuggo paradāriko*

1 Evam me sutaṃ|| Ekaṃ samayaṃ Rājagahe Veḷuvane|| ||[1]

2 Idhāham āvuso Gijjhakūṭā pabbatā orohanto addasaṃ purisaṃ gūthakūpe sasīsakaṃ[2] nimuggaṃ|| ||

3 Eso bhikkhave satto imasmiññeva Rājagahe pāradāriko[3] ahosi|| ||

Pathamaṃ|| ||

12 (2) *Gūthakhādi—Duṭṭhabrāhmaṇo*

1 Idhāham āvuso Gijjhakūṭā pabbatā orohanto addasaṃ purisaṃ gūthakūpe nimuggaṃ ubhohi hatthehi gūtham khādantaṃ|| ||

2 Eso bhikkhave satto imasmiññeva Rājagahe brāhmaṇo ahosi|| so Kassapassa sammāsambuddhassa pāvacane bhikkhusanghaṃ bhattena nimantetvā doṇiyā gūthassa pūrāpetvā[4] etad avoca|| || Aho[5] bhonto yāvadatthaṃ bhuñjantu ceva harantu cāti|| ||

Dutiyaṃ|| ||

13 (3) *Nicchavitthi-aticārini*

1 Idhāham āvuso Gijjhakūṭā pabbatā orohanto addasaṃ nicchaviṃ itthiṃ[6] vehāsaṃ gacchantiṃ|| tam enaṃ[7] gijjhā pi dhaṅkā[7] pi kulalā pi anupatitvā anupatitvā vitacchenti vibhajenti[7]|| || Sāsudaṃ[8] aṭṭassaraṃ karoti|| ||

2 Esā bhikkhave itthi imasmiññeva Rājagahe aticārinī ahosi|| ||

Tatiyaṃ|| ||

---

[1] S¹⁻³ Rājagahe nidānaṃ [2] S¹⁻³ °sīsakā, S¹ omitting sa°
[3] So C; B S³ para°; S¹ pārā°
[4] S¹⁻³ insert kālaṃ ārocāpetvā [5] S¹⁻³ ato
[6] S¹⁻³ insert duggandham paṃguliṃ
[7] S¹⁻³ have, as before, tamena kākā° virājenti here and further on [8] B sāssudaṃ always

14 (4) *Maṅgulitthi ikkhanitthi* ||

1 Idhāham āvuso Gijjhakūṭā pabbatā orohanto addasam itthiṃ duggandhim[1] maṅguliṃ[2] vehāsaṃ gacchantiṃ || Tam enaṃ gijjhāpi dharikāpi kulalāpi anupatitvā anupatitvā vitacchenti vibhajenti || || Sāsudam aṭṭassaram karoti || ||

2 Esā bhikkhave itthi imasmiññeva Rājagahe ikkhanikā ahosi || ||

Catutthaṃ || ||

15 (5) *Okilini-Sapattaṅgārakokiri*

1 Idhāham āvuso Gijjhakūṭā pabbatā orohanto addasam itthim uppakkaṃ okiliniṃ okiriṇiṃ vehāsaṃ gacchantim || || Sāsudaṃ aṭṭassaraṃ karoti || ||

2 Esā bhikkhave itthi Kaliṅgarañño[3] aggamahesī ahosi || sā issāpakatā sapattim aṅgārakaṭāhena okiri || ||

Pañcamaṃ || ||

16 (6) *Sīsachinno-coraghātako*

1 Idhāham āvuso Gijjhakūṭā pabbatā orohanto addasam asīsakaṃ[4] kavandhaṃ vehāsam gacchantaṃ || tassa ure akkhīni ceva honti mukhañ ca || ||

2 Tam enaṃ gijjhāpi dhankā pi kulalāpi anupatitvā anupatitvā vitacchanti vibhajenti || So sudam aṭṭassaraṃ karoti ||

3 Eso bhikkhave satto imasmiññeva Rājagahe Hāriko nāma coraghātako[5] ahosi || || Chaṭṭhaṃ || ||

17 (7) *Bhikkhu*

1 Idhāham āvuso Gijjhakūṭā pabbatā orohanto addasaṃ bhikkhuṃ vehāsāṃ gacchantaṃ || ||

2 Tassa sanghāṭī pi ādittā sampajjalitā sajotibhūtā || patto pi āditto sampajjalito sajotibhūto || *Kāyabandhanam*

---

1 S1-3 °dhaṃ 2 C maguḷim

3 B kaliṅka°, S1-3 kaliṅgassa

4 S1-3 omit ṃ 5 S1 °ghātā; S3 ghato

pi ādittaṃ sampajjalitaṃ sajotibhūtaṃ|| Kāyo pi āditto sampajjalito sajotibhūto|| || So sudaṃ aṭṭassaraṃ karoti|| ||

3 Eso bhikkhave bhikkhu Kassapassa sammāsambuddhassa pāvacane pāpabhikkhu ahosi|| || Sattamaṃ|| ||

18 (8) *Bhikkhunī*

1 Addasaṃ bhikkhuniṃ vehāsaṃ gacchantiṃ||
2 Tassā saṅghāṭi pi ādittā|| pe||
3 pāpabhikkhunī ahosi|| ||
Aṭṭhamaṃ|| ||

19 (9) *Sikkhamānā*

1 Addasaṃ sikkhamānaṃ vehāsaṃ gacchantiṃ||
2 Tassā saṅghaṭi pi ādittā|| pe|| ||
3 pāpasikkhamānā ahosi|| ||
Navamaṃ||

20 (10) *Sāmaṇera*

1 Addasaṃ sāmaṇeraṃ vehāsaṃ gacchantaṃ|| ||
2–3 Tassa saṅghāti pi ādittā|| pe|| || pāpasāmaṇero ahosi|| ||
Dasamaṃ|| ||

21 (11) *Sāmaṇeriyo*

1 Idhāham āvuso Gijjhakūṭā pabbatā orohanto addasaṃ sāmaṇeriṃ vehāsaṃ gacchantiṃ|| ||

2 Tassā saṅghāṭi pi ādittā sampajjalitā sajotibhūtā|| patto pi āditto sampajjalito sajotibhūto|| kāyabandhanaṃ pi ādittaṃ sampajjalitam sajotibhūtaṃ|| kāyo pi āditto sampajjalito sajotibhūto|| || Sāsudam aṭṭassaraṃ karoti|| ||

3 Tassa mayham āvuso etad ahosi|| || Acchariyaṃ vata bho abbhutaṃ vata bho|| evarūpo pi[1] nāma satto bhavissati[2]|| evarūpo pi nāma yakkho bhavissati|| evarūpo pi nāma attabhāvapaṭilābho bhavissatīti|| ||

4 Atha kho Bhagavā bhikkhū āmantesi|| || Cakkhubhūtā vata bhikkhave sāvakā viharanti|| ñāṇabhūtā vata bhikkhave sāvakā viharanti|| yatra hi nāma sāvako evarūpaṃ ñassati vā dakkhati vā[3] sakkhiṃ vā karissati||

---

[1] S[1-3] omit pi [2] S[1-3] bhavissatīti [3] S[1-3] insert ti.

5 Pubbe pi me sā bhikkhave sāmaṇerī diṭṭhā[1] ahosi apicāhaṃ na vyākasiṃ|| ahañce taṃ vyākareyyaṃ pare ca me na saddaheyyuṃ|| ye me na saddaheyyuṃ tesaṃ taṃ assa dīgharattaṃ ahitāya dukkhāya|||

6 Esā bhikkhave sāmaṇerī Kassapassa sammāsambuddhassa pāvacane pāpasāmaṇerī ahosi|| sā tassa kammassa vipākena bahūni vassāni bahūni vassasatāni bahūni vassasahassāni bahūni vassasatasahassāni niraye pacitvā[2] tasseva kammassa vipākāvasesena evarūpaṃ attabhāvapaṭilābhaṃ paṭisaṃvediyatīti||||

Dutiyo vaggo||||

Tassuddānaṃ||||

Kūpe nimuggo hi so[3] pāradāriko||
Guthakhādi ahu[4] duṭṭhabrāhmaṇo||
Nicchavitthi aticārinī āhu||
Maṅgulitthi[5] ahu ikkhinitthi yā[5]||||
Okilinī sapattaṅgārokirī[6]||
Sīsacchinno[7] ahu coraghātako||
Bhikkhu Bhikkhunī Sikkhamānā Sāmaṇero||
Atha Sāmaṇeriyo Kassapassa vinayasmiṃ pabbajjuṃ[8]||
Pāpakammaṃ kariṃsu tāvadeti[9]||||

Lakkhaṇa-saṃyuttaṃ[10]||||

BOOK IX OPAMMA-SAṂYUTTAṂ

1 *Kūṭaṃ*

1 Evam me sutaṃ|| ekaṃ samayaṃ Bhagavā Sāvatthiyaṃ viharati Jetavane Anāthapiṇḍikassa ārāme||

---

[1] S[1-3] °so bhikkhave satto diṭṭho [2] S[1-3] paccittha
[3] S[1-3] hosi [4] S[1-3] atha
[5] S[1-3] maṅguḷitthiṃ ahukkhiṇiyā [6] B °lini °kiri
[7] S[1] sapacchinno [8] S[1-3] vinayassa; B pabbajjaṃ
[9] S[1-3] vācākammaṃ akariṃsu tāvade
[10] S[1-3] add samattaṃ (instead of sattamaṃ ?)

2 Tatra kho Bhagavā etad avoca [1]|| ||

3 Seyyathāpi bhikkhave kūṭāgārassa yā kāci gopānasiyo sabbā tā kūṭaṅgamā kūṭasamosaraṇā|| kūṭasamugghātā|| sabbā tā samugghātaṃ gacchanti|| ||

4 Evam eva bhikkhave ye keci akusalā dhammā [2] sabbe te avijjāmūlakā [3] avijjāsamosaraṇā|| avijjāsamugghātā|| sabbe te samugghātaṃ gacchanti|| ||

5 Tasmāti ha bhikkhave evaṃ sikkhitabbaṃ|| || Appamattā viharissāmāti|| || Pathamaṃ [4]|| ||

2 *Nakhasikhaṃ*

1 Sāvatthiyaṃ viharati [5]|| ||

2 Atha kho Bhagavā parittaṃ nakhasikhāyam paṃsum āropetvā bhikkhū āmantesi|| ||

3 Taṃ kiṃ maññatha bhikkhave|| || Katamaṃ nu kho bahutaraṃ yo cāyaṃ mayā paritto nakhasikhāyam paṃsu [6] āropito|| yā cāyam [7] mahāpathavīti|| ||

4 Etad eva bhante bahutaraṃ yad idam mahā pathavī|| appamattako yam Bhagavatā paritto nakhasikhāyam paṃsu [8] āropito|| saṅkham pi na upeti upanidhim [9] pi na upeti kalabhāgam pi na upeti mahāpathavim upanidhāya Bhagavatā paritto nakhasikhāyam paṃsu āropito ti|| ||

5 Evam eva kho bhikkhave appakā te sattā ye manussesu paccā jāyanti|| atha kho ete yeva bahutarā sattā ye aññatra manussehi paccā jāyanti|| ||

6 Tasmā ti ha bhikkhave evaṃ sikkhitabbaṃ|| || Appamattā viharissāmāti|| ||

Evaṃ hi vo bhikkhave sikkhitabbaṃ|| || Dutiyaṃ|| ||

3 *Kulam*

1 Sāvatthi|| || [10]

---

[1] S[1-3] Sāvatthi—tatra voca— [2] S[1-3] akusalamūlā
[3] Missing in S[1-3] [4] All the numbers are missing in S[1-3]
[5] S[1-3] Sāvatthi—tatra—voca [6] S[1-3] paṃsum always
[7] S[1-3] ayaṃvā [8] S3 has paṃsu here [9] B °nidhaṃ
[10] Missing in S[1-3], here and in the following suttas

2 Seyyathāpi bhikkhave yāni kānici kulāni bahutthikāni appapurisāni tāni suppadhaṃsiyāni [1] honti corehi kumbhatthenakehi||

3 Evam eva kho bhikkhave yassa kassaci bhikkhuno mettā cetovimutti abhāvitā abahulikatā|| so suppadhaṃsiyo hoti amanussehi|||

4 Seyyathāpi bhikkhave yāni kānici kulāni appitthikāni [2] bahupurisāni tāni duppadhaṃsiyāni honti corehi kumbhatthenakehi||

5 Evam eva kho bhikkhave yassa kassaci bhikkhuno mettā cetovimutti-bhavitā bahulikatā|| so duppadhaṃsiyo hoti amanussehi|||

6 Tasmā tiha bhikkhave evam sikkhitabbaṃ||| Mettā no cetovimutti bhāvitā bhavissati|| bahulikatā [3] yānikatā vatthukatā anuṭṭhitā paricitā susamaraddhāti|||

Evaṃ vo bhikkhave sikkhitabbanti|||

Tatiyaṃ|||

4 *Ukkā*

1 Sāvatthiyaṃ viharati|||

2 Yo bhikkhave pubbaṇhasamayam ukkhāsatam [4] dānaṃ dadeyya|| yo majjhantikasamayam [5] ukkhāsataṃ dānaṃ dadeyya|| yo vā [6] sāyaṇhasamayam ukkhāsataṃ dānam dadeyya|| yo vā pubbaṇhasamayaṃ antamaso gadduhanamattam pi mettacittam [7] bhāveyya|| yo vā majjhantikasamayam antamaso gadduhanamattam pi mettacittaṃ bhāveyya|| yo vā sāyaṇhasamayaṃ antamaso gadduhanamattam pi mettacittaṃ bhāveyya|| idaṃ tato mahapphalataraṃ|||

3 Tasmā ti ha bhikkhave evaṃ sikkhitabbaṃ||| Mettā no cetovimutti bhāvitā bhavissati|| bahulikatā yānikatā vatthukatā anuṭṭhitā paricitā susamāraddhāti|||

Evaṃ hi vo bhikkhave sikkhitabbanti||| Catutthaṃ|||

---

[1] B supa° always [2] S[1-3] appatthikāni

[3] S[1-3] bahulī° always

[4] C ukkhāsataṃ and ukkāsataṃ (two readings); B okkhāsa° always. [5] S[1-3] majjhantikaṃ always

[6] S[1-3] omit vā [7] S[1-3] mettaṃ° always

5 *Satti*

1 Sāvatthiyaṃ viharati || ||

2 Seyyathāpi bhikkhave satti [1] tiṇhaphalā || atha puriso āgaccheyya || || Aham imaṃ sattiṃ [2] tiṇhaphalaṃ pāṇinā vā muṭṭhinā vā patileṇissāmi [3] patikoṭṭissāmi pativaṭṭessāmīti || [4]

3 Tam kiṃ maññatha bhikkhave || bhabbo nu kho so puriso amuṃ sattiṃ tiṇhaphalaṃ pāṇinā vā muṭṭhinā vā patileṇetuṃ patikoṭṭetum pativaṭṭetunti || ||

No hetam bhante || ||

4 Tam kissa hetu || ||

Asu [5] hi bhante satti tiṇhaphalā [6] na sukarā pāṇinā vā muṭṭhinā vā patileṇetum patikoṭṭetuṃ pativaṭṭetuṃ || yāvad eva ca pana so [7] puriso kilamathassa vighātassa bhāgī assāti || ||

5 Evam eva kho bhikkhave yassa kassaci [bhikkhuno] [8] mettā cetovimutti bhāvitā bahulikatā yānikatā vatthukatā anuṭṭhitā paricitā susamāraddhā || || Tassa ce amanusso cittaṃ khipitabbam maññeyya || atha kho svedha [9] amanusso kilamathassa vighātassa bhāgī assa || ||

6 Tasmātiha bhikkhave evaṃ sikkhitabbaṃ || || Mettā no cetovimutti bhāvitā bhavissati bahulikatā yānikatā vatthukatā anuṭṭhitā paricitā susamāraddhāti || || Evaṃ hi kho bhikkhave sikkhitabban ti || || Pañcamaṃ || ||

6 *Dhanuggaho*

1 Sāvatthiyaṃ viharati || ||

2 Seyyathāpi bhikkhave cattāro daḷhadhammā dhanug-

---

[1] S¹⁻³ sattiṃ [2] B satti
[3] B paṭi° always; C °lenissāmi
[4] B paṭi° always; S¹⁻³ °koṭṭhi° °vaṭṭhi° always
[5] B assu [6] S¹⁻³ sattiṃ° phalaṃ
[7] B omits so, S¹ ca, S3 pana [8] Missing in S¹⁻³
[9] S¹ sveva; S3 suveva

gahā sikkhitā[1] katahatthā katupāsanā catuddisā ṭhitā assu ||

3 Atha puriso āgaccheyya ||| Ahaṃ imesaṃ catunnaṃ daḷhadhammānaṃ dhanuggahānaṃ sikkhitānaṃ katahatthānaṃ katupāsanānaṃ catuddisā kaṇḍe khitte appatiṭṭhite pathaviyaṃ gahetvā āharissāmīti ||||

4 Taṃ kiṃ maññatha bhikkhave || javano puriso paramena javena samannāgato ti alam vacanāyā ti |

5 Ekassa ce pi bhante daḷhadhammassa dhanuggahassa sikkhitassa katahatthassa katupāsanassa kaṇḍaṃ khittam appatiṭṭhitaṃ pathaviyaṃ gahetvā āhareyya | javano puriso paramena javena samannāgato ti alaṃ vacanāya | Ko pana vādo catunnaṃ daḷhadhammānam dhanuggahānaṃ sikkhitānaṃ katahatthānaṃ katupāsanānanti ||||

6 Yathā ca bhikkhave tassa purisassa javo ||[2] yāthā ca [3] candimasūriyānaṃ javo tato sīghataro ||| yathā ca bhikkhave tassa purisassa javo yathā ca candimasuriyānaṃ javo yathā ca yā devatā [4] candimasuriyānam purato dhāvanti tāsaṃ devatānaṃ javo || [5] tato sīghataraṃ āyusaṅkhārā khīyanti || [6]

7 Tasmāti ha bhikkhave evaṃ sikkhitabbaṃ | Appamattā viharissāmāti |||| Evaṃ hi vo bhikkhave sikkhitabbanti ||||

Chaṭṭhaṃ ||||

7 *Āṇi*

1 Sāvatthiyaṃ viharati ||||

2 Bhūtapubbam bhikkhave Dasārahānam Ānako [7] nāma mudiṅgo ahosi ||||

3 Tassa Dasārahā Ānake [8] ghaṭite aññaṃ āṇiṃ odahiṃsu |

---

[1] So S[1-3] and C; B susikkhitā always

[2] S[1-3] add yo . [3] S[1-3] omit ca [4] S[1-3] devatānaṃ

[5] S[1-3] insert here: tato sī(S[3] dī-)ghataro yathāca bhikkhave tassa purisassa javo yathāca candimasuriyānaṃ javo yathā ca yā devatā candimasuriyānaṃ (S[1] canāma-purisānam-) purato dhavanti tāsam devatānaṃ javo

[6] B diyyanti [7] C Āṇako

[8] S[1-3] dasārahānaṃ phāḷito phāḷito

ahu kho so bhikkhave samayo yaṃ Ānakassa mudiṅgassa porāṇaṃ pokkharaphalakam antaradhāyi | [1] āṇisaṅghāṭo va avasissi ||

4 Evam eva kho bhikkhave bhavissanti bhikkhū anāgataṁ addhānaṃ || ||

5 Ye te suttantā tathāgatabhāsitā gambhīrā gambhīratthā lokuttarā suññatapaṭisaṃyuttā|| tesu bhaññamānesu na sussusissanti | [2] na sotaṃ odahissanti || na aññācittaṃ upaṭṭhāpessanti || na ca te dhamme uggahetabbam pariyāpuṇitabbaṃ maññissanti || ||

6 Ye pana te suttantā kavikatā kāveyyā cittakkharā cittavyañjanā bāhirakā sāvakabhāsitā || tesu bhaññamānesu sussusissanti sotaṃ odahissanti aññācittam upaṭṭhāpessanti || te dhamme uggahetabbaṃ pariyāpuṇitabbaṃ maññissanti || || Evam eva tesam bhikkhave suttantānaṃ tathāgatabhāsitānaṃ gambhīrānaṃ gambhīratthānaṃ lokuttarānaṃ [3] suññatapaṭisaññuttānam antaradhānaṃ bhavissati || ||

7 Tasmātiha bhikkhave evaṃ sikkhitabbaṃ || ||

Ye te suttantā tathāgatabhāsitā gambhīrā gambhīratthā lokuttarā suññatapaṭisaññuttā || tesu bhaññamānesu sussusissāma sotam odahissāma aññācittam upaṭṭhāpessāma || te ca dhamme uggahetabbaṃ pariyāpuṇitabbaṃ maññissāmāti || ||

Evaṃ hi vo bhikkhave sikkhitabbanti || || Sattamaṃ || ||

8 *Kaliṅgaro*

1 Evam me sutaṃ || ekaṃ samayaṃ Bhagāvā Vesāliyaṃ viharati Mahāvane Kuṭāgārasālāyaṃ || ||

2 Tatra kho Bhagavā bhikkhū āmantesi Bhikkhavo ti || || Bhadante ti te bhikkhū Bhagavato paccassossuṃ || || Bhagavā etad avoca || || [4]

3 Kaliṅgarūpadhānā [5] bhikkhave etarahi Licchavī viha-

---

[1] S¹-³ °dhāyati [2] B sussissanti always
[3] S¹-³ lokuttara here and further on
[4] S¹-³ 2 Tatra—voca— [5] B kaliṅka°

ranti appamattā ātāpino upāsanasmiṃ|| ||[1] Tesam rājā Māgadho Ajātasattu vedehiputto na labhati otāraṃ na labhati ārammaṇam|| ||

4 Bhavissanti bhikkhave anāgatam addhānaṃ Licchavī sukhumālā mudutaluṇahatthapādā|| te mudukā suseyyā sutulabimbohanāsu[2] yāva sūriyuggamanā[3] seyyaṃ kappessanti|| ||[4] Tesaṃ rājā Māghadho Ajātasattu vedehiputto lacchati otāraṃ lacchati ārammaṇaṃ|| ||

5 Kaliṅgarūpadhānā bhikkhave etaṛahi bhikkhū viharanti appamattā ātāpino padhānasmiṃ|| || Tesam Māro pāpimā na labhati otāraṃ na labhati ārammanaṃ|| ||

6 Bhavissanti bhikkhave anāgatam addhānam bhikkhū sukhumālā mudutaluṇahatthapādā|| te mudukā suseyyā sutūlabimbohanāsu yāva sūriyuggamanā seyyaṃ kappessanti|| || Tesam Māro pāpimā lacchati otāram lacchati ārammaṇam|| ||

7 Tasmā ti ha bhikkhave evaṃ sikkhitabbaṃ|| || Kaliṅgarūpadhānā viharissāma appamattā āṭāpino padhānasminti|| || Evañhi vo bhikkhave sikkhitabbanti|| || Aṭṭhāmaṃ|| ||

9 *Nāgo*

1 Sāvatthiyam ārāme|| ||[5]

2 Tena kho pana samayena aññataro navo bhikkhu ativelaṃ kulāni upasaṅkamati|| tam enaṃ[6] bhikkhū evam āhaṃsu|| || Māyasmā[7] ativelaṃ kulāni upasaṅkamīti|| ||

3 So bhikkhu vuccamāno evam āha|| || Ime hi nāma therā bhikkhū kulāṇi upasaṅkamitabbaṃ maññissanti|| kim aṅgaṃ panāhanti|| ||[8]

4 Atha kho sambahulā bhikkhū yena Bhagavā tenupasaṅkamiṃsu|| pe|| || nisīdiṃsu||[9]

---

[1] S3 'padhāsmiṃ
[2] S1-3 °hanādisu
[3] S1-3 suriyassugg° always
[4] B kappissanti always
[5] Complete in B
[6] S1-3 ena
[7] S1-3 māvāyasmā always
[8] S1-3 and C anga° (without ṃ) always
[9] Complete in B

5 Ekam antam nisinnā kho te bhikkhū Bhagavantam etad avocuṃ|| || Idha bhante aññataro navo bhikkhu ativelaṃ kulāni upasaṅkamati|| tam enaṃ bhikkhū evam āhaṃsu Māyasmā ativelaṃ kulāni upasankamīti|| || So bhikkhu [1] bhikkhūhi vuccamāno evam āha|| Ime hi nāma therā bhikkhū kulāni upasaṅkamitabbaṃ maññissanti|| kim angaṃ panāhan ti|| ||

6 Bhūtapubbaṃ bhikkhave araññāyatane mahāsarasi taṃ nāgā upanissāya viharanti|| te taṃ sarasiṃ ogāhetvā soṇḍāya bhisamulālaṃ [2] abbhuggahetvā [3] suvikkhālitaṃ vikkhāletvā akaddamaṃ saṃkharitvā [4] ajjhoharanti|| || Tesan taṃ vaṇṇāya ceva hoti balāya ca|| na ca tatonidānaṃ maraṇaṃ vā nigacchanti maraṇamattaṃ vā dukkhaṃ|| ||

7. Tesaññeva kho pana bhikkhave mahānāgānaṃ anusikkhamānā taruṇā bhiṅkacchāpā taṃ [5] sarasim ogāhetvā bhisamulālam abbhuggahetvā na suvikkhālitaṃ vikkhāletvā sakaddamaṃ saṃkharitvā ajjhoharanti|| || Tesaṃ taṃ neva vaṇṇāya ceva hoti na balāya|| tato nidānaṃ maraṇaṃ vā nigacchanti maraṇamattaṃ vā dukkhaṃ|| ||

8 Evam eva kho [6] bhikkhave idha therā bhikkhū pubbaṇhasamayaṃ nivāsetvā pattacīvaram ādāya gāmaṃ vā nigamaṃ vā piṇḍāya pavisanti|| || Te tattha dhammaṃ bhāsanti|| tesam gihī pasannā kāraṃ karonti|| te taṃ lābham agadhitā [7] amucchitā anajjhāpannā ādīnavadassāvino nissaraṇapaññā paribbhuñjanti|| || Tesaṃ taṃ vaṇṇāya ceva hoti balāya ca|| na ca tatonidānaṃ maraṇaṃ vā nigacchatali maraṇattam vā dukkhaṃ|| ||

9 Tesaññeva kho pana bhikkhave therānaṃ bhikkhūnam anusikkhamānā navā bhikkhū pubbaṇhasamayaṃ nivāsetvā pattacīvaram ādāya gāmam vā nigamaṃ vā piṇḍāya pavisanti|| ||

10 Te tattha dhammaṃ bhāsanti|| tesam gihī pasannā

---

[1] Omitted by B [2] S[1-3] °muḷālam

[3] So C, B abbuhetvā, S[1-3] adhohetvā ; both always

[4] S[1-3] °khāditvā [5] S[1-3] te naṃ

[6] B vo [7] S[1-3] °gathitā always

kāraṃ karonti || te taṃ lābhaṃ gadhitā mucchitā ajjhāpannā anādīnavadassāvino anissaraṇapaññā paribhuñjanti Tesaṃ taṃ neva vaṇṇāya hoti na balāya || te [1] tatonidānaṃ maraṇaṃ vā nigacchanti maraṇamattaṃ va dukkaṃ || ||

11 Tasmā ti ha bhikkhave evaṃ sikkhitabbaṃ || || Agadhitā amucchitā anajjhāpannā ādīnavadassāvino nissaraṇapaññā lābhaṃ [2] paribhuñjissāmā ti || || Evañhi vo bhikkhave sikkhitabbanti || || Navamaṃ || ||

10 *Bilāro*

1 Sāvatthiyaṃ viharati || || [3]

2 Tena kho pana samayena aññataro bhikkhu ativelaṃ kulesu cārittam āpajjati || tam enaṃ bhikkhū evam āhaṃsu || || Māyasmā ativelaṃ kulesu cārittam āpajjīti || ||

3 So bhikkhu bhikkhūhi vuccamāno na viramati || || [4]

4 Atha kho sambahulā bhikkhū yena Bhagavā tenupasaṅkamiṃsu || pe || Bhagavantam etad avocuṃ || || [5]

5 Idha bhante aññataro bhikkhu ativelaṃ kulesu cārittam āpajjati || tam enaṃ bhikkhū evam āhaṃsu Māyasmā ativelaṃ kulesu cārittam āpajjīti || || So bhikkhūhi vuccamāno na viramatīti || ||

6 Bhūtapubbaṃ bhikkhave biḷāro sandhisamalasaṅkaṭīre [6] ṭhito ahosi mudumūsiṃ [7] maggayamāno || || [8] Yadāyam mudumūsī gocarāya pakkamissati [9] tattheva naṃ gahetvā khādissāmīti || ||

7 Atha kho so bhikkhave mudumūsī gocarāya pakkami || [10] tam enaṃ biḷāro gahetvā sahasā saṃkharitvā [11] ajjhohari || || Tassa mudumūsī antam pi khādi antaguṇam pi khādi || so

---

[1] Missing in S[1-3]
[2] B taṃ
[3] S[1-3] Sāvatthi—ārāme—
[4] S[1-3] na ramati always
[5] Complete in B
[6] So C; B °tire; S[1-3] °ḷīre
[7] S[1] °musiṃ; S[3] °musi; C muduṃ°
[8] S[1] yaga(or ha?)māno; S[3] gayhamāno
[9] B patikkam°
[10] S[1-3] pakkāmi
[11] S[1-3] asaṃkhāditvā

tatonidānaṃ maraṇaṃ pi nigacchati maraṇamattaṃ pi dukkhaṃ|| ||

8 Evaṃ eva kho bhikkhave idhekacco bhikkhu pubbaṇhasamayaṃ nivāsetvā pattacīvaraṃ ādāya gāmaṃ va nigamaṃ va piṇḍāya pavisati arakkhiteneva kāyena arakkhitāya vācāya arakkhitena cittena anupaṭṭhitāya satiyā asaṃvutehi indriyehi|| ||

9 So tattha passati mātugāmaṃ dunnivatthaṃ vā duppārutaṃ vā|| tassa mātugāmaṃ disvā dunnivatthaṃ vā duppārutaṃ vā rāgo cittaṃ anuddhaṃseti|| so rāgānuddhaṃsena cittena maraṇaṃ vā nigacchati maraṇamattaṃ vā dukkhaṃ|| ||

10 Maraṇañhetaṃ bhikkhave ariyassa vinaye[1] yo sikkhaṃ paccakkhāya hināyāvattati|| maraṇamattañhetaṃ bhikkhave dukkhaṃ yadidaṃ aññataraṃ saṅkiliṭṭhaṃ āpattiṃ āpajjati|| yathārūpāya āpattiyā vuṭṭhānaṃ paññāyati|| ||

11 Tasmātiha bhikkhave evaṃ sikkhitabbaṃ|| ||

Rakkhiteneva kāyena rakkhitāya vācāya rakkhitena cittena upaṭṭhitāya satiyā saṃvutehi indriyehi gāmaṃ vā nigamaṃ vā piṇḍāya pavisissāmāti|| ||

Evañ hi vo bhikkhave sikkhitabbanti|| || Dasamaṃ|| ||

11 *Singālaka* (1)

1 Sāvatthiyaṃ viharati|| ||[2]

2 Assuttha no tumhe bhikkhave rattiyā paccusasamayaṃ siṅgālassa vassamānassāti|| ||

Evaṃ bhante|| ||

3 Eso kho bhikkhave jarasingālo[3] ukkaṇṇakena[4] nāma rogajātena phuṭṭho||[5] S yena yena icchati tena tena gacchati|| yattha yattha icchati tattha tattha tiṭṭhati|| yattha yattha icchati tattha tattha nisīdati|| yattha yattha

[1] S1-3 insert ca [2] S1-3 Sāvatthi—tatra—voca

[3] B omits jara° always

[4] B ukkaṇḍakena; S1 okkaṇṇakena; S3 ogakkaṇṇakena (See Lābhasakkāra sutta 8) [5] S1-3 puṭṭho

icchati tattha tattha nippajjati|| sītako pi naṃ vāto upavāyati|| ||

4 Sādhu khvassa[1] bhikkhave yam idhekacco sakyaputtiyapatiñño evarūpaṃ pi attabhāvapatilābhaṃ[2] paṭisaṃvediyetha|| ||[3]

5 Tasmā ti ha bhikkhave evaṃ sikkhitabbaṃ|| || Appamattā viharissāmāti|| ||

6 Evañhi vo bhikkhave sikkhitabbanti|| ||

Ekādasamaṃ|| ||

12 *Siṅgālaka* (2)

1 Sāvatthiyaṃ viharati|| ||

2 Assuttha no tumhe bhikkhave rattiyā paccusasamayam singālassa vassamānassāti|| ||

Evam bhante|| ||

3 Siyā kho bhikkhave tasmiṃ jarasiṅgāle yā kāci kataññutā kataveditā|| na tveva idhekacce sakyaputtiyapaṭiññe[4] pi yā[5] kāci kataññutā kataveditā|| ||

4 Tasmā ti ha bhikkhave evaṃ sikkhitabbaṃ|| ||[6] Kataññuno bhavissāma katavedino|| amhesu appakam pi kataṃ mā nasissatīti|| ||[7] Evañhi vo bhikkhave sikkhitabbanti|| || Dvādasamaṃ|| ||

Opamma saṃyuttam|| ||[8]
Tassa uddānaṃ|| ||[9]

Kūṭaṃ Nakhasikhaṃ Kulaṃ||
Ukkā Satti[10] Danuggaho||
Āṇi[11] Kaliṅgaro Nāgo||
Biḷāro[12] dve Siṅgālakā ti|| ||

---

[1] S[1-3] kho tassa [2] B attabhāvaṃ°; S[1-3] °patilābho
[3] B °vediyeva [4] S[1-3] °kacco °patiñño [5] S[1-3] siyā
[6] S3 inserts here appamattā viharissāmāti evaṃ bhikkhave sikkhitabbaṃ
[7] B na ca no amhesu appakam pi katam panasissattīti
[8] B opama°; S[1-3] add aṭṭhamaṃ
[9] S[1-3] tassud° [10] B Ukkāsatam S[1-3] °santi
[11] S[1] aṇi; S3 ani [12] S[1-3] biḷā(S3 –lā–)ram

BOOK X BHIKKHU SAṂYUTTAṂ

1 *Kolito*

1 Evam me sutaṃ|| ekaṃ samayaṃ Bhagavā Sāvatthiyaṃ viharati Jetavane Anāthapiṇḍikassa ārāme||| [1]

2 Tatra kho āyasmā Mahā-Moggalāno bhikkhū āmantesi||| Āvuso bhikkhaveti|||

Āvuso ti kho te bhikkhū āyasmato Mahā-Moggallānassa paccassosuṃ|||

3 Āyasmā Maha-Moggallāno etad avoca||| Idha mayhaṃ āvuso rahogatassa patisallīnassa evaṃ [2] cetaso parivitakko udapādi||| Ariyo tuṇhībhāvo ariyo tuṇhībhāvo ti vuccati||| Katamo nu kho ariyo tuṇhībhāvo ti|||

4 Tassa mayham āvuso etad ahosi||| Idha bhikkhu vitakkavicārānaṃ vūpasamā ajjhattam sampasādanaṃ cetaso ekodibhāvaṃ avitakkam avicāraṃ samādhijam pītisukhaṃ dutiyaṃ jhānam upasampajja viharati || Ayaṃ vuccati ariyo tuṇhībhāvoti|||

5 So khvāham āvuso vitakkavicārānaṃ vūpasamā ajjhattaṃ sampasādanaṃ cetaso ekodibhāvam avitakkam avicāraṃ samādhijaṃ pītisukhaṃ dutiyaṃ jhānam upasampajja viharāmi||[3] tassa mayhaṃ āvuso iminā vihārena viharato vitakkasahagatā saññā manasikārā samudācaranti|||

6 Atha kho mam āvuso [4] Bhagavā iddhiyā upasaṅkamitvā etad avoca||| Moggallāna Moggallāna mā brāhmaṇa ariyaṃ tuṇhībhāvam pamādo|| Ariye tuṇhībhāve cittaṃ saṇṭhapehi|| ariye tuṇhibhāve cittaṃ ekodiṃ karohi [5] ariye tuṇhibhāve cittaṃ samādahāti|||

7 So khvāham āvuso aparena samayena vitakkavicārānaṃ vūpasamā ajjhattaṃ sampasādanaṃ cetaso ekodibhāvam avitakkam avicāraṃ samādhijaṃ pītisukhaṃ dutiyaṃ jhānam upasampajja viharāmi||[6] Yaṃ hi taṃ

[1] S[1-3] ekam° sāvatthiyaṃ only
[2] S[1-3] etaṃ [3] B vihariṃ [4] S[1-3] āvuso maṃ
[5] So C; S[1-3] ekodi; B ekodibhāvaṃ [6] S[1-3] vihāsiṃ

āvuso sammāvadamāno vadeyya|| || Satthārā anuggahito [1] sāvako mahābhiññatam [2] patto ti|| mamantaṃ sammāvadamāno vadeyya satthārā anuggahito sāvako mahābhiññataṃ patto ti|| || Pathamaṃ|| ||[3]

2 *Upatisso*

1 Sāvatthi nidānaṃ|| ||[4]

2 Tatra kho āyasmā Sāriputto bhikkhū āmantesi|| Āvuso bhikkhave ti|| ||

Āvuso ti kho te bhikkhū āyasmato Sāriputtassa paccassosuṃ|| ||

3 Āyasmā Sāriputto etad avoca|| || Idha [5] mayham āvuso rahogatassa paṭisallīnassa etaṃ cetaso parivitakko udapādi|| || Atthi nu kho taṃ kiñci lokasmiṃ|| yassa me vipariṇāmaññathābhāvā uppajjeyyuṃ sokaparidevadukkhadomanassupāyāsāti|| ||

3 Tassa mayham āvuso etad ahosi|| || Natthi kho taṃ kiñci lokasmiṃ|| yassa me vipariṇāmaññathābhāvā uppajjeyyuṃ sokaparidevadukkhadomanassupāyāsāti|| ||

4 Evaṃ vutte āyasmā Ānando āyasmantaṃ Sāriputtam etad avoca|| || Satthu pi te [6] āvuso Sāriputta vipariṇamaññathābhāvā nuppajjeyyuṃ sokaparidevadukkhadomanassupāyāsāti|| ||

5 Satthu pi kho me [7] āvuso Sāriputta vipariṇāmaññathābhavā nuppajjeyyuṃ [8] sokaparidevadukkhadomanassupāyāsā|| Api ca me evam assa mā [9] mahesakkho [10] vata bho satthā antarahito mahiddhiko mahānubhāvo|| Sa ce hi Bhagavā ciraṃ dīgham addhānaṃ tiṭṭheyya tad assa bahujanahitāya bahujanasukhāya lokānukampāya atthāya hitāya sukhāya devamanussānanti|| ||

---

1 S^{1-3} satthāranug°

2 So B and C ; S^{1-3} °bhiññātaṃ

3 All the numbers are missing in S^{1-3}

4 Sāvatthi—ārāme—

5 Omitted by S^{1-3}

6 C inserts kho

7 Omitted by B

8 S^{1-3} na up°

9 Omitted by B

10 S^{1-3} mahe(S^1 -ho-)sakko

6 Tathā hi panāyasmato Sāriputtassa[1] dīgharattaṃ ahaṅkāra-mamaṅkāra-mānānusayā susamūhatā|| ||

7 Tasmā āyasmato Sāriputtassa satthu pi vipariṇāmaññathābhāvā nuppajjeyyuṃ sokaparidevadukkhadomanassupāyāsāti|| ||

Dutiyaṃ|| ||

3 *Ghaṭo*

1 Evam me sutaṃ|| ekaṃ samayaṃ Bhagavā Sāvatthiyaṃ viharati Jetavane Anāthapiṇḍikassa ārāme|| ||[2]

2 Tena kho pana samayena āyasmā ca[3] Sāriputto āyasmā ca Mahā-Moggalāno Rājagahe viharanti Veḷuvane Kalandakanivāpe ekavihāre|| ||

3 Atha kho āyasmā Sāriputto sāyaṇhasamayaṃ[4] paṭisallānā vuṭṭhito yenāyasmā Mahā-Moggallāno tenupasaṅkami|| upasaṅkamitvā āyasmatā Mahā-Moggallānena saddhiṃ sammodi|| sammodanīyam kathaṃ sārāṇīyaṃ vītisāretvā ekam antaṃ nisīdi|| ||[5]

4 Ekam antaṃ nisinno kho āyasmā Sāriputto āyasmantaṃ Mahā-Moggallānam etad avoca|| || Vippasannāni kho te āvuso Moggalāna indriyāni|| parisuddho mukhavaṇṇo pariyodāto|| santena nunāyasmā[6] Mahā-Moggallāno ajja[7] vihārena vihāsīti|| ||

Oḷārikena khvāhaṃ āvuso ajja vihārena[8] vihāsiṃ|| api ca me ahosi dhammikathāti|| ||

5 Kena saddhiṃ panāyasmato[9] Mahā-Moggalānassa ahosi dhammikathāti|| ||

Bhagavatā kho me āvuso saddhim ahosi dhammikathāti|| ||

6 Dūre[10] kho āvuso Bhagavā etarahi Sāvatthiyaṃ viharati Jetavane Anāthapiṇḍikassa ārāme|| || Kiṃ nu kho āyasmā Mahā-Moggallāno Bhagavantam iddhiyā upasaṅkami|| udāhu Bhagavā āyasmantaṃ Mahā-Moggallānaṃ iddhiyā upasaṅkamīti|| ||

---

[1] S[1-3] omit °ssa
[2] S[1-3] Sāvatthi—ārāme
[3] S[1-3] omit ca
[4] S[1-3] add nivāsetvā
[5] Abbreviated in S[1-3]
[6] S[1-3] nuna āy°
[7] S[1-3] avijjā
[8] S[1-3] omit vihārena
[9] S[1-3] panāvuso
[10] S[1-3] add na

7 Na khvāham āvuso Bhagavantam iddhiyā upasaṅkamiṃ || na pi maṃ Bhagavā iddhiyā upasaṅkami || || Api ca me yāvatā Bhagavā ettāvatā dibbacakkhu visujjhi [1] dibbā ca sotadhātu || [2] Bhagavato pi yāvatāhaṃ ettavatā dibbacakkhu [3] visujjhi dibbā ca sotadhātūti || ||[4]

8 Yathā katham panāyasmato Mahā-Moggallānassa Bhagavatā saddhiṃ ahosi dhammikathāti || ||

9 Idhāham āvuso Bhagavantam etad avocaṃ || || Āraddhaviriyo āraddhaviriyoti bhante vuccati || kittāvatā nu kho bhante āraddhaviriyo hotīti || ||

10 Evaṃ vutte āvuso mam Bhagavā etad avoca || || Idha Moggallāna bhikkhu āraddhaviriyo viharati ||[5] kāmaṃ taco ca nahāru [6] ca aṭṭhi ca avasussatu ||[7] sarīre upasussatu maṃsalohitaṃ || || Yaṃ tam purisathāmena purisaviriyena purisaparakkamena pattabbaṃ || na taṃ apāpuṇitvā viriyassa saṇṭhānam [8] bhavissatīti || || Evaṃ kho Moggallāna āraddhaviriyo hotīti || ||

11 Evam eva [9] kho me [10] āvuso Bhagavatā saddhim ahosi dhammikathāti || ||

12 Seyyathāpi āvuso Himavato pabbatarājassa parittā pāsāṇasakkharā yāvadeva upanikkhepanamattāya ||[11] evam eva kho [12] mayaṃ āyasmato Mahā-Moggallānassa yāvad eva upanikkhepanamattāya ||[13] Āyasmā hi Mahā-Moggallāno mahiddhiko mahānubhāvo ākaṅkhamāno kappaṃ tiṭṭheyyāti || ||

13 Seyyathāpi āvuso mahatiyā loṇaghaṭāya parittā loṇasakkharā yāvadeva upanikkhepanamattāya ||[14] evam eva mayaṃ āyasmato Sāriputtassa yāvad eva upanikkhepanamattāya || ||

---

[1] S[1] °cakkhuṃ; S[1-3] visuddhi, or (S3) visucci
[2] S[1,3] °dhātuyā
[3] S[1-3] dibbaṃ cakkhuṃ
[4] S[1-3] dibbāca(S3 -kkhu-)sotadhātuhi
[5] S[1-3] °tīti
[6] B nhāru
[7] B avasissatu; S[1] avassatu
[8] S[1-3] santhānam
[9] Missing in S[1-3]
[10] B omits kho me
[11] So B and C; S[1-3] upanikkhepaṃnamattatāya
[12] Missing in S[1-3]
[13] S[1-3] as before without ṃ
[14] S[1-3] as B and C here and further on

14 Āyasmā hi[1] Sariputto Bhagavatā anekapariyāyena thomito vaṇṇito[2] pasaṭṭho|| ||

Sāriputto va paññāya|| sīlenupasamena ca||
So pi pāraṅgato bhikkhu|| eso[3] paramo siyāti|| ||

15 Iti hete[4] ubho mahānāgā aññamaññaṃ,[5] subhāsitaṃ sulapitaṃ[6] samanumodiṃsūti|| ||

Tatiyaṃ|| ||

4 *Navo*

1 Sāvatthiyaṃ viharati[7]|| ||

2 Tena kho pana samayena aññataro navo bhikkhu pacchābhattam piṇḍapātapaṭikkanto vihāram pavisitvā[8] appossukko tunhībhūto saṅkāsāyati[9]|| na bhikkhūnaṃ veyyāccam karoti cīvarakārasamaye|| ||

3 Atha kho sambahulā bhikkhū yena Bhagavā tenupasaṅkamiṃsu|| upasaṅkamitvā Bhagavantam abhivādetvā ekam antaṃ nisīdiṃsu|| ||

4 Ekam antaṃ nisinnā kho te bhikkhū Bhagavantam etad avocuṃ|| || Idha bhante aññataro navo bhikkhu pacchābhattam piṇḍapātapaṭikkanto vihāram pavisitvā appossukko tuṇhībhūto saṅkasāyati|| na bhikkhūnaṃ veyyāvaccaṃ karoti cīvarakārasamaye ti|| ||

5 Atha kho Bhagavā aññataram bhikkhum āmantesi|| || Ehi tvam bhikkhu mama vacanena tam bhikkhum āmantehi Satthā tam āvuso āmantetīti|| ||

6 Evam bhanteti kho so bhikkhu Bhagavato paṭissutvā yena so bhikkhu tenupasaṅkami|| upasaṅkamitvā tam bhikkhum etad avoca|| || Satthā tam āvuso āmantetīti|| ||

7 Evam āvuso ti kho so bhikkhu tassa bhikkhuno paṭissutvā yena Bhagavā tenupasaṅkami|| upasaṅkamitvā Bhagavantam abhivādetvā ekam antaṃ nisīdi[10]|| ||

---

[1] S[1] inserts here Mahā-Moggallāno; S3 Mahā erased
[2] Omitted by B [3] S1-3 etāva [4] B pate,
[5] S1-3 °aññassa [6] Omitted by B [7] Sāvatthi—ārāme—
[8] B pavīsetvā always [9] C saṃkatāyati
[10] Abbreviated in S1-3

8 Ekam antaṃ nisinnaṃ kho tam bhikkhum Bhagavā etad avoca|| || Saccaṃ kira tvaṃ bhikkhu pacchābhattam piṇḍapātapaṭikkanto[1] vihāraṃ pavisitvā appossukko tuṇhībhūto saṅkasāyasi[2]|| na bhikkhūnaṃ veyyāvaccaṃ karosi cīvarakārasamayeti|| ||

Aham pi kho bhante sakaṃ kiccaṃ karomīti|| ||

9 Atha kho Bhagavā tassa bhikkhuno cetasā cetoparivitakkam aññāya bhikkhū āmantesi|| || Mā kho tumhe bhikkhave etassa bhikkhuno ujjhāyittha|| Eso kho bhikkhave bhikkhu catunnaṃ jhānānam abhicetasikānaṃ diṭṭhadhammasukhavihārānaṃ nikāmabābhī akicchalābhī akasiralābhī|| || Yassacatthāya kalaputtā sammadeva agārasmā anagāriyam pabbajanti|| tadanuttaraṃ brahmacariyapariyosānaṃ diṭṭhevadhamme sayam abhiññā[3] sacchikatvā upasampajja viharatīti|| ||

10 Idam avoca Bhagavā|| idaṃ vatvāna Sugato athāparam etad avoca satthā|| ||

Nayidaṃ sithilam ārabbha|| na yidam appena thāmasā||
nibbānam adhigantabbaṃ|| sabbadukkhapamocanaṃ[4]|| 1 ||
Ayaṃ ca daharo bhikkhu|| ayam uttamapuriso[5]||
dhāreti antimaṃ dehaṃ|| jetvā[6] Māraṃ savāhananti|| 2 ||

Catutthaṃ|| ||

5 *Sujāto*

1 Sāvatthiyaṃ viharati[7]|| ||

2 Atha kho āyasmā Sujāto yena Bhagavā tenupasaṅkami|| ||

3 Addasā kho Bhagavā ayasmantaṃ Sujātaṃ dūrato va[8] āgacchantaṃ|| || Disvāna bhikkhū āmantesi|| ||

4 Ubhayenevāyam bhikkhave kulaputto sobhati vata[9]|| ||

---

[1] B piṇḍapātaṃ here and elsewhere

[2] S3 omits °si; S1 has °siṃ [3] S1-3 add ya as before

[4] S1-3 sabbagantha(S3 adds -bba-)ppamocanaṃ

[5] S1-3 amuttamaporiso [6] S1-3 chetvā always

[7] S1-3 Sāvatthi— [8] Omitted by S1-3

[9] Omitted by S1-3

Yañ ca abhirūpo dassanīyo pāsādiko paramāya vaṇṇapokkharatāya samannāgato|| || Yassa catthāya kulaputtā sammadeva agārasmā anagāriyam pabbajanti|| tad anuttaram brahmacariyapariyosānaṃ diṭṭheva dhamme sayam abhiññā [1] sacchikatvā upasampajja viharatīti|| ||

5 Idam avoca Bhagavā|| pe|| satthā|| ||

Sobhati vatāyaṃ bhikkhu|| ujubhūtena cetasā||
vippayutto [2] visaññutto|| anupādāya nibbūto||
dhāreti antimaṃ dehaṃ|| jetvā Māraṃ savāhananti|| ||

Pañcamaṃ|| ||

6 *Bhaddi*

1 Sāvatthiyaṃ viharati [3]|| ||

2 Atha kho āyasmā Lakuṇṭakabhaddiyo [4] yena Bhagavā tenupasaṅkami|| ||

3 Addasā kho Bhagavā āyasmantaṃ Lakuṇṭakabhaddiyam dūrato va āgacchantaṃ|| || Disvāna bhikkhū amantesi|| ||

4 Passatha no tumhe bhikkhave etam bhikkhum āgacchantaṃ dubbaṇṇaṃ duddassikam [5] okoṭimakam bhikkhūnam paribhūtarūpanti|| ||

Evaṃ bhante|| ||

5 Eso kho bhikkhave bhikkhu mahiddhiko mahānubhāvo|| na ca sā samāpatti sulabharūpā yā tena bhikkhunā asamāpannapubbā|| Yassa catthāya kulaputtā sammad eva agārasmā anagāriyaṃ pabbajanti|| tad anuttaram brahmacariyapariyosānaṃ [6] diṭṭheva dhamme sayam abhiññā sacchikatvā upasampajja viharatīti|| ||

6 Idam avoca Bhagavā|| pe|| satthā|| ||

Haṃsā koñcā [7] mayūrā ca|| hatthiyo pasadā [8] migā||
Sabbe sīhassa bhāyanti|| natthi kāyasmiṃ tulyatā|| 1 ||
Evam eva manussesu|| daharo ce pi paññavā||
So hi tattha mahā hoti|| neva bālo sarīravāti|| 2 ||

Chaṭṭhaṃ|| ||

---

[1] S1-3 add ya
[2] S1-3 vippamutto
[3] S1-3 Sāvatthi—ārāme—
[4] B lakuṇḍaka°
[5] B duddasikaṃ
[6] S1-3 brahmacariyaṃ
[7] S1-3 kuñcā
[8] So B; S1 pasā; S3 pasavā; C pasadamigāti . . . pasaṭamigā

7 *Visākho*

1 Evam me sutaṃ [1]|| ekaṃ samayaṃ Bhagavā Vesāliyaṃ viharati Mahāvane kuṭāgārasalāyaṃ|| ||

2 Tena kho pana samayena āyasmā Visākho pañcālaputto upaṭṭhānasālāyaṃ bhikkhū dhammikāya kathāya sandasseti samādapeti samuttejeti sampahaṃseti|| poriyā vācāya vissaṭṭhāya [2] anelagaḷāya atthassa viññāpaniyā pariyāpannāya anissitāya|| ||

3 Atha kho Bhagavā sāyaṇha samayam paṭisallānā vuṭṭhito yena upaṭṭhānasālā tenupasaṅkami|| upasaṅkamitvā paññatte āsane nisīdi|| ||

4 Nisajja kho Bhagavā bhikkhū āmantesi|| || Ko nu kho bhikkhave upaṭṭhānasālāyam bhikkhū dhammiyā kathāya sandasseti samādapeti samuttejeti sampahaṃseti poriyā vācāya vissaṭṭhāya anelagaḷāya atthassa viññāpaniyā pariyāpannāya anissitāyā ti|| ||

5 Āyasmā bhante Visākho pañcālaputto upaṭṭhānasālāyaṃ bhikkhū dhammiyā kathāya sandasseti samādapeti samuttejeti sampahaṃseti poriyā vācāya vissaṭṭhāya anelagaḷāya atthassa viññapaniyā pariyāpannāya anissitāyāti|| ||

6 Atha kho Bhagavā āyasmantaṃ Visākham pañcālaputtam āmantesi|| || Sādhu sādhu Visākha|| sādhu kho tvaṃ Visākha bhikkhū dhammiyā kathāya sandassesi|| pe|| atthassa viññāpaniyā pariyāpannāya anissitāyā ti|| ||

7 Idam avoca Bhagavā|| Idaṃ vatvāna [3] Sugato athāparam etad avoca satthā|| ||

No bhāsamānaṃ jānanti|| missam bālehi paṇḍitaṃ||
bhāsamānañca jānanti|| desentam amatam padam|| 1 ||
Bhāsaye jotaye dhammam|| paggaṇhe isinaṃ dhajaṃ||
subhāsitadhajā isayo|| dhammo hi isinaṃ dhajo ti|| 2 ||

Sattamaṃ|| ||

---

[1] Missing in S[1-3] [2] B visaṭṭhāya
[3] S[1-3] omit na

8 *Nando*

1 Sāvatthiyaṃ viharati || ||[1]

2 Atha kho āyasmā Nando Bhagavato mātucchāputto ākoṭitāni[2] paccākoṭitāni cīvarāni pārupitvā[3] akkkīni añjetvā accham pattaṃ gahetvā yena Bhagavā tenupasaṅkami || ||

2 Upasaṅkamitvā Bhagavantam abhivādetvā ekam antam nisīdi || ||

Ekam antaṃ nisinnam kho āyasmantaṃ Nandam Bhagavā etad avoca || ||

3 Na kho te taṃ Nanda patirūpaṃ kulaputtassa saddhā agārasmā anagāriyaṃ pabbajitassa|| yaṃ tvam ākoṭitāni paccākoṭitāni cīvarāni pārupeyyāsi akkhīni ca añjeyyāsi acchañca pattaṃ dhāreyyāsi|| || Evaṃ kho te Nanda paṭirūpaṃ kulaputtassa saddhā agārasmā anagāriyam pabbajitassa|| yaṃ tvaṃ araññako ca[4] assasi|| piṇḍapātiko ca paṃsukuliko ca|| kāmesu ca anapekkho vihareyyasīti|| ||

4 Idam avoca Bhagavā|| pe|| satthā|| ||

Kadāhaṃ Nandaṁ passeyyaṃ||
Araññaṃ paṃsukūlikam||
Aññātuñchena[5] yāpentaṃ||
Kāmesu anapekkhinanti||[6]

5 Atha kho āyasmā Nando aparena samayena āraññako ca[7] piṇḍapātiko ca[8] paṃsukūliko ca kāmesu ca anapekkho vihāsīti|| || Aṭṭhamaṃ|| ||

9 *Tisso*

1 Sāvatthiyaṃ viharati|| ||[9]

---

[1] Sāvatthi—ārāme—

[2] S[1-3] ā(S[3] a- here only)koṭita° always

[3] B pāruṃ° always

[4] S[1-3] va

[5] So C; B °tuñcena; S[1-3] °tuṃjāya

[6] So B and C; S[1] °pekkhitanti; S[3] pekkhitabbanti

[7] S[1-3] vāsi

[8] S[1-3] insert āsi.

[9] S[1-3] Sāvatthi—ārāme—

2 Atha kho āyasmā Tisso Bhagavato pitucchāputto yena Bhagavā tenupasaṅkami|| upasaṅkamitvā Bhagavantaṃ abhivādetvā ekam antaṃ nisīdi dukkhī dummano assūni pavattayamāno || ||[1]

3 Atha kho Bhagavā āyasmantaṃ Tissam etad avoca|| || Kiṃ nu kho tvaṃ [2] Tissa ekam antaṃ nisinno dukkhī dummano assūni pavattayamāno ti|| ||

4 Tathā hi pana mam bhante bhikkhū samantā vācāya sannitodakena sañjambharim akaṃsūti|| ||

5 Tathā hi pana tvaṃ Tissa vattā no ca vacanakkhamo|| ||

6 Na kho te taṃ Tissa paṭirūpam kulaputassa saddhā agārasmā anagāriyam pabbajitassa yaṃ tvam [3] vattā no vacanakkhamo|| || Etaṃ kho te Tissa paṭirūpaṃ kulaputtassa saddhā agārasmā anagāriyam pabbajitassa yaṃ tvaṃ vattā assa [4] vacanakkhamo cā ti|| ||

7 Idam avoca Bhagavā|| idaṃ vatvāna Sugato athāparam etad avoca satthā|| ||[5]

Kiṃ nu kujjhasi mā kujjhi||
Akodho Tissa te varaṃ|| ||
Kodhamānam akkhavinayatthambi||[6]
Tissa brahmacariyaṃ vussatīti|| ||

Navamaṃ|| ||

10 *Theranāmo*||

1 Ekaṃ samayam Bhagavā Rājagahe viharati Veḷuvane Kalandakanivāpe|| ||

2 Tena kho pana samayena aññataro bhikkhu Theranāmako ekavihārī ceva hoti ekavihārassa ca vaṇṇavādī|| || So eko gāmam piṇḍaya pavisati|| eko patikkamati eko raho nisīdati eko caṅkamaṃ adhiṭṭhāti|| ||

3 Atha sambahulā bhikkhū yena Bhagavā tenupasaṅka-

---

[1] B vattayamāno always
[2] S^{1-3} kinatvaṃ (or kintvaṃ)
[3] S^{1-3} yata(or yat)tvaṃ here only
[4] S^{1-3} vattāca assasi [5] Abridged in S^{1-3} [6] B akkhi°

miṃsu|| upasaṅkamitvā Bhagavantam abhivādetvā ekam antaṃ nisīdiṃsu|| ||

4 Ekam antaṃ nisinnā kho te bhikkhū Bhagavantam etad avocuṃ|| || Idha bhante aññataro bhikkhu Thera-nāmako ekavihārī ekavihārassa ca vaṇṇavāditi|| ||

5 Atha kho Bhagavā aññataraṃ bhikkhum āmantesi|| || Ehi tvam bhikkhu mama vacanena Theram bhikkhum āmantehi|| Satthā tam āvuso Thera āmantetīti|| ||

Evaṃ bhante ti kho so bhikkhu Bhagavato paṭissutvā yenāyasmā Thero tenupasaṅkami|| ||

6 Upasaṅkhamitvā āyasmantaṃ Theram etad avoca|| || Satthā tam āvuso Thera amantetīti|| ||

Evam āvuso ti kho āyasmā Thero tassa bhikkhuno paṭis-sutvā yena Bhagavā tenupasaṅkami|| ||

7 Upasaṅkamitvā Bhagavantam abhivādetvā ekam antaṃ nisīdi|| ||

8 Ekam antaṃ nisinnaṃ kho āyasmantaṃ Theram Bhagavā [1] etad avoca|| || Saccaṃ kira tvaṃ Thera ekavi-hārī ekavihārassa ca vaṇṇavādīti|| ||

Evaṃ bhante|| ||

9 Yathā kathaṃ pana tvaṃ Thera [2] ekavihārī ekavi-hārassa ca vaṇṇavādīti|| ||

10 Idhāham bhante eko gāmaṃ piṇḍāya pavisāmi|| eko paṭikkamāmi|| eko raho nisīdāmi|| eko caṅkamanaṃ [3] adhiṭṭhāmi|| Evaṃ khvāhaṃ bhante ekavihārī ekavihārassa ca vaṇṇavādīti|| ||

10 Attheso Thera ekavihāro neso natthīti vadāmi|| || Api ca Thera yathā ekavihāro vitthārena [4] paripuṇṇo hoti taṃ suṇāhi sādhukaṃ manasi karohi bhāsissāmīti|| ||

Evam bhante ti kho|| pe||

11 Kathañ ca Thera ekavihāro vitthārena paripuṇṇo hoti|| || Idha Thera yaṃ atītaṃ tam pahīnaṃ|| yam anāgataṃ tam paṭinissaṭṭhaṃ|| paccuppannesu ca attabhā-vapaṭilābhesu [5] chandarāgo suppaṭivinīto|| || Evaṃ kho Thera ekavihāro vitthārena paripuṇṇo hotīti|| ||

---

[1] Omitted by S1-3 [2] Omitted by S1-3

[3] S1-3 caṅkamaṃ [4] B vitthāratarena always

[5] S1-3 attalābhappaṭilābhesu

12 Idaṁ avoca Bhagavā|| idaṃ vatvāna [1] Sugato athāparam etad avoca satthā|| ||

Sabbābhibuṃ sabbavidum sumedhaṃ||
sabbesu dhammesu anupalittaṃ|| 1 ||
Sabbaṃjahaṃ taṇhakkhaye [2] vimuttaṃ||
taṃ ahaṃ naram ekavihārīti [brūmīti [3]]|| 2 ||

Dasamaṃ|| ||

11 *Kappino*

1 Sāvatthiyaṃ viharati|| ||[4]

2 Atha kho āyasmā Mahā-Kappino yena Bhagavā tenupasaṅkami|| ||

3 Addasā kho Bhagavā āyasmantam Mahā-Kappinaṃ dūrato va āgacchantaṃ|| ||

4 Disvāna bhikkhū āmantesi|| || Passatha no tumhe bhikkhave etam bhikkhum āgacchantaṃ odātakaṃ [5] tanukaṃ tuṅganāsikanti|| ||

Evam bhante|| ||

5 Eso kho bhikkhave bhikkhu mahiddhiko mahānubhāvo|| || Na ca sā samāpatti sulabharūpā yā [6] tena bhikkhunā asamāpannapubbā|| || Yassa catthāya kulaputtā sammad eva agārasmā anagāriyam pabbajanti|| tad anuttaram brahmacariyapariyosānaṃ diṭṭheva dhamme sayam abhiññā [7] sacchi katvā upasampajja viharatīti|| ||

6 Idam avoca Bhagavā|| idaṃ vatvā ca [8] Sugato athāparam etad avoca satthā|| ||

Khattiyo seṭṭho jane tasmiṃ|| ye gottapaṭisārino [9]
Vijjācaraṇa sampanno|| so seṭṭho devamānuse|| 1 ||
Divā tapati ādicco|| rattiṃ [10] ābhāti candimā||
Sannaddho khattiyo tapati|| jhāyi tapati brāhmaṇo||
Atha sabbamahorattiṃ|| Buddho tapati tejasāti [11]|| 2 ||

Ekādasamaṃ|| ||

---

[1] na omitted as usual by S1-3 [2] B taṇhā°
[3] Missing in B [4] S1.3 Sāvatthi—ārāme— [5] S1-3 odātam
[6] Omitted by S1-3 [7] S1-3 add ya [8] Omitted by S1-3
[9] S3 °paṭisarano (or—to) [10] B ratti [11] S1-3 omit ti

12 *Sahāya*

1 Sāvatthiyaṃ viharati|| ||[1]

2 Atha kho dve bhikkhū sahāyakā āyasmato Mahā-Kappinassa saddhivihārikā[2] yena Bhagavā tenupasaṅkamiṃsu|| ||

3 Addasā kho Bhagavā te bhikkhū dūrato va āgacchante|| ||

4 Disvāna bhikkhū āmantesi|| || Passatha no tumhe bhikkhave ete dve bhikkhū sahāyake āgacchante Kappinassa[3] saddhivihārino ti|| ||

Evaṃ bhante|| ||

5 Ete kho te bhikkhū mahiddhikā mahānubhāvā|| || Na ca sā samāpatti sulabharūpā yā tehi bhikkhūhi asamāpannapubbā|| || Yassa catthāya kulaputtā sammadeva agārasmā anagāriyaṃ pabbajanti|| tad anuttaram brahmacariyapariyosānaṃ diṭṭheva dhamme sayam abhiññā[4] sacchi katvā upasampajja viharanti|| ||

6 Idam avoca Bhagavā|| || Idaṃ vatvāna[5] Sugato athāparam etad avoca satthā|| ||

Sahāyā vatime bhikkhū|| cīrarattaṃ sametikā ||[6]
sameti nesaṃ saddhammo|| dhamme buddhappavedite|| ||[7]
Suvinītā[8] Kappinena|| dhamme ariyappavedite|| 1 ||
dhārenti antimaṃ dehaṃ|| jetvā Māraṃ savāhananti|| 2 ||

Dvādasamaṃ|| ||

[Nidāna-vaggo niṭṭhito][9]

Bhikkhu-saṃyuttaṃ samattaṃ|| ||[10]

Tassuddānaṃ|| ||

Kolito Upatisso[11] ca|| Ghaṭo cāpi pavuccati||

---

[1] S^{1-3} Sāvatthi—ārame— [2] S^{1-3} °vihārino
[3] S^{1-3} mahā-kap° [4] S^{1-3} add ya [5] S^{1-3} omit na
[6] So B and C; S^{1-3} samāhitā
[7] S^3 dhammo(S^1 -e) buddhapamodito (S^{1-3} -vedito)
[8] S^{1-3} °nīto [9] In S^1 only,
[10] S^{1-3} omit samattaṃ
[11] S^{1-3} Sāriputto

Navo Sujāto Bhaddhī ca|| [1] Visākho [2] Nando Tisso ca||
Theranāmo [3] ca Kappino|| Sahāyena ca dvādasāti|| [4]

Nidānavaggo saṃyuttako||

Tassuddānaṃ|| ||

Nidānābhisamaya Dhātu||
Anamataggena Kassapaṃ||
Sakkāra—Rāhula—Lakkhaṇo|| ||
Opamma—Bhikkhunā vaggo dutiyo tena vuccatī ti|| ||

Nidāna-vagga-saṃyuttaṃ samattaṃ|| || [5]

[Dasabalaselappabbhavā nibbānamahāsamuddapariyantā atthaṅgamasalilā jinavacananadī ciraṃ vahatū ti—] [6]

---

[1] S[1-3] insert here bhikkhū dve va (or ca) sahāyakāti
[2] S[1-3] Visākhāneti vissuto [3] S[1-3] thera
[4] S[1-3] Kappino ca sahāya ca suttantā dvādasā ete sambuddhena pakāsitā—
[5] All this from Nidānavaggo saṃyuttako is in B only
[6] In S[1-3] only

APPENDIX.

APPENDIX.

In the following indices, the several Saṃyuttas distributed into their numerical, not alphabetical order, are designated by the hereunder numbers and abbreviations :—

XII.	Nid.	= Nidāna Saṃyuttaṃ
XIII.	Abh.	= Abhisamaya Saṃyuttaṃ
XIV.	Dhā.	= Dhātu Saṃyuttaṃ
XV.	An.	= Anamatagga Saṃyuttaṃ
XVI.	Kas.	= Kassapa Saṃyuttaṃ
XVII.	Lābh.	= Lābhasakkara Saṃyuttaṃ
XVIII.	Rā.	= Rāhula Saṃyuttaṃ
XIX.	Lak.	= Lakkhaṇa Saṃyuttaṃ
XX.	Op.	= Opama Saṃyuttaṃ
XXI.	Bhi	= Bhikkhu Saṃyuttaṃ

The arabic numbers following these indications relate to the suttas of each Saṃyutta, pointing out the place occupied by the Sutta in the Saṃyutta, without discrimination of chapters.

I.

INDEX OF THE PROPER NAMES.

The qualifications which were not borrowed from the text are included between [ ]

Ghositārāma (Kosambiyam), XII. Nid. 68

Citto gahapati, XVII. Labh. 23

Jambudīpa [desa], XV. An. 1
Jānussoni brāhmaṇo āyasmā arhat, XII. Nid. 47
Jetavana Anāthapiṇḍikassa ārāma, XII. Nid. 1–16, 18–23,25–44, 46–59, 61–65, 69, 71–93 ; XIII. Abh. 1–11 ; XIV. Dhā. 1–10, 11, 12, 14, 16–21, 22–39 ; XV. An. 1–7, 9, 11–12, 14–19 ; XVI. Kas. 1, 3, 4, 9, 10, 13 ; XVII. Lābh. 1–30 ; XVIII. Rā. 1–22 ; XIX. Op. 2–7, 9–12 ; XXI. Bhi. 1–6, 8–9, 11–12

Ñātika [gāma?], XII. Nid. 45 ; XIV. Dhā. 13

Timbaruko paribbājako, XII. Nid. 18
Tivarā manussā, XV. An. 20
Tisso ayasmā, XXI. Bhi. 9
Tisso [Kassapassa aggasāvako], XV. An. 20
Thullatissā bhikkhunī, XVI. Kas. 10
Thullanandā bhikkhunī, XVI. Kas. 11
Thero bhikkhu, XXI. Bhi. 10

Dakkhiṇāgiri, XVI. Kas. 11
Dasārahā [khattiyā], XX. Op. 7
Devadatto bhikkhu, XIV. Dhā. 15 ; XVII. Lābh. 31–36

Nando bhagavato mātucchaputto, XXI. Bhi. 8
Nandamātā (S. Veḷukandakiyā)
Nārado āyasmā, XII. Nid. 68
Nālandā [desa], XVI. Kas. 11

Pañcālaputto (S. Visākho)
Paviṭṭho (or Saviṭṭho ?) XII. Nid. 68
Pācīnavaṃso pabbato, XV. An. 20
Pāveyyakā bhikkhū, XV. An. 13
Puṇṇo āyasmā, XIV. Dhā. 15
Phagguno (Moli- or Moliya-) āyasmā, XII. Nid. 12, 32

Bahuputtaka - cetiya, XVI. Kas. 11
Bārāṇasī (S. Isipatana)
Brahmaloka, XII. Nid. 70
Bhaṇḍo bhikkhu Ānandassa saddhivihāri, XVI. Kas. 6
Bharadhvajo [Kassapassa buddhassa agga-sāvako], XV. An. 20
Bhiyyo [Konāgamanassa aggasāvako], XV. An. 20
Bhūmijo āyasmā, XII. Nid. 25

Mantāniputto (S. Puṇṇo)
Mahāvana Vesaliyaṃ (S. Kūṭāgarasālā)
Mahī nadī, XIII. Abh. 3, 4
Māgadhakā manussā, XV. An. 20
Māra, XVII. Lābh. 2 ; XX. Op. 8
Migadāya (S. Isipatana)

[1] In the uddāna only

II.

INDEX OF THE TITLES OF THE SUTTAS.

For the suttas which have more than one title, the sign = refers to the preferred title.

Kūṭam, XX. Op. 1
Konāgamano, XII. Nid. 8
Kolito, XXI. Bhi. 1
Kosambi, XII. Nid. 68
Khandho, XVIII. Rā. 10
Khīram, XV. An. 4

Gaṅgā, XV. An. 8
Gāvaghātaka, XIX. Lak. 2
Giñjakāvasatha, XIV. Dhā, 13
Gūthakhādi - Duṭṭhabrāhmana, XIX. Lak. 2
Ghaṭo, XXI. Bhi. 3

Cakkhu, XVII. Rā. 1, 11
Catasso, XIV. Dhā. 30
Catusaccavibhajjanā, XII. Nid. 72, 75
Candupamam, XVI. Kas. 3
Cīvaram, XVI. Kas. 11
Cetanā, XII. Nid. 38, 39, 40
Coraghātako (= Sīsachinno)
Chando, XII. Nid. 85
Chavi, XVII. Lābh. 28
Chindi, XVII. Lābh. 31

Janapadakalyāni, XVII. Lābh. 20
Jānussoni, XII. Nid. 47
Jiṇṇaṃ, XVI. Kas. 5
Jīvita, XVII. Lābh. 19
Jhānabhiññā, XVI. Kas. 9

Ñātika, XII. Nid. 45.
Ñāṇassa vatthūni, XII. Nid. 33, 34

Taṇhā, XVIII. Rā. 8, 18
Taruṇa, XII. Nid. 57
Tiṇakaṭṭham, XV. An. 1
Timbaruka, XII. Nid. 18
Tisso, XXI. Bhi. 9
Tiṃsamattā, XV. An. 13
Theranāma, XXI. Bhi. 10

Daṇḍo, XV. An. 9
Dasakammapatha, XIV. Dhā. 27
Dasaṅga, XIV. Dhā. 29
Dasabala, XII. Nid. 21, 22
Dāruno, XVII. Lābh. 1
Diṭṭham, XVII. Lābh. 7
Dīghalomi, XVII. Lābh. 4
Dukkham, XII. Nid. 43 ; XIV. Dhā. 34
Duggatam, XV. An. 11
Duṭṭhabrāhmaṇo (= Gūthakhādi)
Dussilya, XIV. Dhā. 24
Desanā, XII. Nid. 1
Dhanuggaha, XX. Op. 6
Dhamma, XVII. Lābh. 13
Dhammakathiko, XII. Nid. 16 ; XIII. Abh. 11 ; Dhā. 6 ; XVIII. Rā. 9, 18
Dhātu, XIII. Dhā. 1, 6 ; XVIII. Rā. 9, 19
Dhītā, XV. An. 9 ; XVII. Lābh. 42

Nakhasikhā, XIII. Abh. 1 ; XX. Op. 2
Nagaram, XII. Nid. 65
Natumhākam, XII. Nid. 37
Nando, XXI. Bhi. 8
Nalakalapiyam, XII. Nid. 67
Navo, XXI. Bhi. 4
Nāgo, XX. Op. 9

III.

INDEX OF THE GĀTHĀS.

The gāthās which were already in the first Section of the Saṃyutta Nikāya, the Sagātha, are marked with (*)

The numbers subjoined between ( ) point out the rank of the gāthā, when they are many in one sutta. The absence of such a number shows that in the sutta no more than a single gāthā is to be found.

(*) Aniccā vata saṅkhārā (2), XV. An. 20
Ayaṃ ca daharo bhikkhu (2), XXI. Bhi. 4
Ariyatthaṅgikaṃ maggaṃ (4), XV. An. 10
Ekassekena kappena (1), XV. An. 10

Evam eva manussesu (2), XXI. Bhi. 6
Evaṃ kusitam āgamma (2), XIV. Dhā. 16

Kadāhaṃ nandaṃ passeyyaṃ, XXI. Bhi. 8
Kiṃ nu kujjhasi mā kujjhi, XXI. Bhi. 9
(*) Khattiyo seṭṭho jane tasmiṃ (1), XXI. Bhi. 11

Taṃ jhāyinam sātatikaṃ (2), XVII. Lābh. 10

Divā tapati ādicco (2), XXI. Bhi. 11

Nayidaṃ sithilam ārabbha (1), XXI. Bhi.
No bhāsamānām jānanti (1), XXI. Bhi. 7

Pavivittehi ariyehi (3), XIV. Dhā. 16
Pācīnavaṃso tivarānaṃ (1), XV. An. 20
(*) Phalam ve kadaliṃ hanti, XVII. Lābh. 35

Bhāsaye jotaye dhammaṃ (2), XXI. Bhi. 7

Yato ariyasaccāni (3), XV. An. 10
Yassa sakkariyamānassa (1), XVII. Lābh. 10
Ye ca Saṅkhātadhammāse, XII. Nid. 31

Sabbābhibhuṃ sabbaviduṃ sumedhaṃ, XXI. Bhi. 10
Sahāyā vatime bhikkhū (1), XXI. Bhi. 12
Saṃsaggā vanatho jāto (1), XIV. Dhā. 16
(*) Sāriputto va paññāya, XXI. Bhi. 3
Suvinītā kappinena (2), XXI. Bhi. 12
So kho panāyam akkhāto (2), XV. An. 10
Sobhati vatāyaṃ bhikkhu, XXI. Bhi. 5
Haṃsā koñcā mayūrā ca, XXI. Bhi. 6.